A Civilização Grega

A Civilização Grega

André Bonnard

TRADUÇÃO DE JOSÉ SARAMAGO

Título original:
Civilisation Grecque

© Éditions de L'Aire

Tradução: José Saramago

Capa: FBA

Depósito Legal n.º 253670/07

Impressão e acabamento:
PAPELMUNDE
para
EDIÇÕES 70
(Fevereiro, 2007)
Setembro, 2018

ISBN: 978-972-44-1394-5

Direitos reservados para língua portuguesa
por Edições 70

EDIÇÕES 70, uma chancela de Edições Almedina, S.A.
Avenida Engenheiro Arantes e Oliveira, 11 – 3.º C – 1900-221 Lisboa / Portugal
e-mail: geral@edicoes70.pt

www.edicoes70.pt

Esta obra está protegida pela lei. Não pode ser reproduzida,
no todo ou em parte, qualquer que seja o modo utilizado,
incluindo fotocópia e xerocópia, sem prévia autorização do Editor.
Qualquer transgressão à lei dos Direitos de Autor será passível
de procedimento judicial.

Primeiro Período

DA ILÍADA AO PARTÉNON

I

NA TERRA GREGA, O POVO GREGO

No seu tempo, o povo grego foi um povo como todos os outros. Durante séculos, viveu o lento marcar passo da vida primitiva, que vai dar, ou não, à civilização.

Mais ainda. Ao longo da sua história, e até mesmo no tempo da florescência deslumbrante e múltipla das suas obras-primas, no século de Sófocles, de Hipócrates e do Pártenon, o povo grego, incluindo aqui esse coração vivo e ardente da Grécia, essa «Hélada da Hélada» que é Atenas, não deixou de manter e cultivar superstições e costumes tão estranhos, tão «polinésios», ora simplesmente grotescos, ora de uma crueldade atroz, que nos julgaríamos a mil léguas da civilização.

Paradoxo vivo, a Grécia antiga ilustra a extraordinária complexidade da noção de civilização, e a extrema dificuldade que tiveram os homens primitivos para se arrancarem à cegueira da animalidade e abrirem para o mundo um olhar de homem.

Em Atenas, todos os anos, para garantir o retorno da Primavera (os primitivos temem sempre que ela não venha a substituir o Inverno), celebrava-se, com solene pompa, o casamento de Dioniso, o deus-bode ou deus-touro, com a «rainha» de Atenas, a mulher do primeiro magistrado da cidade, o arconte-rei. Abria-se, por essa ocasião, um templo da campina ática, fechado todo o resto do ano. Conduzido pelas suas autoridades democraticamente eleitas, o povo ia ali, em procissão, buscar uma velha estátua de madeira do deus. Transportava-a, entoando cânticos, a casa do «rei», e ela passava a noite no leito da «rainha». (Esta princesa devia ter nascido cidadã ateniense e ter casado virgem com o magistrado, seu marido.) Este casamento da primeira mulher de Atenas com o deus — casamento não simbólico, mas consumado: o termo grego empregado assim o indica — garantia a fertilidade dos campos, dos pomares e das vinhas, a fecundidade dos rebanhos e das famílias.

A Festa das Flores (as Antestérias) celebrava-se em Atenas pelos fins de Fevereiro. Era festejada em todas as famílias, onde se provava, por essa ocasião, o vinho novo trazido do campo. No segundo dia de festa, havia um concurso público de bebedores, cujo vencedor seria aquele que, de um trago, ao sinal do arauto, despejasse mais depressa o seu púcaro. Até aqui, nada de estranhar: o vinho é altamente civilizado. Mas, ao terceiro dia, os mortos, sedentos e famintos, acordavam e reclamavam a sua parte do bródio. Ouviam--nos, invisíveis, a correr pelas ruas da cidade. Cuidado! Todos barricavam as portas, não sem terem deposto antes no limiar, numa marmita de barro reservada para este fim, uma sopa grossa, feita de toda a espécie de sementes, na qual os vivos se guardavam bem de tocar. Nesse dia, os homens protegiam os deuses contra os mortos. Assim como se abrigavam nos lares, assim fechavam os deuses nos seus templos. Grossas cordas cercavam o santuário todo, preservando a imortalidade dos deuses do contágio da morte. Depois disso, bem repletos os mortos daquela sopa, que nem por isso diminuíra — os invisíveis alimentam-se invisivelmente —, despediam-nos até ao ano seguinte.

Havia também a prática do bode expiatório, o «fármacos», remédio para as grandes desgraças que ferem subitamente as cidades. Era em Atenas e nos grandes portos comerciais da Jónia, nos séculos VI e V, nessa primavera da civilização que hoje nos parece tão clara, tão fértil de promessas já cumpridas. As estátuas de belas raparigas pintadas floriam nas cidades, com o seu sorriso arrebicado de vermelho, os seus cabelos azuis, as suas vestes vivamente coloridas, os seus colares de ocre. E já os «sábios» jónios tentavam dar uma explicação materialista e racional do universo. Contudo, pelo sim, pelo não, estas cidades tão modernas sustentavam um certo número de rebotalhos humanos, inválidos ou idiotas, ou reservavam condenados à morte, que em caso de fome ou de peste eram sacrificados aos deuses por lapidação. Ou então expulsava-se da cidade o bode expiatório, intocável a partir daí, pondo-lhe nas mãos figos secos, um pão de cevada e queijo. Ou ainda, depois de o terem fustigado sete vezes com hastes de cila selvagem nos órgãos genitais, queimavam-no e lançavam-lhe as cinzas ao mar. O uso do «fármacos» passou da Jónia a Marselha.

Na própria manhã de Salamina, essa batalha em que os Atenienses, «agarrando-se à liberdade», como diz Heródoto, salvaram a independência dos povos gregos, o general-comandante Temístocles, para fixar a favor dos seus a sorte do combate, ofereceu em sacrifício, no barco-almirante e na presença de toda a frota, a Dioniso Comedor de Carne Crua, três vítimas humanas. Eram três prisioneiros de grande beleza, magnificamente vestidos e cobertos de jóias de ouro, os próprios sobrinhos do Grande Rei. O general degolou-os pelas suas mãos. Não se tratava de um acto de represálias, mas de uma consagração.

Demócrito (repetido e talvez adoçado por Plínio e Columélio), grande sábio e fundador ilustre do materialismo atomístico, quer que as raparigas, na altura das regras, corram três vezes ao redor dos campos prontos para a colheita. Havia no sangue menstrual, pensava ele, uma carga de energia fértil que constituía um perfeito antídoto contra os insectos devoradores de cereais.

Muitos outros factos do mesmo género poderiam citar-se, que não são apenas sobrevivências isoladas do anterior estado primitivo no seio da civilização antiga. Certas práticas que nos parecem bizarras aberrações de selvagens estão estreitamente ligadas à estrutura fundamental da sociedade. A sua permanência, durante dois milénios, o seu carácter incontestado, a fundamentação que lhes advém da lei escrita ou do direito consuetudinário, a justificação que os filósofos lhe dão, mostram a sua importância. Nesta obra se voltará a falar delas, porque a sua teimosia em não desaparecerem explica, pelo menos parcialmente, o fracasso final da civilização grega.

Rápidos exemplos. Em todas as cidades da Grécia (excepto em Tebas), o pai de família tem o direito de se desembaraçar, como entender, do filho, quando este nasce. A beira das estradas, por vezes os degraus dos templos, são os locais quotidianos destes abandonos. Em todas as cidades do mundo grego (salvo em Atenas), o pai de família pode vender os filhos já crescidos aos traficantes de carne humana. As famílias ricas usam amplamente deste direito para preservar a integridade do património. E para os pobres diabos, que tentação esta de pagarem a um credor livrando-se de uma boca a alimentar! Esparta descobriu melhor: os filhos de família nobre, irmãos, juntam-se três e quatro para tomarem mulher. Uma só e única esposa, de que se servem à vez, nunca lhes dará filhos de mais para conservar ou liquidar. E que diremos da condição da mulher, caída desde os primeiros séculos históricos (salvo na região eólia) numa quase servidão? Esposa, serve apenas para velar pela economia da casa e para fazer os filhos, de preferência rapazes, de que o senhor precisa. Cortesã, toca flauta às esquinas das ruas, dança nos banquetes, filosóficos ou não, e reaviva os prazeres do leito. Quanto aos escravos...

Mas deixemos isto. Bastou mostrar, ao abrir este livro, dedicado a uma das mais belas civilizações humanas, que o povo grego não é menos por isso um povo *como os outros,* primitivo à maneira dos primitivos. A sua civilização germina e cresce — sem milagre, antes pelo efeito de algumas circunstâncias favoráveis e pelas invenções nascidas das necessidades do trabalho — no mesmo húmus de superstições e de abominações em que se enraízam todos os povos do mundo. É que foi este mesmo povo primitivo, crédulo e cruel que inventou, ao mesmo tempo e como que no mesmo movimento... O quê? Sob a minha pena, vê o leitor despontar, e eu com ele, um desenvolvimento retórico. Adiante. Numa palavra: a civilização — a nossa civilização.

Ó Grécia das artes e da razão de Taine e de Renan, Grécia toda azul e rosa, Grécia-bombom, como tu estás maculada de terra, ensebada de suor e manchada de sangue!

*

Que é afinal a civilização? A palavra *civilizado* é, em grego, a mesma que significa *domado, cultivado, enxertado*. O homem civilizado é o homem enxertado, aquele que a si mesmo se enxerta para produzir frutos mais nutritivos e saborosos. A civilização é o conjunto das invenções e descobertas feitas para proteger a vida do homem, para a tornar mais independente em relação às forças naturais, para a consolidar num universo físico cujas leis (que no estado de ignorância da vida primitiva forçosamente o ferem), mais bem conhecidas, se tornem instrumentos da sua contra-ofensiva. Proteger a vida humana, sim, mas também torná-la mais bela, aumentar a alegria de viver numa sociedade onde se estabelecem lentamente, entre os homens, relações mais equitativas. Finalmente, fazê-la desabrochar na prática das artes que as colectividades apreciam em comum, aumentar a humanidade do homem nesse mundo ao mesmo tempo real e imaginário que é o mundo da cultura, mundo refeito e repensado da ciência e das artes, por sua vez fonte inesgotável de criações novas.

Múltiplas invenções-descobertas-conquistas. Eis algumas delas, à maneira de índice ainda nebuloso.

Vindos dos Balcãs, em vagas sucessivas, os povos helénicos faziam a vida dos povos nómadas. Tendas, armas de madeira, de cobre depois, caça e cabras. O cavalo estava já domesticado, rápido entre todos os animais conquistados pelo homem. Este povo selvagem vivia principalmente da caça. Fixado na península que tomou o nome de Hélada, deitou-se a cultivar rijamente o solo ingrato. Será para sempre mais camponês que citadino: é um povo de aldeões. A própria Atenas, na época da sua grandeza, não é ainda, e em primeiro lugar, senão o mercado da campina ática. Os Gregos cultivam desde então os cereais, a oliveira, a figueira, a vinha. Rapidamente aprendem a trocar o azeite e o vinho pelos tecidos que os seus vizinhos asiáticos fabricavam. Ou aventuram-se a ganhar o mar para oferecer os seus produtos, em belas cerâmicas pintadas, aos indígenas do norte do mar Negro, em troca da cevada e do frumento indispensáveis à população cada vez maior das cidades que nasciam. Pelo desenvolvimento duma agricultura especializada, que substituía a caça primitiva e que o levava a trocar o seu regime alimentar cárneo por um regime mais vegetariano, conforme com o clima do seu novo *habitat,* pelo desenvolvimento das suas relações comerciais, o povo grego conquistou maior bem-estar, ao mesmo tempo que entrou em contacto, ele, povo ainda mal delineado, com povos de mais antiga civilização.

Mas, para isso, teve de fazer ousadamente, medrosamente, inabilmente, uma outra conquista: a do mar. O povo grego chegou à sua terra por caminhos terrestres e pelo norte. Errara durante tanto tempo pelas estepes da Ásia e da Rússia, caçando ou empurrando diante de si o seu magro gado, que esquecera o nome da extensão marinha, designada por palavras semelhantes em que quase todos os povos indo-europeus, seus parentes. A essa planura líquida que o latim e as línguas que dele derivam chamam *mare, mer,* etc., as línguas germânicas *Meer, See, sea,* etc., e as línguas eslavas *more, morze,* etc., não tinham já os Gregos nome para lhe dar. Foram obrigados a ir buscar uma palavra às populações que encontravam no solo que ia ser a sua terra: e disseram *thalassa.* Foi com estas populações, bem mais civilizadas do que eles eram, que aprenderam a construir barcos. Ao princípio cheios de terror diante do elemento pérfido, arriscaram-se, apertados pela «dura pobreza... a fome amarga... e a necessidade do ventre vazio», dizem os velhos poetas, a enfrentar o reino das vagas e dos ventos, a conduzir os barcos carregados de mercadorias por sobre as profundezas abissais. Neste ofício se tornam, não sem trabalho e dano, o mais empreendedor povo marinheiro da antiguidade, destronando os próprios Fenícios.

Povo de camponeses, povo de marinheiros, tais são os primeiros passos da civilização dos Gregos.

Depressa vieram outras conquistas. O povo grego ganha o domínio da expressão poética; explora, arroteia os campos de imensos domínios que se tornarão aquilo a que chamamos géneros literários. A língua grega não tem, ao princípio, nome para isto: contenta-se com florir em obras-primas, numa exuberância sem par. Língua tão viva como a erva e a fonte, flexível na expressão dos cambiantes mais subtis do pensamento, em mostrar à luz do dia os mais secretos movimentos do coração. Música forte e suave, órgão poderoso, flauta aguda, rústico pífaro.

Todos os povos primitivos têm canções e usam a linguagem ritmada para acompanhar e aliviar certos movimentos do trabalho. Os poetas gregos desenvolvem com uma grande fecundidade os ritmos, a maior parte dos quais lhes vêm dum longínquo passado popular. Manejam primeiro o grande verso épico que lhes serve para celebrar, em cadências nobres mas variáveis, as proezas dos heróis do passado. Imensos poemas, primeiro meio improvisados, se transmitem de geração em geração. São recitados, com um acompanhamento muito simples de lira, e, pelo prazer compartilhado que neles encontram os assistentes, contribuem para formar a consciência das colectividades nas virtudes empreendedoras e corajosas. Estes poemas flutuantes fixam-se com o tempo: vão rematar nas duas obras mestras que nós lemos ainda, a *Ilíada* e a *Odisseia*, bíblias do povo grego.

Outros poetas, unindo mais estreitamente a poesia à música, ao canto e à dança, e colhendo a sua inspiração na vida quotidiana dos indivíduos e das cidades, troçando e exaltando, encantando e instruindo, inventam o lirismo, ora satírico, ora amoroso, ora cívico. Outros ainda inventam o teatro, tragédia e comédia, ao mesmo tempo imitação e criação nova da vida. Os poetas dramáticos são os educadores do povo grego.

Ao mesmo tempo que inventavam com as palavras encantadas da língua, com a memória do passado, com os trabalhos e as esperanças do presente, com os sonhos e as miragens da imaginação, os três grandes géneros poéticos de todos os tempos — epopeia, lirismo e drama —, ao mesmo tempo que isto faziam, enfrentavam com o cinzel, depois da madeira, as mais esplêndidas matérias que existem para esculpir, o calcário duro e o mármore, ou fundiam o bronze, e tiravam de uns e do outro a representação do corpo humano, esse corpo de uma beleza sem igual que é também o corpo dos deuses. Porque a estes deuses que povoam o mundo, mistério maligno, era preciso conquistá-los a todo o custo, era preciso amansá-los. Dar-lhes a bela e visível forma do homem e da mulher, era a melhor maneira de os humanizar, de os civilizar. A estes deuses levantam templos esplêndidos, nos quais encerram a sua imagem, mas é ao ar livre que os festejam. Estas gloriosas casas votadas à divindade falam também da grandeza das cidades que as constroem. Se, durante séculos, e os maiores, a escultura e a arquitectura dos Gregos são todas consagradas aos habitantes do céu, essas artes, que os Gregos tomam dos povos vizinhos, nem por isso afirmam menos o poder dos homens de fazer beleza com a pedra esculpida ou ajuntada, ou com o metal.

E depois — e sempre ao mesmo tempo, o tempo do grande impulso que o leva, nos séculos VII e VI antes da nossa era, à conquista de todos os bens — o povo grego tenta desenredar as primeiras leis da ciência. Procura compreender o mundo em que vive, dizer de que é ele feito, como se fez, procura conhecer-lhe as leis, que quer vergar ao seu próprio uso. Inventa as matemáticas, a astronomia, lança os fundamentos da física, da medicina.

E para quem são todas estas invenções e descobertas? Para os outros homens, para interesse e prazer deles. Mas não ainda para todos os homens. Em primeiro lugar, para os homens da *cidade,* termo pelo qual devemos entender a comunidade dos cidadãos que habitam um mesmo cantão (campo e povoação) da terra grega. Neste ainda apertado quadro, os Gregos procuram pelo menos construir uma sociedade que se quer livre e que dá àqueles que dela fazem parte a igualdade dos direitos políticos. Esta sociedade é, nas cidades gregas mais avançadas, fundada sobre o princípio da soberania popular. Os Gregos conquistaram pois uma primeira forma — ainda muito imperfeita — de democracia.

Tais são as mais importantes conquistas cujo conjunto define a civilização grega. Todas elas tendem ao mesmo fim: aumentar o poder do homem sobre a natureza, aumentar a sua própria humanidade. Eis porque tantas vezes se chama à civilização grega um humanismo. Há motivo para o fazer. Foi ao homem e à vida humana que o povo grego se esforçou por tornar melhores.

Como este desígnio é ainda o nosso, o exemplo dos Gregos, que o deixaram inacabado, o seu fracasso até, devem ser meditados pelos homens de hoje.

A CIVILIZAÇÃO GREGA

*

Desta longa caminhada do povo grego, da selvajaria à civilização, enumera o poeta Ésquilo, na sua tragédia de Prometeu, algumas jornadas. É certo que ele não sabe nem o porquê nem o como desta acessão dos seus antepassados incultos e miseráveis ao primeiro patamar do conhecimento que os libertou. Partilha ainda com eles algumas das suas superstições; crê nos oráculos, como um selvagem nos feiticeiros. É a Prometeu, ao deus a quem chama Filantropo, que ele atribui todas as invenções que o labor humano arrancou à natureza.

No entanto, votando o Benfeitor dos Homens, *e os homens com ele,* ao ódio de Zeus «tirano» do céu e da terra, que se propunha aniquilar sem razão a orgulhosa espécie humana, se Prometeu disso o não impedisse, ele faz do Amigo dos Homens, actuante e pensante, a audaciosa testemunha da energia da razão humana na luta que nós travamos desde o fundo das idades contra a miséria e a nudez da nossa condição.

Fala Prometeu:

«Ouvide as misérias dos mortais, sabei o que eu fiz por essas crianças débeis que conduzi à razão, à força do pensamento... Antigamente, os homens tinham olhos para não ver, eram surdos à voz das coisas, e, semelhantes às formas dos sonhos, agitavam ao acaso a duração da sua existência na desordem do mundo.

«Eles não construíam casas ao sol, desconheciam o tijolo, as traves e as tábuas, e, como formigas, acoitavam-se no solo, metiam-se na escuridão das cavernas.

«Não previam o retorno das estações, pois não sabiam ler no céu os sinais do Inverno, da Primavera florida, do Estio que amadurece os frutos.

«Faziam tudo sem nada conhecerem.

«Até ao momento em que eu·inventei para eles a ciência difícil do levantar e do pôr dos astros. Depois veio a dos números, rainha de todo o conhecimento. E a das letras que se juntam, memória do universo, obreira do labor humano, mãe das artes.

«Depois, para os aliviar dos trabalhos mais pesados, ensinei-os a ligar ao arnês os animais selvagens. O boi vergou a cerviz. O cavalo tornou-se dócil ao cavaleiro. Puxou o carro. Foi o orgulho dos reis. E, para correrem os mares, dei-lhes a barca de asas de pano...

«E ainda outras maravilhas. Contra a doença, os homens nada tinham, a morte apenas. Misturei filtros, preparei bálsamos: a vida deles extinguia-se, ela se tornou firme e continuou... Finalmente, abri para eles os tesouros da terra: tiveram o ouro e a prata, tiveram o bronze, tiveram o ferro... Tiveram a indústria e as artes...»

*

Entremos na Grécia com o povo grego.

Este povo — que a si mesmo se chamava os Helenos — fazia parte, pela língua (não nos arrisquemos a falar da raça), da grande família dos povos a que chamamos indo-europeus. A língua grega, com efeito, pelo seu vocabulário, pelas suas conjugações e declinações, pela sua sintaxe, é próxima das línguas faladas antigamente e hoje na Índia e da maior parte das que se falam actualmente na Europa (excepções: basco, húngaro, finlandês, turco). O evidente parentesco dum grande número de palavras de todas estas línguas basta para o provar. Assim, *père* diz-se em grego e em latim *pater*, em alemão *Vater*, em inglês *father*. *Frère:* em latim *frater* (e *phrater* aplica-se em grego aos membros de uma família numerosa), em alemão *Bruder*, em inglês *brother*, *brat* em eslavo, *brâtâ* em sânscrito, *bhrâtar* em zend, língua da Pérsia antiga.

E assim por aí fora. Este parentesco da linguagem implica que os grupos humanos que povoaram depois a Índia, a Pérsia, a Europa, começaram por viver juntos e falar uma língua comum. Admite-se que estes povos não estavam ainda separados por altura do ano 3000 e viviam em estado nómada entre o Ural (ou para além dele) e os Cárpatos.

Por volta da ano 2000, o povo grego, doravante desligado da comunidade primeira e ocupando a planície do Danúbio, começa a infiltrar-se nas terras que o Mediterrâneo oriental banha, quer na costa asiática, quer nas ilhas do Egeu, quer na Grécia propriamente dita. O mundo grego antigo compreende, pois, desde a origem, as duas margens do Egeu, e, no caminho da civilização, a Grécia da Ásia precede de muito a da Europa. (De resto, só muito recentemente os Gregos da Ásia foram expulsos pelos Turcos — em 1922 — dessa velha e gloriosa terra helénica que ocupavam há perto de quatro mil anos.)

Ao começarem a fixar-se no seu novo *habitat*, as tribos gregas aprenderam a agricultura com um povo muito mais avançado que elas e que ocupava todas essas regiões. Ignoramos o verdadeiro nome desse povo, a que os antigos chamavam algumas vezes Pelasgos. Chamamos-lhes, segundo o nome do mar em cujas margens viviam e cujas margens ocupavam, os Egeus. Ou ainda os Cretenses, porque o centro da sua civilização era em Creta. Este povo egeu sabia escrever: nos locais onde se fizeram pesquisas encontrou-se grande número de tabuinhas de argila cobertas de caracteres de escrita. Só muito recentemente esta escrita começou a ser decifrada. Com geral surpresa dos sábios — que há cinquenta anos ensinavam o contrário —, a língua das tabuinhas egeias revelou-se como grego, transcrito em caracteres silábicos não gregos. Como interpretar esta descoberta, é cedo ainda para o dizer.

Seja como for, se os invasores gregos transmitiram aos Egeus a sua língua, não lhes transmitiram a escrita, que ignoravam. O que aqui importa é determinar os bens que os Gregos primitivos receberam dos Egeus civilizados. Foram muitos e preciosos.

Os Cretenses praticavam há muito tempo a cultura da vinha, da oliveira, dos cereais. Criavam gado miúdo e grande. Conheciam numerosos metais, o ouro, o cobre e o estanho. Fabricavam armas de bronze. Ignoravam o ferro.

Os arqueólogos trouxeram à luz do dia, em Creta, nos princípios do século XX, os restos de vastos palácios dos príncipes egeus. Estes palácios compreendiam uma rede de compartimentos e de salas numerosas, dispostos à maneira de um labirinto e agrupados à volta de um largo pátio. O de Cnosso, em Creta, cobre um espaço edificado de cento e cinquenta metros por cem. Tinha pelo menos dois andares. Ali se vêem salas de recepção com frescos nas paredes representando animais ou flores, cortejos de mulheres vestidas luxuosamente, corridas de touros. Ainda que o nível de civilização não seja acima de tudo uma questão de salas da banho ou de W. C., é curioso notar que no palácio de Cnosso não faltavam banheiras nem gabinetes com autoclismo.

Mais digno de ser salientado, é o facto de a mulher gozar, nos tempos cretenses, de uma liberdade e de uma consideração muito superiores às da mulher grega do século V. As mulheres parecem ter exercido, em Creta, os mesteres mais diversos. Recentes pesquisas mostraram, aliás, que houve, em tempos muito recuados, nas margens do Egeu, vários povos em que era muito alta a condição da mulher. Alguns desses povos conheceram o matriarcado. Os filhos usavam o nome da mãe e o parentesco contava-se seguindo a descendência feminina. As mulheres escolhiam sucessivamente vários maridos e dominavam a comunidade.

NA TERRA GREGA, O POVO GREGO

Não parece que os povos egeus tenham sido belicosos. Os palácios e os restos das cidades não apresentam qualquer sinal de fortificação.

Assim, os Gregos, ao invadirem estas regiões entre o ano 2000 e o ano 1500, encontravam ali um povo já civilizado. Começaram a submeter-se ao prestígio e ao domínio dos Egeus: pagavam-lhes tributos. Depois revoltaram-se e, por volta de 1400, incendiaram o palácio de Cnosso.

A partir de então, os povos gregos, ao mesmo tempo que herdam alguns dos deuses e dos mitos dos Egeus, e algumas das suas técnicas, seguem o seu próprio caminho. Nem a bela pintura cretense, toda inspirada na natureza — flores e folhas, aves, peixes e crustáceos —, parece ter deixado traços na arte grega, nem a língua parece ter depositado outra coisa que alguns nomes de lugares, a palavra labirinto (com Minos, o rei-touro que nele habitava), o novo nome do mar (thalassa), um reduzido número de outros.

A civilização das primeiras tribos gregas, os Aqueus, conserva ainda uma herança mais definida da época anterior. Dos Cretenses, o povo helénico recebeu dois dons, exactamente aqueles que fizeram dele o povo camponês e marinheiro que foi sempre: a agricultura e a navegação. Oliveiras, vinha e barcos: atributos gregos, e que o serão por muito tempo. Os homens vivem--nos, cantam-nos os poetas.

Mas as tribos gregas eram muito mais guerreiras que os seus predecessores desconhecidos. Depois de destruírem e reconstruírem um tanto o palácio de Cnosso, transportaram o centro do jovem mundo grego para o Peloponeso. Os reis ergueram aí as temíveis cidadelas de Micenas e de Tirinte, cujas muralhas ciclópicas não desabaram ainda. Estes Aqueus, pouco dados às civilizações egeias, não foram mais que detestáveis ladrões. Os seus palácios e os seus túmulos regurgitam de ouro roubado.

Sobre o mar, os Gregos começaram por mostrar-se marinheiros muito mais tímidos que os Egeus, que tinham chegado à Sicília. Os barcos dos Gregos de Micenas não se aventuram para fora do Egeu. A navegação dos Aqueus é muito mais pirataria do que comércio. Os senhores de Micenas empreendem com os seus soldados vastas operações de banditismo. Fizeram--no no Delta, fizeram-no na Ásia Menor: daí haver ouro nos túmulos reais, jóias diversas, taças, delgadas folhas de ouro aplicadas em máscara sobre o rosto dos mortos e, sobretudo, inúmeras placas de ouro cinzeladas com arte.

A última das expedições guerreiras dos príncipes aqueus, que levaram consigo os seus numerosos vassalos, foi a não lendária mas histórica guerra de

Tróia. A cidade de Tróia-Ílion, que era também uma cidade helénica, situada a pequena distância dos Dardanelos, enriquecera cobrando direitos aos mercadores que, para passar o mar Negro, tomavam o caminho de terra, ao longo do estreito, a fim de evitar as correntes, levando aos ombros barcos e mercadorias. Os Troianos espoliavam-nos largamente à passagem. Estes ratoneiros foram pilhados por seu turno. Ílion foi tomada e incendiada após um longo cerco, no princípio do século XII (cerca de 1180). Numerosas lendas, aliás belas, mascaravam as razões verdadeiras, que eram razões económicas, não heróicas, desta rivalidade de salteadores. A *Ilíada* dá-nos algumas. Os arqueólogos que fizeram escavações em Tróia, no século passado, encontraram, nos restos duma cidade que mostra sinais de incêndio e que a terra duma colina recobria há mais de três mil anos, objectos da mesma época que os encontrados em Micenas. Os ladrões não escapam aos pacientes inquéritos dos arqueólogos-
-polícias.

Entretanto, novas tribos helénicas — Eólios, Jónios, por fim, Dórios — invadiram, depois dos Aqueus, o solo da Grécia. A invasão dos Dórios, os últimos a chegar, situa-se por volta de 1100. Enquanto que os Aqueus se tinham civilizado um pouco em contacto com os Cretenses, os Dórios continuavam a ser muito primitivos. Contudo, conheciam o uso do ferro: com este metal tinham feito diversas armas. Entre os Aqueus, o ferro era ainda tão raro que o consideravam um metal tão precioso como o ouro e a prata.

Foi com estas armas novas, mais resistentes e sobretudo mais longas (espadas de ferro contra punhais de bronze), que os Dórios invadiram a Grécia como uma tempestade. Micenas e Tirinte são por sua vez destruídas e saqueadas. A civilização aqueia, inspirada na dos Egeus, afunda-se no esquecimento. Torna-se por muito tempo uma terra meio fabulosa da história. A Grécia, rasgada pela invasão dória, está povoada agora unicamente de tribos gregas. A história grega pode começar. Ela começa na noite dos séculos XI, X e IX. Mas o dia está perto.

*

Que terra era esta que iria tornar-se a Hélada? Que recursos primeiros, que obstáculos oferecia a um povo primitivo para uma longa duração histórica, uma marcha tacteante para a civilização?

Dois caracteres importa revelar: a montanha e o mar.

A Grécia é um país muito montanhoso, embora os seus pontos mais altos não atinjam nunca três mil metros. Mas a montanha está por toda a parte, corre e trepa em todas as direcções, por vezes muito abrupta. Os antigos marinhavam-na por carreiros que subiam a direito, sem se dar ao trabalho de ziguezaguear. Degraus talhados na rocha, no mais escarpado da encosta. Esta montanha anárquica dava um país dividido numa multidão de pequenos cantões, a maior parte dos quais, aliás, tocavam o mar. Daqui resultava uma compartimentação favorável à forma política a que os Gregos chamam *cidade*.

Forma cantonal do Estado. Pequeno território fácil de defender. Natural de amar. Nenhuma necessidade de ideologia para isto nem de carta geográfica. Subindo a uma elevação, cada qual abraça, com um olhar, o seu país inteiro. No pé das encostas ou na planície, algumas aldeias. Uma povoação construída sobre uma acrópole, eis a capital. Ao mesmo tempo, fortaleza onde se refugiam os camponeses em caso de agressão, e, nos tempos de paz, que pouco dura entre tantas cidades, praça de mercado. Esta acrópole fortificada é o núcleo da cidade quando nasce o regime urbano. A cidade não é construída à beira-mar — cuidado com os piratas! —, suficientemente próxima dele, no entanto, para instalar um porto.

As aldeias e os seus campos, uma povoação fortificada, meio citadina, eis os membros esparsos e juntos dum Estado grego. A cidade de Atenas não é menos a campina e as suas lavouras que a cidade e as suas lojas, o porto e os seus barcos, é todo o povo dos Atenienses atrás do seu muro de montanhas, com a sua janela largamente aberta para o mar: é o cantão a que se chama Ática.

Outras cidades, às dúzias, noutras molduras semelhantes. Entre estas cidades numerosas, múltiplas rivalidades: políticas, económicas — e a guerra ao cabo delas. Nunca se assinam tratados de paz entre cidades gregas, apenas tréguas: contratos a curto prazo, cinco anos, dez, trinta anos, o máximo. Mas antes de passado o prazo já a guerra recomeçou. As guerras de trinta anos e mais são mais numerosas na história grega que as pazes de trinta anos.

Mas a eterna rivalidade grega merece por vezes um nome mais belo: emulação. Emulação desportiva, cultural. O concurso é uma das formas preferidas da actividade grega. Os grandes concursos desportivos de Olímpia e outros santuários fazem largar as armas das mãos dos beligerantes. Durante estes dias de festa, os embaixadores, os atletas, as multidões circulam livremente por todas as estradas da Grécia. Há também em todas as cidades formas múltiplas de concursos entre os cidadãos. Em Atenas, concursos de tragédias, de comédias, de poesia lírica. A recompensa é insignificante: uma coroa de hera para os poetas ou um cesto de figos, mas a glória é grande. Por vezes um monumento a consagra. Após a *Antígona*, Sófocles foi eleito general! E saiu-se com honra de operações que teve de conduzir. Em Delfos, sob o signo de Apolo ou de Dioniso, concursos de canto acompanhado de lira ou de flauta. Árias militares, cantos de luto ou de bodas. Em Esparta e em toda a parte concursos de dança. Em Atenas e noutros lugares, concursos de beleza. Entre homens ou entre mulheres, conforme os sítios. O vencedor do concurso de beleza masculina recebe, em Atenas, um escudo.

A glória das vitórias desportivas alcançadas nos grandes concursos nacionais não pertence somente à nação: é a glória da cidade do vencedor. Os maiores poetas — Píndaro e Simónides — celebram essas vitórias em esplêndidas arquitecturas líricas onde a música e a dança se juntam à poesia para dizerem ao povo a grandeza da comunidade dos cidadãos de que o atleta vencedor não é mais que delegado. Acontece o vencedor receber a mais alta recompensa que pode honrar um benfeitor da pátria: ser pensionado — alimentado, instalado — no pritaneu, que é a câmara municipal da cidade.

Tal como os exércitos, enquanto duram os jogos nacionais, os tribunais folgam, adiam-se execuções capitais. Tréguas que não duram mais de alguns dias, por vezes trinta.

A guerra crónica das cidades é um mal que acabará por ser mortal ao povo grego. Os Gregos nunca foram além — quando muito, em imaginação — da forma do Estado cidade-cantão. A linha do horizonte das colinas que limitam e defendem a cidade parece limitar, ao mesmo tempo que a visão, a vontade de cada povo de ser grego antes de ser ateniense, tebano ou espartano. As ligas, alianças ou confederações de cidades são precárias, prontas a desfazer-se, a desagregar-se por dentro, mais do que a sucumbir aos golpes de fora. A cidade forte que constitui o núcleo dessas alianças não leva muito tempo a tratar como súbditos aqueles a quem continua a chamar, por cortesia, aliados: faz da liga um império cujo jugo pesa muito em contribuições militares e em tributos.

No entanto, não há uma cidade grega que não tenha a consciência vivíssima de pertencer à comunidade helénica. Da Sicília à Ásia, das cidades da costa africana às que ficam para lá do Bósforo, até à Crimeia e ao Cáucaso, «o corpo helénico é do mesmo sangue», escreve Heródoto, «fala a mesma língua, tem os mesmos deuses, os mesmos templos, os mesmos sacrifícios, os mesmos usos, os mesmos costumes». Fazer aliança com o Bárbaro, contra outros Gregos, é *trair*.

O Bárbaro, termo não pejorativo, é simplesmente o estrangeiro, é o não-Grego, aquele que fala essas línguas que soam *bar-bar-bar,* tão estranhas que parecem línguas de aves. A andorinha também fala bárbaro. O Grego não despreza os Bárbaros, admira a civilizaçãso dos Egípcios, dos Caldeus e de muitos outros: sente-se diferente deles porque tem a paixão da liberdade e não quer ser «escravo de ninguém».

«O Bárbaro nasceu para a escravatura, o Grego para a liberdade»: por isto mesmo morreu Ifigénia. (Pontinha de racismo).

Perante a agressão bárbara, os Gregos unem-se. Não todos, nem por muito tempo: Salamina e Plateias, Grécia unida por um ano, não mais. Tema oratório, não realidade viva. Em Plateias, o exército grego combate, ao mesmo tempo que aos Persas, numerosos contingentes doutras cidades gregas que se deixaram alistar pelo invasor. A grande guerra da independência nacional é ainda uma guerra intestina. Mais tarde, as divergências das cidades abrirão a porta à Macedónia, aos Romanos.

*

A montanha protege e separa, o mar amedronta mas une. Os Gregos não estavam encerrados nos seus compartimentos montanhosos. O mar envolvia todo o país, penetrava profundamente nele. Havia pouquíssimos cantões, mesmo recuados, que o mar não atingisse.

Mar temível, mas tentador e mais aliciante que qualquer outro. Sob um céu claro, na atmosfera límpida, o olhar do nauta descobre a terra duma ilha montanhosa a cento e cinquenta quilómetros de distância. Vê-a como «um escudo pousado sobre o mar».

As costas do mar grego oferecem portos numerosos, ora praias de declive suave, para onde os marinheiros podem à noite puxar os seus leves barcos, ora portos de água profunda, protegidos por paredes rochosas, onde as grandes naves de comércio e os navios de guerra podem ancorar ao abrigo dos ventos.

Um dos nomes que o mar toma em grego significa estrada. Ir pelo mar, é ir pela estrada. O mar Egeu é uma estrada que, de ilha em ilha, conduz o marinheiro da Europa à Ásia sem que ele perca nunca a terra de vista. Estas cadeias de ilhotas parecem calhaus lançados por garotos num regato para o atravessarem, saltando de um para outro.

Não há um cantão grego donde não se distinga, subindo a qualquer elevação, uma toalha de água que reflecte no horizonte. Nem um ponto do Egeu que esteja a mais de sessenta quilómetros de terra. Nem um ponto da terra grega a mais de noventa quilómetros do mar.

As viagens são baratas. Algumas dracmas e estamos no cabo do mundo conhecido. Alguns séculos de desconfiança e pirataria, e os Gregos, mercadores ou poetas, por vezes uma coisa e outra, tomam contacto amigável com as velhas civilizações que os precederam. As viagens de Racine e de La Fontaine não vão além de Ferté-Milon ou Château-Thierry. As viagens de Sólon, de Ésquilo, de Heródoto e de Platão chegam ao Egipto, à Ásia Menor e Babilónia, à Cirenaica e à Sicília. Não há um Grego que não saiba que os Bárbaros são civilizados há milhares de anos e que têm muito para ensinar ao povo do «Nós-Gregos-somos-crianças». O mar grego não é a pesca do atum e da sardinha, é a via das permutas com os outros homens, a viagem ao país das grandes obras de arte e das invenções surpreendentes, do trigo que cresce basto nas vastas planícies, do ouro que se esconde na terra e nos rios, a viagem ao país das maravilhas, tendo por única bússola a carta nocturna das estrelas. Para além do mar, há uma grande abundância de terra desconhecida para descobrir, cultivar e povoar. Todas as grandes cidades, a partir do século VIII, vão plantar rebentos nas cidades novas em terra nova. Os marinheiros de Mileto fundam noventa cidades nas margens do mar Negro. E de caminho fundam também a astronomia.

Concluindo: o Mediterrâneo é um lago grego de caminhos familiares. As cidades instalam-se nas margens dele «como rãs ao redor de um charco», diz Platão. Evoé ou coaxo! O mar civilizou os Gregos.

*

Aliás, foi só à força que o povo grego se tornou um povo de marinheiros. É o grito do ventre faminto que arma os barcos e os lança ao mar. A Grécia era um país pobre. «A Grécia foi criada na escola da pobreza.» (Outra vez Heródoto.) O solo é pobre, é ingrato. Nas encostas é, muitas vezes, pedregoso. O clima é seco de mais. Após uma Primavera precoce e efémera, com uma magnífica e brusca floração das árvores e dos prados, o Sol não se cobre nunca mais. O Verão instala-se como rei e queima tudo. As cigarras zangarreiam na poeira. Durante meses, nem uma nuvem no céu. Muitas vezes, nem uma gota de água cai em Atenas de meados de Maio ao fim de Setembro. Com o Outono vem a chuva, e no Inverno rebentam as tempestades. Borrascas de neve, mas que não se aguentam dois dias. A chuva cai em grossas pancadas, em tromba. Há sítios em que a oitava parte ou mesmo a quarta parte da chuva de um ano, cai em um só dia. Os rios, meio secos, tornam-se correntes temerosas, água rugidora e devoradora que come a delgada camada de terra das encostas calvas e a arrasta para o mar. A desejada água torna-se um flagelo. Em certos vales fechados, as chuvas formam baixos pantanosos. Deste modo, o camponês tinha que lutar, ao mesmo tempo, contra a seca que queimava os centeios e contra a inundação que lhe afogava os prados. E mal o podia fazer. Construía os seus campos nas encostas, em terraços, e transportava em cestos, de um muro para outro, a terra que resvalara do seu bocado. Tentava irrigar os campos, drenar os fundos pantanosos e limpar as bocas por onde havia de escoar-se a água dos lagos. Todo este trabalho, feito com ferramentas de hotentote, era duríssimo e insuficiente. Teria sido preciso repovoar de árvores a montanha nua, mas isso não sabia ele. Ao princípio, a montanha grega era bastante arborizada. Pinheiros e plátanos, ulmeiros e carvalhos coroavam-na de bosques centenários. A caça pululava. Mas desde os tempos primitivos os Gregos derrubaram árvores, fosse para construir aldeias, fosse para fazer carvão. A floresta perdeu-se. No século V, colinas e picos perfilavam já contra o céu as mesmas arestas secas de hoje. A Grécia ignorante entregou-se ao sol, à água desregrada, à pedra.

Lutava-se «pela sombra de um burro».

Sobre este solo duro, sobre este céu caprichosamente implacável, davam-se bem oliveiras e vinhas, menos bem os cereais, cuja raiz não pode ir buscar a humidade suficientemente fundo. Não falemos das charruas, ramos em forquilha ou grosseiros arados de madeira que mal arranhavam a terra. Abandonando os cereais, os Gregos vão buscar o trigo às terras mais afortunadas da Sicília ou das regiões a que hoje chamamos Ucrânia e Roménia. Toda a política imperialista de Atenas grande cidade, no século V, é, antes de mais, política do trigo. Para alimentar o seu povo, Atenas tem de se manter senhora dos caminhos do mar, em particular dos estreitos que são a chave do mar Negro.

O azeite e os vinhos são a moeda de troca e o orgulho da filha deserdada do mundo antigo. O produto precioso da oliveira cinzenta, dom de Atena, responde às necessidades alimentares da vida quotidiana: cozinham com azeite, alumiam-se com azeite, à falta de água lavam-se com azeite, esfregam-se, alimentam de azeite a pele sempre seca.

Quanto ao vinho, maravilhoso presente de Dioniso, só nos dias de festa o bebem, ou à noite, entre amigos, e sempre cortado com água. «Bebamos. Para que esperar a luz da lâmpada? só resta da luz do dia um quase nada. Traz para baixo, menino, as grandes taças coloridas. O vinho foi dado aos homens pelo filho de Zeus e de Sémele para que esqueçam as suas penas. Enche-as até à borda com uma parte de vinho e duas partes de água, e que uma taça empurre a outra.» (Ó Ramuz! Não, Alceu.)

«Não plantes nenhuma outra árvore antes de teres plantado vinha.» (Outra vez o velho Alceu de Lesbos, antes de Horácio.) O vinho, espelho da verdade, «fresta por onde se vê o homem por dentro!»

A vinha, amparada em tanchões, ocupa as encostas, arquitectadas em terraços, da terra grega. Na planície plantam-na entre as árvores dos pomares, empada de uma para outra.

O Grego é sóbrio. O clima assim o exige, repetem os livros. Sem dúvida, mas a pobreza não o exige menos. O Grego vive de pão de cevada e de centeio, amassado em bolos chatos, de legumes, de peixe, de frutos, de queijo e de leite de cabra. E muito alho.

Carne — caça, criação, cordeiro e porco —, só nos dias de festa, como o vinho, não falando dos senhores (os «gordos», como se diz).

Desta pobreza de regime e de vida (é claro, esta gente do Meio-dia é preguiçosa, vive de coisa nenhuma, regalada de bom sol), a causa não está apenas no solo ingrato ou mesmo nos processos elementares de cultura. Acima de tudo, resulta da desigual repartição da terra pelos seus habitantes.

No começo, as tribos que ocupavam a região tinham feito da terra uma propriedade colectiva do clã. Cada aldeia tinha o seu chefe de clã, responsável pela cultura do solo do distrito, pelo trabalho de cada um e pela distribuição dos produtos da terra. O clã agrupa um certo número de famílias — no sentido amplo de gente duma casa —, cada uma das quais recebe uma extensão de terra para cultivar. Não há, nesses tempos primitivos, propriedade privada: a terra devoluta não pode ser vendida ou comprada, e não se reparte por morte do chefe de família. É inalienável. Em compensação, o parcelamento pode ser refeito, a terra outra vez distribuída, segundo as necessidades de cada família.

Esta terra comum é cultivada em comum pelos membros da casa. Os frutos da cultura são repartidos sob a garantia de uma divindade que se chama

Moira, cujo nome quer dizer parte e sorte, e que presidira igualmente à repartição, por sorteio, dos lotes de terra. Entretanto, uma parte do domínio, mais ou menos metade, é sempre posta de pousio: é preciso deixar repousar a terra, não se pratica ainda, dum ano para outro, a cultura alternada de produtos diferentes. O rendimento é pois muito baixo.

Mas as coisas não ficam por aqui. O antigo comunismo rural, forma de propriedade própria do estádio da vida primitiva (ver os Batongas da África do Sul, ou certos povos de Bengala), começa a desagregar-se a partir da época dos salteadores aqueus. A monarquia de Micenas era militar. A guerra exige um comando unificado. Após uma campanha proveitosa, o rei dos reis e os reis subalternos, seus vassalos, talhavam para si a parte de leão, na partilha do saque como na redistribuição da terra. Ou então certos chefes apropriam-se simplesmente das terras de que apenas eram administradores. O edifício da sociedade comunitária, onde se introduzem graves desigualdades, destrói-se pelo topo. A propriedade privada cria-se em benefício dos grandes.

Instala-se também por outra maneira, sinal de progresso... Alguns indivíduos podem ser, por razões diversas, excluídos dos clãs. Podem também sair deles de sua própria vontade. O espírito de aventura leva muitos a tomar o caminho do mar. Outros ocupam, fora dos limites do domínio do clã, terras que haviam sido julgadas demasiado medíocres para ser cultivadas. Forma-se uma classe de pequenos proprietários à margem dos clãs: a propriedade deixa de ser comunal, torna-se, por fases, individual. Esta classe é pobríssima, mas muito activa. Quebrou os laços com o clã: rompe-os por vezes com a terra. Estes homens formam guildas de artífices: oferecem aos clãs as ferramentas que fabricam, ou simplesmente trabalho artesanal como carpinteiros, ferreiros, etc. Entre estes «artífices», não esqueçamos nem os médicos nem os poetas. Agrupados em corporações, os médicos têm regras, receitas, bálsamos e remédios que vão propondo de aldeia em aldeia: estas receitas são sua exclusiva propriedade. Do mesmo modo, as belas narrativas em verso, improvisadas e transmitidas por tradição oral nas corporações de poetas, são propriedade dessas corporações.

Todos estes novos grupos sociais nascem e se desenvolvem no quadro da «cidade». E aqui temos as cidades divididas em duas metades de força desigual: os grandes proprietários rurais, por um lado, e, por outro, uma classe de pequenos proprietários mal favorecidos, de artífices, de simples trabalhadores do campo, de marinheiros — tudo gente de ofício, «demiurgos», diz o Grego, turba miserável ao princípio.

Todo o drama da história grega, toda a sua grandeza futura se enraíza no aparecimento e no progresso destes novos grupos sociais. Nasceu uma nova classe que vai tentar arrancar aos «grandes» os privilégios que fazem deles os senhores da cidade. É que só estes proprietários nobres são magistrados, sacerdotes, juízes e generais. Mas a turba popular depressa tem por seu lado o número. Quer refundar a cidade na igualdade dos direitos de todos. Mete-se na luta, abre o caminho para a soberania popular. Aparentemente desarmada, marcha à conquista da democracia. O poder e os deuses são contra ela. Mesmo assim, a vitória será sua.

*

Eis, sumariamente indicadas, algumas das circunstâncias cuja acção conjunta permite e condiciona o nascimento da civilização grega. Repare-se que não foram somente as condições naturais (clima, solo e mar), como o não foi o momento histórico (herança de civilizações anteriores), nem as simples condições sociais (conflito dos pobres e dos ricos, o «motor» da história), mas sim a convergência de todos estes elementos, tomados no seu conjunto, que constituíram uma conjuntura favorável ao nascimento da civilização grega.

E então o «milagre grego»? — perguntarão certos sábios ou assim chamados. *Não há «milagre grego»*. A noção de milagre é fundamentalmente anti-científica, e é também não-helénica. O milagre não explica nada: substitui uma explicação por pontos de exclamação.

O povo grego não faz mais que desenvolver, nas condições em que se encontra, com os meios que tem à mão, e sem que seja necessário apelar para dons particulares de que o Céu lhe teria feito dom, uma evolução começada antes dele e que permite à espécie humana viver e melhorar a sua vida.

Um exemplo só. Os Gregos parecem ter inventado, como que por milagre, a ciência. Inventam-na, com efeito, no sentido moderno da palavra: inventam o método científico. Mas se o fazem é porque, antes deles, os Caldeus, os Egípcios, outros ainda, tinham reunido numerosas observações dos astros ou sobre as figuras geométricas, observações que permitiam, por exemplo, aos marinheiros, dirigirem-se no mar, aos camponeses medir os seus campos, fixar a data dos seus trabalhos.

Os Gregos aparecem no momento em que, destas observações sobre as propriedades das figuras e o curso regular dos astros, se tornava possível extrair leis, formular uma explicação dos fenómenos. Fazem-no, enganam-se muitas vezes, recomeçam. Não há nada aqui de miraculoso, mas apenas um novo passo do lento progresso da humanidade.

Tirar-se-iam outros exemplos, e com abundância, dos outros domínios da actividade humana.

Toda a civilização grega tem o homem como ponto de partida e como objecto. Procede das suas necessidades, procura a sua utilidade e o seu progresso. Para aí chegar, desbrava ao mesmo tempo o mundo e o homem, e um pelo outro. O homem e o mundo são, para ela, espelhos um do outro, espelhos que se defrontam e se lêem mutuamente.

A civilização grega articula um no outro o mundo e o homem. Casa-os na luta e no combate, numa fecunda amizade, que tem por nome Harmonia.

II

A *ILÍADA* E O HUMANISMO DE HOMERO

A *Ilíada* de Homero — primeira grande conquista do povo grego: conquista da poesia — é o poema do homem na guerra, dos homens consagrados à guerra pelas suas paixões e pelos deuses. Ali um grande poeta fala da nobreza do homem frente a esse flagelo detestável, do homem arrebatado por Ares «bebedor de sangue... o mais odioso dos deuses». Ali fala da coragem dos heróis que matam e morrem com simplicidade, do sacrifício voluntário dos defensores da pátria, da dor das mulheres, do adeus do pai ao filho que o continuará, da súplica dos velhos. E muitas outras coisas: a ambição dos chefes, a sua cupidez, as querelas, as injúrias com que se cumulam, e mais a cobardia, a vaidade, o egoísmo, lado a lado com a bravura, a amizade, a ternura. A piedade mais forte que a vingança. Fala do amor da glória que eleva o homem à altura dos deuses. Fala desses deuses omnipotentes e da sua serenidade. As suas paixões ciosas, o seu caprichoso interesse e a sua profunda indiferença pela turba dos mortais.

Acima de todas as coisas, este poema, onde reina a morte, fala do amor da vida, e também da honra do homem, mais alta que a vida e mais forte que os deuses.

É natural que um tema como este — o homem na guerra — tenha enchido o primeiro poema épico do povo grego, sempre devorado pela guerra.

Para desenvolver este tema, Homero escolheu um episódio semifabuloso da histórica guerra de Tróia, que se situa no princípio do século XII antes da nossa era. Esta guerra teve por causa — sabêmo-lo — a rivalidade económica das primeiras tribos gregas instaladas seja na Grécia propriamente dita, os Aqueus de Micenas, seja sobre a costa asiática do Egeu, os Eólios de Tróia.

O episódio escolhido pelo poeta, que dá a todo o poema a sua unidade de acção, é o da cólera de Aquiles, da sua querela com Agamémnon, rei de Micenas e chefe da expedição contra Tróia, e das consequências funestas desta querela para os Gregos-Aqueus que assediavam Tróia.

Eis a trama da acção. Agamémnon, chefe supremo, exige de Aquiles, o mais valente dos Gregos, «muralha do exército», que ele lhe ceda uma bela cativa, Briseida, que lhe coubera quando da partilha de um saque. Aquiles recusa-se, indignado, a ser privado de um bem que lhe pertence. Na assembleia do povo armado, onde esta exigência lhe é feita, insulta gravemente Agamémnon («Ó ser vestido de impudência, avaro..., descarado, focinho de cão..., odre de vinho, coração de servo...»), queixa-se de suportar sempre o fardo mais pesado do combate e de receber em troca uma parte inferior à de Agamémnon, cobarde como soldado, ávido como general, «rei devorador do seu povo». Pronuncia diante de todos os seus camaradas o juramento solene de se retirar da batalha e de se fechar na sua tenda, de braços cruzados, enquanto não tiver recebido de Agamémnon reparação da afronta infligida à sua bravura. Assim faz.

Aquiles, primeiro herói da *Ilíada,* é o coração e a charneira de toda a acção do poema. A sua retirada — e, com ela, a das suas tropas — tem para o exército dos Aqueus as mais graves consequências. Na planície, sob os muros de Tróia, sofrem três derrotas, cada uma mais desastrosa que as outras. Até aí sempre assaltantes, estão reduzidos à defensiva, vêem os Troianos, pela primeira vez em dez anos, atreverem-se a acampar, à noite, na planície. Os Gregos constroem um campo entrincheirado: de sitiantes tornam-se sitiados. Até mesmo este campo é forçado pelos Troianos, conduzidos por Heitor, o mais valoroso dos filhos de Príamo. O inimigo prepara-se para deitar fogo aos barcos dos Gregos, para lançar o seu exército ao mar.

Ao longo destas duras batalhas, que enchem de carnificina e de proezas, de coragem desesperada mas infatigável, uma boa parte do poema, a ausência de Aquiles não é outra coisa, na opinião dos seus companheiros como na nossa, que o sinal evidente da sua força e do seu poder. Ausência-presença que comanda todos os movimentos e momentos do combate. Os mais valentes dos chefes aqueus — o maciço Ájax, filho de Télamon, o rápido Ájax, filho de Oileu, o fogoso Diomedes, muitos outros mais, em vão se esforçam por substituir Aquiles. Mas estes valentes substitutos do valor de Aquiles não são mais que o dinheiro miúdo do jovem herói que — força, rapidez, fogosidade e bravura — encarna por si só toda a virtude guerreira, sem falha nem fraqueza. Possuindo tudo e recusando tudo, provoca a derrota de todos.

Numa noite trágica, entre dois desastres, enquanto na sua tenda se atormenta na inactividade a que se condenou e que lhe pesa, Aquiles vê vir do campo dos Gregos uma embaixada de que fazem parte dois dos grandes chefes do exército: Ájax, o primeiro defensor dos Gregos depois de Aquiles, tão teimoso como um burro puxado por crianças, o subtil Ulisses que conhece todas as voltas do coração e da palavra. A estes dois guerreiros se juntou o velho que criou a infância de Aquiles, o tocante Fénis, que lhe faz ouvir a palavra e como que o apelo insistente de seu pai.

Os três lhe suplicam que volte ao combate, que não falte à lealdade que o soldado deve aos seus camaradas, que salve o exército. Em nome de Agamémnon fazem-lhe promessas de presentes e de honrarias esplêndidas. Mas Aquiles, menos ligado ainda pelo seu juramento que pelo amor-próprio, aos argumentos, às lágrimas, à própria honra, responde com um não brutal. E vai mais longe: declara que no dia seguinte retomará os caminhos do mar com as suas tropas e voltará ao lar, preferindo uma velhice obscura à glória imortal, que escolhera, de morrer novo diante de Tróia.

Esta versão da sua primeira escolha — a vida agora preferida à glória — aviltá-lo-ia, se nela se pudesse manter.

Mas vem o dia seguinte e Aquiles não parte. É nesse dia que os Troianos forçam as defesas dos Gregos e que Heitor, agarrando-se à popa de uma nave defendida por Ájax, grita aos seus companheiros que lhe levem o fogo que desencadeará o incêndio da frota. Aquiles, na outra extremidade do campo, vê erguer-se a labareda do primeiro barco grego incendiado, essa labareda que dita a derrota dos Gregos e a sua própria desonra. Naquele momento não pode mostrar-se insensível às súplicas do mais querido dos seus companheiros, Pátrocolo, a quem considera como a melhor metade de si mesmo. Pátrocolo, em lágrimas, pede ao seu chefe que lhe permita combater em seu lugar, revestido dessas ilustres armas de Aquiles que não deixarão de amedrontar os Troianos. Aquiles aproveita a ocasião para fazer voltar ao combate, pelo menos, as suas tropas. Ele próprio arma Pátroclo, põe-no à frente dos soldados, incita-o. Pátroclo repele os Troianos para fora do campo, longe dos barcos. Mas nesta brilhante contra-ofensiva que dirige, esbarra com Heitor que lhe faz frente. Heitor mata Pátroclo em combate singular, não sem que Apolo invisível tenha ajudado a esta morte que, obtida pela intervenção de um deus, se assemelha a um assassínio.

A dor de Aquiles, ao saber a sorte do seu amigo, é assustadora. Jazendo no chão, recusando alimentar-se, arrancando os cabelos, sujando as roupas e o rosto de cinza, Aquiles soluça e pensa em morrer. (O suicídio é, aos olhos dos Gregos, o vergonhoso refúgio dos cobardes.) Por mais viva que tenha sido anteriormente a ferida infligida ao seu amor-próprio por Agamémnon, a morte de Pátroclo cava em Aquiles abismos de sofrimento e de paixão que o fazem esquecer o resto. Mas é esta mesma dor que o restitui à vida e à acção, desencadeando nele uma tempestade de furor, uma raiva de vingança contra Heitor assassino de Pátroclo e contra o seu povo.

Assim se opera no poema, numa peripécia patética, pedida por Homero à psicologia de Aquiles, herói e motor da *Ilíada*, uma reviravolta completa da acção dramática, que parecia imobilizada definitivamente pela inflexibilidade desse mesmo herói que não cede jamais a nada senão à própria violência passional.

Aquiles volta ao combate. A quarta batalha da *Ilíada* começa. É a *sua* batalha, a da carnificina terrível que ele faz de todos os Troianos que encontra no caminho. Derrotado o exército troiano, em parte exterminado, em parte afogado no rio para o qual Aquiles o fez recuar, o desmoralizado resto retira para o interior da cidade. Só Heitor fica do lado de fora das portas, apesar das súplicas de seu pai e sua mãe, para enfrentar o mortal inimigo da sua pátria.

O combate singular de Heitor e de Aquiles é o ponto culminante da *Ilíada*. Heitor combate como um valente, com o coração todo cheio de amor que dedica à mulher, ao filho, à sua terra. Aquiles é mais forte. Os próprios deuses que protegiam Heitor se afastam dele. Aquiles fere-o mortalmente. Leva para o campo dos Gregos o corpo de Heitor, não sem o ter ultrajado: ata o inimigo pelos pés à retaguarda do seu carro de guerra e com uma chicotada faz correr os cavalos, «e o corpo de Heitor era assim arrastado na poeira, os seus cabelos negros desmanchados, a cabeça suja de terra — essa cabeça antes tão bela, que Zeus agora entregava aos inimigos para que eles a ultrajem sobre o solo da pátria».

O poema não termina com esta cena. Aquiles, a quem Príamo vai suplicar na sua tenda, entrega-lhe o corpo do desgraçado filho. Heitor é sepultado pelo povo troiano com as honras fúnebres. Os lamentos das mulheres, os cantos de luto que elas improvisam, falam da desgraça e da glória daquele que deu a vida pelos seus.

A *ILÍADA* E O HUMANISMO DE HOMERO

*

Tal é a acção deste poema imenso, conduzida com mestria por um artista de génio. Mesmo que o poeta Homero, a quem o atribuem os antigos, não tenha inventado cada um dos múltiplos episódios, esses episódios estão aqui reunidos e ligados por ele numa esplêndida unidade.

No decurso dos quatro séculos que separam a guerra de Tróia da composição da *Ilíada*, que devemos situar no século VIII, muitos poetas sem dúvida compuseram numerosas narrativas sobre esta guerra e já mesmo sobre a cólera de Aquiles. Estes poetas improvisavam em versos cujo ritmo era próximo do da linguagem falada, mas numa cadência mais regular e mais nobre. Estes versos eram fluentes e fáceis de fixar. A *Ilíada*, que procede destes poemas improvisados, é ainda uma espécie de fluxo poético contínuo, que carreia no seu curso muitas das formas estranhas da velha linguagem dos antepassados eólios, linguagem meio esquecida, mas que, enriquecida de epítetos esplêndidos, dá a toda a epopeia uma sonoridade cintilante e um brilho sem igual.

Os poemas que tinham aberto o caminho a Homero transmitiam-se, por certo, de memória. (Verificou-se em improvisadores modernos de poesia épica, os sérbios, por exemplo, no século XIX, a faculdade de reter de cor e de transmitir sem escrita até oitenta mil versos.) Os improvisadores gregos, predecessores de Homero, recitavam os seus poemas, por fragmentos, nas casas senhoriais. Estes senhores não eram já os chefes ladrões da época de Micenas, eram sobretudo grandes proprietários rurais que se deleitavam com ouvir celebrar os cometimentos guerreiros do tempo passado. Vem uma altura em que aparecem no mundo grego os primeiros mercadores. É nas cidades da Jónia, na Ásia Menor, precisamente ao sul da terra eólia, em Mileto, Esmirna e outros portos. Homero vive no século VIII, numa destas cidades da costa jónia, não podemos precisar qual. É a época em que vai desencadear-se a luta das classes com uma violência súbita, como talvez em nenhum outro momento da história. Nesta luta, o povo miserável, que não possui terras ou as possui medíocres, conduzido pela classe dos mercadores, vai tentar arrancar aos nobres proprietários o privilégio quase exclusivo que eles se tinham arrogado sobre o solo. No mesmo golpe arrancam à classe possidente a sua cultura, apropriam-se dela e com ela afeiçoam as primeiras obras-primas do povo grego.

Recentes trabalhos sugeriram que o nascimento da *Ilíada*, no século VIII, na Jónia, se coloca no momento em que a poesia *improvisada* e ainda flutuante se fixa numa obra de arte escrita e elaborada. O aparecimento da primeira epopeia, a mais bela da herança humana, está ligado ao nascimento desta nova classe de burgueses comerciantes. São os comerciantes que difundem subitamente o uso antigo, mas pouco espalhado, da escrita. Um poeta jónio — um poeta de génio a quem a tradição dá o nome de Homero — eleva ao nível da obra de arte uma parte por ele escolhida da matéria tradicional épica improvisada. *Ele compõe e escreve enfim, sobre papiro, a nossa* Ilíada.

É o mesmo que dizer que a classe burguesa dá valor artístico, dá forma a uma cultura poética até aí informe. Ao mesmo tempo, esta cultura poética é posta por ela, nas recitações públicas, ao serviço de toda a cidade, ao serviço do povo.

*

Se quisermos caracterizar o génio de Homero, diremos, antes de mais, que é um grande, um prodigioso criador de personagens.

A *Ilíada* é um mundo povoado, e povoado pelo seu criador de criaturas originais, diferentes umas das outras, como o são os seres vivos. Homero teria o direito de se apropriar da frase de Balzac: «Eu faço concorrência ao registo civil.» Esta faculdade de criar seres em grande número, distintos uns dos outros, com o seu estado civil, os seus sinais característicos, o seu comportamento próprio (hoje diríamos: com a sua impressão digital), possui-a Homero no mais alto grau, como Balzac e também como Shakespeare, como os maiores criadores de personagens de todos os tempos.

Para fazer viver uma personagem — sem a descrever: pode dizer-se que Homero não descreve nunca —, basta por vezes ao poeta da *Ilíada* atribuir-lhe um só gesto, uma palavra única. Assim há centenas de soldados que morrem nos combates da *Ilíada*. Certas personagens entram no poema apenas para nele morrerem. E sempre ou quase sempre é um sentimento diferente em relação à morte que exprime esse gesto pelo qual o poeta dá a vida no instante mesmo em que a retira. «E Diores tombou no pó, de costas, estendendo os braços para os seus companheiros.» Criou muitas vezes um poeta um ser para tão pouco e por tão pouco tempo? Um simples gesto, mas que nos toca no fundo, dando-nos a conhecer Diores no seu grande amor da vida.

Vejamos um quadro um pouco mais desenvolvido. Uma imagem de vida e uma imagem de morte.

«Polidoro era o mais novo dos filhos de Príamo e o mais amado deles. Na corrida, triunfava de todos. Nesse dia, por criancice, para mostrar o vigor dos seus jarretes, saltou e pôs-se a correr em frente das linhas...»

Nesse momento, Aquiles fere-o.

«...e ele caiu, gritando, sobre os joelhos, e uma nuvem negra envolvia os seus olhos, ao mesmo tempo que, amparando com as mãos as entranhas, tombava de vez.»

E eis a morte de Hárpalo. É um valente, mas que não consegue dominar um movimento de medo instintivo.

«Virando costas, recuou para o grupo dos companheiros, ao mesmo tempo que olhava para todos os lados, receoso de que uma flecha de bronze lhe viesse ferir a carne.»

É ferido e, no chão, o seu corpo exprime ainda a sua revolta, torcendo-se «como um verme».

A atitude tranquila do corpo de Cebreno exprime, pelo contrário, a simplicidade com que o herói, cuja bravura é sem mácula, entrou na morte. Ao redor dele continua o tumulto da batalha: ele repousa no esquecimento e na paz.

«Os Troianos e os Aqueus lançavam-se uns contra os outros, procurando despedaçar-se... Em volta de Cebreno, centenas de dardos agudos iam cravar-se no alvo... Centenas de grandes pedras rebentavam os escudos dos combatentes. Mas ele, Cebreno, grande, ocupando um grande espaço, jazia no pó, para sempre esquecido dos cavalos e dos carros.»

É assim que Homero vai direito ao homem. Com um gesto, uma atitude, por mais insignificante que seja a personagem que nos dá a ver, caracteriza o que faz o fundo de cada ser humano.

*

Quase todas as personagens da *Ilíada* são soldados. A maior parte destes soldados são bravos. Mas é notável que nenhum seja bravo da mesma maneira.

A bravura de Ájax, filho de Télamon, é pesada: bravura de resistência. Ájax é um homem grande, de largos ombros, «enorme». Esta bravura é como um bloco que ninguém remove. Uma comparação (que escandalizava os nossos clássicos pela sua vulgaridade não épica (!) e à qual se fez já alusão) define-a na sua teimosia. «Muitas vezes um burro, na berma de um campo, resiste às crianças. Como que escorado, podem partir-lhe em cima pau após pau: uma vez que entrou no trigo basto, fará a colheita. As crianças castigam-no de pancadas. Pueris violências! Não o farão mexer-se dali enquanto não se fartar. Assim combatia o grande Ájax...»

Ájax tem a coragem da obstinação. Pouca impetuosidade na ofensiva, a sua massa de «javali» a isso se não presta. Pesado de espírito como de corpo. Não estúpido, antes limitado. Há coisas que ele não compreende. Assim, na embaixada dos chefes junto de Aquiles, não compreende que o herói se obstine por causa de Briseida: «Por causa de uma só rapariga!», exclama, «quando vimos oferecer-te sete, belíssimas, e ainda por cima montes de outros presentes.»

A rudeza de Ájax serve-o admiravelmente na defensiva. Deram-lhe ordem de ficar onde o puseram, e aí fica. Limitado no sentido etimológico da palavra: à maneira de um limite que é posto ali para dizer que não se deve passar além. O poeta chama-lhe uma *torre,* um *muro.* Bravura de betão.

Ei-lo no barco que defende, caminhando no castelo da proa «a grandes passadas», dominando todo o espaço a guardar, matando a lançadas metódicas os assaltantes um após outro, ou armando-se, se preciso for, de um enorme croque de abordagem. A sua eloquência é a de um soldado. Diz-se em três palavras: não arredar pé. «Com quem mais contam?», grita ele... «Só nos temos a nós... Logo, a salvação está nas nossas mãos.» O desânimo é outra coisa que não compreende. Sabe que uma batalha não é um «baile», como ele mesmo diz, mas um lugar onde «no corpo a corpo pomos em contacto os braços e a coragem com os do inimigo». Então «sabe-se num instante, e ainda bem, se se vai morrer ou continuar vivo». Eis os pensamentos simples que fazem, no meio do combate, nascer «o sorriso no rosto terrível de Ájax».

A bravura de Ájax é a do espartano ou do romano antecipado, do espartano a quem o regulamento militar proibia recuar, de Horácio Cocles sobre a sua ponte. Bravura de todos os bons soldados que se deixam matar para *aguentar*. Heroísmo pintado por Homero muito antes que Plutarco o tenha passado ao copiador, ao alcance do primeiro homem de letras que apareça.

Diferente é a bravura de Diomedes. Coragem, não de resistência, mas de ímpeto. Não bravura espartana, mas *furia francese*. Diomedes tem a fogosidade e o atrevimento da juventude, tem a labareda. É ele o mais jovem dos heróis da *Ilíada*, depois de Aquiles. A sua juventude é atrevida para com os mais velhos. Na cena nocturna do conselho dos chefes, Diomedes mostra-se impetuoso a atacar a conduta de Agamémnon: pede que o rei dos reis apresente desculpas a Aquiles. Entretanto, no campo de batalha, é um soldado disciplinado, aceita tudo do general-comandante, mesmo as mais injustas censuras.

Diomedes é um soldado sempre pronto a marchar, tem alma de voluntário. Após um duro dia de batalha, é ainda ele que se oferece para um perigoso reconhecimento nocturno no campo troiano. Gosta de fazer mais que o seu dever. Uma embriaguez leva-o para o mais aceso do combate. Quando todos os chefes fogem diante de Heitor, Diomedes é ainda empurrado para a frente pela coragem que nele habita. A sua lança participa desta embriaguez: «A minha lança está louca entre as minhas mãos», diz. Leva o próprio velho Nestor a precipitar-se contra Heitor. É preciso que Zeus, que quer a vitória de Heitor, expulse com relâmpagos os dois bravos do campo de batalha. «A labareda branca jorrou terrível e caiu, entre o odor do enxofre queimado, mesmo à frente do carro de Diomedes. Os cavalos amedrontados procuram esconder-se debaixo do carro, as rédeas escapam-se das mãos de Nestor...» Mas Diomedes não tremeu.

Homero deu a Diomedes a coragem mais brilhante de todo o poema. O mancebo combate tão longe dos seus que «do filho de Tideu» (Diomedes), diz o poeta, «não podeis saber se luta do lado dos de Tróia ou dos Aqueus».

As comparações de que Homero usa para o mostrar aos nossos olhos têm sempre um carácter arrastante: ele é a água duma torrente que na planície derruba as sebes dos pomares e esses diques de terra com que os camponeses procuram deter a água que transborda. Para acentuar a qualidade desta coragem brilhante, Homero acende em pleno combate uma labareda simbólica no alto do capacete de Diomedes.

Este herói recebe enfim do poeta o privilégio único de combater contra os deuses. Nem Aquiles nem nenhum dos outros se arriscam a enfrentar os Imortais que se juntam aos combates dos mortais. Só Diomedes, em cenas de uma singular grandeza, leva a temeridade ao ponto de perseguir e atacar Afrodite, Apolo, e depois o próprio Ares. Ataca a deusa da beleza que tentava furtar-lhe um adversário troiano que ele derrubava. Fere-a e faz correr o sangue. «O seu dardo agudo, através do ligeiro véu tecido pelas Graças, penetra na pele delicada do braço, e, acima do punho da deusa, jorra o sangue imortal.» Do mesmo modo, fere Ares, e o deus dos combates solta um rugido como o de dez mil guerreiros. Tudo isto sem arrogância. Não há presunção ímpia em Diomedes. Nada além desse fogo interior que o impele a todas as audácias. Diomedes é um apaixonado. Mas que diferença singular a que há entre o apaixonado sombrio que é Aquiles e Diomedes, o apaixonado luminoso! Diomedes é um *entusiasta*.

Entusiasta: a palavra designa em grego (a etimologia o indica) um homem que traz em si o sopro divino. Uma deusa é amiga de Diomedes: a belicosa mas sábia Atena habita nele, confunde com a dele a sua alma. Sobe ao lado de Diomedes no carro. É ela que o lança no coração da peleja, ela que o enche de força e de coragem — «Ama-me, Atena!», grita-lhe Diomedes —, ela que aponta aos seus golpes o ardente Ares, «esse furioso, o Mal incarnado», diz Atena, deus detestado pelos homens e pelos deuses, porque desencadeia a guerra hedionda, esse deus que entre os Gregos sempre teve poucos templos e altares.

A fé que deposita na palavra de Atena é, para Diomedes, a fonte profunda da coragem.

Esta fé dá, por momentos, a este soldado aqueu um ar de parentesco com um cavaleiro da nossa Idade Média. Diomedes é o único da *Ilíada* que pode ser denominado *cavaleiresco*. Um dia, antes de iniciar o combate com um troiano de quem ignora o nome, sabe, no momento em que o vai ferir, que esse nome é Glaucos e esse homem o neto de um hóspede de seu avô. «Então o bravo Diomedes sentiu grande alegria e, cravando a lança na terra nutriente, dirigiu ao seu nobre adversário estas palavras plenas de amizade: Em verdade tu és um hóspede da minha casa paterna e os nossos laços vêm de velha data... Não me lembro de meu pai, era muito pequeno quando ele morreu... Por ele e por teu pai, sejamos doravante amigos um para o outro. Tu, na Argólida, serás sempre o meu hóspede, e eu serei o teu na Lícia, no dia em que for a essa terra. Evitemos as nossas lanças na batalha. Tenho outros Troianos a matar e tu outros Aqueus... Troquemos as nossas armas, para que todos saibam que nos orgulhamos de ser amigos e hóspedes por nossos pais...» Dito isto, os dois guerreiros saltam dos carros, apertam as mãos e firmam amizade.

A cena é irradiante. Homero não podia atribuir este gesto generoso a nenhum outro dos seus heróis que ao entusiasta Diomedes.

Cena surpreendente, mas cujo fim nos surpreende mais ainda. Assim ela se conclui: «Mas nesse instante Zeus confundiu o espírito de Glaucos, que deu a Diomedes armas de ouro em troca de armas de bronze — o valor de cem bois pelo de nove.»

O poeta não nos diz que o seu favorito tenha ficado satisfeito. Dá-o no entanto a entender, uma vez que Diomedes não faz notar a Glaucos o erro. Este grão de rapacidade na alma cavalheiresca de Diomedes é o contraveneno do idealismo convencional que ameaça de perigo mortal toda a obra cujas personagens são heróis. Profundo realismo de Homero na pintura do coração humano.

*

Não há só soldados na *Ilíada*, há mulheres, há velhos. E entre os soldados não há apenas valentes, há Páris.

Os estranhos amores de Páris e de Helena estavam, segundo a tradição, na origem da guerra de Tróia. Continuam presentes e activos, com uma força singular, no conflito da *Ilíada*.

Páris era o sedutor e o raptor de Helena. Primeiro autor da guerra, era também vencedor de Aquiles, a quem matava com a sua flecha. É de crer que houve um tempo em que, nas epopeias do ciclo de Tróia anteriores à *Ilíada*, Páris era apresentado como o herói da guerra que provocara, o campeão de Tróia e de Helena.

Parece ter sido o próprio Homero que, substituindo-o neste nobre papel por seu irmão Heitor, personagem mais recente no ciclo troiano, fez de Páris o cobarde da *Ilíada*. Em todo o caso, o instinto dramático de Homero coloca Páris nos antípodas de Heitor e mantém, através de todo o poema, um conflito permanente entre os dois irmãos. Heitor é o puro herói, o protector e salvador de Tróia, Páris é quase o cobarde no estado puro, é «o flagelo da sua pátria».

Não é que Páris não experimente por repentes o prestígio do ideal do seu tempo: quereria ser bravo, mas, ser bravo em actos — o seu coração e o seu belo corpo de cobarde, no instante decisivo, recusam-se. Com muitos gemidos e desculpas, promete a Heitor segui-lo ao combate, que abandonou sem razão que colha. Explicações miseráveis: «Retirei-me para o meu quarto, para me entregar ao desgosto.» Promessas vacilantes: «Agora minha mulher me aconselha com doces palavras que volte ao combate...» (Estas doces palavras tínhamo-las nós ouvido antes. Uma salva de injúrias que Páris engolia quase sem resposta.) E continua: «E eu próprio creio bem que será melhor assim... Espera-me, pois. Deixa apenas que envergue a minha armadura. Ou antes, parte, eu te seguirei, e penso que me juntarei a ti.» Para um soldado, não falta desenvoltura ao tom.

Certos pormenores materiais desenham ainda a cobardia de Páris. O arco é a sua arma preferida. Permite-lhe evitar o corpo a corpo que faz «tremer os seus joelhos e empalidecer as faces». Para desferir o arco, esconde-se atrás dos seus camaradas ou da estela dum túmulo. Se fere um inimigo, «salta para fora do esconderijo, a rir às gargalhadas».

Contudo, Páris não é o cobarde absoluto. O medo afasta-o da peleja, mas acontece que a vaidade, o desejo de gloríola lá o reconduz. Porque Páris é vaidoso da sua beleza, vaidoso da pele de pantera que traz sobre os ombros mesmo no combate, vaidoso do seu penteado em caracóis que é um penteado de mulher. É vaidoso das suas armas, que passa o tempo a polir no aposento das mulheres, enquanto os outros se batem. Tudo isto, trajes e beleza — e a sua maneira de «mirar as raparigas», a sua paixão das mulheres, os seus triunfos de sedutor —, não deixou de fazer de Páris, em Tróia, uma personagem talvez desprezada, mas importante. De bom grado ele juntaria aos seus diversos títulos de «subornador», com que Heitor o vergasta como insultos, o título de bravo guerreiro. Com a condição de obter com pouco trabalho — com o seu arco — esse certificado de bravura. Apanhado neste conflito da gloríola e do medo, Páris sai dele com o desembaraço e as reticências meio sinceras que marcam de facto a sua própria incerteza sobre os sentimentos que, afinal, prevalecerão em si. Este belo rapaz, cobarde e vaidoso, em cujo leito Afrodite lança Helena revoltada, será, afinal, apenas desprezível?

A análise psicológica no simples plano humano não permite responder a esta questão. Não atinge Páris no seu cerne.

A pessoa de Páris só se explica se reconhecermos que ela é o lugar duma experiência a que teremos de chamar religiosa. Insultado por Heitor, Páris admite sem dificuldade que o seu irmão o censurou justamente da sua cobardia. O que ele não aceita é a injúria feita à sua beleza e aos seus amores. Ele replica ao irmão, não sem justo orgulho: «Não tens o direito de me censurar pelos dons encantadores da loura Afrodite. Não devemos desprezar os dons gloriosos dos deuses. É o Céu que os outorga, e nós não temos meio de fazer nós próprios a nossa escolha.» Como se tornou altivo o tom do leviano Páris! Chegou a sua vez de dar lições a Heitor. Os dons que recebeu do Céu, não os «escolhe» o homem, foram-lhe «dados». Foi de Afrodite que ele recebeu a graça da beleza, o desejo e o dom de inspirar o amor. Amor e beleza, dons gratuitos, coisas divinas. Páris não permite que os rebaixem, que insultem assim uma divindade. Não escolheu, foi objecto de uma escolha: tem a consciência de ser um eleito. (O facto de ele receber o divino na sua carne não deve impedir-nos de admitir que Páris faz uma experiência religiosa autêntica.)

A partir daqui compreendemos a perfeita coerência do carácter de Páris. A sua paixão não é a de um simples gozador, é uma consagração. Não lhe dá apenas o prazer dos sentidos — embora lho dê, indiscutivelmente —, aproxima-o da condição da divindade. A sua leviandade, a sua indiferença, atingem a serenidade dos deuses bem-aventurados. Não há mais questões a pôr. Desprendido doutros cuidados que não sejam os de Afrodite, vai buscar à consciência de ser o representante dela entre os homens contentamento, plenitude, autoridade. A sua vida é simplificada porque é dirigida.

É certo que, no mundo da guerra onde vive, se comporta como um cobarde. A sua vontade é fraca ou nula. Mas esta fraqueza fundamental, é capaz de a encher completamente a força de Afrodite. Páris achou no abandono à vontade divina uma forma de fatalismo que o dispensa do esforço e o liberta do remorso. A sua piedade justifica a sua imoralidade. E que grandeza no seu apelo ardente a Helena quando Afrodite, depois de o arrancar à lança de Melenau, o transporta ao leito perfumado onde sua mulher, à força, vai ter com ele: «Vamos! deitemo-nos e saboreemos o prazer do amor. Nunca o desejo a este ponto se apoderou de mim, apertando-me a alma. Não, nem mesmo no dia em que, arrebatando-te da tua bela Lacedemónia, ganhei o mar com os meus barcos, e na ilha de Crânao me uni a ti no amor — não, não, nunca como te amo nesta hora em que a volúpia do desejo me possui.»

Afrodite fala pela boca de Páris, Afrodite força cósmica, e confere-lhe grandeza, por mais pobre que seja o instrumento que escolheu — esse cobarde que o povo troiano «revestiria de vontade de uma túnica de pedras!»

A uma distância infinita de Páris, Helena, sensível mais do que sensual, coloca-se, pelo seu carácter, no pólo inverso de Páris. Moral diante do seu amante amoral, resiste à paixão que Afrodite lhe inflige, quereria recusar-se ao prazer que esta a obriga a partilhar. A amoralidade de Páris procedia da sua piedade, a moralidade de Helena revolta-a contra a deusa.

Ambos belos e ambos apaixonados, a sua beleza e a sua paixão são dons que eles não podem afastar e que constituem o seu destino.

Contudo, a natureza de Helena era feita para a ordem e a regra. Ela evoca com pena o tempo em que tudo lhe era fácil, no respeito e na ternura dos laços familiares. «Deixei o meu quarto nupcial, os parentes, a minha família querida... Por isso, entre lágrimas vou penando.» Julga-se a si mesma com severidade, acha natural o juízo severo feito sobre ela pelo povo troiano. Helena ainda se consolaria do seu destino se Páris fosse valente, se tivesse honra, como era o caso de seu marido Menelau, que ela dá como exemplo de coragem ao amante. Nada dispunha pois a moral Helena a desempenhar, na glória que a poesia confere, o papel da mulher adúltera, instrumento de ruína de dois povos. Paradoxalmente, Homero fez desta esposa culpada, por quem Aqueus e Troianos se exterminam, uma mulher simples que só pedia que a deixassem viver obscuramente a sua vida de boa esposa e de terna mãe. Há paradoxo desde que os deuses entram nas nossas vidas — pelo menos estes deuses homéricos que não apreciam muito a moral que nós inventámos para nos defendermos deles. Afrodite apoderou-se de Helena para manifestar a sua omnipotência. Verga a sua vítima sob a dupla fatalidade da beleza e do desejo furioso que inspira aos homens. Helena torna-se a imagem da própria Afrodite.

E é esta inquietação religiosa que se apossa dos homens na sua presença. Qualquer coisa que, por um instante, lança os velhos de Tróia em êxtase e tremor e faz desatinar a experiência. Quando a vêem subir às muralhas onde estão reunidos, estranhamente dizem: «É justo que, por uma tal mulher, Aqueus e Troianos sofram longas provações, porque ela se assemelha, de maneira terrível, às deusas imortais.» Terríveis velhos estes, que justificam a selvática matança de dois povos pela simples beleza de Helena!

Contudo, nem todos os Troianos se enganam. Nem Príamo nem Heitor confundem Helena, mulher simples e bondosa, Helena que se odeia a si mesma, Helena que odeia a sua paixão incompreensível e contudo a ama, como ama Páris, no sentido de que não poderá nunca desligar-se dele — essa Helena que é toda humana, não a confundem com a beleza fatal que está nela como uma labareda destruidora, manifestação da omnipotência divina.

«Para mim», diz Príamo, «não és tu a culpada, mas os deuses.»

Helena não é senhora das consequências da sua beleza. Essa beleza, não a quis ela nem a cultivou. Recebeu-a como uma maldição do Céu, tanto como um dom. A sua beleza é também a sua fatalidade.

A *ILÍADA* E O HUMANISMO DE HOMERO

*

Eis agora, após estas estrelas brilhantes, mas de segunda grandeza, os astros cintilantes da *Ilíada*, Aquiles e Heitor. Nestes dois sóis do poema, Homero ilumina dois modos tão essenciais da vida humana que é difícil vivê-la a uma certa altitude sem participar de um e de outro.

Aquiles aparece em primeiro lugar como uma imagem da juventude e da força. Jovem pela idade (anda pelos vinte e sete anos), é-o sobretudo pelo calor do sangue, pela fogosidade das suas cóleras. Juventude indomada, que cresceu na guerra e que não aceitou ainda nem sequer conheceu o freio da vida social.

Aquiles é a juventude e é a força. Uma força segura de si mesma, que os fracos imploram para se defenderem dos humores dos grandes. Assim faz Calcas, o adivinho, no limiar da *Ilíada*. Interrogado por Agamémnon sobre a causa da peste que caiu sobre a armada, Calcas hesita em responder. Sabe que é perigoso dizer a verdade aos poderosos. Implora a protecção de Aquiles. O jovem herói promete-lhe a sua força sem reserva: «Tranquiliza-te, Calcas. Ninguém entre os Aqueus, vivo eu e com os olhos abertos, levantará contra ti mãos violentas... ainda que designasses Agamémnon, que se glorifica de ser o mais poderoso dos Aqueus.» Eis a primeira imagem de Aquiles, irradiante de força.

Mais adiante, quando, desafiado por Agamémnon, rompe em ameaças, essa força afirma-se com orgulho no amplo juramento (que apenas citarei parcialmente) que Aquiles faz de não mais agir. «Sim, por este ceptro sem folhas nem ramos, que não reverdecerá mais depois que o bronze o cortou duma árvore da montanha... em verdade, por este ceptro entregue aos Aqueus por Zeus para que eles ditem a justiça, e em seu nome mantenham as leis, não tardará que o pesar da ausência de Aquiles invada todos os filhos dos gregos, e tu gemerás de impotência de os salvar quando eles caírem numerosos sobre os golpes mortais de Heitor, e tu sentir-te-ás irritado e dilacerado no mais fundo da alma por teres ultrajado o mais bravo dos Aqueus. — Assim falou o filho de Peleu e, lançando ao chão o ceptro dos pregos de ouro, sentou-se.»

A partir daí, e durante mais de dezoito cantos, a Força está imóvel. Imagem tão impressionante nesta imobilidade mortal para os Gregos, como na sua fúria nos cantos de batalha de Aquiles. Porque nós sabemos que, para salvar o exército, bastaria que Aquiles, que «se sentou», se levantasse. Ulisses, no centro da sua ausência, diz-lhe: «Levanta-te e salva o exército...»

Finalmente, a Força levanta-se. «E Aquiles levantou-se... Uma alta claridade irradiava da sua cabeça até ao Céu, e ele avançou até à borda do fosso. Ali, de pé, soltou um grito, e esta voz suscitou entre os Troianos um tumulto indizível.»

Para pintar a força de Aquiles, Homero tem comparações de grande poder. Aquiles é semelhante a um vasto incêndio que estrondeia nas gargantas profundas da montanha; a espessa floresta arde, o vento sacode e rola as labaredas: assim se precipitava Aquiles, como um deus, matando todos aqueles a quem perseguia, e a terra negra escorria sangue.

Ou ainda tira o poeta, não já de um flagelo natural, mas da imagem dum trabalho pacífico, um ponto de comparação do furor destruidor de Aquiles. «Tal como dois bois de larga fronte calcam a cevada branca numa eira circular e como os grãos sob as patas dos animais que mugem se escapam das hastes frágeis, assim, impelidos pelo magnânimo Aquiles, os cavalos pisavam os cadáveres e os escudos. E todo o eixo estava inundado de sangue e os taipais do carro escorriam das gotas de sangue que saltavam das rodas e dos cascos dos cavalos. E o filho de Peleu era ávido de glória, e o sangue sujava as suas mãos inevitáveis.»

Força destruidora, força maculada de sangue, assim surge Aquiles nos cantos mais terríveis do poema. Aquiles é atroz. Raramente um poeta levou o horror mais longe que em cenas como a da morte do adolescente Licáon. A súplica desta criança desarmada, a lembrança do seu primeiro encontro com Aquiles no pomar de seu pai, a história do seu salvamento inesperado, tudo isto enternece, mas apenas para tornar mais brutal a resposta de Aquiles, mais selvática a morte e mais horrível o gesto de agarrar o cadáver pelos pés e de o lançar aos peixes do Escamandro entre imprecações.

Em tudo isto, é ainda um homem, ou nada mais que um bruto, este filho duma deusa? Um homem em todo o caso, pela sua extrema sensibilidade às paixões. É aqui que está a mola psíquica da força de Aquiles: sensível às paixões, e da maneira mais aguda, devorado pela amizade, pelo amor-próprio, e pela glória, e pelo ódio. A força de Aquiles, o mais vulnerável dos homens, só se declara, com uma violência inaudita, no fluxo da paixão. Aquiles, que parece aos olhos horrorizados de Licáon, aos nossos, tão insensível, tão inflexível, só é inflexível porque está todo ele retesado por uma paixão que o endurece como o ferro, só é insensível a tudo porque é unicamente sensível a ela.

Nada de sobre-humano, nada de divino neste homem, se o divino é o impassível. Aquiles nada domina, tudo sofre. Briseida, Agamémnon, Pátroclo, Heitor — a vida desencadeia nele, destes quatro pontos cardeais do seu horizonte sentimental, uma tormenta após outra, de amor ou de ódio. A sua alma é como um vasto céu, jamais sereno, onde a paixão amontoa e faz rebentar incessantes tempestades.

A calma nunca passa de aparência. Assim, na cena de reconciliação com Agamémnon, Aquiles, para quem este títere que tanto o ulcerou já não conta, está pronto a todas as concessões, até as mais generosas, e de repente, porque tardam em partir, a paixão nova que o possui, a amizade que pede vingança, faz rebentar a calma da superfície. Ele grita: «O meu amigo está morto, deitado na minha tenda, traspassado pelo bronze agudo, os pés para a entrada, e os meus companheiros choram em redor dele... E eu, eu não tenho outro desejo no coração que a carnificina, o sangue e o gemido dos guerreiros.»

Aquiles é uma sensibilidade violentamente abalada pelo objecto que deseja, lamenta ou detesta no momento presente, cega para todo o resto. A imagem passional pode mudar: é Agamémnon, Pátroclo ou Heitor. Mas logo que tomou posse da alma, ela põe em movimento todo o ser e desencadeia a necessidade da acção. A paixão é, em Aquiles, uma obsessão que só pela acção pode ser aliviada.

Este encadeamento — paixão, sofrimento, acção — é Aquiles. Mesmo depois da morte de Heitor, quando parece que a paixão saciada (mas não está na sua natureza sê-lo alguma vez) o deveria deixar em paz.

«Acabada a luta, os soldados dispersaram-se, voltaram às naves, a fim de comer e gozar do suave sono. Mas Aquiles chorava, lembrando-se do companheiro querido, e o sono, que a tudo doma, não o visitava a ele. Andava de um lado para o outro, deplorando a perda da força de Pátroclo e do seu coração heróico. E lembrava-se das coisas realizadas e dos males sofridos em comum, de todos os seus combates e dos perigos enfrentados no mar infinito. A esta lembrança, as lágrimas caíam-lhe, ora deitado de lado, ora de costas, ora com o rosto contra a terra. Depois levantou-se bruscamente, com o coração intumescido de dor, e foi ao acaso pela borda do mar, até ao momento em que, quando a Aurora aparecia por cima das vagas e dos promontórios, atou Heitor atrás do carro e duas vezes em volta do túmulo de Pátroclo o arrastou. Depois voltou à sua tenda para repousar e deixar Heitor estendido, com o rosto no pó.»

Viu-se neste texto como a imagem passional, sobretudo no silêncio nocturno, invade o campo da consciência, faz subir na alma todas as recordações, torna a dor pungente, até que se desencadeie a acção que, por um momento, liberta da angústia.

Eis a primeira chave de Aquiles: paixões fortes que se aliviam graças a violentas ações.

Um homem assim, começa por parecer um puro indivíduo. O demónio do poder, que se alimenta e se acresce de todas as suas vitórias, parece ter-se tornado a lei única da pessoa de Aquiles. O herói quebra e pisa todos os laços que o ligavam à comunidade dos seus camaradas, a todos os outros homens. A paixão, pela acção dissolvente e anárquica que lhe é própria, aniquila nele o sentido da honra, vota-o à mais desumana crueldade. Quando Heitor vencido e moribundo lhe dirige o apelo mais pungente que na *Ilíada* se encontra, rogando-lhe apenas que o seu corpo seja entregue aos seus, Aquiles responde: «Cão, não supliques nem pelos meus joelhos nem pelos meus pais. Tão verdade como eu quereria ter a força de cortar o teu corpo em pedaços e de comer a tua carne crua pelo mal que me fizeste, ninguém afastará dos cães a tua cabeça, ainda que me oferecessem dez ou vinte vezes o teu resgate, ainda que Príamo pusesse na balança o teu peso em ouro... Não, tua mãe não te chorará num leito fúnebre. Os cães e as aves te devorarão todo.»

Neste caminho deserto por onde Aquiles avança, é para a solidão mais inumana que ele marcha. Vota-se à sua própria destruição. Vêmo-lo já na cena em que fala de abandonar o exército, sem cuidar do desastre dos seus. Atreve-se a declarar preferir a velhice à glória. Viver velho, remoendo dia após dia o seu rancor, é negar o sentido da sua vida. Não o pode fazer.

Em verdade, Aquiles ama a vida, ama-a prodigiosamente e sempre no instante e no acto. Sempre pronto a apoderar-se do que ela lhe traz de emoção e de acção, estreitamente cingido ao presente, agarra com avidez tudo quanto cada acontecimento lhe oferece. Pronto para matar, pronto para a cólera, pronto para a ternura e mesmo para a piedade, a tudo acolhe, não à maneira do sage antigo, com uma igual indiferença, mas à maneira duma natureza robusta, faminta, que se alimenta de tudo com igual ardor. Extraindo mesmo do sofrimento a alegria. Da morte de Pátroclo tira ele a alegria da carnificina, e o poeta diz-nos, no mesmo momento, que «uma dor horrível enchia o coração de Aquiles» e que «as suas armas eram asas que o impeliam e erguiam o príncipe dos povos».

Este arrebatamento da vida é em Aquiles tão forte que tudo nele parece desafiar a morte. Nunca pensa nela, a morte não existe para ele, de tal maneira está ligado ao presente. Duas vezes é avisado: se matar Heitor, morrerá. Responde: que me importa? Antes morrer que ficar junto das naves, «inútil fardo da terra». Ao seu cavalo Xanto, que singularmente toma a palavra para lhe anunciar a morte no próximo combate, responde com indiferença: «Para quê anunciar a minha morte?... Sei que o meu destino é morrer longe de meu pai e de minha mãe. E contudo não me deterei antes de ter fartado os Troianos de combates. — Assim falou e, com grandes gritos, impeliu os cavalos para as fileiras da frente.»

A sageza de Aquiles é, aqui, profunda. Ama a vida o bastante para preferir a intensidade dela à duração. É este o sentido da escolha que fizera na juventude: a glória conquistada na acção, eis uma forma de vida que lhe inspira um amor ainda mais violento que uma vida que decorresse sem história. Esta escolha, após um instante de fraqueza, é mantida com firmeza. A morte em glória é também a imortalidade na memória dos homens. Aquiles escolheu viver até nós e para além de nós.

Assim o indivíduo Aquiles se liga pelo amor da glória à comunidade dos homens de todos os tempos. A glória não é para ele apenas um túmulo solene, é sim a pátria comum dos homens vivos.

Há ainda uma cena da *Ilíada*, a mais bela, em que Aquiles, de outro modo, revela a humanidade profunda do seu ser. Uma noite em que trouxera, depois de o ter arrastado atrás do carro, o corpo de Heitor para a sua tenda, recorda, no silêncio, o amigo morto. De súbito, Príamo, o velho pai privado do seu filho, apresenta-se perante ele, com risco da vida. Ajoelha aos pés de Aquiles, «beija aquelas mãos assassinas que lhe mataram tantos filhos». Fala do pai de Aquiles, Peleu, que vive ainda na sua terra distante e se regozija à ideia de que o filho está vivo. Ousa suplicar a Aquiles que lhe restitua o corpo de Heitor para que este receba honras fúnebres. Aquiles é tocado até ao fundo da alma pela invocação de seu pai. Levanta docemente o velho e, durante alguns instantes, choram ambos, um por seu pai e por Pátroclo, o outro por Heitor. Aquiles promete a Príamo restituir-lhe o corpo do filho.

Assim se conclui, numa cena de extrema beleza e de humanidade tanto mais luminosa quanto a não esperávamos de Aquiles, o retrato deste duro herói da paixão e da glória.

*

E agora, admirável Heitor, gostaríamos de falar de ti em termos líricos. Mas Homero, que trata todas as suas personagens com igual imparcialidade, que não faz nunca juízos sobre eles, no-lo proíbe. O poeta quer ser apenas o estanho do vidro, que permite às suas criaturas reflectirem-se no espelho da sua arte.

Contudo, Homero não consegue esconder-nos a sua amizade por Heitor. Ao passo que os traços da pessoa de Aquiles os foi buscar à mais antiga tradição da epopeia, Homero modelou Heitor com as suas próprias mãos, usando talvez, quando muito, um esboço rudimentar anterior. Heitor é a sua criatura de eleição. Mais do que nenhuma outra, o poeta diz nela a sua fé no homem. Não nos esqueçamos também de fixar este ponto: ao escrever um poema no quadro geral da guerra de Tróia, o que implica a vitória dos Gregos, poema no qual não esconde o seu patriotismo helénico, Homero vem a escolher o chefe dos inimigos para encarnar, nele, a mais alta nobreza humana que pode conceber. Há aqui uma prova de humanismo que não é rara entre os Gregos.

Como Aquiles e como a maior parte das personagens de epopeia, Heitor é bravo e forte. Comparações brilhantes, jamais tingidas de sangue, desenham a sua força e a sua beleza. «Tal como o garanhão, alimentado de cevada abundante e longo tempo preso à manjedoura, parte de súbito o laço, e, num galope que faz ressoar o solo, corre a mergulhar-se nas águas do claro rio, e depois, de cabeça erguida, sacudindo as crinas, orgulhoso da sua beleza, salta até onde pastam as éguas, assim Heitor, etc...»

Tão bravo como Aquiles, a bravura de Heitor é no entanto duma qualidade inteiramente diferente. Não é bravura de natureza, mas de razão. Coragem conquistada sobre a sua própria natureza, disciplina que se impôs a si próprio. A paixão de Aquiles pode comprazer-se na guerra; Heitor, esse, detesta a guerra. Di-lo com simplicidade a Andrómaca: teve de «aprender» a ser bravo, a combater na primeira fila dos Troianos. A sua coragem é a mais alta coragem, a única que, segundo Sócrates, merece esse nome, porque, não ignorando o medo, o supera. Quando Heitor vê avançar ao seu encontro Ájax «monstruoso, com o seu sorriso no rosto medonho», não pode reprimir um movimento de temor instintivo. Movimento apenas corporal: o seu coração começa a «bater» mais forte no peito. Mas domina este medo físico. Para

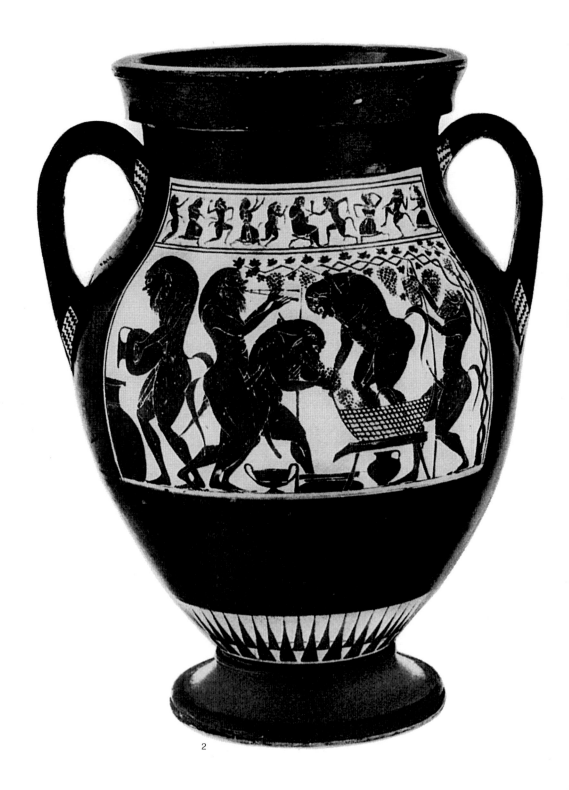

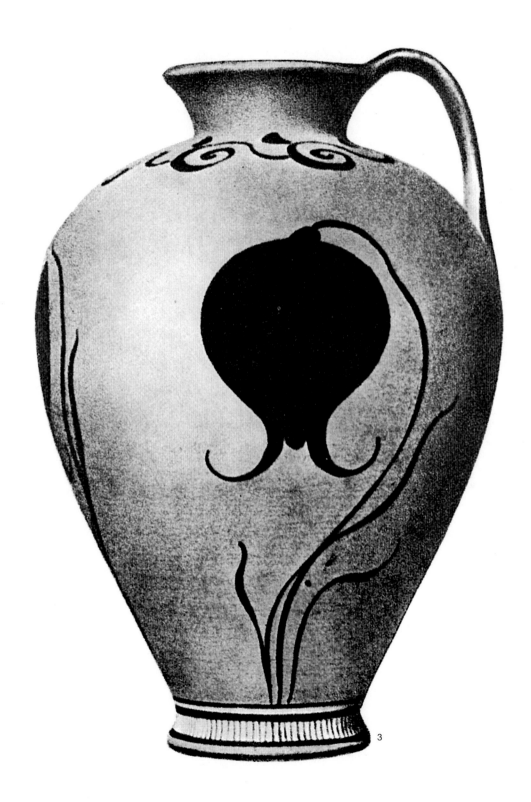
3

vencê-lo, apela para a sua «ciência» do combate. «Ájax», diz, «não procures assustar-me como a uma criança débil... Eu possuo a ciência de tudo quanto diz respeito à batalha. Sei a maneira de derrubar homens... Sei, à esquerda, à direita, opor o escudo de couro que é a minha boa ferramenta de guerra... Sei, no corpo a corpo, dançar a dança do cruel Ares.»

Heitor não ignora a tentação da cobardia. Tendo ficado às portas de Tróia para enfrentar Aquiles, para matá-lo ou ser morto por ele, ainda lhe é fácil afastar as súplicas que, do alto das muralhas, lhe dirigem seu pai e sua mãe para que entre na cidade. Estas súplicas dilaceram-no, representando-lhe o incêndio de Tróia, o extermínio ou a escravização dos seus, que se seguiriam à sua morte. O respeito humano basta-lhe contudo para repelir a tentação. Mas depois, abandonado a si mesmo, estranhos pensamentos, no silêncio do seu coração, perturbam este valente. Pensa na morte certa, se trava combate. Não será tempo ainda de o evitar? Porque não voltar, com efeito, para o abrigo das muralhas? Por um momento, pensa mesmo em implorar a Aquiles, em depor as armas junto da muralha para se oferecer sem defesa ao adversário. Porque não propor-lhe um acordo em nome dos Troianos? (Porque não, realmente?) Durante um momento compraz-se nestas imaginações, pormenoriza as cláusulas dum contrato razoável. De repente, tem um sobressalto. A sua loucura, a sua fraqueza aparecem-lhe claramente. Retoma o domínio de si. «Em que pensa o meu espírito?» Não, não implorará a Aquiles. Não se deixará matar como uma mulher. Não entrará desonrado em Tróia. O tempo dos devaneios passou, tão longe dele agora como os amores da mocidade. «Já não se trata hoje de falar do carvalho ou do rochedo, como o rapaz e a rapariga que ternamente conversam entre si.» Trata-se de olhar a morte de frente, trata-se de saber morrer como um valente. Para lutar contra a cobardia, não há somente o respeito humano, o amor-próprio, há a honra, mais alta que a vida.

Aquiles não precisa de reflectir para ser bravo. Heitor é bravo por um acto de reflexão e de razão.

Esta razão tão firme arranca-lhe por vezes palavras belas. Um dia em que seu irmão Polidamas, odedecendo a um presságio sinistro e aliás verídico, o convida a interromper o combate, Heitor, que não pode duvidar de que o presságio seja seguro, mas que quer combater apesar de tudo, replica-lhe: «O melhor presságio é combater pela nossa terra.» Palavras surpreendentes numa época em que os presságios têm grande autoridade e não se deixam facilmente desafiar, sobretudo para um homem piedoso como Heitor.

Mas só a honra e a razão não explicam Heitor. É preciso falar das fontes profundas, das fontes afectivas da sua coragem. A honra não é para Heitor um conceito do espírito, um «ideal», é combater pela terra que ama, morrer por ela se preciso for, combater para salvar sua mulher e seu filho da morte ou da escravatura. A coragem de Heitor não é a coragem do sage: não se funda, como a de Sócrates, por exemplo, na indiferença pelos bens terrenos, alimenta-se, pelo contrário, do amor que lhes dedica.

Heitor ama a sua pátria. Ama «a santa Ílion e o povo de Príamo de lanças de freixo». Ama-os até ao ponto de os defender contra todas as esperanças. Porque ele sabe que Tróia está perdida. «Sim, eu sei-o, um dia a Santa Tróia perecerá...» Mas o amor, justamente, não se detém em tais certezas: nós defendemos até à última hora aqueles a quem amamos. Toda a acção de Heitor se orienta para a salvação de Tróia. Ao passo que Aquiles não liga importância a sentimentos sociais, Heitor está firme no amor que dedica à sua cidade, aos seus concidadãos, a seu pai, que é também seu rei. A Aquiles, chefe ainda meio selvagem duma tribo em guerra e a quem a guerra ainda mais desciviliza, a quem ela rebaixa por vezes ao nível do bruto, opõe-se Heitor, o filho da cidade que defende o seu território e a quem esta impõe, mesmo na guerra, a sua disciplina social. Aquiles é anárquico, Heitor é cívico. Aquiles quer matar em Heitor aquele a quem odeia. Heitor apenas deseja matar o inimigo mortal de Tróia. «Permitam os deuses», roga ele, ao lançar o seu último dardo, «que tu recebas o ferro da minha lança no teu corpo. A guerra seria menos pesada para os Troianos se eu te matasse: és tu o seu pior flagelo.» A guerra não impede Heitor de ser ao mesmo tempo cívico e *civilizado:* o seu patriotismo não precisa do ódio ao inimigo.

Civilizado é-o ainda no sentido de que está sempre pronto a concluir um pacto com o adversário. Tem o sentimento claro de que o que une os homens pode vencer o que os separa. E diz a Ájax: «Façamos um ao outro gloriosos presentes, para que digam tanto os Aqueus como os Troianos: bateram-se por causa da guerra que devora as vidas e separaram-se depois de terem firmado um pacto de amizade.»

Em Aquiles, que o odeia, Heitor vê ainda um dos seus semelhantes, com o qual não lhe parece quimérico querer tratar: pensa em propor-lhe entregar aos Gregos Helena e os tesouros roubados por Páris, sem falar duma parte das riquezas de Tróia. Não há nisto apenas uma tentação de cobardia. Há também a persistência dum velho sonho de Heitor: um pacto que reconciliaria os inimigos. Há sobretudo essa repulsa profunda pela violência, que inspira toda a sua conduta, mesmo no instante decisivo em que a razão condena imediatamente o projecto como uma fantasia.

Mais tarde ainda, precisamente antes do combate, propõe a Aquiles um último pacto, humano e razoável. Ele sabe que este combate é o último. («Eu te vencerei, ou tu me vencerás», diz.) Mas a ideia do pacto domina-o ainda. «Façamos um pacto e demos o prémio aos deuses. Não penso, por mim, infligir-te monstruosos ultrajes, se Zeus me outorgar resistir e arrancar-te a vida. Apenas te despojarei das tuas armas ilustres, depois entregarei o teu corpo aos Aqueus, Aquiles. Faze o mesmo comigo.»

Aquiles repele-o com brutalidade. «Heitor, não venhas falar-me de pactos entre nós, maldito! Seria o mesmo que falar de acordo leal entre os leões e os homens, entre os lobos e as ovelhas...» E acrescenta estas palavras que marcam bem o sentido da proposta de Heitor, ao mesmo tempo que definem Aquiles: «Não nos é permitido amarmo-nos, tu e eu.»

Ao passo que Aquiles não sai do particular em que a paixão o encerra, Heitor move-se no universal. Este entendimento que ele esboçava, este projecto do pacto, é nada mais nada menos que o princípio, ainda elementar, mas seguro, do direito das gentes.

Mas o amor enérgico que Heitor dedica ao seu país, e que parece já alargar-se à comunidade dos homens, assenta numa base mais profunda e mais viva. Heitor ama os seus. Heitor está solidamente enraizado no amor duma mulher e duma criança. Todo o resto daí deriva. A pátria não é apenas, para ele, os muros e a cidadela de Tróia e o povo troiano (não se trata, escusado seria dizer, duma concepção de Estado a defender), a pátria são as vidas que lhe são preciosas entre todas as vidas, e que ele quer salvar, na liberdade. Nada mais *carnal* que o amor de Heitor pela sua terra. Andrómaca e Astianax são as imagens concretas mais claras, mais peremptórias, da pátria. Ele o diz a Andrómaca antes de a deixar para ir combater:

«Sei que o dia virá em que a santa Tróia perecerá, e Príamo, e o bravo povo de Príamo. Mas nem a desgraça futura dos Troianos, nem a de minha mãe, do rei Príamo e de meus irmãos corajosos, que cairão sob os golpes dos guerreiros inimigos, me afligem tanto como a tua, quando um Aqueu couraçado de bronze te roubar a liberdade e te levar, chorosa. E tu tecerás os panos do estrangeiro, e tu levarás a água das fontes... Porque a dura necessidade assim o há-de querer... E uma grande dor te pungirá ao pensares neste esposo que terás perdido, único que poderia ter afastado de ti a servidão. Mas que a pesada terra me cubra morto antes que eu ouça os teus gritos, antes que te veja arrancada daqui.»

Andrómaca ainda há pouco suplicava a Heitor que não se expusesse ao combate. Agora não pode mais, porque sabe que ele defende a sua mútua ternura. Há nesta última conversa dos dois esposos qualquer coisa de muito raro na literatura antiga: a perfeita igualdade no amor que eles se testemunham. Falam ao mesmo nível, amam-se ao mesmo nível. Heitor não ama em Andrómaca, nem em seu filho, bens que lhe pertençam: ama, neles, seres de um valor igual ao seu.

Tais são os «bem-amados» que Heitor defende até ao fim. Quando está diante de Aquiles — imagem do seu destino —, desarmado e perdido, ainda se bate contra toda a esperança, faz ainda um pacto com a esperança.

É o momento em que já os deuses o abandonam. Heitor julgava ter a seu lado seu irmão Deífobo, mas era Atena que, para o enganar, tomara a forma do irmão. Lançado o último dardo, quebrada a espada, pede uma arma a Deífobo. Mas não há mais ninguém, está sozinho. Então conhece o seu destino, fixa-o agora na deslumbrante claridade da morte. «Ai de mim! eis que os deuses me chamam para a morte. Julgava meu irmão a meu lado, mas ele está nas nossas muralhas. Atena enganou-me. Agora a má sorte está perto, aqui, já não há refúgio... Eis que o destino me arrebata.»

Inteiramente lúcido, Heitor conhece o seu destino, vê a morte de tão perto que lhe parece tocá-la. Mas dir-se-ia que a esta mesma visão ele vai buscar uma força nova. Logo acrescenta: «Eis que o destino me arrebata. Mas, em verdade, não quero morrer sem lutar... Farei qualquer coisa de grande que os homens do futuro saberão...»

O instante da morte é ainda o da luta. Heitor responde ao destino com uma acção de homem — uma acção que a comunidade dos homens considerará grande.

Assim o humanismo de Homero nos propõe nesta personagem uma imagem do homem, ao mesmo tempo verdadeira e exaltante. Heitor é um homem que se define no amor dos seus, no conhecimento dos valores universais, e, até ao seu último suspiro, no esforço e na luta. Parece, ao morrer, lançar à morte um desafio. O seu grito de homem — esse grito de homem em trabalhos de humanidade melhor — quer ele que seja ouvido pelos «homens do futuro», por nós.

A ILÍADA E O HUMANISMO DE HOMERO

*

Aquiles, Heitor: oposição não apenas de dois temperamentos humanos, mas de dois estádios da evolução humana.

A grandeza de Aquiles ilumina-se aos clarões de incêndio de um mundo que parece em vias de desaparecer, esse mundo aqueu da pilhagem e da guerra. Mas estará esse mundo bem morto? Não sobreviverá ele ainda no nosso tempo?

Heitor anuncia o mundo das cidades, das comunidades que defendem o seu solo e o seu direito. Fala da sageza dos pactos, das afeições familiares que prefiguram a vasta fraternidade dos homens.

Nobreza da *Ilíada,* grito de verdade vindo até nós. Altura e justeza que o poema recebe destas duas grandes figuras contrárias de Aquiles e de Heitor. Contradição ligada ao desenvolvimento da história e que bate ainda nos nossos corações.

III

ULISSES E O MAR

A civilização é uma operação de libertação e de conquista. A segunda epopeia que até nós chegou sob o nome de Homero, ilustra uma das mais importantes destas conquistas: a que o povo grego fez do mar, à força de audácia, de paciência e de inteligência. Ulisses (de quem a *Odisseia* tirou o nome) é o herói desta conquista.

Não é certo, é mesmo improvável que a *Odisseia* seja do mesmo autor que a *Ilíada*. Já os antigos o suspeitavam. A língua do poema, os costumes, as crenças religiosas são mais recentes talvez meio século que os da *Ilíada*. Contudo, o nascimento do poema, a sua composição pelo improviso, a sua transmissão primeiro oral no seio de uma corporação de poetas a quem chamavam os Homéridas, tudo se explica da mesma maneira que para a *Ilíada*. O autor que a compôs tirou sem dúvida a matéria de um conjunto de poemas que formavam o vasto ciclo das lendas de Ulisses: ordenando as partes, que ele escolhia segundo as leis da arte, desenvolvendo ou reduzindo, soube dar ao poema que hoje lemos uma forte unidade, que lhe é conferida, em primeiro lugar, pela vigorosa personalidade do herói. Sem Ulisses, a *Odisseia* não seria mais que uma colecção de contos e aventuras de desigual interesse. Mas não há nenhum destes contos, nenhuma destas aventuras — cujas origens são muito diversas e se perdem por vezes na noite do folclore primitivo da humanidade —, não há nenhuma destas narrativas que não nos fale da coragem ou da astúcia ou da inteligência ou da sageza de Ulisses. O autor da *Odisseia*, aquele que a compôs, modelou, orientou uma matéria poética ainda informe, subordinando tudo, acção, episódios e personagens a Ulisses, aquele também que fixou pela escrita esta obra assim recriada, é um altíssimo artista. Mais ainda que um grande poeta. Pode-se fixar, muito proximamente, a data da composição da *Odisseia* na segunda metade ou mesmo nos finais do século VIII antes da nossa era. (Os sábios estão muito longe de chegar a acordo sobre esta data.) Escrita na mesma época da descoberta e da conquista do Mediterrâneo ocidental pelo povo grego, ainda que finja ignorá-las, a *Odisseia* é o poema da classe ascendente dos navegadores, mercadores e marinheiros, antes de se tornar a epopeia nacional do povo grego.

O nome do seu autor importa-nos pouco. Não há aliás nenhum inconveniente em dar o mesmo nome, Homero (que era talvez uma espécie de nome familiar de todos os membros dos Homéridas), aos autores diferentes da *Ilíada* e da *Odisseia*. Mais de vinte e cinco séculos o fizeram antes de nós e isso não os impediu de apreciar as belezas destas obras-primas.

*

Sabe-se que os Gregos, ao chegarem ao seu país, não conheciam já nem o mar nem o uso dos barcos. Os Egeus, seus mestres na arte náutica, usavam há séculos barcos a remos e à vela, descobriram os principais «caminhos do mar», como diz Homero. Os que conduziam à costa asiática, os que levavam ao Egipto, e, mais longe, os que abriam, a partir da Sicília, o acesso ao Mediterrâneo ocidental. Por estes caminhos, os Egeus praticavam formas elementares de comércio, aquela a que se chama por exemplo «troca muda», segundo a qual os marinheiros depõem na praia os produtos que querem trocar e, voltando aos seus barcos, esperam que os indígenas tenham deposto produtos de valor igual, após o que — muitas vezes depois de várias tentativas — as mercadorias são trocadas. Mas a forma mais primitiva e mais frequente do comércio egeu ainda foi a simples pirataria. Os piratas pelasgos ficaram famosos durante muito tempo na tradição helénica: na realidade, tiveram temíveis sucessores.

Os Gregos propriamente ditos — é preciso repeti-lo — só lentamente, durante séculos, retomaram as tradições marítimas dos Egeus. Eram, acima de tudo, terrestres. Sem desdenhar a caça nem os seus magros rebanhos, tinham de aprender a cultura do solo antes da cultura do mar. Cedo a economia puramente agrícola deixou de bastar-lhes. Tiveram necessidade, tiveram desejo de produtos naturais e fabricados que só o Oriente podia proporcionar-lhes. Os nobres desejaram ouro em lingotes, jóias, tecidos bordados ou tingidos de púrpura, perfumes. Por outro lado, o Ocidente oferecia terra a quem queria tomá-la, e muito boa, dizia-se. Havia muito para tentar os indigentes, que já abundavam na jovem Grécia. Mas parece que a necessidade de certos metais contribuiu, mais que qualquer outra coisa, para impelir os Gregos para o mar. O ferro não era abundante na região. Sobretudo, o estanho faltava totalmente, tanto na Grécia como nos países vizinhos. Ora, este metal, que entra, com o cobre, na composição do bronze, era o único capaz de produzir, graças a esta liga, um bronze tão belo como resistente.

Se a espada de ferro, a partir da invasão dos Dórios, triunfara do punhal de bronze, é ainda o bronze que continua a ser no século VIII, e mais tarde, o metal por excelência da armadura defensiva do soldado pesado. Armadura de quatro peças: elmo, couraça dos ombros até ao ventre, perneiras nas canelas, escudo no braço esquerdo. Durante o tempo que esta nobre armadura reinou nos campos de batalha, o estanho era necessário àqueles que a usavam.

Foram pois nobres ousados, oriundos dos velhos clãs, que tomaram o comando das primeiras expedições de comércio. Só eles tinham meios para mandar construir e equipar barcos. Estes ricos terrestres não se enfadavam também de deitar a mão a esta nova fonte de riqueza, o comércio. Mas não bastava que tomassem o caminho do mar: precisavam de remadores, de homens de equipagem, de traficantes e de colonos. A massa dos sem-terra e dos sem--trabalho que pululavam na Grécia deu-lhes o núcleo das suas lucrativas expedições.

Mas onde encontrar esse raro estanho que exerce nos homens do século VIII uma espécie de fascinação? Em dois locais somente, pelo menos no Mediterrâneo. Ao fundo do mar Negro, na Cólquida, no sopé do Cáucaso. Mileto, a grande cidade marítima da Jónia, tomou, depois doutras, este caminho oriental do estanho: com as minas do Cáucaso alimentou a sua metalurgia e a dos povos vizinhos. Mas havia um outro caminho do estanho, muito mais perigoso e desconhecido que a velha rota dos estreitos asiáticos: aquele que, contornando a Grécia pelo sul e metendo pelo mar sem ilhas, ia procurar para além do perigoso estreito de Messina, e, seguindo as costas da Itália, o estanho das minas da Etrúria. Foi este o caminho das grandes cidades dos senhores da metalurgia, Cálcis, na Eubeia, e Corinto.

Esta rota ocidental é também a do périplo de Ulisses, e foi sem dúvida para o público de aventureiros, de marinheiros, de colonos que o seguiam e também para esses ricos negociantes, essa oligarquia militar a quem o fabrico das armas apaixonava, que se compôs a nossa *Odisseia*. Ulisses tornava-se a guarda avançada desta multidão díspar de marinheiros, mercadores e aristo-cratas-industriais.

*

Contudo, a nossa *Odisseia* não conta em termos claros a história da conquista do estanho. Faz o que fazem todas as epopeias. Transporta para um passado mítico as descobertas surpreendentes que um marinheiro fazia, cinquenta ou cem anos antes (que podia fazer ainda, pensava-se), nos caminhos marítimos do Ocidente. Homero explora as narrativas dos navegadores que tinham explorado este mar desconhecido, cujas fábulas corriam por todos os portos — histórias de povos gigantes, de ilhas flutuantes, de monstros que devoram e despedaçam as naves. Por duas vezes o seu Ulisses encontra a ilha da feiticeira. E há também a história da planta que faz esquecer ao marinheiro a pátria. A *Odisseia* está repleta de tais narrativas, como delas estão cheias as *Mil e Uma Noites*. Há nela, quaisquer que sejam a proveniência, a base histórica ou geográfica, contos que nada têm que ver, originalmente, com o regresso de Tróia do chefe aqueu Ulisses, ponto de partida da nossa história, e que são muito mais antigos que ele.

O Ulisses da *Odisseia* é um bom soldado, um chefe de grande autoridade que impõe a disciplina aos Tersitas do exército, um orador subtil, um diplomata. Nada o aponta como grande marinheiro. Na *Odisseia*, pelo contrário, todas as aventuras no género das de Simbade ou de Robinson Crusoé, que a imaginação popular das gentes do mar tinha forjado, parecem despejar-se sobre a sua cabeça. Atrai-as, torna-se «o homem que viu os povos numerosos, conheceu os seus costumes, suportou os males do mar, salvando a sua vida e a da sua gente». Torna-se o aventureiro dos mares, o homem «que errou por todos os lugares», o herói que sofreu sobre o mar «indizível». Torna-se assim o antepassado e o patrono dos marinheiros perdidos nos mares do Ocidente, o legendário precursor desses corajosos aventureiros para quem Homero canta.

Mas outros elementos, anteriores ainda a estes contos de marinheiros, anteriores mesmo à navegação mediterrânica, entram na composição da figura de Ulisses. Ulisses é o herói do conto popular do regresso do esposo. Um homem partiu para uma longa viagem. Ser-lhe-á a esposa fiel e reconhecê-lo-á no regresso? Tal é o nó deste conto antigo, que se encontra igualmente nos escaldos escandinavos e no *Râmayana*. O marido que regressa, envelhecido ou disfarçado, e é reconhecido por três sinais que garantem a sua identidade. Os sinais variam de uma para outra versão do conto. Mas vêem-se muito bem, na *Odisseia*, os três sinais da versão que Homero conheceu. Só o marido é capaz de esticar o arco que possuía. Só ele sabe como foi construído o leito nupcial. Finalmente, tem uma cicatriz que só a esposa conhece — sinal que deveria ser o último do conto, porque assegurava o reconhecimento dos esposos duma maneira definitiva. Tal era a ordem provável dos sinais no conto seguido por Homero. O poeta utilizou-os em três cenas particularmente dramáticas do poema, mas invertendo-lhes a ordem, modificando-lhes o alcance, variando--lhes as circunstâncias. Nos contos populares, os acontecimentos produzem-se quase sempre em séries de três. Esta repetição de três sustenta a atenção duma curiosidade ingénua. Homero, em vez de acentuar o efeito de repetição, varia tanto quanto possível as circunstâncias dos três sinais. Só o sinal do leito nupcial é utilizado para o reconhecimento dos dois esposos, na cena admirável em que Penélope, ainda desconfiada, arma uma cilada a Ulisses. Ordena a Euricleia que transporte o leito nupcial para fora do quarto de dormir. Ulisses estremece. Ele próprio o construiu em tempos, afeiçoando os pés da cama num tronco de oliveira que as raízes ligam ao solo. Sabe que a ordem não pode ser executada, salvo se um miserável cortou a oliveira pela base. Di-lo, e desta maneira se faz reconhecer pela mulher. O sinal do arco é utilizado na grande cena do concurso entre os pretendentes. Ulisses, ao esticar o arco que ninguém pôde retesar, e ao lançar a sua flecha contra Antínoo, faz-se reconhecer pelos pretendentes, a quem lança o seu nome como um desafio. Finalmente, o sinal da cicatriz é utilizado, antes de nenhum outro, numa cena inesperada, para nós e para Ulisses: a cicatriz fá-lo ser reconhecido por Euricleia, a velha serva, na cena em que ela lhe lava os pés — o que provoca uma grave peripécia na acção e faz perigar o plano sabiamente combinado de Ulisses.

Assim a arte de Homero enriquece de circunstâncias vivas, imprevistas e diversas, os elementos que ele recebe «em série» do conto do regresso do esposo.

Tais são algumas das origens longínquas da *Odisseia*, poema do regresso de um homem à sua pátria.

*

É inútil contar uma vez mais este poema tão conhecido. Não esqueçamos no entanto que Ulisses não é mais que um proprietário rural muito ligado ao seu domínio, como a Penélope, sua mulher, cortejada por vizinhos na sua ausência, como a Telémaco, seu filho, a quem deixou ainda pequeno, ao partir. Conquistada Tróia após dez anos de cerco, Ulisses só pensa em regressar o mais depressa possível. Mas tem de dar a volta à Grécia para chegar à sua ilha de Ítaca. É então, no cabo Maleia, que uma tempestade o atira para os mares do Ocidente, na direcção da Sicília, da Sardenha, da África do Norte, que, nos séculos que se sucedem à guerra de Tróia, se tornaram regiões para além do mar desconhecido, terras assustadoras e povoadas de monstros. Assim, forçadamente, este terrestre se torna marinheiro. Mas ele só pensa no regresso, na sua Ítaca, na sua família, nas suas terras.

A *Odisseia* é o relato dos dez anos deste regresso, é a luta contra as ciladas do mar, é depois, quando chega a casa disfarçado, a luta contra os pretendentes que lhe assediam a mulher, lhe devoram os bens, instalados na sua própria casa, e que ele chacina com a ajuda de seu filho de vinte anos e de dois servidores fiéis a quem lentamente, prudentemente, se revela. A *Odisseia* é a restruturação de uma felicidade familiar. Mas, para isso, quantos esforços e combates!

O mar do Ocidente é para os homens desse tempo uma realidade temível, ainda indomada. Inúmeros perigos esperam os homens que por ele se aventuram. Há correntes que arrebatam os barcos, tempestades que os despedaçam nos estreitos ou contra os rochedos dos cabos, ou então, fulminada pelo raio, a nave enche-se de enxofre e a equipagem é atirada ao mar. Ou então, ainda, é o céu que se esconde, as estrelas-bússolas que se furtam, e já ninguém sabe se está «do lado das trevas onde o sol se afunda sob a terra, ou do lado da aurora donde ele emerge». São estes alguns dos riscos quotidianos que Ulisses defronta. Mas há também os piratas que esperam os barcos nos estreitos, que os pilham, e que vendem os marinheiros como escravos. Ou os selvagens que trucidam os marinheiros desembarcados numa costa desconhecida. Ou os antropófagos.

E com que barco se aventuram Ulisses e os seus no mar assustador? Um barco sem coberta, que apenas possui uma vela, a qual só pode servir com vento pela popa. Impossível navegar com vento pela frente, fazendo bordos. Se o vento é contrário, nada mais se pode fazer que remar, o que exige um esforço esgotante. Tenta-se, quase sempre, seguir ao longo da costa, na falta de outra carta que não sejam as constelações celestes, e sobretudo por causa dos víveres. Apenas se pode levar um pouco de pão — uma espécie de bolacha — e pouquíssima água. Isto exige escalas quase diárias e, muitas vezes, longas buscas em terra desconhecida para descobrir uma fonte. A não ser que se pendure no alto do mastro uma pele de carneiro que durante a noite se impregna de orvalho e que é depois espremida para conseguir uma gamela de água.

Assim é a vida do marinheiro grego do século VIII, uma vida de cão, em que o homem está entregue sem defesa à mais temerosa das forças naturais.

Ulisses que — segundo a lenda — precede os conquistadores do mar nas rotas do Ocidente, avança como um herói para terras que, logo depois dele, vão povoar-se de cidades gregas. Mas avança ainda através das narrativas que dele contam as gentes do mar, para regiões fabulosas, todas eriçadas de perigos fantásticos que, na imaginação popular, duplicam ainda os perigos.

Na costa da Itália não há apenas os selvagens antropófagos, há o povo dos Ciclopes, gigantes de um só olho que vivem do queijo e do leite dos seus rebanhos, comendo também estrangeiros se a ocasião se proporcionar.

Nas ilhas do mar há também as belas deusas-fadas que retêm os navegantes nas delícias e nas armadilhas dos seus amores. Entre elas, a deusa Circe que, no momento de se entregar aos homens que a desejam, lhes bate com a varinha e os transforma em leões, lobos ou outros animais. É a desgraça que acontece à maior parte dos camaradas de Ulisses, que são transformados em porcos. Mas Ulisses nunca abandona os seus. Corajosamente, ajudado pelo deus Hermes, apresenta-se no palácio da deusa, sobe à cama dela, ameaça-a com a espada e arranca-lhe o segredo do encanto. Os companheiros, que o julgavam perdido, acolhem-no «como os bezerros acolhem a manada das vacas que, de ventre repleto, tornam ao estábulo: saltam ao encontro delas, estendem o focinho, as varas do cerrado não podem contê-los, e mugindo rodeiam as mães».

Outras deusas habitam as ilhas do mar. Há a ninfa Calipso. Lançado na margem próxima da gruta da ninfa, Ulisses apaixona-se por ela, como um navegador dos mares austrais se apaixonaria por uma bela polinésia. Mas cansa-se mais depressa da sua conquista que a própria ninfa que, durante sete anos, guarda todas as noites no seu leito o mortal audacioso a quem ama e que um naufrágio privou do meio de a deixar. Todos os dias, porém, Ulisses se vai sentar num rochedo da margem e olha sem fim a extensão sem limites que o separa da terra pátria, da mulher, do filho, do seu domínio plantado de vinhas e de oliveiras. Calipso acaba por ser obrigada, por ordem de Zeus, a deixá-lo partir. Dá-lhe um machado, um martelo, cavilhas, com os quais ele constrói para desafiar a vasta extensão, não sem medo, uma simples jangada.

Há ainda, numa outra ilha do mar, as Sereias: são mulheres-aves-fadas que atraem os marinheiros cantando com uma voz maravilhosa e depois os devoram. No prado, diante delas, vêem-se ossos amontoados. Nenhum navegador que tivesse passado ao largo desta ilha pôde resistir ao apelo da mágica voz. Ulisses quer escutar o canto inaudito das sereias, mas não ser vítima delas. Reflecte, como é seu costume, descobre o meio de ter o que deseja e de evitar o que teme. Tapa com cera os ouvidos dos seus marinheiros e faz-se atar ao mastro do barco. Assim, para saborear uma beleza interdita ao comum dos mortais, Ulisses enfrenta um risco terrível e triunfa. Único entre os homens, ouviu sem perecer a voz das Aves-Mágicas.

Estas últimas histórias, de que o poeta da *Odisseia* fez maravilhosas narrativas, mostram que, para o povo grego da época homérica, o mar, por mais cheio de perigos que fosse, não tinha menos atractivos. Ulisses teme o mar, mas também o ama e quer possuí-lo no prazer. Esta extensão sem limites, cujo pensamento, diz ele, lhe «despedaça o coração», é também a grande sedutora. Oh! sem dúvida, em primeiro lugar, por causa do proveito que dela se tira. É para além do mar, diz, que «se amontoam numerosos tesouros»; é «percorrendo uma vasta parte do mundo que se traz para casa o esplendor do ouro, da prata e do marfim».

Por vezes, este Ulisses que só pensa em voltar para casa, parece ter pena de deixar uma certa ilha deserta que «ninguém pensou em cultivar», o que o espanta. Já em imaginação dispõe as diversas regiões da ilha ainda selvagem: aqui, prados húmidos, de terra mole; além, belos vinhedos; mais adiante, campos onde a lavoura seria fácil e que produziriam belas colheitas. Apanha um punhado de terra e verifica que há «gordura debaixo da terra». Admira o porto tranquilo, defendido do vento e da vaga, de tal maneira que os barcos nem sequer teriam necessidade de amarras. Ulisses, o terreno, parece ter alma de colono. Vê já crescerem nestas terras distantes (ainda desertas ou povoadas de monstros) as cidades que o povo construirá (que começa já a construir).

Assim o além do mar, tão forte como o medo, exerce a sua atracção. E não é apenas o gosto do lucro que surge na lenda odissaica, é a infinita curiosidade do povo grego pelo mundo e suas maravilhas. Ulisses não resiste nunca ao desejo de ver coisas estranhas. Porque penetra ele na caverna do Ciclope, apesar das súplicas dos companheiros? Ele o diz: em parte porque espera obter dele, por persuasão, os presentes de hospitalidade que é uso oferecer aos estrangeiros, mas sobretudo porque quer ver esse ser estranho, esse gigante que não é «um comedor de pão». Do mesmo modo, quer *ver* Circe e quer *ouvir* as Sereias. Há em Ulisses um profundo sentimento de espanto em relação ao mundo e ao que ele contém. Ulisses, como todos os primitivos, pensa que a natureza está cheia de mistérios, e tem medo dela — e o seu medo povoa-a de monstros. Mas quer ir ver esse mistério: quer devassá-lo e conhecê-lo. E, finalmente, dominá-lo e tornar-se senhor da natureza. É nisto que Ulisses é um homem *civilizado*.

*

Antes de conquistar o mar, de domar o mar e os caminhos do mar, Ulisses defronta-o naquilo em que ele é temível e sedutor. É dos seus sonhos e das suas esperanças que ele o povoa, assim como dos seus temores. Imagina-o, e de algum modo reinventa-o, carregado das maravilhas que cabe talvez ao homem descobrir ou inventar um dia. É este poder de reinvenção do mundo e do homem que dá todo o valor, todo o encanto a um dos episódios mais belos da *Odisseia*, a aventura de Ulisses na terra dos Feaces, o seu encontro com Nausica.

Quem são estes Feaces? Não os procuraremos em nenhuma carta. É um povo de homens felizes que habitam, no seio do mar enfim domado, uma terra maravilhosamente fértil, onde vivem em sabedoria e em simplicidade. A terra dos Feaces — que se chama Esquéria — é um El-Dorado, é uma ilhota da idade do ouro poupada pelo tempo: a natureza e a arte rivalizam ali em belezas, em esplendores, em virtudes.

No grande pomar do rei Alcino, nunca as árvores deixam de produzir em todas as estações. «Lá, cresciam grandes árvores de altas ramagens, que produziam a pera e a romã, as belas laranjas, os doces figos e as verdes azeitonas. E nunca os frutos faltavam, de Inverno como de Verão. O bafo do Zéfiro fazia rebentar uns e amadurecer outros, a pera nova após a velha pera, a maçã após a maçã, o cacho após o cacho, o figo depois do figo.»

Quanto ao palácio de Alcino, brilha de uma luz que parece de sol e de lua. O oiro, a prata e o bronze ali resplandecem. Cães de oiro, mas vivos, obras-primas do deus Hefesto, guardam as portas. É um conto de fadas, este palácio. Neste El-Dorado, os costumes são também de ouro, o coração de Nausica é de ouro e toda a família é digna do paraíso terrestre. A navegação *feace* ficou nessa idade de ouro imaginada pelos infelizes marinheiros que remam contra ventos e vagas grossas: as naves dos Feaces são barcos inteligentes. Conduzem o marinheiro aonde ele quer ir, sem temer as avarias nem a perda entre as brumas.

Tal é Esquéria, que, ainda por cima, é a pátria da dança e do canto. Sem dúvida, há aqui uma parte de sonho, de conto de fadas, mas há também, no engenhoso povo grego, a ideia confusa, a imaginação clara de que os homens poderiam um dia fazer da terra um jardim maravilhoso, um país de paz e de sabedoria, no qual levariam uma vida de felicidade...

Mas a maravilha de Esquéria ainda é Nausica, essa filha de rei, de tão graciosa simplicidade, igualmente capaz de fazer a barrela e de acolher com dignidade um estrangeiro nu como um selvagem que sai do bosque para lhe falar. Na véspera, Ulisses, atirado para a costa por uma tempestade, deitara-se sob os ramos na orla do bosque. Entretanto, nessa noite, Nausica teve um sonho. Atena dá-lhe a entender que ela breve casará e que deve, para o dia da boda, lavar a roupa da família no regato junto ao mar. Nausica vai falar ao pai e diz-lhe:

«Meu querido pai (em grego: *Pappa philé*), não quererás tu mandar preparar-me um carro que me conduza à beira-mar, onde devo lavar a roupa? Tu precisas de roupa lavada para ires ao Conselho. E meus três irmãos, que ainda não são casados, não querem ir ao baile sem roupa lavada de fresco.» No entanto, Nausica «cora de mencionar diante do pai as suas núpcias floridas». Mas o pai adivinhou-a e responde-lhe: «Minha querida filha, não te recusarei nem um carro... nem coisa alguma.»

Nausica parte pois com as servas e a roupa. Lavam-na calcando-a com os pés no regato, estendem-na nas pedras da margem. Merendam, depois jogam à bola. Mas uma bola cai no rio. Todas as raparigas gritam, e Ulisses acorda. Sai do bosque, tendo apenas o cuidado de partir um ramo para esconder a sua nudez sobre as folhas. As servas assustadas fogem para longe. Só Nausica não se mexe e espera firmemente o estrangeiro. Ulisses aproxima-se e faz à rapariga, a quem quer conquistar para o seu projecto, mas sem a assustar, um discurso «cheio de mel e habilidade». Ele diz: «Sejas deusa ou mortal, ó rainha, suplico-te! Se és uma das deusas que habitam o vasto céu, penso que deves ser a filha de Zeus, Ártemis, de quem tens a estatura, o talhe e a beleza. Mas se és uma das mortais que habitam a terra, três vezes felizes teu pai e tua nobre mãe, três vezes felizes teus irmãos. O seu coração deve encher-se de alegria quando eles vêem um tão belo ramo de verdura como tu entrar na dança. Mas mais feliz que ninguém no mundo, o marido que merecer levar-te para a sua casa... Um dia, em Delos, vi um jovem tronco de palmeira de extrema beleza que, brotando do chão, subia para o céu. E, olhando-o, muito tempo fiquei estupefacto de que uma coisa tão bela tivesse saído da terra... Assim, rapariga, te admiro e estou cheio de espanto, e tenho medo de tocar os teus joelhos...»

Depois disto conta-lhe uma parte das suas desgraças, mas sem lhe dizer o nome, e pede-lhe que o conduza ao pai. O resto passa-se como tinha de passar-se. Ulisses, estrangeiro e desconhecido, é recebido com generosidade pelo povo de Feaces. Conta então a sua história, diz quem é. Reconduzem-no à sua pátria, onde terá ainda duros combates a travar contra os senhores que lhe pilham a casa, a pretexto de quererem casar com a mulher. Reconstrói enfim a felicidade ameaçada, à força de coragem, de inteligência e de amor.

Tais são alguns dos aspectos desta *Odisseia* que se tornou o poema mais popular de um povo de marinheiros — aquele em que as crianças gregas, que aprendiam a nadar logo que sabiam andar, aprendiam também a ler, decifrando-o e recitando-o em coro.

Este poema do marinheiro, feito com a experiência recente que um povo terreno tinha do mar, este poema feito de lutas e de sonhos, é também um poema de acção. Na pessoa de Ulisses, lança um povo curioso e bravo à conquista cada vez mais vasta do mar. Poucas gerações após a *Odisseia*, o Mediterrâneo, do Oriente ao Extremo Ocidente, será um lago grego cujas rotas principais estarão para o futuro demarcadas e conquistadas. Assim a poesia grega se liga sempre à acção: dela procede e a guia, dá-lhe uma firmeza nova.

*

Seria insuficiente dizer que a *Odisseia* é somente o poema do marinheiro. Ulisses é muito mais. Nele se encarna uma das atitudes essenciais do homem frente à natureza e frente àquilo a que se chama ainda destino. Diante dos obstáculos de toda a espécie que se lhe deparam, Ulisses sempre medita, e antes de agir reflecte. É esse o seu primeiro movimento no ponto mais agudo do perigo. Astuto como um selvagem, dir-se-á. Não, porque nesse plano elementar da inteligência que é a astúcia, ele usa de um requinte, atinge uma perfeição que só a ele pertencem. Um ardil de Ulisses é a solução simples e elegante de um problema: solução que satisfaz inteiramente o espírito. Vejamos.

Problema: Alguns homens estão encerrados numa caverna fechada por um rochedo que não podem deslocar, com um gigante de um só olho que quer comê-los e carneiros que têm de ir para o pasto. Raciocínio: Só o gigante pode tirar a pedra, logo, não devem matar o gigante, mas sim servirem-se dele tornando-o inofensivo, logo, uma vez que ele só tem um olho, cegá-lo; para tal, mergulhá-lo num profundo sono, logo, embriagá-lo; prever o caso de ele pedir auxílio, logo, sugerir-lhe sem que disso se aperceba uma resposta negativa à pergunta provável dos companheiros; por fim, sair da caverna com o único factor do problema que forçosamente tem de sair, que o Ciclope tem de deixar sair: os carneiros. Para encontrar a solução, Ulisses não esquece nenhum dos dados materiais e psicológicos do problema: utiliza não apenas a estaca de oliveira e o odre de vinho, mas a sua arma mais segura, a palavra. Assim, o breve discurso que acompanha a oferta ao Ciclope de provar o vinho, contém exactamente as palavras necessárias: são censuras, as considerações morais de um homem ofendido, assaz verosímeis para fazer que o Ciclope passe por cima da inverosimilhança de um presente. Utilizando pois todos os factores do problema, Ulisses deduz com uma elegância perfeita a única solução possível. E com efeito não há outra. A história é conduzida *more geometrico*. No entanto, este carácter matemático do desenvolvimento da astúcia não impede um luxo de pormenores. A operação é conduzida com mestria: uma estaca endurecida ao lume gira alegremente, sob o esforço de Ulisses e dos seus, no olho do Ciclope. As raízes do olho fervilham. Não esqueçamos algumas mentiras de puro ornamento, e benefícios acessórios. Entre outros, os carneiros que Ulisses não esquece e que transporta para o barco. Há sobretudo o extraordinário prazer que extrai do seu ardil, quer enquanto o executa, quer depois. Ainda está na caverna e já a invenção do nome de Ninguém que ele atribui a si mesmo, para todos os efeitos úteis, o enche de alegria. «E o meu coração rebentou a rir porque o meu ardil irrepreensível o tinha enganado.» E, no momento em que ganha o mar, não resiste ao prazer, apesar do terror dos companheiros, de interpelar o Ciclope e, se assim se pode dizer, assinar a sua astúcia. Envia-lhe o seu cartão através do espaço: «Ulisses, filho de Laertes, destruidor de cidadelas e proprietário em Ítaca.»

Numa outra circunstância, muito mais patética que a aventura com o Ciclope, onde se introduz uma nota de humor, Ulisses conserva um domínio de si mesmo que se impõe pela grandeza. É na tempestade que o vai lançar na costa da ilha dos Feaces. Já o Noto e o Bóreas, o Euros e o Zéfiro brincam com a sua jangada desconjuntada como uma bola. Agarrado a uma trave, é ela o único apoio que lhe resta, quando aparece de súbito, saindo da água, a deusa Ino que lhe oferece o auxílio divino, sob a forma de um véu que lhe sustentará os movimentos se ele se lançar à água. Cuidado! diz consigo Ulisses. Será uma cilada? Será a salvação que a deusa me oferece? Sobre o destroço da jangada, reflecte, e conclui: «Enquanto a minha trave aguentar, aqui ficarei, a suportar e a sofrer. Mas logo que o mar me arrancar este apoio, deito-me a nadar. Não tenho outra esperança... É, creio eu, o mais sensato...» Assim Ulisses, que crê nos deuses, embora os saiba pérfidos tanto quanto favoráveis, não se fia senão em si próprio, em primeiro lugar... Atirado ao mar, nada ainda dois dias, nada com os seus quatro membros de homem, toma pé na foz de um rio. A recompensa coroa o esforço.

A arma de Ulisses na luta encarniçada que travou com o mar e com a sorte, para lhes arrancar a sua parte de felicidade, é sempre, com a coragem, a *inteligência*. Uma inteligência *prática*, uma arte superior de utilizar em seu proveito os homens e as coisas, sem esquecer os deuses, uma inteligência capaz de fabricar a salvação com um odre de vinho, uma estaca de oliveira colocada no sítio próprio, com traves, cavilhas e tábuas que ele reúne a grandes golpes de martelo. Sobretudo, capaz de a fabricar com esse subtil conhecimento dos homens em que é exímio, com um cumprimento bem torneado, um discurso esperto, uma mentira a que o poeta chama «irrepreensível», com os sentimentos que inspira: o nascente amor de Nausica, a juvenil dedicação de seu filho, a terna fidelidade da mulher, a lealdade a toda a prova dos seus velhos servidores, o porqueiro Eumeu e a ama Euricleia, outros ainda...

Ulisses é a inteligência prática, capaz de invenção. Não o conhecimento desinteressado do mundo, mas o dom e a vontade de encontrar uma resposta às circunstâncias, de fabricar, como diz o grego, *máquinas* erguidas contra as coisas, máquinas contra a hostilidade da sorte contra os obstáculos de toda a espécie colocados no seu caminho pelos deuses e pelos seus inimigos e que o separam a sua felicidade. Um dos principais epítetos de Ulisses é «grande maquinista».

Decidiu ir buscar essa felicidade, reconstruí-la, como noutro tempo construíra com as suas próprias mãos o leito nupcial. Ulisses é o *homo faber*, é a inteligência artesã, obreira. Vêmo-lo, no decurso da *Odisseia*, segador, carpinteiro, piloto, pedreiro, seleiro: maneja o machado, a charrua e o leme com a segurança com que maneja a espada. Mas a obra-prima deste bom artífice, é ainda a felicidade familiar, a felicidade patriarcal dos seus súbditos, que são seus amigos — felicidade que ele reconstrói com a ferramenta da sua «inteligência sem falha», como diz Homero.

Ulisses encarna a luta que a inteligência humana trava para organizar a felicidade dos homens num mundo cujas leis são para ele outras tantas Caríbdis e Cila. O seu esforço anuncia o esforço da ciência para conservar a vida do homem e aumentar o seu poder sobre o mundo. Ao criar a personagem de Ulisses, Homero e o povo grego fizeram acto de confiança no valor e no poder da inteligência.

IV

ARQUÍLOCO, POETA E CIDADÃO

A poesia lírica expande-se em resplandecências ao longo dos séculos VII e VI. Nem mesmo a tragédia lhe diminui o brilho.

Lirismo, no duplo sentido da palavra lírico. Sentido antigo: esta poesia cria as formas múltiplas de versos e de estrofes destinados ao *canto*. Sentido moderno: a poesia, pela primeira vez, exprime directamente as emoções do poeta, responde, através do canto, aos acontecimentos da sua vida, é *pessoal*.

Estes dois sentidos unem-se um ao outro. É a mobilidade, é a variedade da vida afectiva, ligada ao presente, que ordenam ao mesmo tempo a flexibilidade do ritmo e a sua estreita ligação com o canto. Mesmo privada do acompanhamento da música, a poesia lírica moderna continua a ser canto.

Este domínio lírico, de extrema riqueza e abundância, é hoje um dos mais devastados da antiguidade grega. Há que remover demoradamente o cascalho filosófico para dele extrair uns duvidosos restos. Por vezes um único verso, uma só palavra, citados por qualquer gramático graças à forma dialectal singular ou à particularidade métrica que manifestavam, por vezes um pouco mais, mas muito pouco, a não ser quanto ao grande Píndaro e o enfadonho (oh! injustiça!) Teógnis, recopiado, revisto e aumentado para uso da mocidade das escolas.

Deixêmo-los. Escolhamos duas flores raras entre todas: Arquíloco, o primeiro, no tempo, dos grandes líricos europeus, mutilado, de quem não chegaram até nós mais de dez versos seguidos, mas donde todo o resto parece derivar: recusa da forma e do fundo da epopeia, recusa dessas longas narrativas em que se perdiam os continuadores de Homero, e a novidade do próprio verso que dança (com os nossos dois pés) num ritmo a três tempos, e a poesia de amor, a sátira, e a denúncia dos velhos valores heróicos, e o compromisso do poeta (apesar do seu «anarquismo») ao serviço da cidade, e o resto. A outra flor é Safo, de quem nada há a dizer senão que é a única no seu tempo como o é no nosso.

*

Arquíloco nasceu em Paros. Esta ilha é um bloco de mármore que emerge das vagas do Egeu. Riqueza imensa, escondida sob uma delgada camada de terra. Mas ainda improdutiva, pois nessa época, no século VII, escultores e arquitectos apenas trabalham a pedra macia. Paros não é, para Arquíloco, senão uma ilha nua e calva, com as suas cabras sobre as rochas, as poucas figueiras e vinhas, magros cereais nas terras baixas, algumas aldeias de pescadores. O poeta escreve mais tarde, ao deixar a sua ilha natal: «Esquece Paros, os seus figos tristes e essa vida que era preciso ir tirar às vagas.»

Nesta terra de miséria, como em toda a Grécia desse tempo, nem por isso deixava de haver distinções sociais. Alguns nobres, um pouco menos pobres que os outros, possuem as terras que valem a pena: exploram a gente de pouco. De tempos a tempos, a canalha revolta-se. Este ambiente social, mais a esterilidade da ilha, cedo leva os naturais de Paros à emigração. Falava-se muito de expedições coloniais na Grécia do século VII. Contavam-se histórias de minas de ouro a explorar, de terras férteis a fazer render, no norte do Egeu, na Trácia. E a Trácia era ainda uma região de selvagens que ignoravam o valor do ouro. Ora Paros estava ligada, pelos laços do culto, a uma ilha próxima da costa da Trácia, Tasos. Os missionários, aqui como tantas outras vezes, abriram a porta aos colonos. Duas gerações antes de Arquíloco, tinham eles introduzido o culto da deusa Deméter em Tasos.

Foi o próprio pai de Arquíloco, Telesícles, quem reuniu um primeiro grupo de emigrantes. Esta gente propunha-se fundar em Tasos uma cidade nova e, sem dúvida, conquistar a ilha aos indígenas e a outros colonos que lá tinham já acorrido em grande número. Mais tarde tratar-se-ia de dar um salto por cima do estreito, explorar-se-ia a Trácia. Telesícles não se esqueceu de fazer «abençoar» o seu grupo e o seu projecto, segundo o costume, pelo deus de Delfos. Os sacerdotes de Apolo mantinham ali uma espécie de agência de informações para emigrantes. Passava-se isto em 684. Arquíloco tinha, nessa data, uns vinte anos. Mas não acompanhou o pai.

Arquíloco era bastardo. Sua mãe era escrava e chamava-se Enipo. Ele próprio o declara nos seus versos. Não renega o seu sangue servil: gloria-se dele, pelo contrário. Filho de uma escrava e de um nobre aventureiro, é contudo cidadão da cidade de Paros. Bastava para isto (estamos ainda no século VII) que o pai o tivesse reconhecido. A única consequência jurídica do seu nascimento meio servil, era a de que perdia todo o direito à herança paterna. Este filho reconhecido de uma escrava está reduzido a vegetar em Paros, a não ser que tente um dia a aventura e force a riqueza à ponta da espada. Sucessivamente, experimentou uma e outra.

Em Paros, Arquíloco não se alimenta apenas de figos e peixe, alimenta-se também dos versos de Homero. Mesmo para fazer da poesia um uso diferente, é em contacto com Homero (a língua prova-o) que o filho de Enipo ganha consciência a sua vocação poética. Pode-se admitir que a matéria dos seus primeiros poemas lhe foi fornecida pelos acontecimentos da sua vida em Paros e também pelas notícias dos colonos de Tasos.

O poema *Sobre o Naufrágio* foi inspirado ao poeta por um desastre no mar em que pereceram alguns dos principais cidadãos de Paros, entre os quais o marido de sua irmã. É um poema de consolação, mas também um enérgico reconforto.

«O nosso luto, os nossos soluços, Péricles, não há um sequer dos nossos concidadãos que pense em censurá-los. Não há mais alegria nos nossos banquetes nem nas festas da cidade. Tão nobres foram aqueles que se sumiram nas vagas da vastidão sonora! E o lamento enche os nossos corações! Contudo, aos males mais incuráveis, amigo, os deuses deram remédio: a firmeza de um coração paciente. A desgraça vai de um para outro. Hoje foi a nós que ela tocou, a ferida sangra e faz-nos gritar; amanhã será a vez de outros. Ardorosamente, pois, ganhai coragem, e deixai às mulheres o luto e a sua mágoa...»

E mais adiante, acentuando a nota até torná-la provocante, o poeta acrescenta em conclusão, o que lhe vale as censuras de Plutarco, o moralista: «Chorando, não curarei a minha pena: ela não se tornará pior se eu correr aos prazeres e às festas.»

Todo o Arquíloco está aqui já, neste luto francamente olhado de frente, mesmo com risco da censura das pessoas de princípios.

E eis que desponta e se afirma o tom satírico, no poema que ele dirige, por essa altura, a uma cortesã conhecida pelo nome de «Boneca»:

«Figueira dos rochedos, que alimenta muitas gralhas, é boa e acolhedora hospedeira e Vai-com-Todos.»

*

Foi ainda em Paros, com toda a verosimilhança, que Arquíloco amou Neobule, e que depois, desfeito o noivado, contra ela exerceu a mais cruel das vinganças poéticas.

O sogro, Licambes, comprometera-se a dar-lhe a filha em casamento. Depois, por uma razão que não conhecemos, repeliu o pretendente, levou-o mesmo à justiça, acusando-o (a que pretexto?) de ser um malfeitor e de ter procurado sua filha apenas por dinheiro. A vingança do genro-poeta foi terrível. Exerceu-a, entre outros, nos poemas chamados *epodos* que nos contam geralmente fábulas de animais, mas fábulas de chave e sempre «dirigidas» contra este ou aquele dos seus inimigos, por vezes contra os amigos. Primeiro, Licambes:

«Que ideia te passou pela cabeça, velho Licambes? Quem te desarranjou os miolos? Até agora foste um homem equilibrado: hoje, os teus concidadãos fazem chacota de ti...

«Violaste um juramento solene, traíste o sal e a mesa...

«Zeus soberano, fui privado injustamente do repasto da boda. Mas o que ele me fez, ele mo pagará.»

Entretanto, o poeta servia ao ex-sogro uma fábula apropriada. A águia e a raposa, embora de condição diferente — como Licambes e Arquíloco —, tinham feito um pacto de amizade. Mas a águia quebrou o pacto: regala os seus aguiotos com a ninhada da raposa e vangloria-se de estar ao abrigo de represálias. A raposa sabe bem que não lhe irão crescer asas que lhe permitam vingar-se. Mas implora a Zeus que a auxilie:

«Ó Zeus, Zeus soberano, o céu é o teu império. Tu conheces as obras dos homens, celeradas e criminosas, e a violência dos animais ferozes toca também o teu coração... Vês tu erguer-se além aquele alto rochedo, penoso e maligno? É lá que se empoleira, inacessível ao teu assalto, a águia de dorso branco.»

Zeus ouve a raposa. Um dia que a águia furta uma oferenda destinada a um sacrifício, vai junta com a presa uma brasa que pega fogo ao ninho. Os aguiotos são queimados e a raposa vingada.

Os epodos mais duros de Arquíloco são dirigidos contra a própria Neobule. Parece não ter acabado nunca de insultá-la da maneira mais grosseira. Ora é uma velha, tida por dissoluta, ora é pintada como cortesã murcha ou mesmo como «prostituta obesa» de quem os homens, incluindo Arquíloco, se afastam com nojo. Tudo isto condimentado de fábulas de animais ou outras. Numa delas, Neobule é uma velha leoa apaixonada, à procura de vigores juvenis!

E contudo Arquíloco exprimira antes para com Neobule um amor de requintada frescura, que não excluía a viva sensualidade. Pintava a sua amiga com uma arte nova, despojada de idealização literária, de justificação sentimental.

Dizia:

«Ela gostava de segurar um ramo de mirto ou a bela flor da roseira, e a sua cabeleira abrigava como uma sombrinha a sua nuca e os seus ombros.»

Ou então:

«Com os seus cabelos e o seio banhados de perfumes, teria despertado o desejo de um velho.»

Ou ainda:

«...Gralha transportadora de prazer... Tal o alcião sobre o rochedo do promontório, ela batia as asas e levantava voo.»

E ele próprio:

«Desgraçado, estou mergulhado no desejo, privado de respiração, e os deuses trespassam-me até os ossos de atrozes dores.»

Ou então:

«Mas eis que ele me domina, amigo, aquele que quebra os membros, o desejo, e nem os poemas divertidos nem as festas me interessam já.»

Arquíloco é uma natureza de amante, de amante apaixonado. O desejo perturba-o e o prazer arrebata-o num instante. Ou pelo menos arrebatá-lo-ia, se o pudesse agarrar. Mas que o objecto do desejo se esquive, e eis que nele o amor de pronto se muda em ódio. Natureza ao mesmo tempo sensível e furiosa, vulnerável e violenta, que parece ter experimentado tanto gozo na vingança como na posse. No ódio como no amor. Aliás, o ódio é mais tenaz nele que o amor. Assim, quando o amor de Neobule lhe falta, logo e longamente, durante anos, irrompe a raiva contra aquela carne desejada, agora insultada. O mesmo poema — um dos epodos — diz: «Tão violento era o desejo de amor que, no meu coração, se erguia em vaga, lançando sobre os meus olhos um nevoeiro opaco, e fora de mim roubando a frescura dos meus sentimentos» —, mas também esse mesmo poema insulta e escarnece: «De certeza não expandes já a frescura da tua carne, a tua pele vai já murchando, e a charrua da sinistra velhice rasga nela os seus sulcos.» (E é este poema que contém as injúrias mais baixas àquela a quem ele amou tão violentamente, as obscenidades mais grosseiras.)

E eis agora, lado a lado, os dois andamentos unidos: «Ah! como eu quereria que o meu braço pudesse apertar Neobule, lançar-me sobre aquele odre ardente, empurrar o ventre com o ventre, a coxa com coxa.»

Em diversas passagens, a amplitude do ódio equivale à extensão do amor experimentado e dá prova dele ainda.

É sem dúvida esta fúria de rasgar quem o feriu que faz de Arquíloco o pai da poesia satírica.

*

Esgotadas as delícias do amor e o prazer da injúria, o nosso poeta deixou a ilha onde nasceu. Decidiu responder ao apelo que os colonos de Tasos dirigem aos seus concidadãos de Paros. Talvez a vida militar, ao serviço de uma nova cidade, o cure. Imagens da ilha arborizada atravessam os versos que ele dirige àqueles a quem quer arrastar consigo a Tasos.

«Como a espinha de um burro, a ilha ergue-se, coroada de florestas selvagens.»

(É preciso ouvir, no grego, o encanto deste ritmo «pontuado», binário apesar dos seus três tempos, que Arquíloco inventa aqui, ou que talvez tenha ido buscar, aperfeiçoando-o, à tradição das danças da sua terra.)

Arquíloco parte pois com um novo grupo de conterrâneos para Tasos (cerca de 664, uns vinte anos depois do pai.) Doravante é por Tasos que ele se bate, com a espada e com a pena.

«...sou ao mesmo tempo servidor do poderoso Eniálio e, no suave privilégio das Musas, mestre acabado.»

Ei-lo pois «escudeiro» do deus dos combates, ao mesmo tempo que boca das Musas. Ele diz ainda:

«Da minha lança depende a minha ração de pão de cevada, da minha lança o meu vinho de Ísmaros, e assim o bebo, apoiado na minha lança.»
Imagem da dura e fatigante vida de soldado que é e será a sua.

Mas logo a sátira retoma os seus direitos. Arquíloco ama a vida militar. Se é acerbo para com os seus companheiros de armas e áspero para com os chefes, sua violência satírica parece não ter tido outra fonte que esse amor ardente. Quer mal aos que exploram ou ridicularizam o ofício das armas.

O general que se pavoneia e o soldado fanfarrão encontram neste soldado simples e corajoso um caricaturista implacável.

Sátira dos camaradas que se vangloriam de uma vitória ridícula:

«Sete mortos no chão, sete inimigos apanhados quando fugiam: e aqui estamos mil a dizer que os matámos!»

Como estamos longe de Homero! Não se trata já de «cantar as proezas dos heróis», mas de abater a soberba dos falsos heróis.

Sátira dos ditadores de três-um-vintém, sejam eles de Paros ou de Tasos: «Hoje é Leófilo quem manda. Leófilo é senhor absoluto. Tudo rasteja aos pés de Leófilo. Não se ouve senão Leófilo.» (Leófilo significa «amigo da populaça», uma alcunha, sem dúvida.)

Mas eis a sátira dos amigos que se tornaram generais. Sátira de Glauco, um dos mais velhos camaradas do poeta. Com ele percorreu Arquíloco longamente terras e mares, partilhou perigos e temores:

«Vê, Glauco, já o mar se cava em altas vagas e, na extremidade das rochas Gireus, uma nuvem se ergue a direito, sinal de tempestade. Um súbito terror nos atinge.»

E, contudo, nomeado general, este Glauco mostra-se demasiadamente orgulhoso dos seus caracóis! «Canta, Musa, Glauco, o artista dos caracóis... Não gosto de um general de talhe esbelto, de passada elástica, quero que ele tenha as pernas tortas, os pés bem assentes no chão, o coração firme.» Ou ainda Glauco não é mais que o servo medroso e vaidoso de um dos epodos, esse personagem cornudo que Neobule, mudada em cortesã, arrasta para a caverna, a pretexto de que ele deve, pela sua beleza, suceder-lhe no trono, e ali o devora. Procura-lhe o coração, pedaço requintado. Mas, ai, o cervo não tem coração!

Outros amigos do poeta são tratados com virulência. O caríssimo Péricles, a quem Arquíloco censura, num insulto inesperado, cultivar a glutonaria mais que a discrição nas refeições comidas em comum.

«Bebendo vinho puro em quantidade e descurando o pagamento da tua parte, foi à maneira da gente de Mícono, e sem mesmo teres sido convidado, que vieste a nós, como um amigo que cai em casa dos amigos! Em verdade, o teu ventre tirou-te senso e razão e fez-te perder todo o pudor.» Dito isto, declara que a família do seu amigo, do lado paterno, descende de «ilustres peidorretas!»

Este Péricles é também o herói duma fábula famosa na antiguidade, a fábula do «macaco de Arquíloco». Candidato repelido de não sei que trono real, o macaco deseja retirar-se para a solidão. A raposa (que é Arquíloco) acompanha-o a prepara-lhe uma partida. Péricles é um vaidoso: quando os dois compadres passam num cemitério, o macaco, que é apenas um filho da fortuna, finge reconhecer os túmulos dos servos dos seus antepassados. Ao passo que a raposa responde com um provérbio que dizia: «As gentes de Cárpato citam a lebre.» Ora todos sabiam que nunca houvera lebres em Cárpato.

Entretanto, a raposa, a pretexto de ter encontrado um tesouro, conduz o macaco a uma armadilha. O macaco toca-lhe tão desastradamente que a faz funcionar, e ei-lo preso. A raposa ri do seu rabo pelado: «Tu, rei! com um rabo como esse!», exclama. «Tu não és mais que um macaco!»

A sátira de Arquíloco não poupa ninguém, amigo ou inimigo. É amigo ou inimigo esse a quem ele dirige a imprecação sempre sinistra da estrela canicular?

«Esta jura faço: a mais que um, Sírio calcinará com os seus raios ardentes.»

Citemos ainda esta frase terrível: «Presente de hospitalidade aos meus inimigos: a morte.»

Assinalemos também, entre muitas personagens, a sátira do adivinho, apenas indicada em Homero, a do invertido, que aparece pela primeira vez na literatura grega — para ser fustigada da maneira mais cruel e mais crua. Outros ainda, gabarolas, prostitutas, alcoviteiras, que desenham já com vigor os traços que estes «tipos» da comédia futura terão no género que virão a ilustrar. No entanto, em Arquíloco, não são ainda «tipos» cómicos tradicionais, «máscaras», mas pessoas que ele conheceu e com quem se deu, que o ferem no seu sentimento da dignidade humana. De tal modo se entrelaçam no coração do poeta as fibras da ternura e da cólera, que a sua sátira mais dura se torna para com aqueles que mais caros lhe são.

Mas, nesta aliança da amizade e do ódio, é o tom satírico que sempre domina. Definindo a sua arte e comparando-se ao porco-espinho, Arquíloco escreve: «A raposa sabe-as boas. O porco-espinho só conhece uma, mas essa é famosa». E mais adiante: «Tenho uma grande arte: a quem me fere, firo cruelmente.»

Mas para isso ainda foi preciso que este homem vulnerável fosse primeiramente ferido.

ARQUÍLOCO, POETA E CIDADÃO

*

Eis agora uma sátira que ultrapassa a dos companheiros de armas e dos adversários, e contudo aguda entre todas: a sátira dos valores.

O primeiro movimento da burguesia que subia ao assalto da classe proprietária fora reivindicar, ao mesmo tempo que os bens materiais, os bens culturais exaltados por essa poesia aristocrática, ainda improvisada. Eram burgueses, sem dúvida, os poetas que compunham sobre temas da nobreza a *Ilíada* e a *Odisseia*. Mas já passara meio século ou mais. A burguesia da gente de pouco ganhara desde então consciência da sua força. Arquíloco é um homem desse tempo e dessa espécie ascendente. Quer-se «livre». Isto significa que afirma a sua liberdade de juízo em relação às tradições morais e às formas poéticas da classe ainda dominante. Fundar a sátira é, para ele, dar uma saída às reivindicações duma classe nova. Não se afirma aqui que a sátira de Arquíloco tenha contido reivindicações políticas precisas. Mas, paralelamente a estas reivindicações, que se exprimem no seu tempo na luta de classes, o nascimento da veia satírica é, em poesia, a afirmação de um direito novo: o direito do indivíduo de aplicar o seu próprio juízo aos fundamentos ideológicos da sociedade.

Arquíloco usa deste direito amplamente e quase anarquicamente. Um certo tipo de vida é por ele escarnecido: essa vida «ideal» que a epopeia celebrava e que Arquíloco sente, na época em que vive, como uma espécie de escapatória às virtudes que o homem novo deve manifestar. O que o poeta detesta e despedaça são os valores que se tornaram falsos valores.

Acima de todas as coisas, esse sentido exacerbado da honra que caracterizava a poesia homérica, como caracteriza toda a sociedade feudal. Em face desta «honra» *(aidôs)*, que não é mais que submissão à opinião pública, Arquíloco coloca a exigência do seu indivíduo, que quer ter a certeza de tirar da vida «satisfação».

Escreve:

«Ninguém, Esimides, se se preocupar com o desfavor público, colherá satisfação.»

Que diferença e que novidade em relação a cem apelos da *Ilíada:* «Vamos, cobardes! num momento tereis agravado o mal com o vosso abandono. Ponde no coração honra e vergonha.»

A ética que Arquíloco defende, quaisquer que sejam as suas leis, começa por reservar-lhe um *prazer* — primeira justificação, a seus olhos, da vida e seus combates.

Na epopeia, a glória justificava a vida e a morte do herói. Aquiles, Heitor, a própria Helena, asseguram a existência presente, consolidam a resistência ao infortúnio nessa espécie de sobrevivência da personagem que constitui a memória das gerações futuras. Arquíloco, esse, afirma que o morto, por maior que tenha sido, está votado ao esquecimento, e muitas vezes à injúria.

«Tão depressa um homem morre, já os seus concidadãos o não respeitam, a glória esquece-o. Vivos, preferimos procurar o favor dos vivos, e para o morto nada mais temos que injúrias.»

Arquíloco pode não aprovar este cobarde abandono dos mortos, e contudo verifica, com uma espécie de prazer acerbo, mas exacto, que o apego dos vivos aos vivos é uma das leis da existência.

Esta tranquila negação da glória — primeiro valor do mundo homérico — mostra com que vigor a sátira de Arquíloco se liberta dos constrangimentos da tradição.

Fundando, nesta passagem, a poesia em realismo, Arquíloco dá campo livre aos sentimentos e às crenças que animam os seus contemporâneos e ele próprio. A sátira dos valores homéricos caducos — aquilo a que se pode chamar também a recusa do heroísmo como matéria de inspiração poética — é o instrumento da libertação dos homens.

É de notar, aliás, que essa liberdade que o poeta se esforça por conquistar em relação às tradições sociais, começa ele por exercê-la interiormente, frente aos seus próprios sentimentos. Recordo o exemplo palpável do poema do *Naufrágio*. Nessa elegia de consolação, o poeta associa-se do fundo do coração e associa a cidade ao luto que atingiu os amigos e a sua própria irmã. Mas vem um momento em que o poeta se arranca à afeição que exprimia com sinceridade e de que, não obstante, não quer ficar prisioneiro. Repele com decisão e num toque quase provocante um constrangimento social, enraizado no seu sentimento pessoal, que o impediria de viver, de viver no prazer. Declara-o com toda a franqueza e de maneira a escandalizar uma vez mais os moralistas.

Mas temos ainda um outro exemplo mais famoso desta atitude anárquica que subverte as convenções sociais. É a história que fez corar de vergonha, por ele, tantos honestos patriotas dos tempos antigos e modernos, muitos dos quais nunca tiveram na mão outra arma que a pena: a história do escudo abandonado.

«O meu escudo é hoje a glória de um Saiano. Arma excelente, que eu abandonei perto de uma moita, bem contra vontade. Mas salvei a vida. Que me importa o meu velho escudo! Tanto pior para ele! Comprarei outro, tão bom como ele.»

É evidente que Arquíloco sabe bater-se. Mas se é preciso abandonar o escudo para salvar a vida, abandona-o. E ele o diz, sem gabarolice, mas com um sentimento de triunfo: conseguiu «ficar vivo»! Observe-se, de resto, o que se segue: «Comprarei outro, tão bom como ele.» Para quê, senão para se bater outra vez? Este soldado que salva a pele com a intenção de retomar o combate não é um cobarde, é simplesmente um homem sensato. Também não se toma por um herói da epopeia. O poeta que ri da sua desdita, que ri de alegria por estar vivo, este poeta não é Homero. É impossível não sentir no tom deliberadamente ligeiro destes versos a que ponto o heroísmo de Homero, e de antemão toda a tradição poética que dele derive, são audaciosamente recusados pelo poeta, *no que têm de convencional...*

Mas se Arquíloco tivesse alimentado a sua poesia de temas heróicos convencionais, não seria o fundador do lirismo. A poesia nova só a pôde ele fundar sobre a revolta do homem novo contra um heroísmo que uma casta tendia a reservar para si própria e que, no seu tempo, apenas uma poesia já académica celebrava. Arquíloco quer exprimir-se tal qual é. Bravo ou não, pouco importa. Mas verdadeiro.

Não é de surpreender que este homem desprendido tenha sido o primeiro na literatura antiga a contar-nos a fábula do lobo «de carácter bravio», que se recusa a trazer a coleira que marcou a nuca do cão (leia-se La Fontaine) duma chaga vergonhosa. «Para curar uma chaga desta espécie», Arquíloco conhece «um excelente remédio». Este remédio é a liberdade.

Nesta liberdade que parece congénita do poeta, ao mesmo tempo que ligada ao esforço dos seus contemporâneos para a libertação da pessoa humana, reside a força nova do génio satírico de Arquíloco.

*

Mas o lobo «de carácter bravio» está votado à solidão. Num dos seus mais belos poemas, de que apenas se conserva metade, Arquíloco fala dolorosamente da amargura dessa solidão, consequência necessária do combate satírico em cuja extremidade se situa.

«Coração, meu coração, confundido de penas sem remédio, ganha ânimo. Resiste aos teus inimigos: opõe-lhes um peito contrário. Não tropeces na armadilha dos malvados. Vencedor, não exultes com ostentação; vencido, não gemas prostrado em tua casa. Saboreia os teus triunfos, queixa-te dos teus reveses, mas sem excesso. Aprende o ritmo que regula a vida dos humanos... uma vez que os teus próprios amigos te torturam, meu coração.»

Solidão, sim. Mas também valentia em afrontar a impertinência de outrem, e sabedoria em dobrar-se sob os golpes da sorte. Solidão na qual o poeta está longe de comprazer-se romanticamente: combate-a por sua vez e, para a quebrar e dar um sentido mais vasto à sua própria libertação, edifica uma moral que lhe é própria.

O individualista anárquico que é Arquíloco ao princípio, não é finalmente um revoltado contra toda e qualquer regra. Encontra na sua experiência os elementos de uma moral, de um «conhecimento» do «ritmo da vida dos humanos», que lhe permitirão exprimir o seu indivíduo o melhor possível, e sobretudo, uma vez encontrada esta regra, comunicá-la aos seus concidadãos.

O poeta antigo raramente esquece que compõe a sua poesia no quadro de uma comunidade de que se sente solidário. Não é paradoxal dizer que Arquíloco — individualista anárquico — é no entanto um indivíduo livremente comprometido. Nunca poupou as suas forças ao serviço da cidade de Tasos, que amava apaixonadamente. Batia-se por ela nas fileiras como qualquer outro. Mas, além disso, era poeta, isto é, recebera o «privilégio das Musas» de dizer, pelos seus companheiros, ao mesmo tempo a dureza e a grandeza do combate que faziam juntos.

Arquíloco conhece o labor do soldado; conhece a sede do marinheiro.

«Vamos, passa com a taça entre os bancos do barco. Dos jarros profundos tira-nos de beber. Tira do tinto sem tocar nas borras. Ser sóbrios neste posto, não, isso não podemos.»

Enfrentou a prova do corpo a corpo, descreve o «trabalho gemente das espadas». Conhece o terror que invade todos os soldados quando o perigo se aproxima.

A poesia puramente militar de Arquíloco — aquela que contava a luta entre as cidades rivais que disputavam a ilha de Tasos e a Trácia — era assaz importante para que um historiógrafo de Paros tenha tentado mais tarde gravar na pedra, ajudado por citações do poeta, uma imagem dessas lutas. Esse monumento veio a ser encontrado, muito arruinado. Era uma espécie de templo de Arquíloco, como aos grandes homens se erguiam. A existência dele indica que a poesia do nosso poeta não era a de um malfeitor, mas de um cidadão dedicado à sua cidade, que duas vezes serviu, como escudeiro do senhor das batalhas e obreiro das Musas.

Esta poesia militar só muito raramente fala da glória do soldado. Parece ser, acima de tudo, uma exortação à coragem: quer-se eficaz, é acção. O velho aventureiro que enfrentou tantas provações sabe que existe finalmente uma virtude que triunfa de todos os perigos, quando se ama a sua terra e se entrega o resto aos deuses (mesmo que neles pouco creia e deles pouco fale): essa virtude é a coragem.

Uma coragem que não é dada pela natureza «heróica» do homem, mas a coragem conquistada de um cidadão que não quer fraquejar. Uma coragem que se apoia no profundo sentimento de camaradagem que une os combatentes em face da morte igual para todos, mas uma coragem que se recusa a partilhar os riscos do combate ao lado dos cobardes.

Poucos sentimentos me parecem mais profundamente helénicos. A coragem é o fundamento mesmo da sociedade antiga, ainda que orientada de maneira diferente, segundo os séculos. Pode escapar ou não escapar à transcendência, à «idealização»: está sempre presente. Comum a Heitor e a Sócrates. Presente em Arquíloco. Pouco importa que ela se incline para o lado da glória ou para o lado da sabedoria, desde que mantenha o homem como ele deve estar: *de pé*.

Não esqueçamos finalmente que não foi apenas nos campos de batalha que Arquíloco pôs a sua coragem e a sua poesia ao serviço da cidade. Alguns fragmentos da sua obra, tão gravemente mutilada, mostra que tomou partido nas lutas políticas de Tasos. «No coração da discórdia», quando «mesmo o celerado colhe a sua parte de honras», Arquíloco parece ter dirigido um apelo aos seus concidadãos — «Tasos, a cidade três vezes lastimosa» — para que voltem ao mar, para que fundem noutro sítio uma cidade mais justa, onde não reinarão mais os malvados. Teria sido este o tema do seu derradeiro epodo.

Mas, mesmo não podendo esta hipótese ser verificada, sabemos, pelo menos, por vários versos isolados do poeta, que nunca regateou os recursos do seu coração ao mais pobre dos seus concidadãos. O seu sangue servil nunca renegado arranca-lhe por vezes gritos desesperados que têm já o acento soloniano, como este:

«Ah, vós, famintos da minha cidade, compreendei as minhas palavras...»

Uma coisa é certa: Arquíloco, de uma vez para sempre, escolhera o partido dos «famintos»...

*

Segundo a tradição, o poeta morreu num combate entre Tasianos e Naxianos, cerca de 640 (?). Sólon nascia. Menos de meio século passado, e a sua grande voz ressoará em Atenas.

*

Pelo ardor em conquistar e defender novos valores humanos contra a casta feudal que não estava já em condições de manter o seu domínio sobre o povo sem recorrer a uma ideologia já caduca, Arquíloco pode ser considerado como o primeiro porta-voz dos esforços que levarão à queda das velhas aristocracias, ao desabrochar da pessoa humana no quadro da soberania popular das cidades, enfim, à luta nova contra as tradições em que cedo se empenharão os primeiros filósofos apaixonados pelo pensamento racional.

Com ele, a poesia do heroísmo cede o lugar à poesia da sabedoria e da acção.

V

SAFO DE LESBOS, DÉCIMA MUSA

Safo é um país estranho, cheio de maravilhas. Um «enigma», uma «maravilha», diziam já os antigos. A expressão é exacta na sua simplicidade: um enigma: a palavra aplica-se ao mesmo tempo à sua vida e à sua pessoa, diversamente interpretadas. Um enigma, uma maravilha: muito mais ainda estas palavras se aplicam à sua poesia, mutilada embora como está.

*

Safo presidia em Mitilene de Lesbos, por alturas da ano de 600, a uma confraria de raparigas consagradas a Afrodite, às Graças e às Musas. Ela chama à sua casa «a morada das servas das Musas». Mais tarde dir-se-á, entre os Pitagóricos, em Alexandria depois, um «Museu». A instituição de Safo não é outra coisa que uma «escola» colocada sob o patrocínio das divindades femininas do amor, da beleza e da cultura.

Um facto que não deve ser desprezado, é ter esta escola a forma de uma confraria religiosa. A comunidade do culto estabelecia entre as raparigas e a sua educadora laços muito fortes. A poesia de Safo é, em certo sentido, uma poesia de amor mútuo que unia, em Afrodite, as fiéis da deusa. No entanto, não se julgue que a finalidade proposta por Safo às raparigas à sua guarda fosse a consagração à divindade. Safo não era de modo algum sacerdotisa de Afrodite. A associação cultural é, nessa época, a forma natural de todas as casas de educação. As antigas escolas de filosofia, as primeiras escolas médicas, são também confrarias religiosas, o que não significa que tenham formado sacerdotes de Asclépio. Mas do mesmo modo que os médicos instruíam os fiéis deste deus na arte de curar, Safo tentava, ajudada pela deusa, ensinar às raparigas de Mitilene uma arte de viver — a arte de ser mulher.

Cultivava-se muito a música, a dança e a poesia no círculo de Safo. Contudo, a casa das Musas não é um conservatório ou uma academia, tal como não é um seminário. As artes não são ensinadas por si próprias e ainda menos para se fazer profissão delas. Para Safo, trata-se de ajudar as raparigas que vivem com ela — por essa vida partilhada, pela prática das artes, pela devoção a Afrodite, pelo culto das Musas — a realizar, na sociedade onde cedo irão tomar lugar, um ideal de beleza feminina que as deusas a quem honram primeiramente encarnaram.

Estas raparigas hão-de casar-se. Casada também e mãe de família — mãe de uma menina que ela compara a um braçado de ranúnculos — era simplesmente para o casamento, realização da mulher na alegria e na beleza, que Safo preparava as raparigas que lhe tinham sido confiadas.

Isto implica ser então a condição da mulher em Lesbos muito diferente da que era na maior parte das cidades gregas. Voltaremos a falar do assunto.

Uma coisa é certa: a mulher, em Mitilene, anima a vida da cidade com o seu encanto, os seus trajes, o seu espírito. O casamento fá-la entrar, como em toda a região eólica (recordemos Andrómaca), em pé de igualdade na sociedade dos homens. Participa na cultura musical e poética do seu tempo. Rivaliza com os homens no domínio das artes. Se os costumes eólicos reservavam um tal lugar à esposa, não é de surpreender que tenham ao mesmo tempo exigido escolas onde as raparigas se formassem para esse papel que se esperava das mulheres.

Instruídas por Safo, as alunas das Musas preparam-se para encarnar um dia, na cidade de Mitilene, as perfeições de Afrodite. O fulgor da beleza feminina ilumina toda a poesia de Safo. A mulher, segundo Safo, deve ter o rosto banhado de móveis claridades. Os seus olhos são cheios de graça, o seu caminhar inspira o desejo. O objectivo da cultura é a conquista da beleza. Atenta aos presentes e às lições de Afrodite, que é o seu guia e seu modelo, que lhe ensina a amar as flores e o mar, que lhe revela o encanto do mundo sensível e acima de tudo a embriagadora beleza do corpo feminino, a adolescente cresce em beleza e em graça, a beleza exalta as suas feições, a beleza **torna-a feliz e espalha em toda a sua pessoa essa profusão de alegria que Safo** saúda como uma luz estelar.

Num ambiente de festas sempre renovadas, as raparigas, sob o olhar da deusa, cujo próximo poder sobre a vida pressentiam, levavam uma existência quase monacal, rigorosa e fervente ao mesmo tempo, mas em que os pensamentos, em vez de dirigidos para o celibato, eram inclinados para o encontro do esposo. A cultura poética que Safo lhes inculcava em estrofes ardentes, onde ela falava da omnipotência de Afrodite e que o coro das adolescentes cantava em uníssono, era aquilo a que os antigos chamavam uma «erótica», uma cultura do amor. Ao lado de Safo, em quem desde há muito habitava Afrodite, na alegria e na dor, as raparigas, lentamente, iniciavam-se na sua vocação de mulheres. Começavam a sentir mover-se dentro de si, ao mesmo tempo, o coração e os sentidos e, se a tal o destino as chamava, despertavam para a paixão.

Que relações de ardente amizade uma tal educação — esse céu de fogo onde reinava Cípris — terá feito nascer entre Safo e as suas amigas, eis o que a poesia nos diz. Pois é em poesia que se liberta esta alma solitária, em presença da beleza que fez nascer e crescer à sua volta.

*

> *Je le vis: je rougis, je pâlis à sua vue;*
> *Un trouble s'éleva dans mon âme éperdue;*
> *Mes yeux ne voyaient plus, je ne pouvais parler.*
> *Je sentis tout mon corps et transir et brûler.*

É nestes versos de um valor sem par, que Racine, depois de outros o terem feito, nos faz ouvir — e desta vez, ao menos, na língua francesa — um eco do mais cruel poema de Safo.

Eis deste poema uma tradução literal, ou quase, na medida em que a claridade do francês o suporta:

> *Igual aos deuses me parece*
> *aquele que, face a face,*
> *sentado junto de ti,*
> *escuta a tua voz tão suave,*

e esse riso encantador que, juro,
enlouquece no meu peito o coração.
Mal te vejo, um instante que seja,
nem já sequer um som me passa os lábios,

mas a minha língua se resseca,
um fogo subtil de súbito me corre sob a pele,
os meus olhos deixam de ver,
os meus ouvidos zumbem,

cobre-se-me o corpo de suor,
um estremecimento me percorre toda,
torno-me mais verde que a erva.
E parece-me que vou morrer...

Eis-nos no círculo da paixão. Eros é soberano. O desejo fere, e Safo conta os golpes.

Este poema é a narrativa de um combate. Atacada por Eros na sua carne, Safo vê desmoronar-se a cada assalto a segurança que punha nas diversas partes do seu mecanismo vital. Todas as sensações que nos ligam ao mundo, que nos tranquilizam sobre a nossa existência, as imagens, os sons, o ritmo regular do coração, o afluxo do sangue rubro ao rosto, tudo isto lhe foge sucessivamente. Assiste ao desregramento dos seus órgãos e tem, de algum modo, de enlouquecer e morrer com cada um deles. Morre com o coração que desfalece, com a garganta privada de som, com a língua subitamente seca; o fogo espalha-se nas veias, os olhos recusam a sua função, os ouvidos não ouvem mais que o palpitar das artérias, toda a carne começa a tremer, lívida já como um cadáver... Contudo, depois de ver os seus diversos órgãos arrancados pela paixão do seu ofício, depois de ter atravessado estas mortes orgânicas, falta-lhe ainda sofrer a sua própria morte. O mal que a invade não tem já diante de si, na conquista progressiva do ser, mais que a pura consciência do eu, privada dos seus apoios naturais: por sua vez a submerge. O sujeito toma o conhecimento paradoxal do seu estado de morto (um «pouco falta» afasta, à justa, o absurdo). O último verso intacto diz exactamente:

Pouco falta para eu me sentir morta...

Em parte alguma a arte de Safo é mais desnudada que nesta ode. Em parte alguma, mais fisiológica a sua poesia. Factos, nada mais que factos. Nada que não seja a notação precisa, rigorosa, dos efeitos físicos do desejo. Pouquíssimos adjectivos nestes versos — desses adjectivos que tão bem sabem, na lírica amorosa, lançar sobre o fenómeno físico drapejamentos sentimentais. Aqui, por todo o lado, verbos e nomes: uma arte de coisas e de acontecimentos.

A parte da alma é quase nula. O corpo poderia pedir auxílio à alma, atirar para ela o fardo do sofrimento. Bastaria a Safo refugiar-se em qualquer alibi do seu sofrimento físico, ciúme, ódio ou tristeza da separação. A dor moral faz as vezes da morfina. As circunstâncias prestavam-se a esta evasão. Um filólogo descobriu, na origem deste poema, a partida de uma amiga que abandona a casa das servas das Musas para se casar. Aquele que os primeiros versos mostram sentado, ao lado do objecto da paixão de Safo, é sem dúvida o noivo. Mas o poema nada sabe da dor do adeus. Safo não acalenta complacentemente no seu coração este terno sentimento. Não se embriaga de desgosto para esquecer o seu suplício. O sofrimento do corpo ocupa-a, só por si, a toda ela. Do amor Safo conhece essa tempestade ensurdecedora que se desencadeia na sua carne.

Safo nada tem a esconder: a sua arte é rectidão e candura. É verdadeira. Não cora de nenhum dos fenómenos de que o seu corpo é sede. Ela diz: *língua* e *ouvidos;* ela diz *suor* e *estremecimento*. Esta arte está nos antípodas do agradável: não é agradável estar suado. Safo escorre de suor: não se envergonha disso, não tira daí glória, reconhece-o apenas.

Safo também não descreve o objecto do seu desejo. Tal objecto está fora do nosso alcance: apenas são notados, com uma palavra e uma exactidão que não hesita, os acontecimentos de que ele é o princípio. Mas aonde vai dar a acção dramática aqui iniciada? A uma única coisa, que não deixa qualquer dúvida: a destruição do ser pela paixão.

Um fogo arde diante de nós, na escuridão. O poeta situa-o no coração de uma larga zona de obscuridade. Nada, na sua arte, nos desvia da labareda — nenhum sentimento, qualquer que seja, nenhuma descrição do objecto amado —, a fim de que ele arda solitário e vencedor, cumprindo a sua obra de morte. Esta claridade cingida de trevas é a paixão de Safo.

*

O historiador da literatura pode aqui maravilhar-se: toca num começo absoluto. Eurípedes, Catulo, Racine falaram do amor com o acento de Safo: Safo, com o acento de ninguém. Ela é nova, inteiramente nova.

Em vão apuramos o ouvido a outras vozes mais antigas do amor.

Adrómaca a Heitor:

«Heitor, tu és meu pai, minha mãe, meu irmão; tu-és meu marido cheio de juventude...»

Páris a Helena:

«Mulher, deitemo-nos no chão e saboreemos o amor. Nunca como hoje o desejo me tomou, nem mesmo no dia em que, depois de te ter roubado da bela Esparta, me uni a ti sobre o leito rochoso de uma ilhota. Mais ainda te amo e te desejo hoje...»

Arquíloco falando de Neobule:

«A sua cabeleira lançava sombra sobre os seus ombros e sobre as suas costas... Com os seus cabelos perfumados e o seu seio, ela teria dado o amor a um velho...»

Mimnermo pensando em Nannô:

«Que vida, que prazeres sem a loura Afrodite? Ah! Que eu morra quando estas doces coisas me não tocarem já, presentes de mel, leito amoroso — deslumbrantes flores da juventude!...»

Pensa-se nestas diversas vozes do amor. Cada uma delas tem o seu acento próprio. Mas como é estranhamente distinta, entre todas, a ressonância de Safo! Nem a ternura de Andrómaca, nem o ardente apelo à volúpia de Páris a Helena que o despreza, nem o olhar recto, ousado e comedido que Arquíloco levanta para Neobule, nem a melancolia de Mimnermo que se recorda de Nannô. Não, é Safo apenas, Safo ardente e grave.

Ardente. Até aqui, nunca Eros queimou. Aqueceu os sentidos, confortou o coração. Levou ao sacrifício, à volúpia, à ternura, ao leito. Nunca queimou, nunca destruiu. A cada um daqueles em quem habitava, alguma coisa dava — a coragem, o prazer, o doçura das lembranças... Apenas a Safo nada dá, tudo retira.

Um deus privado de sentido. «Invencível» e «inapreensível», diz ao mesmo tempo uma das palavras que ela lhe aplica noutra passagem. Nada se pode fazer para o apanhar na armadilha. O amor desconcerta, tanto quanto desanima. Une os contrários: a sua doçura é amargura. A imaginação não pode representá-lo. Na obra de Safo, onde irradia a figura de Afrodite, Eros não se reveste de qualquer forma humana. O robusto adolescente, o seguro arqueiro, não aparece nos versos conservados. Dir-se-ia que o tipo não foi ainda inventado (do que não há a certeza). Digamos antes que Safo não pode escolher figurá-lo assim. Para ela, Eros é uma força obscura que se insinua nos membros e os «desfaz»: só o percebe através do suplício que ele inflige ao seu corpo, e o seu pensamento forceja por descobrir-lhe um rosto. Invisível e secreto, o ser que a habita só metaforicamente se exprime. As imagens que lhe dão vida poética descobrem a sua natureza insidiosa e brutal. São tiradas das forças cegas do mundo físico ou do caminhar inquietante do animal.

«Outra vez Eros que dissolve os membros me tortura, doce e amargo, monstro invencível.»

Mas toda a tradução se esmaga aqui sob o peso excessivo das palavras. Um só adjectivo encerra a doçura e a amargura de Eros, denunciando assim a natureza incompreensível do deus. A palavra traduzida por «monstro» significa o animal que rasteja. O amor de Safo não tem asas, é ainda serpente. Quanto à palavra «invencível» (contra a qual nada podem as «máquinas»), sente-se nela palpitar, em grego, a impotência do *homo faber* para reduzir esta força indomada. As palavras dadas por «monstro invencível» dariam mais ou menos: Eros, «animal que não cai na armadilha».

Animal rastejante, ser monstruoso, força imperiosa tanto quanto impensável, tal é o Eros que caminha nos membros de Safo.

Outra metáfora ainda, tirada do império das forças naturais:

«Eros sacudiu a minha alma, como o vento da montanha que se abate sobre os carvalhos.»

A experiência que Safo tem do amor é a de um furacão que a deixa abatida, jazente, sem que dele nada possa entender. A alma de Safo é ameaçada de dezenraizamento por esta força privada de sentido.

Temível para o homem, como o animal ou a tempestade, a paixão só como um deus destruidor se dá a conhecer àquele a quem derruba...

...E, no entanto, Safo enfrenta estas tempestades. Para além da região dos temporais, Safo reserva em si mesma um céu de uma inalterável serenidade. Um sonho de ouro mora neste coração desolado.

*

Toda a paixão tem um objecto. O prazer ou a dor de que ela nos trespassa, lançam-nos para esse objecto ou dele nos afastam. Entregamo-nos à dor, ao sofrimento, como nos entregamos à noite que nos restituirá o dia.

Mas qual é então o objecto da paixão de Safo? Esta pesquisa leva-nos a penetrar na região mais misteriosa da sua poesia. A mais inexplorada também, apesar das hipóteses grosseiras de que a antipoesia (por isto entendo eu uma certa filologia) semeou este caminho.

Não se trata, com efeito, de determinar o nome ou o sexo desse objecto. Aquilo que Safo nos não entrega, aquilo que só sabemos, por vezes, graças ao acaso de um género (quando o zelo de um filólogo pela virtude não corrige a terminação reveladora), não temos nós que o perseguir para além do texto e como por efracção do texto. Muito menos quando esse texto, falando-nos de si mesmo, nos descobre horizontes poéticos muito mais vastos que as considerações históricas que extrairíamos do conhecimento de um estado civil e da verificação de uma perversão da sexualidade.

Que há pois nesse objecto que se propõe à paixão?

Voltemos a ler alguns versos do poema já longamente analisado:

> ...*escuta a tua voz tão suave*
> *e esse riso encantador*
> *que enlouquece no meu peito o coração...*

Nada mais que isto, nada menos que isto. Um som que vem ferir o ouvido: mais não é preciso para abrasar o corpo e a alma.

«Mal te vejo, um instante que seja...»

Do objecto amado, basta a percepção mais fluida, a do som, ou uma imagem apenas entrevista, para desencadear a paixão em toda a sua extensão.

A oposição entre a exiguidade da causa e a intensidade do efeito colhe-nos de súbito. São tão vastos os espaços da paixão que este poema de Safo percorre, como limitada é a visão que ela nos dá do seu objecto. Conhecemos tudo do seu sofrimento, esgotamo-lo membro a membro. Não conhecemos daquilo que ela ama senão esse aspecto singular da voz e do riso. Não descrito, o objecto impõe-nos a sua autoridade. «O quê, dir-se-á, tanto sofrimento por coisa tão pouca!... Mas nós sabemos que não se trata de coisa pouca.

Em todos os fragmentos de Safo onde se exprime a paixão, por pouco que a sua extensão ou a sua densidade permitam entrever o processo da criação poética, é sempre em oposição a toda a decorrência descritiva, a toda a enumeração das qualidades do objecto amado, que nascem o movimento passional e a poesia que o faz conhecer. De cada vez, é preciso e basta que um só traço da pessoa amada faça ouvir o seu apelo, e logo todo o ser se comove. No seio dessa perturbação, em resposta a esse apelo, jorra então a fonte poética.

O apelo, é um simples gesto que o dá, o passo de uma ausente, o brilho de um rosto desaparecido, é a delicadeza de uma garganta, é uma fronte coroada de flores, é a graça de um braço que se levanta. Pode ser mesmo a ausência de graça:

*Âtis, há muito tempo já que eu te amava,
tu não eras para mim senão uma criança pequena e sem graça.*

Bastará a partida desta criança sem graça, que troca a casa da sua amiga pela escola rival de Andrómeda, para provocar o fragor de paixão já citado, mas que devemos aqui reportar ao seu objecto:

*Outra vez Eros que dissolve os membros me tortura,
doce e amargo, monstro invencível,
ó Âtis! E tu, cansada de prender a mim
o teu cuidado, voas para Andrómeda.*

Assim, a paixão e a poesia de Safo obedecem a apelos ténues, àquilo a que podemos chamar «sinais». Esta poesia dos sinais — este simbolismo no sentido primeiro da palavra — está nos antípodas da poesia descritiva. Um sinal não é uma sinalética. A poesia descritiva participa sempre um pouco do estilo dos passaportes. Enumerando as feições de um rosto, passando em revista os elementos de uma paisagem, acontece-lhe esquecer que as pessoas e as coisas se manifestam mais essencialmente num gesto imprevisto, num aspecto acidental, do que através da análise dos seus elementos. O timbre da voz, a lembrança de um andar penetram a apaixonada Safo de sofrimento e de prazer. Estes sinais asseguram ao amante que a amante é insubstituível. Por isso mesmo, podem dar-lhe toda ela. A presença total obedece ao apelo do sinal particular. O sinal liga-nos ao objecto, sujeita-nos a ele. Esta sujeição dá-nos prazer.

Aliás, nada aumenta mais que a ausência do poder do objecto amado sobre a alma de Safo. Ela descreve:

> *Hoje ninguém mais se lembra*
> *de Anactória ausente.*
> *Ah! gostaria de contemplar o seu andar arrebatador*
> *e o brilho deslumbrante do seu rosto...*

Anactória está ausente. Duas imagens dela vêm ferir a amante-poeta. Como um exame, as imagens voam em volta dela. Mas um poeta não é um registador de imagens. Uma só, ou poucas dentre todas a trespassam com o seu dardo. Imagens doravante eleitas. Imagens que oferecem à amante — ao poeta — o ser que eles desejam. Duas imagens dão Anactória a Safo. Um andar arrebatador (ou «desejável»); um rosto cintilante da luz móbil das estrelas, um rosto de brilho estelar.

Dois sinais: e a ausência da amiga torna-se presença...

Há noites em que o apelo da ausente se torna mais estranho, mais misterioso. No silêncio nocturno, quando se cala a realidade sensível, quando se entorpecem de lembranças e de desejos a carne e a alma dobradas sobre si mesmas no leito solitário, eis que uma voz — ao mesmo tempo uma voz e uma luz — se aproxima em ondas impalpáveis, procurando o seu caminho no coração da obscuridade. Para a distinguir através do espaço, os sentidos cegos parecem palpar a sombra e alongar-se infinitamente para o objecto bem-amado.

Arignota viveu noutro tempo em Mitilene, entre as raparigas que Safo dirigia. Apaixonou-se pela terna Âtis, que foi uma outra amiga da poetisa. Depois deixou aquelas a quem amava, para ir viver na Lídia, no outro lado do mar. Safo partilha do sofrimento de Âtis, a quem dirige o seu poema; recorda-lhe as alegrias da vida partilhada com Arignota; escuta com ela a voz da amiga desaparecida que, de Sardes, para além das vagas do mar, procura alcançá-las. Este poema, pela própria natureza das emoções que exprime, é de interpretação muito delicada.

> *Muitas vezes, na longínqua Sardes,*
> *o pensamento da querida Arignota, ó Âtis,*
> *vem procurar-nos aqui, a ti e a mim.*

SAFO DE LESBOS, DÉCIMA MUSA

No tempo em que vivíamos juntas,
tu foste verdadeiramente para ela uma deusa,
e do teu canto ela fazia as suas delícias.
Agora, entre as mulheres da Lídia,
ela brilha, como após o pôr do sol
brilha a lua de raios cor-de-rosa,
entre as estrelas que faz desvanecer.
Ela espalha a sua luz sobre as ondas marinhas,
ilumina os prados em flor.
É a hora em que caem as belas gotas de orvalho,
em que renascem a rosa, a delicada angélica
e o perfume do meliloto.
Então, nas suas longas caminhadas errantes,
Arignota lembra-se da doce Âtis,
com a alma grave de desejo, o coração inchado de desgostos.
E, lá longe, o seu apelo agudo convida-nos a juntar-nos a ela,
e a noite de subtis ouvidos
procura transmitir, para além das vagas que nos separam,
estas palavras que não se compreendem,
esta voz misteriosa...

Hesitamos em tocar num tal poema. Como reter esta água nas redes de um comentário? E para quê? Talvez para saborear duas vezes o seu prazer.

O poema está ligado, como outros de Safo, ao silêncio da noite e à luz dos astros. Na escuridão, os reflexos luminosos ganham um valor maior, o sentido do ouvido atinge mais acuidade. Ao mesmo tempo, o mundo interior das lembranças, dos pesares, dos desejos, liberto pelo silêncio nocturno, dá um sentido secreto aos sons e às vagas luminosidades distinguidas. A lua ergueu-se sobre o mar de Mitilene, parece uma forma rósea surgida da terra da Ásia. Será a lua? Será um sinal de Arignota?...

Uma luz espalha-se sobre as águas e os prados. Será a claridade da lua? Ou será o brilho da beleza da amiga? Um e outra. É como se o pensamento do poeta de súbito balouçasse diante deste sonho lunar... Parece que Safo vê subir no céu um fantasma que vem até aos seus pés tocar as flores do seu jardim. A imagem demora-se um instante entre essas flores que retomam vida na frescura da manhã.

Depois, de repente, a imagem apaga-se e cede o lugar a uma outra imagem mais precisa, mais imperiosa. O apelo do reflexo torna-se o apelo de uma voz. Ergue-se um grito, agudo como os gritos dos sonhos. Porque é realmente no ambiente do sonho que o poema paira. Estranhas palavras procuram atravessar o espaço e ao mesmo tempo perfurar essa zona insonora que isola o sonhador. Arignota fala. Entorpecida pelo desejo de Âtis, entorpecida de pesares. Ela chama com palavras, que têm um sentido preciso, indiscutível: ordenam a Âtis e a Safo que se juntem a Arignota. Contudo — e é aqui que o carácter onírico do poema é mais evidente —, se a mensagem que as palavras pronunciadas transmitem é certa, «não se compreendem» como palavras, são imperceptíveis, «misteriosas»; é como se estivessem carregadas de um sentido segundo, dolorosamente inacessível. O ouvido aguça-se na noite para as apreender, ou antes, a própria noite torna-se ouvidos para as ouvir e transmitir: e só ouve ressoar o incompreensível.

Vemos, nestes versos, desligar-se a poesia de Safo da realidade, à qual parecia estreitamente colada no poema da sua tortura física, e instalar-se no sonho. E é a ausência da amiga e o afastamento do objecto amado que permitem operar-se a transferência. Os seres que se movem no mundo poético a que ela nos faz aceder, existem à maneira dos seres que povoam os nossos sonhos. Nada de confuso há neles. A sensação que nos dão da sua existência é, pelo contrário, de extrema nitidez. São mesmo carregados de uma presença mais forte que a dos seres ordinários. A mensagem que nos dirigem não é de modo algum equívoca. Contudo, este sentimento tão forte que temos da sua realidade é quase inteiramente desligado das percepções que geralmente nos certificam da existência dos objectos. Se tomam, para se fazerem entender, a linguagem dos sentidos, se se mostram e se nos falam, esta aparência sensível é como uma espécie de disfarce, e não é este disfarce que no-los faz reconhecer e compreender. Arignota não é reconhecida e ouvida pela forma lunar que reveste e pelas palavras incompreensíveis que pronuncia. É para além da linguagem dos sentidos que ela é apreendida. A poesia de Safo parece realizar aqui o milagre de nos fazer tocar, fora do mundo sensível, aquilo a que seríamos tentados chamar presenças puras. (Mas esta expressão não tem, certamente, qualquer sentido.)

Uma coisa, contudo, começa a afirmar-se — uma realidade nova que a poesia de Safo descobre. Isto, em primeiro lugar: a lua e o silêncio sonoro da noite são ao mesmo tempo distintos de Arignota e ligados a ela por uma ligação secreta e indissolúvel. É esta ligação de Arignota e dos raios lunares, da amiga e da voz da escuridão, que é o coração profundo da poesia de Safo. Mais exactamente, é o lugar geométrico destes pontos de sensibilidade — Arignota e o mundo nocturno — que constitui o verdadeiro objecto da paixão de Safo.

*

Leiamos ainda alguns fragmentos:

*A lua pôs-se, e as Plêiades.
É meia-noite. O tempo passa, e eu durmo só.*

*As estrelas em redor da lua radiosa
velam de novo o seu claro rosto,
quando, na sua plenitude, ela ilumina a terra
com o seu brilho mais vivo.*

*A lua brilhava no seu esplendor,
e as virgens, de pé em redor do altar...*

*As raparigas passaram a noite diante da tua porta,
cantando, ó esposo, o teu amor e o amor da esposa,
cujo seio tem o cheiro das violetas.
Agora, desperta, que vem a madrugada.*

*As asas da cigarra fazem ouvir o seu canto sonoro:
a sua flauta canta o calor do dia que desce.*

*Assim antigamente as Cretenses, ao fim da música,
dançavam em passos graciosos em redor do altar encantador,
pisando a fina e frágil flor da erva.*

*Arrefeceu o coração das pombas,
e as suas asas desfalecem.*

*E tantas embriagadoras grinaldas
entrançadas em volta de um terno colo...*

*Ó Dice, cinge de grinaldas os caracóis dos teus cabelos fascinadores,
entrança as hastes de angélica com as tuas mãos macias.
As deusas bem-aventuradas cumulam de graças as preces floridas,
e de uma fronte sem coroa se desviam.*

*Tenho uma filha linda, semelhante
a um ramo de flores de oiro, minha Cleia amada,
que eu não daria nem por toda a Lídia
nem pela amável...*

Os poemas de núpcias de Safo, esses himeneus que as raparigas da sua escola cantavam nas festas da cidade e das aldeias vizinhas, e de que este estudo não pode falar, advertiram-nos já: os aspectos amáveis da natureza comoveram Safo; o mistério das árvores e dos animais atinge-a no mais fundo de si mesma. Assim:

*Estrela da tarde, trazes contigo tudo quanto a clara aurora dispersou;
trazes a ovelha, trazes a cabra —
eis que à mãe tiras o filho.*

Ou:

*Igual à maçã doce que cora na ponta do ramo,
no mais alto da árvore — tê-la-iam esquecido os apanhadores de maçãs?
Não, não a esqueceram, mas não a puderam alcançar.*

Ou ainda:

*Encantadora é a tua beleza, esposa,
os teus olhos têm o brilho do mel,
o amor derrama-se sobre o teu rosto arrebatador.
Afrodite distingue-te entre todas.*

12

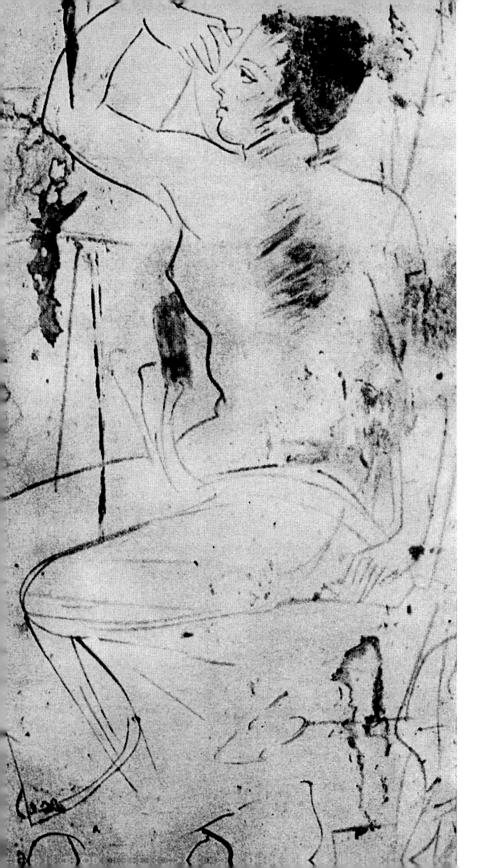
14

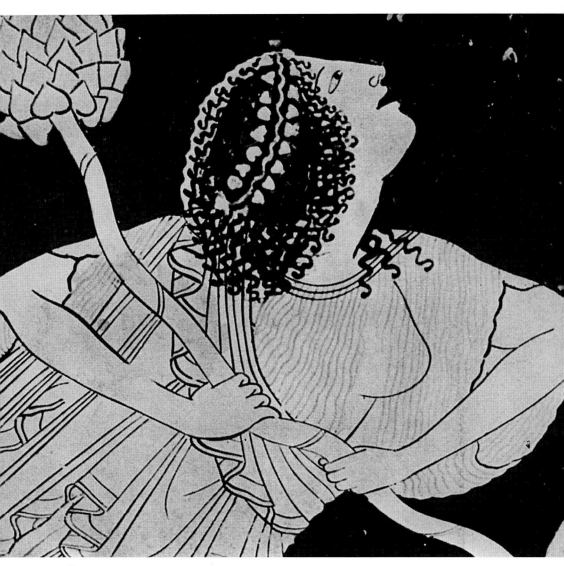

A natureza está sempre presente nos poemas de Safo. O espectáculo da noite estrelada, a visão de um ramo agitado pelo vento, acordaram na sua alma ecos que nenhuma outra alma grega nos deu. Depois dela, nem Aristófanes, por mais largos que sejam os acentos do concerto em que ele empenha os cisnes nas margens do Hebro e as Musas no Olimpo, o rouxinol na sua moita e o pássaro no ramo de freixo, nem Teócrito, perseguindo com a sua nostalgia de citadino um sonho dourado de férias campestres, tocaram esses fios ténues que ligam inexplicavelmente o mundo das árvores e dos animais, do mar e dos ventos ao mundo dos desejos do coração. Quando muito, este último poeta, nas *Mágicas,* quando muito, Eurípedes, sempre no extremo mais moderno da poesia dos antigos, na pintura do suplício de Fedra, entrevêem a existência dessa ligação. E ainda há que notar que se trata de poemas que se recordam de Safo.

Antes dela, há, como sempre na fonte de toda a poesia grega, o inesgotável génio do poeta da *Ilíada.* Homero amou por certo a natureza. Diga-se antes que a conheceu, que a devassou nas suas leis inflexíveis, na sua ordem essencialmente alheia ao homem. A natureza homérica — abismos marinhos, duros rochedos, tempestades retumbantes —, essa natureza toda povoada de deuses, é, apesar dessas divindades de forma humana em que se exprime o pulular da vida, não apenas hostil, mas impenetrável ao homem. Fundamentalmente inumana, não pode o coração do homem ligar-se a ela, não pode procurar nela consolação ou simplesmente um eco dos tormentos que nele moram.

Em Safo, pelo contrário, a natureza, despovoada como é de figuras míticas, enche-se de presenças, de presenças amigas, sensíveis aos movimentos da alma.

Safo vela na noite, sozinha com a sua paixão:

A lua pôs-se, e as Plêiades...
...e eu durmo só.

A lua põe-se, os astros familiares desaparecem, o tempo passa... Mas não, Safo não está só, precisamente porque lhe resta a noite. Presença da noite e das estrelas, presença das flores e dos cantos das aves, presença das macias carnes adolescentes — presença de toda a beleza obscura e florida do mundo —, e nós começamos a entrever, para além dos espaços desolados da poesia passional, novas regiões poéticas onde o comércio da natureza vai restituir o poeta à alegria.

O deserto povoou-se enfim. Eis agora o Amor evocado entre as rosas e as estrelas, no coração do esplendor do mundo. A poesia de Safo, para além da amargura, saboreia a doçura de Eros. Este deus que a tortura, colocou-o ela no centro de um círculo mágico. A paixão duramente enfrentada, a crueldade do desejo posto a nu, conjura-as a sua poesia pelo encantamento das presenças naturais. Eros é coroado de flores. É certo que, cingido de grinaldas, nem por isso é menos cruel. Mas, ao menos, a sua crueldade é adornada de beleza. A poesia de Safo torna-se agora mais atenta: a Natureza e o Amor escutam-se...

Estamos no limiar do mistério. Esta força obscura que despedaçava os membros e a vida, ei-la que subitamente se muda em delícias. O desejo da enigmática presença-ausência, o desejo da rapariga implorada no segredo do coração, ei-lo cumulado de gestos floridos, de danças graciosas, de música, de jogos inocentes. A carne é grave na noite solitária. Uma hora vem em que, na beleza da sombra constelada, ela acaba de se consumir. O fogo que a queimava converte-se em luz. Ligada à paz nocturna, à cintilação dos astros, a imagem da ausente ergue agora o peso da carne e muda em calado arrebatamento a longa inquietação de Eros. Canto das aves, brilho das flores, rumor das ramagens, doçura dos olhos, graça dos corpos: outras tantas respostas ao apelo do desejo. A beleza que procuras, aqui a tens. A poesia torna-se enfim plenitude da alma, e é como se o som fundamental da sensualidade que ela soltava, de súbito se resolvesse magicamente nas harmónicas de castidade que a acompanhavam, já sensíveis no próprio coração da sensualidade...

A obra da poetisa de Lesbos é o lugar de um encontro. Aí, a natureza e o amor juntam-se e penetram-se. Em um mesmo movimento poético misturam-se a frescura do mundo e a ardência do amor.

Tu vieste, e fizeste bem; eu desejava-te.
Como água, brotaste na minha alma incendiada pelo desejo:
Salve, ó Girina, tantas vezes quantas o tempo comporte...

Safo apreendeu e exprimiu as correspondências que unem, em nós, a natureza ao amor. A emoção que ela recebe da beleza do mundo exterior e a ternura que experimenta pelas suas amigas são empenhadas e como que tecidas no mesmo estofo poético.

Apreciá-lo-emos melhor ainda neste fragmento um pouco mais longo, onde, por mais estragado que esteja o papiro que no-lo mostra, ressoam juntamente o prazer que as flores dão e a melancolia que se liga aos amores que nos deixam.

Ei-la pois que partiu para sempre;
e, sem mentir, eu desejaria morrer.
Ela deixou-me, chorando quentes lágrimas,
e dizendo: «Ai! Safo, que sorte cruel.
Contra a vontade te deixo, jura faço.»
E eu respondia-lhe: «Parte contente,
e lembra-te de mim.
Porque tu bem sabes quanto te amava.
Se o esqueceste, quero lembrar-te
todas as horas doces e belas
que juntas vivemos,
tu que, sentada a meu lado, dispunhas
sobre os cabelos tantas coroas
de rosas, de violetas, de açafrões tecidas!
E atavas em redor do teu macio pescoço
embriagadores grinaldas de flores belas.
A mirra em abundância, preciosa essência,
digna de um rei, perfumava os caracóis do teu cabelo...»

Neste poema, Safo parece ter captado as ondas invisíveis e que vão e vêm do mundo ao nosso coração, do nosso coração ao mundo. Porque a poesia sabe hoje — o que a química sabe também de uma maneira diferente — que entre o nosso ser e o mundo há afinidades de substância.

Esta é a descoberta poética de Safo, que permite ver na sua poesia uma prefiguração da poesia moderna. O sonho poético de Safo participa *ao mesmo tempo* dos dois mundos que o espírito do homem interroga — o mundo a que chamamos exterior e o dos sentimentos que se agitam em nós. Ao passo que a maior parte dos poetas antigos, se lhes acontece evocar a natureza e exprimir o amor, o fazem sucessivamente ou paralelamente, como se estes dois universos constituíssem para eles duas realidades diferentes, Safo sabe que a consciência humana e a natureza física são uma e mesma coisa, idêntica na sua substância como nas suas propriedades, uma vez que nada há nos movimentos da paixão que não seja sensível aos fenómenos do universo. O mundo do coração, situado na extremidade mais aguda do mundo natural, sofre as suas largas oscilações e repercute-as. Estes dois mundos, na poesia de Safo, penetram-se e falam ao mesmo tempo a mesma linguagem.

Que linguagem é pois esta? Que nome tem finalmente essa única realidade que Safo procura e tenta revelar-nos? Qual o objecto derradeiro da sua paixão? Após tantas citações, poderemos duvidar da sua natureza, duvidar do lugar onde se encontram, nesta poesia, os planos convergentes do duplo aspecto do real? Sentada sobre esta aresta do ser, uma figura sentada espera: Safo corre para ela como para a posse de um bem sem preço. Esse objecto que a fere e lhe faz sinal, e de súbito se descobre a ela na graça de um gesto ou no brilho de uma flor, que nome lhe daremos senão o de Beleza?

Toda a beleza criada comove o desejo de Safo, e sobretudo esses entrelaçamentos de beleza onde se misturam, na alegria do sol, a carne juvenil e as grinaldas, a flor do corpo humano e as graças da natureza, toda a encarnação do belo na fragilidade da adolescência e da primavera.

Amo a flor da juventude...
Coube-me em sorte um amor,
é o brilho do sol, é a beleza.

VI
SÓLON E O CAMINHO PARA A DEMOCRACIA

A civilização grega nasceu nessa franja da Ásia onde, há alguns séculos, cresciam as cidades helénicas. Homero era jónio, Arquíloco também, Safo era eólia. Mas cito apenas alguns exemplos. Foi igualmente nas cidades da Jónia que apareceram, por essa mesma altura, os primeiros sábios e filósofos, as primeiras estátuas de mármore, alguns dos primeiros templos.

Por essa mesma época, nas cidades da franja extremo-ocidental do mundo helénico, na Sicília e na Grande Grécia, outros sábios e outros filósofos, outros templos, por vezes esplêndidos, como o de Posídon, em Pesto, talvez o mais belo de todos os templos gregos, são os primeiros a falar do vigor da civilização que nascia.

Este nascimento da civilização do povo grego no circuito do seu *habitat* tem várias explicações. Marca, entre outras, a dependência da Grécia em relação às civilizações vizinhas, a que dá o nome de «bárbaras». É que, no espaço entre a Ásia e a Sicília, na Grécia propriamente dita, nada ou quase nada, nessa altura, faz figura de civilização.

Isto é dito um pouco sumariamente. Seria preciso, pelo menos, nomear o poeta-camponês Hesíodo, não esquecer que a Esparta das origens foi a cidade da dança e do canto... E alguns outros factos que desmentem o «nada ou quase nada» que se escreveu.

Mas eis que se aproxima o reinado de Atenas. Durante mais de três séculos, Atenas, primeiramente pequeno e simples burgo, torna-se «a escola da Grécia», torna-se a «Hélada da Hélada». A primeira destas expressões, que é do historiador Tucídides, deve ser tomada, no contexto onde é lida, num sentido estritamente político: Atenas é a escola da Grécia no sentido de que formou para a democracia as cidades mais esclarecidas do seu povo. Não que ela seja a primeira democracia aparecida no mundo das cidades: havia-as, antes dela, na Jónia. Mas pela sua irradiação de grande cidade democrática que oferecia ao povo as mais belas festas, os mais belos espectáculos de tragédia e de comédia, pelo esplendor dos templos e outros monumentos que construiu para ilustrar o povo ateniense, pela maneira como os seus historiadores e os seus filósofos formularam, atacaram ou defenderam os direitos do povo, Atenas está na primeira fila. Aqui, durante séculos, palpitou o coração da Hélada. Aqui a comédia disse a todos as suas verdades em palavras impertinentes. Aqui bateu o coração ardente do conflito trágico do homem e do seu destino. Aqui Sócrates e Platão, outros ainda, instalaram na rua, nas lojas e nos estádios o diálogo filosófico e, da rua, o elevaram ao céu.

*

O primeiro problema que a Atenas do século VIII tinha para resolver, antes de oferecer a si própria o luxo da *Antígona* ou do Parténon, era viver. Foram precisos cerca de dois séculos para dar a este problema primordial uma solução provisória. O resultado foi a invenção da democracia. Bela palavra, por certo, mas que engana um pouco.

«Democracia» significa «poder popular». Mas de que povo se trata, afinal? Suspeitamo-lo. E este livro apresentou já alguns dos elementos do problema, que parece resolvido por uma palavra, quando uma «palavra» nunca resolve nada.

Em poucas linhas, repitamos o principal. Duas classes estão envolvidas na luta que se trava na Ática e noutros pontos, no século VIII: a classe dos possuidores e a classe dos desapossados. Os possuidores têm a terra dos grandes domínios; os desapossados têm poucas terras, os seus braços e o número. A solução do problema, proposta por Sólon, consistirá num conjunto de medidas que assegurarão, pouco a pouco, a igualdade dos direitos civis e políticos a todos os *cidadãos* da cidade. A democracia nunca foi outra coisa que o poder exercido na cidade pelo povo dos «cidadãos».

Logo se vê que não se trata do conjunto dos trabalhadores, do conjunto dos produtores da cidade, mas unicamente e simplesmente dos cidadãos.

A maioria dos produtores de bens, na cidade antiga, são escravos. Aqui se mostra o limite da conquista democrática: ela não pertencerá nunca aos escravos.

Um grande sociólogo moderno — e muito mais que um sociólogo — disse-o claramente: «Qualquer que fosse a forma do Estado antigo — monarquia, república aristocrática ou república democrática — o Estado da época da escravatura foi um Estado esclavagista... O fundo das coisas não se modificava: os escravos não tinham qualquer direito e continuavam a ser uma classe oprimida.»

Este sociólogo — que se chama Lenine — pôs nesta frase o limite essencial que impediu a democracia antiga de merecer o seu nome e de desabrochar nos tempos modernos em verdadeira democracia.

Feita esta reserva — grave reserva, pois ela contribuiu para o desaparecimento da civilização antiga —, não é menos verdade que no decurso dos séculos VIII e VII se abre, na maior parte das cidades gregas, primeiro na Jónia, depois em Atenas, uma multidão de conflitos sociais de violência raramente atingida, conflitos nos quais a parte mais pobre do povo dos cidadãos procura arrancar aos mais poderosos a igualdade dos direitos, fazê-la consagrar pelo direito escrito, apoderar-se enfim da parte que lhe é devida no governo da cidade. É pois aqui — os escravos continuam fora do jogo — que se esboça uma primeira figura, vaga como uma promessa a cumprir um dia ou outro, da democracia.

A cidade — sabêmo-lo — foi durante muito tempo composta de duas espécies de cidadãos. Havia os nobres, descendentes dos antigos ocupantes da terra, membros dos clãs (ou *gentes,* diz o latim). Estes nobres, que eram ao mesmo tempo ricos, cultivavam eles próprios as suas terras, quase todos, com as pessoas das suas «casas». Mas já o domínio ancestral primitivo não pertence colectivamente ao clã. Contudo, partilhada entre os parentes, a terra é inalienável: não pode passar a outra família, nem por doação, nem por venda, nem por constituição de dote. É princípio absoluto que «os bens fiquem na família».

Orgulhosos do seu sangue, só estes Eupátridas tinham acesso às magistraturas, eram «reis», juízes e generais. Falavam aos deuses em nome da cidade, ofereciam os sacrifícios necessários, únicos sacerdotes desta religião cívica e sem clero. Estes nobres, os Eupátridas, representavam umas cinquenta famílias na cidade de Atenas, ou antes, na Ática.

Mas havia também, no interior da comunidade, uma multidão de pessoas que se tinham estabelecido por sua conta, trabalhadores «livres», se esta palavra tem ainda sentido. Pequenos camponeses que apenas tinham a sua cabana e as suas ferramentas (e que ferramentas!) para arranhar o mato mal desbravado das encostas — sempre a um passo da escravização, gente que nada tinha além dos braços, famintos que morriam em massa na Primavera, «a estação», diz um poeta aristocrata e realista, «em que não há nada para comer». Artífices de todas a espécie, sem mais matéria-prima que a que lhe forneciam os Eupátridas para reparar os seus telhados, fabricar o calçado ou os escudos de couro, as armas de bronze, e também o ouro que se aplica sobre a cabeça das vítimas antes de as degolar. Demasiadamente pobres diabos para possuírem uma oficina. Só o oleiro trabalha no domicílio: tem o seu forno em cada aldeia. Por fim, todo o povo da gente do mar que, nesse século VIII de expedições coloniais, começava a ganhar importância: construtores de barcos e remadores, homens de equipagem, e, não tardou muito, armadores. Toda esta plebe era enorme, mas dividida. Os interesses dos marinheiros e dos comerciantes não eram os dos artífices ou dos magros proprietários camponeses. Só contra os «grandes» que a exploravam, esta gente se punha a «pensar juntos». Apenas os nobres estão armados. Estas armas ensinam a populaça a «pensar bem». A guerra civil é o estado normal de todas as cidades gregas nos séculos VIII e VII.

No entanto uma invenção de importância difícil de calcular modifica bruscamente — pelos finais do século VIII — a economia natural ainda meio suportável e a agrava: é a invenção da moeda. A luta de classes vai exasperar-se, de duas maneiras diversas: a miséria da classe pobre piorará, mas uma parte desta classe desapossada enriquecerá no comércio e reclamará a sua parcela na administração da cidade, lançar-se-á ao assalto dos privilégios aristocráticos.

Até então — segundo os poemas homéricos — o comércio praticava-se pela troca: vinho por cereais, azeite por metal bruto e assim sucessivamente. Contava-se também em «valor de bois». Pouco a pouco, tinham-se imaginado os lingotes de ouro e de prata que serviam às permutas. Mas estes lingotes não eram puncionados pelo Estado, tinham que ser pesados de cada vez. Os cambistas erguiam as suas balanças nos mercados.

A moeda propriamente dita, onde cada cidade batia a sua marca, garante do peso, foi inventada na Lídia, esse país da Ásia Menor onde o Pactolo rola as suas palhetas de ouro. Mas foram as cidades gregas da Jónia costeira que se apoderaram da invenção e a espalharam, no vasto movimento colonial que é da mesma época, pelo mundo inteiro.

Invenção proveitosa para as permutas, sem dúvida. Mas proveitosa para quem? Os ricos trataram de deitar mão a esta forma de riqueza, que não era perecível. Na economia natural, com efeito, os grandes proprietários rurais não tinham muitas possibilidades de acumular riqueza. Não se entesoura trigo, azeite ou vinho. Apenas aumentavam um pouco o luxo, comprando no Oriente coxins, tapetes ou armas cinzeladas. Mas, nesta economia primitiva, o grande proprietário empregava antes o supérfluo em ampliar a sua clientela. Nos maus anos, o pequeno cultivador «livre», o próprio artífice, podiam dirigir-se ao senhor da vizinhança. Este punha glória em ser para o pobre «uma cidadela ou uma muralha», como dizia a poesia épica. O pequeno trabalhador era pois, ainda, de algum modo, protegido pelo grande.

Diferentemente se passaram as coisas com o aparecimento da moeda: ela permitiu capitalizar o excedente da produção convertida em dinheiro. E mais: o rico aprende a fazer frutificar o seu dinheiro, pretende que esse dinheiro tenha «filhos» (é assim que ele chama aos juros). A arrogância hereditária reforça-se com a rapacidade. Enquanto antigamente acontecia ao nobre dar um excedente que não podia consumir, agora empresta, e o juro que exije é muito alto, porque lhe agrada aplicar uma parte do seu capital em empresas marítimas onde o risco é muito grande. Empresta e especula. O capital amontoado não é mais que uma aplicação de fundos com vista à aquisição de novas riquezas.

Assim nasce o que Aristóteles chama a «crematística», o que significa a arte do dinheiro — a aptidão para acumular e fazer produzir dinheiro. Vê-se que esta «crematística» não está longe de ser uma primeira forma de capitalismo.

A invenção da moeda teve, sobre as relações das classes sociais, grandes consequências.

Em primeiro lugar, a classe inferior — sobretudo os pequenos camponeses —, obrigada a pedir emprestado em condições muito pesadas, é empurrada lentamente no caminho da servidão. Que é que o pequeno proprietário pode, com efeito, dar como penhor ao grande proprietário? A terra, que ele hipoteca. Em seguida, o trabalho. O que significa que, não tendo reembolsado o credor e uma vez a terra penhorada, nela continuava como rendeiro, ou antes como servo, para entregar ao credor a maior parte da colheita. Exactamente (o número fabuloso está atestado quanto a Atenas) cinco sextos. Por fim, não tem já mais que dar, como penhor, que a sua própria pessoa, o seu corpo. Quer isto dizer que podia ser vendido e caía na escravidão. A mulher e os filhos também, e mesmo antes dele e por ele, como últimos bens mobiliários que possuía.

Por aqui se vê que a existência da escravatura e a condição inferior da mulher se voltavam contra o cidadão, barrando o caminho a uma democracia verdadeira.

Tal era, em Atenas, e no exacto momento em que ali ia nascer a civilização, sob as formas mais brilhantes, o horrível fruto da «crematística».

Contudo, as consequências de uma invenção não são nunca tão simples como se pensa. A invenção da moeda não foi apenas, entre as mãos dos nobres, um novo instrumento de opressão. Veio um momemnto em que, através de lutas longas e sangrentas, essa invenção se tornou, nas mãos do povo, um instrumento de libertação.

Não esqueçamos, com efeito, os comerciantes da classe inferior. Alguns destes plebeus enriqueceram — primeiro nos grandes portos da Ásia, Esmirna, Mileto, Éfeso — depois na Grécia propriamente dita, em Corinto, em Mégara, em Atenas. A nobreza desprezava-os, mas teve de começar a contar com eles. Estes filhos da fortuna puseram-se a comprar a terra aos camponeses pobres, que prefeririam vendê-la a pedir emprestado a um juro usurário. Comprada a terra, exigiram participação na gestão dos negócios públicos, nas magistraturas, na justiça, no comando dos exércitos — em todos os direitos até aí ligados ao sangue azul dos nobres.

Mas como consegui-lo senão aliando-se à massa dos desapossados, senão apoiando-se na turba do povo explorado? Assim recomeçava com vigor a luta das classes, reforçada por esta aliança da ambição e da miséria contra a nobreza.

Luta dos *kalokagathoi* contra os *kakoi*, segundo o vocabulário inventado pelos nobres. Os *kalokagathoi* são, na boca dos aristocratas, os homens formados pela prática dos desportos e pelo culto das Musas em todas as virtudes: são, ao mesmo tempo, belos e cheios de nobreza. Nobres no duplo sentido da palavra: de bom nascimento e prontos para todas as proezas. Os *kakoi*, em contrapartida, são os maus e os miseráveis — os «vilões»: aqueles que pelo seu nascimento vil pertencem ao povo e são incapazes de qualquer acção que não seja vil.

Estranho vocabulário, que o desenlace da luta travada desmentirá.

*

Não convém seguir aqui, passo a passo, as fases desta luta das classes de que resultará, num grande número de cidades, a libertação democrática, ou pelo menos o que a sociedade antiga pode entender por tal.

Contentemo-nos com Atenas e liguemos a nossa narrativa à história do legislador-poeta, Sólon.

Sólon era de família nobre. A *gens* de que ele fazia parte dera a Atenas o seu último rei. Contudo, por razões que ignoramos, esta família estava, por meados do século VII, muito desprovida de dinheiro. Sólon, que cresceu nessa segunda metade do século em que se desenvolvem, com vigor súbito, em Atenas, a indústria e o comércio, decidiu refazer a sua fortuna correndo mundo a vender azeite.

Eis pois um filho-família, e poeta, que se lança no comércio dos azeites. O desejo de visitar países novos e ver civilizações antiquíssimas — a jovem Jónia e o quatro ou cinco vezes milenário Egipto — contribuiu muito, sem dúvida, para a decisão de Sólon de viajar para ganhar a vida. Muito mais tarde, terminada a sua obra de legislador, o velho Sólon voltará ao mar. O apetite de novos conhecimentos é a sua maneira de envelhecer, ou talvez de continuar jovem: «Envelheço aprendendo todos os dias qualquer coisa», escreve ele então.

Sólon volta a Atenas, em pleno vigor, depois de ter refeito no comércio, como se propusera, a sua fortuna. Os seus concidadãos consideram-no um espírito livre de preconceitos e, sobretudo, homem de uma fundamental honestidade. Sólon tornara-se uma persogem popular junto das duas classes que travavam em Atenas guerra acesa. Plutarco, que o enfileira na sua galeria de homens ilustres, diz dele muito bem: «Os grandes estimavam-no porque era rico, os pobres porque era honesto.»

Um dia, Sólon teve a coragem de prestar ao seu país um grande serviço. É ainda Plutarco quem conta a história, um pouco adornada talvez, mas que assenta em factos autênticos, pois um poema mutilado de Sólon a eles se refere.

Por essa época, Atenas e Mégara, cidades vizinhas e ambas em vias de se tornarem cidades comerciais e marítimas, disputavam a posse de Salamina. Esta ilha, ao largo de Atenas, é como que o ferrolho do seu porto. Quem a possui, possui ou bloqueia Atenas. Os Megarenses ocupavam-na, apesar de todos os esforços os Atenienses. Despeitados, estes, segundo Plutarco, fizeram uma lei que proibia, sob pena de morte, que se falasse de Salamina diante do povo.

Sólon imaginou fazer-se passar por louco. Divulgada a sua loucura, apresenta-se ele um dia na praça pública, sobe à pedra das proclamações e recita ao povo reunido um poema de sua composição sobre a beleza de Salamina e sobre a vergonha que era, para Atenas, tê-la cedido aos Megarenses. Escutam-no (é um louco!), depois deixam-se arrastar pelo que diz. O povo marcha sobre Salamina, Sólon dirige as operações. A ilha é reconquistada à gente de Mégara.

Conservámos alguns versos isolados deste poema. Sólon diz: «Se nós, os Atenienses, cedemos Salamina, quero que passem a chamar-me cidadão de Folegandro ou de Sícino (pequenas aldeolas do Egeu) e não de Atenas. Porque não tarda que se diga: Ali está um Ateniense, um dos que abandonaram Salamina!... Vamos pois a Salamina! Combatamos pela ilha encantadora e expulsemos a vergonha para longe de nós!»

Este tom, ao mesmo tempo popular e ousado, agradou ao povo. Mesmo que a história tenha sido alindada, é evidente que foi Sólon o instigador da reconquista de Salamina.

Foi este acontecimento, com a estima que Sólon inspirava, que levou a escolhê-lo como árbitro e legislador no conflito que dividia os Atenienses.

*

Examinemos uma vez mais os campos em presença e acrescentemos alguns dados complementares.

Os grandes proprietários nobres acabaram por apoderar-se de toda a terra da planície ática ou pouco menos. Estes vastos domínios são por eles cultivados com os seus parentes, a sua clientela, os seus escravos. A cevada e o trigo são raros. Pouco importa: mandam-nos vir das margens do mar Negro. A vinha, a figueira, a oliveira abundam: em parte, para exportação. Estes vastos domínios ampliam-se graças à liquidação dos pequenos.

O proprietário — o Eupátrida — vela de longe pela sua exploração, à maneira de um senhor feudal. Com o tempo, ganhou o hábito de viver na cidade. O seu grande negócio é agora a política. Governa, faz a guerra. Julga, mas segundo um direito apenas em parte escrito e que só ele, com os seus pares, está em condições de interpretar.

Em face destes nobres, está o povo, e em primeiro lugar o proletariado camponês. Alguns proprietários livres, cada vez menos numerosos: rendeiros, salvo na encosta da montanha, onde o solo é tão mau que não se pode tirar dele grande coisa. Rendeiros, servos — camponeses roídos pelos empréstimos. Seja boa ou má a colheita, cinco sextos vão sempre para o senhor, o restante sexto para os desgraçados «sexteiros». Taxa que provoca os gritos de raiva que se ouvem durante um longo século em todos os campos áticos! Acrescentemos que os objectos fabricados, as ferramentas, que o camponês, amarrado à sua condição esmagadora, tem ainda que comprar na cidade ou mandar fabricar pelo artífice, são muito caros relativamente, ao passo que os produtos agrícolas que ele oferece vão por vil preço, tão grande é a quantidade que o proprietário nobre pode pôr à venda.

Amanhã, todos estes pequenos proprietários livres serão escravos. Suponhamos que um deles vende a sua terra hipotecada: ei-lo trabalhador rural, servente desempregado (não há trabalho para um homem livre: há escravos de mais). Suponhamos que, rendeiro, não pode desobrigar-se dos seus 5/6: outra vez escravo. Suponhamos que, nestas mesmas condições, procura exilar-se abandonando a sua propriedade ilusória: aí o temos procurado como escravo fugitivo... A escravização espreita-o em todas as saídas da sua vida.

Na verdade, representa-se um drama terrível na Ática do século VII. Na periferia dos grandes domínios, a terra eriça-se de marcos por todo o lado. Estes marcos assinalam o direito de posse do Eupátrida sobre a terra hipotecada: são eles que indicam a hipoteca e o valor devido. Estes marcos significam que os nobres estão em vias de fazer do povo ateniense um povo de escravos. A terra e o poder para alguns. Os outros, repelidos da comunidade dos cidadãos. Vão os Eupátridas reduzir o povo ateniense a um povo de hilotas? Tornar-se-á Atenas uma outra Esparta?

Como parece estarmos longe da democracia! No entanto, a salvação está perto.

A geografia fez da Ática um país de marinheiros e de comerciantes. Olhemos esse longo triângulo, cujos lados maiores — 180 quilómetros — são banhados pelo mar. Olhemos essas calhetas e essas costas, ora baixas para as barcas ligeiras, ora portos de água profunda para os barcos mais modernos. Olhemos, da Ática à Ásia, essa ponte de ilhas que atrai e tranquiliza o marinheiro.

Sobre a costa da Ática, assim como em Atenas, aos pés da Acrópole e, depois, no Pireu, fervilha uma população de pescadores, de marinheiros, de patrões de barcas, de artífices, de comerciantes. Alguns, esfarrapados. Outros, enriquecem, fogem pouco a pouco à dependência da aristocracia rural. Muitos viajam. A maior parte desembaraça-se como pode.

Os nobres têm necessidade destes marinheiros e destes comerciantes para escoar os seus produtos no estrangeiro. Têm também necessidade dos artífices oleiros, cujo bairro cresce num arrabalde da cidade, para fabricar os grandes jarros vermelhos e negros nos quais transportam os seus vinhos e sobretudo o seu precioso azeite, esses belos vasos áticos que se encontram, desde o tempo de Sólon, tanto no Egipto como nas costas do mar Negro, na Sicília como em Cumes, até à Etrúria.

Os nobres poderiam acabar por reduzir à servidão a classe dos camponeses pobres, mas são obrigados a tratar com os artífices e os mercadores, pobres ou ricos.

Os camponeses pobres formam a parte aparentemente mais desarmada da plebe. E também a mais revoltada, a que constitui a massa mais numerosa. Alguns deles reclamam pura e simplesmente, referindo-se a um antigo uso, a redistribuição igual de toda a terra da Ática. Esta massa será, no momento em que as reformas só puderem seguir adiante por meio da violência, utilizada por Pisístrato, o tirano detestado, mas, pela lógica da evolução histórica, autêntico continuador de Sólon — o realizador destas reformas.

Quanto aos mercadores, são eles a parte mais moderada, a mais hábil do povo ateniense, a mais disposta a negociar, a mais decidida também a ingerir-se nos negócios da cidade. Estão fartos de ter que aceitar, na vida privada como na vida pública, as decisões tomadas de fora pelos Eupátridas. São cidadãos: não querem que o seu direito de cidade continue vazio de qualquer realidade.

O que assegurou a vitória da classe inferior na sua luta secular contra a nobreza rural, foi, no fim de contas, a aliança das duas partes da plebe, a união dos artífices e dos mercadores com os pequenos camponeses e os trabalhadores agrícolas.

Passemos sobre os tumultos sangrentos que impuseram um compromisso. Este compromisso consistiu em designar, entre as duas partes — a nobreza das *gentes* e o povo —, um árbitro encarregado de proceder a uma vasta reforma económica, social e política. O árbitro escolhido, o homem em quem Atenas, em perigo mortal, depositou a sua confiança — os oprimidos, porque contavam com o seu amor da justiça, os opressores sem dúvida porque viam nele um homem da sua casta — foi Sólon. Os nobres foram enganados. Sólon não era um homem da sua casta: era um cidadão de Atenas.

Sólon foi pois designado, em 594, como arconte, com poderes extraordinários para reformar o Estado.

Tomou imediatamente medidas muito ousadas (em todo o caso, moderadas), umas de ordem económica e social, outras políticas.

*

A sua primeira reforma — a mais indispensável —, aquela que salvou da servidão total a classe semi-serva dos camponeses, foi a libertação sem reservas das terras e das pessoas. Libertação da terra: todos os marcos que assinalavam nos campos a escravização da terra caída entre as mãos dos Eupátridas foram arrancados do solo e a terra restituída aos devedores, que se haviam tornado rendeiros ou escravos. Libertação das pessoas: esses devedores insolventes recuperam a liberdade ao mesmo tempo que a terra, e a sua dívida é diferida. Mais ainda: aqueles que tinham sido vendidos como escravos para o estrangeiro foram procurados, comprados novamente e libertos pelo Estado, instalados por fim nos seus domínios.

Esta libertação da terra e do homem é celebrada por Sólon em versos que conservamos ainda e onde se acentuam, ao mesmo tempo, o seu profundo amor à terra e o seu profundo amor aos homens. Invoca a própria Terra, que é a mais antiga das divindades, e roga-lhe que testemunhe em seu favor no tribunal da história. E declara:

«Ela me dará testemunho, perante o tribunal do tempo, a grande mãe dos Olímpios, a Terra negra, a quem eu arranquei os marcos, enterrados em todos os lugares. E trouxe a Atenas, à sua pátria, fundada pelos deuses, muitas pessoas vendidas como escravos, mais ou menos justamente, e outras que se tinham exilado sob o peso de uma dívida e que não falavam já a língua ática, de tal modo haviam errado pelo mundo, e outras ainda que, no meio de nós, sofriam uma servidão indigna e tremiam diante do humor dos seus senhores. A todos eu dei a liberdade.»

São versos magníficos em que se exprime, no mais antigo dos poetas atenienses, o amor que dedicava ao seu povo oprimido, que ele soube restituir à liberdade e à justa posse dos bens.

Dir-se-á que tal medida — a anulação das dívidas — espoliava os ricos. Sem dúvida alguma. Mas esses ricos tinham abusado do seu poder: Sólon atreveu-se a fazê-los restituir o que tinham tomado. Esta medida ousada, que liquidava o passado e salvava o povo ateniense, foi completada por Sólon com uma lei que impedia o retorno de uma tal situação no futuro. Suprimiu a antiga escravização por dívidas: daí para o futuro, foi proibido emprestsr tomando como penhor as pessoas. Esta lei salvaguardava a liberdade individual: foi a pedra angular do direito ático. Uma tal lei não existiu nunca em nenhuma outra cidade grega.

Deixemos de lado muitas outras reformas económicas e sociais, ainda que importantes. Por exemplo, a reforma monetária, que Sólon levou a bom termo. Muitas dessas reformas punham em xeque o poder até então sem contrapartida das *gentes*. Outra: a obrigação imposta por Sólon de dividir o património nobre pelos herdeiros, por morte do pai. Esta medida enfraquecia a velha nobreza rural. Do mesmo modo, a autorização, na ausência de filho legítimo, para instituir por testamento um herdeiro escolhido fora da *gens*. Era um golpe directo no velho direito familiar. Finalmente, o direito, para qualquer cidadão, de comprar terra dita nobre. Tudo isto reforçava o povo em pleno crescimento, fragmentava a propriedade, multiplicava os proprietários de pequenos domínios.

Outras leis libertam ousadamente o indivíduo, limitando o poder paterno, tanto quanto era possível na época. Proibir ao pai o direito de expor o filho recém-nascido, nem pensar. Mas a partir do momento em que o pai apresentava à cidade essa criança, perdia sobre ela o direito de vida e de morte. Não lhe era permitido vender a filha, salvo por notória má conduta, expulsar o filho, a não ser por motivos graves. O filho maior tornava-se, enfim, do ponto de vista do Estado, igual de seu pai.

*

O que caracteriza a reforma e a acção de Sólon, uma vez cumprida a parte da tarefa que exigia ousadia e rudeza, é a equidade, é a moderação que a animam. Sólon ousou, com efeito, na crise revolucionária que abrira, travar combate em duas frentes. Nada mais difícil, em plena luta, que esta política de «justiça». (A palavra surge constantemente na obra poética de Sólon.)

Assim, Sólon, numa passagem conservada da sua mutilada obra, mostra-se cobrindo com o escudo os dois partidos, ora um, ora outro. Cobrira os nobres contra as reivindicações extremistas do povo montanhês. Sólon alude a isso quando escreve:

«Fiquei de pé cobrindo com o meu sólido escudo os dois partidos, sucessivamente, e não permiti nem a um nem a outro vencer injustamente.»

E ainda:

«Redigi leis iguais para o pobre e para o rico, fixando para cada uma recta justiça. Se outro que não eu tivesse tomado o aguilhão, um homem perverso e ávido, não teria podido deter o povo. E se eu tivesse querido fazer então o que desejavam os inimigos do povo... a cidade ter-se-ia tornado viúva de muitos homens. Eis porque, usando de todo o meu vigor, para todos os lados me voltei, como um lobo assaltado por uma matilha de cães.»

Uma outra imagem exprime ainda a coragem de Sólon — a bela coragem da sua moderação, resistindo às exigências extremas dos dois campos:

«Ergui-me entre eles, como uma pedra de demarcação entre dois campos contestados.» (Ainda aqui é o tom popular que define a poesia soloniana.)

Tal é a importância e tal é o espírito da reforma económica e social deste grande Ateniense.

*

A sua reforma política não é menos importante. Inspira-se no mesmo espírito de ousadia e de moderação que, em poucas gerações, dará o seu fruto necessário: a democracia.

Na outorgação das funções públicas, Sólon absteve-se de passar, de um salto, de um sistema em que essas funções eram privilégio exclusivo dos nobres para um regime democrático que as teria aberto a todos os cidadãos. Isto, nem Sólon nem ninguém, na Atenas do princípio do século VI, podia fazê-lo. A relação das forças, na luta das classes, opunha-se-lhe absolutamente.

Sólon fez isto: retirou inteiramente ao nascimento nobre o privilégio de magistratura, de direito político. O nascimento deixou de decidir fosse do que fosse, a palavra cabia à riqueza.

Sólon dividiu o povo em quatro classes, segundo essa situação. Os cidadãos da classe mais rica tinham direito às magistraturas mais importantes: sup ortavam também os encargos mais pesados. Nas classes seguintes, ao mesmo tempo que diminuíam os direitos, diminuíam também os encargos, tanto em impostos como em serviço militar. Deste modo, na quarta e última classe, os cidadãos não pagavam qualquer imposto e só excepcionalmente eram recrutados, como remadores ou nas tropas de armamento ligeiro.

Como se vê, com a constituição de Sólon, estamos numa espécie de democracia censitária. O mais importante é ter ele repelido o direito do nascimento nobre, porque o nascimento não se adquire. Este direito passava à riqueza, e a riqueza adquire-se, pelo menos teoricamente.

De resto, um tal sistema, fundado sobre a situação da riqueza, nunca é senão um patamar no caminho ascendente da conquista democrática. As distinções assentes, as barreiras erguidas ante o impulso das forças populares, desaparecerão prontamente. Mais cerca de um século de lutas, mas muito menos sangrentas que as anteriores a Sólon, e os direitos políticos pertencerão igualmente a todos os cidadãos livres. Sólon abriu pois, com um misto de extrema ousadia e de rara prudência, o caminho da democracia.

Aliás, existe já, no sistema soloniano, um direito que pertence a todos, e que é o mais importante. Todos os cidadãos, da primeira à última classe, têm direito de voto na Assembleia do povo. Trata-se de um facto capital: na Assembleia, ricos e pobres são iguais. Qualquer podia votar, qualquer podia tomar a palavra.

É certo que na época de Sólon a competência da Assembleia era limitada. Mas, pelo menos, Sólon reconhecia o princípio da igualdade dos direitos dos cidadãos a votar e a falar nela. Com o tempo, a Assembleia do povo tornar-se-á o órgão essencial da vida pública de Atenas. Os pobres — sempre os mais numerosos — não terão qualquer dificuldade em fazer prevalecer a sua opinião sobre a dos ricos. Os limites censitários apagar-se-ão, não sem algumas crises ou reformas novas, e Atenas será a cidade mais democrática do mundo grego. Este desenvolvimento estava em germe na constituição de Sólon.

Uma outra instituição, além da Assembleia, instituição muito importante na vida pública ateniense, estava, desde essa época, aberta por Sólon ao povo inteiro. Era o tribunal dos Heliastas, vasto tribunal popular — que será composto mais tarde de seis mil juízes, divididos em dez secções. Qualquer cidadão podia fazer parte dele, Sólon assim o decidira. Alargou a sua jurisdição, dando-lhe a jurisdição do recurso contra as sentenças dadas pelos magistrados. Mais tarde, os Heliastas julgarão praticamente todo o direito público e privado.

Vemos pois que a partir da intervenção de Sólon, o povo, com assento na Assembleia e no tribunal dos Heliastas, estava no caminho de estabelecer a sua soberania. Ora a soberania do povo não é outra coisa que a democracia. Como Aristóteles o diz: «Quando o povo é senhor do sufrágio, é senhor do governo.»

Já nestes princípios do século VI vemos prefigurar-se essa imagem do povo que, sob o impulso dos seus oradores, discutia e decidia de tudo, dos tratados de paz, da construção do Parténon e dos Propileus, e do resto — esse povo de quem Fénelon nos diz, num resumo eloquente: «Tudo na Grécia (deveria dizer-se: em Atenas) dependia do povo e o povo dependia da palavra.»

*

Se procurarmos, em conclusão, qual a fonte mais profunda, qual o fogo que em si permitiu a Sólon criar uma obra tão bela, creio que se dirá: Sólon amava o seu povo e Sólon amava a justiça, acreditava em ambos como se crê em Deus. O seu Deus não tinha só por atributo o poder, tinha também a justiça.

Eu disse: Sólon amava o seu povo. Lembremos a passagem em que ele fala da sua reforma. Vejamo-lo quando recebe os exilados no seu regresso a Atenas: «estes homens que não falavam já a língua ática, de tal modo tinham errado por todos os lugares» — há lágrimas de amor nestes versos. E o verso seguinte contém, pelo menos implicitamente, um dos raros protestos e talvez o mais comovedor que foi arrancado a um Grego contra a desumanidade da escravatura: «E àqueles que, no meio de nós, sofriam uma escravização indigna e que tremiam diante do humor do seu senhor, restituí eu a liberdade.»

É o amor que dedica ao seu povo que lhe arranca, aqui, como contra vontade, um movimento de revolta contra uma condição que rebaixa um homem até o fazer tremer diante dos caprichos de um outro homem. Era assim que Sólon amava o seu povo.

Mas como amava a justiça! A justiça é o próprio rosto de Deus em que ele crê. Sólon pôs os ricos à cabeça do Estado. Mas que responsabilidade sobre os seus ombros! Espera deles a prática da justiça. E é uma violenta cólera, uma santa cólera que empolga o poeta, numa espécie de panfleto que ele escreve contra os maus ricos que corrompem a ordem desejada pelos deuses e pelo legislador.

Assim (resumo este fragmento poético), aqueles a quem ele chama a conduzir o povo, os ricos, cedem à injustiça e servem-se do seu poder para roubar! Eles, que deveriam ser os guardiões da religião, roubam até os santuários! Eles, cuja conduta deveria ser obediência às leis da Justiça, ofendem-na pelo seu apetite ilimitado do lucro! A Justiça sofre primeiro o ultraje em silêncio, mas conserva no seu coração a lembrança da ofensa, prepara o castigo... O panfleto cresce. Sobre toda a cidade estende-se a úlcera implacável da injustiça dos ricos. A guerra civil desperta, a juventude perece, aos milhares os pobres retomam o caminho do exílio, carregados de peias, votados à escravatura. Finalmente, o flagelo público que os ricos desencadearam volta-se contra eles. Sólon personifica-o: é o Génio Mau, a que a riqueza iníqua deu nascimento. Nenhum obstáculo o detém na sua obra de justiça vingadora. Salta por cima dos muros das vilas onde os ricos se refugiaram. Sabe procurá-los e encontrá-los até nos recantos dos quartos onde se escondem.

Tal é, segundo o poeta, a catástrofe da cidade onde os ricos praticam a iniquidade. Os últimos versos celebram com fervor a beleza da lei que o legislador tentou instalar na sua pátria:

«A beleza da lei faz reinar por toda a parte a ordem e a harmonia.»

E mais adiante:

«Graças a ela, tudo é paz entre os homens, tudo é Sabedoria!»

Vemos por estes fragmentos que Sólon é um político, um grande legislador, porque é acima de tudo uma consciência, um homem em quem se juntam a claridade da razão e o calor do coração. Um poeta, um «entusiasta», diziam os Gregos. A justiça habita nele. Foi ela que Sólon quis fazer reinar na democracia nascente de Atenas.

Mas é esta democracia, verdadeiramente, um povo soberano? Chocamos agora com as graves limitações que ela traz em si, e em primeiro lugar a escravatura.

VII
A ESCRAVATURA. A CONDIÇÃO DA MULHER

Os Gregos inventaram a democracia. Muito bem. Mas inventaram-na dentro de certos limites que é preciso agora definir.

Estas limitações alteraram gravemente, desde a origem, o valor e a eficácia dessa «soberania popular» pela qual os povos tanto se tinham batido. Fizeram pior: eram tão rígidas que impediram a democracia de progredir, travaram pelo contrário o seu desenvolvimento. Podemos mesmo perguntar se não será de fixar qualquer delas entre as causas essenciais do fracasso da civilização antiga.

Entre essas limitações, acentuo duas, as principais: a escravatura e a condição inferior atribuída à mulher. (Havia outras, quase tão graves como estas.)

*

A democracia — como sabemos — não é outra coisa que a igualdade entre todos os «cidadãos». Muito, e muito pouco. Assim, em Atenas, admite-se que no século V — embora tais cálculos sejam difíceis e incertos — havia à roda de cento e trinta mil cidadãos (contando as mulheres e os filhos, o que está muito longe de fazer cento e trinta mil eleitores!), setenta mil estrangeiros domiciliados, Gregos vindos de outras cidades e instalados de modo duradoiro em Atenas, mas sem usufruir dos direitos políticos, e finalmente mil escravos. Quer dizer: para uma população de quatrocentos mil habitantes, metade era composta de escravos. Quer dizer, também, que a democracia ateniense, muito igualitária no que se refere aos direitos políticos dos cidadãos, apenas vivia e se conservava, em grande parte, graças ao trabalho dos escravos.

A escravatura constitui pois uma nítida limitação da democracia grega. Nenhuma sociedade antiga pôde dispensar a escravatura. A escravatura é a forma primitiva daquilo a que hoje se chama «a exploração do homem pelo homem». É também a mais dura. A sociedade da Idade Média nõa conhece já a escravatura, mas tem a servidão. Quanto à sociedade moderna, tem o salariato, sem esquecer a exploração colonial. A libertação dos homens em relação às forças de opressão que os mais fortes exercem sobre os mais fracos caminha muito lentamente. No entanto, está em marcha desde que existem sociedades humanas.

*

Porquê a escravatura? A escravatura aparece primeiro — por mais paradoxal que seja — como um progresso. Nas tribos primitivas não havia escravos. Quando essas tribos guerreavam, os prisioneiros eram mortos. Em tempos muito antigos (a *Ilíada* conserva vestígios disso), eram comidos, crus ou assados. A escravatura nasce quando se preferiu conservar a vida do prisioneiro, não por humanidade, mas para que ele desse rendimento trabalhando, ou então, quando o comércio começou, vendiam-se os prisioneiros por dinheiro ou outra coisa. É provável que, quando os homens se puseram a praticar o comércio, uma das primeiras mercadorias s ser objecto de tráfico tenham sido os homens. Mas enfim, era um progresso, uma espécie de adoçamento — por interesse — da brutalidade primitiva dos costumes da guerra.

A escravatura, com efeito, nasce da guerra, e, na sociedade grega, a maior parte dos escravos são antigos prisioneiros de guerra. Após uma batalha, aqueles que não se podiam resgatar a si próprios, eram vendidos. Após um assalto, os homens de uma cidade conquistada são em geral passados a fio de espada, mas as mulheres e as crianças são tiradas à sorte entre os vencedores e conservadas ou vendidas como escravas. Estes usos não são estritamente aplicados entre cidades gregas. Sente-se escrúpulo em vender Gregos como escravos, escrúpulos que se acentuam com a circunstância de que os escravos gregos, ao que se diz, dão pouco rendimento. Mas numa guerra entre Gregos e Persas ou outros povos não gregos, a regra é rigorosa. Cita-se uma vitória grega sobre os Persas, depois da qual vinte mil prisioneiros persas foram lançados no mercado dos escravos.

Os mercadores de escravos seguem os exércitos. O comércio dos escravos é muito activo e lucrativo. Há grandes feiras de escravos nas cidades gregas próximas dos países bárbaros. Nomeadamente em Éfeso, na Jónia, em Bizâncio, nas cidades gregas da Sicília. Em Atenas, mercado de escravos uma vez por ano. Certos traficantes de escravos fizeram fortunas consideráveis.

Há no entanto outras maneiras de tornar-se escravo, além da de prisioneiro de guerra. Em primeiro lugar por nascimento. O filho de uma mulher escrava é escravo. É propriedade, não da mãe, mas do proprietário da mãe. Muitas vezes, aliás, e mesmo quase sempre, é exposto quando nasce, à beira do caminho, e aí morre. O senhor considera que é demasiado custoso deixar viver essa criança, alimentá-la até à idade em que poderá trabalhar. Esta regra não é, no entanto, geral: muitos escravos de tragédia gabam-se de ter nascido na casa do senhor. (Não acreditemos demasiado nas tragédias!)

Uma outra fonte da escravatura é a pirataria. Nos países ditos bárbaros do norte das Balcãs ou do sul da Rússia, empresários de pirataria fazem razias donde trazem muita carne fresca para vender. Escravos excelentes, e isto pratica-se mesmo em certas regiões gregas (na Tessália, na Etólia, por exemplo) onde a autoridade do Estado e da polícia não é suficientemente forte para impedir as depredações de caçadores de homens.

Finalmente, o direito privado é também uma fonte de recrutamento da escravatura. Não esqueçamos que na maior parte dos Estados gregos, o devedor insolvente pode ser vendido como escravo. Que saibamos, só Atenas é excepção, desde que Sólon proibiu a escravização por dívidas. No entanto, mesmo na filantrópica Atenas, o pai de família tem o direito de expor os seus recém-nascidos nos caminhos — pelo menos até os ter, numa cerimónia análoga ao nosso baptismo, apresentado à cidade. Por vezes, os mercadores de escravos aproveitam-nos. Há pior: em todas as cidades da Grécia, salvo Atenas, o pai de família, considerado senhor absoluto, proprietário dos seus filhos, pode a todo o tempo desfazer-se deles, mesmo quando são crescidos, e vendê-los como escravos. Terrível tentação, nos dias de extrema miséria, para os pobres diabos! Esta venda é interdita em Atenas, salvo para as raparigas culpadas de impudor.

Guerra, nascimento, pirataria, direito privado, tais são as principais fontes da escravatura.

*

Vimos que o escravo não só não faz parte da cidade, como não é mesmo uma pessoa humana: juridicamente, não é mais que um objecto de propriedade, objecto que pode ser vendido, legado, alugado, dado.

Um filósofo antigo define exactamente a sua condição, ao dizer que o escravo é uma «ferramenta animada» — uma espécie de máquina que oferecia a vantagem de compreender e executar as ordens que lhe dessem. O escravo é um instrumento que pertence a um outro homem: é uma coisa sua.

Mas a lei não lhe reconhece existência jurídica. Na verdade, nem sequer tem nome: usa o nome do lugar donde vem ou uma espécie de alcunha. O seu casamento não é legal. Dois escravos podem coabitar, esta união pode ser tolerada pelo senhor, mas não é um casamento. O senhor pode portanto vender o homem ou a mulher separadamente. A progenitura pertence não a eles, mas ao senhor: este fá-la desaparecer, se lhe parecer bem.

Sendo, como é, objecto de propriedade, o escravo não pode exercer ele próprio direito de propriedade. Se lhe acontece reunir um pecúlio, graças a gorgetas ou a outros motivos, só por tolerância o pode conservar. Nada impede o senhor de lho tirar.

O senhor tem igualmente todos os direitos de correcção sobre o escravo. Pode encerrá-lo no cárcere, bater-lhe, pôr-lhe o jugo, o que é um suplício penosíssimo, marcá-lo a ferro em brasa, pode até — mas não em Atenas — matá-lo, o que aliás não é vantajoso para o senhor.

O interesse do senhor é, na verdade, a única garantia do escravo. O senhor abstém-se de estragar a sua ferramenta. Aristóteles nota a propósito disto: «É preciso cuidar da ferramenta, na medida que à obra convém.» Logo, quando o escravo é bom instrumento de trabalho, é prudente alimentá-lo suficientemente, vesti-lo melhor, deixá-lo descansar, autorizá-lo a constituir família, deixar-lhe entrever uma recompensa suprema e raríssima — a libertação, a alforria. Platão insiste nesse interesse do senhor em tratar bem o escravo. Considera o escravo um simples «bruto», mas é preciso que esse «bruto» se não revolte contra a sua condição servil, que resulta, segundo o filósofo, de uma desigualdade que está na natureza das coisas. Admite pois que se deve tratar bem o «bruto», e acentua «no nosso interesse, mais do que no seu». Bela filosofia «idealista», como se diz.

A ESCRAVATURA. A CONDIÇÃO DA MULHER

A situação do direito do escravo é pois inumana. Devemos mesmo insistir que não há condição jurídica, pois o escravo não é considerado um ser humano, mas uma simples «ferramenta», de que os cidadãos ou outros se servem.

Contudo, não pode deixar de acrescentar-se que tudo isto é um pouco teórico e que os Atenienses, nomeadamente, não se conformam, na prática da vida quotidiana, com uma doutrina que teria feito dos escravos uma «espécie servil» destinada pela natureza a permanecer servil e a servir os homens, como há uma espécie bovina e uma espécie cavalar, nitidamente distintas da espécie humana e que o homem domesticou.

Os Atenienses eram, nas suas relações com os escravos, muito menos rigorosos e doutrinários que os seus filósofos. Menos doutrinários e mais humanos, tratavam habitualmente os escravos como homens. Ver-se-ão mais adiante alguns exemplos, sem esquecer contudo que se trata apenas de Atenienses.

Outros povos gregos — e falemos somente dos Espartanos — eram de uma extrema ferocidade para com os escravos, os hilotas. Deve dizer-se que estes hilotas (e outros), que habitavam o mesmo cantão que os Espartanos, eram nove ou dez vezes mais numerosos que os seus senhores. Os Espartanos tinham medo dos escravos: para os manter em obediência, haviam organizado um regime de terror. Proibição aos hilotas, sob pena de morte, de sair das suas cabanas depois do pôr do sol. Muitas outras proibições. Além disso, para diminuir o número deles, os Espartanos organizavam de tempos a tempos, uma vez por ano, ao que parece, caçadas ao hilota que não eram outra coisa que expedições de chacina. Os jovens, emboscados no campo, davam caça a essas bestas malditas, chamadas hilotas, e assassinavam-nas. Treino excelente, dizia-se, para os horrores da guerra. Abominações como esta puderam existir numa civilização que, ao mesmo tempo, inventava coisas admiráveis, doces e belas — é certo que para uso de um pequeno número de privilegiados. A civilização é coisa muito complexa e é prudente não esquecer, quando se fala da civilização grega, que ela é, não obstante os seus méritos, uma sociedade esclavagista. Talvez isto nos deva levar a pensar que uma civilização que não é feita para a totalidade dos homens não merece esse nome, ou está sempre em perigo de barbárie.

Tornemos aos Atenienses. O escravo, em Atenas, veste da mesma maneira que os cidadãos, pelo menos os pobres. Nenhum sinal distingue um escravo de um homem livre. Em família, fala francamente com o senhor. Numerosas passagens de comédia mostram que os escravos não receiam dizer umas boas verdades. O escravo ateniense é admitido a numerosas cerimónias religiosas no mesmo pé que os cidadãos. Pode mesmo fazer-se iniciar nos mistérios de Elêusis, em que se ensinam aos fiéis crenças e ritos que lhe permitem ganhar a imortalidade. Sobretudo, o senhor ateniense não tem já direito de vida e de morte sobre o seu próprio escravo. Se o castigar com excessiva brutalidade, o escravo pode refugiar-se em certos lugares sagrados e, sob a protecção da divindade, exigir do senhor que o venda a outrem.

Nas outras cidades da Grécia, o escravo está exposto à violência de todos os homens livres. Qualquer cidadão pode, na rua, injuriá-lo ou bater-lhe. Platão acha isso muito bem. Nada de parecido em Atenas, onde os aristocratas se mordem por não poderem espancar os seus escravos por tudo e por nada.

Atenas chega mesmo a dar ao escravo garantias contra a brutalidade dos magistrados ou polícias, garantias que são como que um começo de condição jurídica. Assim, em toda a Grécia, os regulamentos de polícia têm por sanção a multa para os homens livres, e para os escravos (que não têm dinheiro) o chicote. Mas, fora de Atenas, a duração da flagelação está à discrição do juiz ou do carrasco. Em Atenas, pelo contrário, sendo o máximo de multa fixado para os cidadãos em cinquenta dracmas, o máximo de chicotadas é também fixado em cinquenta. Assim, a lei reconhece aqui um direito ao escravo contra os representantes do Estado. É pouco, mas é apesar de tudo o princípio de uma revolução jurídica. Aliás, Atenas não foi seguida neste caminho pelas outras cidades — de tal modo o reconhecimento pela lei de um direito respeitante ao escravo parecia perigoso a uma sociedade inteiramente fundada sobre a escravatura.

Mas não tracemos de Atenas um quadro demasiado idílico. Nos subterrâneos da escravatura ateniense vegetam e morrem, nomeadamente nas minas, milhares de seres sórdidos que são alimentados exactamente quanto baste, e frequentemente menos do que isso, para que trabalhem, e cujo labor só é interrompido pelo cacete.

Os filósofos sabem bem que a maneira ateniense de tratar os escravos está cheia de inconsequências. Escutemos Aristóteles sibilar entre dentes, no seu tom de desprezo: «A democracia acomoda-se com a anarquia dos escravos.»

A ESCRAVATURA. A CONDIÇÃO DA MULHER

*

Mas em que trabalham afinal os escravos? Seria grave erro (Grécia «tainiana») pensar que os cidadãos cruzavam os braços ou se ocupavam dos negócios públicos, e que todo o trabalho, toda a produção, cabiam aos escravos. Cidadãos ociosos, ocupados apenas com a política, ao passo que os escravos produziriam para eles, eis um quadro que pôde ser apresentado como uma espécie de ideal por certos filósofos. A realidade era diferente.

Os cidadãos atenienses tinham, na sua maior parte, um ofício: eram camponeses, comerciantes, artífices ou marinheiros. E os escravos eram empregados no nível inferior da produção — sempre a título de ferramentas animais.

Para os escravos, era, em primeiro lugar, a maior parte do trabalho doméstico. Quase tudo neste dependia do serviço de mulheres escravas. Esmagar ou moer o grão, o que, com as mós antigas, é um trabalho muito penoso: são, diz Homero, as mulheres que o fazem, à noite, «com os joelhos quebrados de fadiga». Cozer o pão e de um modo geral cozinhar. E também tecer o vestuário. Sob o olhar da senhora, que, aliás, trabalha como elas, as escravas tecem, fiam ou bordam. Algumas dessas escravas que comparticipam da vida familiar ocupam nela, por vezes, um lugar importante. A comédia e a tragédia atestam-no. É o caso das amas e dos «pedagogos», cujo nome não tem o sentido moderno, mas simplesmente significa que eles conduziam as crianças ao professor, espécies de aias de meninos, que ensinavam os garotos a comportar-se bem. As amas e os «pedagogos» são, nas peças de teatro, cheios de bons conselhos e também de reprimendas. Ao mesmo tempo, cheios de afeição. Uma afeição que as crianças lhes retribuem, uma vez adultos. É o caso da afeição pitoresca que a ama do pequeno Orestes testemunha vinte anos depois de o ter alimentado e criado, quando lhe dão a notícia — aliás, falsa — da morte do «tormento do seu coração». A ama tem de levar esta notícia a Egisto que, com Clitemnestra, matou o pai de Orestes, Agamémnon. Eis alguns versos do papel desta ama, numa tragédia de Ésquilo:

E eu garanto que lá aonde vou a notícia será bem recebida.
Desgraçada de mim! Todas as velhas atribulações,
Todas as calamidades desta casa dos Átridas,
Pude eu contê-las no meu coração
Sim, a paciência me ajudou a suportá-las.

Mas Orestes, o meu pequeno Orestes! o tormento do meu coração,
O menino que eu recebi ao sair de sua mãe para lhe dar o alimento.
E esses gritos, à noite, que é preciso saber compreender,
Tanta e tanta labuta, e nada de nada pelo meu trabalho!
Porque tem uma pessoa que ocupar-se destes pequenos como de um
                                                                                  [*animal.*
Que se pode fazer mais? Ponha-se a gente no lugar deles!
É que os gritos de uma criança enfaixada não querem dizer nada.
Seja a fome, ou a sede, ou a necessidade de urinar,
Porque essa tenra carne das criancinhas é tirânica,
Tudo é preciso adivinhá-lo de antemão, e muitas vezes, isso é verdade,
Me enganei eu, com prejuízo dos cueiros.
Porque eu era ao mesmo tempo ama e lavadeira,
Tendo recebido Orestes de seu pai.
E agora, desgraçada, tenho de ouvir que ele morreu,
E vou a esse homem, que a todos nos perdeu, e ele ficará bem contente!

Pouco importa que esta ama seja uma ama de tragédia e ligada a uma casa real. Ésquilo tomou o modelo da sua personagem na realidade, apenas transposta, da vida familiar do século V.

Na verdade é preciso que um cidadão ateniense ou de uma outra cidade seja muito miserável para não ter pelo menos um escravo. O cidadão comum possui um servo e duas servas. O burguês rico tem vários, dos dois sexos. Há grandes casas que empregam umas duas dezenas, mas são raras. Notemos, aliás, que a habitação é muito simples na Grécia, e a alimentação a preparar muito sóbria, salvo nos dias de festa. Mas mesmo na cidade há sempre um bocado de terreno para cultivar e há vestuário a fabricar. A escravatura está pois, em larga medida, ligada ao artesanato familiar.

No campo, nas herdades, mesmo nos domínios: poucos escravos. Durante muito tempo o domínio foi cultivado colectivamente pelos membros da família, no sentido mais amplo, alguns escravos também, por certo, e ainda trabalhadores do campo que se contratam para a colheita e para a vindima e que são pobres diabos «livres». Ou então, quando a terra é pequena e se dividiu, o solo é muitas vezes demasiadamente medíocre para que o pequeno camponês possa manter ao longo do ano vários escravos. Contenta-se pois com um dos dois escravos para todo o serviço. De resto, a cultura da vinha e da oliveira exige

A ESCRAVATURA. A CONDIÇÃO DA MULHER

cuidados delicados. O pequeno proprietário prefere, tanto quanto possível, ser ele o próprio a explorar. Mantém pouca mão-de-obra servil: custa-lhe muito cara.

Em suma, nas regiões agrícolas da Grécia houve sempre uma proporção fraca, para não dizer insignificante, de escravos. Como os primeiros séculos da história grega foram sobretudo agrícolas, a escravatura só tardiamente ganhou extensão.

Naturalmente, isso aconteceu com o desenvolvimento do artesanato em indústria. A indústria, qualquer que fosse a sua natureza, exigia muitos escravos. Isto na falta de máquinas ou, como diz Aristóteles, «de instrumentos que trabalham por si mesmos». A escravatura é uma «ferramenta animada», mas para executar um trabalho feito hoje por uma máquina, mesmo simples, são precisos alguns escravos. Um grupo de escravos é uma máquina que tem os homens por peças.

A indústria da construção emprega ao mesmo tempo obreiros livres e escravos. A construção de um templo não é coisa de somenos. Conservámos as contas da construção, pelo Estado ateniense, de um dos templos da Acrópole. Vemos que, para diversos trabalhos de serventes ou de obreiros qualificados, o Estado contrata quer escravos que lhe são alugados pelos proprietários, quer homens livres. Para um mesmo trabalho o salário é igual, quer se trate de escravos ou de cidadãos, com a diferença de que o patrão dos escravos, que muitas vezes trabalha com eles, embolsa o salário, ficando, bem entendido, encarregado de os alimentar. O mesmo se passa nas indústrias privadas de toda a espécie: são organizadas em oficinas ou fábricas. Algumas indústrias desligaram-se da família. Há manufacturas de túnicas, sapatarias importantes, fábricas de instrumentos de música, de leitos, e, naturalmente, de armas. A mão-de-obra servil é empregada de preferência na maior parte destas indústrias.

No entanto, há que notar que, por numerosos que sejam no total os escravos industriais, nunca se agrupam em massas importantes. Nada que se assemelhe às nossas grandes fábricas. Em primeiro lugar, porque não há máquinas. Depois porque massas importantes de trabalhadores não pagos exigiriam uma vigilância difícil de organizar. Como grande casa conhecemos a fábrica de armas de um certo Céfalo, que contava cento e vinte homens! Apenas as minas tinham trabalhadores muito mais numerosos. O Estado ateniense possuía minas de prata importantes no Laurão. Admite-se que estas explorações tinham sido desenvolvidas por Pisístrato, ditador levado ao poder, depois de Sólon, pelo povo dos pequenos camponeses desapossados, e que Pisístrato quisera primeiro dar trabalho aos desempregados, ao mesmo tempo que fazia um bom negócio. Os primeiros mineiros do Laurão eram cidadãos livres. As condições de trabalho nestas minas eram abomináveis. Quando, por circunstâncias diversas, o desemprego se reabsorveu (entre outras, após uma reforma agrária), o Estado ofereceu estas minas em concessão a empresários que as exploravam com escravos. Conhecemos casos de ricas personagens que, obtendo várias destas concessões, as fizeram explorar por trezentos, seiscentos, e mesmo mil mineiros.

Os escravos industriais deviam ser muito numerosos em Atenas pelos finais do século V. Quando os Espartanos invadiram a Ática e aí instalaram uma praça forte, viram chegar vinte mil escravos fugitivos. Eram, sobretudo, sem dúvida, escravos industriais. Esta fuga maciça significa naturalmente que a condição destes escravos se tornara muito dura.

*

A escravatura foi, no coração da sociedade antiga, uma chaga muito grave, que a ameaçava na sua própria existência.

Note-se, primeiramente, a propósito disto, que se a ausência de meios mecânicos de produção foi uma das causas da escravatura, a facilidade de arranjar mão-de-obra servil em quantidade suficiente tiveram também como consequência não ter procurado desenvolver as invenções mecânicas. Porque se dispunha de escravos, elas nunca se desenvolveram. Inversamente, porque não havia máquinas, era preciso absolutamente manter a escravatura.

Mas este círculo vicioso é ainda mais deplorável do que parece. A existência da escravatura não se limitava a tornar inútil a invenção de meios mecânicos de produção: a escravatura tinha tendência a travar as investigações científicas que teriam permitido a criação de máquinas.

Isto equivale a dizer que a escravatura era obstáculo ao próprio desenvolvimento da ciência. É um facto, com efeito, que a ciência — mesmo que os sábios nem sempre se dêem conta disso e por vezes o contestem — não se desenvolve e progride, em larga medida, senão para ser útil aos homens, senão para os tornar mais livres em relação às forças naturais e também em relação às opressões sociais. Digamos, pelo menos, que se trata de uma das principais razões de ser da ciência. Uma ciência cujas investigações e descobertas não sejam postas ao serviço do homem, da sua libertação e do seu progresso, perde a sua consciência e não tarda a perecer.

Foi o que aconteceu à ciência grega. Por falta do estímulo que lhe daria a necessidade de descobrir e desenvolver meios mecânicos de produção — que a escravatura substituía —, adormeceu, morreu durante séculos e com ela uma das forças essenciais do progresso da humanidade. Ou então encerrou-se em especulações teóricas, e o resultado no que ao progresso respeita, era o mesmo.

Haveria muitas outras reflexões a fazer sobre o mal que a escravatura fez à sociedade antiga. Notarei somente que uma sociedade tão profundamente esclavagista, em que a maioria das criaturas humanas vivia sob a opressão das outras, não estava em condições de se defender contra a ameaça daquilo a que se chamou a invasão dos bárbaros. De antemão, estava vencida. Foi batida, e a civilização antiga pereceu, em parte por causa da escravatura.

*

Antes de terminar estas reflexões sobre a escravatura, é a altura de dizer como foi possível não ter havido por assim dizer ninguém no mundo antigo que condenasse a escravatura e lutasse contra ela. É chocante, e começa por parecer escandaloso que os maiores filósofos da antiguidade, quando falam da escravatura, longe de a condenarem, antes se ocupam em justificá-la. É o caso de Platão e de Aristóteles. Nomeadamente Aristóteles, que se esforça por demonstrar que para que haja homens livres e para que esses homens livres — os cidadãos — possam administrar as cidades, é absolutamente preciso que haja escravos, uma classe de homens votados por violência à produção dos bens necessários à vida. A escravatura é, para Aristóteles, o corolário da existência dos homens livres. A redução de uma parte dos homens à escravatura é, pois, para ele, um direito natural. Há seres que são escravos por natureza e é normal forçá-los a isso pela guerra: a guerra é, segundo ele, «uma caça que permite adquirir homens que, nascidos para obedecer, recusam submeter-se».

Reflexões como estas, num homem que é um dos maiores «pensadores» da antiguidade, mostram a que ponto a nossa maneira de pensar é constantemente moldada pelas condições da sociedade em que vivemos.

Mostram também a que ponto a escravatura penetrou toda a sociedade antiga, uma vez que se encontram nesta altas inteligências que justificam a escravatura e desenvolvem, a propósito dela, uma teoria que é, nada mais nada menos, um racismo. O racismo é mortal para as sociedades que o adoptam: haveria muitos exemplos a citar. Limito-me ao exemplo antigo: o desprezo em que era mantida uma parte da espécie humana foi a causa essencial da degradação do humanismo antigo, da dissolução da civilização antiga.

No entanto nesta sociedade tão atingida pela chaga da escravatura — da cabeça à base — ergueram-se protestos aqui e além. Não falo das revoltas de escravos: houve-as, e foram duramente esmagadas. Produziram-se sobretudo na época romana, mais do que nos séculos gregos. Em Atenas nunca as houve, porque os costumes, a maneira de tratar os escravos, eram, na verdade, mais humanas que o direito que os regia e as teorias que justificavam a escravatura. Houve quando muito essa fuga maciça, aquando da guerra do Peloponeso, de que fiz menção. Não falo pois das revoltas, falo dos protestos erguidos pelos cidadãos livres distinguindo-se ao povo dos homens livres. Encontramo-los, apesar de tudo, e impressiona verificar que eles se encontram no seio da arte mais popular que os Gregos cultivavam — no teatro, seja na tragédia, seja na comédia.

É em Eurípedes, o terceiro dos grandes poetas trágicos, que os primeiros protestos se fazem ouvir. Em diversas tragédias, este poeta mostra mulheres livres que caem na escravatura: algumas matam-se. Porque preferem a morte à escravatura? Elas o dizem. Vão tornar-se uma coisa do senhor, ser obrigadas a suportar não só as suas carícias, mas, na promiscuidade em que vivem os escravos, as do primeiro que apareça. Sendo assim, preferem morrer. E é Eurípedes o primeiro que se recusa a fazer distinção entre a nobreza do homem livre e a baixeza de alma do escravo. Escreve: «Muitos escravos trazem este nome que os desonra, mas a sua alma é mais livre que a dos homens livres.» (Isto já não é racismo, é humanismo integral.)

E na comédia, onde muitos escravos aparecem, há-os que se atrevem a dizer ao senhor que não existe diferença de natureza entre o escravo e o senhor. É o caso desse escravo duma comédia do século IV, que declara: «Ainda que escravo, não sou menos homem que tu, meu senhor. Somos feitos da mesma carne. Ninguém é escravo de natureza, é o destino que sujeita os corpos.»

A ESCRAVATURA. A CONDIÇÃO DA MULHER

Esta máxima remonta ao século V. Foi um discípulo do sofista Górgias, Alcidamas, quem lançou este grito impressionante: «Deus criou-nos livres a todos: a natureza não faz escravos.»

Assim se preparava, de muito longe e de muito baixo, a revolução cristã. Foi porque o cristianismo oferecia a salvação a todos os homens, pobres e ricos, escravos ou livres, todos iguais aos olhos de Deus, que ele venceu e minou, por dentro, na sua base esclavagista, a sociedade antiga. Foi entre os pobres, entre os escravos, e também entre as mulheres, que ele primeiro se espalhou. Contudo, esta desagregação foi lenta. O mundo antigo, tornado cristão no seu conjunto, nem por isso aboliu a escravatura. A chaga esclavagista — tal como o mundo antigo a cultivava — só veio a ceder à violência, à irrupção das invasões bárbaras, que suprimiram a escravatura ao mesmo tempo que o conjunto das estruturas sociais.

Mesmo então a escravatura não desapareceu completamente: reapareceu e manteve-se sob a forma atenuada da servidão.

A evolução progressiva das civilizações, o progresso da liberdade dos homens, são coisas indiscutíveis. Mas as liberdades verdadeiras, concretas, não nascem em um dia. As opressões defendem-se bem.

Quando Filipe da Macedónia sujeitou a Grécia, impôs ao povo grego uma disposição que proibia a libertação dos escravos. Sabia o que fazia.

*

Mas o escravo não é, na sociedade ateniense, o único ser humano que falta à democracia. Ao lado dele, quase tão desprezado como ele, há a mulher. A democracia ateniense é uma sociedade rigorosamente, intratavelmente masculina. Sofre, em relação às mulheres, como em relação aos escravos, de uma grave «discriminação» que, não sendo racial, não deixa de ter os efeitos deformantes de um racismo.

Nem sempre fora assim. Na sociedade grega primitiva, a mulher era altamente venerada. Ao passo que o homem se entregava à caça, a mulher não só educava as crianças, esses «rebentos» do homem, de crescimento tão lento, como domesticava os animais selvagens, recolhia as ervas salubres, velava pelas preciosas reservas do lar. Em contacto estreito com a vida da natureza, era ela que detinha os primeiros segredos que lhe eram arrancados, ela também que fixava os tabus que a tribo devia respeitar para viver. Tudo isto anteriormente mesmo à instalação do povo grego ne região que tomou o seu nome.

A mulher, no casal, tinha a igualdade e mesmo a primazia. Aliás, nem sequer se pode falar de casal: não havia então casamento monogâmico, mas uniões sucessivas e temporárias, nas quais era a mulher que escolhia aquele que lhe daria um filho.

Quando os Gregos invadiaram, em vagas, o sul da península dos Balcãs e a costa asiática do Egeu, encontraram populações que viviam, na maior parte, sob o regime do matriarcado. O chefe de família era a mãe — a *mater familias* — e os parentes contavam-se segundo a linha feminina. As maiores divindades eram divindades femininas, que presidiam à fecundidade. Os Gregos adoptaram duas delas, pelo menos: a Grande Mãe, ou Cibele, e Deméter, cujo nome significa Terra Mãe ou Mãe das Searas. A importância do culto destas duas deusas, na época clássica, lembra a preeminência da mulher na sociedade grega primitiva.

Os povos chamados Egeus, os Pelasgos, os Lídios, e muitos outros, conservavam ou o regime matriarcal ou usos matriarcais. Estes povos eram pacíficos: não há fortificações no palácio de Cnosso. Eram agrícolas. Foram as mulheres que, inaugurando a agricultura, trouxeram a humanidade à vida sedentária, fase essencial da sua evolução. As mulheres gozavam de grande prestígio entre os povos cretenses e dominavam ainda a comunidade.

A literatura grega conserva um grande número de lendas em que a mulher é pintada com as mais belas cores. Sobretudo a literatura mais antiga. Andrómaca e Hécuba na *Ilíada*, Penélope na *Odisseia*, sem esquecer Nausica nem Árete, rainha dos Feaces, irmã do rei seu marido e soberana das suas decisões, mulheres que se encontram com os homens em pé de perfeita igualdade e que por vezes conduzem o jogo, que surgem como inspiradoras, como reguladoras da vida dos homens. Em certas regiões gregas, como a Eólida de Safo, a mulher conservou durante muito tempo este papel eminente na sociedade.

Tudo é diferente na democracia ateniense e, de um modo geral, na região jónia. É verdade que a literatura guarda a imagem de belas figuras femininas, mas os cidadãos atenienses só aplaudem Antígona e Ifigénia no teatro. Um divórcio profundo se instalou, neste ponto, entre a literatura e os costumes. Antígona está reclusa no gineceu ou no opistodomo do Parténon. Só a autorizam a sair na festa das Panateneias, onde figura no cortejo que leva à deusa Atena o seu novo véu, que ela bordou, com as suas companheiras, durante longos meses de clausura.

A ESCRAVATURA. A CONDIÇÃO DA MULHER

Entretanto, juntamente com estas imagens de mulheres ideais, a literatura começa a apresentar uma imagem deformada da mulher. Um veio de misogenia atravessa a poesia grega. Remonta longe, a Hesíodo, quase contemporâneo do poeta da *Odisseia*. Hesíodo, o velho camponês resmungão, conta como Zeus, para castigar os homens de terem recebido de Prometeu o fogo que lhe roubara, ordena aos deuses que se juntem para fabricar de argila húmida, de doloroso desejo, de astúcia e de impudência esse belo monstro, a mulher — «armadilha-precipício de paredes abruptas e sem saída». É à mulher que o homem deve todas as desgraças da sua condição de animal assustado. Hesíodo é inesgotável no tema da astúcia, da garridice e da sensualidade femininas.

Não menos que o poeta Simónides de Amorgos que, num poema tristemente célebre, injuria grosseiramnente as mulheres, a quem classifica pedantemente em dez categorias, usando de comparações animais e outras. Há a mulher que vem da porca: «Tudo é desordem na sua casa, tudo rola de mistura no chiqueiro, ela própria não se lava, traz as roupas sujas e, sentada no seu próprio esterco, engorda.» Há a mulher-raposa, toda manigâncias, a mulher tagarela e coscuvilheira que, filha da cadela, ladra sem parar e a quem o marido não pode fazer calar, mesmo partindo-lhe os dentes à pedrada. Há a mulher preguiçosa, tão lenta a mexer-se como a terra donde provém. E a filha da água, leviana e caprichosa, ora furiosa e arrebatada, ora meiga e risonha como o mar num dia de Verão. A mulher-burra, teimosa, glutona e debochada; a mulher-doninha, maligna e ladra. Há a mulher-égua: demasiado orgulhosa para sujeitar-se a qualquer trabalho, recusa-se a deitar as varreduras para fora de casa; vaidosa da sua beleza, banha-se duas ou três vezes por dia, inunda-se de perfumes, enfia flores nos cabelos, «admirável espectáculo para os outros homens, flagelo para o seu marido». Há a mulher-macaca, de fealdade tão repelente que temos de lamentar «o desgraçado marido que a aperta nos seus braços». De tantas mulheres detestáveis, a última, que é a mulher-abelha, não nos consola.

Esta poesia, brutalmente antifeminina, reflecte a mudança profunda que, dos tempos primitivos aos séculos históricos, se realizou na condição da mulher.

O casamento monogâmico, ao instalar-se, não favoreceu a mulher. O homem é agora o senhor. A mulher nunca escolheu e a maior parte das vezes não viu sequer nunca o futuro marido. O homem casa-se apenas para a «procriação de filhos legítimos». O casamento de amor não existe. O homem tem trinta anos, pelo menos; a mulher, que tem quinze, consagra a sua boneca a Ártemis na véspera das bodas. O casamento é um contrato que obriga apenas uma das partes. O marido pode repudiar a mulher e ficar com os filhos, sem outra formalidade senão uma declaração perante testemunhas, com a condição de restituir o dote ou de pagar os respectivos juros. O divórcio pedido pela mulher muito raramente resulta, e só em virtude de uma decisão judicial motivada por sevícias graves ou infidelidade notória. Mas esta infidelidade está nos costumes. O marido não se priva de concubinas nem de cortesãs. Um discurso atribuído a Demóstenes declara: «Nós temos cortesãs para o prazer, concubinas para sermos bem tratados e esposas para nos darem filhos legítimos.»

A mulher legítima devia ser filha de cidadão. Foi criada, ingénua e simples, nesse gineceu que é o seu domínio e quase a sua prisão. Menor do nascimento até à morte, muda de tutor ao casar-se. Se enviuva, passa a estar sob a autoridade do filho mais velho. Não deixa o gineceu onde vigia o trabalho das escravas, no qual participa. Quando muito, sai para uma visita aos pais, ou para ir ao banho, sempre sob a apertada vigilância de uma escrava. Por vezes, em companhia do seu senhor e dono. Não vai sequer ao mercado. Não conhece os amigos do marido, não o acompanha a esses banquetes onde ele os encontra e aos quais acontece levar as concubinas. A sua única ocupação é dar ao marido os filhos que ele deseja, criá-los até à idade de sete anos, idade em que lhe são tirados. Fica com as filhas e educa-as, no gineceu, para a vida que ela própria levou, para a triste condição de reprodutora. A mulher de um cidadão ateniense não é mais que um *oikurema,* um «objecto (a palavra é neutra) feito para os cuidados da casa». Para o ateniense, é a primeira das suas servas.

O concubinato desenvolveu-se muito nos séculos clássicos de Atenas. É uma espécie de semi-casamento e de semi-prostituição. Neste terreno, não reconhecido mas tolerado e favorecido pelo Estado, cresceram as únicas personalidades femininas atenienses cuja lembrança chegou até nós. A bela e brilhante Aspásia, cintilante de todas as seduções do espírito e do saber, perita, diz-se, na nova arte da sofística, era filha de um Milésio. Péricles instalou-a na sua própria casa, depois de ter repudiado a sua nobre mulher legítima. Aí abriu salão, e o seu pseudo-marido soube, apesar de uma campanha de injúrias, impô-la à sociedade ateniense. Ele que, num discurso oficial, declarava, segundo Tucídides, que o melhor que as mulheres poderiam «era fazer com que os homens falassem delas o menos possível, para bem como para mal», exibia o seu comércio com esta «hetaira» (a palavra significa simplesmente «amiga») de alto coturno. Assim, o caso de Aspásia e de outras mostra que uma mulher tinha de começar por se tornar meio cortesã para adquirir uma personalidade. Este facto é a condenação mais severa que pode fazer-se da família ateniense.

O concubinato é tolerado por Platão no seu Estado ideal, sob condição de que os homens escondam as suas «amigas» e elas não causem escândalo.

E não falamos das prostitutas de baixo nível — escravas em grande parte, mas não todas — que enchiam os bordéis de Atenas e do Pireu e de que os mancebos podiam usufruir por um óbulo. Prostituição oficial nessas casas de que Sólon fora o fundador, para assegurar a boa ordem e a moralidade pública.

Mas, afinal, como e em que momento se operara uma revolução tão completa na condição da mulher? Como se tornaram as Andrómacas e as Alcestes da lenda nas Aspásias da realidade ou nas esposas e concubinas de nomes desconhecidos, simples escravas do prazer do homem ou instrumentos de reprodução? Um facto é certo: houve um momento em que o sexo feminino sofreu a sua mais grave derrota. Senhora da comunidade familiar nos tempos matriarcais, a mulher dos séculos da Grécia clássica caiu na mais humilhante condição. Quando se produziu esta «grande derrota histórica da mulher»? Neste ponto estamos reduzidos a suposições. A mais verosímil é a de que ela esteja ligada à descoberta dos metais e ao desenvolvimento da guerra em indústria de grande rendimento.

Os homens descobrem o cobre e, ligando-o ao estanho, fabricam as primeiras armas de bronze. Depois descobrem o ferro, de que fazem armas novas, temíveis para o tempo. Na posse destas armas, fazem da guerra um negócio que vem a dar lucro imenso. Os saqueadores aqueus enchiam de ouro os túmulos dos reis de Micenas. Os Dórios destroem os restos da pacífica civilização dos Egeus. Tudo isto se passa no princípio dos tempos históricos.

Com a civilização egeia desaba, ao mesmo tempo, o primado da mulher e instala-se o pretenso casamento monogâmico. É que o homem, senhor da guerra, quer poder transmitir as riquezas que ela lhe proporciona a filhos de quem tenha a certeza de ser pai. Daí o casameno monogâmico que faz da mulher legítima um instrumento de procriação, das outras um objecto de divertimento ou de prazer.

Os restos do matriarcado desapareceram, aliás, lentamente. Sem falar das lendas que os veiculam, pela poesia trágica, até ao coração da época clássica, a mulher conservou durante muito tempo direitos que depois veio a perder e que ainda hoje nem em toda a parte recuperou. É o caso do direito de voto, que as Atenienses possuíam ainda, segundo um sábio helenista inglês, na época de Cecrops (que deve situar-se à volta do século X).

O cúmulo é que o poeta trágico Eurípedes, quando se pôs a tratar a tragédia com realismo, a pintar as mulheres, ou com os seus reais defeitos que as pressões sociais que sofriam lhes haviam inculcado, ou então, na mais verdadeira maneira nobre, tais como a lenda as apresentava, mas tão próximas, tão familiares que elas se tornavam *realmente* as esposas, as irmãs e as filhas dos espectadores — Eurípedes provocou altos gritos em toda a Atenas, e foi acusado de misógino. Eurípedes pagou muito caro, junto dos seus contemporâneos, o não ter respeitado a imperiosa ordem de Péricles: «Silêncio acerca das mulheres, silêncio sobre as suas virtudes, silêncio sobre a sua desgraça.» Mas ele amava-as demasiado para se calar...

Mas a desnaturação da mulher teve uma consequência social muito mais grave. Sabe-se, com efeito, que perversão se introduziu no sentimento do amor. Incapaz, no homem, de tomar por objecto um ser tão degradado socialmente como a mulher, tornou-se aquilo a que se chama «amor grego» — essa pederastia de que a literatura antiga está cheia. A literatura, a mitologia — e a vida.

A condição da mulher é, pois, na sociedade antiga, uma chaga tão grave como a escravatura. A mulher excluída da vida cívica invoca, como o escravo, uma sociedade, uma civilização que lhe restitua a igualdade dos direitos com o outro sexo, que lhe restitua a sua dignidade e a sua humanidade.

E eis também porque foi entre as mulheres — já o disse —, tanto como entre os escravos, que o cristianismo se espalhou. Mas as promessas do cristianismo primitivo — promessas de libertação da mulher e do escravo — só imperfeitamente foram cumpridas. Pelo menos neste mundo terrestre em que vivemos.

Quantas revoluções não foram precisas, quantas não o serão ainda, depois da revolução cristã, para retirar a mulher do abismo onde a mergulhou a sua «grande derrota histórica»?

A ESCRAVATURA. A CONDIÇÃO DA MULHER

*

Assim de degradou a democracia ateniense. Reduzida aos cidadãos maiores do sexo masculino, era tão pouco o «poder popular» que o seu nome significava, que podemos avaliar em trinta mil homens, para uma população de quatrocentos mil habitantes, o número de cidadãos que a compunham.

Ténue película de solo nutriente, que uma tempestade arrastará para o mar.

Se os Gregos inventaram a democracia, foi da maneira como uma criança tem a sua primeira dentição. É preciso que estes dentes cresçam e depois é preciso que caiam. Eles tornarão a nascer.

VIII

OS HOMENS E OS DEUSES

A religião grega começa logo por parecer muito primitiva. É-o realmente. Certas noções que lhe são familiares nos séculos clássicos — como as de *hybris* e da *nemésis* — encontram-se em populações tão pouco evoluídas como são as tribos Mois do sul da Indochina. Seria um erro, para procurar compreendê-la, ir buscar pontos de comparação à religião cristã.

No decurso de dez séculos de existência, e mais ainda, a vida religiosa dos Gregos tomou formas muito diversas: nunca teve forma dogmática, o que para nós simplificaria o seu conhecimento. Nada na religião grega se parece com um catecismo ou com uma aparência de pregação. A menos que os espectáculos trágicos e cómicos possam ser chamados «pregação». E podem-no, num sentido que precisaremos adiante. Acrescentemos que não existe, por assim dizer, na Grécia, qualquer clero, e se o há não tem influência — excluindo os oráculos dos grandes santuários. São os magistrados da cidade que, entre outras funções, realizam certos sacrifícios e dizem certas orações. Estes actos rituais constituem uma tradição ancestral que os cidadãos não pensam sequer contestar. Mas as orações são extremamente livres, podem mesmo dizer-se flutuantes. A crença conta menos do que o gesto ritual que se executa. Uma espécie de aceno de mão, um beijo atirado com as pontas dos dedos a essas grandes potestades, cuja importância na existência humana as massas populares, como os intelectuais, raramente separados da massa, estão de acordo em reconhecer.

A religião grega tem o aspecto exuberante e mal arrumado de um folclore. Na realidade, é também um folclore. A distinção que hoje se faz entre religião e folclore, se tem algum sentido, quando aplicada a uma religião de índole dogmática como o cristianismo, não o tem quando aplicada às religiões antigas. É ao caos vivo das tradições folclóricas que os poetas e os artistas antigos, que se conservaram crentes enquanto a sua arte se dirigiu ao povo, vão buscar a matéria com que criavam e recriavam incessantemente as imagens dos seus deuses: remoldam assim a fé popular, tornam os deuses mais humanos. Esta humanização progressiva do divino é um dos traços mais salientes da religião grega. Esta tem outros caracteres, não menos importantes, mas, obrigado a escolher, é sobre este ponto que mais insistirei.

*

Ao princípio, a religião grega, como todas as religiões primitivas, reflecte a fraqueza do homem perante as «potências» que, na natureza, depois na sociedade ou ainda no seu próprio espírito, lhe parecem embaraçar a sua acção e constituir para a sua existência uma ameaça tanto mais temível quanto é certo apreender mal a origem dela. O que interessa ao homem primitivo não é a natureza ou as forças naturais em si mesmas, mas somente a natureza na medida em que intervém na sua existência e lhe fixa as condições.

O homem, mesmo primitivo, sabe-se capaz de reflectir — veja-se Ulisses —, capaz de empreender actos, de calcular as consequências deles. E ei-lo que constantemente esbarra em obstáculos, se engana e falha o seu objectivo, que é simplesmente o de satisfazer algumas necessidades elementares. Acaba naturalmente por admitir que existem à sua volta vontades muito mais poderosas que a sua e que o comportamento delas é para si absolutamente imprevisível.

O primitivo verifica, pois, empiricamente, a acção da divindade como a de uma «potência» que intervém inopinadamente na sua vida. As mais das vezes em seu detrimento, por vezes também em seu benefício. Benéfica ou maléfica, mas acima de tudo inesperada e arbitrária. Estranha a si próprio na maneira de ser e de agir. Um deus é, em primeiro lugar, qualquer coisa que surpreende. Sente-se em relação a ele, à sua acção, espanto, temor e também respeito. O grego, para exprimir estes sentimentos complexos, diz *aidôs,* o inglês *awe*. O homem não considera a «potência» sobrenatural, tem antes o sentimento de ter encontrado *outro.*

O sentimento religioso primitivo define-se quase inteiramente pelo sentimento da presença do *Outro.*

O divino pode existir por toda a parte, na pedra, na água, na árvore e no animal. Não que tudo na natureza seja deus, mas tudo pode sê-lo por sorte ou má sorte, e manifestar-se como deus.

Um camponês passa na montanha: encontra à beira de um carreiro um monte de pedras. Este monte formou-se, com o tempo, com as pedras que os camponeses como ele atiravam, ao passar. A estes montes, chama ele «herma». São pontos de referência tranquilizadores numa região pouco conhecida. Um deus ali habita: mais tarde tomará a forma humana e chamar-se-á Hermes, guia dos viajantes e condutor das almas pelos caminhos difíceis que levam às regiões infernais. Por agora, não é mais que um monte de pedras, mas este monte é deus, logo «poderoso». Por vezes, um viajante que sente necessidade de ser tranquilizado e protegido depõe ali uma oferenda alimentar: o passante seguinte tomá-la-á, se tem fome, e ao seu achado chamará «hermaion».

Os Gregos começam por ser, e durante muito tempo, camponeses. Depois, marinheiros. Os seus deuses também. Eles habitam os campos, a floresta, os rios, as fontes. Depois, o mar. A terra grega não recebe toda a água de que precisa, ou recebe-a de uma maneira caprichosa. Os rios são raros e sagrados. Não atravessar um rio sem ter dito uma oração e lavar as mãos nas suas águas. Não urinar na foz de um rio ou perto das nascentes. (Conselhos de Hesíodo, o camponês.) Os rios passam por dar fecundidade não só aos campos, mas também ao género humano. Quando um rapaz se torna adulto e corta pela primeira vez os seus longos cabelos, consagra-os a um rio da sua terra.

Cada rio tem a sua divindade. Este deus fluvial tem a forma de um touro de rosto humano. Ainda se encontram no folclore europeu actual génios dos rios com forma de touro. Na Grécia, o génio da água aparece também sob a forma de cavalo. Posídon, que se tornou um dos grandes deuses da Grécia clássica, tem relações tão estreitas com o cavalo como com a água. Um dia fez jorrar, de um golpe de um tridente, um charco de água salgada — pomposamente denominado mar — sobre a Acrópole de Atenas, como o cavalo alado Pégaso fez brotar a fonte Hipocrene com uma pancada do casco, no monte Hélicon. A forma e as funções de Posídon dependem do mester que exercem as populações que lhe prestam culto. Entre os marinheiros da Jónia, Posídon é o deus do mar. Em terra firme, e particularmente no Peloponeso, é ao mesmo tempo o deus-cavalo e dos tremores de terra. Os rios numerosos que se afundam no solo e reaparecem, por vezes, muito mais longe, passam, na crença popular, por corroer o solo e provocar os abalos sísmicos.

Os Gregos povoam ainda a natureza de inúmeros outros génios, aos quais dão forma meio animal, meio humana. Os centauros, que têm corpo de cavalo e busto de homem, pertencem à criação poética e artística: são contudo, certamente, de origem popular. O seu nome parece significar «os que chicoteiam as águas»: é provável que tenham sido, originariamente, génios das correntes montanhosas do Pélion e da Arcádia, onde a poesia os localiza. Na Jónia, os silenos são atestados pelas inscrições: também eles exprimem, com a sua defeituosa forma humana, as suas pernas e cauda de cavalo, os aspectos selvagens da natureza. Além disso, são itifálicos, o que, nos tempos primitivos, não é uma característica destinada a fazer rir, antes exprime o grande poder de fecundidade da natureza. O mesmo em relação aos sátiros, bodes nos pés, nas orelhas e na cauda. e igualmente itifálicos. Reunidos mais tarde no cortejo jovial e bravio de Dioniso, ajudam, com ele, a fazer crescer as árvores e as plantas, contribuem para a multiplicação dos rebanhos e das famílias. Com este grande deus, fazem voltar a Primavera, que os povos primitivos temem sempre não se suceda ao Inverno.

Como todos os povos da Europa, os Gregos exprimiram também a fecundidade da natureza sob a forma de numerosos génios femininos. Os mais populares e os mais próximos do homem — no entanto, como todos os seres divinos, perigosos se se aproximam — são génios amáveis, acolhedores e graciosos como donzelas e cujo nome de «ninfas» significa exactamente donzelas. Criaturas encantadoras, benévolas, alegres, sempre prontas a dançar, e que de súbito, inexplicavelmente irritadas e ameaçadoras, se tornam esse *Outro* que caracteriza o divino. Um homem diante de nós enlouquece: está «possesso das ninfas». É a elas, no entanto, que se dirige o culto mais íntimo, aquele a que nos conduzem os nossos sentimentos mais profundos, o amor da nossa mulher e dos nossos filhos. Ulisses, voltando a Ítaca, depois de vinte anos, e antes de empreender com Telémaco o duro combate contra os pretendentes que deve restituir-lhe Penélope e o seu domínio, aproxima-se do antro profundo, da caverna abobadada das ninfas, perto da beira-mar, às quais, noutros tempos, oferecera tantos sacrifícios. É à protecção delas que confia o tesouro das suas viagens, é sobretudo a elas que quer entregar a salvação da sua empresa. Prosternado, depois de ter beijado essa outra divindade rústica, «a Terra que dá o trigo», logo levanta as mãos ao céu, implora às ninfas protectoras e familiares que lhe concedam, com Atena, a vitória.

Há uma rainha da natureza selvagem, muito semelhante às ninfas que a acompanham, aquela a quem primeiro se chamou, muito simplesmente, «Senhora dos animais selvagens», destinada a ser na vida religiosa do povo grego a grande deusa Ártemis. Frequenta as florestas e os cimos das altas montanhas. O seu culto está ligado ao das árvores, das fontes, dos rios. Chamam-lhe, conforme os lugares, *Lygodesmos*, o que significa que ela vive entre os salgueiros, por vezes *Caryatis*, por causa das nogueiras, por vezes *Cedreatis*, por causa dos cedros. É a deusa mais popular de toda a Grécia. O camponês grego actual não a esqueceu completamente. Dá como rainha às ninfas, em que ainda acredita, a «Bela Senhora» ou a «Rainha das Montanhas». Esta sobrevivência de Ártemis, através de dois mil anos de fé cristã, é um dos índices mais vivos do carácter ao mesmo tempo popular e universal da antiga religião do camponês grego. E eis ainda outra sobrevivência, no que se refere às ninfas: não há muito tempo — um século, apenas — num alojamento rupestre duma colina situada em plena cidade de Atenas, as mulheres grávidas levavam oferendas às ninfas, de quem esperavam bom parto e felicidade conjugal.

Mas eis agora «a Terra que dá o trigo». Velha entre todas as divindades do mundo, com o Céu. Viva sob os pés, a enxada ou a charrua do camponês, é também a mãe de todas as raças de seres vivos — animais, homens e deuses. Alimenta-os com o seu grão. O seu nome grego de Deméter significa provavelmente que é a «Mãe das Searas». Um dia, segundo Homero, Deméter uniu-se amorosamente a um mortal, Iásion: um campo três vezes lavrado lhes serviu de leito. Ela deitou ao mundo Pluto, cujo nome significa riqueza.

Na economia antiga, a riqueza é constituída pela provisão de trigo que os homens armazenam nos silos e de que vivem na estação em que os frutos da natureza são raros. Plutão, deus subterrâneo dos mortos, é uma forma derivada de *pluto*: o seu nome significa «aquele que possui a riqueza». Esta riqueza não é somente a dos mortos inúmeros de que ele é soberano, é acima de tudo a das sementes acumuladas nos silos.

Deméter é a deusa das sementes. Tem uma filha, sempre associada ao seu culto, que, entre diversos nomes, tem mais comummente o de «Filha do Grão»: Cora. Deméter e Cora — a «Mãe das Searas» e a «Filha do Grão» — são, desde tempos pré-helénicos, duas grandes deusas da população camponesa ática, e, depois, de toda a comunidade ateniense. É conhecida a lenda segundo a qual Plutão, o deus subterrâneo dos silos e dos mortos, raptou Cora para o seu domínio infernal. Por ordem de Zeus e para acalmar a dor da mãe, foi obrigado a restituir-lha. Todos os anos lha torna a dar: os mistérios de Elêusis, na Ática, celebram o regresso da Filha do Grão à luz do dia, o encontro das deusas que passam juntas oito meses sobre a terra e ficam quatro meses separadas.

Os oitos meses contam-se — segundo uma hipótese sedutora — a partir do momento em que se reabrem os silos para fazer as sementeiras do Outono. Toda a vegetação cresce depressa na Ática, os cereais semeados em Outubro crescem durante o Inverno, com uma breve paragem em Janeiro. Amadurecem nos fins de Abril, ceifados em Maio, malhados em Junho. Depois, as sementes que se reservam para as sementeiras seguintes voltam aos silos: a Filha do Grão desce à terra, para junto de Plutão... No entanto, por natural confusão, a permanência de Cora sob a terra foi também relacionada com o tempo que o gão semeado leva a cescer em nova espiga. «Se o grão morrer...», lê-se nos Evangelhos.

Pouco antes da época da abertura dos silos, celebravam-se na Ática, em Elêusis, os mistérios de Deméter e de Cora, nos quais os iniciados assistiam, sob uma forma que não podemos precisar, à reunião da Mãe das Searas e da Filha do Grão. De qualquer modo, a iniciação propunha aos mistas um espectáculo, por certo muito simples. Um escritor cristão, que parece honesto (deveremos acreditar nele?), declara que o mais alto mistério da iniciação consistia na ostensão, feita pelo grande sacerdote de Elêusis, de uma espiga de trigo ceifado.

Se o culto de Deméter e de Cora tem uma origem agrária elementar, não é menos verdade que, com os séculos, se enriqueceu de significações mais profundas.

A terra alimenta com a sua vida o grão de trigo. Enquanto somos vivos, alimenta-nos dele. Quando morremos, retoma-nos nela e, por nossa vez, tornamo-nos alimento das plantas da terra. Trigo alimentador, somos também o teu alimento. Destinados a descer ao seio da Terra viva, a morte que nos espera perde o seu horror. A germinação da colheita nova pode simbolizar a eternidade da vida.

Assim se desenvolveu, sobre os fundamentos de um velho culto camponês, uma esperança de imortalidade, que primeiro não era para os indivíduos, mas para a sucessão das gerações. Esta evolução está já concluída a partir do fim dos tempos arcaicos. Mais tarde, na reivindicadora Atenas, no século V, quando se sentiu libertado dos laços da família e da tradição, o indivíduo passou a desejar a imortalidade para si próprio. Os mistérios de

Elêusis acabaram por prometer mais isto aos iniciados: uma vida de felicidade nos Infernos lhes estava destinada. Mas não era este o inteiro e natural desenvolvimento do culto agrário, antes um começo de desvio.

Um último traço interessante deve assinalar-se a propósito dos mistérios de Elêusis. Originariamente, era um culto familiar: o chefe de família admitia nele quem lhe parecia. Isto explica a possibilidade de assistirem à celebração os estrangeiros, as mulheres e os escravos. Os mistérios de Elêusis ofereciam pois aos seres mais deserdados da sociedade antiga, às mulheres como aos escravos, uma compensação para a miséria da sua condição. Deste ponto de vista — pelo carácter de universalidade que tinham, pelo menos em princípio — prefiguravam de algum modo o culto cristão.

*

Os Gregos são, a partir do século VIII, tanto quanto camponeses, um povo de marinheiros. Lançam-se, com a *Odisseia*, à descoberta e à colonização, terra após terra, do Mediterrâneo ocidental. Sabemos em que difíceis condições e sobre que medíocres barcos. Comparado com Ulisses, arrastado pelos espaços vazios do mar Jónio, Lindbergh atravessou o Atlântico numa poltrona.

Mas estes espaços não estão vazios. A cada volta de um cabo, em cada estreito apertado, um «maravilhoso» nascido do terror, um prodígio assustador e contudo sedutor para o coração do homem ávido de aventuras e de tesouros, espreita o marinheiro sem bússola. «A miséria do ventre faminto faz equipar os navios e sulcar as vagas.» No entanto, é sobre o mar e as ilhas, é para além da superfície infinita dos abismos que se podem «ver as coisas estranhas», descobrir o mundo, enumerar as suas maravilhas.

Derivando de crenças populares mais antigas que a própria *Ilíada*, o maravilhoso odissaico refaz em criaturas estranhas as formas da vida, recria-as no gigantesco, no grotesco ou no eternamente belo. Estas criaturas que, demasiado distantes do humano, não podem ser objecto de um culto, são no entanto significativas do duplo sentimento que inspira aos primitivos a grandeza do mar sem limites: o sentimento do seu imenso poder de destruição, o sentimento do seu poder pérfido de sedução. Rimos da aventura do Ciclope porque um homem astuto o venceu para nos permitir que riamos. Mas os marinheiros perdidos sobre a costa da Sicília ou de Nápoles não riam quando ouviam rosnar ou ralhar o Vesúvio ou o Etna.

Os Ciclopes, sob a capa da sua pacífica vida de pastores, são absolutamente enigmáticos para os homens. Não há oração possível de Ulisses a esse monstro antropófago, ateu, anti-social que é Polifemo. O poeta da *Odisseia* mostra com insistência o horror dos Ciclopes por tudo o que toca à vida civilizada: barcos, leis e assembleias. Têm, como os outros «monstros» do poema, a brutalidade irracional, a impenetrabilidade radical dos primitivos ao entendimento dos fenómenos naturais.

Tome-se Caríbdis e Cila: não é mais que vertiginosa mecânica do mar, que engole um após outro os barcos, ou monstro de seis goelas com tripla mandíbula e dentes «cheio de negra morte». Tais criações exprimem miticamente o horror do marinheiro perante o terrificante poder de aniquilamento de que o mar dispõe em relação a ele.

Com Circe e as Sereias o símbolo é mais complexo. Estas belas ninfas são a armadilha da natureza, o rosto que nos atrai e nos «encanta» (no sentido de que são «encantadoras»). Mas o sorriso das ninfas dissimula mal a fundamental hostilidade do mundo natural (deve ler-se muito para lá desta linguagem de imagens!) para com a espécie humana. Circe usa os seus «encantamentos» para transformar os homens em animais, fecha-os nos seus estábulos. As Sereias cantam com voz divina, mas cantam num prado juncado de ossadas. A natureza é aqui apreendida no contraste que lhe atribuímos da sua beleza e do seu mortal ódio para com a vida da nossa espécie. Uma vez atraídos por Circe, a encantadora faz entrar os homens no círculo da natureza onde ela reina. Transformados em leões ou em porcos, esquecem que existe uma *pátria*. Assim, como em outras narrativas da *Odisseia,* de cada vez que os homens penetram na zona interdita, no mundo cego da natureza, de cada vez que se deixam conquistar por uma dessas criaturas de rosto duplo que o poeta vai buscar à tradição para exprimir esse mundo, perdem a pátria, símbolo da sua comum humanidade, perdem o *regresso,* como diz o poeta. Perdem a sua qualidade de homens que vivem em sociedade.

E se a não perdem completamente, se não se deixam aniquilar pelo terror que os desumaniza, é porque Ulisses é um homem. Não digo sequer um herói: nenhuma labareda sobrenatural se ateia sobre a sua cabeça como sobre a de Diomedes ou de outros combatentes da *Ilíada*. O seu rosto tão humano só tem a marca das lutas que ele sustentou e da experiência que delas retirou. É um homem por todos os laços que o prendem à sociedade humana: o amor de sua mulher e de seu filho, o amor do trabalho criador de objectos e de acções.

18

Ulisses é um homem e torna ao seu país porque, mobilizando ao mesmo tempo todos os recursos da inteligência, do coração e das mãos, venceu os demónios do mar.

*

Contudo, na época da formação da *Ilíada* e da *Odisseia*, uma parte do temor que inspira o «maravilhoso» marinho está já vencida. O positivo Ulisses é capaz, ao contar as suas aventuras aos seus hospedeiros feaces, de sorrir por momentos desse mundo fantástico e assustador criado pelos seus antepassados marinheiros. Na própria *Odisseia* temos outros indícios deste recuo do «maravilhoso». Os Gregos, incapazes de aceitar tanto mistério inacreditável, de se resignar ao incompreensível, cedo substituíram, nas suas tradições, estes deuses monstruosos, estas ninfas cruéis, por deuses de forma humana, por isso mesmo mais legíveis para a imaginação e a razão. Sobre o mar, e não só nele, começou a reinar o tranquilizador antropomorfismo. Assim, Posídon, o Príncipe do Mar, atrela os cavalos como um nobre guerreiro da *Ilíada*. (É certo que os seus cavalos voam sobre as vagas.) À volta dele alegremente saltam os golfinhos, os cães do mar, os cetáceos. Senhor dos espaços marinhos, tem o seu palácio, tem a sua esposa (a rainha Anfitrite) nos abismos. Reina sobre o inumerável povo dos peixes e dos monstros. Este povo é fugidio e pérfido. Quanto a Posídon, sempre furioso como as vagas, persegue com a sua raiva Ulisses e todos os marinheiros que se aventuram sobre as ondas. Mas tem a forma, os pensamentos e os sentimentos de um homem: partindo disto, passa a ser permitido aos marinheiros entregues às suas súbitas fúrias procurar os motivos da sua cólera e tentar aplacá-la.

Este antropomorfismo — esta humanização dos deuses — não se estende apenas ao domínio marinho, mas ao conjunto do mundo. Zeus começou por ser um deus do céu, um deus do tempo que faz — deus do raio e das tempestades, deus das nuvens que se amontoam e rebentam em chuvas mais devastadoras que benéficas. A língua grega diz indiferentemente «o deus chove» ou «Zeus chove». Depois Zeus torna-se o deus da vedação. Um dos seus antigos epítetos é *Herkéios:* Zeus da sebe ou da barreira. Torna-se o deus da casa, que protege das intempéries, torna-se o deus do lar. Zeus Herkéios tem o seu altar em cada morada. É adorado como Zeus *pater* (Júpiter), o que quer dizer que é, não o antepassado, mas o protector da família. Protege a casa e os recursos que ela contém, é chamado, a este título, em muitas regiões gregas, Zeus *Ktésios*

(Zeus, o Adquiridor). Porque protege a casa, porque vela pelo sal e pelo pão, alimento elementar, porque os oferece ao viajante que entra em casa, é imaginado por aqueles que o invocam como um hospedeiro acolhedor, cheio de humanidade para os estrangeiros e os miseráveis sem lar. É humano, ao mesmo tempo, pela forma e pelos sentimentos. É, simultaneamente, o mais poderoso e o melhor dos deuses.

O mesmo se passou com outros deuses, que se tornaram deuses do Olimpo. Vejamos Apolo. É belo como o dia, o seu rosto irradia claridade. Toda uma parte da sua actividade revela a sua origem solar. As suas flechas ferem de morte súbita, como uma insolação o pode fazer. Mas a sua acção cura os doentes, como os raios solares o fazem também. É um deus humaníssimo, muitas vezes cheio de bondade; não é somente o corpo que ele purifica e cura: lava também a nódoa do crime, quando o culpado vai implorar ao seu altar ou mergulhar-se na fonte próxima do seu santuário de Delfos. Mas — um texto o acentua — terá de ser de coração puro. Como não representar sob forma humana um deus tão próximo dos homens?

Mas nós distinguimos em várias regiões da Grécia, nomeadamente entre os Árcades, povo de pastores, uma outra origem de Apolo (porque a figura de Apolo combina em si várias outras, de origens muito diversas, à maneira de um sincretismo): é Apolo Lykéios, o que quer dizer, deus dos lobos; é matador de lobos. Protege os rebanhos, transporta os cordeiros e os vitelos nos braços... Assim, como bom pastor, o representa a escultura arcaica. Imagem que atravessou os séculos e as religiões: a representação de Apolo bom pastor, ou de Hermes bom pastor, transportando os rebentos do rebanho aos ombros, é também a do Cristo imberbe que se vê nas catacumbas ou nos mosaicos de Ravena — a mais antiga das representações do Deus feito homem.

Por outro lado, Apolo, deus do dia, tem o olhar agudo que conhece o futuro e o revela. No santuário de Delfos, num vale da encosta de Parnaso, há um templo famoso de Apolo, venerado de todo o mundo antigo, helénico e bárbaro. Ali o deus inspira a sua profetisa, e os sacerdotes interpretam em oráculos a linguagem inarticulada da Pítia. Apolo sabe o que melhor convém aos indivíduos e às cidades. Milhares de crentes se juntam no seu santuário. Consulta-se o deus por qualquer coisa, como hoje se consulta o advogado, o notário ou o padre. Em muitos casos, os seus conselhos são excelentes. Se se trata de fundar uma cidade nova para além dos mares, o deus indica o local mais favorável e os recursos da terra distante para onde se vai emigrar. (Claro que os padres que davam os oráculos estavam informados, por meios que não diferiam muito dos de uma agência de viagens, acerca dessas terras, desconhecida de quem os consultava. Mas escondiam-no pouco e os fiéis não o ignoravam.) Delfos enchia-se de tesouros esplêndidos que vinham do mundo inteiro.

Por vezes, os oráculos do deus eram enganadores: induziam fatalmente em erro aqueles que queriam segui-los. O deus queria assim, pensava-se, mostrar que a omnipotência e a liberdade divinas podem sempre prevalecer sobre a vontade dos homens. Apolo punha-se a distância.

Apolo, deus da luz, é também o da harmonia. Inventou a música e a poesia para encantamento dos homens. Pratica-as e ama-as acima de todas as coisas. O melhor meio de alcançar os favores deste deus, distante mas benévolo, é oferecer-lhe festas em que coros de rapazes e de raparigas cantam e dançam em volta dos seus altares.

Aliás, a maior parte dos deuses amam as belas festas. São os deuses joviais de um povo cheio de alegria que se concilia os preciosos favores divinos organizando belos espectáculos, competições desportivas, corridas de archotes, jogos de bola. Dirigir aos deuses preces e oferecer-lhes sacrifícios — muito bem. Celebrar festas em sua honra — e mesmo espectáculos cómicos, onde de caminho se troçará deles —, melhor ainda. Os deuses amam o riso, mesmo que esse riso os arranhe um pouco. O riso dos deuses, no Olimpo onde se reúnem, no palácio de Zeus, é «inextinguível», diz Homero. Dançar uma bela dança ao som da flauta, dançar em sua honra com o corpo cheio de música, eis o que acima de tudo agrada aos deuses, que são deuses carnais, tão sensíveis como os homens à beleza do ritmo e da melodia.

*

Assim nasceram, depois dos tempos primitivos, algumas das figuras dessa religião que foi a dos deuses do Olimpo.

Recriadas por Homero ([1]), o genial poeta da Ilíada, os deuses gregos tornam-se intensamente humanos. A sua presença física é percebida por todos os sentidos. Dizer que são vivos, é pouco. Ouvimos os seus gritos, e por vezes

---

([1]) «Homero e Hesíodo», escreve Heródoto, «fixaram a filiação dos deuses... desenharam as suas figuras».

os seus bramidos. Os cabelos de Zeus e de Posídon são mais negros que o natural: tornam-se azuis, cianosos. Vemos o branco deslumbrante ou o azul sombrio das túnicas das deusas, ou ainda a sua cor de açafrão. Os véus deslumbram «como o sol». Hera traz pedras preciosas do tamanho de amoras. Zeus não faz uso discreto do ouro nos seus atavios: manto de ouro, ceptro de ouro, chicote de ouro, e o resto. As tranças luzidias de Hera caem aos lados da cabeça. O perfume que usa é violento: enche o céu e a terra. Os olhos de Atena cintilam, os de Afrodite têm o brilho do mármore. Hera sua, Hefesto também, e enxuga o rosto, e tem o peito cabeludo. Coxeia ostensivamente... Nunca mais acabaríamos. Estes deuses físicos ensurdecem-nos e cegam-nos. Pouco falta para que nos ofusquem.

A esta forte presença carnal corresponde uma vida psíquica igual, e contudo diferente da dos heróis. Não por certo mais complexa, mas mais obscura. Estes deuses de carne e osso, que parecem devolver-nos a sua própria imagem, muito mais humanos e por consequência mais acessíveis às nossas orações que os deuses primitivos (coruja ou calhau), têm contudo em si qualquer coisa de *inefável* — precisamente essa coisa que os torna deuses. Por vezes um simples pormenor no-lo faz entrever. Assim, quando Afrodite, descida ao campo de batalha, é ferida por Diomedes, o poeta mostra-nos a lança aguda do herói, que, antes de penetrar no braço da deusa e de fazer jorrar o sangue imortal, «rasga o leve véu tecido pelas Graças». Por este episódio singular, por este rasgar do tecido quase imaterial que velava a bela carne divina, ficamos sabendo que Diomedes realizou uma acção inaudita e que «a mais fraca das deusas» é, não obstante, uma grande deusa. Na verdade, os deuses humanizados da *Ilíada* ainda são temíveis: são Potências. Qualquer coisa resiste sempre neles à humanização perfeita, que o próprio leitor do poema lhes recusa. A exuberância extraordinária da sua alegria, no seio da dor do mundo que dirigem, é uma terrível confirmação da sua divindade. Os homens conhecem-nos à aproximação da morte como deuses dos vivos. Vivem a vida numa plenitude tão total que o crente nada mais pode fazer que adorá-los. O crente enche-se da alegria deles através da imagem que lhe é dada pelo poeta-*vates*. Pouco importa que façam da sua liberdade soberana um uso quase impossível de prever. Pouco importa que um fosso profundo separe a condição divina e a condição humana. A única coisa que nos toca é que os deuses vivem numa felicidade sem fim, na jovialidade e no riso, no absoluto da alegria. «As lágrimas são reservadas aos homens, o riso aos deuses», diz Homero.

OS HOMENS E OS DEUSES

O sentimento religioso que tais deuses podem inspirar aos homens tem a sua grandeza. Está ainda ligado ao temor da Potência desconhecida. Mas a este temor junta-se uma espécie de alegria desinteressada, isto é, que existe no mundo, separada dele e muito próxima dele, como que uma raça de seres imortais, uma raça de homens liberta das mais pesadas servidões que lesam a espécie mortal, de deuses que vivem na serenidade do Olimpo cintilante, eles próprios serenos porque libertados da morte, do sofrimento e dos cuidados. Para estes deuses, a moral não tem sequer sentido: a moral é uma invenção humana, uma espécie de ciência tirada da experiência humana e destinada a remediar os principais acidentes da nossa condição. Mas para que precisariam os deuses da *Ilíada* de uma moral, se as paixões a que se entregam, na profusão do prazer, não têm para eles as desagradáveis consequências que para os seres mortais? Sabemos que a cólera de Aquiles provoca a derrota dos Gregos e multiplica os mortos sob as muralhas de Tróia. Mas a cólera de Zeus contra Hera, que se lê no mesmo canto da *Ilíada*, descamba simplesmente em cena doméstica e acaba numa gargalhada «inextinguível». Toda a paixão divina, vivida na aventura, acaba no riso.

Tais reflexões sobre a condição divina são cruéis para os Gregos. Fazem-nas os maiores poetas e comunicam-nas ao povo. O Grego crente contempla, entretanto, o Olimpo como um espectáculo que o «arrebata» (no sentido mais expressivo do termo). Indiferentes às querelas humanas, os deuses da *Ilíada* existem por si mesmos, pela mera alegria de existir, e não em função do homem, como guardas alistados ao serviço do Bem. Muito simplesmente, *existem*. Como uma das múltiplas formas da vida, como os rios, o sol e as árvores, cuja única razão aparente de existirem é a de nos agradarem pela sua beleza. São livres, não à nossa maneira de uma liberdade duramente arrancada à natureza, mas de uma liberdade que é um dom da natureza. Nunca se dirá suficientemente o que há de heróico em confiar o governo do mundo e a sorte do homem a grandes forças não imorais mas amorais e obscuras, sem objectivo claramente definido mas talvez não impossível de conhecer, e para as quais o princípio de causalidade não tem papel a desempenhar.

O povo grego é um povo corajoso, cuja coragem não consiste na resignação, mas na luta. Adora nos seus deuses aquilo que ele está decidido a conquistar um dia: os espaços ilimitados da alegria de viver.

Esta religião das *figuras* do Olimpo não é, como alguns afirmaram, uma religião imóvel, uma espécie de consolação estética para o mal de ter nascido mortal. O esteticismo ameaça-a, mas ela não se afundará nele — apesar das obras-primas inúmeras que deve ao seu culto da beleza — porque, na data em que ela surgiu e floresceu, o povo grego tem ainda em si muitos outros recursos criadores. O que é preciso dizer, contudo, é que, apresentando ao homem uma humanidade mais perfeita, feliz de uma felicidade sempre activa, posto que não ameaçada, e mais feliz que ele próprio, ela o convida a rivalizar com essa nova espécie de humanidade. Convida o homem a «combater o Anjo». Os Gregos deram o nome de *hybris* a este perigoso combate, que não se trava sem perigo. Os deuses são ciosos da sua felicidade e defendem-na como classe possidente. *Hybris* (orgulho) e ciúme (*nemésis*), são ainda crenças primitivas. Lentamente, os Gregos libertar-se-ão delas. Uma das linhas essenciais do combate da tragédia será a luta que travará contra o perigo da *hybris* e a ameaça da *nemésis*. A tragédia responderá, quer aceitando o risco da grandeza humana, quer pondo os homens em guarda contra uma ambição alta de mais para o povo mortal. De um modo geral, a tragédia afirmará ao mesmo tempo a grandeza do homem ferido e a omnipotência dos deuses que o ferem. E ainda tem, de uma maneira ou de outra, de justificar a acção dos deuses. É preciso que os deuses sejam finalmente *justos*. Mas ainda não chegámos a esse ponto. Os deuses da *Ilíada* não querem saber de uma justiça que limitaria a sua liberdade e o seu poder soberanos.

Mas que acontecerá, no fim de contas, a esta bela religião de *figuras*, que apresentava ao homem, numa forma perfeitamente realizada, os seus desejos inconfessados e as mais preciosas conquistas do seu futuro? Acontecer-lhe-á, muito simplesmente, *dissolver-se no humano*. As divindades do Olimpo, na época das cidades, das divindades «políadas», tornar-se-ão caudilhos das comunidades de cidadãos, ou mesmo, quanto a Zeus e Apolo, por exemplo, da comunidade helénica. Os deuses não serão mais que estandartes das cidades, drapejando aos ventos dos combates. Ou humanizar-se-ão, ao ponto de não serem mais que símbolos das forças activas que agem no nosso pensamento, no nosso sangue, e mantêm o nosso corpo de pé. Nesse momento, a religião grega, confundida com o poder e a glória da cidade, ou com os motivos mais fortes dos nossos actos, estará muito perto da morte. Imobilizar-se-á em imagens poéticas, belas talvez, mas de uma beleza vazia.

Na verdade, a religião, ao humanizar-se, laiciza-se. O Estado e os deuses formam, a partir de então, uma unidade indissolúvel. Os templos erguidos em Atenas por Pisístrato, mais tarde por Péricles, celebram, não menos que a glória dos deuses, a glória da comunidade que os construiu e, no segundo caso, a glória da metrópole do Império. O sentimento religioso cede aqui o lugar ao patriotismo e ao orgulho dos cidadãos por oferecerem à divindade monumentos tão esplêndidos, pretexto de festas deslumbrantes e objecto da admiração do mundo. Mas, ao identificar-se com o orgulho cívico, a religião dos deuses humanizados de novo se afasta do *coração* do homem, e engrandece-o menos do que ele pensa.

Entretanto, por essa altura, já o povo grego terá firmemente nas mãos uma outra arma, ou antes uma outra ferramenta para reconstruir o mundo: essa ferramenta é a *ciência*. Saberá servir-se dela?

*

Falaremos agora dos deuses artesanais. A ciência — como se verá mais adiante, nesta obra — nascerá do trabalho e particularmente da técnica das artes do fogo. Nos tempos arcaicos, o homem atribui aos deuses as suas próprias invenções. Estas invenções multiplicam-se na época em que o povo grego não é já apenas camponês e marinheiro, quando uma nova classe da sociedade — numerosa a partir da época de Sólon — vive do trabalho das suas mãos nas cidades que crescem: é a classe artesanal, a classe obreira, e também a classe dos mercadores, lojistas e comerciantes. Eles têm igualmente os seus deuses, deuses trabalhadores, à sua imagem.

Hefesto — depois de Prometeu — é o génio do fogo, não o fogo do raio, mas o da cozinha e da forja, o fogo submetido ao uso do homem. Tem as suas oficinas, ouvimo-lo trabalhar nos vulcões, com os seus ajudantes. Uma multidão de ferramentas à sua disposição — martelos e tenazes —, uma enorme bigorna, vinte foles soprando as fornalhas. Meio nu, trabalha todo o dia, com um gorro de operário na cabeça, martelando o metal na bigorna. Em Atenas, onde lhe chamam simplesmente Obreiro, tem, no século V, um belíssimo templo, ainda quase intacto hoje, na parte baixa da cidade, no bairro mais popular da Atenas antiga. Na esplanada deste templo, o povo festeja-o com danças e ruidosos divertimentos. (Estas festas ficaram populares e são celebradas ainda nos nossos dias.) Reservada à classe obreira, a festa antiga chamava-se *Calchéia:* era a festa dos caldeireiros, embora nela participassem também outros artífices, nomeadamente os numerosos oleiros. Atena presidia também, na sua qualidade de deusa *Obreira* (Ergané).

A deusa que deu o nome a Atenas — Atena — é a imagem mais perfeita da Atenas industriosa dos séculos arcaicos e clássicos. Boa obreira ela própria, é a padroeira de todo o seu povo trabalhador. O carpinteiro e o pedreiro devem-lhe o esquadro. Protege também as artes metalúrgicas e, mais ainda, o povo inumerável dos oleiros que deu o seu nome ao vasto arrabalde do Cerâmico. Atena inventou a roda de olaria e inventou os primeiros vasos de barro. Vigia de modo a impedir os acidentes na pintura e cozedura. Põe em debandada os diabos que partem os vasos e fazem estalar o verniz — os demónios Syntrips, Sabaktés e Smaragos, que se embuscam na argila e no forno. Todo o grupo de oleiros, patrões, modeladores, compositores, desenhadores, pintores que dispõem o preto, reservando para as figuras a argila vermelha, e que retocam o desenho — por vezes com um pincel de uma única seda — com um traço vinoso ou com um traço branco, obreiros encarregados de velar pela cozedura, serventes que amassam argila —, todos a invocam. De um deles, conservamos uma canção popular muito comovente. Começa por uma oração a Atena, para que ela estenda a sua mão sobre o forno, para que os vasos fiquem cozidos ao ponto conveniente, para que o preto conserve o brilho e a venda dê bom lucro. Num vaso, vemos Atena em pessoa, escoltada de pequenas Vitórias, aparecer no meio de uma oficina de oleiros e colocar coroas sobre a cabeça dos trabalhadores.

A deusa Obreira vela também pelos trabalhos das mulheres. A roca e o fuso são para ela atributos mais preciosos que a lança. É «com os dedos de Atena», diz-se, que as mulheres e as raparigas de Atenas tecem e bordam esses estofos iluminados de recamaduras, ora flexíveis e transparentes para ficarem soltos na cintura, ora pesados para tombarem em nobres pregas verticais. Quatro rapariguinhas, de sete a onze anos de idade, fechadas durante nove meses no opistodomo do santuário da deusa, na Acrópole, tecem e bordam de cenas míticas a túnica nova que lhe é oferecida todos os anos na sua festa. Ligada a toda a vida quotidiana do seu povo, a deusa Obreira representa-o exactamente: sobre a Acrópole, defende-o, na sua grandeza, de lança em punho e capacete na cabeça; nas ruas da cidade baixa e no arrabalde, oferece, sem mistério e sem mística, ao povo da gente de pouco, uma religião honesta e, para a época, muito sensata.

Há, num coro de Sófocles, um apelo assim formulado: «Descei à rua, vós, povo dos obreiros manuais, que adorais a filha de Zeus de olhos brilhantes, Ergané, descei com os cestos sacrificiais, ficai perto das bigornas.» Este «descei à rua» não deve ser tomado no sentido revolucionário parisiense. (De resto, a passagem é um fragmento, o que exige muita prudência na interpretação.) Podemos pensar que se trata simplesmente de um apelo a qualquer festa comum às duas divindades dos obreiros: pelo menos, trata-se de uma festa popular, todo o povo dos trabalhadores manuais a celebrará.

Próximo destes deuses obreiros, muito popular em toda a Grécia, está o antigo deus dos montes de pedras, agora esperto deus dos viajantes, traficantes, lojistas, mercadores e comerciantes, Hermes. Vêem-se as suas estátuas nas praças de mercado e ao longo dos caminhos e estradas por onde os viajantes seguem com as mercadorias. Servem também de referência e protegem contra os ladrões. É inexacto apresentar Hermes como deus dos ladrões: ele protege os mercadores *contra* os ladrões. Protege também a clientela contra os mercadores. Para garantia das duas partes, inventou as balanças, os pesos e as medidas. Compraz-se nos debates da transacção: aguça a língua do comprador e a língua de vendedor, inspirando a cada um a proposta mais honesta e mais lucrativa, até que entre ambos se estabeleça acordo.

Em todas as coisas, Hermes é partidário da conciliação. Nos conflitos entre cidades, sugere aos embaixadores fórmulas diplomáticas. Detesta acima de tudo a violência da guerra, onde perecem ao mesmo tempo o negócio e a humanidade. Os únicos proventos que este deus comerciante não favorece, são os lucros da guerra. Vota aos bandidos o fabricante de lanças e de escudos que deseja que uma boa guerra venha aumentar o seu negócio. Ele, o deus cheio de astúcia, abomina as mentiras da propaganda de que se alimentam, para sua ruína, os povos brigões. Numa das suas comédias, o poeta Aristófanes atribui a Hermes fogosas invectivas contra os maus condutores do povo que, com os seus berros, fazem com que a paz fuja da sua terra. E o poeta declara também que o deus Hermes respira com mais satisfação o hálito da deusa das Festas que o odor da mochila militar.

Tal é a maneira (e podia citar muitos outros exemplos) como o povo grego «humaniza» as duras necessidades do seu trabalho. Os últimos deuses mencionados, mais ainda que os outros, nasceram da necessidade e da luta empreendida pelas classes inferiores contra os obstáculos que encontram na estrutura do sociedade. Nasceram ou modificaram-se, tomando a forma que disse, na classe obreira ou na dos mercadores; exprimem a vontade do povo de pôr no campo dos trabalhadores os próprios deuses, de os *utilizar* no seu conflito com a classe dirigente.

O velho temor que inspiravam os deuses desconhecidos dá lugar à amizade — uma amizade proveitosa que põe os deuses ao serviço dos homens e que, de algum modo, os doma e os domestica.

*

Contudo, nem todos os deuses estão plenamente humanizados. Alguns deles — por virtude da opressão das classes dirigentes e pela ignorância em que os homens vivem ainda das verdadeiras leis do mundo e da sociedade — continuam ser forças incompreensíveis, resolutamente hostis ao progresso e à vida das comunidades. Os oráculos, de que os poderosos não tinham qualquer escrúpulo em servir-se, a favor dos seus interesses, deixavam-se manobrar facilmente: assim, Apolo e Zeus foram muitas vezes «humanizados» num sentido detestável.

Mas eis agora um exemplo de uma divindade que parece irredutível a qualquer tentativa de humanização: o Destino, ou, como se diz em grego, *Moira*. Moira não é divindade a que alguma vez se tenha dado forma humana. É uma espécie de lei — desconhecida — do universo, cuja estabilidade assegura. Intervém no curso dos acontecimentos para repor as coisas nos seus lugares quando elas são desarrumadas pela liberdade assaz relativa dos homens e quase soberana dos deuses.

A noção de destino não é, entre os Gregos, um fatalismo que recusa toda e qualquer liberdade aos seres do mundo. Moira constitui um princípio que se coloca acima da liberdade dos homens e dos deuses, e que, inexplicavelmente, faz com que o mundo seja verdadeiramente uma Ordem, uma coisa em ordem. (Qualquer coisa como — a título de comparação sumária — a lei da gravidade e a lei da gravitação dos astros.) Esta concepção é a lei de um povo que, sem ler ainda no jogo das causas sabe contudo que o universo forma um todo, um organismo que tem as suas leis, e que pressente que a tarefa do homem é devassar um dia o segredo dessa ordem existente.

Se a verificação da existência de Moira fica por explicar, ela não revela menos de um racionalismo fundamental, uma vez que supõe uma ordem estável e conhecível um dia. Deste ponto de vista, pelo menos, a lei não humana é uma vez mais reportada ao homem. O próprio nome do Universo é, em grego, altamente significativo: *cosmos* — e a palavra significa conjuntamente *Universo, Ordem* e *Beleza*.

*

A religião, nestes séculos religiosos, não é senão uma das formas do humanismo grego.

Mas há que ir mais longe. O esforço principal desta religião, após os séculos homéricos e arcaicos, vai consistir, na época clássica, em tentar ligar mais ainda o mundo divino e o espírito do homem. Estes deuses, como vimos, eram, ao princípio, pouco morais. Caprichosos nos seus serviços e nas suas benesses. A consciência religiosa grega quis absolutamente saber se eram *justos*. Revoltava-se à ideia de que estes seres mais poderosos que os homens pudessem não obedecer à *Justiça*.

Muito cedo, um velho poeta-camponês (pouco tempo depois do poeta da *Odisseia*), esse pequeno proprietário rústico que se chama Hesíodo, põe assim a questão (posta também, mas com menos firmeza, pelo poeta da *Odisseia*):

«Trinta milhares de Imortais são, sobre a terra, e por vontade de Zeus, os vigilantes dos mortais... E existe também uma virgem, Justiça, filha de Zeus, honrada e venerada pelos deuses, habitantes do Olimpo. Ofende-a alguém com tortuosos insultos? Logo ela vai sentar-se aos pés de Zeus, seu pai, e lhe denuncia o coração dos homens injustos... O olho de Zeus, que vê tudo e distingue tudo, vê também isto, se lhe apraz, e não ignora o que valem os tribunais que os muros de uma cidade encerram. Por mim, quero deixar de ser justo a partir deste dia, e meu filho também: é mau ser justo se o injusto conta com os favores da justiça. Mas custa-me a crer que as sentenças injustas sejam ratificadas pela sabedoria de Zeus.»

Nos séculos seguintes, de toda a poesia lírica grega dos séculos VII e VI — a da época da luta pelo direito escrito e pela igualdade dos cidadãos — sobem declarações semelhantes e uma imensa imploração à justiça divina como à justiça humana. Poetas ligados à acção pública afirmam que Zeus é justo ou deve sê-lo, ou insultam-no (o que vem a dar no mesmo) se verificam que o deus supremo não acode em auxílio da Justiça. Sabêmo-lo de Sólon, o Ateniense. Mas eis uma passagem do poeta exilado de Mégara, Teógnis:

«Ó Zeus, tu enches-me de espanto! És o rei do mundo, possuis honra e poder, conheces o coração de cada homem: o teu poder, ó rei, é soberano. Como é possível, pois, ó Zeus, que o teu pensamento vá pôr na mesma linha o perverso e o justo, aqueles cuja alma volta para a sabedoria e aqueles que obedecem à iniquidade e se entregam à violência?»

Tais gritos de revolta significam que a consciência religiosa grega exige que os deuses sejam justos. Contrariamente à poesia anterior — a da *Ilíada* —, em que eram simplesmente poderosos e livres.

Com o século V, com a tragédia de Ésquilo, é um deus justo e bom que começa a reinar sobre o mundo e as almas. Esse é aliás o grande problema de Ésquilo, o problema que torna trágica a sua tragédia. Para o poeta do *Prometeu* e da *Oréstia,* o mundo, depois de ter atravessado milénios em que só a força bruta reinava, entre os deuses como entre os homens, entrou numa idade em que lentamente se instalam no céu, nos comandos do universo, novos deuses que acederam enfim, eles próprios, à justiça e que amparam com a sua acção justa o progresso das sociedades humanas.

Esta é uma das linhas de evolução da religião grega. Os deuses, ao humanizarem-se — antropomorfizando-se, moralizando-se depois — tornam-se símbolos de um universo em realização de Justiça.

IX
A TRAGÉDIA, ÉSQUILO, O DESTINO E A JUSTIÇA

Entre as criações do povo grego, a tragédia é talvez a mais alta e a mais ousada. Produziu ela algumas obras-primas inigualadas, cujo fundo, enraizado no medo das nossas entranhas, mas também florescendo na esperança do nosso coração, se exprime numa beleza perfeita e convincente.

O nascimento da tragédia, por meados do século v — no limiar da época clássica —, está ligado a condições históricas que convirá recordar, embora de maneira breve, se quisermos apreender o sentido da orientação deste género novo. Por um lado, a tragédia grega retoma e prossegue o esforço da poesia anterior para pôr de acordo o mundo divino com a sociedade dos homens, humanizando ainda mais os deuses. Apesar do desmentido que lhe dá a realidade quotidiana e a despeito da tradição do mito, a tragédia grega exige com veemência que os deuses sejam justos e façam triunfar a justiça neste mundo. Por outro lado, é também em nome da justiça que o povo dos Atenienses continua a travar uma luta duríssima, no plano da vida política e no plano da vida social, contra os possidentes que são também os seus dirigentes, para lhes arrancar enfim a plena igualdade de direitos entre cidadãos — aquilo a que chamará regime democrático. É no decurso do último período destas lutas que a tragédia surge. Pisístrato, levado ao poder pela massa dos camponeses mais pobres, e que ajuda o povo na conquista da terra, institui nas festas em honra de Dioniso concursos de tragédia destinados ao prazer e à formação do povo dos cidadãos.

Passava-se isto uma geração antes de Ésquilo. Essa tragédia primitiva, ainda pouco dramática, ao que parece, e indecisa entre o riso lascivo dos sátiros e o prazer das lágrimas, encontra num acontecimento imprevisto a sua escolha, a escolha da «gravidade», e aceita corajosamente o peso dessa gravidade, que doravante a define: escolhe como seu objecto próprio o encontro do herói e do destino, com os riscos e os ensinamentos que ele implica. Esse acontecimento que deu à tragédia o tom «grave», tom que não era o da poesia ática imediatamente anterior, foi a guerra meda, a guerra de independência que o povo ateniense sustentou por duas vezes contra o invasor persa. O combatente de Maratona e de Salamina, Ésquilo, sucede a Anacreonte, espírito conceituoso e poeta de corte.

Ésquilo é um combatente, refunda a tragédia, tal como a conhecemos, senhora dos seus meios de expressão. Mas funda-a como um combate.

Todo o espectáculo trágico é, com efeito, o espectáculo de um conflito. Um «drama», dizem os Gregos, uma acção. Um conflito cortado de cantos de angústia, de esperança ou de sabedoria, por vezes de triunfo, mas sempre, e até nos seus cantos líricos, uma acção que nos deixa ofegantes, porque nela participamos, nós, espectadores, suspensos entre o temor e a esperança, como se se tratasse da nossa própria sorte: o choque de um homem de quatro côvados (de dois metros), diz Aristófanes, de um herói contra um obstáculo dado como intransponível, e que o é, a luta de um campeão que parece ser o campeão do homem, o nosso campeão, contra uma força envolvida de mistério — uma força que quase sempre, com ou sem razão, esmaga o lutador.

Os homens que conduzem esta acção não são «santos», embora ponham o seu recurso em um deus justo. Cometem erros, a paixão perde-os. São arrebatados e violentos. Mas têm, todos eles, algumas grandes virtudes humanas. Todos, a coragem; alguns o amor da terra, o amor dos homens; muitos, o amor da justiça e a vontade de a fazer triunfar. Todos, ainda, estão possuídos de grandeza.

Não são santos, não são justos: são heróis, isto é, homens que, no ponto mais avançado da humanidade, ilustram pela sua luta, ilustram em actos, o incrível poder do homem de resistir à adversidade, de transformar o infortúnio em grandeza humana e em alegria — para os outros homens, e antes de mais para os homens do seu povo.

Há neles qualquer coisa que exalta em cada um dos espectadores a quem o poeta se dirige, que exalta ainda em nós o orgulho de ser homem, a vontade e a esperança de o ser cada vez mais, alargando a brecha aberta por estes ousados campeões da nossa espécie no espaço murado das nossas servidões.

«A atmosfera trágica», escreve um crítico, «existe sempre que eu me identifico com a personagem, sempre que a acção da peça se torna a minha acção, quer dizer, sempre que eu me sinto comprometido na aventura que se joga... Se digo «eu», é o meu ser inteiro, o meu destino inteiro que entra em jogo.»

Contra quem se bate afinal o herói trágico? Bate-se contra os diversos obstáculos com os quais esbarram os homens na sua actividade, os obstáculos que dificultam a livre florescência da sua pessoa. Bate-se para que não se dê uma injustiça, para que não se dê uma morte, para que o crime seja punido, para que a lei de um tribunal vença o linchamento, para que os inimigos vencidos nos inspirem fraternidade, para que as liberdades dos deuses, se tem de ser incompreensível para nós, não ofenda ao menos a nossa liberdade. Simplifiquemos: o herói trágico bate-se para que o mundo seja melhor ou, se o mundo tem de continuar a ser o que é, para que os homens tenham mais coragem e serenidade para viver nele.

E ainda mais: o herói trágico bate-se com o sentimento paradoxal de que os obstáculos que encontra na sua acção, sendo intransponíveis, têm de ser transpostos, pelo menos se quiser alcançar a sua própria totalidade, realizar essa perigosa vocação de grandeza que traz em si, isto sem ofender o que subsiste ainda no mundo divino de *ciúme* (nemésis), sem cometer o erro da *desmedida* (hybris).

O conflito trágico é pois uma luta travada contra o fatal, cabendo ao herói afirmar e mostrar em acto que o fatal não o é ou não o será sempre. O obstáculo a vencer é posto no seu caminho por uma força desconhecida sobre a qual não tem domínio e a que, desde então, chama divina. O nome mais temível que dá a esta força é o de Destino.

A luta do herói trágico é dura. Por mais dura que seja, e ainda que de antemão pareça condenado o esforço do herói, lança-se nela — e nós, público ateniense, espectador moderno, estamos *com ele*. É significativo que este herói condenado pelos deuses não seja *humanamente* condenado, quer dizer, condenado pela multidão dos homens que assistem ao espectáculo. A grandeza do herói trágico é uma grandeza ferida: quase sempre ele morre. Mas essa morte, em vez de nos desesperar, como esperaríamos, para além do horror que nos inspira, enche-nos de alegria. Assim acontece com a morte de Antígona, de Alcestes, de Hipólito, e de muitos outros. Ao longo do conflito trágico, participámos da luta do herói com um sentimento de admiração e, mais, de estreita fraternidade. Esta participação, esta alegria, só podem significar uma coisa — uma vez que somos homens: é que a luta do herói contém, até na morte-testemunho, uma *promessa*, a promessa de que a acção do herói contribui para nos libertar do Destino. A não ser assim, o prazer trágico, espectáculo do nosso infortúnio, seria incompreensível.

A tragédia emprega pois a linguagem do mito e esta linguagem não é simbólica. Toda a época dos dois primeiros poetas trágicos, Ésquilo e Sófocles, é profundamente religiosa. Crê na verdade dos mitos. Crê que no mundo divino que apresenta ao povo subsistem forças opressivas que parecem votar a vida humana ao aniquilamento. O destino, por exemplo, como disse. Mas noutras lendas é o próprio Zeus, representado como tirano brutal, déspota hostil à humanidade, que desejaria destruir a espécie humana.

Estes mitos, e outros, muito anteriores ao nascimento da tragédia, é dever do poeta interpretá-los e fazê-lo em termos de moral humana. Essa é a função social do poeta quando fala, nas Dionísias, ao seu povo de Atenas. Aristófanes, à sua maneira, confirma-o pela voz de dois grandes poetas trágicos, Eurípedes e Ésquilo, a quem põe em cena, e que, adversários na sua comédia, se entendem pelo menos na definição do poeta trágico e no objectivo que ele se deve propor. «Em que deve ser admirado um poeta?... No facto de tornarmos melhores os homens nas cidades.» (E a palavra «melhores» significa mais fortes, mais adaptados ao combate da vida.) A tragédia afirma a sua missão educadora.

Na época de Ésquilo, o poeta trágico não considera ter o direito de corrigir os mitos, menos ainda reinventá-los à sua vontade. Mas estes mitos são contados com numerosas variantes. Entre essas variantes da tradição popular ou da tradição dos santuários, Ésquilo escolhe. Esta escolha tem de ser feita no sentido da justiça, e ele assim o faz. Razão porque o poeta educador do seu povo escolhe as lendas de mais difícil interpretação, aquelas que parecem trazer mais claro desmentido à Justiça divina. São essas, com efeito, que mais o perturbam e que perturbam a consciência do seu povo. São as lendas *trágicas*, aquelas que fariam desesperar de viver, se o trágico não pudesse ser, no fim de contas, resolvido em justa harmonia.

Mas porquê essa exigência, sempre dificilmente satisfeita, de justiça divina? Porque o povo ateniense traz na sua carne as feridas do combate que sustentou, que ainda sustenta pela justiça *humana*.

A TRAGÉDIA, ÉSQUILO, O DESTINO E A JUSTIÇA

Se, como muitos o pensam hoje, a criação poética, a literatura não são outra coisa que o reflexo da realidade social (pode o poeta ignorá-lo, mas não é isso que importa), a luta do herói trágico contra o Destino não é mais que a luta, exprimida na linguagem do mito, conduzida pelo povo, do século VII ao século V, para se libertar das violências socias que o oprimem ainda no momento em que a tragédia nasce, no momemto também em que Ésquilo é o seu segundo e antêntico fundador.

É no decurso desta luta secular do povo ateniense pela igualdade política e pela justiça social que se instala, na festa mais popular de Atenas, a representação dessa outra luta do herói contra o Destino, que constitui o espectáculo trágico.

Na primeira destas lutas, de um lado está o poderio duma classe nobre ou rica, em todo o caso impiedosa, que possui ao mesmo tempo a terra e o dinheiro e que conduz à miséria o povo dos pequenos camponeses e dos artífices, que ameaça enfim desagregar a própria existência da comunidade. Frente a ela, a poderosa vitalidade de um povo que quer viver, que exige que a justiça seja igual para todos, que o direito seja o novo laço que assegurará a vida de cada homem e a existência da cidade.

A segunda luta, imagem da primeira, é a de um Destino brutal, arbitrário e assassino e de um herói maior que nós, mais forte e mais corajoso que nós, que bate para que haja entre os homens mais justiça e humana bondade, e para ele a glória.

Há um ponto do espaço e do tempo em que estas lutas paralelas convergem e se reforçam. O momento é o das duas festas primaveris de Dioniso; o lugar o teatro do deus, no flanco da acrópole da cidade. Aí o povo inteiro se reúne para ouvir a voz dos seus poetas, que, ao mesmo tempo que lhe explicam os mitos do passado, considerados história, o ajudam na luta para continuarem a fazer história, a longa luta da sua emancipação. O povo sabe que os poetas dizem a verdade: é a sua função própria instruí-lo nela.

No começo do século V — princípio da era clássica — a tragédia apresenta-se ao mesmo tempo como uma arte conservadora da ordem social e como uma arte revolucionária. Uma arte conservadora da ordem social no sentido de que permite a todos os cidadãos da cidade resolver em harmonia, no mundo fictício para onde os conduz, os sofrimentos e os combates da vida quotidiana de cada homem do povo. Conservadora, mas não mistificadora.

Mas este mundo imaginário é a imagem do mundo real. A tragédia só dá a harmonia despertando os sofrimentos e as revoltas que apazigua. Faz mais do que dá-la, no prazer, ao espectador, enquanto o espectáculo dura, *promete-a* ao devir da comunidade, intensificando em cada homem a recusa de aceitar a injustiça, intensificando a vontade de lutar contra ela. No povo que a escuta com um coração unânime, a tragédia reúne todas as energias de luta que ele traz em si. Neste sentido, a tragédia não é já conservadora, mas acção revolucionária.

*

Apresentamos alguns exemplos concretos.

Eis a violenta luta de *Prometeu Agrilhoado,* tragédia de Ésquilo, de data desconhecida (entre 460 e 450). Ésquilo crê na Justiça divina, crê em um Zeus justo. De uma justiça que é, muitas vezes, obscura. O poeta escreve, numa tragédia anterior a *Prometeu:*

Não é fácil conhecer o desígnio de Zeus.
Mas eis que em todos os lugares
Ele flameja de súbito no meio das trevas...
Os caminhos do pensamento divino
Seguem para o seu destino por entre espessas sombras
Que nenhum olhar poderia penetrar.

É preciso que Ésquilo explique ao seu povo como, na obscuridade do mito de Prometeu, «flameja de súbito» a justiça de Zeus.

Prometeu é um deus cheio de bondade para com os homens. Muito popular na Ática, é, com Hefesto, o padroeiro dos pequenos artífices, nomeadamente desses oleiros do Cerâmico que faziam em parte a riqueza de Atenas. Não só dera aos homens o fogo, como inventara para eles os ofícios e as artes. Em honra deste deus venerado pelos Atenienses, a cidade celebrava uma festa na qual era disputada uma corrida de estafetas, por grupos, servindo de testemunho um archote.

Ora, é a este «benfeitor dos homens», a este deus «Amigo dos Homens» que Zeus pune pelo benefício de que ele foi autor. Fá-lo agrilhoar por Hefesto, compadecido mas vigiado pelos servidores de Zeus, Poder e Violência, cuja linguagem cínica corresponde à horrenda figura que tem. O Titã é cravado a uma muralha de rochedos no deserto de Cítia, longe das terras habitadas, e assim ficará até que se resigne a reconhecer a «tirania» de Zeus. É esta a cena impressionante que abre a tragédia. Prometeu não pronuncia uma única palavra na presença dos seus carrascos.

Como é isto possível? Sem dúvida Ésquilo não ignora que, «roubando o fogo», privilégio dos deuses, Prometeu se tornou culpado de uma falta grave. Mas desta falta nasceu para os homens o alívio da sua miséria. Um tal mito enche Ésquilo de angústia trágica. Sente ameaçada a sua fé num Zeus justo — Zeus, senhor e sustentáculo da ordem do mundo. Mas não foge a nenhuma das dificuldades do assunto que decidiu olhar em frente. E, assim, escreve toda a sua tragédia *contra* Zeus.

O Amigo dos Homens (o «Filantropo», como diz Ésquilo, inventando uma palavra em que se exprime, na sua novidade verbal, o amor de Prometeu pela humanidade) é pois abandonado à solidão, num deserto onde não ouvirá «voz humana» nem verá «rosto de homem» nunca mais.

Mas estará realmente sozinho? Repudiado pelos deuses, inacessível aos homens, ele está no seio da natureza, de que é filho. Sua mãe chama-se ao mesmo tempo Terra e Justiça. É a esta natureza, em que os Gregos sempre sentiram a presença escondida de uma vida poderosa, que Prometeu se dirige, num canto lírico numa poesia esplendorosa e intraduzível. Ele diz:

Espaços celestes, rápida corrida dos ventos,
Fontes dos rios, riso inumerável,
Das vagas marinhas, Terra, mãe comum,
Eu vos invoco, invoco a Roda do Sol,
Olhar do mundo, apelo para que vejam
O que sofro dos deuses — eu, deus...

Mais adiante, diz a razão do seu suplício:

Se, mísero, estou ligado a este jugo de necessidade,
Foi porque aos mortais fiz o dom mais precioso.
Na haste oca do nartécio
Escondi o produto da minha caçada,

*A fonte do Fogo, a Centelha,
O Fogo que para os homens se revelou
Senhor de todas as artes, Estrada sem fim...*

Neste momento, ergue-se uma música: a natureza invocada responde ao apelo de Prometeu. É como se o céu se pusesse a cantar. O Titã vê aproximar-se pelos ares o coro das doze filhas do Oceano. Do fundo das águas, ouviram o lamento de Prometeu e vêm compadecer-se da sua miséria. Abre-se um diálogo entre a piedade e a raiva. As Oceânidas trazem as suas lágrimas e os seus tímidos conselhos de submissão à lei do mais forte. Prometeu recusa submeter-se à injustiça. Revela outras iniquidades do senhor do mundo. Zeus, que fora ajudado pelo Titã na luta para conquistar o trono do céu, só ingratidão manifestou a Prometeu. Quanto aos mortais, Zeus pensava exterminar-lhes a raça, «para fabricar uma outra, nova», se o Amigo dos Homens não se tivesse oposto ao projecto. É o amor que manifesta para com o povo mortal que hoje lhe vale o suplício. Prometeu sabia-o: conhecendo as consequências, aceitando de antemão o castigo, deliberou cometer a falta.

Contudo, nesta tragédia que parece, pelo seu tema e pelo seu herói preso ao rochedo, inteiramente votada ao patético, Ésquilo achou maneira de introduzir uma acção, um elemento dramático: deu a Prometeu uma arma contra Zeus. Esta arma é um segredo que ele recebeu de sua mãe, e esse segredo interessa à segurança do senhor do mundo. Prometeu só entregará o segredo em troca da promessa da sua libertação. Entregá-lo-á ou não? Zeus obrigá-lo-á a isso ou não? Tal é o nó da acção dramática. Como, por outro lado, Zeus não pode aparecer em cena, o que diminuiria a sua grandeza, o combate de Prometeu contra ele trava-se através dos espaços celestes. Do alto do céu, Zeus ouve as ameaças de Prometeu contra o seu poder: treme. As ameaças tornam-se mais claras com algumas palavras que Prometeu deixa voluntariamente escapar, aflorando o seu segredo. Irá Zeus desferir o raio? Ao longo de todo o drama, a sua presença é-nos sensível. Por outro lado, passam diante do rochedo de Prometeu personagens que mantêm com Zeus relações de amizade, de ódio ou de servilidade e que, depois dos lacaios Força e Poder do começo, acabam de no-lo dar a conhecer na sua perfídia e na sua crueldade.

No centro da tragédia, numa cena capital já conhecida do leitor desta obra (ver pp. 14-15), cena que precisa e alarga o alcance do conflito, Prometeu enumera invenções de que fez beneficiar os homens. Não é já aqui, como o era no mito primitivo que o poeta herdou, apenas o roubador do fogo, é o génio criador da civilização nascente, confunde-se com o próprio génio do homem ao inventar as ciências e as artes, ao ampliar o seu domínio sobre o mundo. O conflito Zeus-Prometeu toma um sentido novo: significa a luta do homem contra as forças naturais que ameaçam esmagá-lo. Conhecem-se essas conquistas da civilização primitiva: as casas, a domesticação dos animais, o trabalho dos metais, a astronomia, as matemáticas, a escrita, a medicina.

Prometeu revelou ao homem o seu próprio génio.

Ainda aqui a peça é escrita *contra* Zeus: os homens — por eles entendo sempre os espectadores, que é missão do poeta educar — não podem renegar o benfeitor e dar razão a Zeus, sem renegar a sua própria humanidade. A simpatia do poeta pelo Titã não cede. O orgulho de Prometeu por ter levantado o homem da ignorância das leis do mundo ao conhecimento delas e à razão, é partilhado por Ésquilo. Sente-se orgulhoso por ser da raça dos homens e, pelo poder da poesia, comunica-nos esse sentimento.

Entre as figuras que desfilam diante do rochedo de Prometeu, escolherei apenas a da infeliz Io, imagem cruel e tocante. Seduzida por capricho amoroso do senhor do céu, depois cobardemente abandonada e entregue ao suplício mais atroz, Io delirante é a vítima exemplar do amor de Zeus, como Prometeu era a vítima do seu ódio. O espectáculo do sofrimrnto imerecido de Io, em vez de levar Prometeu a temer a cólera de Zeus, só serve para exasperar a sua raiva.

É então que, brandindo mais abertamente como uma arma o segredo de que é senhor e atacando Zeus, lança o seu desafio através do espaço:

A vez de Zeus chegará!
Orgulhoso como é hoje,
Um dia se tornará humilde.
A união que se prepara para celebrar
O deitará abaixo do trono
E o fará desaparecer do mundo.
A maldição de que Crono, seu pai,
O amaldiçoou, no dia em que foi expulso
Da antiga realeza do céu...
Só eu sei o seu futuro, só eu posso ainda conjurá-lo.
Que se recoste por agora no seu trono,

Confiante no estrondo do trovão,
Brandindo na mão o dardo de fogo.
Nada o impedirá de cair de vergonhosa queda,
Tão poderoso será o adversário que ele se prepara para engendrar,
Ele contra si mesmo, Gigante invencível,
Inventor de um raio mais poderoso que o seu
E de um fragor que cobrirá o do seu trovão...
No dia em que a desgraça o atingir,
Saberá então qual a distância
Que separa a realeza da escravatura.

Mas Prometeu só descobriu uma parte do seu jogo. O nome da mulher perigosa para Zeus (e Zeus não costuma privar-se de seduzir os mortais), guarda-o ele para si.

O golpe de Prometeu atinge o alvo. Zeus tem medo e riposta. Envia o seu mensageiro, Hermes, a intimar Prometeu que lhe dê o nome. Se o não fizer, piores castigos o esperam. O Titã troça de Hermes, chama-lhe macaco e lacaio, recusa entregar o seu segredo. Hermes anuncia-lhe então a sentença de Zeus. Prometeu espera com altivez a catástrofe que irá tragá-lo no desastre do universo.

Então o mundo começa a vacilar, e Prometeu responde:

Eis finalmente os actos, não já palavras.
A terra dança debaixo dos meus pés.
O fogo subterrâneo uiva nas profundidades.
Em sulcos abrasados cai o raio deslumbrante.
Um ciclone levanta a poeira em turbilhões.
O furor dos ventos divididos lança-os uns contra os outros.
O céu e o mar confundem-se.
Eis o cataclismo que Zeus,
Para me amedrontar, lança contra mim!
Ó Majestade de minha mãe,
E vós, espaços celestes, que rolais em volta do mundo
A luz, tesouro comum de todos os seres,
Vêde as iniquidades que Prometeu suporta.

Prometeu está derrubado, mas não vencido. Amamo-lo até ao fim, não só pelo amor que nos manifesta, mas pela resistência que opõe a Zeus.

A religião de Ésquilo não é uma piedade feita de hábitos passivamente aceites: não é naturalmente submissa. A condição miserável do homem revolta o poeta crente contra a injustiça dos deuses. O infortúnio da humanidade primitiva torna-lhe plausível que Zeus, que o permitiu, tenha concebido o pensamento de aniquilar a espécie humana. Sentimentos de revolta e de ódio contra as leis da vida existem em toda a personalidade forte. Ésquilo liberta magnificamente estes sentimentos, em deslumbrante poesia, na pessoa de Prometeu com a sua própria revolta contra a vida.

Mas a revolta é apenas um instante do pensamento de Ésquilo. Uma outra exigência, igualmente imperiosa, existe nele, uma necessidade de ordem e de harmonia. Ésquilo sentiu o mundo não como um jogo de forças anárquicas, mas como uma ordem que compete ao homem, ajudado pelos deuses, compreender e regular.

Por isso, depois da peça da revolta, Ésquilo escreveu para o mesmo espectáculo a peça da reconciliação, o *Prometeu Libertado*. O *Prometeu Agrilhoado* fazia parte, com efeito, daquilo a que os Gregos chamavam trilogia ligada, isto é, um conjunto de três tragédias ligadas por uma unidade de pensamento e de composição. As duas outras peças da trilogia perderam-se. Sabemos apenas que ao *Prometeu Agrilhoado* se sucedia imediatamente o *Prometeu Libertado*. (Da terceira parte, que abria ou acabava a trilogia, nada sabemos de seguro.) Acerca do *Prometeu Libertado* possuímos algumas informações indirectas. Temos também alguns fragmentos isolados.

O suficiente para admitir que Zeus aceitava renunciar ao capricho pela mulher cujo nome Prometeu possuía. Fazia este acto de renúncia para não lançar o mundo em novas desordens. Tornava-se por isso digno de continuar a ser senhor e guardião do universo.

Desta primeira vitória, alcançada sobre si próprio, resultava uma outra: Zeus renunciava à sua cólera contra Prometeu, dando assim satisfação à Justiça. Prometeu fazia, por seu lado, acto de submissão e, arrependendo-se sem dúvida da parte de erro e de orgulho que havia na sua revolta, inclinava-se perante o senhor dos deuses, agora digno de o ser. Assim, os dois adversários, vencendo-se a si próprios interiormente, consentiam numa limitação das suas paixões anárquicas, com vista a servir um objectivo supremo, a ordem do mundo.

O intervalo de trinta séculos que separava a acção das duas tragédias em questão tornava mais verosímil este devir do divino.

Por outros termos: as forças misteriosas que Ésquilo admite presidirem ao destino, à evolução do mundo — forças, na origem, puramente arbitrárias e fatais — acedem lentamente ao plano moral. O deus supremo do universo, tal como o poeta o concebe através dos milénios que o precederam, é um ser em devir. O seu devir, exactamente como o das sociedades humanas, de que esta imagem da divindade procede, é a Justiça.

*

A *Oréstia* de Ésquilo, trilogia ligada que conservámos integralmente, representada nas Dionísias de 458, constitui a última tentativa do poeta para pôr de acordo, na sua consciência e perante o seu povo, o Destino e a Justiça divina.

A primeira das três tragédias de *Oréstia* é *Agamémnon*, cujo assunto é o assassínio de Agamémnon por Clitemnestra, sua mulher, no seu regresso vitorioso de Tróia. A segunda intitula-se *Coéforas*, o que quer dizer Portadoras de oferendas. Mostra como Orestes, filho de Agamémnon, vinga a morte do pai em Clitemnestra, sua própria mãe, que ele mata, expondo-se assim, por sua vez, ao castigo dos deuses. Na terceira, *Euménides*, vê-se Orestes perseguido por Erínias, que são as divindades da vingança, levado a um tribunal de juízes atenienses — tribunal fundado nessa ocasião e presidido por Atena em pessoa — e finalmente absolvido, reconciliado com os homens e com os deuses. As próprias Erínias se tornam divindades benéficas, e é isso mesmo que significa o seu novo nome de Euménides.

A primeira tragédia é a do assassínio; a segunda, da vingança; a terceira, do julgamento e do perdão. O conjunto da trilogia manifesta a acção divina exercendo-se no seio de uma família de reis criminosos, os Átridas. E, no entanto, este destino não é mais que obra dos próprios homens; não existiria, ou não teria força, se os homens o não alimentassem com os seus próprios erros, com os seus próprios crimes, que se vão engendrando uns aos outros. Este destino exerce-se com rigor, mas encontra fim e apaziguamento no julgamento de Orestes, na reconciliação do último dos Átridas com a Justiça e a Bondade divinas.

A TRAGÉDIA, ÉSQUILO, O DESTINO E A JUSTIÇA

Tal é o sentido geral da obra, tal é a sua beleza, tal é a sua promessa. Por mais temível que seja, a Justiça divina deixa ao homem uma saída, uma parte de liberdade que lhe permite, guiado por divindades benévolas, Apolo e Atena, encontrar o caminho da salvação. É o que acontece a Orestes, através duma dura provação, a morte de sua mãe, e a provação terrível da loucura em que se afunda durante algum tempo: Orestes é, no entanto, salvo. A *Oréstia* é um acto de fé na bondade duma divindade severa, bondade difícil de conquistar, mas bondade que não falta.

Leiamos de mais perto, para tentarmos apreender essa força do destino, primeiro concebida como inumana, depois convertida em Justiça, para tentarmos também entrever a extraordinária beleza da obra.

A acção da *Oréstia* liga-se e desenvolve-se sempre, ao mesmo tempo, no plano das paixões humanas e no plano divino. Parece mesmo, por instantes (mas trata-se apenas de aparência), que a história de Agamémnon e de Clitemnestra poderia ser contada como a história de um marido e de uma mulher quaisquer, que têm sólidas razões para se detestarem, tão sólidas, em Clitemnestra, que a levam ao crime. Este aspecto brutalmente humano é acentuado pelo poeta com uma crueza realista.

Clitemnestra é desenhada como uma terrível figura do ódio conjugal. Esta mulher nunca esqueceu, e é natural que não tenha podido esquecer, durante os dez anos de ausência do marido, que Agamémnon, ao partir para Tróia, não temeu — para garantir o êxito dessa guerra absurda que não tinha outro fim senão restituir a Menelau uma bela adúltera — degolar, à fé de um oráculo, sua filha Ifigénia. Clitemnestra ruminou, durante esses dez anos, o seu rancor, à espera da hora saborosa da vingança. «Pronto a levantar-se um dia, terrível, um intendente pérfido guarda a casa: é o Ódio que não esquece, a mãe que quer vingar o seu filho.» Assim a descreve o coro no princípio do *Agamémnon*.

Mas Clitemnestra tem outras razões para odiar e matar, que vai buscar aos seus próprios erros. Na ausência do marido, instalou no leito real «um leão, mas um leão cobarde» que, enquanto os soldados se batem, fica em casa, «à espera, espojado no leito, que do combate volte o senhor». Clitemnestra, com efeito, tomou por amante Egisto, desprezível e brutal, que se embusca com ela, espiando o regresso do vencedor. Serão dois a feri-lo. A rainha ama com paixão este poltrão insolente a quem domina: proclamá-lo-á depois do crime, impudicamente, gloriosamente, frente ao coro. Egisto é a sua desforra: Agamémnon, «diante de Ílion, deliciava-se com as Criseidas», e agora fez-lhe a afronta de trazer para o lar e recomendar aos seus cuidados a bela cativa que ele prefere, Cassandra, filha de Príamo, Cassandra, a profetisa — ofensa que exacerba ainda mais o velho ódio da rainha e leva ao extremo a sua vontade de matar o rei. A morte de Cassandra «avivará a volúpia da sua vingança».

Clitemnestra é uma mulher de cabeça, «uma mulher com vontade de homem», diz o poeta. Montou uma armadilha engenhosa e joga um jogo infernal. Para ser avisada sem demora do regresso do marido, instalou, de Tróia a Micenas, através das ilhas do Egeu e nas costas da Grécia, uma cadeia de sinais luminosos que, em uma só noite, lhe transmitirá a notícia da tomada de Ílion. Assim, preparada para os acontecimentos, apresenta-se, perante o coro dos principais da cidade, como esposa amante e fiel, cheia de alegria por ver voltar o marido. Desembarcado Agamémnon, repete diante do rei e diante do povo a mesma comédia hipócrita e convida o esposo a entrar no palácio onde o espera o banho da hospitalidade — essa banheira onde o assassinará, desarmado, ao sair dela, com os braços embaraçados no lençol que lhe entrega. «Banho de astúcia e de sangue», em que ela o mata a golpes de machado.

Eis o drama, humano, da morte de Agamémnon — visto deste lado conjugal. Este drama é atroz: revela na alma roída pelo ódio de Clitemnestra, sob a máscara dificilmente sustentada, horríveis negridões. Executado o crime, a máscara cairá: a rainha defenderá o seu acto sem corar, justificá-lo-á, glorificar-se-á dele com um triunfal encarniçamento.

No entanto, este drama de paixões humanas, de paixões baixamente humanas, enraíza-se, na pessoa de Agamémnon, que é nele o herói trágico, num outro drama de mais vasta envergadura, um drama onde os deuses estão presentes. Se o ódio de Clitemnestra é perigoso para Agamémnon, é apenas porque, no seio do mundo divino, e de há muito tempo, nasceu e cresceu uma pesada ameaça contra a grandeza e contra a vida do rei. Existe nos deuses, e porque os deuses são o que são, isto é, justos, um *destino* de Agamémnon. Como se constituiu essa ameaça? Que destino é esse, esse peso de fatalidade que acabará por esmagar um rei que procura grandeza para si próprio e para o seu povo? Não é fácil compreender logo de entrada a justiça dos deuses de Ésquilo. No entanto este destino não é mais que a soma das faltas cometidas na família dos Átridas de que Agamémnon é descendente, faltas ancestrais a que vêm juntar-se as da sua própria vida. O destino é o conjunto das faltas que exigem reparação e que se voltam contra Agamémnon para o ferir.

Agamémnon é descendente duma raça adúltera e fratricida. É filho desse

Atreu que, tendo convidado seu irmão para um repasto de paz, lhe deu a comer os membros dos filhos, que degolara. Agamémnon traz o peso desses crimes execráveis e de outros ainda. Porquê? Porque, para Ésquilo, é lei dura mas certa da vida que nenhum de nós está sozinho no mundo, na sua responsabilidade intacta, que existem faltas de que somos solidários como parte de uma linhagem ou de uma comunidade. Ésquilo, embora o exprima diferentemente, tem a profunda intuição de que somos cúmplices das faltas de outrem, porque a nossa alma as não repeliu com vigor. Ésquilo tem a coragem de olhar de frente essa velha crença, mas também velha lei da vida, que quer que os erros dos pais caiam sobre os filhos e constituam para eles um destino.

No entanto, toda a sua peça diz também que este destino herdado não poderia ferir Agamémnon; só o fere porque Agamémnon cometeu, ele próprio, as mais graves faltas. É, enfim, a sua própria vida de erros e de crimes que abre caminho a esse aspecto vingador do divino que espreitava nele o descendente dos Átridas.

Em mais de uma circunstância, com efeito — os coros da primeira parte do *Agamémnon* o recordam em cantos esplêndidos —, os deuses permitiram a Agamémnon, submetendo-o a uma tentação, escapar à influência do destino, salvar a sua existência e a sua alma recusando-se a fazer o mal. Mas Agamémnon sucumbiu. De cada uma das suas quedas, saiu mais diminuída a sua liberdade em relação ao destino.

O seu erro mais grave é o sacrifício de Ifigénia. O oráculo que o prescrevia era uma prova em que o amor paterno do rei deveria ter triunfado da sua ambição ou do seu dever de general. Tanto mais que este dever era um falso dever, uma vez que Agamémnon empenhara o seu povo numa guerra sem justiça, uma guerra em que os homens iam para a morte por causa de uma mulher adúltera. Assim os erros se engendram uns aos outros na vida difícil de Agamémnon. Quando os deuses decidem recusar à frota o caminho de Tróia se ele não verter o sangue de sua filha, abrem no seu coração um doloroso debate. Agamémnon tem de escolher e é preciso que escolha claramente o bem no fundo da sua alma já escurecida pelas faltas anteriores. Ao escolher o sacrifício de Ifigénia, Agamémnon entrega-se ao destino.

Eis como a poesia de Ésquilo apresenta este debate:

Outrora, o mais velho dos chefes da frota aqueia,
Próximo das águas de Áulis, brancas de remoinhos,

A CIVILIZAÇÃO GREGA

Quando as velas ferradas, os paióis vazios
Fizeram murmurar o rumor dos soldados,
Rei dócil ao adivinho, dócil aos golpes da sorte,
Ele mesmo, Agamémnon, se fez cúmplice do destino.

Os ventos sopravam do Entrímnis.
Ventos contrários, de fome e de ruína,
Ventos de equipagens debandadas,
Ventos de cabos apodrecidos e de avarias,
E o tempo dobrando a sua acção.
Cardava a flor dos Argivos.

E quando, mascarando-se sob o nome de Ártemis,
O sacerdote revelou o único remédio,
Cura mais amarga que a tempestade e o naufrágio,
De tal modo que o bastão dos Átridas batia o solo
E as lágrimas corriam dos olhos deles,
Então o mais velho dos reis disse em voz alta:

«A sorte esmaga-me se eu desobedeço.
Esmaga-me se eu sacrificar a minha filha,
Se eu firo e despedaço a alegria da minha casa,
Se eu maculo do sangue de uma adolescente degolada
As minhas mãos de pai junto do altar.

«De um lado e doutro só para mim desgraça.
Rei desertor, terei de abandonar a frota,
Deixar assim os meus companheiros de armas?
Terei de escolher o sacrifício, acalmar os ventos,
Escolher e desejar o sangue vertido,
Desejá-lo com fervor, com furor?...
Não o permitiram os deuses?...
Que assim seja, pois, e que esse sangue nos salve!»

Agora o destino está pousado na sua nuca,
Lentamente nele cravando um pensamento

De impiedade, de impureza, de sacrilégio.
Escolheu o crime e a sua alma mudou de sentido.
E o vento da cega loucura leva-o a tudo ousar,
Leva-o a erguer o punhal
Do sacrifício de sua filha. — Para quê?
Para a conquista de uma mulher,
Para a guerra de represálias,
E para abrir aos seus barcos
O mar.

O sangue de Ifigénia era, aliás, apenas o primeiro sangue de um crime maior. Agamémnon decidira derramar o sangue do seu povo numa guerra injusta. Isto ele o pagará também, e justamente. Ao longo desta guerra sem fim, a cólera popular subia, antecipando-se ao regresso do rei. A dor, o luto do seu povo, mutilado na perda da sua juventude, juntam-se à cólera dos deuses e, com ela, entregam-no ao Destino.

Mais uma vez a poesia de Ésquilo exprime em imagens cintilantes o crime da guerra injusta. (Cito apenas o fim deste coro.)

É bem pesada a glória dos reis
Carregada da maldição dos povos.
Pesado o renome que fica a dever ao ódio.
A angústia oprime hoje o meu coração; pressinto
Qualquer golpe tenebroso da Sorte. Porque
Os reis que chacinam os soldados
Fazem recair sobre si o olhar dos deuses.
E o voo das negras Erínias
Plana por sobre as instáveis fortunas
Que não ganharam raízes na justiça.
Não há recurso contra o julgamento do Céu.

O raio de Zeus fere os cumes mais altos.

Uma última vez, no decorrer do drama, os deuses oferecem a Agamémnon a possibilidade de restaurar a sua liberdade prestando-lhes homenagem. É a cena do tapete de púrpura. Nela vemos juntarem-se o drama das paixões humanas e o drama da acção divina. É a terrível Clitemnestra que tem a ideia desta última armadilha. Ela crê na existência e no poder dos deuses, mas tem, em relação a eles, um cálculo sacrílego: tenta metê-los no seu jogo. Prepara ao orgulho do vencedor de Tróia uma tentação, que os deuses permitem. O que para ela é armadilha, é para eles prova, última possibilidade de salvação. Quando o carro do rei pára diante do palácio, Clitemnestra ordena às servas que estendam um tapete de púrpura sobre o solo, que o pé vencedor não deve pisar. Porque esta honra é reservada aos deuses nas procissões onde se transporta a sua imagem. Se Agamémnon se iguala aos deuses, expõe-se aos seus golpes, entrega-se uma vez mais ao destino que o espreita. Vêmo-lo resistir primeiro à tentação, depois sucumbir. Caminha sobre o tapete de púrpura. Clitemnestra triunfa: pensa poder agora ferir impunemente, uma vez que o seu braço passará a ser a arma de que os deuses se servem para ferir. Engana-se: podem os deuses escolher o seu braço, que nem por isso ela será menos criminosa. Só eles têm o direito de ferir, só eles são puros e justos.

As portas do palácio fecham-se atrás do casal inimigo, o machado está pronto.

Agamémnon vai morrer. Não o julguemos. Conhecemos a sua grandeza, e sabemos que ele não era mais que um homem sujeito a errar.

Para fazer ressoar em nós esta morte, digna de piedade, do vencedor de Tróia, Ésquilo inventa uma cena de rara força dramática e poética. Em vez de fazer que a morte nos seja contada depois, por um servidor saído do palácio, faz com que a vivamos antes que ela se dê, evocando-a através do delírio de Cassandra, a profetisa ligada a Agamémnon pelos laços da carne apaixonada. Cassandra, até aí calada, no seu carro, insensível à presença daqueles que a rodeiam, é bruscamente presa de um arrebatamento delirante.

Apolo, o deus profeta, está nela: mostra-lhe o assassínio de Agamémnon que se prepara, mostra-lhe a sua própria morte que seguirá a dele. Mas é por fragmentos que o futuro e também o passado sangrento da casa dos Átridas se descobrem na sua visão interior. Tudo isto na presença do coro que troça dela ou renuncia a compreender. Mas o espectador, esse, sabe e compreende... Assim são as estrofes de Cassandra:

Ah! maldita! Eis o que perpetraste.
Preparas a alegria do banho
Ao esposo, com quem te deitas...

A TRAGÉDIA, ÉSQUILO, O DESTINO E A JUSTIÇA

Como dizer agora o que se passa?
Ela aproxima-se. A mão
Se levantou para ferir, uma outra mão implora...

Oh! oh!... Oh! oh!... Horror...
O horror aparece, a rede, vejo-a...
Não será ela a rede do Inferno?...
Ah! aí está ela, a verdadeira rede, o engenho...
A cúmplice do leito, a cúmplice do crime...
Acorrei, Erínias insaciáveis, bando maldito!
Vingai o crime, atirai pedras
E gritai e feri...

Ah! ah! Vê, cuidado!
Afasta o touro da vaca.
Ela envolve-o num pano. Fere
Com o corno negro da sua armadilha.
Fere. Ele cai na banheira cheia...
Tem cuidado com o golpe traiçoeiro da cuva assassina.

Aterrorizada Cassandra entra no palácio, onde viu a degolação que a espera no cepo.

Finalmente, as portas abrem-se. Os cadáveres de Agamémnon e de Cassandra são apresentados ao povo de Micenas. Clitemnestra, de machado na mão, o pé sobre a sua vítima, triunfa «como um corvo de morte». Egisto está a seu lado. O ódio criminoso do par adúltero terá a última palavra? O coro dos velhos de Micenas enfrenta, como pode, o júbilo da rainha. Lança-lhe à cara o único nome que a pode perturbar, o nome de seu filho exilado, Orestes — esse filho que, segundo o direito e a religião do tempo, é o vingador designado do pai assassinado.

As *Coéforas* são o drama da vingança, vingança difícil, perigosa. No centro do drama está Orestes, o filho que deve matar a mãe, porque os deuses o ordenam. Recebeu ordem de Apolo. E, contudo, horrível crime é esse, mergulhar a espada no seio da sua própria mãe, um crime que, entre todos, ofende os deuses e os homens. Este crime ordenado por um deus em nome da justiça, porque o filho deve vingar o pai e porque não existe outro direito que permita castigar Clitemnestra, fora desse direito familiar, esse crime será, também em nome da justiça, perseguido pelas divindades da vingança, as Erínias, que reclamarão a morte de Orestes. Assim a cadeia de crimes e vinganças corre o risco de não ter fim.

Orestes, o herói trágico, é apanhado, e de antemão o sabe, entre duas exigências do divino: matar e ser punido por ter matado. A armadilha parece não ter saída para uma consciência recta, pois é o mundo dos deuses, a que é preciso obedecer, que parece dividido contra si mesmo.

No entanto, Orestes, nesta terrível conjuntura, não está sozinho. Quando, no princípio das *Coéforas,* chega com Pílades a Micenas, onde não passou a sua juventude, encontra junto do túmulo do pai — que é um montículo erguido no centro da cena — sua irmã mais velha, Electra, que vive à espera do seu regresso há longos anos, apaixonadamente fiel à recordação do pai assassinado, odiando a mãe, tratada por ela e por Egisto como serva — alma solitária que não tem outras confidentes além das servas do palácio, as Coéforas, mas alma que permanece viva porque uma imensa esperança habita nela, a esperança de que Orestes, seu caro irmão, voltará, de que ele matará a mãe abominável e o seu cúmplice, de que ele restaurará a honra da casa.

A cena do reconhecimento do irmão e da irmã diante do túmulo do pai é duma maravilhosa frescura. Depois das cenas atrozes do *Agamémnon,* essa tragédia em que o nosso universo lentamente se intoxicava de paixões baixas, a hipocrisia da rainha, as cobardias do rei e o ódio que ganhava tudo, e, para terminar cinicamente, se patenteava em júbilo de triunfo, depois dessa tragédia que nos asfixiava, respiramos finalmente, com a alegria do encontro dos dois irmãos, uma lufada de ar puro. O túmulo de Agamémnon está ali. O próprio Agamémnon ali está, cego e mudo na sua tumba. Agamémnon invingado, cuja cólera é preciso acordar, a fim de que Orestes, incapaz ainda de detestar sua mãe, a quem não conhece, se encha do furor do pai, faça reviver em si seu pai, até que possa ir buscar a essa estreita ligação que une o filho ao pai, a essa continuidade do sangue que nele corre, a força de ferir sua mãe.

A cena principal do drama — e a mais bela também, poeticamente — é a longa encantação em que, voltados para o túmulo do rei, sucessivamente o coro, Electra e Orestes procuram juntar-se-lhe no silêncio da tumba, no mundo obscuro onde repousam os mortos, recordá-lo, fazê-lo falar por eles, despertá-lo neles.

A TRAGÉDIA, ÉSQUILO, O DESTINO E A JUSTIÇA

Mais adiante vem a cena da morte. Orestes começou por matar Egisto. Aqui, nada de difícil. Uma ratoeira, um animal imundo. Nada mais. Agora Orestes vai ser colocado diante de sua mãe. Até aqui apresentara-se diante dela como um estrangeiro, encarregado de lhe trazer uma mensagem, a da morte de Orestes. E nós vimos em Clitemnestra, após o breve estremecimento da ternura maternal, a horrível alegria que encontra na morte do filho, esse vingador que sempre temeu, o único vingador a temer. No entanto, ainda está desconfiada. Não esquece um sonho terrível que teve na noite anterior, no qual uma serpente que ela alimentava com o seu leite a mordia, e do seu seio fazia correr o sangue com o leite.

Assassinado Egisto, um servo vai bater à porta das mulheres, para anunciar o crime a Clitemnestra. A rainha sai, esbarra com o filho, de espada ensanguentada na mão, e com Pílades... Compreende subitamente, num grito de amor por Egisto. Suplica, implora, descobre ao filho o seio onde ele mamou o leite nutriente. Orestes tem um momento de desfalecimento, parece cambalear perante o horror da coisa impossível, volta-se para o amigo: «Pílades, que farei? Poderei matar minha mãe?» Pílades responde: «E que fazes tu da ordem de Apolo e da tua Lealdade? Mais vale ter contra si todos os homens que os deuses.»

Orestes arrasta sua mãe e mata-a.

E de novo, como no fim do *Agamémnon,* as portas do palácio se abrem e, no lugar onde repousavam Agamémnon e Cassandra, jazem agora Clitemnestra e Egisto: Orestes apresenta os cadáveres ao povo e justifica o seu crime.

Orestes está inocente, uma vez que obedeceu à ordem de um deus. Mas pode alguém assassinar a sua própria mãe e ficar inocente? Através da sua justificação, sentimos subir dentro dele o horror. Grita o seu direito e a justiça da sua causa. O coro procura tranquilizá-lo: «Nada fizeste de mal.» Mas a angústia não pára de crescer na sua alma, e é a sua própria razão que começa a vacilar. De súbito, erguem-se diante dele as deusas terríveis, as Erínias, vê-as. Nós não as vemos ainda, são apenas aspectos do seu delírio. E no entanto têm uma assustadora realidade. Que vão elas fazer de Orestes? Não o sabemos. O drama das *Coéforas,* que se abrira num sopro de juventude, num impulso de libertação, numa corajosa ofensiva contra o sinistro destino dos Átridas, ofensiva conduzida pelo filho, o único filho inocente da raça, esse drama aberto na esperança, acaba mais baixo que o desespero: acaba na loucura.

As *Coéforas* mostraram o fracasso do esforço humano na luta contra o destino, o fracasso de um homem que, não obstante, obedecia à ordem de um deus, na sua empresa de pôr fim à engrenagem de crime e de vingança que parecem engendrar-se um ao outro, até ao infinito, na raça maldita dos Átridas. Mas a razão deste fracasso é clara. Se o homem não pode já restaurar a sua liberdade, diminuída pelas faltas ancestrais, se não pode, mesmo apoiado na autoridade de Apolo, estendendo as suas mãos para o céu, encontrar os braços dos deuses, é porque o mundo divino aparece ainda aos homens como tragicamente dividido contra si mesmo.

Ésquilo, no entanto, crê com toda a sua alma na ordem e na unidade do mundo divino. O que ele mostra no terceiro drama da *Oréstia*, as *Euménides*, é como um homem de boa vontade e de fé, tão inocente de intenção quanto um homem o pode ser, pôde, graças a um julgamento a que de antemão se submetia, lavar-se do crime imposto pela fatalidade, reencontrar uma liberdade nova e finalmente reconciliar-se com o mundo divino. Mas foi preciso para tal que, no mesmo movimento, o mundo divino operasse a sua própria reconciliação consigo mesmo, e pudesse surgir doravante ao homem como uma ordem harmoniosa, toda penetrada de justiça e de bondade.

Não entro nos pormenores da acção. A cena principal é a do julgamento de Orestes. Coloca-se ela — por uma audácia rara na história da tragédia — a alguns passos dos espectadores, na Acrópole, diante de um velho templo de Atena. Foi ali que Orestes, perseguido pelas Erínias, que querem a sua cabeça e beber o seu sangue, se refugiou. Ajoelhado, rodeia com os braços a velha estátua de madeira de Atena, outrora caída do céu e que todos os Atenienses conhecem bem. Ora em silêncio, e depois, em voz alta, suplica à deusa. Mas as Erínias seguiram-lhe a pista e cercam-no na sua roda infernal. Assim como diz o poeta, «o odor do sangue humano sorri-lhes».

Entretanto, Atena — a jovem Atena, sensata e justa — aparece ao lado da sua estátua. Para decidir da sorte de Orestes, funda um tribunal, e esse tribunal é composto de juízes humanos, de cidadãos atenienses. Vemos aqui o mundo divino aproximar-se dos homens e encarnar-se na mais necessária das instituições humanas, o tribunal. Perante este tribunal, as Erínias acusam. Declaram que ao sangue derramado deve forçosamente responder o sangue derramado. É a lei de talião. Apolo desempenha o papel da defesa. Recorda as circunstâncias atrozes da morte de Agamémnon. Pede a absolvição de Orestes. Os votos dos jurados dividem-se igualmente entre a condenação e a absolvição. Mas Atena junta o seu sufrágio àqueles que absolvem Orestes. Orestes está salvo.

Doravante, crimes como os que se cometeram na família dos Átridas não relevarão mais da vingança pessoal, mas deste tribunal fundado por uma deusa, onde homens decidirão da sorte dos inocentes e dos culpados, em consciência.

O Destino fez-se Justiça, no sentido mais concreto da palavra.

Finalmente, a última parte da tragédia dá às Erínias, frustradas da vítima que esperavam, uma espécie de compensação que não é outra coisa senão uma modificação da sua natureza íntima. De futuro, as Erínias, agora Eunémides, não serão ávidas e cegas exigidoras de vingança: o seu poder temível é, de súbito, graças à acção de Atena, «polarizado para o bem», como o disse um crítico. Serão uma fonte de bênçãos para aqueles que o mereçam: velarão pelo respeito da santidade das leis do casamento, pela concórdia entre os cidadãos. São elas que preservarão o mancebo duma morte prematura, que darão à rapariga o esposo que ela ama.

No fim da *Oréstia*, o aspecto vingador e fatal do divino penetra-se de benevolência; o Destino, não contente de confundir-se com a Justiça divina, inclina-se para a bondade e torna-se Providência.

*

Assim a poesia de Ésquilo, sempre corajosa em alimentar a arte dramática com os conflitos mais temíveis que podem opor os homens ao mundo de que fazem parte, vai buscar esta coragem renovada à fé profunda do poeta na existência duma ordem harmoniosa na qual colaborem enfim os homens e os deuses.

Neste momento histórico em que a cidade de Atenas esboçava uma primeira forma de soberania popular — essa forma de vida em sociedade que, com o tempo, merecerá o nome de democracia —, a poesia de Ésquilo tenta instalar firmemente a justiça no coração do mundo divino. Por aí, exprime o amor do povo de Atenas pela justiça, o seu respeito pelo direito, a sua fé no progresso.

A CIVILIZAÇÃO GREGA

*

Eis, no fim da *Oréstia*, Atena rogando pela sua cidade:

Que todas as bênçãos duma vitória que nada macule
Lhe sejam dadas!
Que os ventos propícios que se levantam da terra,
Aqueles que voltejam nos espaços marinhos,
Aqueles também que descem das nuvens como o hálito do sol
Regozigem a minha terra!
Que os frutos dos campos e dos rebanhos
Não cessem de abundar em alimento
Para os meus concidadãos!
Que apenas os maus sejam mondados sem piedade!
O meu coração é o de um bom hortelão.
Compraz-me em ver crescer os justos ao abrigo do joio.

X

PÉRICLES, O OLÍMPIO

Péricles deu o seu nome ao século em que viveu, para nós o século V antes da era cristã. Grande honra, desde que merecida.

Vejamos primeiramente os limites desse «século». Péricles, após uma breve luta política contra os seus adversários atenienses, fora e dentro do seu partido, alcançou o poder em 461. A partir desta data, é o único dirigente da cidade de Atenas, não contando um brevíssimo eclipse de alguns meses, até à data da sua morte, em 429. Este século reduz-se a um terço de século: dura trinta e dois anos.

É certo que, durante este período, os acontecimentos políticos se precipitam em ritmo acelerado. As obras-primas sucedem-se umas às outras. Poucos são, nestes trinta e dois anos, os que não vejam o nascimento de uma ou várias das mais deslumbrantes obras que jamais produziu a história dos homens. Obras de mármore ou de bronze, obras de matéria poética, obras de pensamento científico.

Mas qual foi a parte de Péricles neste brusco desabrochar do génio ateniense em todos os domínios, e sobretudo no das artes plásticas? Por que preço os cidadãos e os aliados de Atenas, por que preço a Grécia inteira e a civilização que ela trazia em si, pagaram este parto do século de Péricles? É isso que importa saber.

Péricles realiza a democracia ateniense. Ao mesmo tempo, dirige-a, é o seu chefe — deveremos dizer «tirano»? (os Atenienses assim o diziam) —, incontestado durante muito tempo. É, segundo Tucídides, o «primeiro dos Atenienses». Reúne na sua pessoa quatro virtudes que, ligadas umas às outras, definem o grande homem de Estado. Tem a inteligência, isto é, a faculdade de analisar uma situação política, de prever exactamente o acontecimento e responder-lhe com um acto. Tem a eloquência que convence, que faz que o povo inteiro participe na sua acção. De cada vez que fala perante a Assembleia do povo, dir-se-ia que depõe aos pés dela a sua coroa de chefe, para só a voltar a colocar sobre a cabeça com o consentimento de todos. Diz-se que ele tem o relâmpago na sua língua. Terceira virtude, o patriotismo mais puro: para ele, nada está acima do interesse da comunidade dos cidadãos, acima da honra da cidade de Atenas. Finalmente, é do mais absoluto desinteresse. Para que serviriam, com efeito, os dois primeiros dons — o poder de distinguir o interesse público e a faculdade de convencer dele o povo —, se ele não fosse inteiramente dedicado ao seu país e inacessível à corrupção? Assim, o grande historiador traçou, com este retrato de Péricles, no limiar da sua obra, uma imagem do homem de Estado que domina de alto as figuras dos outros homens políticos, que se lhe opõem, e aos quais falta um destes dons essenciais que caracterizam todo o grande chefe. Segundo Tucídides, Péricles não só domina os outros homens políticos — por mais inteligentes, eloquentes ou patriotas ou honestos que possam ser —, como tem, de Atenas e da sua grandeza, do poderio que o seu povo deve conquistar, nesse momento histórico ou nunca mais, um entendimento tão perfeito, que soube unir esse povo sempre dividido contra si mesmo, propondo-lhe um objectivo que o ultrapassasse, um objectivo comum a todas as cidades convulsionadas da Grécia.

Com efeito, Péricles fala por vezes, em Tucídides, uma linguagem pan-helénica, como homem que se propôs reunir enfim todo o povo grego, sob a hegemonia da cidade em todos os aspectos mais digna de o comandar. Durante trinta anos modelou a cidade de Atenas para fazer dela «a escola da Grécia» (entendamos, segundo o contexto, a escola política da Grécia). Quis fazer da sua cidade o centro activo e brilhante do mundo helénico, persuadido de que a superioridade que ela iria, sob a sua direcção, afirmar nas artes plásticas saberia exprimir o amor da vida que ardia no coração de todos os Gregos. Mas quis fazer de Atenas, sobretudo, o coração ardente da vida política grega, um coração que nada faz bater mais forte que o amor da liberdade traduzido em actos. Péricles pronuncia, segundo Tucídides, esta frase em que ressoa magnificamente esse amor comum a todos os Gregos: «Convencidos de que a felicidade está na liberdade e a liberdade na coragem, olhai de frente os perigos da guerra.» Esta frase, apesar das aparências, não a dirige Péricles apenas aos Atenienses: ela atinge todos os Gregos, todas as cidades helénicas, num sentimento comum que os define conjuntamente frente ao resto dos homens, que os define a esse nível de sacrifício supremo feito à felicidade — o amor da liberdade. Mais do que exprimir um sentimento, exige um acto, fundado na mais grega das virtudes — um acto de coragem.

Péricles concebeu — o que mais adiante se determinará — o desígnio de reunir no regaço de Atenas, a cidade-mãe, a Grécia esparsa das outras cidades, e se fracassou nesse desígnio, foi em parte porque, antes que o pudesse realizar, a morte mais imprevisível para esta inteligência feita para prever — a morte pela peste — o atingiu em plena acção, em pleno vigor, mas foi também porque os Gregos deram um nome diferente ao patriotismo ateniense de Péricles, que pretendia uni-los — chamaram-lhe o imperialismo de Atenas.

Assim foram Péricles e o seu destino, segundo Tucídides.

*

Mas será tudo isto verdade? Ou antes: que haverá de verdade em tudo isto? Uma multidão de questões se apresentam ao nosso espírito. A magnífica figura de Péricles que Tucídides nos apresenta é bela de mais para não nos inquietar, à maneira de um rosto de esfinge. Contém em si contradições que, explicáveis pelo tempo em que este homem viveu, nem por isso limitam menos, para nós, o seu valor. Ao mesmo tempo, parece-nos demasiado perfeita para não ser ideal. Demasiado preciosa também para que não procuremos reter a matéria real de que se compôs, antes que se desvaneça como um belo sonho da história. Tentemos pois apreender a sua secreta complexidade.

Fisicamente, Péricles não se distinguia senão pela forma oblonga da sua caixa craniana — uma cabeça «que nunca mais acaba», diz um contemporâneo. Os poetas cómicos tinham-lhe dado, por causa disso e por causa das suas maneiras altivas, a alcunha de «Olímpio de cabeça de cebola». O busto que o escultor Crésilas, seu contemporâneo, fez dele, e de que possuímos três cópias, dissimula-lhe a forma singular da cabeça cobrindo-a com um capacete. A expressão que o artista dá ao rosto não é nem altiva, nem arrogante: é simplesmente orgulhosa, com um leve sorriso matreiro.

Por seu pai, Xantipo, ligava-se Péricles a uma velha família da nobreza ática. Mas este pai fora chefe do partido democrático, antes de ser exilado por ostracismo. Descendia por sua mãe da muito nobre família dos Alcmeónidas, família riquíssima e poderosa, mas banida de Atenas, também, em resultado de acusações de sacrilégio e de traição. Péricles contava na sua ascendência materna, por trisavô, um tirano de Sícion (e os tiranos foram quase sempre, na antiguidade, conduzidos ao poder pelas massas populares), e, por tio-avô, o legislador Clístenes que, retomando a obra inacabada do grande Sólon, tinha, em 508, rejuvenescido e completado as reformas do antepassado da democracia ateniense. O nascimento de Péricles, cuja data exacta ignoramos, situa-se pouco depois deste acontecimento, por alturas de 492.

Nascimento aristocrático, tradições democráticas, tanto sob a forma tirânica como sob a forma propriamente democrática, eis o balanço familiar que Péricles herdou. Que partido irá ele escolher quando se entregar à acção pública, a que o destina o seu temperamento? «Tinha, na juventude», diz Plutarco, «uma extrema repugnância pelo povo.» Sempre grave e distante, detestava a familiaridade dos modos de Címon, o último vencedor as guerras medas e chefe do partido aristocrático. Apesar do desdém nato que tinha talvez pela populaça, sentimento de que se defendia e a que respondia com bruscos actos de generosidade, o seu instinto e a sua lógica sem defeito não o enganaram: a grandeza de Atenas, sua cidade, que, desde a juventude, se propusera levar ao mais alto ponto, não podia ser realizada pelo punhado de aristocratas que gravitavam em redor do presunçoso e leviano Címon. Só as massas populares, cujos direitos tinham de ser ampliados, ressalvando em todo o caso os meios de dispor delas e de guiá-las para o objectivo a alcançar, só essas massas ricas de futuro estavam em condições de conquistar, para Atenas, a grandeza do poderio material e o brilho da primazia artística e cultural que daquele pode derivar. Péricles decidiu servir o partido democrático. Tornou-se seu único chefe em trinta anos.

Por formação intelectual, Péricles era um racionalista manifesto, mas não destituído de vivíssima sensibilidade, ao mesmo tempo ardente e delicada, não destituído também duma forma de sentimento religioso que ele confunde com o amor da cidade. Este respeito religioso, este amor profundo pelo seu país, não permitem ao seu racionalismo descambar, como tantas vezes acontece, num individualismo vulgar.

Os mestres que o tinham educado não eram pensadores de torre-de-marfim. O principal, talvez, Dámon, ao mesmo tempo compositor e teórico da música, tomava a sua arte suficientemente a sério para dizer: «Não se pode tocar nas regras da música sem perturbar, no mesmo instante, as leis fundamentais do Estado... Façamos da música a cidadela do Estado.» Quanto a Zenão de Eleia e a Anaxágoras, foram, ao instalarem-se em Atenas, os seus principais mestres de pensamento. Zenão implanta em Atenas a doutrina monoteísta da escola de Eleia: «Há um só Deus... Sem trabalho, pela simples força do seu espírito, põe em movimento todas as coisas.» (Não foi isto mesmo que Péricles se esforçou por fazer no domínio da vida pública: governar pela força do pensamento?) Anaxágoras, por sua vez, que sabemos ter mantido com Péricles estreitas relações — Anaxágoras, que voltaremos a encontrar mais à frente —, foi o homem que ensinava que a Inteligência pura tirara o mundo do caos inicial, organizara-o e continuava a regê-lo. Aos ensinamentos de Anaxágoras foi Péricles buscar toda a sua formação científica, que era tão vasta quanto a época o permitia. Neles confirmou a forma racionalista do seu pensamento e encontrou um princípio e um modelo para o governo da cidade. Todos os discursos que Tucídides lhe atribui são exemplos de eloquência dedutiva, alimentada pelas paixões vivas do seu jovem povo ateniense. Discursos e narrativas mostram a alta inteligência activa, soberana, deste «tirano», na condução da cidade de Atenas. «Quando Péricles se apresentava em público para arengar ao povo, parecia a imagem do Nô *(a inteligência)*, a encarnação humana da força construtiva, motriz, analítica, ordenadora, clarividente e artista», escreve Nietzsche.

Anaxágoras não pôde escapar a uma condenação por ateísmo. Péricles livrou-o da dificuldade.

A religião de Péricles confunde, numa mesma exaltação de alma, o culto das antigas Potências que outrora presidiam à acção dos homens e o culto da acção dos próprios homens, em que doravante elas encarnam, homens que lutam na cidade para realizar o bem-estar, o progresso, a justiça social e a glória, impelidos pela força crescente da comunidade dos cidadãos. Esta religião de Péricles inscreve-se no mármore dos templos que ergue, nas estátuas dos deuses e dos heróis de Atenas, em todos esses monumentos que erige à glória comum dos deuses e dos homens. É a esta comunhão dos cidadãos e dos deuses protectores que ele faz erguer, para o céu, tantas colunas e tanta pedra esculpida. No entanto, é significativo que, nos discursos que Tucídides lhe atribui, nunca, nem uma só vez, apareçam os deuses. O próprio nome deles está ausente desse esplêndido elogio da cidade de Atenas e dos bens que lhe cabe salvaguardar pelo sacrifício da sua juventude — elogio pronunciado por

Péricles aquando dos funerais dos mortos do primeiro ano da guerra do Peloponeso. Como, em tal circunstância, pode o nome dos deuses faltar? É que, presente por toda a parte, ressoa o nome de Atenas. Como se Atenas fosse a divindade visível de Péricles.

*

Vejamos que acções este amor lhe inspira. Péricles começa por rematar o sistema democrático, completando as leis e os costumes existentes desde o tempo de Sólon, Pisístrato e Clístenes, os seus três predecessores nesta obra de democratização. Aliás, não quer nem regime de classe, nem governo de partido. Para ele, não se trata de organizar, em proveito da classe pobre, um monopólio político e social, à custa das classes mais ricas. A democracia ateniense, para Péricles, é toda a cidade a trabalhar. Ele honra o trabalho. «Não é a pobreza», diz na Assembleia, «que entre nós se considera vergonhosa; vergonhoso é nada fazer para sair dela.»

Para tornar Atenas — a Atenas dos cidadãos, bem entendido — plenamente democrática, vai alargar o campo de recrutamento das magistraturas, até aí limitado às duas classes mais ricas. Por outro lado, sabe que a participação dos mais pobres nessas magistraturas será puramente teórica, enquanto não forem salariados os cidadãos que se apresentarem aos cargos a que são admitidos, enquanto não puderem ser arcontes ou fazer parte do tribunal dos Heliastas sem preocupações de perdas de ganho. Péricles alarga pois o campo do arcontato aos cidadãos de terceira classe (pequenos burgueses e artífices de modestos rendimentos), deixando de fora a quarta e última classe, a dos operários e serventes. Quanto a indemnizações, criou-as para os membros do Conselho dos Quinhentos, para os militares e também para a participação dos cidadãos nas numerosas festas da República. Em contrapartida, não concederá nunca indemnização de desocupação para a Assembleia do povo, onde a presença dos cidadãos é por ele considerada um dever.

Estas duas medidas — alargamento do arcontato, salário concedido aos cidadãos no exercício das suas funções, salvo na Assembleia — rematam, aos olhos de Péricles, a democratização de Atenas. A isto juntara-se a supressão do direito de veto do Areópago que limitava em diversos casos a soberania popular, operação que fora conduzida, em 462-461, por Efialtes, o íntegro acusador dos Areopagitas concussionários, logo misteriosamente assassinado.

De futuro, o Areópago não será mais que um nome. A Assembleia do povo e o Tribunal do povo herdaram os seus despojos.

Em política aliás, as leis contam menos que os costumes. Não são os arcontes que governam Atenas: administram-na, executam as decisões tomadas. Todas as decisões importantes são tomadas pela Assembleia do povo, composta por todos os cidadãos, onde os ausentes são mais os camponeses, que não gostam de se deslocar para a ela assistirem, que os operários da cidade e os marinheiros do Pireu. É este povo trabalhador da cidade que faz as maiorias e nem sequer há necessidade de pagar-lhe para que ele corra a colher a sua parte neste espectáculo apaixonante: as justas da eloquência.

É aqui que Péricles trava o seu combate pelo objectivo que fixou à cidade de Atenas — o poder. E isto sem outro título, sem outra magistratura que o primado triunfante da palavra inteligente e do patriotismo honesto e incorruptível. Péricles é apenas o *prostatès tou démou*, o que significa, ao mesmo tempo, que é o *leader* do partido democrático e o chefe da comunidade democrática no seu conjunto. É também estratega, isto é, general, anualmente eleito pelo povo para o colégio dos dez estrategas atenienses. Péricles — temos a prova material, com diferença de um ou de dois anos — é reeleito estratega durante todo o período que vai de 460 a 429, e não apenas eleito pela sua tribo (divisão administrativa que tem o direito de eleger um dos seus à estratégia), mas quase sempre pelo conjunto da comunidade cívica ateniense. Esta rara unanimidade, única mesmo na história de Atenas, significa sem dúvida que Péricles convencera o povo a marchar pelo caminho que ele prescrevia, mas que, por outro lado, cabe ao povo, e só a ele, como soberano, escolher.

Na verdade, esta soberania popular dos cidadãos atenienses é mais do que uma palavra.

A Assembleia exerce uma acção directa e permanente sobre os funcionários, os arcontes, no sentido lato da palavra. Estes funcionários são designados, a fim de que, por um lado, as possibilidades de todos sejam iguais, e de que, por outro lado, sejam asseguradas as competências, graças a uma combinação de tiragem à sorte e de eleição, ou, por vezes, por um dos dois sistemas, exclusivamente. Com excepção dos estrategas, não há possibilidade de serem escolhidos dois anos seguidos nem de acumularem duas magistraturas. Assim, o poder é posto sob a dependência do povo. Mas é também fiscalizado de uma outra maneira. Ao assumir o cargo, o funcionário passa por um exame, quer perante o Conselho dos Quinhentos, composto de antigos arcontes, quer perante uma secção do Tribunal do povo, o Hélia. Ao deixar as funções, presta as suas contas e, enquanto esta prestação de contas não for feita com inteira satisfação do povo, o funcionário não pode dispor dos seus bens. Além disso, mesmo depois de obtida quitação, pode ainda se acusado por qualquer cidadão e ser objecto de um processo denominado *graphè alogiou,* acusação de ilegalidade. E ainda não é tudo. Durante o ano das suas funções, o funcionário fica sob a fiscalização directa e permanente do povo, o qual, pelo processo do voto «confirmativo», pode em qualquer altura suspendê-lo e levá-lo a julgamento perante o Tribunal do povo.

Também no domínio judiciário o povo exerce a sua plena soberania. Uma grande parte dos cidadãos tem assento em cada ano no tribunal dos Heliastas, que julgam sem apelo a maior parte das causas, públicas ou privadas. Em certos casos — atentados contra a democracia, filiação numa sociedade secreta, participação numa conspiração, traição, corrupção política, etc. — é a própria Assembleia do povo que se constitui em tribunal de justiça, ou faz transitar a acusação para uma secção composta, pelo menos, de mil membros do tribunal do povo.

Por todas estas disposições, e outras ainda, a democracia ateniense constitui um regime de democracia integral, um governo ao mesmo tempo pelo povo e para o povo, a realização democrática mais completa que o mundo antigo conheceu.

Contudo, a suprema autoridade conferida a Péricles pela amplidão do seu pensamento e pelo vigor da sua eloquência actua como poderoso contrabalanço. Esta democracia de Péricles é uma democracia dirigida. Tucídides escreveu, sobre a Atenas desse tempo, uma frase decisiva: «De nome, era uma democracia; de facto, era um governo exercido pelo primeiro dos cidadãos.» Vê-se aqui como Sófocles, que conhecia Péricles muito bem e o amava, pôde ir buscar a ele certos traços para a criação da personagem de Creonte na *Antígona*.

Mas há mais, e pior. Ao mesmo tempo que Péricles remata a democracia e, com a sua pessoa, faz contrabalanço e faz o exercício dela, *pode dizer-se também que a fecha.*

No ano de 451-450, por proposta sua, foi decidido, diz-nos Aristóteles, que ninguém gozaria de direitos políticos se não tivesse nascido de pai e mãe atenienses. Ora, segundo a legislação de Sólon, que fazia doutrina na matéria, os filhos nascidos de um casamento entre um cidadão e uma estrangeira gozavam plenamente do direito de cidade. Era o caso de Temístocles, de

Címon, do historiador Tucídides, do legislador Clístenes, de outros ainda, grandes Atenienses todos eles. Muitos estrangeiros tinham mesmo obtido o direito de cidade por haverem prestado a Atenas serviços considerados excepcionais. Muitos outros se tinham também introduzido fraudulentamente nas listas cívicas, graças à complacência de funcionários corruptos. A partir da lei nova, procede-se a verificações frequentes e severas. Assim, em 445-444, por ocasião de uma penúria grave, tendo um rei do Delta, Psamético, enviado trinta mil alqueires de trigo para distribuição pelos cidadãos de Atenas, foram riscados dos registos cívicos alguns milhares de nomes. Daqueles cujos títulos foram reconhecidos válidos, apresentaram-se à distribuição catorze mil duzentos e quarenta cidadãos. Quantos não se apresentaram? Uns dez mil, por certo. Nessa data, o número exacto de cidadãos não excede, em todo o caso, trinta mil.

Seja como for, após o remate da democracia de Atenas por Péricles, esta cidade, a mais democrática da Grécia, contava apenas catorze mil duzentos e quarenta cidadãos a usar do seu direito cívico. Isto para quatrocentos mil habitantes.

A pujança das instituições é também o ponto de partida do seu declínio.

*

No momento da subida de Péricles ao poder, Atenas estava, havia quinze anos, à frente de uma importante confederação de cidades — a liga de Delos. Esta liga, aquando da sua criação, no último período da guerra meda (em 479), fixara a si própria um objectivo estritamente militar: continuar no mar as hostilidades contra a Pérsia, libertar as cidades helénicas ainda submetidas pelo Rei, tornar impossível uma nova invasão da Grécia pelos Persas. Guerra de libertação — de desforra também —, guerra ao mesmo tempo defensiva e preventiva, eis o objectivo que a liga se propunha e que realizou com êxito sob a direcção de Temístocles, de Aristides e de Címon.

A capital da Confederação — simultaneamente santuário, lugar de reunião do Conselho federal e lugar de depósito do seu tesouro — é, no coração do Egeu, a ilha santa de Delos.

Desde o princípio, Atenas gozava de privilégios particulares no seio da Confederação, devidos à força única da sua frota. Tinha o comando das operações militares, donde resultava livre disposição das finanças. As obrigações dos aliados consistiam em fornecer à liga barcos armados e montados para a guerra contra a Pérsia. Mas admitiu-se também, e com bastante facilidade, que algumas das cidades aliadas, cujos barcos não eram de tipo moderno, pudessem substituir os navios que deviam fornecer por uma contribuição em dinheiro. Em 454, só três membros da federação, além de Atenas, pagam em barcos e não em dinheiro: Samos, Quios e Lesbos. Atenas conta, em compensação, com cerca de cento e cinquenta cidades tributárias, e o total da contribuição financeira anual sobe, nessa data, a cerca de três milhões de francos--ouro.

Foi finalmente em 454 (Péricles governa) que se decidiu transferir de Delos para Atenas o tesouro da liga.

Em teoria, todos os aliados são cidades autónomas e têm direitos iguais. De facto, existe um desequilíbrio entre o poder de Atenas, senhora das operações militares e das finanças, e a fraqueza relativa das cidades aliadas. Este desequilíbrio provoca discórdias no seio da federação, e logo tentativas de abandono, brutalmente reprimidas por Atenas. Naxos foi a primeira a sublevar-se, em 470. Em 465, Tasos. Vencidas, estas duas cidades, de aliadas que eram, tornaram-se simplesmente súbditas. Atenas fixa a importância do seu tributo anual. Estas primeiras defecções, seguidas de repressão, começam quando o partido aristocrático está ainda no poder: é Címon, seu chefe, que, pela espada e pelo fogo, reduz os rebeldes à obediência.

Com a subida de Péricles ao governo, o movimento precipita-se: três grandes cidades da Jónia revoltam-se, entre as quais Mileto. Em 446 é a vez das cidades da Eubeia: Cálcis, Erétria e outras. Esta insurreição da Eubeia ameaçou mortalmente a existência da República, dado que Esparta interveio em auxílio dos insurrectos. Enquanto Péricles submetia duramente a Eubeia, Mégara escolhe este momento para trair a liga, abrindo o caminho da Ática ao exército de Esparta. A Ática é invadida. Péricles é obrigado a abandonar as operações na Eubeia para ir em socorro da sua cidade de Atenas, em perigo. O seu regresso fulminante leva os Espartanos a retirarem-se. Volta à Eubeia. A ilha inteira é dominada. Algumas cidades recebem guarnições. Outras vêem os seus oligarcas expulsos e «democratizado» o governo.

Por toda a parte, Atenas, após cada rebelião, conclui um tratado de sujeição com a cidade que submeteu pelas armas. Por vezes, exige reféns. Instala em diversos lugares governos que lhe são dedicados. Instala também, em certas cidades importantes que convém dominar firmemente, «governadores» que fiscalizam toda a política da cidade submetida. Finalmente, generaliza o uso das «clerúquias», colónias de cidadãos atenienses armados, a quem são entregues, perto das cidades suspeitas, terras tiradas aos «rebeldes» expulsos ou liquidados, e a quem cabe o cuidado de velar por que a «ordem» reine na região.

Há muito que o Conselho federal se não reúne. É o povo ateniense que fixa, em cada três anos, a importância do tributo. É pelos tribunais de Atenas que são julgadas as desavenças de Atenas com os seus súbditos ou com os seus raros aliados. A Confederação de Delos tornou-se Império de Atenas.

Império sempre ameaçado de dentro. Uma nova defecção, a de Samos, no coração do governo de Péricles, em 441, reedita a mesma história. Ela impõe a Péricles dois anos de lutas estéreis e sangrentas. Samos acaba por capitular. Submetida, cede uma parte do seu território ao Estado ateniense. Paga as enormes despesas da guerra e, como por milagre, tudo entra na ordem, uma vez «democratizado» o seu governo.

Império que nem sequer é um simples governo de cidades submetidas a Atenas. Império que, segundo Péricles, não é outra coisa senão uma «tirania», de que a própria Atenas está prisioneira. Di-lo ele, nestes exactos termos, num dos discursos de Tucídides. Falando ao povo, declara-lhe: «Não podeis renunciar a este Império, mesmo se, por receio e amor do repouso, realizásseis esse acto heróico. Considerai-o uma tirania: apoderar-se dela pode parecer injustiça, renunciar constitui um perigo.»

Eis o monstro da «democracia imperialista»! Democracia que reina, não o esqueçamos nunca, sobre um povo de escravos e que agora enriquece, pelo sangue, com o recurso de numerosos súbditos.

*

Entretanto, esta política imperial, enquanto vai durando, proporciona a Péricles quantias enormes. Ano após ano, afluem os milhões de francos-ouro. Quanto basta para manter, é certo que com salários modestos, um povo de funcionários. Quanto basta para empreender dispendiosas obras de arte, que darão pão durante vinte anos a uma população operária e, à cidade de Atenas, «glória imperecível».

É certo que a transformação da Confederação de Delos em Império ateniense, brutalmente operada, não se dera sem provocar, mesmo em Atenas, vivos protestos. «O povo desonra-se e move contra si as mais justas censuras», declaravam, segundo Plutarco, os adversários de Péricles na Assembleia, «quando transporta de Delos para Atenas um tesouro que pertence à comunidade dos Gregos... A Grécia não pode deixar de ver que, pela mais injusta e mais tirânica depredação, as somas que ela destinou às despesas da guerra *(meda)* são empregadas no embelezamento da nossa cidade, como uma mulher garrida que se cobre de pedras preciosas; que servem para erigir estátuas magníficas, para construir templos, um dos quais custou mil talentos» *(seis milhões de francos-ouro).*

Péricles responde. Um dia apresenta-se perante a Assembleia e declara, em substância, que os Atenienses eram os guardiões do mar Egeu contra os Persas, que tinham pago, e tornariam a pagar se preciso fosse, o imposto do sangue, que as cidades aliadas de Atenas apenas contribuíam para a defesa da Grécia, assegurada por Atenas, «com algumas somas de dinheiro que, uma vez pagas, não pertencem mais àqueles que as dão, mas sim àqueles que as recebem, os quais outro compromisso não têm senão o de cumprir as condições a que se obrigaram ao recebê-las». Raciocínio irrefutável!

Acrescenta orgulhosamente, ou, se se preferir, com uma franqueza não isenta de cinismo: «A cidade, abundantemente provida de todos os meios de defesa que a guerra exige, deve empregar essas riquezas em obras que, uma vez concluídas, lhe assegurarão uma glória imortal.»

E mais (resumindo): «não esqueçamos também os lucros que retiraremos do transporte, do trabalho e da colocação de uma enorme quantidade de materiais diversos, donde resultará um movimento geral que utilizará todos os braços no florescimento da indústria e das artes.»

O orador prossegue: «Recursos consideráveis estão à nossa disposição. Doravante, o povo inteiro receberá do Estado o seu salário, seja no exército, seja nas funções civis ordinárias, seja no trabalho das suas mãos. Temos a pedra, o bronze, o marfim, o ouro, o ébano, o cipreste. Operários inúmeros, carpinteiros, pedreiros, ferreiros, marceneiros, ourives, cinzeladores e pintores ocupam-se em trabalhá-los. Os comerciantes marítimos, os marinheiros e os pilotos conduzem por mar esta imensa quantidade de materiais. Os carreteiros e os carroceiros trazem-nos por terra. Os carpinteiros de carros, os cordoeiros, os correeiros, os trabalhadores de aterros, os mineiros exercem à porfia o seu ofício... Desta maneira, todas as idades e todas as condições são chamadas a partilhar da abundância que estes trabalhos espalham por toda a parte.»

Não se pode mostrar mais claramente que as grandes obras empreendidas por Péricles na Acrópole e noutros locais eram destinadas a dar de que viver a todos os cidadãos, particularmente à classe operária, à custa dos tributários de Atenas.

Política democrática, política de «tirano», se a houve. O Parténon ilustra a glória imperecível de Atenas, ao mesmo tempo que dá comer aos cidadãos... Mas os súbditos do Império terão o pão e a glória? Nem uma nem outro, sem dúvida.

*

Foi baseando-se no decreto votado em 450-449, por proposta sua, o qual autorizava Atenas a retirar do tesouro federal as somas necessárias para reedificar os templos destruídos no decurso da segunda guerra meda, que Péricles empreendeu estas grandes obras, nomeadamente a reconstrução dos santuários da Acrópole. Quatro obras principais, sem falar das estátuas erguidas ao ar livre ou nos templos, datam desta época de apogeu da arquitectura e da escultura atenienses. Apogeu que Péricles domina com a sua pessoa, enamorada da «beleza na simplicidade», segundo a frase que Tucídides põe na sua boca, aplicando-a aliás a todo o povo ateniense. Estas quatro obras exemplares são, como se sabe, o Parténon, os Propileus, o Erectêione e o templo de Atena--Vitória. Falarei apenas do Parténon.

Não se trata de repetir aqui a história do templo grego, mas de caracterizar por meio de algumas observações marginais, neste esboço da pessoa de Péricles, esse «amor da beleza na simplicidade» manifestado pela obra fundamental erigida sobre a Acrópole à glória de Atena e do seu povo.

Quando o exército persa partiu, em 479, a Acrópole não era mais que um vasto cemitério de pedras amontoadas e de estátuas partidas. Temístocles e Címon acodem ao mais urgente, às necessidades militares: reconstroem, o primeiro, no flanco norte, o segundo, na flanco sul, os dois muros implantados no rochedo da colina. Estes muros que a protegem e a cingem a toda a volta são construídos de maneira a alargar e a permitir aplanar a superfície do alto da Acrópole. No intervalo entre o bordo superior do muro e o planalto da colina, enterram-se preciosamente as belas raparigas iluminadas de vermelho e azul erguidas pela geração precedente, no tempo da sua prosperidade. (Só vieram a ser desenterradas pela nossa geração: as cores ainda estavam frescas.)

Péricles vê na arte um meio de afirmar a preeminência de Atenas sobre o mundo helénico. O Parténon dominará a Grécia, tal como domina, na sua calculada perfeição, a terra e o mar, e os séculos.

Péricles via tudo, discutia os planos do arquitecto, a escolha do material. Vigiava a execução, visitava o local dos trabalhos, verificava a despesa. Fídias foi designado em 450 como director geral das obras da Acrópole. Era um escultor ateniense de quarenta e dois anos, já conhecido por numerosos trabalhos na Grécia. Nesse mesmo ano de 450, erigia sobre a Acrópole a imagem de Atena, brilhante de juventude, cabeça encaracolada, os cabelos seguros por uma simples fita, égide solta, capacete na mão; a lança transportada no braço esquerdo não é já uma arma, mas sim um simples apoio para o braço. Não é uma Atena combatente, é a imagem fresca da paz reconquistada. Mais tarde, Fídias ergueu na Acrópole duas outras Atenas: uma Atena colossal e guerreira onde se afirma a sua mestria de bronzista e que, no metal, mostra o imperialismo de Atenas, que a paz é instável, e que, mal é conquistada, logo tende para a guerra. Finalmente, o astro de ouro e de marfim que brilha na sombra do seu templo, a Atena Parteno, ídolo e guardiã da cidade e do seu tesouro. Imaginamos a alta estátua de marfim, vestida de ouro e adornada, enquadrada pela perspectiva da dupla colunata interior do templo dominando com o seu rosto tranquilo, que a sombra anima, o amontoado de objectos preciosos, os ricos estofos sobre as mesas de mármore, os escudos suspensos das colunas. Imagem orgulhosa e esplêndida da supremacia de Atenas.

Fídias, por outro lado, esculpiu pela sua própria mão uma grande parte da decoração do Parténon. Esculpiu, ou pelo menos inspirou, o friso jónico em faixa contínua, onde o seu cinzel mostra, com uma simplicidade que suspende o coração, de tal modo se aproxima do Ideal, a procissão da festa de Atena — a cavalgada dos jovens cavaleiros, a marcha lenta dos velhos que a idade não atingiu, os metecos e os súbditos com as suas oferendas, as raparigas saídas do gineceu para essa rara ocasião, estritamente envolvidas nas suas túnicas como num atavio de pudor. Nenhuma expressão nos rostos, nem sorriso, nem alegria: os homens, ao aproximarem-se dos deuses (que os esperam no fim do friso) revestem-se de impassibilidade. Mas é também a primeira vez que no friso de um templo são representados não deuses ou heróis, mas simples cidadãos. Péricles e Fídias o tinham querido assim.

Fídias esculpiu igualmente, em pessoa, os dois frontões, danificados de mais para que possamos falar deles: apenas se pode dizer que a força divina aí se exprime não na violência de qualquer gesto ousado, mas simplesmente na indolência da sua perfeita musculatura em repouso. Fixada numa acção, qualquer que fosse, a força dos deuses seria como que limitada, mas, no calmo repouso, a força sem uso parece ilimitada e realmente divina.

Fídias deixou aos seus alunos o encargo de esculpirem a maior parte das métopas do friso dórico.

Este artista viveu no convívio do pensamento mais íntimo de Péricles, que se conservou fiel a Fídias na desgraça deste (em 432) e até à morte, sobrevinda pouco depois da sua condenação, na prisão.

Exerceu durante dezoito anos a direcção geral dos trabalhos da Acrópole. Nada escapava à sua crítica severa e sempre criadora. Fídias interessou-se tanto pelos planos de conjunto dos diversos monumentos como pelos mais pequenos pormenores da sua realização técnica. A arquitectura do Parténon deve-lhe, sem dúvida, muito mais que a sua florescência escultural.

Com Sófocles e Péricles, Fídias contava-se entre os três génios que produziram este monumento histórico. Eles colaboravam nessa obra colectiva que foi o Párṭenon. Notemos, a propósito, que Sófocles, ao mesmo tempo que compunha a *Antígona,* presidia à comissão financeira — o colégio de helenótamos — que administrava o tesouro público cobrado aos aliados. Este três homens estavam empenhados, senão na mesma política, pelo menos ao serviço do mesmo empreendimento, em que se exprimia, pela criação da nova Acrópole como pelo florescimento do teatro de Sófocles, a grandeza do povo dirigido por Péricles. Sófocles, por seu lado, não pensava que a *Antígona* e o *Édipo* o dispensassem de presidir, com a sua inteligência e a sua lealdade de cidadão, a um importante colégio financeiro.

A beleza de Parténon é uma «beleza simples». Mas esta simplicidade, como toda a simplicidade duma grande obra artística, é o resultado final duma rara complexidade que se furta ao nosso sentimento primeiro.

O Parténon começa por parecer uma obra puramente geométrica. É a solução de um problema de geometria, no qual a matéria seria reunida em perpendiculares, em círculos, em rectas e em triângulos, de modo a conservar-se de pé num equilíbrio agradável. Parece construído com números: é que ele aparece no termo de um estudo secular dos arquitectos dos templos gregos, que procuraram a relação entre o comprimento e a largura e a altura do edifício, a relação entre o diâmetro da coluna e a sua altura, a relação entre a largura da coluna e o espaço entre as colunas, a do diâmetro da coluna, tomado na base, e o do alto do fuste. Muitas outras relações ainda.

Contudo, esta busca da perfeição matemática do templo agradaria somente à nossa razão, como um teorema bem resolvido. Mas não é assim — não é apenas assim — que o Parténon nos agrada. Ele satisfaz, prolonga a nossa vida orgânica, a nossa alegria orgânica. Toca-nos como se fosse não um Absoluto, mas um ser vivo. É uma ordem, mas uma ordem tão móbil como a ordem dos reinos e das espécies.

Como se conseguiu isto? É que as rectas que o compõem são apenas aproximativas, exactamente como as da vida. Os círculos igualmente; e as relações também. A matemática do Parténon nunca é mais que uma tendência para a perfeição matemática: não tem outro rigor que não seja o das leis do mundo real, repensadas pelo homem, exprimidas pela arte, mas sempre relativas e móveis. É esta relatividade e esta mobilidade que tornam vivo o Parténon.

Vejamos alguns exemplos. Os quatro degraus do envasamento do edifício são de altura desigual: o primeiro, o degrau de acerto, assente sobre a rocha, é o mais baixo. O último, o mais alto. A diferença é mínima, mais sensível ao passo do que aos olhos. Mas, à distância, os três degraus parecem iguais, e o degrau superior não dá a impressão, que a igualdade produziria, de se enterrar sobre o peso do monumento.

Por outro lado, a superfície de cada degrau não é exactamente horizontal: é ligeiramente convexa. Uma superfície plana, vista de uma das suas extremidades, tem tendência a parecer cavar-se no meio. Para dissipar esta ilusão óptica foi calculada uma curvatura.

A base sobre a qual assenta o monumento é pois, por estes e outros traçados, construída em falsas rectas e em planos falsamente horizontais, que são, aos olhos, rectas e planos vivos. Esta base «pode, assim», como já foi dito, «resistir opticamente ao peso do monumento» que suporta.

Que dizer da diversividade das colunas, que nos parecem todas elas semelhantes e todas perpendiculares ao solo? Que dizer também da ilusória igualdade dos intercolúnios? Não há um número, neste poema do número posto em mármore, que seja idêntico em posições idênticas. Nesta obra, que parece dar-nos uma prova da estabilidade do eterno, não há nada que não seja móvel e instável. Nela tocamos a eternidade, a eternidade da vida, não a do Absoluto.

Darei apenas alguns exemplos acerca das colunas. Não há sequer uma que seja perpendicular ao solo ou exactamente paralela às suas vizinhas.

Rigorosamente vertical, a coluna preencheria somente uma função individual de amparo de uma parte restrita do edifício. Inclinadas, como estão, para o interior do edifício, as colunas entram todas numa comunidade que suporta conjuntamente o peso do monumento inteiro. Esta inclinação da coluna varia conforme o lugar que ocupa na própria colunata. É uma pequena inclinação, de sessenta e cinco a oitenta e três milímetros, mas, concêntrica como é, tem por efeito, aos nossos olhos, alargar a função de suporte de cada coluna e mostrar o conjunto da colunata como empenhada num mesmo «esforço de cooperação convergente».

Talvez tenha havido aqui uma necessidade técnica. Talvez, se não fosse assim, o peso do entablamento, dos frontões e de toda a parte superior do templo obrigasse o templo a abrir-se e a desabar. Mas esta necessidade técnica é também uma exigência estética: os nossos olhos, prolongando os eixos das colunas no céu, unem-nos num ponto único situado muito acima do templo. Assim, o Parténon não se nos apresenta como uma simples casa rodeada de colunas. Aparece como um edifício cuja estabilidade móvel, dominada pelo nosso olhar, sobe para o céu em pirâmide imaginária, num esforço coerente que nós disciplinámos.

Esta inclinação calculada das colunas produz ainda outros efeitos. «Desloca o aprumo das cornijas para dentro do edifício, repelindo assim a parte das saliências exteriores para a massa geral.» Mas as colunas dos cantos não participam da mesma inclinação. Formando as quatro um conjunto independente, menos inclinadas, estão mais fora do feixe comum. Sustêm com maior nitidez a cumeeira do monumento nos seus quatro cantos. Posta assim em evidência a sua função essencial, tranquilizam-nos sobre a solidez e a duração do templo. Os fustes destas mesmas colunas dos cantos são também ligeiramente reforçados, de modo a resistirem melhor ao brilho da luz, cujo peso suportam mais. Pela mesma razão, as colunas de canto estão sensivelmente aproximadas das suas vizinhas: um intercolúnio idêntico aos outros criaria um vazio luminoso que as adelgaçaria. Ora, de todas, devem ser elas as mais fortes, porque têm de suportar a massa total do edifício.

Assim nasce um templo que, concebido segundo as leis da geometria e da vida, parece um ser vivo e como que uma árvore carregada de frutos, produzida pelo solo da Acrópole. Para quem sobe a colina, parece, de baixo, uma coisa pequena, insignificante, ou talvez como que um rosto escondido que nos lança um olhar inquietante. Continua-se a subir (caminho custoso nos tempos antigos), perde-se o Parténon de vista, chega-se aos Propileus, entra-se: foram postos ali apenas para furtar aos nossos olhos, por todo o tempo possível, o Parténon. De súbito ele ergue-se diante de nós, não já insignificante e inquietante, mas imenso e satisfazendo a nossa expectativa. Porque ele não é imenso segundo a aritmética, é imenso para o nosso coração. Não imenso em dimensões (comparemos: catedral de Lausana: 100 m × 42 × 75; Parténon: 70 m × × 31 × 17,5). Mas, conforme foi dito e repetido: «O templo grego não tem dimensões, tem proporções.» Ou ainda: «Grande ou pequeno, nunca se pensa no seu tamanho.» Em que se pensa diante do Parténon? Não mintamos, não inventemos: em ser feliz e nada mais, e diante dele sentimos mais força para o sermos. É que se ama o Parténon como a um ser vivo...

Ai de nós! os seres vivos têm a faculdade de se reproduzirem. O Parténon e toda a arquitectura grega reproduziram-se abundantemente, no decurso dos séculos, sob a forma de igrejas ou de bancos, de Paris a Munique e de Washington a Moscovo, parindo seres em geral monstruosos, do género da Madeleine. O Parténon nasceu de um solo, concorda com uma paisagem, é o fruto de um momento histórico. Não se pode soltá-lo de tudo isto. Desenraizado da Acrópole, perde a sua seiva e a sua beleza. Incorporado na colina de calcário e nesse muro de Temístocles e de Címon que a completa com pedras reunidas do mesmo tom, o Parténon coroa uma paisagem. Apesar da sua ruína, colhemos ainda no seu mármore marfíneo, no jogo contrastado das saliências e das reentrâncias, na alternância de sombra e de luz que, enchendo de negro a concavidade das caneluras e afiando de sol as suas arestas, faz dançar as colunas numa dança imóvel cheia de majestade — em tudo isto colhemos ainda a vida que o génio encerrou no mármore. Mármore sempre sensível à luz. O monumento destruído pode ser, conforme os dias ou as horas do dia, ora castanho escuro, ora cinzento quase negro. Pode ser também róseo na poeira da tarde, ou cor de malva com incidências fulvas. Nunca é branco, como se diz que o mármore é branco. Se é branco, é como a pele de um velho, com manchas escuras que se abrem nos seus membros.

Pode parecer, com efeito, muito velho, muito danificado, mas é impossível que, na sua velhice arruinada, o não ouçamos exprimir ainda esse amor da sabedoria e esse amor da beleza que lhe deram nascimento, no tempo da juventude do seu povo.

*

O fim do reinado de Péricles foi difícil.

A meio do seu governo, Péricles parece ter concebido, na sua imperial cabeça oblonga, um projecto de união pan-helénica. Estamos mal informados — muito escassamente e apenas por intermédio de Plutarco — sobre esta tentativa. Um decreto aprovado, por proposta sua, por alturas de 446, convidava todas as cidades gregas, da Europa como da Ásia (postas de parte as cidades da Sicília e da Itália), a enviarem a Atenas delegados para ali deliberarem sobre questões de interesse geral: reconstrução dos templos incendiados pelos persas, sacrifícios a oferecer nos santuários nacionais para agradecer aos deuses a vitória alcançada pelos povos unidos, e enfim, sobre os meios de estabelecer a paz entre todos os Gregos. Vinte cidadãos atenienses foram designados para irem, em grupos de cinco, às diferentes regiões do domínio helénico, abrir negociações pacíficas em nome de Atenas. Estas diligências preliminares foram realizadas. Mas esbarraram, diz Plutarco, com a decidida oposição dos Lacedemónios, que recusavam o princípio de um congresso pan-helénico convocado por Atenas e implicando, por esse facto, a supremacia da grande cidade. O congresso nunca se reuniu.

Como sempre, é difícil, em tal circunstância, lançar a responsabilidade do fracasso das negociações sobre um dos partidos apenas. Havia mais de dez anos que a política imperialista de Péricles para com os aliados de Atenas contradizia, nos factos, esta política de «apaziguamento» que propunha agora ao conjunto dos Gregos. Nesse mesmo ano de 446, quando enviava até aos confins do mundo helénico os seus emissários de paz, esmagava às portas de Atenas a insurreição das cidades de Eubeia, como anteriormente abafara o movimento separatista da Jónia. E foi também anteriormente a esta data (em 450-451) que Péricles fez aprovar pela Assembleia o decreto sobre o direito de cidade que, em vez de alargar a comunidade cívica ateniense a todos os defensores do seu Império, a restringia ao que não era mais que uma egoísta categoria de cidadãos privilegiados, de nascimento duas vezes ateniense. Finalmente, foi ainda em 446 que Péricles, assentando a primeira pedra no Parténon, ligou indissoluvelmente a política de grandes obras, anteriormente anunciada, à necessidade de explorar os Gregos do Império para que eles suportassem as despesas.

Cada dia mais prisioneiro desta política impregnada de imperialismo, sujeitado pelo sangue que vertia, pelo dinheiro que extorquia, pelas liberdades que confiscava, como podia ele fazer acreditar, com as suas propostas de pacificação geral da Grécia, que o congresso pan-helénico de Atenas pudesse ser outra coisa que a confirmação da omnipotência ateniense, a consagração da exclusiva supremacia de Atenas sobre a Grécia inteira? Plutarco parece ingénuo ao atribuir-lhe, nesta circunstância, «tanta elevação de espírito como grandeza de alma».

A partir daqui, Péricles tem de acelerar a marcha de Atenas para a guerra. Não é este o lugar para lembrar as circunstâncias que provocaram essa mortal e irreparável divisão do povo grego que foi a guerra do Peloponeso. Tal como Atenas, os adversários de Atenas têm nestes acontecimentos as suas responsabilidades. Péricles ao fazer aprovar pelos Atenienses o decreto contra Mégara, que fechava aos produtos e aos barcos desta cidade os mercados da Ática e os portos do Império, assume a maior parte dessas responsabilidades. Medida de retorsão? Represálias dos acontecimentos de 446? Explicações deste género, estão sempre ao alcance da mão. Péricles, nesta data, está já apanhado na engrenagem que ele próprio montou. Na verdade, há muito tempo que os dados estão lançados e a partida jogada. Não pode já escapar à necessidade da guerra, que toda a sua política provocou e que ele se esforça agora, à última hora, por apresentar como defensiva, ao mesmo tempo que a exalta como alto tema de glória. Conta ganhar esta guerra, à força, diz, «de inteligência e de dinheiro». Ganhando-a, pretende, no mesmo lance, ganhar a paz.

No entanto, esta inteligência tão aguda está, numa direcção bem determinada, limitada por um obstáculo que ele não vê. O seu patriotismo não ultrapassa a cidade de Atenas, que ele quer engrandecer. Não concebe a unidade da Grécia senão como extensão da grandeza ateniense. Quanto às outras cidades, subjugá-las-á. As cidades são «escravas», diz Aristófanes, aos dezanove anos, com o seu riso que vê claro.

Distinguimos nós o obstáculo que não cabe a Péricles ultrapassar? A sociedade de que faz parte é mais profundamente esclavagista do que ela própria julga. A escravização das cidades não é mais que a forma continuada de um racismo inextirpável. A escravatura é mancha de óleo que vai alastrando. Aí perecerá a civilização grega. Ainda não apresentámos as suas mais altas obras-primas, mas sabemos já que o verme está no fruto.

A beleza sem par do Parténon não nos consola de ter sido comprada não apenas com o ouro, mas com o sangue dos homens subjugados.

Essa é a falta inexplicável. Falta de Péricles? Não, nem isso. Esta falta estava inscrita na história anterior e presente do seu povo. Uma sociedade esclavagista não podia produzir a democracia verdadeira, mas apenas uma tirania reinando sobre um povo de escravos, de nome ou de facto.

O revés que atingiu, pela guerra, o pensamento de Péricles — por mais brilhante que tenha sido o seu «século» — diz-nos com toda a clareza que uma civilização não pode perdurar se não for capaz de abranger o conjunto dos homens vivos. Esse é o ensinamento mais importante que a história da civilização grega nos dispensa. Os seus frutos mais esplêndidos enchem-nos de alegria, de coragem e de esperança. Deixam na boca não sei que gosto áspero, que os frutos da idade vindoura — se soubermos ler o passado grego até às suas sombras — talvez não venham a ter.

*

Maçã verde, muito tempo foi preciso para te dourar. Nem todos os dias há sol na história dos homens. Civilização grega, tu és jovem, mas a tua acidez refrescante promete-nos esse gosto de fruto «cozido ao sol» de que fala o poeta da *Odisseia* — esse gosto de fruto maduro.

Segundo Período

DE ANTÍGONA A SÓCRATES

I

A PROMESSA DE ANTÍGONA

Não se escrevem tragédias com água benta ou água esterilizada. É até banal dizer-se que as tragédias são escritas com lágrimas e sangue.

O mundo trágico é um mundo em parte imaginário, que os poetas de Atenas fabricam para o povo, a partir da dura experiência que, em dois séculos, esse povo de camponeses e marinheiros fez na realidade. No tempo de Sólon, o povo ateniense conheceu o domínio dos Eupátridas, depois o domínio dos ricos, ambos tão pesados como o jugo dum destino brutal: então pouco faltou para que esse povo despojado das suas terras e dos seus direitos, fosse lançado fora da cidade, para o exílio ou para a escravatura, condenado à miséria que degrada e mata.

Veio depois, no princípio do século V, quando do segundo nascimento da tragédia, a invasão dos Medas e dos Persas, com essas hordas de povos amalgamados e inumeráveis que, para se alimentarem ou simplesmente pelo gosto de destruir, levavam consigo ao passar as reservas de cereais, abatiam os rebanhos, incendiavam aldeias e burgos, cortavam as oliveiras rente ao solo e, flagelo sacrílego, derrubavam os altares dos deuses, partiam as suas estátuas.

O povo de Atenas, num esforço sustentado com firmeza, depois num poderoso e brusco golpe de rins, desembaraçou-se dos Eupátridas opressores, liquidou o invasor asiático: arrancou às forças que ameaçavam esmagá-lo a soberania e a igualdade democráticas de que se orgulha e, no mesmo lance, a liberdade da cidade e do seu território, a independência nacional.

A recordação desse século heróico em que o povo dos Atenienses lança à morte que o espreitava um desafio triunfante, essa recordação duma luta travada e ganha — com a ajuda dos deuses — está sempre presente, que mais não seja como um obscuro reflexo, no coração de toda a tragédia ática.

Na verdade, a tragédia não é outra coisa que a resposta do povo ateniense, dada em verbo poético, às pressões históricas que fizeram desse povo o que ele é: o defensor da democracia (por pequena que seja a sua base nessa época) e da liberdade dos cidadãos.

Os dois primeiros grandes poetas trágicos pertencem à classe aristocrática ou à alta burguesia. Não importa. Primeiro que nobres ou ricos, são poetas de génio, são cidadãos atenienses ao serviço da cidade. A sua dependência da comunidade de Atenas é o laço mais firme que os liga aos outros homens. A inspiração poética é sentida por eles como uma cratera de fogo ateada pelos deuses: toda a sua arte tende a disciplinar essa fonte ardente, a transformar essa labareda selvagem em sol nutriente que fará frutificar as vidas dos seus concidadãos.

No momento em que Sófocles aborda o teatro — uma dezena de anos depois de Salamina e de Plateias — um poderoso movimento ascendente, resultante da vitória sobre os Medas, arrebata a nação para novas conquistas e criações. No plano da tragédia, a missão própria do poeta é ser o educador dos homens livres. A tragédia, em princípio, é um género didáctico. Contudo, não tem nunca o tom pedante. É pela representação de uma acção, muito mais que pelos cantos do coro, pelas palavras do corifeu ou pelos discursos das personagens, que o poeta propõe a sua mensagem.

A luta dramática apresentada ao espectador é, quase sempre, a luta de um herói animado de grandeza, que procura — mas, cuidado, ele que não ofenda os deuses que puseram limites a essa grandeza! —, que procura realizar essa extensão dos poderes da nossa natureza, esse ir mais longe, essa passagem do homem ao herói, que é o objecto próprio da tragédia. O herói da tragédia é o aviador ousado que se propõe forçar o muro do som. Quase sempre, esmaga-se na tentativa. Mas a sua queda não significa que tenhamos de condená-lo. Humanamente, não é condenado pelo poeta. Foi por nós que ele tombou. A sua morte permite-nos localizar mais exactamente a invisível muralha de chamas e ouro onde a presença dos deuses detém e quebra de súbito o impulso do homem para o além do homem. Não é a morte do herói que é trágica. Todos nós morremos. É trágica a presença na realidade, na experiência que Sófocles e os homens do seu tempo têm dela — a presença desses deuses inflexíveis que nessa morte se revela. Porque essa presença *parece* opor-se ao ir mais além do homem, à sua florescência em herói. No entanto, toda a tragédia traduz e torna mais firme a aspiração do homem a ultrapassar-se num acto de coragem inaudito, de ganhar uma nova medida da sua grandeza, frente aos obstáculos, frente ao desconhecido que ele encontra no mundo e na sociedade do seu tempo. Ultrapassar-se tendo em conta esses obstáculos, assinalando como guarda avançada da massa dos homens, de quem o herói será doravante patrono e guia, esses limites da nossa espécie que, logo que assinalados e «iluminados», deixam de o ser... Isto com risco de perder aí a vida. Mas quem sabe se aquele que vem esbarrar com o obstáculo não terá feito recuar os limites, enfim denunciados? Quem sabe se uma outra vez, numa outra sociedade histórica, essa morte do herói, que já no coração do espectador se muda em esperança, se produzirá da mesma maneira? Quem sabe mesmo se ela se reproduzirá?...

É certo que depois de o muro do som ter sido vencido haverá mais longe o muro do calor ou qualquer outro. Mas, pouco a pouco, graças a estas provas sucessivas, alargar-se-á o estreito cárcere da condição humana. Até que as portas se abram... A vitória e a morte do herói são, juntas, o penhor disso. A tragédia joga sempre com o tempo, com o devir deste movente mundo dos homens que ela exprime e transforma.

É numa oscilação do pensamento, indeciso entre o horror e a esperança, que acabam a maior parte das tragédias. Que acabam? Nenhuma grande tragédia foi alguma vez acabada. Toda a tragédia, na sua terminação, permanece aberta. Aberta para um céu imenso, todo constelado de astros novos, atravessado de promessas como de meteoros. No decurso da sua existência, retomada sob outras formas em sociedades desagravadas das hipotecas que lhe deram nascimento, a tragédia pode carregar-se de novas significações, resplandecer duma beleza cintilante e comover-nos pela sua grandeza. Assim se explica (já foi dito) a perenidade das obras-primas. A promessa que tais tragédias tinham feito ou apenas por vezes vagamente esboçado de uma sociedade nova — essa promessa foi cumprida pelo futuro em que vivemos.

Antígona, rainha das tragédias, é, sem dúvida, de todas as que conservámos da Antiguidade, a mais carregada de promessas. Na sua linguagem de outrora, é a que nos dá ensinamentos mais actuais. E também, por outro lado, os mais difíceis de apreciar exactamente.

Partamos dos factos. Recordemos os factos.

Na véspera do dia em que se abre o drama, os dois irmãos inimigos, Etéocles e Polinices, ambos legítimos sucessores do Édipo, seu pai, mataram-se um ao outro na batalha que se travou diante dos muros de Tebas.

Etéocles defendia o solo da pátria. Polinices apoiava o seu direito no auxílio do inimigo. Por este facto, agia como traidor.

Creonte, tio de ambos, herda este trono sangrento. É um homem de princípios, que parece recto. Mas tem a visão limitada daqueles que, subindo ao poder, pensam subir ao pináculo de si mesmos. Para restaurar a autoridade do Estado, abalada pela revolta de Polinices, para formar o povo sacudido de discórdias no respeito da ordem estabelecida, Creonte, logo que ocupa o trono, publica um édito que concede as honras fúnebres a Etéocles, o bom patriota, e vota o corpo de Polinices rebelde aos animais que o devorarão. Quem infringir este édito arrisca-se à morte.

Logo que conhece a resolução, Antígona, a meio da noite, decide prestar a Polinices as honras de que o privam. A piedade e o amor fraterno exigem-no conjuntamente. Entre os seus dois infelizes irmãos, ela não distingue. A morte deu-lhes uma nova e mais indiscutível fraternidade. Apesar da proibição de Creonte, enterrará Polinices. Sabe que a morte a espera após o seu acto. Uma morte que será «bela... depois desse belo crime».

No arrebatamento da fé, procura conquistar sua irmã Ismene para a nobre empresa. Loucura, responde Ismene. Somos simples mulheres, feitas para obedecer ao poder. Ismene procura dissuadi-la do temerário projecto. O obstáculo torna Antígona mais firme na sua resolução. Assim, em Sófocles, as personagens conhecem-se e fazem-se conhecer aos espectadores, definindo as suas arestas, a propósito dos actos em que se empenham ou que repelem. Antígona repele Ismene do seu coração e vota-a ao desprezo. Presa no momento em que celebrava os ritos funerários por um soldado que o rei colocara com outros perto do corpo de Polinices para o guardar, a rapariga é conduzida, de mãos atadas, à presença de Creonte. Ela justifica o seu acto. Declara ter obedecido às leis divinas, «leis não escritas», leis eternas, reveladas à sua consciência, que devem prevalecer sobre a decisão de um príncipe insensato.

A resistência de Antígona arranca a Creonte a máscara pomposa de chefe de Estado todo dedicado ao bem da cidade, com que o tínhamos visto entrajar-se complacentemente perante o coro espantado dos principais da cidade. A rapariga leva o rei pavoneador a enterrar-se cada vez mais na arbitrariedade. Ele pronuncia a condenação à morte de Antígona, mais absurdamente ainda a de Ismene, que fora vista a rondar desvairada pelo palácio. Ismene, aliás, quer morrer com a irmã. Ajoelhada a seus pés, suplica a Antígona que lhe permita partilhar a sua morte. Antígona repele duramente este sacrifício tardio, inoportuno, recusa a Ismene essa honra a que ela não tem direito. De resto, nunca Antígona pediu à irmã que morresse com ela ou por ela, mas que arriscasse a vida para sepultar com ela o irmão querido. As duas heróicas irmãs desencontram-se a todo o momento, cada uma colocada em região diferente da outra. Não fazem mais que colidir num esgotante contratempo.

Esgotante e fecundo. As cenas de Antígona e de Ismene são importantes, não só porque mostram como, em Sófocles, os caracteres se criam no conflito das semelhanças, mas também porque manifestam de maneira evidente a virtude contagiosa do amor.

Mas eis que se abre, no centro mais sombrio da tragédia, que parece já toda inclinada para o seu termo mortal, uma supreendente peripécia — a primeira do teatro grego — que de súbito nos restitui por um tempo o fôlego e a esperança. Ao mesmo tempo, ela prepara o golpe que vai, no desenlace, ferir Creonte. E mais ainda: tal peripécia prepara, em nós, a reconciliação de Antígona e de Creonte...

Hémon apresenta-se diante do rei, seu pai, e pede-lhe o perdão da rapariga.

Hémon ama Antígona. Os dois jovens estão noivos. Novamente o amor afirma a sua força de contágio. Mas é extremamente importante que não seja em nome do seu amor que Hémon vem pedir a vida de Antígona. Ele fala com nobreza a única linguagem que convém a um homem, não a do sentimento, mas a da razão animada de justiça. Dirige-se ao pai no tom mais grave e mais deferente. Recorda a esse pai a quem ama, e que ele julga desorientado, o respeito da lei divina, ao mesmo tempo que tenta iluminá-lo sobre o seu verdadeiro interesse, inseparável do interesse da cidade que dirige. Não procura enternecê-lo, mas somente convencê-lo. Hémon coraria de pedir pela vida da noiva e mais ainda de pedir por si mesmo: apenas pede por seu pai e pela justiça. Nada mais belo em Hémon que esta filialidade viril. A cena é duma extraordinária firmeza. Ao passo que o teatro moderno, tão inclinado a exibir o sentimento amoroso, a diluí-lo em discursos, não teria deixado de explorar esta situação no sentido do enternecimento, o poeta antigo recusa-se a ceder ao pendor fácil do sentimento, recusa-se o direito a pôr na boca de Hémon, ao falar ao pai, a menor alusão ao seu amor. Não que Hémon pretenda ceder a alguém no sentimento que experimenta por Antígona. Mas que homem seria ele se ousasse pedir ao pai que fizesse prevalecer esse sentimento sobre o interesse da comunidade? A honra impõe-lhe que contenha a sua paixão, que fale apenas em termos de razão.

Por outro lado, este constrangimento que impõe ao seu coração permite que a cena começada no tom calmo de um debate se desdobre em violência exasperada. A partir do momento em que o pai o acusa de faltar a essa honra tão severamente salvaguardada, como não se revoltaria Hémon contra tanta injustiça, alimentando a sua raiva com a paixão em vão refreada? A explosão de Hémon, nas últimas réplicas da cena, denuncia ao mesmo tempo o seu amor e o seu sentido da honra. Quanto à raiva de Creonte, não nos diz apenas a que ponto este homem está atolado na injustiça, adverte-nos da afeição do pai pelo filho — uma afeição como Creonte a pode sentir, um amor paternal que quer que o filho seja uma coisa do pai, e que lhe torna tanto mais intolerável esta súbita resistência à sua autoridade quanto é certo adivinhá-la ele alimentada de um amor estranho. A grande cólera de Creonte contra o filho revela-o não só perdido mas também sem defesa contra o golpe que os deuses se preparam para desferir-lhe. Resta-lhe um coração, belo alvo a visar...

A altercação dos dois homens acaba por firmar Creonte na sua decisão. Uma vez mais sabemos Antígona perdida: Creonte confirma a condenação — ao mesmo tempo que retira a de Ismene — e à pena de morte junta o mais cruel suplício: Antígona será emparedada viva numa caverna.

No entanto, no momento em que a morte de Antígona nos parece mais certa do que nunca, ela começa a deixar-nos entrever de maneira mais rigorosa a sua eficácia. Desde a abertura do drama, Antígona foi-nos dada como uma luz posta diante de nós — uma prova de que a existência humana não está condenada à escuridão. Antes da cena de Hémon, nem a reticente aprovação dos velhos do coro, nem mesmo a rápida labareda da dedicação de Ismene, nos puderam assegurar plenamente que essa luz de Antígona não arderia em vão na praça nua duma dura cidade. Se bastasse a vontade de um Creonte para extinguir essa claridade, a vida humana estaria entregue à noite da brutalidade! É para esse pólo obscuro que o drama progride em nós? Sim, pelo menos até à cena de Hémon. Até essa articulação nova, a morte de Antígona parece ter apenas um sentido estéril. Uma alegria nos foi prometida, depois retirada. Para que Antígona nos seja dada para sempre, é preciso que a sua labareda tenha ateado outros incêndios. Os cantos dos velhos, apesar da sua beleza, o frágil brilho de Ismene, dificilmente nos guardaram do desespero. Só o ardente fogo de Hémon começa a restituir-nos Antígona. É que Hémon, sem pronunciar uma só palavra de amor, afirma esplendentemente, pela sua fidelidade àquela a quem ama, ao mesmo tempo que à justiça e aos deuses, o contágio do amor, o irresistível poder dessa força que conduz o mundo e as nossas vidas — Eros...

O coro conhece o poder de Eros. Leu a sua presença em Hémon. Nesta meia claridade (de aurora ou de crepúsculo, ignoramo-lo ainda) em que o coro caminha connosco, os seus cantos, que celebram «Eros invencível», avançam tacteando para exaltantes verdades...

Agora Antígona apresenta-se uma última vez diante de nós. Os guardas conduzem-na ao lugar onde ela vai cumprir a sua morte — morte cega e terrosa. Vêmo-la nesta cena travar o último combate prometido a cada um de nós. Deposta a sua couraça de orgulho, sozinha e nua, como tinha de ser, vêmo-la encostada ao muro onde o destino alinha os seus reféns.

Esta cena dos lamentos de Antígona, estas estâncias maravilhosas em que a heroína canta a dor de deixar a vida e, na presença dos velhos mais inclinados agora a julgar do que em estado de compreender, sente e canta a amargura da última e necessária solidão — esta cena retoma um dos temas tradicionais da tragédia grega. É conveniente, é justo que antes de morrer o herói faça o seu adeus ao mundo dos vivos, que ele diga num canto o seu amor da preciosa luz do Sol. É preciso também que ele se meça, na sua força e na sua fraqueza, com a omnipotência do destino que o vai esmagar.

Alguns críticos consideraram que esta cena de cantos queixosos concordava mal com o carácter altivo de Antígona. O contrário é que é exacto. A crua luz da morte apontada para ela descobre-nos finalmente o fundo último de Antígona. Temos aqui a chave deste ser. Sabemos agora que a dura Antígona — dura no combate, dura consigo mesma, nativamente dura porque é filha de uma raça de combatentes feridos —, sabemos que a áspera Antígona é, no segredo de si mesma, na solidão de si mesma, toda ternura. Ela amava a alegria do sol, amava os regatos e as árvores. Amava os seus. Os seus pais, os filhos que não terá nunca. O seu irmão insubstituível. E como poderia ela morrer por esse irmão, se não fosse toda amor?

De um tema habitual do espectáculo trágico, a arte de Sófocles fez a ilustração desta verdade que resplende em Antígona: nenhum ser humano encontra força para morrer senão no amor que dedicou à vida...

Neste instante da partida de Antígona, nada já pode nada para salvar a vida da rapariga. Nada, a não ser os deuses.

Os homens, pelo choque das suas paixões opostas, construiram uma engrenagem de fatalidade, um destino de que Antígona foi o primeiro artífice. Um destino nascido da escolha, onde a liberdade da heroína se traduz em fatalidade. Humanamente, por este destino construído, Antígona está perdida.

Mas Tirésias faz ouvir a voz dos deuses, que até aqui se calavam e que de súbito falam.

O seu silêncio parado nos confins da tragédia — esse silêncio que encerrava a disputa e os gritos dos homens como no fundo dum poço —, esse silêncio de súbito ressoa e fala. Com clareza se pronuncia. Antes de se tornar a fechar sobre novos gritos humanos, entreabre-se e aponta o único caminho por onde pode ainda insinuar-se a sabedoria dos homens. Por um instante, a voz divina é sonora e distinta. Mas a transparência dessa palavra é a claridade lívida do céu imóvel que já contém o raio. Nós sabemos que Creonte pode e não pode ouvir, pode e não pode ordenar o perdão de Antígona, ou antes, sabemos que se ele ainda pode ouvir, é tarde de mais para salvar. Como tantas vezes acontece no termo do conflito trágico, o homem e o destino, nos últimos cem metros da corrida, lutam a quem é mais veloz, de vontade tensa, músculos retesados. Os dois cantos do coro, que encerram a cena de Tirésias, erguem simetricamente uma coluna de gemidos e um jacto de esperança, cuja antítese diz exactamente o despedaçar do nosso ser nesse supremo minuto que precede o rebentar do drama.

De súbito, o minuto fecha-se: o homem esbarrou contra o «tarde de mais». A desgraça desaba em vagas enormes. O mensageiro anómino fala-nos de Antígona enforcada, fala-nos do véu que estrangula a sua bela garganta, e o filho cuspindo à cara do pai que aparece, fala da espada de Hémon levantada contra Creonte, voltada contra si mesmo, e o sangue do seu coração que salpica o rosto da rapariga enforcada. Não é apenas a desgraça, é o horror que cai sobre nós e nos submerge. A tragédia grega não ignora que o horror é um dos rostos permanentes da vida: firmemente, mostra-nos o espectáculo dele.

Agora volta Creonte, trazendo nos braços, arrastando pelo solo o corpo do filho. Grita a sua dor, uiva o seu crime. Atrás dele, uma porta abre-se: um outro cadáver o chama, um outro assassínio o fixa pelas costas. Eurídice, sua mulher, a mãe de Hémon, matou-se. Entre os dois corpos que o acusam e o ferem, Creonte não é mais que uma criatura lastimável, um homem que se enganou e que soluça. Suplica à morte que venha, à morte que está presente naqueles a quem amava e que ele matou. Que ela o leve, por sua vez! Ela não responde.

E é neste momento em que, posto diante de nós, o mundo não é mais que sangue e lágrimas, neste momento em que o círculo de figuras humanas no meio das quais o poeta nos fez viver não é mais que um círculo de fantasmas feridos — neste momento em que não esquecemos Antígona enforcada pelo seu véu na caverna —, é neste instante de horror acumulado que uma inconcebível alegria nos inunda. Antígona está em nós viva e radiosa. Antígona é deslumbrante e ardente verdade.

Ao mesmo tempo, Creonte começa a erguer-se no nosso coração como uma outra luz fraternal — Creonte derrubado pelos deuses, mas que nos é proibido ferir. Todo o comprimento do corpo de Hémon, posto entre nós e o pai ajoelhado, como um lago de ternura e piedade, defende Creonte dos nossos golpes.

*

E agora é preciso compreender. Esta exigência não é mania de intelectual. A nossa sensibilidade comovida até às entranhas, até às raízes do nosso entendimento, obriga-nos a fazer o esforço de encontrar o sentido da tragédia. O poeta pede-nos que demos uma resposta à pergunta que Antígona e Creonte nos dirigem.

Antígona põe um problema de valores, e, porque o põe, grande é para o crítico a tentação de a reduzir a uma peça de tese e ver as personagens apenas como sinais algébricos dos valores que representam. Nada falseia mais o nosso juízo sobre *Antígona* que ver nela um conflito de princípios. Nada, aliás, é mais contrário à caminhada criadora do poeta que a ideia de que a sua criação proceda do abstracto para o concreto. *Antígona* não é uma competição de princípios, é um conflito de seres, de seres humanos fortemente diferenciados e caracterizados, um conflito de indivíduos. As personagens do drama estão diante de nós como sólidos. É até esta solidez (no sentido geométrico), é a densidade da sua substância que nos permite — mas só depois — projectá-las no plano das ideias.

É pois destas pessoas, do seu ser agravante e convincente que devemos partir para tentar apreeender o sentido da obra de Sófocles, sem esquecer pesar nas nossas balanças a qualidade do prazer que esta obra nos dá.

Não esperemos aliás o sentido do drama de nenhuma personagem isolada, por mais importante que ela seja. Um grande poeta nunca se decalca numa personagem privilegiada. É a presença do poeta em *cada uma* das suas criaturas que nos liga a elas, nos introduz nelas, nos serve de intérprete para entender a linguagem dessas almas, primeiro estrangeiras e dissonantes, mas que finalmente falam uma só voz, a sua tornada nossa. Entre todos os poetas, o poeta trágico — porque é trágico — só se deixa entender no concerto desses filhos inimigos que se batem nele e em nós, e que nós amamos porque são ao mesmo tempo ele e nós. Concerto por muito tempo irritante antes de se tornar harmonia. Lento caminhar, dolorosamente, deliciosamente inscrito na nossa sensibilidade antes de alcançar o nosso entendimento — pelas vias da carne e do sangue.

Antígona e Creonte batem-se à navalha. Porque é tão violenta a sua luta? Porque sem dúvida jamais existiram dois seres ao mesmo tempo tão diferentes e tão semelhantes. Caracteres idênticos, almas inversas. Vontades inflexíveis: vontades marcadas desse indispensável endurecimento, armadas dessa intolerância necessária a todas as almas ébrias de eficácia.

«Carácter inflexível», diz o coro, falando de Antígona, «é bem a filha de um inflexível pai.»

Antígona é chamada «intratável», é cruel e «crua» como o foi Édipo, duro consigo mesmo até a esses olhos que ele cega, e Antígona até ao enforcamento — como ambos são duros para com os outros.

Mas a filha de Édipo é bem sobrinha de Creonte. Nas alturas de grandeza em que cada um pretende instalar-se, o mesmo enrijamento do ser os fixa em arestas vivas.

«Espírito rígido, carácter duro», diz Creonte de Antígona, ignorando que ao defini-la assim é a si mesmo que se define. E gaba-se de que esses espíritos duros são também aqueles que se partem mais repentinamente, como o ferro endurecido ao fogo, que julgávamos mais sólido. Mas falando assim o risco que corre Antígona, é a sua própria aventura que ele descreve de antemão. Veremos a sua vontade tensa até ao limite quebrar-se sob o efeito das ameaças do adivinho Tirésias.

Para com outrem, para aqueles que lhes querem bem, há em Antígona e em Creonte o mesmo reflexo de defesa, a mesma recusa brutal da afeição que pretende salvá-los. Antígona frente a Ismene, Creonte frente a Hémon: imagens simétricas de um frontão em que, sob o signo da violência, se exaltam os demónios da grandeza solitária, calcando aos pés quem queira deter-lhes o impulso. O mesmo furor feroz e desprezador, os mesmos ultrages a quem tente dobrá-los, levá-los a reflectir um só momento. Seguem o seu caminho recto. Pouco importa que, aos nossos olhos, tenham ou não tenham razão: o que conta para nós e nos convence é a fidelidade que cada um deles guarda a si mesmo. Nisto, como Antígona, é fiel Creonte; se cedesse a quem o ama e o aconselha, trairia o compromisso que assumiu consigo mesmo de ir até ao termo do seu destino, seja o que for que aconteça. Na verdade, o equilíbrio do mundo que um e outro se obstinam em constituir paga-se por este preço. Uma só vacilação da vontade e este mundo desaba. Quando Creonte verga, desmoronar-se-á com ele a estabilidade do universo que nos prometera.

Eis porque Antígona e Creonte odeiam a quem os ama. O amor que os desvia da sua obra, que recusa empenhar-se com eles na sua obra, essa teimosia do coração, aos seus olhos, não é amor nem merece amor.

«Amar-me por palavras, não é amar-me», diz Antígona a Ismene.

E mais:

«As tuas palavras só merecem o meu ódio.»

Quem não é por eles, é contra eles. Creonte diz a Hémon:

«Para que servem os filhos, senão para pagarem aos nossos inimigos o mal que nos fazem, senão para honrarem e estimarem aqueles que nós estimamos!»

Um impõe ao filho, como a outra à irmã, o mesmo «tudo ou nada». Exigem a mesma escolha absoluta que eles fizeram. A natureza de Antígona não é menos «tirânica» que a de Creonte.

Digamos a palavra: possui-os o mesmo fanatismo. Uma ideia fixa os habita. Um objecto único exerce neles uma fascinação que os torna cegos a todo o resto. Para Antígona, o corpo não enterrado de Polinices; para Creonte, o seu trono ameaçado. A este objecto dão tudo de antemão, tudo sacrificam, incluindo a vida. Jogam tudo nesta carta, que é para eles o bem supremo. Com delícia. Todo o fanático é um jogador: conhece o êxtase da perda e da salvação postas no mesmo lance decisivo.

É este prazer agudo da vida reduzida à delgada espessura duma carta de jogar que nos fazem saborear a cada momento os furores contrários de Creonte e de Antígona. O nosso ser, mobilizado como o deles ao serviço não da sua «ideologia», mas das suas paixões que se defrontam, saboreia duas vezes a angústia e duas vezes a alegria de sentir a vida empenhada, com o mesmo apetite de rigor, o mesmo deprezo do risco, num combate contra a morte.

Toda a grandeza se quer exclusiva. O fanatismo de Antígona e de Creonte explica as regiões obscuras da sua psicologia. Alguns críticos perguntam como é possível que Antígona esqueça Hémon tão inteiramente como o faz. Julgam pouco verosímil que ela possa roçar o drama de Hémon, atravessar a sua própria tragédia, sem sequer pronunciar o nome do seu noivo. Por isso alguns desses críticos de coração sensível tomam o partido de atribuir a Antígona este verso que os manuscritos de Sófocles põem na boca de Ismene:

«Ó caro Hémon, como teu pai te ultraja!»

Este «caro Hémon» suspirado parece-lhes atenuar o rigor insuportável em que se encerra Antígona e tornar enfim tocante a heroína.

Mas será necessário corrigir o texto de Sófocles para tornar Antígona suportável? O seu silêncio sobre Hémon será incompreensível a esse ponto e enfim tão chocante? Na verdade, esse silêncio não é um esquecimento daquele a quem ela ama e das alegrias que o amor de Hémon lhe prometia. A cena em que a rapariga se lamenta por deixar a vida sem conhecer as núpcias, sem «ter dado o seio a um filho», assaz o prova. Com estas estâncias admiráveis, em que o amor da vida e das suas alegrias se exprime plenamente à aproximação da morte, não ficamos finalmente satisfeitos de palavras «tocantes»? Contudo, se mesmo nesse momento, e com mais forte razão no decurso do seu combate com Creonte, Antígona não invoca Hémon, esse silêncio explica-se pela concentração voluntária do seu pensamento na desgraça do irmão, pela reunião de todas as forças do seu ser sensível ao serviço da sua fraternidade. Antígona quer-se exclusivamente fraternal. Repele, senão para fora de si mesma, recalca pelo menos no fundo de si mesma, em regiões onde já não têm poder nos seus actos, todos os sentimentos que a desviariam do puro amor de Polinices.

Pelo mesmo traço de carácter se iluminam as obscuridades de Creonte. Este homem é inteligente. Tem uma visão clara do objectivo que se fixou, e que é o de reinar na ordem. Ama seu filho, sua mulher, ama a sua cidade. Egoistamente, sem dúvida, pelo prazer, pela honra e pelo proveito que retira destes bens que lhe pertencem, mas, enfim, ama-os no seu nível de amor, como bom tirano da sua família e do Estado. O fim do drama mostra a força da afeição de Creonte pelos seres que dependiam dele.

Sendo assim, como é possível que este homem avisado, decidido a usar dos bens que a vida lhe oferece, se mostre finalmente tão limitado na conduta da sua vida e no exercício do poder? Como se acha ele incapaz de compreender uma só das boas razões que lhe dá o filho, surdo a essa voz que lhe anuncia claramente a sua perda, se ele pretender governar sozinho contra a opinião de todos? Na verdade, não há nada nesta obscuridade que não seja claro. Está na natureza de Creonte pos-se todo inteiro, como Antígona, em toda a acção que empreende. Tendo decidido lutar contra a revolta e a anarquia, conduzirá sem derivação a luta ao seu termo, seja esse termo mortal. A cegueira e a obsessão da ideia fixa reconhecem-se nomeadamente no facto de ver até onde ela não está a rebelião que decidiu castigar no corpo de Polinices e depois em Antígona. Ela ergue-se por toda a parte no seu caminho, fantasma do seu espírito, mas que o obriga a esmagá-la. Não somente em Antígona, mas absurdamente no soldado que prende Antígona e a entrega, e que ele supõe pago pelos seus inimigos. Mais absurdamente em Ismene, terna rapariga de quem faz uma sombria conspiradora. As tímidas reservas do coro são ainda, aos seus olhos, rebelião. Rebelião, os sensatos conselhos do filho, que só procura tornar mais firme a sua autoridade. Rebelião, os silêncios como os murmúrios da cidade. Rebelião, as graves advertências de Tirésias — adivinho cúpido, vendido à conjura da sua família e da cidade! Fechado pelo fanatismo do seu carácter não só na decisão que tomou, mas nesse mundo imaginário que essa decisão construiu em redor de si e de que ela pretende manter-se senhora, não deixando entrar nela, nem o amor do filho, nem o bom senso, nem a piedade, nem mesmo o simples interesse ou a inteligência da situação — quem quebrará a obsessão, quem forçará este cerco estranho, este bloqueio erguido por Creonte contra si mesmo? O seu fanatismo entregou-o à solidão, fez dele o alvo de todos. Naqueles mesmos que o querem salvar, não pode ver senão inimigos.

«Vamos!, como arqueiros, apontai, desferi todos contra mim...»

Uma ameaça, para o final do drama, pesa sobre Creonte como sobre Antígona: é a solidão, escola e armadilha das almas ébrias de absoluto.

No entanto, não é à mesma solidão que Antígona e Creonte estão votados pela forma idêntica do seu carácter cortante.

Deste extremo parentesco de carácter, aliás, nada há a tirar contra o fanatismo em si. A intolerância é, para todas as almas combativas, a forma necessária, e a única eficaz do seu combate.

Verdadeiramente, outra coisa, que não o carácter, conta na luta e define os seres: a qualidade da alma. Antígona e Creonte manifestam, no choque das suas vontades semelhantes, não apenas uma evidente identidade de carácter, mas uma qualidade de alma tão diferente que de repente nos surpreendemos de que tenham podido aproximar-se estes dois seres. Tanto quanto são talhados em arestas semelhantes os contornos do carácter, assim difere o conteúdo da alma. Esta diferença essencial permitirá a Antígona encontrar paradoxalmente na sua morte solitária o meio de escapar a essa solidão que de Creonte vivo fará presa sua.

Assim, nestas duas personagens, se desenham duas vontades de força igual, mas orientadas para pólos opostos. Duas vontades iguais e de sinal contrário.

Em Antígona há uma alma toda cheia de amor. Antígona, áspera de aparência, tem a doçura íntima duma natureza de amante, como de amante tem o ardor. É uma ternura profunda, é um amor ardente, quase absurdo, que faz dela o que ela é, que põe nesta rapariga este furor de sacrifício, esta energia de homem, e a sua dureza e os seus desprezos. Porque a doçura torna-se dureza quando se ama, e o humilde serviço desprezo e desdém por tudo quanto não seja o amado. E o amor se torna ódio. Antígona odeia a quem quer que — sobretudo a terna Ismene, terna como ela — recuse segui-la lá aonde a leva o profundo impulso do seu amor.

Os mortos que ela amou, que ela continua a amar como vivos, viva ela, aqueles a quem incessantemente chama «os meus, meus bem-amados», são os senhores soberanos da sua alma. Entre todos, «o irmão bem-amado», esse irmão negado à paz da terra, negado às suas lágrimas, esse corpo vergonhosamente prometido aos animais, esse «caro tesouro» da sua alma, é o senhor a quem ela se deu toda, capaz só ele de a fazer amar a morte, de fazer-lha, não aceitar, mas abraçar num movimento de profunda alegria, de alegria misturada de lágrimas, mas tão intensa que para ela a dor se transforma em canto.

Como toda a paixão, este amor arde nela com uma labareda devoradora. No seu braseiro aniquilam-se enfim todos os seus outros amores, pálidos perante o brilho intenso da chama única. Os mais seguros, os mais experimentados — o de seu pai e o de sua mãe —, os mais desejados — o desse marido que Hémon não será, o dos filhos que ele não lhe dará nunca. Todos esses amores, é necessário que ela os esqueça e que, mesmo quando os chora, quando afirma a necessária ternura deles ao seu coração, chegue a renegá-los, porque um só amor enche todo o campo da sua alma, o amor de seu irmão; é necessário que a esse irmão único, insubstituível, ela leve, ao juntar-se-lhe na morte, a oferenda de um coração que não pode dividir-se. O absoluto da paixão, a sua tirania sem condições, afirma-se numa passagem singular que muitos modernos não compreenderam e cuja paternidade alguns — o próprio Goethe — tentaram ou desejaram retirar a Sófocles. É a passagem em que Antígona declara com veemência que o que fizera por seu irmão, o não faria nem por um marido nem por um filho. Porquê? Porque o irmão, diz ela, uma vez mortos os pais, é o único insubstituível. Detenhamos a nossa atenção. Não há aqui outra coisa que um sofisma do coração, uma dessas costumadas tentativas (muito costumadas no espírito grego) de fundar em razão o que é movimento primeiro da alma. Neste desvario de Antígona afirma-se, com toda a clareza, a extrema violência da paixão que a arrebata ao procedimento normal, que a leva à renegação de tudo quanto não seja o seu único objecto.

O irmão é o seu tudo. Liga-se a ele como a um amor que não pode acabar. Persegue-o na morte. É inseparável da sua duração.

«É belo para mim morrer por ele... Repousarei junto de ti, meu bem--amado... Debaixo da terra, ficarei estendida para sempre.»

Na verdade, não é nunca o seu cérebro, não é nunca um raciocínio ou um princípio que a conduzem, é sempre ao seu coração que ela segue, é a exaltação do sentimento que a lança na morte. Diz-lho Ismene desde os primeiros momentos:

«Coração que arde pela morte glacial.»

E ainda:

«Tu vais, querida e louca, fiel ao teu amor.»

Mas é a própria Antígona que define mais exactamente a sua natureza no verso cintilante em que proclama a sua recusa de odiar em Polinices o inimigo da sua terra:

«Eu não nasci para partilhar o ódio, mas para partilhar o amor.»

Pura natureza de amorosa, que não põe ao amor nenhuma condição, nenhuma restrição... Mas a densidade da expressão grega é aqui dificilmente traduzível. «Eu nasci», diz Antígona, «— é a minha natureza, o meu ser... — para partilhar o amor: para o dar e para o receber, para viver na comunhão do amor.»

Não nos iludamos. O acto de Antígona é-lhe ordenado pela sua natureza antes mesmo de lhe ser prescrito pelos deuses. Nela, o amor está primeiro, «é de nascença». Se não amasse seu irmão, não descobriria em si essas leis divinas, eternas, não escritas, que lhe ordenam salvá-lo. Essas leis, não as recebeu ela de fora: são as próprias leis do seu coração. Digamos, pelo menos, que é pelo coração, no impulso do amor, que ela acede ao conhecimento da vontade divina, à claridade da exigência espiritual. Amor carnal, no sentido de que se trata do amor de um corpo. É ao amor do corpo fraterno que Antígona vai buscar toda a força de revolta que a levanta contra a vontade dos homens, toda a força de obediência que inteiramente a submete a Deus.

Reconheçamos o amor pelo poder de amplitude, pela sua força fecundante. Se é um Eros que manda Antígona ao suplício, e se este Eros, exclusivo e cioso como todo o Eros, parece fechar esta alma a tudo quanto não seja a salvação fraterna, não é também ele — Eros Gerador — que a fecunda com a mais alta realidade que há no mundo de Sófocles, a Palavra divina? Antígona traz consigo e mostra à luz do dia esta Palavra com uma irradiante segurança. A morte, para ela, nada é, agora que concebeu e amadureceu no amor este fruto esplêndido. Diz Antígona:

«Não são de hoje, nem de ontem, as leis dos deuses, são de sempre... Se eu morrer antes de tempo, sei que a morte é para mim um ganho... um mal que não conta. Desgraça teria sido deixar sem sepultura o filho de minha mãe... O resto é-me indiferente.»

Indissolúveis são em Antígona o testemunho prestado à lei divina, o dom da sua vida, o amor de seu irmão.

Tal é o destino de Antígona no amor. Dele assume a vocação mortal e, se dele conhece a cegueira, colhe nele também essa lucidez do olhar que visa o centro do ser, essa autoridade de mensagem que o amor concede às almas mais altas.

Daí esse verso singular, já citado, quase incompreensível: «Eu não nasci para partilhar o ódio, mas para partilhar o amor.»

Disse eu, e diz-se à saciedade, que este verso define Antígona, mas é evidente que a define ultrapassando-a. Porque temos também de observar que Antígona nem sempre conforma com ele os seus actos. Ela trai esta palavra quase profética, ao mesmo tempo que lhe permanece fiel. Há ali uma declaração que é arrancada ao devir de Antígona, ao para além de ela própria, pela natureza profunda de Antígona, ou antes, pelo seu devir, dela própria desconhecido. Uma palavra arrancada pela violência do conflito trágico ao próprio poeta. A sua personagem, neste rasgo, ultrapassa-o, ultrapassa também os séculos...

Em Antígona, tudo é amor, ou tudo o será. Em Creonte, tudo é amor-próprio, entendido no sentido clássico: amor de si mesmo.

Sem dúvida, Creonte, de uma certa maneira, ama os seus: sua mulher, seu filho, os seus súbditos. Mas ama-os sobretudo na medida em que eles manifestam e servem a sua força, instrumentos e argumentos do seu Eu. O que significa que os não ama. A infelicidade deles é-lhe indiferente, só a perda deles o fere. O seu ser é-lhe inteiramente inacessível. Não compreende nada nem ninguém fora de si mesmo, esse Si que completamente o ocupa, aliás sem por isso ver mais claro em si.

Todo o amor lhe está fechado. Todo o amor que diante de si se exprime, imediatamente o fecha. O de Ismene pela irmã, o de Hémon por Antígona. Amor não é para ele outra coisa que desrazão — fora da união carnal. Quando lhe perguntam se realmente mandará matar a noiva de seu filho, responde com uma completa grosseria que não é mais que uma total incompreensão do amor:

«Ele encontrará outros ventres para lavrar.» ·

Assim ignora o amor, e assim ignora o filho.

Creonte odeia e despreza o amor. Tem medo dele. Teme este dom que o obrigaria a abrir-se a outrem e ao mundo. Porque Creonte — e nisto atinge-nos num dos perigos de nós próprios — alimentou em si o gosto do poderio até ao ponto em que ele se inverte em impotência. Impressiona-nos que com todos os atributos do poder a acção de Creonte acabe por revelar-se pura impotência. Este homem traz em si autênticas verdades: a essencial esterilidade desta natureza rebelde ao amor torna infecundas essas verdades. Ao tomar a defesa da cidade, ameaçada pela traição de Polinices e pela indisciplina de Antígona, Creonte parece por um instante consagrar-se a um objecto que o excede. Na sua luta pela salvaguarda da ordem pública, no seu combate contra aqueles a quem chama, Hémon incluído, os anarquistas, Creonte dispõe, de começo, de todos os argumentos capazes de nos convencerem. Nós sabemos que a comunidade precisa, num perigo extremo, de ser defendida contra as Antígonas. Sabemos que não há, na profissão de fé política que Creonte faz perante o seu povo, a menor hipocrisia. Mas também não há amor. A natureza de Creonte é, em seu princípio, infecunda. Toda a verdade, de que ele se apresenta como honesto portador, se revela neste solo ingrato verdade cerebral, semente vazia.

Quando Creonte treme de cólera pela cidade posta em perigo, não será antes de medo que ele treme, de medo por si mesmo? O fundo deste grande rei é o medo. O medo sempre ligado à impotência. Em volta da sua pessoa, cada vez mais entrincheirada no medo, Creonte não vê senão inimigos e conspirações. A cidade fala-lhe claramente pela voz dos velhos: o medo fá-lo atrever-se a enfrentar estas advertências. Os deuses falam-lhe: o medo leva-o a horríveis blasfémias, porque ele desconfia que os deuses de Tirésias se passaram para o campo dos adversários. À medida que a peça avança, a cortina de idealismo que ele descera entre si próprio e o povo, quando do seu discurso do trono, desvanece-se, frágil. Os acontecimentos obrigam-no a dizer claramente o que a si próprio escondia. Não é já a cidade que reclama o castigo dos traidores, é o terror que cresce e reina no seu Eu. Forçado no retiro onde se esquivava sob o véu de verdades não assumidas no compromisso do amor, o Eu afirma-se diante dos homens e dos deuses na sua medrosa nudez. O homem que se apresentava gloriosamente como defensor exemplar da comunidade não é mais, descoberto aos nossos olhos, que o Indivíduo puro.

Porque não amou senão o seu próprio poder, a sua única personagem, a ideia lisonjeira que de si mesmo fazia — mas seria isso amar? —, Creonte está finalmente condenado à solidão. Filho, mulher, poder, tudo perde ao mesmo tempo. Ei-lo reduzido a esse pobre invólucro de si mesmo, que em vão inchara de falsa autoridade. Também Antígona — disse-o já — estava só no momento de abandonar a vida. Ninguém, nem sequer o coro, concedia lágrimas à sua sorte, na sua lenta caminhada para o túmulo onde ia ser enterrada viva. Contudo, a solidão patética de Antígona era apenas aparente. Solidão necessária a toda a criatura humana no seu último combate. Mas não solidão da alma. Antígona, mesmo nesse momento, tem consigo os seus mortos, o irmão bem-amado. O amor uniu-a à totalidade divina. Ao passo que Creonte, no centro desse círculo de piedade onde o poeta instala toda a criatura sofredora criada pelo seu génio, surge reduzido à mais desértica solidão: os deuses que ele pretendia aliciar ferem-no, a cidade abandona-o, e os seus mortos — esse filho e essa mulher monstruosamente sacrificados à hipertrofia do seu Eu —, longe de serem no seu coração quentes presenças, uma vida querida e nutriente, nada mais são aos seus olhos, que procuram ainda apropriar-se deles, que cadáveres.

Contudo, este Creonte, este Creonte assustador e desolado, esta figura do erro humano, coloca-a também o poeta em nós, não apenas como uma advertência, mas como um ser fraterno. Ao longo de todo o drama, e, neste derradeiro minuto, com uma extrema densidade, Creonte viveu em nós como uma parte autêntica da nossa pessoa. Culpado, decerto, ele o é, mas demasiadamente próximo dos nossos próprios erros para que pensemos em condená-lo do alto de qualquer princípio abstracto. Creonte faz parte da nossa experiência trágica. À sua maneira, ou no seu lugar, ele tinha razão e era preciso que agisse como agiu para que o poema de Sófocles pusesse em nós o seu fruto, que é o conhecimento integral que tomamos da nossa pessoa divina e do mundo em que é destino dela agir.

Somos, pois, ao mesmo tempo, Antígona e Creonte e o seu conflito. É este um dos rasgos mais claros do génio de Sófocles: fazer-nos participar da vida de cada uma das personagens de maneira tão íntima que a cada uma delas, no momento em que está diante de nós e se exprime, não podemos fazer outra coisa que dar-lhe razão. É que cada uma delas fala e vive em nós: nelas, é a nossa voz que ouvimos, a nossa vida que se descobre.

Sófocles não é um desses escritores que nos dizem grosseiramente: este tem razão, este não tem razão. O seu amor por cada um dos seres nascidos de si é tão forte que cada um deles tem razão no lugar que ocupa no mundo do poeta. A cada um deles aderimos como a um ser verdadeiro, duma verdade por nós próprios experimentada. Até o jovem soldado que, no momento em que fala, está contente por salvar a vida graças à captura de Antígona e se lamenta por entregá-la ao príncipe que a castigará — esse rapaz ingénuo tem razão plena em nós. Razão de salvar a pele e de estar contente por consegui-lo. E nós teríamos feito o que ele fez. Razão de ser fiel à sua natureza, que é uma parte importante de toda a natureza de homem. Razão sobre a terra firme onde todos estamos postos. E a instável Ismene também tem razão de ser simplesmente e puramente, contra a viril Antígona, uma terna natureza de fraca mulher, sábia na sua fraqueza conhecida e consentida e de súbito tão forte como sua irmã, no seu brusco ardor de sacrifício.

E se Antígona tem razão, supremamente razão no zénite da tragédia, a essa altura do heroísmo puro a que a sua natureza lhe permite subir e para que nos convoca, também Creonte contra ela e em nós tem razão, praticamente razão, ao nível necessário da política, no plano constrangedor da cidade em guerra. Mesmo levados pelo desenrolar do drama a não dar razão a Creonte por ter confundido o seu prestígio e o bem do Estado e apenas por isto, não nos desligamos humanamente dele: o seu erro é por demais natural, por demais inscrito na natureza perigosa da acção política, para que o não confessemos como uma parte de nós próprios. Sabemos, aliás, com Creonte, que tudo é legítimo para o poder, na comunidade posta em perigo pela «anarquia» duma Antígona que é a do Espírito que sopra perigosamente onde quer. Sabemos também, mais obscuramente — e é essa a desgraça das cidades —, que, as mais das vezes, são os Creontes que as defendem. São feitos para esta tarefa. Melhor ou pior, eles a fazem: nela se sujam, nela se perdem, porque poucas tarefas há que exponham mesmo um bom operário a mais ingratos erros. Através destes erros, os Creontes guardam contudo à sua natureza — baixa, porque não se salvam os Estados com nobres pensamentos, mas com actos rudes e grosseiros — uma espécie de fidelidade. Esta ligação, na nossa vida, da acção à baixeza conhecemo-la, como uma necessidade da nossa condição, uma das partes mais pesadas da nossa natureza. Somos feitos do tosco barro de Creonte — para quê contestá-lo? — muito antes de sermos animados pela viva labareda de Antígona. A região menos confessada do prazer trágico, aquela que exige da parte do poeta um incrível esforço de arte e de amor, é essa piedade lúcida, essa corajosa confissão de fraternidade que de nós arranca para com os «maus». Seria fácil lançá-los fora da nosa alma. Mas a verdade da arte e o nosso prazer são a este preço: é preciso que as confessemos.

Assim Sófocles acorda as figuras adormecidas do nosso ser. Faz falar as nossas vozes mudas. Traz à claridade da consciência a nossa secreta complexidade. Tudo o que se procurava em nós e se estreitava envergonhadamente na escuridão, agora se conhece e combate a rosto descoberto. O conflito das personagens é o nosso e põe-nos em perigo. O desenlace faz-nos tremer. Mas também trememos de alegria, deslumbrados de prazer por ver assim postas à luz do dia as riquezas inexploradas da nossa vida possível. Pois é bem o tesouro do nosso possível que o poeta desdobra diante de nós. É o nosso devir que se desenrola. Primeiro no túmulo e na desordem do combate. Mas o poeta trágico instala em plena luz esta desordem da nossa vida interior e do mundo precisamente para dela tirar a ordem. Do conflito trágico propõe-se ele tirar um prazer mais alto que a simples enumeração das nossas riquezas: o da sua disposição e da sua valorização. Chocando um contra o outro os temas trágicos que nos dilaceram, e sem nada deixar perder das nossas riquezas recuperadas, compõe finalmente, para nossa sedução, a magia de uma música que, exprimindo-nos inteiramente, nos forma e nos arrasta para novos combates.

A tragédia *Antígona* visa pois a ordenar as figuras do nosso ser num equilíbrio em que o nosso mundo interior, espelho do conjunto das coisas, se continua e se explica. A operação trágica e o prazer que ela nos dá resolvem em harmonia os valores antagonistas que as personagens nos propõem. Valores, de um certo ângulo, mais largo ou mais estreito, todos válidos, mas que a arte do poeta, depois de os ter feito jogar um contra o outro, experimentar um pelo outro, coloca e hierarquiza um em relação ao outro. Assim teremos um após outro, ou antes, um no outro, o prazer da complexidade da vida, da riqueza do nosso ser e o da sua unidade, do seu «sentido». O prazer de possuir toda a nossa vida na profusão das suas tendências e o de escolher a sua «direcção».

Valores, pois, modos de vida válidos se propõem e parecem tactear-se um ao outro, até que encontrem em nós o seu movente equilíbrio. Creonte e Antígona são como duas zonas da vida humana que se buscam para se apoiarem uma na outra e que finalmente se graduam.

Em Creonte é-nos proposta uma ordem em que o Estado se situaria no cume do pensamento e dirigiria toda a acção. Para Creonte, a cidade impõe aos vivos o seu serviço e é a sua conduta cívica que regula a sorte dos mortos. Honrar Polinices, diz Creonte, seria ultrajar Etéocles. Creonte crê nos deuses, mas os seus deuses vergam-se estritamente a esta ordem cujo pólo é cívico: estão, como os homens, comprometidos no serviço do Estado. Creonte está fechado a deuses que não tenham por primeira função assegurar a estabilidade do Estado e por consequência punir os rebeldes. Quando Tirésias lhe faz entender a linguagem dos deuses, que são outra coisa que não isto, blasfema. Deuses e sacerdotes são funcionários, ou não o são. Os deuses estão nacionalizados (como tantos outros na história). Defendem fronteiras. Honram o soldado que cai ao defender as mesmas fronteiras que eles. Castigam quem quer que, fora ou dentro — Polinices ou Antígona —, se recuse a conhecer a ordem estabelecida e garantida por eles, a autoridade suprema do Estado...

O limite da ordem de Creonte é o fascismo.

Frente a este mundo de Creonte, em que tudo está /no Estado, eis, mais vasto, o cosmos de Antígona. Ao passo que Creonte submete o homem e os deuses, e todo o valor espiritual, à ordem política e nacional, Antígona, sem negar os direitos do Estado, limita-os. Os decretos de um homem, diz ela, desse homem que fala em nome do Estado, não podem prevalecer sobre as leis eternas de que a consciência é depositária. Antígona não contesta a lei dos homens, mas afirma a existência duma realidade superior que, a ela, lhe foi revelada no amor que dedicava a seu irmão. A esta realidade imediatamente inscrita na sua consciência, sem livro nem sacerdote — «lei não escrita», precisa —, considera Antígona que deve submeter-se a ordem política, pelo menos nesta circunstância precisa que foi para ela a ocasião desta tomada de consciência.

Este dado da consciência é um absoluto: a distinção entre o bem e o mal, tal como a define a ordem política, apaga-se diante dele. A Creonte que se indigna:

«Mas deverá o homem de bem ter a mesma sorte que o criminoso?»

Antígona responde claramente:

«Quem sabe se as vossas fronteiras têm sentido entre os mortos?»

Verdadeiramente, Antígona — e é muito importante notá-lo — não contesta a Creonte o direito de a condenar à morte. Limita-se a manifestar, pela sua morte livremente escolhida, o primado da ordem espiritual, que ela encarna, sobre a ordem política. Nada mais, mas nada menos também. Na sua alma aprendeu ela uma realidade: ao morrer, testemunha que esse bem é superior à vida.

Assim, enquanto a ordem de Creonte tende a negar Antígona e se esforça por aniquilá-la, Antígona, em contrapartida, não nega Creonte e, se Creonte é o Estado, não contesta a legitimidade da sua existência. Antígona não nos tira esse Creonte que nós reconhecemos como parte do nosso ser. Não o aniquila, antes o coloca no seu lugar, o classifica. Grande é o nosso prazer ao sentirmos que nada do que na nossa natureza pede para viver é abafado ou mutilado pelo desenvolvimento e desenlace do conflito trágico, mas antes ajustado e harmonizado. Este conflito Antígona-Creonte, apoiado pela presença de valores secundários, mas todos autênticos e preciosos, que as outras personagens propunham, não se resolve, com efeito — apesar do sangue dos suicídios e dos gritos do desespero —, em destruição dos laços que possuíamos em cada um desses seres opostos: todas as personagens permanecem vivas e princípios de vida nesta harmonização recíproca a que as vergam o génio do poeta e a soberania da sua criatura eleita — Antígona. Porque esta Antígona, repudiada por todos ou separada de todos, é finalmente por todos confessada como rainha e senhora de suprema verdade.

Nesta harmonia que a tragédia faz nascer em nós, nada nos enche de mais profunda alegria que o triunfo de Antígona sobre Creonte, que a certeza da verdade de Antígona em relação a Creonte.

Antígona é liberdade, Creonte é fatalidade: é aqui que está o sentido do drama e o eixo do nosso prazer.

Antígona é o penhor do primado da alma livre sobre as forças de servidão que a cercam.

Antígona é uma alma livre que recebeu o dom da liberdade no comprometimento do amor. Em todos os momentos do drama acompanhamos o seu irresistível impulso para um infinito de liberdade. Na sua essência, ela parece anárquica. Ela o é, e nisso Creonte não se engana — pelo menos numa sociedade em que o poder não conhece o seu domínio e o seu limite. O que é o mesmo que dizer que Antígona é «anarquista» numa sociedade anárquica. De resto, em todas as sociedades históricas, a liberdade da pessoa chocou sempre, até aqui, com a autoridade do Estado. Existe uma necessidade da comunidade, existe uma fatalidade da sociedade. Creonte recorda-o com rigor. Ele próprio é a expressão dela, no que essa ordem pública tem de necessário, de rigoroso e, por vezes, de ofensivo.

Na sociedade histórica em que Antígona nasceu, e na nossa ainda, Antígona tem de morrer. Mas a alegria que por esta morte experimentamos seria completamente inexplicável se ela não significasse que a exigência fundamental de liberdade que ela manifesta está em acordo, como Antígona o declara, com as leis secretas que regem o universo. A sua morte não é mais que um modo da sua existência transferida em nós. Ela é o princípio da nossa libertação em relação à ordem de fatalidade que ela combateu. A sua morte condena a ordem de Creonte. Não a ordem de todo o Estado, mas todo o Estado cuja ordem ofusque a livre respiração da nossa pessoa. Graças a Creonte, sabemos, melhor ou pior, que o cidadão é solidário da sorte da comunidade, que esta tem direitos sobre ele, que ele deve defendê-la, se ela merece ser defendida, e que a sua vida — não a sua alma — lhe pertence em caso de necessidade. Mas sabemos também, graças a Antígona, que num Estado que falta à sua tarefa, o indivíduo dispõe duma força revolucionária ilimitada, à qual vem associar-se o jogo das leis secretas do universo. Se, por outro lado, a força explosiva da alma, reprimida no impulso da sua liberdade, tende à destruição das fatalidades que a oprimem, a sua acção, longe de ser puramente destrutiva, é geradora de um mundo novo. Se a sociedade, tal como está feita, ainda entregue à pressão das forças trágicas, não pode deixar de esmagar as Antígonas, a existência das Antígonas constitui precisamente a promessa e a exigência duma sociedade nova, refeita à medida da liberdade do homem, uma sociedade em que o Estado, reconduzido ao seu justo papel, não será mais que o garante das liberdades desabrochadas, uma sociedade em que Creonte e Antígona, reconciliados na história como o estão já no nosso coração, assegurarão pelo seu equilíbrio o livre florescimento da nossa pessoa no seio duma comunidade razoável e justa.

É numa tal promessa que se enraíza profundamente o prazer trágico. As mais altas tragédias a contêm e a explicitam. Entre todas, *Antígona*.

O prazer que a tragédia nos dispensa não é pois somente repouso em nós de um conflito de tendências contrárias, postas à luz pelo espectáculo, conflito saneado e apaziguado pela claridade salubre da consciência. É também tensão nova: estas forças vitais que se contrariavam em nós, passa o prazer a conjugá-las num feixe de energias tendidas para a conquista e o gozo desse mundo novo prometido pelo poeta.

E já nessa terrível narrativa em que conhecemos a morte de Antígona, nesse supremo minuto do drama em que Creonte cai sobre o corpo do filho, se a atroz visão da rapariga enforcada, se a nudez do desespero de Creonte nos inundam de alegria, é porque uma certeza nos trespassa, é porque uma violenta confiança em nós próprios nos levanta frente ao destino: sabemos que nesse minuto da tragédia um mundo humano começou a nascer, um mundo onde nenhuma Antígona será jamais condenada ao suplício, nenhum Creonte mergulhará no embrutecimento da dor, porque o homem, empunhando a espada que o dividia e agora igual à fatalidade, terá vencido as forças trágicas.

II

ESCULPIR A PEDRA — FUNDIR O BRONZE

Os Gregos são escultores, tanto quanto poetas. Mas conhecê-los e prestar-lhes justiça na luta que empreendem com o mármore, com o bronze, para deles tirar a imagem do homem e da mulher — essa gloriosa forma humana que será para eles o rosto múltiplo de Deus —, eis uma tarefa difícil, por falta de documentos autênticos.

Nunca se reconhecerá bastante a nossa ignorância, no limiar de todo e qualquer estudo sobre um ou outro dos aspectos da civilização grega.

Os museus de Roma, de Londres, de Paris — todos os museus de antiguidades do mundo inteiro — transbordam de um povo inúmero de estátuas que desconcerta, ao mesmo tempo, pela abundância e pela ausência. O visitante passa em revista esta turba ilustre e muda. Espera que um sinal lhe seja feito. Ao longo das salas, o seu olhar não capta nada, nem o menor indício de um estilo original, há muito tempo desaparecido. Não é apenas porque estes destroços recolhidos num museu são estátuas agora desligadas da função que lhes era própria: mostrar na cidade o deus aos seus fiéis. É ainda, e sobretudo, porque não se encontra nesta incrível assembleia mais que um amontoado de subprodutos, de cópias helenísticas e meio mortas de obras que se repetem vinte vezes para melhor se contrafazerem. Canhestras imitações das obras--primas clássicas com que os nossos manuais nos moem os ouvidos desde a infância: nada de autêntico, nada de convincente. Quando muito, uma ou outra excepção. As estátuas e os baixos-relevos da época arcaica são esculpidos pela mão ousada e inábil ainda daquele que os concebeu. Mas, para a arte da época clássica (séculos V e IV) — postos de parte as estátuas e os relevos dos frontões e dos frisos — uma *só* obra original de um mestre, o *Hermes* do singular

Praxíteles, saída das mãos do seu autor. Aliás, o *Hermes* não nos é dado pelos antigos como uma das obras exemplares do estilo praxiteliano. Quanto às estátuas dos frontões, aos relevos do friso do Parténon, depositários da arte clássica de Fídias, a maior parte deles perdem o brilho, encerrados num museu, nos nevoeiros londrinos. Mas não foi para este céu coberto que o cinzel de Fídias talhou no mármore a forma rigorosa e nobre dos deuses do Olimpo, dos magistrados, dos cavaleiros e das raparigas de Atenas.

Tal é, muito sumariamente dito, o estado deplorável e desanimador das fontes do nosso conhecimento da estatuária antiga. Acrescentemos algo mais, que não menos contribui para nos induzir em erro. A maior parte dos mestres da plástica antiga não foram escultores de pedra, mas bronzistas. Nomeadamente, três dos maiores artistas da idade clássica: Míron e Policleto no século V, Lisipo no século IV: nenhum bronze saído das suas mãos chegou até nós. Se os grandes museus não nos apresentam, a maior parte das vezes, senão mármores e pouquíssimos bronzes, é porque os originais dos bronzistas desapareceram desde o fim da Antiguidade. Para conhecer e julgar as obras destes grandes artistas, não possuímos pois senão cópias tardias e feitas *noutra matéria*, que não aquela em que foram criadas. Os séculos que se seguiram à idade da civilização grega preferiram, em vez de conservar as obras-primas de bronze, refundi-las para fazer delas sinos ou soldos, e mais tarde canhões.

Estas breves reflexões eram necessárias para dizer a que ponto a nossa ignorância em matéria de arte plástica grega (e não falemos já da pintura) limita estreitamente o que dela podemos entrever. Nunca ou quase nunca tocamos em algo de original. Sempre ou quase sempre em obras de segunda mão, quando não de quarta ou quinta.

*

No entanto, ao primeiro contacto, as coisas pareciam muito simples. O povo grego é filho de um solo feito todo ele de pedra. Parecia natural que os artistas gregos tivessem tirado desse solo o mais belo dos materiais de escultura, o mármore, para dele fazer as imagens duradouras dos deuses imortais.

Mas isto não se passou com essa simplicidade. Que nos mostra, com efeito, a escultura grega *primitiva*, do povo grego ainda *primitivo?* Absolutamente nada. Porquê? Porque não conservámos nenhuma obra dos séculos IX ou VIII. Nessa época, os artistas não esculpiam nem o mármore, nem sequer a pedra mole. *Talhavam a madeira.* Para esculpir a pedra, e já para talhar a madeira, foi necessária aos Gregos uma longa aprendizagem, uma lenta educação das gerações, uma progressiva adaptação do olho à realidade que o artista se propunha reproduzir. Sobretudo uma formação da primeira ferramenta de que deve dispor o artista — uma formação da mão.

O artista grego primitivo, sem ter a ideia de que os seus sucessores acometerão a pedra, talha a madeira como um camponês. Talha as imagens ainda rudes dos deuses temíveis que adora. Dar-lhes figura humana, é exorcizá-los — reduzir o desconhecido ao conhecido —, é retirar-lhes o seu poder maléfico.

Mas ainda aqui é precisa ao artista uma *formação*. Esta formação é a sociedade a que ele pertence que lha dá, no quadro do ofício que escolheu. O meio social permite-lhe arriscar-se, e a sua vocação exige que se arrisque a esta operação cheia de perigos: o artista ousa, quando à sua volta se adoram a maior parte das vezes pedras brutas, feitiços, exprimir o divino e exprimi-lo *através do humano:* ousa dar a forma do homem e da mulher a esses deuses sobre os quais a poesia conta uma multidão de histórias muito humanas. «A mitologia», escreveu-se já, «não é apenas o arsenal da arte grega, mas o seu seio materno.»

No século V, e mais tarde ainda, podia-se ver no mais antigo dos santuários de Atenas, o Erecteion, reconstruído depois do incêndio das guerras medas, um antigo ídolo de Atena, esculpido na madeira (e na noite dos tempos) e que se julgava caído do céu. A deusa, desligada da sua imagem, ali ia por vezes residir, ao apelo do seu povo. Retendo a deusa no templo, os Atenienses pensavam dispor do seu poder divino.

Todos os velhos santuários possuíam destas imagens de madeira, quase sempre «caídas do céu». Contudo, o nome com que as designavam indicava que as sabiam confusamente talhadas por mão de homem. Eram os *xoana* (no singular, *xoanon*). A etimologia da palavra mostra que as consideravam «peças trabalhadas», por oposição precisamente às pedras brutas que eram os antigos feitiços. Um historiador antigo diz dos *xoana* que eles tinham os olhos fechados, os braços colados aos flancos. Eram adorados ainda em alguns templos no tempo de Pausânias (século II da nossa era). Eram sagrados, conservados cuidadosamente, pintados de branco ou vermelhão, e possuíam por vezes um completo guarda-roupa. Os cépticos troçavam deles, os simples veneravam-nos.

A arte grega, das origens à época clássica, é na verdade um longuíssimo caminho, eriçado de obstáculos de diversa natureza. Obstáculos técnicos, sem dúvida: adaptação do olho e da mão. Mas também obstáculos com que as crenças e superstições mágicas do tempo enchem o cérebro do artista. Porque, enfim, como o disse Miguel Ângelo: «Não é com a mão que se pinta, mas com o cérebro; e quem não puder ter o cérebro livre cobre-se de vergonha.» É lutando contra estes obstáculos que o artista cria a sua obra. De cada vez que ultrapassa um deles, realiza uma obra válida.

Em relação ao deus, que é sua missão representar, o artista está empenhado numa série de esforços em que se juntam o respeito do divino e a audácia do homem em enfrentá-lo — aquilo a que a tragédia grega chama o *aidôs* e a *hybris*.

Os embaraços do crescimento, se por um lado são entraves, são também incitamentos à criação capaz de os afastar.

Uma longa jornada que nós vamos tentar refazer, procurando, sobretudo com a ajuda de raras obras autênticas, determinar as direcções que elas assinalam. A arte grega é profundamente *realista* desde as origens. Floresce em *classicismo*. Mas qual é o sentido destas palavras tantas vezes desnaturadas: realismo e classicismo? Este é o objecto principal das páginas que se seguem.

*

Partamos dos *xoana*. Para fazê-los, o artista havia tomado um tronco de árvore bem direito. Dele cortara um pedaço um pouco maior que a estatura humana. («Os deuses são maiores que os homens.») Na rotundidade do tronco, colando os dois braços ao longo do corpo, encerrando no vestuário ou na imobilidade as duas pernas aprumadas no solo, conservando no conjunto uma simetria rigorosa, o artista apenas fizera sobressair do resto do corpo e sumariamente marcara as principais articulações da arquitectura humana. No corpo do deus masculino, o membro viril era claramente indicado. No corpo da deusa, o seio aparecia apenas acentuado sob o vestido.

Depois — segunda etapa da aprendizagem da mão, que a luta contra a matéria tornara mais ágil e mais firme — os Gregos acometeram a pedra macia, o calcário. Estamos nos meados do século VI. Já a poesia épica concluiu a sua carreira gloriosa, mas não está esquecida: recita-se a *Ilíada* e a *Odisseia* nas festas das cidades. O lirismo dominou a beleza da forma poética associada ao canto. A escultura balbucia ainda. Porque a luta é aqui mais dura: corpo a corpo do olho, da mão e do pensamento com a matéria.

Eis *Hera de Samos* (museu do Louvre), uma das primeiras estátuas da Grécia, entre as que se conservaram. Data de cerca do ano de 560. Naturalmente, esta obra não é um *xoanon*. Nenhum *xoanon* chegou até nós. Mas esta estátua reproduz, com toda a evidência, o estilo tronco de árvore. Toda ela é redonda. A base é circular, graças à túnica que o escultor fez cair até ao solo, canelada de múltiplas pregas verticais. As vestes que a envolvem fazem dela, dos pés aos ombros (a cabeça desapareceu), um tronco de árvore que mal deixa entrever a sua encarnação feminina. A base do corpo ergue-se cilíndrica, sem que alguma coisa das pernas se possa adivinhar sob o tecido. Nem a cintura nem as ancas estão indicadas. O ventre quase nada. Mais acima, o leve inchar dos seios aparece sob o vestuário. O dorso da estátua é mais trabalhado. A espinha dorsal começou a nascer para os olhos do escultor. Viu também e reproduziu a depressão lombar. As coxas e as pernas, em compensação, tanto atrás como à frente, permanecem encerradas, invisíveis e presentes, na sua bainha.

Em baixo, a longa túnica ergue-se para deixar aparecer os dois pés, os dez dedos alinhados para o adorador de Hera que sabe contar.

Esta Hera parece ainda mais um tronco que se anima e se torna mulher que a reprodução de uma criatura divina. Mas o divino não se «reproduz»: é sugerido ao coração atento. Da árvore, a deusa apenas reteve a sua maneira de animar-se crescendo: a estátua sobe do solo para a vida. Nenhuma impressão de insuficiência nos toca ao contemplá-la. Ela é esplêndida como um nascimento... Apenas o crítico frio e objectivo dirá que a imperfeição da mão não acompanha ainda a exacta ousadia do olho. E tem razão.

*

Do século VI, as escavações deram-nos, por felicidade, um número assaz grande de estátuas originais. Os seus autores não gozaram, nos últimos séculos da Antiguidade, da voga que levou os Alexandrinos e os Romanos a espoliar ou a reproduzir, falsificando-as, tantas obras célebres da época clássica. Estas estátuas arcaicas não estão assinadas por um dos «grandes nomes» da arte estatuária. A sua obscuridade foi a nossa sorte.

No entanto, estes mestres anónimos, que designamos em geral pelo nome do local onde foi encontrado o rapaz ou a rapariga (o deus ou a deusa) criados pelas suas mãos, não foram, no seu tempo, menos grandes que os Fídias ou os Praxíteles. Encontraram incríveis dificuldades para a realização das suas tentativas. Venceram-nas baseando-se na longa sequência de esforços dos seus predecessores. O carácter colectivo da criação artística surge aqui claramente. Mas a estes esforços juntam eles, de cada vez, um esforço novo, no qual manifestam o seu próprio génio. As suas obras, colocadas nessa falsa perspectiva histórica que faz da arte arcaica a «preparação» da arte clássica, podem parecer ainda tímidas e canhestras. Mas, tomadas em si mesmas, e cada uma na sua originalidade própria, revelam-se singularmente ousadas, não apenas sedutoras, mas exaltantes. A parte da tradição que assimilam não as impede de exprimir com força a novidade da sua conquista. Porque esta conquista não é apenas a sua: é também a de um povo que, afeiçoando os seus deuses, sobe à mais clara consciência de si mesmo e da sua força.

A arte grega arcaica liga-se quase exclusivamente a dois tipos essenciais. Dois, e não mais. O rapaz nu *(couros)*, a rapariga vestida *(coré)*.

Este rapaz nu é, primeiramente, o deus na plenitude da juventude. Os arqueólogos deram o nome de Apolo à maior parte deles. Do mesmo modo se lhes poderia chamar Hermes. Ou mesmo jovens Zeus. Estas estátuas de *Couroi* podem ser também imagens de atletas vencedores. Não é grande a distância que vai do homem moldado em beleza pelo desporto aos habitantes do Olimpo. O Céu é feito à imagem da Terra. Que os heróis sejam chamados por Homero «semelhantes aos deuses», isso não honra apenas os heróis perfeitos, mas igualmente os deuses, em nome dos quais se celebram os grandes jogos nacionais de Olímpia, de Delfos ou doutra cidade. Não é verdade que noutro tempo se viram os deuses correr, em carne e osso, sobre a pista dos estádios? É natural que os deuses sejam concebidos à imagem dos jovens formados na beleza corporal pelos exercícios da palestra.

Neste tipo do *Couros*, o escultor grego aprende a anatomia. Nos ginásios, a juventude masculina anda quase nua: basta lá ir olhar. Nestes costumes encontramos uma das razões essenciais dos progressos rápidos da escultura que nasce e uma das razões do seu carácter realista. O povo inteiro, que olha uma estátua de *Couros,* de pé, num santuário, viu na corrida pedestre o jogo dos músculos no corpo do campeão.

 É certo que no século VI o escultor está ainda longe de apreender este jogo com exactidão. Limita-se a aprender, passo a passo, o ABC da musculatura. Não se atreve sequer a representar este corpo em movimento. Nem um gesto à direita ou à esquerda. Nem uma inclinação da cabeça. A anatomia é ainda rudimentar.

 O rosto é caracterizado por alguns traços singulares. Os olhos são ligeiramente salientes, prestes a saltar das pálpebras pesadas. Isolado, este olhar teria qualquer coisa de bravio. Digamos antes que o olhar parece tenso pela atenção. E como conciliar estes olhos com o sorriso da boca? Que dizer, aliás deste sorriso? Sobre ele, os historiadores de arte antiga longamente disputaram. Para uns, o sorriso arcaico é uma simples inabilidade técnica. Porque, dizem eles, é mais fácil representar a boca sorrindo que em repouso. Quem acreditará neles? Para outros, este sorriso é «profiláctico»: deve expulsar os maus espíritos, prevenir a desgraça. Não será muito mais simples pensar, uma vez que a estátua representa um deus, que pareceu natural mostrar em alegria esses deuses que Homero entregava ao «riso inextinguível»? O sorriso das estátuas arcaicas é o reflexo da alegria de viver eternamente, privilégio dos bem-aventurados.

 Os ombros dos *Couroi* são tão fortes quanto é delgada a cintura; as ancas apertadas ao ponto de se mostrarem fugidias. O ventre é chato: o artista ignora-o — superfície lisa, furada pelo umbigo. Dois músculos peitorais muito salientes fazem as vezes de toda a musculatura do peito. As pregas da virilha, em contrapartida, são marcadas com decisão.

 Os braços mantêm-se verticais e como que apoiados ao longo do torso. Juntam-se ao corpo, de punhos fechados, no nascimento das coxas. Reserva de energia em repouso.

 Quanto às pernas, suportam igualmente, uma e outra, o peso do corpo. A estátua não anda. Contudo, uma das pernas adianta-se um pouco em relação à outra. Sempre a esquerda. Temos aqui um indício da influência da escultura egípcia na escultura grega. Na arte egípcia, é por razões rituais que a perna esquerda é posta à frente. Não parece que tais razões tenham justificado esta posição na terra grega. Este avanço de uma das pernas não determina aliás nenhuma deslocação do equilíbrio na rigorosa simetria do corpo inteiro.

 Quanto mais observamos o *Couros,* mais nos surpreende a força extraordinária de que ele dispõe. Pernas sólidas, corpo estreito que se alonga e se dilata para sustentar a barreira robusta dos ombros. Por cima dela, a cabeça ri de alegria, ri da sua própria força. Força que não é destituída de sedução. Certos *Couroi* não se contentam de amedrontar: fazem sonhar, também. Há no tratamento do modelado da sua musculatura uma doçura que predispõe à volúpia.

Força e doçura, contudo parecem mais uma promessa do que uma realidade adquirida, pois este corpo está imóvel, pois a estátua sem gesto não caminha.

A arte arcaica obedece, com efeito, a uma lei — a que os especialistas chamam lei da frontalidade —, lei que pesa sobre toda a arte egípcia, mas de que a arte grega se libertará por alturas do ano de 500.

Cortemos o corpo em duas metades, segundo um plano vertical que passe pelo alto da cabeça, pela raiz do nariz, pelo nascimento do pescoço, pelo umbigo e pelo osso do púbis. Estas duas metades do corpo constituem duas partes rigorosamente simétricas, se não contarmos a perna esquerda. Lembremos outra vez: este avanço da perna esquerda não tem qualquer repercussão na musculatura do corpo. A perna esquerda dá pois o sinal da marcha, mas o corpo não a segue. A marcha destruiria a simetria das ancas, dos joelhos, dos ombros. O corpo inteiro fica como que apanhado na rede da sua imobilidade, que retém o homem prisioneiro. Quer caminhar e não se mexe. Não resultará isto de uma extrema dificuldade técnica? Como fazer caminhar a pedra ou o bronze, como se de matéria viva se tratasse? Mas não será esta dificuldade técnica o reflexo de um outro obstáculo — um obstáculo de ordem religiosa? Tendo empreendido representar o deus, o escultor não se atreve a precipitá-lo. O deus parece-lhe mais divino nesta imobilidade que o escultor impõe a si próprio, mais do que lhe cede. Como ter a audácia de pôr em movimento o deus? Dar-lhe ordem de caminhar, é atentar contra a sua liberdade soberana. A dificuldade técnica de representar o movimento enraíza-se pois no profundo respeito que o artista vota a este deus que ele fez sair da matéria.

Esta dificuldade será vencida, no limiar da arte clássica, pelo génio de Míron.

De resto, não sentimos como uma falta esta lacuna da marcha, de tal modo o escultor soube encher-nos, diante do *Couros-deus*, do sentimento do seu poder. Acima de tudo, sentimos nele o deus túrgido de energia, sentimo-lo prenhe de promessas, inteiramente disponível em relação ao futuro que traz em si e que dará à luz. De maneira imprevisível, porque é deus.

ESCULPIR A PEDRA — FUNDIR O BRONZE

*

Ao tipo do *Couros* responde, nos tempos arcaicos, o tipo da *Coré*. Rapaz nu, rapariga vestida. Deus-atleta, risonho e formidável, rapariga ou deusa iluminadas de cores vivas, pintalgadas de encantos orientais. Foram encontradas catorze, vindas da Ásia a erigir-se na Acrópole de Atenas, poucos anos antes das guerras medas. Derrubadas pelos Bárbaros em 480 (no ano de Salamina), foram piedosamente enterradas pelos Atenienses quando voltaram aos seus lares: apertadas umas contra as outras na sua fossa comum, serviam de aterro para apoio da muralha. As cores estavam ainda frescas e vivas, vermelho, ocre e azul repartidos como ao acaso pelos cabelos e pelos belos vestidos. É que, para o artista, não se tratava de tornar a estátua parecida com uma pessoa viva, mas antes iluminar a pedra, pelo simples gosto da cor cintilante. Estas rapariguinhas impertinentes fizeram mentir os académicos que queriam que os Gregos não houvessem tido nunca o mau gosto de pintar as suas estátuas e sustentavam que só a brancura do mármore (e os olhos vazios de expressão) podia exprimir a serenidade de uma arte, que foi, em verdade, muito mais selvagem e alegre que serena.

Estas desenterradas de fresco têm muita coisa a dizer-nos. Nasceram na Jónia, nesse Levante da Grécia onde, um belo dia, todas as artes desabrocharam ao mesmo tempo, numa embriagadora profusão. Importadas ou livremente imitadas, respeitosamente aformoseadas na severa Ática, as estátuas instalaram na Acrópole as suas tranças de cabelos ocres ou violáceos, as suas jóias de todas as cores, as suas túnicas de linho fino em múltiplas pregas irregulares, que caem até aos artelhos, por vezes os seus xailes de lã pesada, tudo isto colorido com uma gentileza e caprichos inesperados. Sob esta dupla veste, o corpo começa a aparecer. Mas o escultor ático conhece melhor a musculatura do corpo dos rapazes que as formas ao mesmo tempo mais delicadas e mais largas do corpo da mulher. Estas raparigas jónias aprumam-se como homens: a perna adiantada prepara-se para marchar. As ancas são tão estreitas como as dos seus camaradas masculinos. O peito, desigualmente marcado conforme as estátuas, com os seios muito afastados, permite sobretudo drapejamentos de efeitos imprevistos. Quanto aos ombros: ombros quadrados de ginastas! Com efeito, estas *Corai* são quase rapazes mascarados, como no teatro, onde adolescentes cheios de frescura representarão Antígona e Ifigénia. De humor alegre, não deixarão de arvorar o sorriso dito arcaico, que é aqui um sorriso leve, malicioso, contente, com uma ponta de humor. Os trajos, o penteado, todos os adornos lhes agradam extremamente. É o que diz este sorriso feminino. Para que reparem e a notem, uma delas faz uma pequena careta: amuou.

Estas estátuas lembram-nos também a paciente escola dos artistas, ou antes, a sua petulante emulação. Não há duas *Corai* que se assemelhem. Cada artista introduz no tipo divertidas disparidades. As modas dos trajos misturam-se: uma *Coré*, ora traz, sobre uma túnica jónia, com a sua profusão de pregas, um grande rectângulo de lã sem costura, ao qual bastam, para se tornar vestuário, dois alfinetes nos ombros, com um cordão à volta da cintura; ora o manto longo, sem túnica, cai até aos pés; ora a túnica quase não tem pregas e se cola indiscretamente à pele. Dir-se-ia, vendo-as reunidas no museu da Acrópole, um grupo de manequins, preparados para um desfile, a quem se tivesse deixado escolher, um pouco ao acaso, os vestidos a apresentar.

Mas não foi o acaso que escolheu, foi o artista. O que lhe importa, no tipo da *Coré*, é o estudo complexo dos drapejos, mais que o da anatomia. As pregas do vestuário variam infinitamente segundo a natureza do tecido, o estilo da *toilette*, segundo também a parte do corpo que o vestuário cobre: o seu papel é o de sugerir a forma do corpo, ao mesmo tempo que parece velá-lo. O vestuário é, na estatuária grega, para o homem, quando o usar, para a mulher, quando reduzido for, um maravilhoso instrumento de beleza: o artista grego jogará com ele, mais tarde, com uma mestria resplandecente. Sobre a *Coré* faz ele ainda as suas escalas, divertindo-nos e, sem dúvida divertindo-se.

Recordemos que o vestuário grego não é, a maior parte das vezes, cosido como o nosso. Salvo as túnicas, em que as mangas são cosidas, e ainda assim essas mangas são muito largas, deixando os braços livres. O nosso vestuário moderno, que é cosido e ajustado, apoia-se nos ombros, nas ancas. O vestuário grego não é ajustado, mas sim *drapejado*. Exprimir a maneira — as cem maneiras — como um dado vestuário e o corpo se desposam um ao outro, drapejar o vestido e o manto sobre o ombro e o peito, fazê-los cair sobre as pernas, torná-los frouxos graças a uma cinta, pregueá-los em todos os sentidos — eis o que apresenta dificuldades muito grandes! O mais pequeno movimento de um membro ou do corpo modifica a direcção das pregas. Mas o escultor das *Corai* enfrenta estes obstáculos com alegria, certo de estar à beira de uma descoberta criadora.

*

Assim, graças a uma lenta caminhada convergente, os escultores do século VI vão ao encontro duma vasta conquista, que é o conhecimento do corpo humano, seja nu, com a sua musculatura bem carnal, seja dissimulado sob vestuários leves ou pesados, que dizem ou sugerem, através do vestido, a presença graciosa do corpo feminino.

Esta expressão cada vez mais firme da criatura humana, viva na sua carne, é muito importante. Tanto mais que este corpo humano que a escultura pesquisa com um ardor nunca diminuído, atribui-o ela aos deuses.

O corpo do homem e da mulher é, com efeito, a melhor representação, a mais exacta imagem dos deuses. Ao esculpir tais imagens, o artista grego dá vida aos deuses do seu povo.

O escultores gregos caminham no mesmo sentido que os poetas — mais avançados do que eles — e que os sábios — menos avançados do que eles —, que procuram formular algumas das leis naturais. Também eles, ao esculpirem os deuses, *explicam o mundo*.

Que explicação é esta, pois? É uma explicação dos deuses pelo homem. Nenhuma forma, com efeito exprime mais exactamente a presença divina, invisível e incontestável, no mundo, que o corpo do homem e da mulher. Os Gregos conheciam as estátuas do Egipto e da Assíria. Nunca pensaram traduzir o divino por uma mulher com cabeça de vaca, por um homem com cabeça de chacal. O mito pode ir buscar ao Egipto certos volteios de linguagem, certas narrativas e personagens (Io, a vitela atormentada pelo moscardo, na tragédia de Ésquilo). O cinzel do escultor afasta desde muito cedo estas figuras monstruosas, salvo em seres muito próximos das forças da natureza, como os Centauros, por exemplo, que, nas métopas do Parténon, representam o assalto furioso dos Bárbaros.

O deus é este mancebo simples e nu; a deusa, esta rapariga formosamente adornada e de rosto amável.

(Não nos deixemos deter pela explicação segundo a qual as *Corai* não representam a deusa, mas as adoradoras da deusa. São, diz-se comummente das da Acrópole, *orantes* — rezadoras. Talvez, mas nem por isso estão menos consagradas, penetradas do espírito da divindade. Por essa via, são deusas.)

Eis a regra: *Dar aos deuses o mais belo*. Que há de mais belo no mundo que a nudez de um adolescente, ou a graça de uma rapariga vestida de tecidos bordados? É isto que os homens oferecem aos deuses, é assim que eles *vêem* os deuses. É assim que são os deuses. Não há outra linguagem para os exprimir que estes mármores iluminados. (Os *Couroi*, como as *Corai*, tinham algumas pinceladas de cor nos cabelos, nos olhos, sobre os lábios.) Não há linguagem mais própria, não há tradução mais exacta. A estátua do *Couros* é a palavra de mármore, mas a palavra exacta que designa o deus.

Esta beleza do corpo humano, com as suas perfeitas correspondências, com as suas proporções, tão regulares que os artistas, mais tarde, se atreverão a exprimi-las por números, com a suavidade e a firmeza das suas linhas rigorosas e macias, essa beleza do nosso corpo tão comovedora e tão poderosa na sua fremente inteireza, tão convincente para a alma como para o próprio corpo — essa beleza parece-nos, ainda a nós, imperecível na deslumbrante adolescência em que a representaram os Gregos. Eis o que o homem tem de mais belo a oferecer aos deuses imortais. Oferece-lhes, todos os dias da vida, levantando para o Céu, onde os deuses moram invisíveis, este povo visível e carnal de alegres raparigas e rapazes sob o Sol da Terra.

Mas estes deuses não são apenas a obra de escultores individuais e quase sempre anónimos, são os deuses da cidade, os deuses do povo dos cidadãos que os erguem e os encomendam ao escultor. São mesmo, por vezes, não apenas, os deuses da cidade, mas, em Delfos, em Olímpia, noutros locais, os deuses protectores de toda a comunidade helénica.

Esta escultura é cívica, popular porque fala ao povo, nacional porque é comum a todos os Gregos. Esta arte exprime não a maneira como o escultor vê os deuses, mas a imagem que deles faz uma comunidade de homens livres. Este deus-homem, este homem que vale pelo deus, esta mulher bem enfeitada, esta orante-deusa, esta deusa pintada como mulher — todos estes seres ambíguos que as cidades dão a si próprios como senhores e companheiros na sociedade da vida, tudo isto, esta fusão do humano e do divino, é um dos empreendimentos mais ousados que eclodiram no solo da Grécia. Em parte alguma o divino esteve menos separado do humano: exprimem-se um pelo outro. Que outra coisa senão o humano poderia pois dizer o divino! E como ousariam os homens privar o deus da beleza da sua própria forma perecível? Dão-lha, imortal, antes mesmo de serem capazes de exprimi-la sem defeito. O amor do homem pelo seu deus e o amor que ele dedica à sua própria carne — eis o duplo aguilhão da criação do escultor de pedra.

Acrescentemos um profundo amor da verdade. Conhecimento cada vez mais exacto que o escultor tem da nossa ossatura e da nossa musculatura. Rigor cada vez maior da sua representação. Em definitivo, é esse o *dom* primeiro do escultor, o dom que ele faz ao seu deus, em troca do progresso que lhe deve no seu trabalho.

*

Mas quem dará enfim movimento a este homem-deus? Quem libertará, fazendo-o caminhar, essa energia de que todo ele está cheio?

Nestas breves páginas sobre a estatutária grega, que de modo algum pretendem substituir uma história lógica da arte grega, não podemos seguir passo a passo, na sua evolução, o lento nascimento do movimento na estátua. De resto, ou nos faltam os documentos que permitiriam apreendê-la, ou esta evolução mal existe, e a arte, como a natureza por vezes, procede aqui, após alguns magros esboços, por mutação brusca.

Eis o *Discóbolo* de Míron. Vem de meados do século V (um pouco antes de 450). Não é indiferente notar, a propósito, em primeiro lugar, que se trata de uma estátua de homem e não de deus. O escultor, que se sente em condições de fazer mexer a estátua, escolheu representar o cúmulo do movimento num ser humano — um atleta — e não num deus. O deus está, por enquanto, votado à imobilidade. O respeito do artista assim o quer.

Notemos, por outro lado, antes de analisarmos a estátua, que não temos qualquer original desta obra célebre e cem vezes repetida desde a Antiguidade. As obras dos museus não são mais que mármores mutilados. Destas cópias mais ou menos seguras tiraram os modernos uma reconstituição de bronze (o original de Míron era um bronze) que está em Roma, no museu das Termas. Escusado será dizer que ela apenas permite reflexões temerárias sobre a arte de Míron.

Contudo, é evidente que este artista, formado no tempo em que reina ainda, quase sem contestação, a lei da frontalidade, concebeu um empreendimento de extrema ousadia. Sem dúvida, antes de Míron, em baixos-relevos, em algumas estatuetas de bronze, em raras estátuas, já a lei da frontalidade fora algum tanto infringida. Mas esta violação fora parcial. Assim no *Homem Que Transporta Um Vitelo*, os braços, deixando de estar colados ao corpo, tinham-se movido e os seus músculos apertavam com firmeza as patas do vitelo instalado sobre os ombros. No entanto, o resto do corpo mantinha-se completamente inerte e como que indiferente ao peso do fardo que transportava. No *Discóbolo*, pelo contrário, o corpo do atleta está todo ele dobrado pelo movimento que o possui e que parece atravessá-lo de ponta a ponta como um dardo de fogo, dos dedos do pé esquerdo que se aferram ao solo para dar um ponto de apoio sólido a este homem violentamente tenso na instabilidade, até ao braço direito — o braço que segura o disco —, projectado para trás, mas que vai, no momento seguinte, distender-se para a frente para largar o seu peso, e mesmo até ao braço esquerdo, até à perna direita, que, parecendo embora inertes, estão contudo arrastados na acção. Esta acção toma agora o ser inteiro e parece instalar o atleta numa instabilidade em que tudo o que não é movimento é contrapeso: sem este equilíbrio de massas opostas, em que a sua personagem está apanhada como nas malhas invisíveis de uma rede, o *Discóbolo* cairia.

Míron transporta-nos, com o *Discóbolo*, para um mundo de acção, onde o movimento reina de súbito com toda a soberania, onde o homem conhece uma embriaguez de força, contida pelo equilíbrio. Neste sentido, Míron é o fundador da estatuária, como Ésquilo, seu contemporâneo, é o criador da acção dramática. Um e outro exploram os limites da força humana. Se o escultor não respeitasse as leis do equilíbrio no movimento, a estátua — disse-o já — cairia, como cairá talvez, sobre o solo da palestra, o atleta, logo que o disco lhe tenha escapado das mãos.

O *Discóbolo* dá-nos pois o movimento. Mas estaremos nós, com ele, em presença de um instantâneo fotográfico? Tal se tem sustentado, sem razão, a meu ver. Se se tratasse de um instantâneo, não reconheceríamos o movimento. O nosso olho não é uma objectiva fotográfica. Na verdade, o *Discóbolo* apresenta-nos uma síntese de movimentos sucessivos coordenados. Não se trata de fixar numa placa sensível um homem que atira um objecto — como uma fotografia que, pretendendo fixar a marcha de um cortejo, apenas nos apresenta uns sujeitos imóveis, de perna no ar. O movimento de um ser vivo não pode ser fixado numa estátua — feita, por definição, de matéria inerte — senão pela combinação de momentos que se sucedem *no tempo*.

O senhor do movimento é também o senhor do tempo.

Os Apolos arcaicos assentavam sobre as suas duas pernas, por assim dizer, fora do tempo: podiam assim ficar por toda a eternidade. O *Discóbolo* parece, se quisermos, a imagem do movimento instantâneo. É que, na verdade, todos os planos da estátua de bronze, apoiados uns nos outros, são tomados, cada um, num momento diferente da acção que os arrasta a todos. Assim o viu o olho de Míron, assim o viu o olho do espectador do estádio antigo. O realismo de Míron é já classicismo no sentido de que o escultor transpõe para uma obra de arte a realidade observada. Esta obra tem por função exprimir não somente o momentâneo, mas os *possíveis* do indivíduo e, se assim se pode dizer, o seu devir.

No escalão já do *Discóbolo*, podemos verificar que o *realismo* do escultor, fundado no conhecimento exacto da ossatura e do jogo dos músculos, não é, no entanto, a simples cópia da realidade. Antes de ser reproduzido, o objecto é, primeiramente, repensado pelo criador.

Por outro lado, a figura é simplificada, estilizada, segundo regras não conformes com as da realidade, e isso adverte-nos já de que ela está pronta a submeter-se a um *cânone* (a uma *regra*) clássico.

*

O realismo é propriamente falando, em escultura, o conhecimento do corpo que o escultor quer representar, como realidade objectiva. A escultura grega tende para este conhecimento e possui-o já durante todo o século VI. As insuficiências musculares que a caracterizam nessa época são raramente sentidas por nós como tais, mas antes como *simplificações*. O amor que o escultor tem pela criatura humana e o seu amor da verdade enchem a sua obra de uma força que remedeia todas as lacunas.

Acrescentemos que o conhecimento que o escultor procura só muito raramente é dos indivíduos: só excepcionalmente visa o retrato.

É neste realismo apaixonado — neste modelo típico e social, mais do que individual — que se enraíza com força a escultura do século V e mais particularmente a da segunda metade desde século: o classicismo alimenta-se do realismo arcaico como de uma seiva que lhe dá uma poderosa vitalidade.

Contudo, uma vez adquirido este conhecimento do homem real — principalmente o da musculatura e da ossatura que a suporta, o conhecimento também, mas um pouco mais tardio, do vestuário que sublinha as formas corporais —, a partir daí, este homem conhecido objectivamente, apresentado aos cidadãos como deus ou deusa, como atleta, pode também ser modificado, não «idealizado», como vagamente se diz, mas transformado, e, se assim se pode dizer, corrigido, com vista a propor à comunidade dos cidadãos um modelo que, como por um acto eficaz, a muna das virtudes que lhe são necessárias. Desde que o escultor compreende que pode e deve escolher, na realidade objectiva que observa, está no caminho do classicismo, é *clássico*.

O artista escolhe pois as feições, as formas e as atitudes que lhe cabe, em seguida, compor. Esta escolha, apoiada num realismo autêntico, é já classicismo. Mas segundo que critério se opera esta escolha? Segundo a beleza, sem dúvida. A resposta é por demais vaga e insuficiente. A propósito disto tem-se falado de uma *regra de ouro*, com a qual se conformaria o artista. Esta regra de ouro seria uma lei objectiva da natureza, que se manifestaria tanto nas proporções e nas formas das folhas das árvores como nas proporções do corpo humano, uma vez que o homem faz igualmente parte da natureza. Esta ideia não é destituída de interesse: explicaria, diz-se, ao mesmo tempo o classicismo grego e o classicismo chinês, que lhe é anterior 2500 anos, sem falar de outros. Contudo, devo dizer que me repugna grandemente esta personificação da natureza, que fixaria por uma lei objectiva as proporções mais harmoniosas do homem, lei que o classicismo encontraria: parece-me isto de uma bela imaginação, mas relevar de um misticismo exacerbado. Se o homem (diz-se) tem as proporções que a natureza fixou para ele, é harmonioso, é belo classicamente.

Não será mais justo tirar esta lei das necessidades (e gostos que correspondam a essas necessidades) da sociedade? Não seríamos mais exactos e mais fiéis à natureza *das coisas*, tratando-se da Grécia, mostrando que na época clássica a beleza não pode separar-se da luta quotidiana que o povo trava pela sua vida e pelos bens superiores à vida? Uma tal luta precisa de homens robustos e corajosos. Por outras palavras, o artista grego escolhe entre o que já na sociedade está destinado a decompor-se e o que é feito para subsistir; escolhe o que ascende no sentido da vida. O seu realismo é construtor. O classicismo não é outra coisa que a lei duma arte que quer viver numa sociedade viva. A energia do homem e dos seus manifesta-se em todos estes corpos musculados e bem adaptados à acção que os solicita. A coragem revela-se na impassibilidade do rosto. Esta impassibilidade, em que quase sempre se viu uma insuficiência técnica, é o sinal do domínio que o homem adquiriu sobre as suas paixões individuais, é o sinal da força de alma, da perfeita serenidade que outrora só os deuses possuíam. A impassibilidade clássica do rosto responde, pois, mas de uma outra maneira, ao sorriso arcaico. Este sorriso exprimia a alegria ingénua do ser vivo. Numa época ainda carregada de lutas e combativa, a impassibilidade exprime o império que a vontade exerce agora sobre as paixões, e como que a consagração do homem à comunidade cívica.

Esta época nova é também mais humana; não está já toda ela impregnada de divino: não é tanto os deuses que ela representa em forma humana, é mais o homem que ela exalta até à estatura divina.

Não há nenhuma estátua clássica em que o homem não respire o nobre orgulho de desempenhar com fidelidade o seu mister de homem, ou de deus.

O classicismo grego, assente em realismo, está agora estreitamente ligado ao humanismo. É a expressão de uma classe ascendente — que ganhou as guerras medas pela sua valentia — a expressão de uma classe que acaba de entrar na posse das vantagens que são devidas ao seu valor. O classicismo é o remate de um combate, e mantém-se pronto para o combate. Não que a força que anima as estátuas clássicas se exprima, pouco que seja, em gestos veementes. A sua força está imóvel, repousa. Uma força que «gesticulasse» seria limitada a uma acção única e determinada pelo seu gesto. A força das estátuas clássicas é *indeterminada*, é um reservatório de força, um lago de serenidade que se transformaria, sabêmo-lo, se as circunstâncias o exigissem, numa torrente desencadeada. Eis o que nos mostram, por exemplo, as estátuas do Parténon — os seus restos — que Fídias esculpiu.

*

Mas tomemos alguns exemplos. Policleto situa-se num dos momentos decisivos da arte grega. Está no ápice da perfeição realista: do mesmo golpe, está no ápice do humanismo clássico.

Antes dele, Míron tinha, na representação do movimento, tendido ao que nos aparece ser o movimento instantâneo. O seu *Discóbolo* era um admirável exercício de virtuosismo. Mas o virtuosismo fatiga e o instantâneo não retém muito tempo. Policleto, no *Homem da Lança (Doríforo)* e em outras estátuas, embora não fazendo marchar a sua personagem, dá-nos a ilusão da continuidade da marcha.

Não chegou até nós o *Doríforo*. Policleto era um bronzista, o maior dos bronzistas antigos. Dele, só temos cópias de mármore. E que mármores, ai de nós!

Digamos apenas que este homem nu, que transporta uma lança sobre o ombro esquerdo, e que parece caminhar, repousa todo o peso do corpo apenas sobre a perna direita, que avança, enquanto a esquerda se arrasta levemente atrás, tocando o solo apenas com os dedos. Desta atitude resulta uma ruptura completa da simetria arcaica. As linhas que unem os dois ombros, as duas ancas, os dois joelhos, já não são horizontais: e não só isso, contrariam-se. Ao joelho mais baixo, à anca mais baixa, à esquerda, corresponde o ombro mais alto, e inversamente É o mesmo que dizer que o corpo humano possui um ritmo inteiramente novo. O corpo, solidamente construído em ossos e em músculos, é talvez (pelo menos na cópia de Nápoles, a menos infiel) duma robustez um tanto pesada. Mas este corpo está apanhado todo ele numa simetria inversa que dá à sua marcha fictícia ao mesmo tempo flexibilidade e firmeza. Outras estátuas de Policleto, como o *Diadumeno* (um atleta que cinge a fronte com a fita que é a insígnia da sua vitória), ao mesmo tempo que reproduz o mesmo ritmo a que chamei invertido, aligeira, com o gesto dos dois braços levantados, a suspeita de rudeza do *Doríforo*, tira-lhe o excesso de peso que parece ter a estátua.

É o homem liberto de todo o temor em relação ao destino, o homem na sua força altiva de senhor do mundo natural, que o *Doríforo* nos dá. As proporções da estátua podiam exprimir-se em números. Policleto tinha calculado em *palmas* (largura da palma da mão) as dimensões de cada uma das partes do corpo, assim como a sua relação entre elas. Pouco nos importam estes números e as suas relações, se com eles se chegou à criação de uma obra-prima. Policleto sabia assaz — por Pitágoras, sem dúvida — a importância do *número* na estrutura dos seres, para os ter estudado com cuidado. Dizia: «A obra-prima resulta de numerosos cálculos, com a aproximação da espessura de um cabelo.» E eis por que os Gregos chamavam orgulhosamente a esta estátua o *Cânone*!

O *Doríforo* é uma das mais belas imagens que o homem deu de si mesmo. Imagem clássica, ao mesmo tempo verdadeira e embriagadora, do Grego, seguro da sua força física e moral. Imagem optimista (a palavra é feia, eu preferiria ascendente), onde se exprime naturalmente e sem esforço a concepção de uma sociedade humana em devir. A imagem também de uma classe social que chegou ao poder e que dessa ascensão triunfa com uma segurança imperturbável. (Demasiada, talvez.) Imagem de uma beleza perfeitamente *natural*, ao mesmo tempo mais objectiva e mais subjectiva do que a estética idealista pretende: inseparável do mundo objectivo da natureza, a que a liga o seu realismo, só pode no entanto exprimir-se em beleza se satisfizer as necessidades humanas a que pretende responder. Imagem eficaz, enfim, a imagem de um povo que saberia defender-se, se necessário fosse, para defender os seus bens ameaçados.

Mas, por enquanto, o *Doríforo* não se serve da lança que transporta ao ombro.

*

«Há na arte um ponto de perfeição e como de maturidade da natureza», dizia em substância La Bruyère. O génio de Fídias situa-se neste ponto exacto de maturidade. Por este facto, a sua arte é, para nós, mais difícil de compreender e conhecer que a escultura arcaica, se, como creio, nos tornámos, em certo sentido, primitivos — «pré-clássicos», esperêmo-lo.

Fídias, no entanto, esculpira imagens de deuses muito próximas da humanidade. Não se limitara a representar os deuses sob o aspecto de seres humanos muito belos: partira da forma humana para nos propor figuras heróicas, dignas do Olimpo. Atribuía aos seus deuses, como antes o fizera Ésquilo, a simples perfeição da sabedoria e da bondade. Esta perfeição concedia-a ele à espécie humana como o dom duma sociedade que ele queria harmoniosa.

Tal é, parece-me, o carácter essencial da arte de Fídias.

Isto é-nos assegurado pelos textos, mais ainda, infelizmente, que pelas obras do escultor. Efectivamente, para conhecer o assunto dos frontões mutilados — devastados pelos homens, muito mais que pelo tempo — estamos praticamente reduzidos aos desenhos de um viajante, os preciosos desenhos de Jacques Carey, que são anteriores alguns anos ao rebentamento da bomba veneziana que despedaçou o Parténon, anteriores também às vergonhosas depredações, ainda não reparadas, de lorde Elgin. Não esqueçamos também que das noventa e duas métopas nos restam dezoito em bom ou razoável estado!

Dito isto, que era preciso dizer-se, a arte de Fídias (se não imaginamos demasiado) foi ter feito florir a humanidade em formas divinas. A brutalidade dos Centauros lutando contra os homens e esmagando-os, a gentileza reservada das jovens atenienses do friso, a tranquila, a pacífica imobilidade dos deuses que, nos ângulos do frontão, esperam que o Sol se levante — tudo isto fala a mesma linguagem.

Fídias quer *dizer o que é*, exprimir as coisas tais elas são: existem no universo forças brutais — o cio selvagem dos homens-cavalos —, existem também seres que a desgraça ou o acidente podem atingir na sua calma segurança — cavaleiros ricos, outros também cuja montada se encabrita, deuses e deusas calmos e próximos, ventres e peitos que o tecido meio descobre meio oculta, pregas tão belas e verdadeiras que convencem da presença da carne —, outros ainda. Tudo isto Fídias o diz, não porque o «realismo» — palavra abstracta que o grego ignora — o exija, mas porque tudo está na natureza. O homem está na natureza, estará sempre a braços com ela. É seu privilégio exprimir a força e a beleza dela, e também querer dominá-la, querer a sua transformação. E a primeira mutação, a única via de progresso que o artista sugere, é ser senhor de si mesmo, domar os seus instintos selvagens, agir de modo que os deuses estejam presentes na terra, em nós próprios. Era à força de justiça e de benevolência que Fídias atingia a serenidade, imagem da felicidade.

Os deuses de Fídias estão igualmente na natureza: não são sobrenaturais, são naturais. E é por isso que os deuses que são o acabamento do homem, no termo do friso, vêm juntar-se aos humanos, não apenas para receber as suas homenagens, mas para participarem nesta festa popular — que Fídias foi o primeiro a ousar representar num templo, em vez de um mito —, esta festa que é a «das artes e ofícios». Entre as presenças da assembleia divina do friso, características são as de Hefesto e de Atena: o deus das artes do fogo e a deusa industriosa eram os mais caros ao coração do povo ateniense. Fídias mostrou-os lado a lado, conversam amigavelmente, simplesmente, como operários depois de um dia de trabalho. Nada de sobrenatural entre todos estes deuses: nada mais que humanidade levada ao seu cúmulo de excelência.

Se, diante de um grupo dos frontões — por exemplo, o de Afrodite indolentemente reclinada sobre os joelhos e o peito de sua mãe — experimentamos um sentimento que toca o respeito religioso, notemos ao menos que as formas amplas destas duas mulheres, que esse seio que nelas faz inchar o tecido ou dele se escapa, tudo nos indica que para os Gregos o sentimento religioso do século V não separa a carne do espírito. Assim o sentiu e exprimiu Fídias.

No friso, como nos frontões, os deuses estão presentes, como o estão no coração da vida antiga. A sua presença ilumina a vida humana e particularmente a festa popular representada no friso, à maneira de uma bela árvore de Natal iluminada na praça pública de uma das nossas cidades.

Mas Fídias não foi apenas o escultor genial dos mármores do Parténon. Produzira várias estátuas de deuses isolados. Pausânias chamava-o o «fazedor de deuses». Falarei somente de dois. Primeiro, de *Atena Lemnia*. Esta estátua foi primitivamente de bronze. Dela subsiste apenas uma cópia de mármores fragmentados. Desta cópia antiga, por infortúnio ou estupidez, a cabeça está em Bolonha, ao passo que o corpo se encontra em Dresde. Eram uma obra da juventude do mestre, oferecida à deusa por colonos atenienses antes da sua partida para Lemnos, na altura em que a guerra meda chegava ao fim. A deusa não está representada como guerreira. Sem escudo, de cabeça descoberta, a égide desatada, o capacete na mão, a lança transportada à esquerda não é mais que um apoio para o braço. Descansa dos trabalhos da guerra: tranquila, está pronta a entregar-se aos trabalhos da paz!

A cabeça admirável, toda encaracolada e muito jovem (durante muito tempo foi tomada pela cabeça de um adolescente), muito orgulhosa também, diz-nos todo o amor de Fídias — apenas saído das oficinas de Argos onde se formou — pela paz, fruto da coragem e da sageza do seu povo.

Será preciso concluir enfim este longo estudo com algumas palavras sobre a obra-prima de Fídias, no entendimento dos antigos — o *Zeus de Olímpia?*

Era uma estátua criselefantina. A estatuária de ouro e de marfim é uma oferenda preciosa da cidade aos deuses. Existiu durante toda a Antiguidade. É reservada, em geral, às estátuas colossais. O marfim de tais estátuas dizia a brancura do rosto, dos braços e dos pés nus, o vestuário era de ouro de cores diferentes, como o sabiam obter os tintureiros de ouro.

Este Zeus, esculpido para o templo nacional de Olímpia, perdeu-se, naturalmente. Além do marfim e do ouro, outros materiais preciosos foram ainda empregados, na confecção do trono, em particular, o ébano e certas pedras preciosas. A estátua sentada tinha doze metros de altura, catorze com o pedestal. Estes números, assim como o excesso de luxo, assustam-nos um pouco. Não esqueçamos que tais estátuas eram vistas, enquadradas pela perspectiva da dupla colunata interior, no meio dos troféus e dos estofos preciosos que ali eram amontoados ou suspensos. Este Zeus devia, sem dúvida, com os seus adornos e os seus atributos, a magnificência da sua decoração, dar, no pensamento de Fídias, com risco de sobrecarregar a estátua, o sentimento da grandeza do divino. Neste cenário de uma riqueza oriental, Zeus aparecia como o ídolo precioso de um povo inteiro.

No entanto, a acreditar nos autores antigos, o que fazia a beleza única da obra era o contraste entre este aparato triunfal, entre esta exibição de riquezas, e o rosto do deus, todo impregnado de mansidão e de bondade.

Uma cabeça do museu de Boston parece reproduzir-lhe os traços.

Não é o Zeus temível da *Ilíada,* que com um franzir de sobrolho fazia tremer o Olimpo e o mundo, é o pai dos deuses e dos homens, e não apenas o pai, mas o benfeitor dos humanos.

Dion Crisóstomo, escritor do século I da nossa era, que contemplou o original em Olímpia, descreve-o em termos que parecem prefigurar a linguagem cristã: «É o deus de paz, supremamente doce, dispensador da existência e da vida e de todos os bens, o comum pai e salvador e guardião de todos os homens.»

Parece pois que Fídias tentou unir na sua estátua a imagem de um Zeus popular, isto é, todo-poderoso e opulento, com a concepção mais alta de um deus como a podiam ter na mesma época Sócrates ou Péricles — um deus de providência e de bondade. Esta última imagem revelava-se na expressão do rosto, terna e paternal.

Lembremos que os antigos diziam, a propósito, que Fídias tinha «acrescentado alguma coisa à religião». Alguns arqueólogos modernos consideram que o Zeus de Fídias serviu de primeiro modelo aos artistas modernos que criaram o tipo do Cristo com barba.

É difícil decidir se, sobre estes últimos pontos, não se terá feito o seu tanto de «literatura».

Em todo o caso, o rosto de Zeus do «criador de deuses», mostra que, ao atravessar os séculos, uma obra-prima pode carregar-se de novas significações, desde que seja concebida segundo a verdade do seu tempo.

É esta verdade, é este realismo clássico que vem até nós e nos fala ainda.

III

A CIÊNCIA NASCEU — O MUNDO EXPLICA-SE
TALES-DEMÓCRITO

Há momentos, na história da humanidade, em que novas formas de acção ou de pensamento aparecem de maneira tão brusca que dir-se-ia uma espécie de explosão. Assim foi o aparecimento da ciência — do conhecimento científico racional — na Grécia da Ásia, na Jónia, no final do século VII antes da nossa era, com Tales de Mileto e a sua escola.

Espectacular, se quisermos, mas de modo algum surpreendente nem «miraculoso» este nascimento da ciência, esta aparição dos primeiros sábios e «filósofos», como dizem os nossos livros. (A palavra filósofo só aparece em grego, ao que se julga, na época dos sofistas e só se espalhou mais tarde ainda, no século IV, por intermédio de Platão.)

A atitude científica em relação à natureza foi familiar aos gregos mais primitivos, digamos mesmo aos homens mais nus das origens. Ulisses é típico desta atitude interrogadora, que aliás se combina na sua pessoa com os sentimentos religiosos mais autênticos, ao mesmo tempo que mais utilizáveis. Ulisses, «fabricante de máquinas», diz o poeta.

Na verdade, seria errado opor como contrários que se excluíssem a ciência racional e o «mito». Como se um e outro não estivessem desde longa data estreitamente unidos! Como se um e outro não procurassem igualmente, por caminhos diferentes, ultrapassar os obstáculos, as dificuldades que o *cosmos* e as suas leis desconhecidas apresentam ao homem!

Todo o pensamento foi primeiramente imagem e narrativa, e sabe-se que Platão, nos finais da idade grega clássica, se serve ainda frequentemente do mito para expor o seu pensamento. Interpreta à sua maneira antigos mitos, inventa-os por sua conta.

A ciência grega nascente, assemelha-se aliás, muito mais do que parece à primeira vista, à nossa. Por ingénua que seja, sabe que o homem é o produto da evolução natural, toma a palavra e o pensamento como frutos da vida em sociedade, considera-se como uma parte da técnica: é a ciência que permite ao homem dominar o seu meio natural.

Uma tal concepção da ciência — de extrema ousadia — surge com toda a clareza nos gregos dos anos 600, na época de Tales.

Em dois séculos, desenvolve-se com uma amplidão de vistas e uma busca de coesão que nos espantam ainda hoje.

No entanto, é muito mais para trás, muito para lá do que sabemos do povo grego primitivo, que devemos recuar para encontrar entre as mãos da espécie humana as primeiras ferramentas que ela inventou para se defender do meio ambiente ou para o utilizar. O arco constitui a primeira «máquina», muito anterior a Ulisses, o «fabricante de máquinas». A sua invenção data dos anos 6000, no final da época paleolítica. O arco utiliza uma reserva de energia: neste sentido, é realmente uma máquina.

Neste mundo exterior, tão hostil, tão estranho e, como vimos, tão «trágico», o homem inventa sem cessar novos meios de salvar a vida. Inventa contra o destino uma moral, uma maneira sua de viver e de morrer. Inventa contra a fome novas maneiras de se alimentar.

Para que a civilização nascesse, era preciso que o homem tivesse previamente dominado um certo número de técnicas que permitissem fazer de um ser que *recolhia* o seu alimento um homem capaz de o *produzir* em grande parte. Um excedente permanente de alimento é a condição necessária do nascimento de qualquer civilização.

Estas técnicas desenvolveram-se — no vale do Nilo, do Eufrates e do Indo — entre 6000 e 4000 a. C. Estes dois mil anos são de uma importância vital. Esta vasta revolução técnica constitui a base material da civilização antiga. Até à revolução industrial do século XVIII, até à descoberta da fissão do átomo, à descoberta da energia nuclear, não houve revolução mais importante.

O homem inventa pois a agricultura. Esta invenção manifesta uma inteligência das leis da germinação das plantas, uma observação, constante e aguçada pela necessidade, dos métodos da natureza, observação acompanhada de tentativas de imitação, de experiências sem dúvida durante muito tempo infrutíferas, finalmente coroadas de êxito. Em todo o caso, chegou um momento em que observação e experimentação engendram um conhecimento assaz claro para convidar os primitivos a sacrificar deliberadamente algum bom alimento na esperança de recolher maior quantidade no ano seguinte. Mesmo se muita magia se liga às sementeiras e se festas religiosas acompanham a colheita, o conjunto da operação, que vai da reserva das sementes nos silos à maturação do grão novo, alegremente cortado à foice, constitui um conhecimento das leis naturais postas pelo homem ao seu serviço. Boa e por agora suficiente definição da ciência.

Na tribo primitiva são as mulheres que velam pela recolha dos grãos, pela sua conservação, pelas reservas do lar. É provável que a agricultura tenha sido uma invenção das mulheres. Durante muito tempo, até à invenção da enxada, foi um trabalho de mulher.

A descoberta dos metais fez-se através de dificuldades muito grandes. A agricultura acabou por beneficiar dela, tanto quanto a guerra de pilhagem. Ao princípio, os metais tinham excitado principalmente a curiosidade do homem: eram procurados por causa da sua raridade. O bronze e o ferro satisfizeram durante muito tempo apenas as necessidades de luxo — como na época de Micenas o ouro e a prata —, muito antes de com eles se fabricarem armas e ferramentas. Foram encontrados, em colares, fragmentos de minério de cobre. A malaquite, que é o mais facilmente redutível desses minérios, foi objecto de um comércio importante no Egipto, onde o utilizavam na fabricação das pinturas de rosto desde a época pré-dinástica.

Os minérios de cobre e de estanho, aliados no bronze, encontravam-se, na região mediterrânica, em lugares muito afastados dos países gregos: quanto ao estanho, a Cólquida, na costa oriental do mar Negro, e a Etrúria, que é a actual Toscânia. Esta circunstância teve muito peso no progresso da fabricação dos barcos e da técnica da navegação. A orientação do marinheiro segundo as estrelas ou a posição do Sol exigia a formação de uma carta celeste.

Poderiam dar-se, assim, muito antes do nascimento da ciência propriamente dita — da astronomia e da geometria na época de Tales e dos seus sucessores — muitos outros exemplos de uma atitude científica do homem, da sua aplicação em observar, da sua paciência em tentar imitar e utilizar as leis naturais. Desta atitude resultaram, a partir da idade neolítica, algumas das mais notáveis invenções da nossa espécie. Houve não apenas a invenção da agricultura e a descoberta dos metais, mas também a domesticação dos animais, primeiro simples reserva de carne, depois empregados no tiro. Houve a invenção do carro e da roda, que substituiu o fragmento do tronco de árvore, as invenções mais tardias do calendário lunar e do calendário solar. Todas estas invenções fazem parte da história da ciência, se, pelo menos, temos de definir a ciência como o *conjunto dos conhecimentos e dos meios que permitem ao homem aumentar o seu domínio sobre a natureza*. Mas todas as invenções enumeradas até aqui são muito anteriores ao aparecimento do povo grego na história. Contudo, o povo grego conserva-as na memória como um tesouro acumulado pelas gerações precedentes. Quase sempre, atribui-as a deuses benéficos.

As ciências nasceram pois das necessidades mais elementares dos homens e das técnicas, por exemplo, a lavra e a navegação, que satisfaziam essas necessidades. (Nasceram igualmente das necessidades de luxo da classe dominante). Os homens têm necessidade de comer e de se vestir. É preciso que aperfeiçoem os seus instrumentos de trabalho. É preciso que fabriquem barcos e que saibam como fabricá-los, é preciso que estejam em condições de os dirigirem no mar e que, para tal, conheçam o movimento dos astros. O conhecimento da marcha dos astros é igualmente necessário para regular as lavras e as sementeiras em datas exactas que são indicadas ao camponês pelo levantar no céu de tal ou tal estrela.

Mas que se passou na Jónia nos séculos VII e VI? Uma população de sangue misto (sangue cariano, grego e fenício) está empenhada numa longa e dura luta de classes. Qual, quais destes três sangues correm nas veias de Tales? Em que dosagem? Ignoramo-lo. Um sangue muito activo. Um sangue muito político. Um sangue inventor. (Sangue político. Tales propõe, dizem-nos, a esta população movediça e dividida da Jónia, constituir uma nova forma de Estado, um Estado federativo, governado por um conselho federal. Proposta muito judiciosa, e nova no mundo grego. Não foi escutado).

Esta luta de classes que ensanguenta as cidades da Jónia — a mesma que a da Ática no tempo de Sólon — é, aliás, também, e por muito tempo, o motor de todas as invenções deste país de invenções.

Proprietários de vinhas ou de terras cerealíferas; artesãos que trabalham o ferro, fiam a lã, tecem os tapetes, tingem os estofos, fabricam as armas de luxo; mercadores, armadores e marinheiros — estas três classes que lutam uma contra as outras pela posse dos direitos políticos são arrastadas pelo movimento ascendente que leva o seu conflito a produzir invenções constantemente renovadas. Mas são os comerciantes, apoiados pelos marinheiros, que cedo tomam o comando da corrida. São eles que, alargando as suas relações do mar do Norte ao Egipto e, para ocidente, até à Itália meridional, apanham no velho mundo os conhecimentos acumulados ao acaso pelos séculos e vão fazer com eles uma construção ordenada.

A Jónia inventou pois, inventa ainda no século VII, no domínio das artes, no da economia, da política, e finalmente da ciência, invenções múltiplas que só a um olhar distraído parecem díspares.

Recordemos os poemas homéricos, que ganham a figura que deles conhecemos na época do nascimento da classe «burguesa». Nem a *Ilíada*, nem a *Odisseia* são escritas por nobres, nem mesmo ao serviço ou intenção da classe dos senhores. Sinais evidentes nos advertem de que estes poemas são compostos e redigidos pela classe ascendente dos «homens novos», que, para consolidar conquistas políticas, começa por se apropriar da cultura da classe que está em vias de desapossar. As virtudes dos heróis são doravante celebradas pelo povo, postas à disposição do entusiasmo criador do povo livre das cidades.

Com Arquíloco, bastardo de um nobre, filho de uma escrava, a vitória da classe desprezada é mais aberta e proclama-se. Arquíloco inventa a poesia lírica — militar, amorosa e sobretudo satírica —, inventa-a com as aventuras da sua própria vida, como uma arma de combate, espada e escudo da sua condição de soldado-cidadão, empenhado no serviço da cidade que seu pai funda e que ele defende.

À sua volta, o lirismo floresce de súbito, com abundância, revestindo-se das formas mais inesperadas, mas sempre frescas na sua singularidade. Calino de Éfeso lança à juventude apática da sua cidade ameaçada o apelo dos seus versos enérgicos: «Até quando dormireis? Quando, mancebos, tereis um coração valente? Não corais de vos deixardes assim abandonar? Julgais-vos bem firmes na paz, e já a guerra está em todo o país... Que cada um, ao morrer, lance o seu último dardo! É glorioso marchar como um valente contra os inimigos, combatendo pela pátria, pelos filhos, pela esposa legítima... O homem que foge do combate e do estrondo das lanças verá a morte em sua casa. O povo não tem por ele nem afeição nem recordação, mas o valente é chorado por pequenos e grandes... Ele é, aos olhos dos homens, como uma fortaleza.» O herói não é já um Heitor de lenda, é o cidadão mobilizado, ou antes, é o voluntário que se alista para a defesa do território.

Contudo, mesmo ao lado, em Cólofon, Mimnermo canta os prazeres da juventude e do amor: as suas elegias falam com melancolia da fuga dos dias e da triste aproximação da velhice, prefiguração carnal da morte: «Que vida, que prazeres sem a loura Afrodite? Ah!, que eu morra quando estas coisas me não tocarem mais: secretos amores, presentes de mel, leito amoroso, únicas e deslumbrantes flores da juventude... Quando, dolorosa, vem a velhice, confundindo fealdade e beleza, não restam ao homem mais que penosos cuidados, que lhe roem o coração. Aos raios do Sol, ele não tem mais alegria. É odioso às crianças, desdenhado pelas mulheres. Ah!, quão miserável Deus fez a velhice.» Lirismo *elegíaco*, no sentido moderno da palavra... E outros poetas mais.

Foi da Jónia igualmente que vieram para a Acrópole de Atenas essas fascinantes raparigas coloridas que encontrámos mais acima, cujo sorriso é ao mesmo tempo sedução e pudor.

E é na Jónia que a severa macicez do templo dórico, com as suas colunas atarracadas que parecem capazes de suportar o céu, com os seus capitéis de arestas cortantes como lâminas, com essa solidez de tronco de árvore inchado de seiva que parece um desafio lançado pela pedra inerte à carne viva do homem — toda essa altiva macicez dórica de súbito se torna elegância, graça, acolhimento e sorriso. A delgadeza alongada da coluna jónica parece um corpo de adolescente que cresce. Ergue o seu capitel como uma flor delicada cujas pétalas são as volutas duas vezes enroladas sobre si mesmas em espirais, ao mesmo tempo suaves e firmes, vivas como mãos humanas.

Dito o que, não esqueçamos, entre as invenções jónias, nem o dinheiro, nem a banca, nem as letras de câmbio.

Tudo isto invenções ou criações rejuvenescidas pelo emprego novo que lhes dava este povo sempre em mudança, ávido de descobrir e de possuir a vida na sua cintilante *complexidade*. A profusão do génio jónio atordoa-nos.

Finalmente, de todas estas invenções, a mais prodigiosa, a mais fecunda e a mais duradoira — duradoira até nós, até aos nossos mais longínquos descendentes, a invenção da ciência.

À primeira vista, parece haver pouca relação entre a poesia de Arquíloco, as *Corai* jónias, e o pensamento de homens como Tales e os seus discípulos. No entanto, estas invenções são todas elas produto duma mesma atmosfera social, atmosfera de liberdade intelectual, conquistada à custa de uma dura luta. Liberdade que não é apenas uma liberdade de pensar, mas uma liberdade de agir. As cidades da Jónia ganharam-na e defendem-na todos os dias pela acção. Liberdade de recusar o mundo, liberdade de o percorrer, de explicá-lo

A CIÊNCIA NASCEU — O MUNDO EXPLICA-SE — TALES — DEMÓCRITO

sobretudo, de modificá-lo. Aplicadas a domínios diferentes, a acção de Arquíloco e a de Tales não são de natureza diferente. Um e outro descobrem a sua liberdade numa acção *prática*. Um e outro pretendem arrancar à duração da existência bens *positivos*. O espírito da sua classe social e da sua investigação é materialista. Eles não negam os deuses. (Talvez Deus não seja outra coisa que esta matéria eterna que os cinje por todos os lados). Mas não se referem constantemente aos deuses, porque não os satisfaz explicar o desconhecido por outro desconhecido. Querem *conhecer* o mundo e o lugar do homem no mundo. «Aprende a conhecer o ritmo da vida humana», diz o velho Arquíloco, antecipando a linguagem que será da ciência e da filosofia.

Tales ocupava-se de coisas muito simples. Propõe-se um objectivo *prático*. Os seus concidadãos chamaram-lhe sábio, um dos Sete Sábios. Mas de que modesta e ousada sabedoria? Entre as fórmulas lapidares que se lhe atribuem em propriedade exclusiva, a mais característica do seu génio e, sem dúvida: «Ignorância, pesado carrego.» Desejoso de conhecer o mundo em que vivemos, ocupa-se primeiramente do que se passa entre o céu e a terra, aquilo a que os Gregos chamam *meteoros* (fenómenos aéreos). É que Tales vive numa cidade de comerciantes gregos. Obedece na sua investigação a razões de utilidade: quer que os navios tragam ao porto a sua carga e para tanto quer saber porque cai a chuva, o que são os ventos, quais são os astros que servirão de guia, quais são os mais móveis e quais os mais fixos.

Assim, é a *prática* a origem da ciência, e não outra. O seu objectivo é, como foi dito, «que funcione». A ciência nasce do contacto com as coisas, depende do testemunho dos sentidos. Mesmo que lhe aconteça afastar-se da evidência sensível, a ela tem de voltar. Essa é a condição primeira do seu desenvolvimento. Requer a lógica e a elaboração duma teoria, mas a sua lógica mais estrita e a sua teoria muitas vezes audaciosa devem ser postas à prova *pela prática*. A ciência prática é o fundamento necessário da ciência especulativa.

Tales tem iniciativa. Nos séculos precedentes, por duas vezes Mileto se lançou nos caminhos do mar à procura dos metais e das terras de trigo. Fundou noventa colónias e feitorias. Tales é grande viajante. Percorreu o Egipto, a Ásia Anterior, a Caldeia, recolhendo nesses países os vestígios de velhos conhecimentos, nomeadamente numerosos factos respeitantes ao céu e à terra, e propôs-se reuni-los segundo um modo original.

Durante o tempo das suas viagens, foi engenheiro militar ao serviço de Creso, resolveu problemas práticos. Mas é igualmente um espírito ousadamente especulativo.

Tales deve muitos factos quer à observação dos Egípcios e dos Caldeus, quer à prática do seu ofício. Desta colecção de factos fará qualquer coisa de novo.

Na Jónia, essa Babel da Grécia, encontram-se muitas correntes de pensamento, muitas buscas de interesses. Tales vive neste ponto de múltiplas convergências. Os seus concidadãos e ele repõem o problema de viver num mundo desconhecido, que é preciso conhecer para nele viver. Formulam novas questões. Tales põe estas questões segundo um método que lhe é próprio e numa linguagem ainda não habitual nestas matérias. Na mesma linguagem com que os mercadores tratam dos seus negócios. Tales é comerciante e engenheiro. Se se ocupa de meteoros, não é, em todo o caso, para contar a si mesmo *histórias*, mas para dar aos fenómenos *razões* — compreender como as coisas se passam com os elementos que conhece, com o ar, a terra, a água e o fogo.

A ciência racional que está em vias de nascer e a direcção demonstrativa que vai tomar toda a ciência helénica parecem o resultado de uma multidão de actos e de gestos que estes marinheiros observadores fizeram para dirigir os seus barcos, notando, a cada movimento dos braços, que este movimento era seguido de um efeito e procurando estabelecer a ligação rigorosa da causa com o efeito produzido, sem deixar ao acaso a sua parte.

É certo que os resultados que Tales obtém nas suas investigações são medíocres, problemáticos e muitas vezes erróneos. Mas a maneira de observar o mundo, a maneira de reflectir de Tales são as de um verdadeiro *sábio*. Não talvez no sentido moderno da palavra sábio, em que o sábio pratica uma ciência estreitamente ligada à experiência. Mas no sentido mais simples em que ele pratica uma ciência toda de observação, e dá conta do que observa sem usar de mitos e com a maior exactidão possível. Sobre estas observações, constrói hipóteses que lhe parecem plausíveis. Constrói uma teoria que, *com o tempo*, será submetida à experiência.

Em vez de considerar os astros como deuses — que o eram antes dele, que o continuarão a ser muito depois dele, para Platão e outros — Tales é o primeiro a considerá-los como objectos *naturais*. São, para ele, objectos de natureza terrosa ou inflamada. Tales foi o primeiro a dizer que o Sol se eclipsa quando a Lua, que é de natureza terrosa, se coloca em linha recta entre a Terra

A CIÊNCIA NASCEU — O MUNDO EXPLICA-SE — TALES — DEMÓCRITO

e ele. Terá ele verdadeiramente predito um eclipse do Sol, o de 610, ou de 585, ou outro, como o certifica a tradição grega? Talvez tenha indicado o ano de um eclipse provável, fundando-se nos cálculos dos Babilónios. O seu conhecimento da astronomia não lhe permitia ser mais exacto.

Muito mais importante que os resultados, é o método da sua investigação. Nem quando se ocupa dos astros, nem quando se ocupa da água, Tales — repetimos — faz intervir deuses ou mitos. Fala deles como de coisas puramente *físicas e materiais*. Quando o químico moderno põe a questão: Donde vem a água?, responde: Duma combinação de hidrogénio e de oxigénio. A resposta de Tales não pode ser idêntica. A ignorância pesa sobre ele como um «pesado carrego»: tem disso consciência e afirmou-o. No entanto, quando põe a questão da origem da água, não responde por um *mito*, mas de maneira objectiva, isto é, procurando formular uma lei da natureza, que responde à realidade da natureza e que possa um dia ser verificada pela experiência.

Este pensamento, de uma forma tão nova, é por vezes muito audacioso nos seus empreendimentos: pode parecer ingénuo à força de audácia. Tales e os primeiros sábios jónios procuram descobrir *de que matéria é feito o mundo*. Parece-lhe que deve haver nele um elemento — um elemento *material* — de que os outros se engendram por um processo, não mítico, como nas velhas cosmogonias, mas *físico*. Para Tales, é a *água* que é primitiva, e a partir desta água primordial nasceram a *terra* que é como que o resíduo dela, e também o *ar* e o *fogo* que são vapores, exalações da água. Tudo nasce da água e tudo volta à água.

É provável que as técnicas do fogo tenham sugerido a estes sábios a ideia duma transformação de um elemento em outro, que toma uma outra aparência permanecendo idêntico. Observaram os efeitos diversos produzidos pela acção do fogo. O fogo muda a água em vapor. Transforma tal ou tal matéria em cinza. Liquidifica na técnica da fundição. Separa e purifica na metalurgia. Inversamente, une na liga e na soldadura. Assim o homem, observando as suas próprias técnicas, chega à noção duma transformação dos elementos ou da sua aparência. Mas esta observação não decorre sem sofrimento. O fogo não é apenas um grande educador, é também um déspota sem piedade, que exige sangue, suor e lágrimas. «Eu vi o ferreiro a trabalhar na bocarra da fornalha», escreve um poeta satírico egípcio; «os seus dedos são como a pele do crocodilo; cheira mal como a leituga do peixe.» Uma tal observação, implicando a sua parte de infortúnio, implica também, na formação da teoria, a sua parte de erro.

Simples factos naturais, aliás, puderam também sugerir a Tales a sua ideia da água origem dos outros elementos. O facto de que a água depõe nateiro (nas inundações do Nilo e na formação do delta, por exemplo) ou ainda a formação das brumas que nascem do mar ou talvez o aparecimento dos fogos-fátuos que flutuam sobre os pântanos — tudo isto desperta a atenção do sábio. A coisa importante está em ter-se posto o sábio a observar a natureza ou as técnicas humanas, libertando-se de qualquer explicação sobrenatural. Nesta observação e na verificação das suas observações, por exemplo, na técnica tão importante da fundição das estátuas de bronze, o sábio dá os primeiros passos naquilo que merecerá, muito mais tarde, o nome de método experimental. Por enquanto ainda não é mais que um balbuciamento, mas é também o início de uma nova linguagem.

Por essa mesma altura, os mesmos sábios da Jónia e nomeadamente o mesmo Tales fizeram a descoberta de um outro método científico, que os homens dominaram desde o princípio melhor que nenhum outro. É o método matemático, sob a sua forma geométrica.

Os vasos de Dípilo (século VIII) manifestam já a paixão dos Gregos pelo estilo desnudado da geometria. As personagens — homens e cavalos — que se introduzem nesta decoração linear são eles próprios geometria: ângulos e segmentos de círculos reunidos!

Mas os Gregos, com a imaginção já toda invadida de figuras geométricas, inventam, como sempre, esta ciência a partir de técnicas precisas. Os Orientais, Assírios e Egípcios, tinham constituído um primeiro estado do que devia ser a ciência matemática.

Os Egípcios, por exemplo, para encontrarem as dimensões dos seus campos após a inundação do Nilo, que lhes apagava os limites sob uma camada de lodo, conheciam certos processos de agrimensura que podiam iniciar a descoberta de tais ou tais teoremas de geometria. Assim, eles sabiam que, para um triângulo rectângulo cujos lados do ângulo recto se medem por 3 e 4 e cuja hipotenusa se mede por 5, os quadrados que se constroem sobre os lados 3 e 4 do ângulo recto têm juntos a mesma superfície que o quadrado contruído sobre a hipotenusa. Sabiam-no, mediam-no no solo, porque sabiam que 3×3, ou seja 9, mais 4×4, ou seja 16, é a mesma coisa que 5×5, ou seja 25. Mas não sabiam que esta proposição é verdadeira para não importa que triângulo rectângulo, e eram incapazes de o demonstrar. A sua geometria não era ainda uma ciência propriamente dita.

A CIÊNCIA NASCEU — O MUNDO EXPLICA-SE — TALES — DEMÓCRITO

Durante séculos, aquilo que viria a ser método matemático, não foi mais que uma colecção de regras. Estas regras eram já muito complicadas por vezes e permitiam, por exemplo, em certos casos, predizer a posição dos astros. Contudo, este conjunto de regras não constituía uma ciência. Não estavam ligadas entre si, não valiam senão para casos particulares e ninguém procurava demonstrar que elas derivavam de alguns princípios simples que se impunham ao espírito pela experiência. Por exemplo: «A linha recta é o mais curto caminho de um ponto a outro.» Ninguém demonstrava que estas regras são leis da natureza e são necessariamente o que são.

Os Gregos tiveram necessidade de desenvolver a sua geometria por duas razões principais: a navegação (e sem dúvida a construção dos barcos, que tinham deixado de ser, nessa época, pirogas ou barcas primitivas) e a construção dos templos.

Tales, diz-se, fez um dia uma descoberta geométrica que parece justamente estar em relação com a construção dos tambores das colunas dos templos. Fez ver não apenas que um ângulo inscrito num semicírculo é um ângulo recto, mas também que, necessariamente assim tem de ser, quer dizer, que se se unirem as extremidades de uma semicircunferência a um qualquer dos seus pontos, essas duas linhas fazem sempre um ângulo recto.

Do mesmo modo, Pitágoras (ou a sua escola, ou um outro, mas numa data antiga) mostra que o quadrado construído sobre a hipotenusa do triângulo rectângulo, quaisquer que sejam as dimensões do triângulo, é forçosamente igual à soma dos quadrados construídos sobre os outros lados. Assim, os casos particulares dos Orientais tornavam-se propriedades universais das figuras geométricas. Os Gregos criaram, pois, uma ciência geométrica que é a nossa, na qual as propriedades das rectas, dos círculos e de algumas outras curvas podiam ser demonstradas pelo raciocínio e verificadas pelas aplicações da técnica. (E eu penso sobretudo na arquitectura, que eles levaram, por essa via, a um raro grau de solidez e de beleza.)

Os Gregos edificavam desta maneira uma ciência geométrica em ligação com a arte da construção e com a navegação. Toda a tradição relativa a Tales lhe atribui o conhecimento concreto da distância, a partir de um ponto alto na margem, de um navio em pleno mar. A mesma tradição lhe atribui os conhecimentos geométricos, desta vez abstractos e racionais, das propriedades das figuras cuja construção permite medir essa distância.

Esta ciência é obra duma classe de mercadores que querem barcos para navegar longe e templos para ilustrar a glória da sua cidade, ao mesmo tempo e tanto como aos deuses.

A ciência que assenta nestas condições é nitidamente um humanismo. Os homens podem, graças a ela, ler na desordem aparente da natureza leis rigorosas que nesta estão presentes. Podem-no e querem-no, a fim de utilizar essas leis. A ciência que nasce é pois, no seu princípio e na sua intenção, utilitária. Os homens apoderam-se dela como de uma ferramenta.

A grandeza de Tales não consiste essencialmente em ter sido o primeiro dos «filósofos». (Sim, se assim se quiser, mas o limite entre a ciência e a filosofia é ainda muito flutuante nessa época!) É antes de mais um «físico», por de mais ligado à natureza à «*physis*», para acrescentar seja o que for à natureza, para nada procurar além dela — para ser *metafísico*. Pensa em termos de matéria: é um materialista. É certo que os pensadores gregos não distinguiram ou separaram ainda a matéria e o espírito. Mas a matéria é tão preciosa para Tales e para a sua escola que a confundem com a vida. Para eles, toda a matéria é viva. Digamos pois que estes sábios não são «materialistas» no sentido moderno da palavra, uma vez que a diferença entre o material e o não-material não existia para eles. Mas é significativo que Aristóteles, um idealista, os tenha apresentado como materialistas. Foram realmente materialistas primitivos. Mais tarde, os Gregos chamavam a estes velhos jónios hilozoístas, isto é, *aqueles-que-pensam-que-a-matéria-é-viva*, ou aqueles que pensam que a vida — a alma — veio da matéria ao mundo, é inerente à matéria, é o próprio comportamento da matéria.

Estes pensadores falam pois do universo e esquecem os deuses. Muito perto deles — no tempo e no espaço — explicava-se a criação do mundo pela união do *Úrano* (o Céu) e de *Gê* (a Terra). Tudo quanto se seguira, gerações dos deuses e dos homens, era mitos e mitologia, era «demasiado humano». Para Tales, o céu é esse espaço a três dimensões no qual faz avançar os barcos e ergue as colunas dos templos da cidade. A terra é esse barro primitivo que a água depõe, que a água sustém, que retorna à água...

Esta explicação terrosa e líquida (a terra separada das águas) parece ter sido retirada de qualquer coneo sumério: parece uma história de criação ou de dilúvio. Todos os países eram mares, dizem as cosmologias babilónias. Marduque, o Criador, pousou sobre as águas um tapete de juncos, que cobriu de lama. Também Tales declarou que na origem tudo tinha sido água, mas eles pensavam que a terra e todos os seres se tinham formado a partir da água, *por um processo natural*. Talvez, com efeito, Tales deva a sua hipótese a uma primitiva mitologia oriental, aquela que se reflecte também no *Génese*. Mas o mito decantou-se ao tornar-se grego. Qua aconteceu ao Espírito de Deus que flutuava sobre as águas no mundo incriado do primeiro capítulo da Bíblia? Que aconteceu a Marduque? Que aconteceu ao Criador? Que aconteceu à voz de Deus que falava a Noé na narração do dilúvio? Tudo isto se dissipou como um sonho metafísico. O Criador perdeu-se no caminho.

O carácter racional e também o carácter universal das proposições de Tales fazem dele o segundo fundador da ciência, se desta vez entendermos por ciência *um conjunto de proposições ligadas entre si por laços lógicos e que constituem leis válidas em todo o tempo*. Aristóteles dirá mais tarde: «Não há ciência senão do geral.» Definição mais limitada que a mencionada antes, mas que permite situar melhor Tales na história dos conhecimentos humanos.

Com Tales interrompe-se por um tempo a cadeia dos mitos. Uma história nova começa: a história dos homens que inventam a ciência, que inventam a ciência concebida na sua universalidade, sob o seu aspecto rigoroso e racional.

Indicaremos, finalmente, a opinião que certos modernos atribuem a Tales, segundo a qual a natureza seria ao mesmo tempo inteligente e inconsciente. Vê-se o partido que a medicina hipocrática, no século seguinte, iria tirar duma tal reflexão. Observando a ligação, a estreita analogia do organismo humano e da natureza tomada no seu conjunto, a medicina verifica com efeito que o organismo humano deve necessariamente melhor fazer as coisas sem as ter aprendido e permanecendo inconsciente delas. É o que a medicina observa na cicatrização das feridas, na formação do calo ósseo, nos fenómenos de reacção salutar que não provêm da arte, mas da obra automática da natureza.

Assim a ciência médica, por seu turno, poderia derivar em parte de Tales.

A investigação de Tales não era uma pesquisa isolada. A ciência só progride pela colaboração dos pesquisadores. A estes pesquisadores, a quem Tales dá o impulso, chamam-lhes, como a ele, *físicos*. Observam a natureza com um espírito positivo e prático. Prontamente as suas observações recorrem à experiência. Citemos, sem maior demora, alguns nomes.

Anaximandro, de uma geração um pouco mais jovem que Tales, é, por certa faceta do seu espírito, um técnico minucioso: traça as primeiras cartas geográficas; é o primeiro a utilizar o gnómon, inventado pelos Babilónios, para dele fazer um quadrante solar. Sabe-se que o gnómon é uma haste de ferro que, plantada verticalmente no chão num local liso, pode indicar, pelas variações da sombra, o meio-dia exacto, os solstícios e os equinócios, assim como as horas e as datas intermédias. Anaximandro fez dele um *polos*, que foi o primeiro relógio.

Xenófanes, exilado da Jónia quando da conquista deste país pelos Persas, instalou-se na Itália. É um poeta ambulante que, nas praças públicas, declama o seu poema intitulado *Da Natureza*, no qual critica a mitologia tradicional e troça da concepção antropomórfica do divino. Escreve esta frase extraordinária: «Se os bois, os cavalos e os leões tivessem mãos e pudessem pintar quadros e esculpir estátuas, representariam os deuses sob a forma de bois, de cavalos e de leões, à maneira dos homens que os representam à sua própria imagem.» Este Xenófanes era um sábio de curiosidade aberta aos horizontes mais diversos: ela levou-o a descobertas de grande alcance, como reconhecer a presença de conchas nas montanhas, a marca de peixes sobre pedras em Malta, em Paros, nas pedreiras de Siracusa.

No século V, sábios como Anaxágoras e Empédocles parecem ter ido mais longe ainda neste caminho. O primeiro interessou-se por toda a espécie de fenómenos de astronomia e de biologia, notou a existência de parélios — esses estranhos fenómenos luminosos — no mar Negro e tentou explicar o facto; ocupou-se da causa das cheias do Nilo. O segundo foi recentemente chamado um «verdadeiro precursor de Bacon»: imaginou experiências originais para dar conta, por analogia, de vários fenómenos naturais, ou que julgavam assim. Estas tentativas, que revelam muito engenho, manifestam o nascimento da experimentação científica.

Todos estes esforços dos sucessores de Tales, aliás mal conhecidos por nós, por falta de textos suficientes, ajudaram, no domínio físico, às duas grandes descobertas do século V. Uma é o conhecimento preciso do movimento *anual* do Sol sobre a esfera celeste, segundo um plano que é oblíquo em relação àquele em que o Sol cumpre, ou parece cumprir, o seu movimento *em um dia*. A segunda é a determinação do valor matemático dos intervalos musicais, que era já familiar a um sábio do final do século V.

Eis, muito sumariamente indicado, o balanço científico dos sucessores imediatos de Tales.

A CIÊNCIA NASCEU — O MUNDO EXPLICA-SE — TALES — DEMÓCRITO

*

É este genial Tales que a tradição popular entrega aos sarcasmos dos transeuntes e das servas quando, ocupado todas as noites a decifrar os astros, lhe acontece, por pouca sorte, cair num poço. Esta maliciosa narrativa encontra-se em Esopo, encontra-se em Platão. Montaigne declara: «Grato fico a essa moça de Mileto que, vendo o filósofo Tales distrair-se continuamente na contemplação da abóbada celeste... lhe pôs no caminho qualquer coisa onde ele tropeçou, para o advertir de que seria tempo de distrair o pensamento nas coisas que estavam nas nuvens quando tivesse provido àquelas que estavam a seus pés.»
La Fontaine, por sua vez, adverte-o:

Pauvre bête,
Tandis qu'à peine à tes pieds tu peux voir,
Penses-tu lire au-dessus de ta tête?

Pobre e glorioso Tales! Que homem mais do que tu teve os pés na terra?
A ciência, difícil conquista dos homens: desafio ao bom senso, objecto de irrisão do bom senso.

*

O pensamento jónio e a escola de Tales tinham-se orientado para uma concepção dinâmica do mundo, centrada sobre elementos materiais em contínua e mútua transformação.
Este materialismo dos Jónios procede duma intuição justa mas ingénua da natureza concebida como uma massa de matéria eterna infinita, em perpétuo movimento e mudança.
Esta intuição (e na época só de intuição se pode tratar e não de conhecimento científico demonstrado) é retomada e precisada, sempre intuitivamente, por Demócrito, no século V antes da nossa era. O materialismo de Demócrito ganha uma força maior, irresistível na história, em ter sido, no século que o separa de Tales, contestado pela escola de Parménides, para quem nada existe fora da estabilidade e da ausência do movimento, e por Heraclito, para quem tudo muda e se escoa. É ao responder a Parménides e a Heraclito, é ao

ultrapassar ao mesmo tempo a estabilidade e a mudança, que Demócrito encontra a resposta e desenvolve o seu sistema da natureza. Deixemos os pormenores destes debates e tentemos expor este sistema de Demócrito.

Difícil, aliás, muito difícil. Os textos de Demócrito são incrivelmente raros. A obra de Demócrito era extremamente vasta e alargava-se a todos os domínios do saber humano. Dele não nos resta hoje uma só obra completa, ao passo que da obra de Platão, não menos vasta mas também não mais, *tudo* conservámos sem que uma obra falte à chamada, e mesmo um pouco mais que tudo, pois algumas obras bastardas se misturaram ao grupo das obras autênticas.

É difícil ver um simples acaso nesta diferença de tratamento feita pela tradição às obras de Demócrito e às de Platão. Não vamos crer cegamente no que os antigos nos contam a este respeito. Mexericam eles que Platão não escondia o seu desejo de lançar ao fogo toda a obra de Demócrito, se pudesse. Digamos que aqueles que assim falam atribuem a Platão uma intenção que não passou de um voto secreto, e não nos adiantemos a ler nos corações. Espantoso é que este voto, exprimido ou não, foi realizado pelos séculos. Desde o século III da nossa era, os rastos da obra de Demócrito tornam-se para nós difíceis de distinguir. Mais tarde, pode-se supor que as perseguições de que os manuscritos antigos são objecto por parte da igreja cristã — perseguições que duraram três séculos: VI, VII e VIII — foram particularmente rigorosas para com um escritor já denunciado como o pai do materialismo. As mesmas perseguições da Igreja terão sido, pelo contrário, muito indulgentes para com o fundador da escola idealista a que esta Igreja ia buscar toda uma parte da sua teologia.

O resultado está à vista. De Demócrito apenas temos citações insignificantes, por vezes obscuras, e que, em certos casos, podemos mesmo considerar falsificadas. Só pelos seus adversários ouvimos falar deste grande filósofo, e, por sorte, por Aristóteles e Teofrasto, sem dúvida mais inclinados, na sua qualidade de naturalistas, a dar atenção ao mundo da matéria.

Demócrito nasceu por alturas de 460 em Abdera, colónia grega na costa da Trácia, o que permite a Cícero a graça de declarar que o que Demócrito diz dos deuses é mais digno da sua pátria (Abdera é, para os antigos, a capital do reino da Estupidez) que dele próprio.

Foi em Abdera que ele seguiu o ensino de Leucipo, o pai quase desconhecido (e desta vez, praticamente despojado de qualquer texto) do materialismo sensualista que Demócrito desenvolveu.

Como todos os grandes pensadores gregos, Demócrito foi um grande viajante. Não encolhamos os ombros se nos contarem que ele conversou nas Índias com os gimnosofistas: estes testemunhos extravagantes da sabedoria oriental sempre intrigaram muito os Gregos. No Egipto com os sacerdotes, e que ainda por cima visitou a Etiópia. Platão não fez menos. A sabedoria grega — exceptuando Sócrates, que disso se gaba — sempre correu muito o mundo e muito tirou dessas vagabundagens. O saber enciclopédico de Demócrito recolheu no Egipto receitas empíricas de química, conhecimentos verdadeiros ou falsos mas abundantes de história natural e, dos Caldeus, ou ainda dos Egípcios, uma massa de noções elementares de matemática e de astronomia.

As informações que nos dão sobre estas viagens podem ser falsas. Mas é impossível tocar na maior parte dos fragmentos conservados do filósofo sem ser impressionado pela extrema abertura das suas opiniões sobre o mundo e o futuro da humanidade. Um ar vivo e picante — esse ar que sopra nas alturas, ao amanhecer, gelado na pele, exaltante no coração — atravessa a obra de Demócrito como a dos outros pensadores malditos, Epicuro e Lucrécio. Em verdade, estes materialistas trespassam-nos a alma da maneira mais acerada. A sua ferida é fecunda.

Demócrito, como dizem os antigos, tinha «escrito sobre tudo». Se não temos as suas obras, temos uma lista dos títulos das suas obras: ela confirma esta asserção. Demócrito tinha escrito sobre as matemáticas (tratados notáveis, segundo o testemunho de Arquimedes, que dá exemplos das descobertas matemáticas de Demócrito). Tinha escrito sobre a biologia, de que falava como sábio que praticara a dissecação, facto por assim dizer único na época. Tinha escrito sobre a física e sobre a moral, sobre a filologia, a história literária e a música. Tinha sobretudo formulado o seu sistema da natureza.

Chegou a uma idade muito avançada, ultrapassou os noventa anos, atingiu mesmo, segundo os amadores de recordes, a centena. Estes números fazem-no viver até ao segundo quartel do século IV.

Demócrito lançou no mundo a grande palavra *átomo*. Lança-a a título de hipótese. Mas porque esta hipótese respondia melhor que nenhuma outra aos problemas levantados pelos seus predecessores e pela sua época, a palavra que ele lança está destinada a atravessar os séculos. A ciência moderna retomou-a e se a emprega num sentido menos estrito, se está em condições de revelar a estrutura interna do átomo, nem por isso deriva menos dessa intuição espontânea de Demócrito: a existência dos átomos.

Um sábio moderno, o físico J. C. Feinberg, mostra o paralelismo impressionante entre as previsões atómicas, se assim se pode falar, de Demócrito e as de Einstein. Escreve ele a este respeito:

«Einstein, em 1905, apenas com papel, um lápis e o *seu* cérebro, muitos anos antes que alguém conseguisse desintegrar um átomo e destruir a matéria, predizia que a matéria podia ser destruída e que, quando o fosse, libertaria terríveis quantidades de energia.

«Demócrito, no século V antes da nossa era, apenas com uma tabuinha de cera, um estilete e o *seu* cérebro, muito antes que a ciência tivesse aprendido a explorar o interior duma substância, predizia que toda a substância era feita de átomos.»

Demócrito não admite no seu sistema senão duas realidades primordiais, os *átomos*, por um lado, o *vazio*, por outro lado. Notemos, a propósito do vazio, que esta hipótese de existência do vazio na natureza está hoje inteiramente demonstrada. Durante muito tempo os filósofos, como os sábios, declararam de maneira peremptória: «A natureza tem horror ao vazio.» Na verdade, eles atribuíam à natureza um horror que lhes era próprio. Hoje admite-se e demonstra-se que o vazio existe no interior do átomo, como existe entre os átomos. O professor Joliot-Curie escreve: «Há grandes espaços vazios na matéria. Em relação às dimensões das partículas que constituem a matéria, estes vazios são comparáveis aos espaços interplanetários.»

Os átomos são definidos por Demócrito: corpúsculos sólidos, indivisíveis (o seu nome significa *insecáveis:* Demócrito contestava a possibilidade da fissão do átomo), indissolúveis. São em número infinito e eternos. Movem-se no vazio. Este movimento não é exterior a eles. O movimento coexiste com a matéria: com ela, é primordial. Os átomos não têm outras qualidades que uma certa forma, diferente de um para outro, e um peso ligado à sua dimensão.

As qualidades que nós percebemos nas coisas por meio dos sentidos são puramente subjectivas para Demócrito e não existem nos átomos. Demócrito teve o mérito de tentar fundar uma ciência da natureza a partir da noção de *quantidade*, para daqui deduzir em seguida as qualidades sensíveis.

Os átomos são pois como pontos, não matemáticos mas materiais, de pequenez extrema, que escapam completamente à nossa percepção sensível. Ainda hoje a ela escapam, na sua estrutura, contudo decomposta e utilizada pelos sábios.

Este átomos agitam-se, «chocam-se em todos os sentidos», sem que haja no universo nem *alto*, nem *baixo*, nem *meio*, nem *fim*. Há nesta afirmação de Demócrito um dos indícios mais nítidos da justeza da sua intuição espontânea. A natureza, para ele, é um «salpicamento de átomos em todos os sentidos». As trajectórias destes não podem deixar de «se cruzarem», de modo que se produzem «afloramentos, sacudidelas, ressaltos, golpes e entrechoques e também entrelaçamentos». Finalmente, «formações de amontoados».

Tal é o ponto de partida do «sistema da natureza» de Demócrito, um materialismo ao mesmo tempo ingénuo e decidido, uma doutrina com a qual o autor faz um imenso esforço para explicar o mundo da maneira mais objectiva, sem nenhuma intervenção divina. A doutrina de Demócrito é, na verdade, na sequência dos velhos materialistas jónios, a primeira verdadeiramente *ateia* da antiguidade grega.

Assim se constituiu o mundo em que vivemos. Um grande número de átomos formou uma massa esférica na qual os átomos mais pesados ocupam o centro da esfera, ao passo que os mais subtis são repelidos para as alturas desta. Os átomos mais pesados formaram a massa terrosa, mas nesta massa terrosa átomos menos pesados constituíram as águas que permanecem alojadas nos côncavos da superfície terrestre. Outros átomos mais leves ainda formaram a atmosfera que respiramos.

Acrescentemos que o mundo em que vivemos, a Terra, não é senão um dos mundos que, segundo Demócrito, se formou na extensão sem limites dos espaços. Existem outros mundos em número infinito, que podem ter o seu sol, os seus planetas e as suas estrelas, que podem estar em formação ou em vias de desaparecimento.

Uma tal explicação do mundo não implica nenhuma ideia de criação, nenhuma intervenção sobrenatural no nascimento e na conservação do mundo. Apenas existem matéria e movimento.

Também não estamos, com Demócrito, numa doutrina mecanicista, embora certos modernos o afirmem. É levianamente que lhe atribuem concepções mecanicistas próximas das dos filósofos dos séculos XVII e XVIII. Em primeiro lugar, acontece a Demócrito utilizar explicações que de modo algum são mecanicistas, como o princípio da ingénua atracção do semelhante pelo semelhante. Em segundo lugar, os conhecimentos mecânicos estão, no seu tempo, em estado embrionário e não podem fornecer à sua concepção do mundo um fundamento científico. O materialismo de Demócrito é um materialismo de intuição, uma hipótese de físico, de modo algum um materialismo metafísico. Ele lançou o seu sistema da natureza para defender a sua tese da realidade objectiva do mundo circundante e da indestrutibilidade da matéria contra os filósofos do tempo que, ou contestavam que o movimento fosse compatível com a existência, ou, como os sofistas, mergulhavam nas contradições do relativismo.

A hipótese atómica de Demócrito provou ser justa. Mas está fora de questão fundar esta hipótese cientificamente. De um certo ângulo, o materialismo de Demócrito, insuficientemente fundado pela ciência da época, privado dos instrumentos de observação de que se servem os sábios modernos, incrivelmente pobre de factos objectivamente estabelecidos, é ele próprio insuficiente para cumprir a tarefa que se impusera: explicar o mundo.

No entanto, Engels, que faz uma reflexão deste género, acrescenta isto: «É também nisso que reside a sua superioridade (a da filosofia grega) sobre todos os adversários metafísicos posteriores. Se, no pormenor, a metafísica teve razão contra os Gregos, no conjunto, os Gregos tiveram razão contra a metafísica.»

Se passarmos ao aparecimento no nosso mundo da vida, vegetal e animal, dos seres humanos depois, veremos que Demócrito admite que a ciência deve procurar a explicação dele nas leis da atracção e da agregação dos átomos da mesma forma. Explicação puramente material. E mais: a vida ou a alma não são em caso algum para ele uma força que se acrescentaria à matéria. A vida está eternamente presente na matéria e é da mesma natureza que ela. Consiste em átomos de fogo, que são muito subtis, redondos e lisos, e extremamente móveis. Movem assim os corpos nos quais se encontram e a vida mantém-se enquanto são em número suficiente. A atmosfera contém um grande número deles e é a respiração que sustenta a vida dos seres até ao seu termo.

Os seres vivos são pois considerados como agregados de átomos, chegados ao Estado em que os vemos após uma longa evolução. Quanto ao homem, Demócrito adiantava a hipótese de «que era um filho do acaso que nascera da água e do lodo».

Quanto à religião, deve-se insistir no facto de que, no sistema atómico, em que a natureza e o homem são explicados por princípios naturais e materiais, em que a vida depois da morte é categoricamente negada, o problema religioso está totalmente privado da substância que o alimenta. Demócrito toca-o sobretudo para afirmar que a crença na existência dos deuses tem por causa o medo dos homens perante os fenómenos da natureza que eles não compreendem e particularmente perante a morte.

Contudo, numa outra passagem, Demócrito faz uma reserva em relação aos deuses que pode parecer estranha, mas que lhe é inspirada pelo seu espírito científico aberto a todas as hipóteses. Admite que poderão existir seres formados de átomos mais subtis que os homens e que, sem serem imortais, viveriam muito e muito tempo. Mas estes seres não têm nenhum poder nem sobre as coisas nem sobre os homens. Razão por que a sua existência (hipotética) não implica nenhum dever da nossa parte. Demócrito não fala nem de oração, nem de piedade, nem de adoração, nem de sacrifício. Ele troça daqueles que imploram os deuses a saúde, ao mesmo tempo que se afundam pela intemperança e pela devassidão.

O modo como Demócrito tratou o problema religioso é uma prova evidente da sua liberdade de espírito em relação às crenças populares.

A maneira como Demócrito explicava como o homem toma conhecimento do mundo exterior é também muito interessante de salientar, tanto mais que deu lugar a interpretações diversas.

O homem conhece o mundo pelos *sentidos* e de maneira toda material. As sensações auditivas, por exemplo, são devidas a correntes de átomos que se propagam do objecto sonoro aos nossos ouvidos. Estas correntes põem em movimento as partículas do ar que lhes são semelhantes e penetram pelas nossas orelhas no nosso organismo. Do mesmo modo, as sensações visuais são produzidas por imagens, ditas simulacros, desprendidas dos objectos exteriores e que penetram nos olhos ou antes pelos olhos no nosso cérebro.

Estas explicações são falsas e parecem-nos infantis. Contudo, o estado da física do século V e sobretudo a inexistência da anatomia e da fisiologia dos órgãos dos sentidos na Antiguidade tornavam difícil ir mais além e acertar mais justamente na hipótese. A ideia de que o conhecimento do mundo nos é dado pelos nossos sentidos e por meio de correntes (nós dizemos ondas) que dos objectos vêm impressionar os nossos órgãos sensoriais, essa é ainda a maneira como a ciência moderna e também toda uma parte da filosofia moderna se representam as coisas.

A posição tomada por Demócrito na teoria do conhecimento é um sensualismo materialista. No entanto, Demócrito esbarrava na sua explicação com dificuldades, e mesmo com contradições. A consciência que ele tinha das dificuldades do conhecimento não significa, de modo algum, que deva ser alinhado entre os cépticos. Não é um céptico, é um espírito consciente da imensidão da tarefa do pesquisador científico. Acontece-lhe pois exprimir sentimentos de reserva e de dúvida, sentimentos que, seja qual for a época da história, todo o investigador honesto experimenta quando compara o resultado alcançado com aquilo que falta atingir. Demócrito declara num desses momentos que a vocação do pesquisador é a mais bela e que dedicar-se alguém a dar uma explicação causal dos fenómenos naturais é mais próprio a tornar um homem feliz que a posse dum trono real.

Eis a título de exemplo uma passagem em que se vê Demócrito esbarrar com uma das contradições a que chega o seu sistema, pelo menos tal como ele o inventou no seu tempo. Esta passagem é do grande médico Galeno.

«Demócrito, depois de ter desacreditado as aparências dizendo: «Convenção a cor, convenção o doce, convenção o amargo, na realidade não há senão átomos e vazio», dá aos sentidos a linguagem seguinte contra a razão: «Pobre razão, depois de nos teres tirado os meios de prova, queres abater-nos! A tua vitória é a tua derrota.»

O simples facto de que a contradição reconhecida resulta num diálogo é o sinal da robusta vitalidade do pensador que apenas procura uma solução, a verdade.

O sistema de Demócrito, como se vê, é notável quer pela variedade dos problemas que se esforça por resolver, quer pela solidez dos princípios sobre que assenta, como diz Robin, sobre Demócrito: «Esta solução original e coerente... teria podido, se a filosofia das Ideias não tivesse prevalecido, fornecer à ciência da natureza... uma hipótese metodológica própria para organizar as suas pesquisas.»

Claro que não devemos iludir-nos pelas semelhanças entre o atomismo antigo e o da ciência moderna. Em consequência dos progressos imensos realizados nas técnicas experimentais e nas matemáticas, o átomo não é já hoje essa unidade indivisível que Demócrito supunha. É um sistema formado de um certo número de corpúsculos de electricidade negativa, os electrões, que gravitam à volta de um núcleo carregado positivamente, exactamente como os planetas em volta do Sol.

«E contudo (cito aqui a conclusão da obra de Solovine sobre Demócrito), em última análise, a imagem do Universo é para nós a mesma que era para

Demócrito: um número inconcebível de corpúsculos disseminados pelo espaço sem limites e movendo-se eternamente.»

Admiremos a lucidez e a coragem do grande pensador que foi Demócrito. Ele fez — à custa da sua reputação — uma coisa imensa: deu à matéria a sua dignidade. É o mesmo que dizer que ele nos reconcilia — corpo e alma reunidos — com nós próprios. Se sabemos entendê-lo, ele assegura-nos da grandeza da nossa vocação de homem. Sem nos permitir exaltar-nos excessivamente, pois liga os homens ao lodo original de que são feitos, instala-nos contudo no ponto mais avançado de um progresso de que somos o desenlace e de futuro os artifíces.

Apesar disto ou por causa disto, Demócrito foi um dos sábios mais vilipendiados da Antiguidade. Amar e louvar a matéria, a ela reduzir a nossa alma, é ser «cúmplice de Satanás», como mais tarde se dirá.

Demócrito perdeu a sua reputação e a sua obra. «É um louco», diziam os seus concidadãos. Sempre a ler e a escrever. «A leitura perdeu-o!» Ouçamos La Fontaine resumir as palavras dos Abderianos, depois troçar da sua doutrina:

Aucun nombre, dit-il, les mondes ne limite.
Peut-être même ils sont remplis
De Démocrites infinis.

Os seus patrícios tomaram o partido de pedir uma consulta a Hipócrates, o grande médico contemporâneo. A conversa dos dois homens de génio descambou, diz-se (porque a anedota é fictícia), no diálogo da ciência e da amizade.

«Ninguém é profeta na sua terra», comenta o fabulista.

*

Porém, se, como foi dito, «o cérebro de Demócrito era feito como o de Einstein», é evidente que o nascimento da ciência que procede das suas pesquisas, das dos seus predecessores como os velhos jónios, ou dos seus sucessores como Aristarco de Samos ou Arquimedes, é um dos factos mais salientes da civilização antiga e, pelas suas consequências longínquas, sem dúvida o mais importante.

É certo que por razões que serão expostas mais adiante, a ciência helénica não pôde progredir nem mesmo perdurar na sociedade antiga. Mas o seu desaparecimento quase total na época romana, o seu longo adormecimento durante os séculos da Idade Média, não são mais que uma aparência. Os homens não perderam a confiança em si mesmos, no seu poder de compreender o mundo com a sua razão, de o refazer melhor e mais justo.

Era essa a grande esperança da ciência grega, a sua mais certa justificação.

O Renascimento merece o seu nome. Partirá exactamente do ponto de queda da ciência antiga, e sem a esquecer.

IV

SÓFOCLES E ÉDIPO.
RESPONDER AO DESTINO

Regressemos a esse outro método de investigação, de decifração da vida humana e do mundo — a tragédia grega. Tanto quanto a ciência e a filosofia, a tragédia apresenta-se como um modo de explicação e de conhecimento do mundo. E de facto o é, nessa idade ainda religiosa do pensamento grego que é a segunda metade do século V. Nessa época são ainda raros os pensadores e os poetas que para resolver os problemas da vida humana os não apresentem à luz cintilante do céu, não os entreguem à vontade imperiosa dos seus habitantes.

Sófocles, entre todos, é crente — crente contra ventos e marés, crente contra as evidências da moral e a ambiguidade do destino. Um mito parece ter acompanhado a longa e vigorosa velhice do poeta: o mito de Édipo, terrível mais que nenhum outro, que fere o senso humano da justiça como parece ferir a fé. Sófocles, a quinze anos de distância, trava duas vezes luta com este mito. Em 420 escreve *Rei Édipo:* tem setenta e cinco anos. Em 405, aos noventa anos, retoma, sob uma forma nova, quase o mesmo assunto, como se hesitasse ainda sobre o desenlace que lhe dera; escreve *Édipo em Colono*. Quer ir até ao fim do seu pensamento, quer saber, no fim de contas, se sim ou não os deuses podem castigar um inocente... Saber o que será do homem num mundo que tais deuses governam.

Conhece-se o tema do mito. Um homem assassina seu pai, sem saber que ele é seu pai; casa com a mãe por acidente. Os deuses punem-no destes crimes, para que o tinham destinado antes mesmo que ele tivesse nascido. Édipo acusa-se destas faltas, de que nós o não consideramos responsável, proclama a sabedoria da divindade... Estranha religião, moral chocante, situações inverosímeis, psicologia arbitrária. Pois bem: Sófocles quer explicar ao seu povo esta história extravagante, este mito escandaloso. Quer, sem os despojar do seu carácter inelutável, inserir neles uma *resposta do homem,* que, de alto a baixo, lhes modifique o sentido.

I

«Vê, espectador, com a corda dada até ao fim, de tal modo que a mola se desenrola com lentidão ao longo de toda uma vida humana, uma das mais perfeitas máquinas construídas pelos deuses infernais para o aniquilamento matemático de um mortal.»

Com estas palavras se ergue, em Cocteau, o pano deste Édipo moderno que o autor tão rigorosamente intitulou *A Máquina Infernal.* O título valeria também para a obra antiga. Pelo menos exprimiria ao mesmo tempo o seu sentido mais aparente e a sua progressão.

Sófocles, com efeito, constrói a acção do seu drama como se monta uma máquina. O êxito da montagem do autor rivaliza com a habilidade de Aquele que dispôs a armadilha. A perfeição técnica do drama sugere, na sua marcha rigorosa, a progressão mecânica desta catástrofe tão bem composta por Não--Se-Sabe-Quem. Máquina infernal, ou divina, feita para dissociar até à explosão a estrutura interna de uma felicidade humana — é um prazer ver todas as peças da acção, todas as molas da psicologia ordenarem-se umas às outras de maneira a produzirem o resultado necessário. Todas as personagens, e Édipo em primeiro lugar, contribuem, sem o saber, para a marcha inflexível do acontecimento. Elas próprias são peças da máquina, correias e rodas da acção que não poderia avançar sem a sua ajuda. Ignoram tudo da função que Alguém lhes destinou, ignoram o fim para. que avança o mecanismo em que estão empenhados. Sentem-se seres humanos autónomos, sem relação com esse engenho cuja aproximação distinguem vagamente ao longe. São homens ocupados nos seus assuntos pessoais, na sua felicidade corajosamente ganha por uma honesta prática do ofício de homem — pelo exercício da virtude... E de repente descobrem a poucos metros essa espécie de enorme tanque que puseram em movimento sem saber, que é a sua própria vida que marcha sobre eles para os esmagar.

A primeira cena do drama apresenta-nos a imagem de um homem no pináculo da grandeza humana. O rei Édipo está nos degraus do seu palácio. De joelhos, o seu povo dirige-lhe uma súplica pela voz de um sacerdote. Uma desgraça caiu sobre Tebas, uma epidemia destrói os germes da vida. Noutro tempo Édipo libertara a cidade da esfinge. Cabe-lhe salvar outra vez a terra. Ele é, aos olhos dos seus súbditos, «o primeiro, o melhor dos homens». Arrasta atrás de si o cortejo magnífico das suas acções passadas, das suas proezas, dos seus benefícios. Sófocles não fez deste grande rei um princípe orgulhoso, uma senhor duro, embriagado pela fortuna. Apenas lhe atribui sentimentos de bondade, gestos de atenção para o seu povo. Antes mesmo que viessem implorar, ele reflectira e agira. Édipo enviara a Delfos Creonte, seu cunhado, a consultar o oráculo, marcando assim o seu habitual espírito de decisão. Agora, ao apelo dos seus, comove-se e declara que sofre mais do que nenhum dos tebanos, pois é por Tebas inteira que sofre. Sabemos que diz a verdade. Sente-se responsável pela pátria que dirige e que ama. A sua figura encarna, desde o começo do drama, as mais altas virtude do homem e do chefe. Para o ferirem, os deuses não podem alegar orgulho ou insolência. Tudo é autêntico neste homem; nesta alta fortuna, tudo é merecido. Primeira imagem que se grava em nós. No mesmo lugar, no alto da escadaria, aparecerá, na última cena, o proscrito de olhos sangrentos — imagem de um cúmulo de miséria que sucede a um cúmulo de grandeza.

Esperamos esta reviravolta: conhecemos o desenlace deste destino. Desde o princípio da peça que certos toques de ironia — essa «ironia trágica» que dá o seu tom ao poema — se pousam sobre as palavras das personagens, sem que elas o saibam, e nos advertem. Estas, com efeito, ignorantes do drama antigo em que tiveram a sua parte, drama já cumprido e que não tem de trazer à luz do dia o seu horror, pronunciam tal ou tal palavra que para elas tem um sentido banal e tranquilizador, um sentido em que as vemos apoiar-se confiantemente. Ora, esta mesma palavra, para o espectador que sabe tudo, passado e futuro, tem um sentido inteiramente diferente, um sentido ameaçador. O poeta toca o duplo registo da ignorância da personagem e do conhecimento do espectador. Os dois sentidos ouvidos ao mesmo tempo são como duas notas confundidas numa horrível dissonância. Não se trata, aliás, de um simples processo de estilo. Sentimos essas palavras irónicas como se elas se formassem nos lábios das personagens, sem que estas o saibam, pela acção da potência misteriosa escondida atrás do acontecimento. Um deus troça da falsa segurança dos homens...

A construção da sequência do drama é uma sucessão de quatro «episódios» em que, de cada vez, o destino desfere em Édipo um novo golpe. O último derruba-o.

Esta composição é tão clara que o espectador logo de entrada vê a direcção e o fim dela. Vê esses quatro passos que o destino dá ao encontro do herói trágico. Não pode imaginar de que maneira o deus vai ferir o homem, uma vez que o poeta inventará de cada vez uma situação que a lenda não conhecia. Mas compreende de golpe a ligação dos episódios entre si, a coerência das quatro cenas sucessivas pelas quais a acção progride à maneira de um movimento de relojoaria. Para Édipo, pelo contrário, tudo o que, aos olhos do espectador, é sequência lógica, execução metódica de um plano concertado pelo deus, apresenta-se como uma série de incidentes, de acasos cujo encadeamento ele não pode distinguir e que, a seus olhos, apenas interrompem ou desviam a marcha rectilínea que ele deve seguir na sua busca do assassino de Laio. Édipo é ao mesmo tempo conduzido por uma mão de ferro, e em linha recta com efeito, para um fim que não distingue, para um culpado que é ele próprio, e contudo perdido em todos os sentidos em pistas divergentes. Cada incidente lança-o numa direcção nova. Cada golpe o aturde, por vezes de alegria. Nada o adverte. Há pois, na marcha da acção, dois movimentos distintos que nós seguimos simultâneamente: por um lado o avanço implacável de um raio luminoso no coração das trevas, por outro lado a marcha às apalpadelas, a marcha rodopiante de um ser que esbarra na escuridão com obstáculos invisíveis, progressivamente atraído, sem que o sonhe, para o foco luminoso. De súbito as duas linhas cortam-se: o insecto encontrou a chama. Num instante tudo acabou. (Ou parece ter acabado... Será ainda desse foco desconhecido que vem agora a luz, ou do homem fulminado?...)

O primeiro instrumento de que o destino se serve para ferir é o adivinho Tirésias. Édipo mandou vir o velho cego para ajudar a esclarecer o assassínio de Laio. Apolo determina, para salvação de Tebas, a expulsão do assassino. Tirésias sabe tudo: o cego é o vidente. Ele sabe quem é o autor do assassínio de Laio, sabe mesmo que é Édipo e que este é filho de Laio. Mas como o dirá ele? Quem acreditará? Tirésias recua diante da tempestade que a verdade levantaria. Recusa-se a responder, e esta recusa é natural. É igualmente natural que esta recusa irrite Édipo. Tem diante de si um homem que só tem uma palavra a dizer para salvar Tebas, e esse homem cala-se. Que pode haver de mais escandaloso para o bom cidadão que é Édipo? Que pode haver de mais suspeito? Uma só explicação se apresenta: Tirésias foi cúmplice do culpado a quem procura cobrir com o seu silêncio. Ora, a quem aproveitaria este silêncio? A Creonte, herdeiro de Laio. Conclusão: Creonte é o assassino procurado. Édipo julga subitamente o seu inquérito próximo do fim, e encoleriza-se contra Tirésias cujo silêncio lhe barra o caminho, e que lhe recusa, porque sem dúvida esteve metido na conspiração, os indícios de que precisa.

Esta acusação levantada pelo rei contra o sacerdote engendra, por sua vez, com igual necessidade, uma situação nova. O jogo psicológico, conduzido com rigor, faz avançar a máquina infernal. Tirésias, ultrajado, não pode fazer outra coisa senão proclamar a verdade: «O assassino que procuras, és tu mesmo...» Eis o primeiro golpe desferido, eis Édipo posto em presença dessa verdade que ele persegue e que não pode compreender. Na sequência da cena, que sobe com o fluxo da cólera, o adivinho vai mais longe: entremostra um abismo de verdade ainda mais terrível: «O assassino de Laio é tebano. Matou seu próprio pai, mancha o leito de sua mãe.» Mas Édipo não pode apreender esta verdade que Tirésias lhe oferece. Ele bem sabe que não matou Laio, que é filho de um rei de Corinto, que nunca teve nada com a terra tebana antes do dia em que, adolescente, a salvou da esfinge. Entra em casa aturdido, mas não abalado. Vai lançar-se com o seu costumado ardor na nova pista que o destino lhe aponta — a conspiração imaginária de Creonte.

Jocasta é o instrumento escolhido pela divindade para dar em Édipo o segundo golpe. A rainha intervém na disputa que rebenta entre o marido e o irmão. Quer acalmar o rei, tranquilizá-lo sobre as declarações de Tirésias. Pensa consegui-lo ao dar-lhe uma prova evidente da inanidade dos oráculos. Em tempos, um adivinho predissera a Laio que ele pereceria pela mão de um filho. Ora este rei foi assassinado por bandidos, numa encruzilhada, durante uma viagem que ele fazia pelo estrangeiro — e o único filho que ele jamais tivera fora exposto na montanha para aí morrer, três dias após o nascimento. Eis o crédito que se pode dar aos adivinhos.

Estas palavras de Jocasta, destinadas a sossegar Édipo, são aquelas que, precisamente, pela primeira vez, vão morder a certeza que ele tem da sua inocência. Na máquina infernal havia uma pequena mola que podia transformar a firmeza em dúvida, a segurança em angústia. Sem o saber, Jocasta tocou nessa mola. Deu sobre a morte de Laio um desses pormenores insignificantes que se metem numa narrativa sem pensar: disse, de pasagem, que Laio fora assassinado «numa encruzilhada». Este pormenor mergulhou no subconsciente de Édipo, removeu toda uma massa esquecida de lembranças. O rei reviu subitamente essa encruzilhada de uma antiga viagem, essa disputa que tivera com o condutor de uma atrelagem, esse velho que lhe batera com um chicote, a sua brusca cólera de homem vigoroso e o golpe que desferira... Teria Tirésias dito a verdade? Não que Édipo tenha ainda a menor suspeita da rede de acontecimentos que o levaram àquela encruzilhada. Na narração de Jocasta, uma vez ouvidas as palavras a respeito da «encruzilhada de três caminhos», Édipo, todo entregue às suas recordações, deixou passar a frase, aquela que falava da criança exposta, que poderia obrigar o seu pensamento a meter por um caminho muito mais temeroso. É-lhe pois impossível supor que tenha podido matar seu pai, mas é obrigado a admitir que pode ter matado Laio.

Édipo persegue Jocasta com perguntas. Espera encontrar no assassínio que ela lhe conta uma circunstância que não concorde com o assassínio que ele se lembra agora de ter cometido. «Onde era essa encruzilhada?» O lugar concorda. «Em que época foi esse crime?» O tempo concorda. «Como era esse rei? Que idade tinha?» Jocasta responde: «Era alto. A cabeça começava a embranquecer...» Depois, como se o notasse pela primeira vez: «Parecia-se um pouco contigo.» Compreende-se aqui o poder da ironia trágica e qual o sentido, ignorado de Jocasta, que o espectador dá a esta semelhança... Um pormenor, contudo, não acerta. O único servo escapado ao extermínio da encruzilhada declarara (adivinhamos que ele mentiu para se desculpar) que o seu senhor e os seus companheiros tinham sido mortos por um grupo de bandidos. Édipo sabe que estivera sozinho. Manda chamar o servo. Agarra-se a este pormenor falso, ao passo que o espectador espera precisamente deste encontro a catástrofe.

Terceira ofensiva do destino: o mensageiro de Corinto. No decurso da cena anterior, Édipo falara a Jocasta de um oráculo que lhe fora dado na juventude: ele devia matar o pai e casar com a mãe. Por causa disso deixara Corinto e tomara o caminho de Tebas. Eis que um mensageiro lhe vem anunciar a morte do rei Políbio, esse pai que ele devia assassinar. Jocasta triunfa: «Mais um oráculo mentiroso!» Édipo partilha da sua alegria. Recusa-se contudo a regressar a Corinto, com medo de se expor à segunda ameaça do deus. O mensageiro procura tranquilizá-lo. Como Jocasta ainda há pouco, vai, com as melhores intenções, pôr a funcionar uma peça da máquina e precipitar a catástrofe. «Porque hás-de recear o leito de Mérope?», diz. «Ela não é tua mãe.» Mais adiante: «Políbio era tanto teu pai como eu.» Nova pista divergente oferecida à curiosidade de Édipo. Precipita-se por ela. Agora está a cem léguas do assassínio de Laio. Só pensa — com uma alegre excitação — em desvendar o segredo do seu nascimento. Aperta o mensageiro com perguntas. O homem diz-lhe que ele próprio o entregara, criancinha ainda, ao rei de Corinto. Recebera-o de um pastor do Citerão, servo de Laio.

De golpe, Jocasta compreendeu. Num relâmpago, junta os dois oráculos falsos numa só profecia verídica. Ela é a mãe da criança exposta: nunca esquecera a sorte do pequeno infeliz. Eis porque, ao ouvir esta outra história de criança exposta — a mesma história —, é a primeira a compreender. Édipo, pelo contrário, deu pouca atenção à sorte do filho de Laio, se é que ouviu o pouco que Jocasta lhe havia dito. Por outro lado, só o enigma do seu nascimento o preocupa naquele momento e o desvia de todo o resto. Em vão Jocasta lhe suplica que não force este segredo. Leva o pedido à conta da vaidade feminina: a rainha teme certamente ter de vir a corar do nascimento obscuro do marido. Obscuridade de que ele se glorifica.

«Filho afortunado do destino, o meu nascimento não me desonra. A boa estrela é minha mãe e o decurso dos anos me fez grande, de ínfimo que era.»

E isto é verdade: ele foi grande. Mas esta grandeza que é sua obra de homem, o destino a que ele a liga só lha concedeu para lha tirar — e troçar dele.

O destino dá o seu primeiro golpe. Basta a confrontação, presidida por Édipo, do mensageiro de Corinto e do pastor de Citerão que lhe entregara a criança desconhecida. Por um hábil arranjo do poeta, este pastor é o servo salvo do drama da encruzilhada. A preocupação da economia que marca aqui Sófocles concorda com o estilo sóbrio da composição. Um drama em que os golpes se sucedem com tanta precisão e rapidez nada pode tolerar de supérfluo. Por outro lado, o poeta quiz que Édipo soubesse ao mesmo tempo e com uma só palavra toda a verdade. Não em primeiro lugar que era o assassino de Laio e só depois que Laio era seu pai. Uma catástrofe em dois tempos não teria a intensidade dramática do desenlace que — pelo facto de que uma só personagem detém toda a verdade — vai rebentar, num único e terrível som de trovão, sobre a cabeça de Édipo. Quando o rei sabe pelo servo do pai que é o filho de Laio, nem sequer precisa de perguntar quem matou Laio. A verdade torna-se de súbito cegante. E ele corre a cegar-se a si próprio.

Então — enforcada Jocasta — oferece-se a nós a imagem nova daquele que foi «o primeiro dos homens»: a Face de olhos mortos. Que tem ela para nos dizer?

Toda a última parte do drama — após o terrível relato dos ganchos furando as pupilas em golpes repetidos — é o lento final de um poema cujo andamento fora até aqui cada vez mais precipitado. O destino satisfeito suspende a sua carreira e restitui-nos a respiração. O movimento vertiginoso da acção imobiliza-se de súbito em longos lamentos líricos, em adeuses, em pesares, em retornos sobre si mesmo. Não pensemos que por isto a acção se detém: apenas se interioriza, nesta conclusão do drama, no próprio coração do herói. O lirismo é aqui acção: é activa meditação de Édipo sobre o sentido da sua vida, é o reajustamento da sua pessoa à presença do universo que o evento lhe descobre. Se a «máquina infernal» executou magnificamente a operação do «aniquilamento matemático» de uma criatura humana, eis que neste ser aniquilado, através do nosso horror, a acção vai retomar a sua marcha, seguir a lenta via das lágrimas e, contrariamente à nossa expectativa, desabrochar em piedade fraternal, florir em coragem.

Para os modernos, toda a tragédia acaba em catástrofe. *Rei Édipo* parece-lhes a obra-prima do género trágico, porque o seu herói parece afundar-se no horror. Mas esta interpretação é falsa: esquece todo esse fim lírico em que se situará a resposta de Édipo. Enquanto não for validamente explicada esta conclusão de *Rei Édipo,* magnífica em cena, outra coisa se não terá feito senão alterar o setido deste grande poema: na verdade *Rei Édipo* não terá sido compreendido.

Mas olhemos esse ser que avança tacteando e cambaleando. Está ele realmente aniquilado? Iremos nós comprazer-nos em contemplar nele o horror de um destino sem nome? «Povo mortal, o mundo pertence ao Destino, resigna-te!» Não, nenhuma tragédia grega — e nem sequer *Édipo* — convidou jamais um público ateniense a esta resignação, bandeira branca da derrota consentida. Para além do que parece gritos de desespero, protesto de abandono, encontraremos essa «força de alma» que é o duro núcleo de resistência inquebrável desse velho (Sófocles-Édipo) e do seu povo. Sentimos já que nesse ser votado ao aniquilamento, a vida bate ainda: ela reaprenderá a sua marcha. Édipo vai erguer como novas armas essas pedras com que o Destino o lapidou: revive para se bater de novo, mas numa perspectiva mais justa da sua condição de homem. É esta perspectiva nova que ele descobre na última parte de *Rei Édipo.*

A tragédia *Rei Édipo* abre-nos pois na quarta e última parte do seu percurso horizontes que não tínhamos sequer suspeitado ao princípio. Todo o drama, desde o primeiro instante, nos tinha falaciosamente tendido para a angústia do minuto em que Édipo conheceria o sentido da sua vida passada: parecia todo ele concebido e dirigido para produzir esse sábio crime concertado pelos deuses, que é o verdadeiro crime da peça — o assassínio de um inocente.

«Parecia...» Mas, não. O poeta revela-nos nesta conclusão do drama, pela ampla beleza desse fuste lírico com que coroa a sua obra, que o termo, o fim dessa obra não era a simples destruição de Édipo. Tomamos lentamente consciência de que a acção, por mais severa que tenha sido sobre nós a sua dominação, não nos conduzia à ruína do herói, mas antes nos fizera esperar, ao longo da peça e no mais profundo de nós próprios, uma coisa desconhecida, ao mesmo tempo temida e esperada, essa resposta que Édipo derrubado pelos deuses teria a dar a esses deuses. — Resposta que temos agora de descobrir.

II

Chorar as lágrimas trágicas, é reflectir... Nenhuma obra de grande poeta é escrita para nos fazer pensar. Uma tragédia propõe-se comover-nos e agradar-nos. É perigoso interrogarmo-nos sobre o sentido de uma obra poética e formular esse sentido em termos intelectuais. Contudo — se o nosso espírito não tem compartimentos estanques — toda a obra que nos comove ressoa na nossa inteligência e toma posse de nós. E foi também com todo o seu ser que o poeta a compôs. Atinge o nosso pensamento pelo caminho do estranho prazer do sofrimento partilhado com as criaturas nascidas da sua alma. É o terror, é a piedade, é a admiração e o amor pelo herói trágico que nos obrigam a perguntar a nós próprios: «Que acontece a este homem? Qual é o sentido deste destino?» O poeta impõe-nos pois a procura do sentido da sua obra como uma reacção natural do nosso entendimento ao estado de emotividade em que nos lança.

Parece-me distinguir em nós, a propósito de *Édipo,* três reacções deste género, três sentidos que o nosso pensamento atribui a esta tragédia, à medida que ela caminha e progride em nós, três etapas do nosso espírito para a sua plena significação.

A primeira etapa é a revolta.

Um homem está diante de nós, apanhado numa armadilha diabólica. Este homem é um homem de bem. Essa armadilha é montada por deuses que ele respeita, por um deus que lhe impôs esse crime que lhe imputa. Onde está o culpado? Onde está o inocente? Nós gritamos a resposta: Édipo está inocente, o deus é criminoso.

Édipo está inocente porque, em nossa opinião primeira, não existe falta fora duma vontade livre que tenha escolhido o mal.

Ésquilo, tratando o mesmo assunto, dava ao oráculo o sentido de uma proibição feita a Laio de ter um filho. A procriação dessa criança era desde logo um acto de desobediência aos deuses. Édipo pagava a falta do pai, não sem ter-lhe acrescentado, aliás, no curso da sua vida, uma falta sua. O deus de Ésquilo feria com justiça.

Mas esta interpretação do mito não é de modo algum a de Sófocles. O oráculo de Apolo a Laio é apresentado pelo poeta de *Rei Édipo* como a predição pura e simples do que acontecerá. Nenhuma falta, nenhuma imprudência dos mortais justifica a ira dos deuses. Laio e Jocasta fazem tudo quanto lhes é possível para deter o crime em marcha: expõem o filho único. Do mesmo modo procede Édipo: quando recebe o segundo oráculo, abandona os pais. No decorrer do drama, nem a boa vontade de Édipo nem a sua fé claudicam, seja qual for a circunstância. Ele só tem um desejo, salvar Tebas. Para o conseguir conta com o apoio dos deuses. Se toda a acção deve ser julgada segundo a sua intenção, Édipo está inocente de um parricídio e de um incesto que ele não quis nem conheceu.

Quem é pois o culpado? O deus. Só ele desencadeou, sem sombra de razão, toda a sequência dos acontecimentos que levam ao crime. O papel do deus é tanto mais revoltante quanto é certo ele só intervir em pessoa nas circunstâncias em que o homem, à força de boa vontade, pareceria ir fugir ao destino. Assim, ao dar a Édipo o segundo oráculo, o deus sabe que esse oráculo será erradamente interpretado. Especulando com a afeição filial e a piedade da sua vítima, revela do futuro exactamente quanto baste para que ele se realize com o concurso da virtude. A sua revelação faz que funcionem os elementos livres da alma humana, precisamente no sentido do mecanismo do destino. Estes pequenos empurrões da divindade são revoltantes.

Mas divertem o deus. As palavras de ironia trágica são o eco do seu riso nos bastidores.

Menos ainda que todo o resto, é este escárnio que nós não podemos perdoar à divindade. Se os deuses mofam de Édipo inocente, ou por culpa deles culpado, como não sentiremos a sorte do herói como um ultrage à nossa humanidade? A partir daí, no sentimento da nossa dignidade ferida, apossamo-nos da tragédia para fazer dela um acto de acusação contra a divindade, um documento da injustiça que nos é feita.

Esta reacção é sã, Sófocles sentiu esta revolta legítima. A dura estrutura da acção que ele construiu no-la inspira. Contudo, Sófocles não se detém neste movimento de cólera, contra os nossos senhores inimigos. Ao longo de toda a peça, há sinais que nos advertem, obstáculos que entravam em nós a revolta, que nos impedem de nos instalarmos nela, que nos convidam a ultrapassar este sentido primeiro do drama e a interrogar novamente a obra.

Primeira barreira à nossa rebelião: o coro.

Sabemos a importância do lirismo coral em toda a tragédia antiga. Ligado à acção, como a forma à matéria, o lirismo elucida o sentido do drama. Em *Édipo*, após cada um dos episódios que aumentam a nossa indignação contra os deuses, os cantos do coro são surpreendentes profissões de fé na divindade. Inalterável é a dedicação do coro ao seu rei, inalterável a sua fidelidade e o seu amor pelo benfeitor da cidade, mas também inalterável é a confiança do coro na sabedoria da divindade. Nunca o coro opõe Édipo e os deuses. Onde nós procuramos um inocente e um culpado, uma vítima e o seu carrasco, o coro une o rei e o deus num mesmo sentimento de veneração e de amor. No centro deste drama em que vemos afundar-se no nada o homem, a sua obra e a sua fortuna, o coro assenta firmemente a certeza de que existem coisas que duram, afirma a presença, para lá das aparências, de uma realidade esplêndida e desconhecida que solicita de nós mais do que uma negação revoltada.

Todavia, no exacto momento em que o coro afirma assim a sua fé, sentem-se passar frémitos de dúvida que tornam essa fé mais autêntica. Como se resolverá esta oposição que parece por momentos dividir Édipo e os deuses, nem o coro, nem o próprio Sófocles o sabem ainda plenamente. Para dissolver estas aparentes e fugidias contrariedades, estas antinomias no seio da verdade, serão precisos quinze anos, será preciso que Sófocles escreva *Édipo em Colono*.

Uma outra personagem, de maneira inversa, nos desvia da revolta: Jocasta. A figura desta mulher é estranha. Jocasta é ela própria uma negação. Nega os oráculos, nega o que não compreende e o que teme. Julga-se mulher de experiência, é uma alma limitada e céptica. Pensa não ter medo de nada: para se tranquilizar, declara que não há nada no fundo do ser senão o acaso. «Para que serve ao homem amedrontar-se?», diz ela. «Para ele, o acaso é o senhor soberano. O melhor é que se lhe abandone. Deixa de temer o leito de tua mãe. Muitos homens, em sonhos, partilharam o leito maternal. Quem despreza esses terrores suporta facilmente a vida.» Esta maneira de atribuir tudo ao acaso para tirar aos nossos actos o seu sentido, esta explicação rasamente racionalista (ou freudiana) do oráculo que aterroriza Édipo — tudo isto é de uma sabedoria medíocre que nos afasta de Jocasta e nos impede de seguir uma via em que a nossa inquietação em relação aos deuses se apaziguaria na recusa de dar atenção à sua linguagem obscura. Sentimos na argumentação desta mulher uma baixeza de olhar que nos afasta subitamente de julgar levianamente os deuses e o mistério que eles habitam. A falsa sabedoria da rainha obriga-nos a tocar com o dedo a nossa própria ignorância.

Quando a verdade surge, Jocasta enforca-se. O seu suicídio enche-nos de horror. Mas não temos lágrimas para esta alma réproba.

Finalmente, eis, no momento da catástrofe do drama, um último e imprevisto obstáculo que nos proíbe de condenar os deuses. Édipo não os condena. Nós acusamo-los de terem ferido um inocente: o inocente proclama-se culpado. Todo o fim da tragédia — essa vasta cena em que, agora que a acção explodiu e feriu Édipo no rosto, contemplamos com o herói o seu destino como um mar de sofrimento imóvel! —, todo este final do drama é, indiquei-o já, essencial à sua significação.

Édipo sabe agora donde veio o golpe que o derruba. Grita:

«Apolo, sim, Apolo, meus amigos, é que é o único autor das minhas desgraças!»

Sabe que é «odiado pelos deuses»: di-lo e repete-o.

Contudo, não tem, em relação a eles, o mais pequeno movimento de ódio. A sua maior dor é estar despojado deles. Sente-se separado deles:

«Agora, estou privado de deus.»

Como alcançar a divindade, ele, o culpado, o criminoso? Nenhuma acusação, nenhuma blasfémia na sua boca. O seu inteiro respeito pela acção dos deuses para com ele, a sua submissão à autoridade na provação em que o lançaram, advertem-nos de que entreviu o sentido do seu destino e convidam-nos a procurá-lo com ele.

Com que direito nos revoltaríamos, se Édipo não se revolta? Com ele queremos conhecer a ordem dos deuses — essa ordem que, mesmo para lá da justiça, se impõe aos homens.

Conhecimento: tal é a segunda etapa da nossa reflexão sobre esta tragédia. Toda a tragédia nos abre uma perspectiva sobre a condição humana, e esta mais do que qualquer outra.

A tragédia de *Édipo* é a tragédia do homem. Não a de um homem particular, com o seu carácter distinto e o seu debate interior próprio. Nenhuma tragédia antiga é menos psicológica que esta, nenhuma é mais «filosófica». Aqui é a tragédia do homem na plena posse de todo o poder humano e esbarrando com Aquilo que no universo recusa o homem.

Édipo é apresentado pelo poeta como a perfeição do homem. Ele possui toda a clarividência humana — sagacidade, juízo, poder de escolher em cada caso o melhor partido. Possui também toda a «acção» humana (traduzo uma palavra grega) — espírito de decisão, energia, poder de inserir o seu pensamento no acto. É, como diziam os Gregos, senhor do *logos* e do *ergon*, do pensamento e da acção. É aquele que reflecte, explica, e aquele que age.

Além disso, Édipo pôs sempre esta acção reflectida ao serviço da comunidade. E esse é um aspecto essencial da perfeição do homem. Édipo tem uma vocação de cidadão e de chefe. Não a realiza como «tirano» (apesar do falso título, em grego, da peça), mas em lúcida submissão ao bem da comunidade. O seu «erro» nada tem que ver com um mau emprego dos seus dons, com uma vontade má que procuraria fazer prevalecer o interesse particular sobre o bem geral. Édipo está pronto, a todo o momento, a dedicar-se inteiramente à cidade. Quando Tirésias lhe diz, pensando que o amedronta: «A tua grandeza perdeu-te», ele responde: «Que importa perecer, se salvo a minha terra?»

Acção reflectida e acção votada à comunidade, tal é a perfeição do homem antigo... Por onde pode o destino agarrar um homem assim?

Simplesmente e precisamente no facto de ele ser um homem — e por a sua acção de homem estar submetida às leis do universo que regem a nossa condição. Não devemos situar o erro de Édipo na sua vontade. O universo não se ocupa destas coisas, não cuida de serem boas ou más as nossas intenções, da moral que construímos ao nosso nível de homem. O universo ocupa-se apenas do acto em si mesmo, para o impedir de perturbar a ordem que é a sua, ordem na qual se insere a nossa vida mas que se mantém estranha a nós.

A realidade é um todo. Cada acto do homem ressoa nesse todo. Sófocles sente intensamente a lei de solidariedade que liga, queira-o ele ou não, o homem ao mundo. Quem age liberta de si um ser novo — o seu acto — que, separado do seu autor, continua a agir no mundo, de maneira inteiramente imprevisível para aquele que o desencadeou. Este primeiro autor do evento nem por isso é menos responsável — não de direito, mas de facto — pelas suas últimas repercussões. De direito, esta responsabilidade só deveria ligar-se a ele se ele conhecesse todas as consequências do seu acto. Não as conhece. O homem não é omnisciente — e tem de agir. Essa é a tragédia. Todo o acto nos expõe. Édipo, homem no mais alto grau, está supremamente exposto.

Assim se aponta uma ideia singularmente dura e, de certo ponto de vista, muito moderna, da responsabilidade. Um homem não é somente responsável pelo que quis, é-o também pelo que se verifica ter feito à luz do acontecimento que os seus actos engendram, sem que tenha disposto de qualquer meio de calcular e, com mais forte razão, de impedir esse resultado.

Sermos tratados pelo universo *como* se fôssemos omniscientes, surda ameaça de todo o destino, se o nosso saber é misto de ignorância, se o mundo em que somos forçados a agir para subsistir, nos é, no seu funcionamento secreto, ainda quase inteiramente obscuro. Sófocles adverte-nos. O homem não conhece o conjunto das forças cujo equilíbrio constitui a vida do mundo. A boa vontade do homem, prisioneira da sua natural cegueira, é pois ineficaz para o preservar da desgraça.

Tal é o conhecimento que o poeta nos revela na sua tragédia. Disse-o já: duro conhecimento. Mas responde tão exactamente a toda uma parte da nossa experiência que ficamos deslumbrados pela sua verdade. O prazer do verdadeiro livra-nos da revolta. O destino de Édipo — mesmo se o seu caso não é mais que um caso-limite — parece-nos de súbito exemplar de todo o destino humano.

E isto mais ainda do que se ele pagasse um erro no sentido corrente da palavra. Se ele se comportasse como senhor iníquo e brutal, como o tirano de *Antígona*, por exemplo, tocar-nos-ia sem dúvida na sua queda, mas de maneira menos aguda, porque nós pensaríamos poder evitar a sua sorte. Pode-se evitar ser um homem mau. Como evitar ser um homem? Édipo é homem apenas — homem que triunfou como nenhum outro na sua carreira. A sua vida é toda construída de boas obras. E esta vida acabada manifesta de súbito a sua impotência, faz explodir a vaidade das obras perante o tribunal do universo.

Não é que o seu exemplo nos desanime de agir. Uma poderosa vitalidade se desprende da sua pessoa, mesmo no fundo do abismo donde nos fala. Mas nós sabemos agora, graças a ele — sim, nós sabemos: pelo menos isto se ganhou —, o preço que poderemos ter de pagar pela acção, e que o fim dessa acção, por vezes, não nos pertence. O mundo que nos aparecia falsamente claro, quando pensávamos poder construir nele, à força de sabedoria e de virtude, uma felicidade inteiramente preservada dos golpes que ele nos destina, a realidade que nós imaginávamos maleável, revelam-se subitamente opacos, resistentes, cheios de coisas, de presenças, de leis que não nos amam, que existem não para nosso uso e serviço, mas no seu ser desconhecido. Sabemos que é assim, que a nossa vida paira numa vida mais vasta, que talvez nos condene. Sabemos que quando olhávamos tudo com olhos claros era então que estávamos cegos. Sabemos que o nosso saber é pouca coisa, ou antes, que das intenções do universo a nosso respeito uma só é certa: a condenação dada contra nós pelas leis da biologia.

Sófocles fez da cegueira de Édipo um admirável símbolo, prenhe de sugestões múltiplas. Ao cegar-se, Édipo torna visível a ignorância do homem. Faz mais ainda. Não apresenta apenas o nada do saber humano, alcança na noite uma outra luz, acede a um outro saber, que é o conhecimento da presença em redor de nós de um mundo obscuro. Este conhecimento do obscuro não é já cegueira, é olhar.

O mesmo tema se anunciava no diálogo de Tirésias e do rei: o cego via pelo olhar do Invisível, ao passo que o vidente se mantinha mergulhado nas trevas. No final do drama, ao rebentar os seus olhos de homem, Édipo não manifesta apenas que só o deus é vidente, entra na posse duma luz que lhe é própria, que lhe permite sustentar a visão do universo tal como ele é, e, contra toda a expectativa, aí afirmar ainda a sua liberdade de homem.

O gesto dos olhos rebentados permite-nos atingir, com efeito, na sua espantosa realização, a significação mais alta da tragédia.

Porque passa em nós, espectadores, uma espécie de frémito de alegria, quando a visão da Face sangrenta se apresenta sobre a cena em vez de simplesmente nos encher de horror?

Porquê? Porque finalmente nós temos nesses olhos rebentados a resposta de Édipo ao destino. Édipo cegou-se a si mesmo. Ele o proclama com veemência:

«Apolo votou-me à desgraça. Mas eu, com as minhas próprias mãos, me ceguei.»

Assim ele reivindica, escolhe o castigo que o destino lhe reservava. Dele faz o seu primeiro gesto de homem livre que os deuses não repelirão. Édipo, não passivamente, mas com toda a profundeza do seu querer, adere com violência ao mundo que lhe é preparado. A sua energia é, neste acto, singular, assustadora, tão cruel, em verdade, como a hostilidade do mundo em relação a ele.

Mas que significa este impulso poderoso que, subindo das raízes do seu ser como uma seiva, o leva a exceder a sua desgraça, senão que, nesta derradeira provação da rivalidade que o opõe ao mundo, Édipo toma agora o comando da corrida, e que, resolvido a alcançar o seu destino, o alcança, o ultrapassa, o deixa enfim atrás de si; ei-lo *livre*.

O último sentido do drama é, ao mesmo tempo, adesão e libertação.

Adesão. Édipo quer o que o deus quis. Não que a sua alma se junte misticamente na alegria do Ser divino. O trágico grego não desagua senão muito raramente no misticismo, se alguma vez chega a desaguar nele. Funda-se antes na verificação objectiva de que existem no mundo forças ainda ignoradas do homem, que regem a sua acção. Essa região desconhecida do Ser, esse mistério divino, esse mundo que está separado do dos homens por um profundo abismo — todo esse divino é sentido por Édipo como um outro mundo, um mundo estrangeiro. Um mundo que talvez um dia seja conquistado, que se explicará em linguagem de homem. Mas por agora (o agora de Sófocles) um mundo fundamentalmente estrangeiro, quase um corpo estranho que é preciso expulsar da consciência humana. Não, como acontece com o místico, um mundo que a alma deve desposar. Na realidade, um mundo a humanizar.

Para ganhar a sua liberdade em relação a esse mundo, Édipo lançou-se no abismo que o separa do nosso. Por um acto de coragem inaudita, foi procurar no mundo dos deuses um acto deles, preparado para o punir: esse acto que lhe devia ser desferido como uma ferida, a si mesmo o aplicou «com as suas próprias mãos», dele fez um acto do mundo humano, quer dizer, um acto livre.

Obrigado o homem a admitir que esse Estrangeiro é capaz de lhe tomar a direcção da sua própria vida, acontece que o herói trágico não pode dar-lhe um lugar no seu pensamento, não pode aceitar determinar a sua conduta sobre a experiência que daí tira, se não estiver persuadido de que, no seu ser desconhecido, esse Senhor é de alguma maneira digno de ser *amado*. Édipo, ao escolher a cegueira, adapta a sua vida ao conhecimento que a sua desgraça lhe deu da acção divina no mundo. É nesse sentido que ele quer o que o deus quis. Mas esta adesão ao divino, que é acima de tudo um acto de coragem meditada, ser-lhe-ia impossível se não implicasse uma parte de amor. Amor que procede de um duplo movimento da natureza do homem: em primeiro lugar, o respeito do real e das condições que ele impõe a quem quer viver plenamente, e em segundo lugar muito simplesmente o impulso que lança para a vida toda a criatura viva.

Para aceitar o preço de uma ofensa que cometeu sem saber como, é preciso que Édipo admita a existência de uma realidade cujo equilíbrio perturbou, é preciso que distinga, ainda que confusamente, no mistério em que esbarra, uma ordem, uma harmonia, uma plenitude de existência a que o impele a associar-se o amor ardente que sempre dedicou à vida, à acção, e que traz em si, agora, na plena consciência das ameaças que elas reservam a quem quer viver com grandeza.

Édipo faz um acto de adesão ao mundo que o despedaçou porque esse mundo é, seja o que for que ele empreenda em relação ao nosso, o receptáculo do Deus vivo. Acto religioso que exige, além da coragem lúcida, um inteiro desprendimento, pois essa ordem que ele pressente para além das aparências, não é uma ordem que o seu espírito de homem possa apreender claramente, uma ordem que lhe diga respeito, um plano da divindade que tenha o homem como fim, uma providência que o julgue e vise ao seu bem segundo as leis humanas da moral.

Que é então essa ordem universal? Como apreender essas leis inapreensíveis? Existe no fundo do universo, diz o poeta, «uma adorável santidade». Ela conserva-se a si própria. Não tem necessidade alguma do homem para se manter. Se acontece perturbá-la, por engano, qualquer imprudente, o universo restabelece, à custa do culpado, a ordem sagrada. Aplica a lei: o falso corrige-se a si mesmo, como que automaticamente. Se o herói do drama de Sófocles nos parece triturado por uma máquina, é porque o mundo, perturbado na sua harmonia pelo parricídio e pelo incesto, espontaneamente, mecanicamente, restabeleceu o seu equilíbrio esmagando Édipo. O castigo do culpado não tem outro sentido: é uma «correcção», no sentido de rectificação de um erro. Mas, na passagem da catástrofe que devasta a sua vida, Édipo reconhece que a vida do universo manifestou a sua presença. Ama essa pura fonte do Ser, e esse amor distante que dedica ao Estrangeiro, de maneira imprevista, alimenta e regenera a sua própria vida, desde o momento que aceitou que seja restaurada, pelo seu castigo, a santidade inviolável do mundo que o esmaga.

O deus que fere Édipo é um deus duro. Não é amor. Um deus-amor teria certamente parecido a Sófocles subjectivo, feito à imagem do homem e das suas ilusões, maculado de antropomorfismo e de antropocentrismo ao mesmo tempo. Nada na experiência de Édipo sugere um tal deus. O divino é mistério e ordem. Tem a sua própria lei. É omnisciente e todo-poderoso. Não há mais nada a dizer dele... Contudo, se é difícil supor que nos ame, pelo menos ainda é possível ao homem concluir, com dignidade, um pacto com a sua sabedoria desconhecida.

Deus reina — incognoscível. Os oráculos, os pressentimentos, os sonhos — vaga linguagem que ele nos dirige — são como bolhas que do fundo do seu abismo sobem para as regiões humanas. Sinais da sua presença, mas que não permitem compreendê-lo e julgá-lo, se têm algo de sentido de uma predestinação, são muito mais, para o homem, a ocasião de entrever a omnisciência de Deus, de contemplar o Necessário, a Lei. Esta visão colhida pelo homem dirige doravante o seu comportamento de criatura sem dúvida débil, mas decidida a viver de harmonia com as leis severas do Cosmos. Desde que, através da sua linguagem confusa, ouve o apelo que o Universo lhe dirige, Édipo lança-se para o seu destino com um impulso semelhante ao do amor. *Amor fati*, diziam os antigos (ou Nietzsche, condensando o seu pensamento) para exprimir esta forma nobre do sentimento religioso, esse esquecimento das ofensas, esse perdão do homem ao mundo. Ou ainda essa reconciliação no coração dividido do homem, do seu destino, que é o de ser esmagado pelo mundo, e da sua vocação, que é de amar e de concluir o mundo.

Adesão no amor que é criação. Ao mesmo tempo: *Libertação*. Édipo parece subitamente aprumar-se. Ele declara:

«Tão grandes são os meus males, que ninguém entre os homens poderia suportar-lhes o peso — a não ser eu.»

É que o círculo do fatal está quebrado e ultrapassado, no momento que Édipo colabora na sua própria desgraça e a leva ao cúmulo, no momento que ele remata, com um acto deliberado, essa imagem absoluta da Desgraça que os deuses se comprouveram a modelar na sua pessoa. Édipo passou para o outro lado do muro, está fora do alcance do deus, desde o instante em que, tendo-o conhecido e admitido como um facto, não rigorosamente definível, mas certo, tendo-o experimentado no desastre da sua vida, o substitui na sua função de justiceiro, a ele se substitui e de algum modo o demite.

Não rivaliza Édipo com ele até na sua função de criador, se essa obra-prima da Desgraça que o artista divino concebera é o gancho levantado pela mão de Édipo que vai procurá-la no fundo das suas pupilas para a apresentar à luz do dia?

E agora a grandeza de Édipo, a alta estatura do homem, ergue-se novamente diante de nós.

Oferece-se aos nossos olhos *invertida*. Não já no sentido que imaginávamos no começo do drama, que a grandeza de Édipo tombaria no chão aniquilada, mas no sentido de que ela se transforma numa grandeza *inversa*.

Era uma grandeza de fortuna, grandeza de ocasião e como que emprestada, medível pelos bens exteriores, à altura desse trono conquistado, por esse amontoado de proezas, feita de tudo o que o homem pode arrancar à sorte de surpresa. É agora uma grandeza de infortúnio e de provação, não de catástrofes que ficaram alheias, mas de sofrimentos assumidos, recebidos na intimidade da carne e do pensamento, sem outra medida, de futuro, que a desgraça infinita do homem, essa desgraça que Édipo fez sua. Participando da imensidade da nossa miséria nativa, essa grandeza iguala enfim aquele que aceita reparar pelo preço do seu sofrimento o mal que não quisera com Aquele que o havia inventado para consumar a sua perda.

A grandeza que os deuses lhe recusavam à claridade do sol, restaura-a Édipo na paz não nocturna mas constelada da alma. Pura doravante dos seus dons, da sua graça, do seu serviço, alimentada da sua maldição, dos seus golpes, das suas feridas, feita de lucidez, de resolução, de possessão de si.

Assim o homem responde ao destino. Da violência da sua servidão, faz ele o instrumento da sua libertação.

III

Rei Édipo mostrava que em todas as circunstâncias e até no rigor da ofensiva dirigida contra ele pelo Destino, o homem está em condições de manter a sua grandeza e o seu prestígio.

A ameaça trágica pode tudo contra a sua vida, nada pode contra a sua alma, contra a sua força de alma.

Esta firmeza de alma, vamos nós reencontrá-la intacta no herói de *Édipo em Colono*, afirmada por ele próprio logo nos primeiros versos como a virtude suprema que o mantém de pé na terrível provação que defronta pelas estradas, há anos.

Quando Sófocles escreve *Édipo em Colono*, ultrapassou os limites ordinários da vida humana: reflectiu muito sobre Édipo, viveu muito com Édipo. A resposta que na última parte de *Rei Édipo* o herói dava ao destino, não lhe parece, agora que ele próprio se aproxima da morte, absolutamente satisfatória. Continua válida, decerto, para o momento da vida de Édipo em que foi dada. Mas a vida de Édipo continuou... Não retomaram os deuses o diálogo? Retomaram a ofensiva? *Édipo em Colono* é uma continuação do debate entre Édipo e os deuses, continuação feita à luz íntima da experiência que Sófocles tem da velhice extrema. É como se Sófocles, próximo da morte, tentasse lançar, nesta tragédia, uma ponte, uma simples passagem entre a condição humana e a condição divina. *Édipo em Colono* é a única tragédia grega que franqueia o abismo que separa o homem da divindade — a Vida da Morte. É a história da morte de Édipo, uma morte que o não é, a passagem de um homem eleito pelos deuses (porquê? ninguém o sabe) à condição de herói.

Os heróis são na religião antiga seres poderosos, por vezes intratavelmente benevolentes, por vezes claramente malévolos. O herói Édipo era o patrono da aldeia de Colono, onde nasceu e cresceu Sófocles. A criança, o adolescente prosperou sob o olhar desse demónio caprichoso que habitava nas profundezas da terra da sua aldeia.

Em *Édipo em Colono*, Sófocles procura preencher a distância que, para os Gregos, para o seu público ateniense e para si mesmo, existia entre o velho rei criminoso expulso de Tebas, o fora-da-lei condenado a rondar pelas estradas da Terra e esse ser benéfico que leva uma estranha sobrevivência no solo da Ática, esse deus à sombra do qual o jovem génio de Sófocles ganhou forças.

Esta tragédia tem pois por tema a morte de Édipo, mais exactamente a passagem da condição humana à condição divina. Mas por causa da referência implícita à juventude de Sófocles — essa juventude campestre cheia de oliveiras e de loureiros silvestres, de rouxinóis, de barcas e de cavalos — e dessa outra referência à velhice do poeta — carregada de conflitos, de desgostos cruéis e finalmente esplendente de serenidade —, por causa desta dupla referência, esta tragédia única contém, transporta num maravilhoso poema, tudo quanto podemos entrever das esperanças que Sófocles, na extrema margem da vida, põe na morte e nos deuses.

Édipo ganha a sua morte em três etapas. Conquista-a em três combates: contra os velhos camponeses de Colono, contra Creonte, contra seu filho Polinices. Em cada um destes combates contra pessoas que lhe querem tirar a sua morte, Édipo mostra uma energia singular num velho, manifesta uma paixão, prova uma violência que, da última vez, na luta contra o filho, atinge um grau de intensidade quase intolerável.

Contudo, estas cenas de combate que nos conduzem à morte como a um bem a conquistar são tomadas numa corrente inversa de alegria, de ternura, de amizade, de confiante espera da morte. As cenas de luta são pois ligadas entre si e preparadas por cenas em que o velho reúne as suas forças no meio daqueles a quem ama, Antígona, Ismene, Teseu o rei de Atenas, em que saboreia na paz da natureza as últimas alegrias da vida, ao mesmo tempo que se prepara para essa morte que ele deseja e espera: faz passar na memória as dores da sua vida, essas dores que dentro em pouco lhe não farão mais mal. Toda esta corrente de emoções tranquilas nos leva para a serenidade da morte prometida a Édipo. Essa morte remata magnificamente o drama.

A morte de Édipo está pois situada no termo de duas correntes alternadas de paz e de luta: é o preço de um combate, é o cumprimento de uma espera.

Caminhamos, se assim posso dizer, para uma espécie de conhecimento da morte se estas palavras pudessem ter sentido. Graças à arte de Sófocles, tudo se passa como se o tivessem.

A primeira cena da tragédia é de uma poesia familiar e de uma beleza patética. O velho cego e a rapariga descalça avançam pelo caminho pedregoso. Há quantos anos andam assim pelas estradas, não o sabemos. O velho vem cansado, quer sentar-se. Pergunta onde está. Quantas vezes esta cena se repetiu? Antígona vê pelo velho, descreve-lhe a paisagem. Vê também por nós, espectadores. Sem dúvida havia um cenário com árvores pintadas numa tela. Sófocles inventou e empregou o cenário pintado. Mas o verdadeiro cenário é a poesia que brota dos lábios de Antígona que no-lo dá. A rapariga descreve o bosque sagrado com os seus loureiros e as suas oliveiras bravas, com a sua vinha; dá-nos a ouvir o canto dos rouxinóis; vemos o banco de pedra à beira da estrada e, ao longe, as altas muralhas da cidadela de Atenas.

O velho senta-se, ou antes Antígona senta-o na pedra. Retoma fôlego. O texto indica todo este pormenor com uma precisão pungente. Três coisas, diz Édipo a sua filha, bastaram para o preservar na sua provação: a paciência, o que ele chama, com uma palavra que significa igualmente «amar», a resignação, essa resignação que se confunde com o amor dos seres e das coisas. Finalmente, a terceira coisa e a mais eficaz, «a firmeza de alma», uma nobreza, uma generosidade da sua natureza que a desgraça não pôde alterar.

Passa um caminheiro na estrada, interrogam-no. «Aqui», diz ele, «é o bosque sagrado das temíveis e benévolas filhas da Terra e da Escuridão, as Euménides.»

O velho estremece; nestas palavras reconhece o lugar da sua morte, prometido por um oráculo. Com veemência — toda a energia do antigo Édipo — afirma que o não arrancarão daquele lugar. Reclama a sua morte, que lhe dará enfim o repouso. O caminheiro afasta-se para ir avisar Teseu. Édipo, sozinho com Antígona, roga às «deusas dos olhos terríveis» que tenham piedade dele, que lhe concedam a paz do último sono. Já o seu corpo não é mais que uma maceração: vai deixar este invólucro emurchecido, vai morrer.

Ouvem-se passos na estrada. É um grupo de camponeses de Colono, avisados de que entraram estrangeiros no bosque sagrado: indignam-se com o sacrilégio. O primeiro movimento de Édipo é penetrar no bosque, não deixará que lhe tirem a sua morte. Os camponeses espreitam-no da orla das árvores. De súbito surge Édipo, que não é homem para se esconder muito tempo. Vem defender a sua morte. Apertado com perguntas indiscretas, declina a sua horrível identidade, sacudindo os camponeses de um arrepio de horror. Esquecendo a promessa feita de que não usariam de violência, o coro grita: «Fora daqui, fora desta terra.» Édipo é um ser contaminado: eles o expulsarão.

A partir deste primeiro combate, Édipo, ao contrário do que fazia em *Rei Édipo,* proclama e advoga a sua inocência. Parece ter sido através dos seus longos sofrimentos que ele tomou consciência dessa inocência — no lento e doloroso caminhar da estrada. Não que este novo sentimento o faça insurgir-se contra os deuses que o feriram. Simplesmente, sabe ao mesmo tempo estas duas doisas: os deuses são os deuses e ele está inocente. Além disso, porque os deuses o tocaram e cada dia mais ainda, porque o acabrunham de miséria, daí lhe vem um carácter sagrado. Édipo sente e exprime confusamente que um ser atingido pelos deuses está fora do alcance das mãos humanas — essas mãos ameaçadoras dos camponeses que se estendem para o agarrar. O seu corpo sagrado deve ficar, depois da sua morte, neste bosque das Euménides. Carregado de maldições divinas, sujo de máculas recebidas contra vontade, este corpo ao mesmo tempo impuro e sagrado (é a mesma coisa para os povos primitivos) dispõe doravante de um novo poder. É como uma relíquia, fonte permanente de bênçãos para aqueles que a conservem. Édipo anuncia-o orgulhosamente aos camponeses do coro: trazendo o seu corpo aos habitantes da Ática, oferece um benefício a toda a região, à cidade de Atenas, cuja grandeza ele assegurará.

Os camponeses recuam. Édipo ganhou o seu primeiro combate.
... O drama prossegue em muitas peripécias.

A cena mais desgarradora e a mais decisiva é a da súplica de Polinices e da intratável recusa do pai a ouvi-lo.

O filho está diante do pai — o filho que expulsou o pai, que o votou à miséria e ao exílio. Polinices está perante a sua obra: diante dela se mostra aniquilado. Este velho que se arrasta pelos caminhos com os olhos mortos, a cara cavada de fome, os cabelos mal tratados, tendo sobre ele um manto sujo cuja imundície se pega à do seu velho corpo — esse refugo de humanidade, é seu pai. Aquele a quem se propunha implorar, talvez levá-lo à força, para que o salve dos seus inimigos e lhe devolva o trono... Já nada pode pedir. Apenas pode confessar o seu erro e pedir perdão. Fá-lo com uma simplicidade que afasta qualquer suspeita de hipocrisia. Tudo é autêntico nas suas palavras. Édipo escuta-o. Não responde. Odeia este filho. Polinices esbarra com um bloco de ódio. Pergunta a Antígona que há-de fazer. Esta diz apenas: Recomeça e continua. Ele torna ao princípio, fala da questão que o opõe a Etéocles. Não fala somente por si, mas por suas irmãs, por seu pai mesmo, a quem se propõe instalar no palácio.

Esbarra sempre com o mesmo muro de rancor implacável. Édipo mantém-se imóvel e selvagem.

Finalmente, uma palavra do corifeu lhe roga que responda, por deferência para com Teseu que lhe enviou Polinices. O selvagem odiento é um homem cortês. Responde, pois, mas somente por consideração para com o seu hospedeiro. E para explodir em horríveis imprecações. Este velho tão perto da morte e que deseja a paz do último sono, este velho não desarma, neste momento em que vê o filho pela última vez — o filho pródigo e arrependido — o pai não desarma o seu ódio inexpiável.

Em numerosas cenas deste amplo drama pudemos ver um Édipo apaziguado, um Édipo tranquilo, conversando na alegria da amizade com Teseu, na doçura da afeição com Ismene ou Antígona reencontradas. Este abrandamento da cólera era sempre devido no velho à longa aprendizagem do sofrimento que lhe impôs a sua condição de miserável: aprendeu ao longo das estradas a suportar a sorte, vergou-se à sua vida de pobre diabo. Mas o perdão, o esquecimento das injúrias, não os aprendeu ele. Não sabe perdoar aos inimigos. Seus filhos trataram-no como inimigo: responde aos golpes com golpes. Maldiz os filhos. As maldições de um pai são terríveis entre todas as maldições.

«Não, não, nunca derrubarás a cidade de Tebas. Tu serás o primeiro a cair, manchado de um assassínio, tu, e teu irmão contigo! Eis as imprecações que lancei contra vós...»

Repete as fórmulas consagradas, a fim de que as maldições invocadas ajam por si mesmas.

«Que, de mão de irmão, tu mates e sucumbas por tua vez, vítima de quem te baniu!... Invoco também a sombra terrível do Tártaro para que ela te colha em seu seio, invoco as deusas deste lugar, e Ares que vos pôs no coração, a ambos, essa execração mortal. Vai-te! Tais são os dons que Édipo neste dia reparte entre seus filhos.»

Depois de assim amaldiçoar o filho, o velho cala-se bruscamente, fecha-se de novo no seu silêncio de pedra — enquanto Antígona e Polinices choram longamente. Por fim, o rapaz retoma o caminho para o seu destino.

Nunca, no decurso do drama, foi Édipo tão terrível. Nunca esteve talvez tão longe de nós. Acaba de liquidar ferozmente as suas contas com a vida.

E agora os deuses vão glorificar este homem inexpiável.

Ressoa o trovão. Édipo reconhece a voz de Zeus que o chama. Pede que mandem chamar Teseu, que deverá, sozinho, assistir à sua morte, e receber um segredo que transmitirá aos descendentes.

Édipo está livre de todo o temor. À medida que o momento solene se aproxima, sentimo-lo como que libertado do peso do seu corpo mortal e miserável. A cegueira já não é um obstáculo à sua marcha.

«Daqui a pouco», diz a Teseu, «sem nenhuma mão que me guie, conduzir-te-ei ao lugar onde devo morrer.»

Sente nos membros uma «luz obscura» que o toca. É conduzido por essa luz invisível que penetra no bosque sagrado, seguido de suas filhas e de Teseu. O coro canta o eterno sono.

Um mensageiro chega. «Morreu?», pergunta o coro. E o homem não sabe que responder. Relata as últimas palavras de Édipo, os adeuses às filhas. Depois o velho meteu-se pelo bosque, apenas acompanhado de Teseu. Uma voz então ressoou no Céu, chamando Édipo pelo nome. O trovão ribomba outra vez.

Os outros tinham-se afastado. Quando se voltaram, «Édipo já ali não estava; não havia mais ninguém. Só o rei conservava a mão diante dos olhos, como se qualquer prodígio lhe tivesse aparecido, insuportável à vista. Depois prosternou-se, adorando a Terra e os deuses»

Como morreu Édipo? Ninguém o sabe. Terá morrido? E que é a morte? Haverá uma relação entre a vida de Édipo e esta morte maravilhosa? Qual? Não podemos responder a estas perguntas, mas temos o sentimento de que, por esta morte estranha em que o herói desaparece no deslumbramento duma luz demasiado viva, os deuses quebraram para Édipo o curso da lei natural. A morte de Édipo parece (a Nietzsche, por exemplo) fundar um mundo novo, um mundo onde deixaria de haver Destino.

A intepretação de *Édipo em Colono* é delicada. Antes de mais, falemos uma vez ainda da diferença importante que separa esta tragédia da do *Rei Édipo*.

No mais antigo dos dois dramas, Édipo confessava o seu erro e tomava sobre si a responsabilidade dele. No segundo, ao longo da tragédia e diante da maior parte das personagens, protesta a sua inocência. Apresenta o seu caso como legítima defesa, que, com efeito, diante de um tribunal ateniense, lhe valeria uma sentença de absolvição.

Contudo, esta contradição entre os dois dramas — além de que pode justificar-se pelo tempo que, na vida de Édipo, separa as duas acções — é apenas aparente. Por várias razões. A mais importante é que o Édipo do segundo drama não defende a sua inocência senão do ponto de vista da lógica humana e do direito humano. Fala a homens que vão estatuir sobre a sua sorte, quer obter deles protecção e justiça. Afirma que os homens justos não têm o direito de o condenar, que está *humanamente* inocente.

A sua inocência é pois encarada relativamente às leis da sociedade humana. Édipo está «inocente segundo a lei». Não é afirmada de maneira absoluta. Se o fosse, a consciência nova que Édipo daí tiraria marcar-se-ia por uma reviravolta da sua atitude para com os deuses. O respeito da acção deles na vida, o misto de terror e de adoração que ele sente em *Rei Édipo* por ter sido escolhido para ilustrar a omnipotência divina, daria lugar a um sentimento de revolta por ter sido atingido apesar da sua inocência. Nada disto se indica no nosso segundo drama. Exactamente como em *Rei Édipo*, proclama a intervenção dos deuses na sua vida e fá-lo com simplicidade, mesmo nas próprias passagens que apoiam a sua inocência humana. («Assim o quiseram os deuses», ou «Os deuses tudo conduziram.») Nenhuma acrimónia em Édipo, tanto numa como noutra peça.

Em *Édipo em Colono* como em *Rei Édipo*, verifica, como o mesmo espírito de objectividade, o mesmo desprendimento de si:

«Cheguei aonde cheguei, sem nada saber. Eles, que sabiam, me perderam.»

A sua perda prova, pois (inocente ou culpado: palavras demasiadamente humanas), a sua ignorância e a omnisciência dos deuses.

Contudo, no final de *Rei Édipo* como ao longo de *Édipo em Colono*, é dos deuses e só deles — nunca dos seus próprios méritos — que o rei derrubado espera a libertação. A sua salvação depende de uma livre decisão dos deuses.

A concepção da salvação que se manifesta no nosso drama confirma pois e verifica inteiramente a concepção do erro e do castigo tal como ela se manifestava na primeira tragédia. Édipo não merece a salvação, tal como não quis a sua falta nem mereceu o seu castigo.

É evidente que a apoteose que remata o drama de Édipo e coroa o seu destino não poderá, de modo algum, ser interpretada como recompensa de uma atitude moral.

Por isso não é a inocência do rei, o seu arrependimento, o seu perdão aos filhos que determinam a intervenção benévola dos deuses. Uma só e única circunstância parece decidi-los: a extensão das suas desgraças.

Podemos agora tentar precisar o sentido religioso de *Édipo em Colono* sem esquecer o de *Rei Édipo*.

Em *Rei Édipo*, Édipo era castigado não por uma falta pessoal mas como homem ignorante e actuante, pela lei da vida com que esbarra todo o ser actuante. A sua única falta residia na sua existência, na necessidade em que o homem está posto de agir num mundo cujas leis ignora. A condenação que o atingia, despojada de todo o carácter de punição, não atingia na sua pessoa senão o homem actuante.

Édipo em Colono faz aparecer no universo uma outra lei de que os deuses são guardiões, uma lei complementar da precedente, a lei que salva o homem sofredor. A ascensão de Édipo ao nível do herói não é concedida a Édipo pessoalmente, como recompensa dos seus méritos e da sua virtude. É concedida, como graça, ao homem sofredor. Tal como Édipo fora no primeiro drama a perfeição da acção, assim o vemos, em Colono, na ponta extrema do sofrimento humano. Não tenho que enumerar os males de Édipo, estabelecer o inventário pormenorizado deste sofrimento.

Um só verso da primeira cena basta para recordar o abismo de miséria em que caiu este homem feito para agir e para reinar. Édipo, esgotado, diz a Antígona:

«Senta-me e olha pelo cego.»

SÓFOCLES E ÉDIPO — RESPONDER AO DESTINO

É total o contraste desta imagem do velho, mais fraco que uma criança, com a imagem do rei protector e salvador do seu povo que nos é oferecida no princípio de *Rei Édipo*.

Ora, é a este velho acabrunhado pela sorte, a este homem sofredor que os deuses vão salvar, que eles escolheram para glorificar, não tanto por causa da maneira como suportou os seus males, mas para manifestar o seu resplandecente poder de deuses. Não só Édipo será salvo, como se tornará ele próprio salvador. O seu corpo maculado vai revestir-se de uma virtude singular: dará a vitória ao povo e a prosperidade à terra.

Porque foi Édipo escolhido? Não o sabemos exactamente. Senão porque sofria. Os deuses são deuses uma vez mais: a sua graça é livre.

Quando muito, entrevemos que existe para Sófocles como que uma lei de compensação no mistério do universo. Se os deuses atingem Édipo sem razão, se o levantam sem razão, a verdade é que é o mesmo homem que sucessivamente é ferido e levantado. Quando Édipo se espanta ao saber por Ismene o oráculo que confere ao seu corpo esse poder salutar, Ismene responde:

«Os deuses te levantam depois de te terem derrubado.»

Ismene não formula esta verificação como uma lei. Mas parece que Sófocles quer fazer-nos entrever que no coração do universo não há apenas a dura indiferença dos deuses, há também uma clemência, e o homem — o mesmo homem — pode, no curso da vida, encontrar uma e outra.

De Édipo, diz-nos ele «que levado por um deus ou recolhido no seio benévolo da Terra, está ao abrigo de todo o sofrimento».

A morte de Édipo não é nem a purificação de um culpado nem a justificação de um inocente. Não é outra coisa que a paz após os combates da vida, que o repouso aonde um qualquer deus nos conduz.

Sófocles sabe, sem que isso o perturbe, que a morte é o único cumprimento possível duma vida humana. O homem nasceu para o sofrimento. (Édipo o diz: «Nasci sofredor.») Viver é arriscar o sofrimento. Mas esta mesma natureza temporal que nos expõe ao sofrimento é também a que cumpre a nossa libertação. Édipo reza às deusas do bosque sagrado:

«Concedei-me agora este termo da minha vida. Concedei à minha existência este desenlace, se dele vos não pareço indigno, eu que, durante a minha vida inteira, mais do que nenhum outro, fui sujeito à desgraça.»

Édipo fala como um bom servidor que cumpriu bem a sua tarefa de ser sofredor. Reclama o seu salário: a paz da morte.

Sófocles nada mais parece pedir à morte que esta paz, que é a fonte escondida da vida. Nenhuma imortalidade pessoal lhe parece necessária. Simplesmente, não fala dela. O sentido que dá à morte de Édipo parece-lhe suficiente, uma vez que os deuses querem que seja assim. Uma vez mais, somos reconduzidos ao rochedo da fé de Sófocles: admitir o que é.

No entanto, aqui somos voltados pelo poeta para uma outra face do Ser. Se os deuses são assaz pérfidos, ou assaz indiferentes à vida, à felicidade humana, para deixarem que um deles monte a armadilha abominável que constitui a vida de Édipo, a sua volúvel indiferença compreende também, nas suas inumeráveis opções, a bondade. Mudaram de humor como uma mulher muda de vestido. Após o vestido cor de sangue e incêndio, o vestido cor do tempo.

Menos trágica talvez, esta cor é mais humana: e depois, nós somos homens, o que faz que o drama inteiro nos prenda e nos retenha por uma fibra mais terna. O céu mudou. Ganhou — por uma vez — rosto humano. Daí que no drama surjam tantos momentos tranquilos, calmas conversas, presenças amigas, atenta serenidade. E a viva beleza dos cavalos e das árvores. E as aves que cantam e que voam. E os pombos torcazes que arrulham. E essa longa, longa vida de Édipo (e de Sófocles) que, *apesar de tudo,* fluiu dia após dia, respirou como se bebe quando se tem sede.

Em *Rei Édipo* toda a mostra de amizade, toda a intenção de tranquilizar, carregadas de ironia, tinham um sentido mortal. Em *Édipo em Colono,* a lenta preparação da morte de Édipo é, por momentos, tão cheia de amigável bondade que, juntando-se por acaso à bondade divina, estas atenções humanas dão finalmente ao conjunto do drama, que é o drama da morte de Édipo, um sentido de vida.

Este sentido de vida está presente ao longo da tragédia. Corre por ela sem cessar, como esse fio vermelho tecido na brancura das velas da marinha inglesa, que, em caso de naufrágio, permitia descobrir a origem dos destroços. Assim todo este drama de morte tem constante e precioso valor de vida. Mas esse sentido culmina na última cena pelo dom insigne que os deuses concedem aos despojos de Édipo.

Édipo foi escolhido pelos deuses para tornar-se após a sua morte uma imagem exemplar da vida humana, infeliz e corajosa, uma força de vida que defenderá o solo da Ática para sempre. Tal como foi, assim ficará. Era vingativo, até ao ponto de cuspir, raivoso, a maldição sobre o filho. Mas este traço convém à sua nova natureza de herói. Um sábio diz dos heróis: «Estes seres superiores são eminentemente potências maléficas: quando ajudam, também prejudicam, e se nos acodem com o seu socorro, fazem-no com a condição de nos trazerem prejuízo.»

A imortalidade do herói Édipo não é, de modo algum, a imortalidade da pessoa de Édipo num além longínquo; é, pelo contrário, no próprio lugar onde acabou a sua vida, a duração de um poder excepcional concedido pelos deuses à sua forma mortal, ao seu corpo sepultado, à sua cólera contra os adversários da comunidade ateniense. Édipo já não existe: concluiu a sua existência pessoal e histórica. Contudo, o sangue quente dos seus inimigos, correndo sobre a terra de Colono, virá um dia reaquecer de paixão o seu cadáver gelado. Ele o deseja, o declara no próprio coração do drama. O seu destino pessoal está doravante terminado. O seu túmulo fica em lugares onde se manifesta, sobre o solo do povo ateniense, o poder activo dos deuses.

Se ainda tem existência humana, essa existência é muito menos pessoal que colectiva. Existirá na medida em que Teseu, o seu povo, os seus descendentes, se lembrarem e se servirem dele. A sua existência está, de futuro, estreitamente ligada à da comunidade de que os deuses o fizeram protector.

Este sentido *público* da morte de Édipo ressalta claramente das últimas instruções que o velho dá às filhas. Insiste para que não assistam à sua morte: apenas Teseu, o chefe do Estado, estará presente e transmitirá aos sucessores o segredo cuja guarda Édipo lhe confiará.

Assim já a morte de Édipo lhe não pertence, nem àquelas a quem amou mais do que ninguém no mundo poderá amar. A sua morte não é uma questão privada: pertence a Atenas e ao seu rei. Esta morte tem, finalmente, um sentido de vida, de vida pública ateniense. Não é o fim da história de Édipo, é um penhor de duração para o povo que o venerará.

Édipo junta-se ao grupo dos heróis que protegem e defendem Atenas e a Grécia.

Heróis consagrados pelo génio, Homero, Hesíodo, Arquíloco, Safo, Ésquilo. Não tarda que Sófocles tome lugar nesta constelação de presenças que velam pelo povo ateniense.

Os homens conseguem forçar o destino e instalar-se no céu heróico pelo génio ou pela desgraça. Édipo e Sófocles têm igualmente esse direito.

Tal é a resposta última do grande poeta ateniense a essa pergunta que a lenda de Édipo tinha feito à sua infância e que ele só resolveu no termo adiantado da sua vida — frente às portas da morte, abertas para o acolherem.

V

PÍNDARO, PRÍNCIPE DOS POETAS
E POETA DOS PRÍNCIPES

Não tarda muito, receio-o bem, que Píndaro apenas seja acessível a poucos helenistas especializados. Este «cantor dos cocheiros e dos combates de murro», como dizia Voltaire, injuriosamente e inexactamente, escolhendo para qualificar este poeta de génio as palavras mais baixas que pensava poderem ser-lhe aplicadas, este grande lírico a quem as vitórias desportivas impelem, não seria hoje capaz de levantar o entusiasmo das multidões, mesmo quando «as mãos e a virtude dos pés» reconquistaram o lugar que tinham há muito tempo perdido no favor dos povos.

Teria podido, nesta obra onde tudo procede da escolha — aventurosa ou calculada —, «esquecer» Píndaro, como esqueci, como esquecerei muitos outros espíritos de envergadura igual à sua. Várias razões me detiveram. Não quis limitar quase inteiramente esta obra a alguns aspectos da civilização jónia ou ateniense. Quis também tocar nesses altos valores poéticos que o resto da Grécia produziu, nomeadamente as regiões que permaneceram fiéis ao regime aristocrático. Quis prestar justiça à Grécia dória, de que Esparta e Tebas são cabeça. Por outro lado, não consenti em recusar aos meus leitores o extremo prazer de amar, à maneira entusiasta de Ronsard, a cintilante poesia de Píndaro. Este poeta deslumbrante é, com Ésquilo e Aristófanes, um dos três mestres, um dos príncipes do verbo poético grego (intraduzível, naturalmente). Finalmente, este poeta, cujo estranho ofício consiste em celebrar por meio de coros as vitórias desportivas, foi colocado, por esse ofício mesmo, em relação com grandes personagens da sua época, Híeron, tirano de Siracusa, Téron, tirano de Agrigento, Arcesilau, rei de Cirene. Viveu na corte deles, foi conselheiro e amigo. Conselheiro de uma rara independência, mesmo quando elogia, amigo capaz de dizer a verdade ao príncipe a quem celebra: espectáculo cheio de grandeza!

Como entrar na obra de um tal poeta? Não há outro meio de o compreender senão apanhá-lo ao nível do ofício que exerce, em algumas odes determinadas, vê-lo misturar numa «bela desordem» aparente, que não é mais que uma ordem paradoxal mas construída, os temas míticos da epopeia, que trata à sua maneira própria, os temas que vai buscar à didáctica hesiodiana ou à dos outros velhos poetas, os temas que extrai da efusão lírica em que nos fala de si mesmo e da sua poesia. Compreendê-lo, é, enfim, aproximar-nos dele, tanto quanto é possível num comentário noutra língua, numa expressão verbal estranha, ao mesmo tempo muito indirecta e a mais directa que existe, no estilo prodigiosamente mas naturalmente metafórico que é o seu.

Eis pois algumas dessas odes. Vêr-se-á que são compostas e, se assim se pode dizer, deduzidas de algumas proposições simples, rigorosamente mas subtilmente encadeadas.

*

A primeira ode triunfal que escreveu, a décima pítica, não sendo uma das suas obras-primas, deve ser fixada, porque nela vemos já todo o Píndaro. Os principais traços do seu pensamento, a sua fé religiosa inabalável, a sua devoção a Apolo, a sua admiração por Esparta e pelos governos aristocráticos, o seu elogio da virtude que se herda, o primado que concede à boa fortuna dos atletas, enfim, a desordem concertada da composição, a densidade fulgurante do estilo: eis o essencial da ode e eis já anunciado Píndaro inteiro.

O poeta está em Tebas e tem vinte anos. Estamos em 498. Recebe, sem dúvida graças às relações da sua nobre família — velha família de sacerdotes de Apolo e de colonizadores —, a encomenda de um epinício que deverá celebrar um dos amigos dos Aleuades, príncipes da Tessália. O vencedor chama-se Hipócleas. É um adolescente que alcançou em Delfos — nesse estádio ainda intacto, onde é tão bom caminhar ao ar livre e fresco — o prémio da dupla corrida da categoria dos juniores. Píndaro fez a viagem à Tessália, recebeu a hospitalidade do príncipe, dirigiu a execução do seu coro.

A ode abre com uma palavra que poderia servir de epígrafe a toda uma parte da obra de Píndaro: «Feliz Lacedemónia!» O poeta insiste, nesta abertura da ode, no parentesco de Esparta e da Tessália, ambas governadas por descendentes de Hércules — esse grande tebano a quem celebra incessantemente como modelo da virtude heróica. Depois passa ao elogio do jovem corredor. Desenvolve, a propósito dele, um tema que lhe é caro: nas famílias nobres, «o natural dos filhos segue as pisadas dos pais», isto é, as proezas físicas, tanto como a virtude moral, são parte da herança dos antepassados. Vem o tema da boa fortuna dos atletas. Aquele que vence no jogo, aquele que vê seu filho vencedor, «se não atinge o céu de bronze, atinge pelo menos o último termo das felicidades, reservadas aos mortais». Bruscamente o mito surge, ocupando toda a parte central da ode. Bastou o termo «felicidade» para o desencadear. Esse mito é o da felicidade dos Hiperbóreos. É a velha crença popular de que existe, para além das montanhas do Norte, donde vem o Bóreas, um povo de bem-aventurados, os Hiperbóreos. No Inverno, é lá que mora Apolo, caro a Píndaro. É de lá que ele vem na Primavera, viajando sobre o seu tripé alado.

O mito, sem que o poeta o conte, é simplesmente sugerido por vivas imagens e alusões fugazes e percucientes. Parece um sonho inacabado, mas todo aberto à imaginação, no qual braçadas de visões arrebatam em todos os sentidos o impulso do sonhador. Assim, vemos de súbito Perseu apresentar-se num dos banquetes dos Hiperbóreos. Encontra-os sacrificando a Apolo prodigiosas hecatombes de burros. Apolo compraz-se, diz o poeta, no sacrifício destes animais lúbricos. No seu estilo abrupto, Píndaro escreve: «Apolo ri ao ver erigir-se a lubricidade dos animais que eles imolam.» (Na verdade, este traço do sacrifício de burros em cio é um traço exótico: os Gregos nunca imolaram burros aos deuses.)

Mas logo o poeta acrescenta que dos enormes festins deste povo feliz «a Musa não está ausente... Raparigas cantam em coro no alarido das liras e das flautas».

Outros traços fazem contraste. Este Perseu, que surge entre os Hiperbóreos, é o herói que em tempos matou a Górgona: tem ainda nas mãos «a cabeça eriçada de serpentes que recentemente dava aos habitantes de uma ilha a morte de pedra» (o que significa, no estilo ousado de Píndaro, «a morte que muda em pedra»). Mas, acrescenta o poeta, «quando os deuses são os autores, nenhum acontecimento me parece incrível».

Aqui detém o mito, com uma frase em que define a sua arte de compor: «Como belos flocos de lã, os meus hinos adejam de assunto em assunto, como fazem as abelhas.»

Uma última frase sobre Hipócleas: «O Poeta fará com que sonhem com ele as raparigas.»

*

Eis outra obra da juventude (Píndaro tem trinta anos) — uma ode que não contém qualquer mito, uma simples oração a convidados muito próximos do coração do poeta. É a décima quarta olímpica, na qual celebra igualmente a vitória de um adolescente no estádio dos rapazes.

A ode desvenda aos nossos olhos, na sua brevidade, a fonte profunda da inspiração do poeta, e essa fonte é o amor das Graças. Píndaro começa por evocar os três tipos de homens em que vê irradiarem «todas as doçuras e todas as delícias para os mortais: o poeta inspirado, o homem adornado de beleza, o homem cintilante de glória». Ora estes três bens — génio, beleza, glória — outra coisa não são que dons das Graças. Estas dirigem tudo no mundo: «Os próprios deuses, sem as Graças preciosas, não poderiam saborear as danças nem os festins... Sobre tronos instaladas, junto de Apolo Pítio... honram a majestade do senhor do Olimpo, seu pai.»

O poeta nomeia estas três Graças: «Ó tu, Aglaia (Aglaia dispensa a Glória), e tu, Eufrósina, que a harmonia encanta (Eufrósina quer dizer Sabedoria, mas para Píndaro toda a sabedoria está na poesia), e também tu, Tália, enamorada de canções... (Tália é a Graça que dá a Beleza, a Juventude e a Alegria), vê, Tália, como avança na alegria do triunfo esse cortejo em passo ligeiro... É Asôpicos que eu venho cantar, pois que, por teu amor, ele triunfa em Olímpia...» O jovem atleta é órfão. O poeta invoca a ninfa Eco, dizendo: «E agora, Eco, desce ao palácio das escuras paredes de Perséfone, leva a seu pai uma ilustre mensagem... Fala-lhe de seu filho, diz-lhe que Tália, nos vales gloriosos de Pisa, o coroou das asas dos famosos triunfos.»

Assim, tudo é dado, no acontecimento celebrado, como obra das Graças. O reino de Píndaro não é o da volúpia e do prazer, não é o reino de Afrodite.

Nunca ele concedeu a mais ténue homenagem àquele a quem os Gregos chamam o *épaphroditon*, isto é, o homem «sedutor». Ele celebra o gracioso, o *épichari*. O seu reino é o da Graça.

*

Entretanto, no termo da sua juventude, abre-se na vida de Píndaro uma uma crise grave, a mesma crise que o seu povo atravessa, a partir de 490, depois em 480 e 479, a crise das guerras medas.

Há que dizê-lo claramente. Píndaro não compreendeu, ou só depois compreendeu, e dificilmente, o sentido das guerras medas na história do seu povo.

Tinha perto de trinta anos no ano da Maratona, perto de quarenta quando de Salamina e de Plateias. Da primeira das guerras medas não há nenhum eco na sua obra conservada, aliás importante. Não é que o nome de Maratona dela esteja ausente. Esse nome aí aparece várias vezes, mas sempre ligado à menção de qualquer vitória desportiva, alcançada por tal ou tal atleta que o poeta celebra. Maratona não é para ele o nome duma vitória da liberdade, mas o de um lugar de desporto! (Como para muitos parisienses, sem dúvida, os nomes de batalhas, e mesmo de poetas franceses, não são mais que estações de metropolitano!)

O que é preciso compreender, se quisermos apreender a poesia de Píndaro, é que uma vitória desportiva tem, a seus olhos, um valor pelo menos igual a uma vitória militar, sobretudo à de Maratona, onde o «povo» ateniense salvou uma liberdade democrática de bem medíocre valor para ele. A liberdade do homem, a sua dignidade, estão, antes de mais, na possessão do seu corpo. Os «belos membros da Juventude» são para ele uma das conquistas essenciais da vida humana, conquista alcançada à custa de vontade contínua, de ascese moral e física sem desfalecimento.

Vem o ano de Salamina. Píndaro aproxima-se dos quarenta anos. Sabemos que partido escolheu Tebas: ao serviço do ocupante. Os historiadores gregos, de Heródoto a Políbio, são unânimes: Tebas trai a Grécia.

Políbio escreve que «os Tebanos recusaram-se a entrar em guerra pela causa dos Gregos e abraçaram o partido dos Persas» e que «não há razão para louvar o poeta Píndaro, que deu a conhecer num poema que partilhava a opinião de que era preciso manter a paz».

Assim, no momento em que outras cidades gregas exigiam da população os mais duros sacrifícios, a evacuação do território entregue à devastação e ao incêndio, e a guerra longe dos seus, Píndaro pregava aos seus compatriotas a não-resistência ao invasor. Os termos que emprega em dois dos versos conservados deste poema parecem indicar que se dirigia às classes populares, que queriam bater-se, para as levar a aceitar a paz dos aristocratas, o acolhimento solícito que o governo oligárquico fazia aos Persas.

Na verdade, há qualquer coisa de estranho em ver Píndaro, cantor de atletas e cantor dos heróis do passado, ficar insensível, na catástrofe da Grécia, ao drama da liberdade que se joga diante dos seus olhos. Uma vitória no pugilato ou no pancrácio comove-o mais do que Salamina?

É certo que, mais tarde, houve arrependimentos em Píndaro. Mas sempre, ao falar de Salamina, com o tom do constrangimento. A oitava ístmica, que dirige, alguns anos após a vitória, a um dos seus amigos eginetas, conserva ainda esse tom embaraçado. O poeta fala aí com insistência da «provação» da Grécia. Pede para si o direito de invocar outra vez a Musa, e diz: «Libertos da grande angústia, não deixemos as nossas frontes sem coroas... Poeta, não cultives o teu luto.» Agora o perigo está passado: «A pedra suspensa sobre as nossas cabeças, rochedo de Tântalo, um deus a desviou de nós. Provação demasiadamente forte para a audácia dos Gregos... Tudo se cura para os mortais, pelo menos se têm a liberdade.» A passagem, no seu conjunto, está muito longe de constituir um elogio dos vencedores de Salamina. Não se trata de vitória nem de glória, mas de provação e luto. Só para o fim o poeta entra na linguagem daqueles que salvaram a Grécia: reconhece, implicitamente aliás, não explicitamente — que a liberdade que conserva a deve àqueles que por ela se bateram. A provação, diz ele à maneira de desculpa, excedia a coragem dos Gregos. O que é verdade da coragem dos Tebanos, não da dos Atenienses. Na verdade, Píndaro dá graças a Deus, e só a Deus, do feliz desenlace do acontecimento. Heródoto, que não era menos piedoso que Píndaro, põe as coisas no seu justo lugar, quando declara: «Não nos afastaremos da verdade declarando que os Atenienses foram os libertadores da Grécia: foram eles, pelo menos depois dos deuses, que repeliram o Grande Rei.»

Deixemos de lado outros arrependimentos. Píndaro, que fez o elogio da bravura egineta em Salamina, sempre desdenhou fazer o elogio do eminente papel pan-helénico que Atenas desempenhou nesses anos decisivos da formação do génio grego. Nada na sua educação, nada no seu próprio génio o preparava para compreender a cidade que já no seu tempo se tornava a cidade da investigação científica, a cidade da «filosofia».

O ambiente de Atenas, a partir desta primeira metade do século V, é, em relação a Tebas, um ambiente de «sageza», um ambiente onde a religião não teme as vizinhanças da razão. Isto sempre Píndaro detestou. Os problemas que se apresentam aos sábios jónios e atenienses parecem-lhe a coisa mais vã do mundo: são pessoas que, na sua opinião, «colhem o fruto mal maduro da Sabedoria.» Píndaro — e é isto que explica a sua falta de amizade por Atenas — é um homem que, em pleno século V, não foi tocado pela filosofia. Os problemas que os sábios jónios tentam resolver (de que matéria é o mundo feito?, que é que produz os eclipses do Sol?) estavam para ele resolvidos há muito tempo por um poeta da sua terra, Hesíodo, e pela religião apolínea. Os fenómenos que o sábio interroga são para ele milagres dos deuses. Não há, em relação a eles, qualquer questão a pôr.

*

Tomemos agora algumas das odes principais do nosso poeta, a sexta olímpica, por exemplo. Esta ode foi escrita para um siracusano, Agésias, que é uma importante personagem, um dos principais oficiais de Híeron.

A família deste Agésias é a dos Iâmidas: pretende descender de Apolo e de uma ninfa peloponésia, Evadne, por sua vez filha de Posídon e de uma ninfa dos Eurotas, Pítane. Os Iâmidas descendem pois de dois grandes deuses. Exercem um sacerdócio em Olímpia. Agésias viera tentar a sua sorte em Siracusa. Fizera junto de Híeron uma brilhante carreira. O epinício de Píndaro celebra a sua vitória na corrida de carros atrelados a mulas, em Olímpia. A ode foi representada primeiro não longe de Olímpia, em Estinfalo, na Arcádia, donde Agésias era originário por sua mãe, depois uma segunda vez em Siracusa.

A obra divide-se em três partes desiguais. A primeira é consagrada ao elogio do vencedor. Este elogio apoia-se numa imagem esplêndida que serve de abertura a todo o poema. Vemos erguer-se um palácio de magnificência. O pórtico é majestoso: é um deslumbramento de colunas de ouro que cintilam até ao horizonte. O palácio é a própria ode; a colunata singular é a glória de

Agésias, ao mesmo tempo adivinho e campeão olímpico. Todo este começo é semeado de alusões resplandecentes, entre elas a de um outro vidente, outro guerreiro, um herói honrado pelo raio salvador de Zeus, que abriu para ele os abismos da Terra, onde o devorou com os seus cavalos, herói popular tebano, e depois pan-helénico. Todo este princípio é como um emaranhado de imagens, que os raios solares iluminam.

Para alcançar a segunda parte do hino — a mais importante do mito — Píndaro pede ao condutor do carro de Agésias que atrele «o vigor das suas mulas e o conduza pela estrada inundada de sol à fonte da raça de Agésias... Que diante delas se abram de par em par as portas dos nossos cantos».

Vamos ouvir da boca do poeta crente a bela história duma dupla sedução divina. Nas margens do Eurotas vivia em tempos uma rapariga, a ninfa Pítane. «Unida a Posídon deitou ao mundo uma criança de tranças violetas. Sob as pregas do vestido, escondeu a sua maternidade virginal...» Depois mandou o fruto concebido do deus para as margens de um outro rio, o Alfeu, e foi lá que Evadne cresceu e que, «por Apolo, provou pela primeira vez a doce Afrodite». O pai consultou o oráculo sobre a intolerável e esplêndida aventura. «Ora, Evadne, entretanto, soltara o seu cinto de púrpura e depusera a sua urna de prata, e, na mata azul, dera à luz uma criança adornada de profecias. Junto dela, o deus dos cabelos de ouro instalara Ilítia cheia de benevolência e as Parcas. E dos flancos dela, num parto suave, tirou Iamos, que a luz logo acolheu. Desolada, a mãe abandonou o filho no chão. Mas, por vontade dos deuses, duas serpentes de olhos glaucos tomaram conta dele e o alimentaram do veneno inocente das abelhas.»

Notemos de passagem as expressões paradoxais que dão ao estilo de Píndaro a sua cor própria. Assim: a «maternidade virginal» e o «veneno inocente das abelhas». O poeta continua:

«A criança viveu assim cinco dias. Escondida entre os juncos e os silvados impenetráveis, as flores de ouro e de púrpura inundavam com os seus raios o seu tenro corpo. Foi esta circunstância que fez que a mãe desse ao filho o nome imortal de Iamos.» (Estas flores de raios de ouro e de púrpura eram amores-perfeitos silvestres, que na língua grega se chamam *ion*, palavra que designa também a violeta.)

Entretanto, de Delfos, Apolo reivindica o filho. A última cena do mito mostra-nos aquilo a que chamaríamos o baptismo ou a consagração do adolescente.

«Quando recebeu o fruto da encantadora Juventa de coroa de ouro, desceu ao leito do Alfeu e invocou a vasta violência de Posídon, seu antepassado, assim como o Arqueiro que, em Delos construída pelos deuses, faz a guarda. Ali estava, sob a abóbada nocturna, reivindicando para a sua cabeça a honra de qualquer realeza protectora de um povo. Claramente, a voz de seu pai lhe respondeu: «Levanta-te, meu filho, e caminha. Vai para as terras que são bem conhecidas de todos. Segue o rasto da minha voz.» Foram até ao abrupto cume do alto monte de Crono, e ali o deus lhe outorgou um duplo tesouro de profecia...»

Vemos aqui o soberano brilho duma tal poesia. Também ela, na sua caminhada insólita, nos inunda como as flores que o poeta invoca, de raios de ouro e de púrpura. Brilha com uma luz solar, resplende como um arco-íris.

A última parte da ode regressa à actualidade, ao elogio do vencedor, e é também um elogio da poesia de Píndaro. O poeta, retomando um sarcasmo grosseiro dos Atenienses sobre a incultura dos Beócios, sarcasmo que deve feri-lo vivamente, declara que saberá «desmentir o velho opróbrio que se lança aos porcos da Beócia». O seu poema ali está para responder à injúria. Declara que é o poeta inspirado, dizendo na sua linguagem enigmática e carregada de sentidos secretos: «Tenho sobre a língua uma pedra de amolar cantante, que me faz invadir pelo hálito das fontes.» Depois, dirigindo-se ao mestre do coro que acompanha Agésias na sua nova pátria e aí dirigirá a execução da sua ode, diz-lhe: «Tu és um recto mensageiro, a secreta palavra das Musas encerradas, um vaso de doçura cheio de cantos resplandecentes.»

O último verso da ode é um voto por ele próprio feito ao senhor do mar: «Desabrocha a flor encantadora dos meus hinos.»

É inútil comentar, explicar a ligação das três partes do poema: elogio do vencedor, mito, votos pelo vencedor ou pelo poeta. Tudo isto, fundado em razões históricas, é manifesto, mas exterior à poesia. É uma ligação, não já feita de transições ou de circunstâncias, mas *interna* à poesia da obra. Sugeri-o de passagem.

As colunas de ouro diante do pórtico do hino, as mulas que se lançam pela estrada cheia de sol, depois o fluxo das imagens centrais, a mulher prenhe do fruto de um deus e cingida de púrpura, a carne da criança banhada da luz das flores dos campos, a abóbada nocturna que domina a cena do baptismo no Alfeu e, para terminar, a pedra de amolar cantante da língua do poeta, a secreta palavra das Musas encerradas — tudo isto constitui um único poema, uma espécie de visão meio delirante, de uma poesia próxima e celeste ao mesmo tempo, feita de imagens estranhas e como que de figuras de sonho, que dá à obra, no jorro do estilo que alimenta tudo da sua seiva, a sua indescritível continuidade. Um estilo que, do primeiro ao último verso, desabrocha como uma flor rara e maravilhosa.

*

Píndaro fez mais que uma vez a viagem da Sicília. Viveu na intimidade dos princípes Téron, de Agrigento, e Híeron, de Siracusa. Foi seu panegirista, rivalizando com o grande Simónides e com Baquílides. Mais do que isso, foi conselheiro e amigo. E neste papel difícil de conselheiro e de louvador, desenvolveu as exortações morais mais firmes, apoiando-se na sua própria fé religiosa que o armava de todas as coragens. Importantes encomendas lhe fugiram para irem parar a Baquílides, mais acomodatício.

A terceira pítica mostra-nos a intimidade das relações de Híeron e de Píndaro. Na verdade, não é um epinício, é uma epístola pessoal que o poeta escreve, não por ocasião de uma vitória desportiva, mas durante uma crise de areias de que Híeron sofria. É a carta de um amigo, um carta de consolação a um doente.

O poeta começa por lamentar que o centauro Quíron — pai da medicina, segundo a mais antiga tradição poética —, mestre de Esculápio, não esteja ainda vivo. Depois conta ao príncipe doente o nascimento do deus da medicina, Asclépio (Esculápio). É a história dos amores de Apolo e da ninfa Corónis. Corónis era romanesca, «sempre apaixonada pelo desconhecido, como tantas outras: entre as criaturas humanas, é a espécie mais vã, sonhadores que desprezam o que está diante deles e deixam as suas esperanças irrealizáveis correr atrás de fantasmas». Presa oferecida à circunstância mais ocasional. Esta ninfa, que «trazia no seu seio a pura semente do deus», não teve a paciência de esperar as núpcias que Apolo prometia, segundo o uso, preparar-lhe: «Um estrangeiro veio da Arcádia» — um simples passante; o primeiro que apareceu — «ela partilhou com ele o leito.»

«O deus soube da traição, sem consultar outro confidente que o mais recto de todos, o seu espírito, que sabe todas as coisas... Nem deus nem mortal o engana, nem em acto nem em pensamento.» Fez castigar a infiel por sua irmã Ártemis, que a trespassou com as suas flechas.

Os despojos de Corónis repousavam já sobre a fogueira, no meio dos seus parentes, a labareda viva de Hefesto já a envolvia toda, quando o deus, de súbito, lembrando-se do fruto que ela trazia: «Não», disse, «a minha alma não sofrerá que pereça um filho do meu sangue numa morte lamentável...» Dá um passo; as labaredas abrem-se diante dele. Alcança a criança, arranca-a ao corpo da mãe. Confia-o ao centauro Quíron, que irá fazer dele um médico. Tal é a narrativa do nascimento de Asclépio.

Além do laço natural entre este mito, que liga o deus da medicina e o doente a quem a história é contada, há na personagem de Corónis um ensinamento discreto mas preciso em intenção de Híeron. Caracterizando a jovem mãe, o poeta insiste no perigo do espírito de quimera, o erro que há em perseguir fantasmas. É neste sentido que irão desenvolver-se, no final de ode, as exortações ao doente.

Píndaro prossegue a sua narração com um magnífico quadro da carreira de Asclépio. Mostra o cortejo dos feridos e dos doentes — atingidos por úlceras internas, com a carne aberta pela lança e pela funda, corpos devastados pelas epidemias, pelo ardor do Verão, pelos rigores do Inverno — todos restabelecidos, «repostos a prumo» por operações e remédios.

Asclépio, porém, deixou-se também tentar pelo irrealizável: quis forçar a natureza, arrancou à morte um homem que ela tomara já. O raio de Zeus, sem hesitar, fez entrar juntos, na morte que o destino quisera, o doente e o médico.

Somos reconduzidos ao pendor das reflexões que o retrato de Corónis inspirava. Não procurar o impossível, mas olhar «o que está aos nossos pés». Ora, que está diante dos nossos pés? «A condição mortal.»

É aqui que o poeta lança uma frase corajosa e esplêndida: «Ó minha alma, não aspires à vida imortal mas esgota o campo de acção que te é dado.» Eis o conselho que ele tem a coragem de dar a um doente. Asclépio, sem dúvida, operou numerosas curas. Contudo, lembra-te de que tens de morrer, e entretanto age. Mas esta lição não a dá Píndaro em tom de lição. Não diz a Híeron: «Faze isto, não esperes aquilo.» É a si próprio que o diz. «Ó minha alma, não aspires...» Este rodeio é ditado pelo tacto, tanto quanto pela amizade.

É depois de ter estabelecido entre o príncipe e ele este tom de confiante intimidade que o poeta retoma e conclui a sua exortação. Ousa falar ao grande Híeron de resignação. Tiveste, diz-lhe, o favor dos deuses, és príncipe e condutor do teu povo. Decerto a vida não foi sempre para ti sem nuvens. Mas não estás sozinho: pensa nos heróis do passado. O que traz esta máxima de conduta geral: «O homem que conhece o caminho da verdade (e *verdade* significa muitas vezes, em Píndaro, *realidade*), o homem que segue o caminho da realidade sabe gozar da felicidade que os deuses lhe enviam. Mas os ventos que sopram nas alturas do Céu mudam constantemente.»

Esta linguagem é muito bem aplicada a Híeron, que era homem de espírito muito realista, muito positivo: ele não ignora a lei da vicissitude.

Ao terminar, como se receasse ter sido demasiado directo e demasiado sermoneador, Píndaro volta outra vez a si mesmo. «Humilde na humilde fortuna, quero ser grande na grande.» Orgulhosamente, declara que também conhece a grandeza. É poeta: são os seus cantos que dão a glória. Dá a entender que se um grande poderio como o de Híeron é raro, um grande poeta como ele não é menos raro. Por um momento julgamos ouvir um eco antecipado do poeta francês:

> ...*Direz, chantant mes vers, en vous esmerveillant,*
> *Ronsard me celebroit du temps que j'estois belle.*

Mas o sentimento não é exactamente o mesmo. Há em Píndaro, ao mesmo tempo, uma humildade e um orgulho mais profundos: uma e outro lhe são dados pelo conhecimento da lei prescrita aos homens pelos deuses.

*

Antes de precisarmos melhor as relações de Píndaro e do príncipe, concedamo-nos o prazer de ler, pela sua simples beleza, o mito da décima nemeia. Pela sua simples beleza? Não. Toda a obra de Píndaro está cheia de ensinamentos. A beleza é para o poeta a expressão mais perfeita que ele sabe dar — que os deuses lhe concedem que dê — à justeza do pensamento.

A décima nemeia foi escrita para um argiano, vencedor na luta. Na primeira tríade, Píndaro esboça a grandes pinceladas uma tela de fundo mítico, uma evocação rápida dos grandes mitos de Argos. É um emaranhado de deuses, de heróis, de belezas célebres de Argos. Alcmena e Dánae recebem Zeus no seu leito; Perseu transporta a cabeça da Medusa; Hipermnestra, a única das Danaides que, na noite de núpcias poupou o esposo, mete o punhal na bainha; vemos as mãos de Épafo fundarem no Egipto inúmeras cidades; finalmente, o mais ilustre dos filhos de uma argiana, Hércules, aparece de pé no Olimpo, ao lado de sua esposa, a mais jovem das imortais, Hebe.

No canto desta tela de fundo, a segunda tríade apresenta o vencedor, o argiano Teaios. Está ali, colocado no primeiro plano, mas ocupando um lugar afastado: traz as coroas que ganhou em jogos diversos. Vemos mesmo a grande ânfora, com a sua provisão de azeite que ele trouxe de Atenas, uma das ânforas chamadas «panatenaicas» que conhecemos bem pela arqueologia. Os seus parentes vencedores nos jogos formam com ele um grupo moderno.

Depois disto, sobre este pano de fundo pintado vaporosamente e com estas poucas personagens contemporâneas tratadas em resumo, o poeta, em plena luz, e com uma incrível firmeza de desenho, desenvolve o seu mito. É a história de dois deuses atletas e padroeiros dos atletas, Castor e Pólux. História muito bela, plasticamente e pelo vigor dos sentimentos.

O dois irmãos gémeos viviam em Esparta, no vale onde haviam nascido. Aí tinham dois inimigos, também irmãos, Idas e Linceu. Um dia que Castor repousava no côncavo de um carvalho, Linceu, o homem dos olhos de lince, com a sua vista aguda, descobriu-o do alto do Taígeto. Chama Idas: os dois malfeitores surpreendem Castor adormecido. Idas fere-o de morte com a lança.

Entretanto, Pólux, que, dos dois heróis, é só ele filho de Zeus e só ele imortal, lança-se à procura dos assassinos. Encontra-os num cemitério. Fazem--lhe frente e, para se defenderem, arrancam uma estela funerária, que é a do próprio pai. Atingem Pólux em cheio no peito. Mas o herói não vacila: espeta a lança de bronze no flanco de Linceu, enquanto Zeus, glorificando seu filho, lança contra Idas o seu raio fumegante. «Os dois cadáveres ali ficam a arder, na solidão.»

Pólux corre para seu irmão. Castor respira ainda, mas já o seu corpo é sacudido pelo estertor. Pólux rebenta em soluços. Seu pai é omnipotente. Não poderia ele salvar o irmão bem-amado, o caro companheiro de labor? Suplica: sem este irmão, não quer mais viver. Zeus então aparece a seu filho. O pai e o filho estão frente a frente. O deus omnipotente nada mais faz que oferecer a Pólux uma escolha difícil: «Tu és meu filho», lhe diz, com uma doçura surpreendente na sua boca. «Dou-te, em inteira liberdade, esta escolha. Se queres escapar à morte e à velhice odiosa, habita o Olimpo comigo, em companhia de Atena e de Ares da sombria lança: tens direito a esta parte. Se preferes salvar a vida de teu irmão mortal, pões em comum as vossas duas sortes contrárias: metade da tua vida debaixo da terra, com ele; contigo, a metade da sua vida no palácio de ouro do Céu.» Pólux não hesita o instante de um pensamento: vai abrir os olhos fechados de Castor, ouve a sua voz reanimar-se.

A beleza deste mito, em menos de quarenta versos, não tem par: as cores vivas e o desenho duma perfeita justeza salientam-se com poderoso relevo sobre o fundo de contornos voluntariamente confusos da ode.

A beleza está nos sentimentos como está nas atitudes. Estas duas ordens de beleza têm um atributo comum, que é nobreza. Todas as atitudes — como o confronto do pai e do filho —, todos os sentimentos, a prece de Pólux e, dominando tudo, a escolha severa oferecida por Zeus a seu filho, finalmente a resposta de Pólux reduzida a um gesto de amor fraterno: abrir os olhos fechados de Castor — tudo isto respira a grandeza.

Mas esta beleza nada tem de convencional. A cada momento, pelo contrário, um pormenor imprevisto produz um efeito de surpresa. Esse rapaz que repousa no côncavo duma árvore, essa estranha batalha num cemitério — todo o velho mito ganha um sabor de frescura e de novidade.

*

Entre as odes mais irradiantes que Píndaro escreveu em louvor de um príncipe, deve-se incluir a segunda olímpica, para Téron de Agrigento, vencedor nas quadrigas. Píndaro conhecia há muito tempo, quando compôs este epinício, a família dos Eménidas, a que se ligava Téron, soberano de Agrigento. Conhecia os seus triunfos, a sua grandeza, conhecia as provações de que Téron e os seus sempre tinham até aí acabado por triunfar. A família dos Eménidas, castigada e glorificada, podia, como a de Laio e de Édipo, servir de ilustração ao tema da vicissitude, fiel companheira do destino humano. Píndaro não tem o sentido trágico. Tende sempre a tranquilizar, a consolar, a falar da bondade, da santidade dos deuses. Toda uma corrente da sua obra o arrasta para a esperança da vida imortal da alma humana. Platão, que bem o conhece, a ele irá buscar imagens e argumentos neste sentido.

A segunda olímpica, simultâneamente, acentua a grandeza de Téron, mesmo nas provações, e dá-lhe a esperança suprema de que sempre o coração do homem se encanta.

A ode é de 476. O fim da grande aventura de Téron aproxima-se. Quinze anos de ditadura gloriosa, graças a um golpe de sorte, Agrigento cingida de uma coroa de templos que ainda hoje causa a nossa admiração. O fim da vida aproxima-se também. Para o poeta atento e amigo, é a altura de falar ao príncipe do poder da Fortuna sobre as nossas vidas. Fala-lhe da condição humana e da morte. Não será de mais dizer que lhe leva as consolações da religião.

O começo da ode, em breves fórmulas cintilantes, recorda o alto esplendor, sempre ameaçado, de Téron e dos seus antepassados: «Muralha de Agrigento, ele é a flor da recta cidade... Seus pais, por seus trabalhos, valentemente, foram a menina dos olhos da Sicília. A duração do destino vela sobre eles... O desgosto morre, domado, na sua sempre renascente amargura, pela abundância da alegria. O destino, vindo de Deus, ergue bem alto a nossa felicidade sem limites... Mas, movediças correntes nos arrastam: elas fizeram tanto a felicidade como as provações.»

O poeta dá exemplos do glorioso triunfo da felicidade: «Tal como as altivas filhas de Cadmo, sofreram provações indizíveis. Mas o peso do sofrimento desmorona-se pela acção da felicidade que as invade. Sémele das longas tranças pereceu no fragor do raio: revive entre os Olímpios, é amada de Palas para todo o sempre, é amada de Zeus, querida de seu filho, o deus que leva a hera.»

Mais adiante, começa o elogio das virtudes de Téron, a principal das quais é a energia: «Para quem tenta a luta, o êxito corta cerce o desgosto.» Téron é rico: «A riqueza ornada de virtudes abre à sorte numerosas ocasiões: põe à espreita da felicidade o mais fundo do nosso pensamento.»

No ponto mais alto deste desenvolvimento, onde frequentemente se vê o triunfo do homem fazer frente à «necessidade», coloca-se a promessa suprema, a do castelo de Crono, que espera os justos depois da morte.

«Mas eis que os justos, iguais as noites, iguais os dias, contemplam o Sol e recebem em partilha uma vida menos laboriosa que a nossa. Nem a terra nem a água do mar reclamam o esforço dos seus braços, ao longo de vidas inconsistentes. Junto dos favoritos dos deuses, daqueles que amaram a boa fé, os eleitos vivem uma eternidade que não conhece as lágrimas. Quanto aos maus, esses sofrem uma provação que o olhar não pode suportar.»

«Todos aqueles que tiveram a coragem, numa tripla estada num e noutro mundo, de conservar a sua alma inteiramente pura de injustiça, seguem até ao seu termo o caminho de Zeus que os leva ao castelo de Crono. Lá, a ilha dos Bem-Aventurados é banhada ao redor pela frescura das brisas oceânicas; lá resplandecem flores de ouro, umas subindo da terra, nos ramos das árvores gloriosas, outras que as águas alimentam. Entrelaçam grinaldas, entrançam coroas, pela recta vontade de Radamanto, o assessor que está às ordens do poderoso antepassado dos deuses, o esposo dessa Reia que tem assento no mais alto dos tronos.»

Depois Píndaro enumera dois ou três desses eleitos do castelo de Crono. Entre eles, Aquiles. As vitórias de Aquiles parecem incitá-lo de súbito a travar combate contra aqueles que lhe disputam o favor de Téron. Ei-lo invadido por um rancor que o faz ameaçar: «Tenho sob o cotovelo, no meu carcás, numerosos dardos de voz clara. Eles sabem penetrar o espírito das pessoas de senso. Quanto a atingirem a massa, precisariam de um intérprete. O inspirado é aquele que recebe da natureza o seu grande saber. Mas aqueles que, por estudo, em intermináveis tagarelices, o imitam, semelhantes a corvos, esses não fazem mais que crocitar em vão contra a ave divina de Zeus! Vamos, meu coração, que o teu arco vise o alvo!»

Interpretemos. O inspirado, e também a ave divina de Zeus, é Píndaro. Os rivais que crocitam contra ele, são Simónides e Baquílides, corvos inesgotáveis.

Como que restituindo a si mesmo por este acesso de cólera, Píndaro volta-se para Téron e declara-lhe, terminando, que se a inveja, na sua suficiência, quiser assaltar a glória do príncipe, será posta em debandada pela excelência da sua acção, desde que ele à acção se entregue completamente. Pontinha de ênfase no elogio, nos últimos versos: «Como a areia escapa ao cálculo, assim as alegrias que este homem terá distribuído pelos outros, quem as poderá enumerar?»

Passagens como a do «castelo de Crono» não são raras na obra conservada de Píndaro. Disse acima que Platão usara uma delas. Ei-la:

«Quanto àqueles que Prosérpina lavou das antigas máculas, ao cabo de oito anos, envia ela as suas almas ao sol do alto. Destas almas nascem reis

44

45

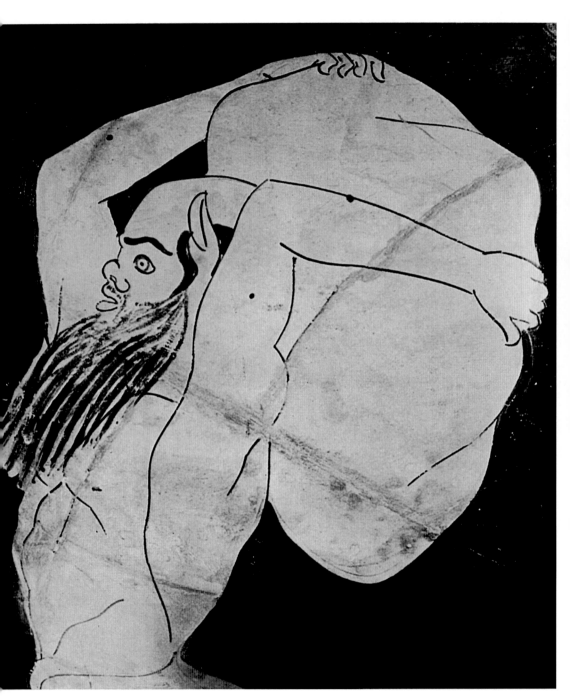

ilustres, homens invencíveis pelo seu vigor ou excelentes pela sua sabedoria. Após a morte, são honrados pelos vivos como heróis.»

Ou ainda estes versos em que o poeta descreve a felicidade dos justos: «Para eles, durante a noite terrestre, brilha nas profundezas a força solar; campos de rosas púrpuras se estendem aos pés dos muros da cidade; a árvore do incenso oferece a sua sombra e os seus ramos carregados de frutos de ouro.»

Estas crenças não são contudo as únicas que encontramos em Píndaro no que toca à outra vida. Não se deteve nelas à maneira dogmática, que não é a maneira antiga de crer. Os Gregos mais crentes são sempre muito reservados nas suas afirmações sobre o além. Aliás, em Píndaro, a sobrevivência do homem reveste-se de formas mais modestas. Ele diz: «Eterna é a duração do homem. Aquele cuja raça não se afunda no esquecimento por falta de filhos, esse vive, e doravante ignora as penas.» O que significa: os filhos vivem, e ele repousa no eterno sono. Eis a imortalidade ligada à duração da descendência.

Noutras passagens, ainda mais numerosas, é a memória do vivente que assegura a imortalidade, é o canto do poeta que proporciona a duração mais longa. Viver longamente na memória dos seus, dos amigos, porque bem se agiu, porque em consciência se fez o seu ofício de homem, eis os pensamentos que permitem a Píndaro, nos dias em que se desvanecem as esperanças do castelo de Crono, aceitar a sua condição de homem mortal: «Possa eu, ó Zeus... permanecer sempre fiel aos caminhos da franqueza, para que, morto, não deixe a meus filhos uma má reputação... Por mim, quereria entregar o corpo à terra sem ter deixado de agradar aos meus concidadãos, de louvar o que merece ser louvado, de censurar os celerados!»

É vão perguntar qual destes dois homens é o verdadeiro Píndaro — o que crê na vida imortal, ou aquele que *esquece* a morte («O homem que faz o que convém, esquece a morte») ou que exclama: «Ó minha alma, não aspires à vida imortal!»

Não há dois Píndaros. Há um poeta que crê e que espera, e que esquece, a quem a sua sabedoria e a sua boa consciência bastam — um *homem*, enfim, cheio de contradições, não um teólogo.

Um crente, porém, porque mesmo nos dias em que ele não espera nada, em que não *sabe*, crê que há deuses: eles, pelo menos, *sabem*.

Após estes exemplos íntimos, tomemos uma ode mais oficial, a segunda pítica, que nos permitirá fundamentar a nossa conclusão.

O sentido da obra, qualquer que seja a sua data discutida, é claro. Píndaro dirige-se a Híeron, vencedor da corrida de quadrigas em Delfos, a um príncipe que está então no pleno gozo do seu poder, num altíssimo ponto de fortuna. Julga chegado o momento de o pôr em guarda contra as tentações do êxito, contra a embriaguez da felicidade. E, ao mesmo tempo, contra as seduções dos lisonjeadores. Píndaro, que sabe que o atacam junto do príncipe, reclama o direito de falar francamente e exerce esse direito.

O poema começa com um elogio de Siracusa: «Ó Siracusa, cidade imensa.» Nesta evocação da cidade de Híeron, o poeta acentua, o que é raro, o poderio militar. Siracusa é o «santuário de Ares» é a «ama dos guerreiros e dos cavalos couraçados de ferro». Mas adiante, Híeron é chamado «primeiro dos príncipes, tu que comandas tantas cidades ameadas e um povo armado».

Aliás, Píndaro não enumera, nesta ode, as proezas de Híeron. Contenta-se em citar, em abono das suas grandes acções, uma testemunha imprevista. Esta testemunha é a rapariga de Lócris: «Porque», diz ele, «é graças ao teu poder que ela escapa ao desespero e ergue um olhar tranquilo.»

A jovem locriana, no limiar da sua porta, na Grande Grécia, pode com efeito celebrar Híeron, que tinha salvo a cidade das cobiças duma cidade vizinha.

Esta filha de Lócris, que pratica o dever de reconhecimento para com o seu benfeitor, vai lembrar ao príncipe esse mesmo dever para com os deuses. O tema da jovem reconhecida lança, com efeito, o mito, que é o de Ixião, o mais ingrato dos princípes. Ixião ilustra essa verdade capital de que são indignos os príncipes que não reportam a sua felicidade a Deus, único autor da sua felicidade.

Ixião conhecera o mais alto grau da fortuna: fora no Céu hóspede dos deuses. «Mas» diz o poeta, «não cuidou por muito tempo da sua felicidade.» Suportar a felicidade, eis a mais difícil virtude dos príncipes.

Ixião ousou levantar os olhos para Hera. Um terrível castigo se segue ao crime: atados os quatro membros aos quatro raios de uma roda, Zeus precipitou-o no espaço. No final deste mito, Píndaro lança um cântico à glória de Deus. Acaba de falar de Zeus, e bruscamente nomeia Deus, porque este termo mais vasto convém melhor ao seu sentimento religioso. Canta o seu salmo: «Só Deus acaba tudo segundo a sua esperança, Deus que alcança a águia no seu voo, que ultrapassa o golfinho no mar, que curva os soberbos e faz passar a outros a glória imperecível.»

Tendo assim assente o poder soberano de Deus, o poeta não se recusa a fazer o elogio do príncipe, elogio a que se juntam conselhos, mesmo em poemas tão oficiais como esta pítica ou como a primeira pítica.

Na verdade, Híeron merece que o louvem: «Celebrar a tua virtude é, para mim, como embarcar num navio enfeitado de flores.» A primeira virtude de Híeron, di-lo Píndaro, é a firmeza da alma. O poeta compara-o a Filoctetes, o herói roído por uma chaga atroz e que, apesar disso, fez vergar os seus adversários. Os comentadores antigos dizem-nos, a este respeito, que Híeron, doente de areias, se fazia levar de liteira ao combate. Mas a energia não é a única virtude do príncipe: Píndaro lembra que a justiça lhe é também necessária: «Dirige o teu povo com o leme da justiça, e forja a tua linguagem na bigorna da verdade.» Toda a virtude, aliás, é dom dos deuses: «É aos deuses que os homens devem as forças das suas virtudes.»

A pior falta, para um nobre príncipe, para um homem qualquer que ele seja, é ser infiel a si mesmo — é ser «macaco». Píndaro di-lo da mais impressiva maneira: «Sê tal como aprendeste a conhecer-te. O macaco é belo para as crianças, sempre belo.» Trata-se de uma lição moral sobre o tema délfico: «Conhece-te a ti mesmo.» Sabemos que da fase de Píndaro «Sê tal como aprendeste a conhecer-te» Goethe fez o explêndido «*Werde der du bist*», «*Torna-te o que és*».

Regressando a si mesmo, Píndaro conclui a segunda pítica com esta frase altiva, que o liberta das calúnias dos lisonjeadores (aqueles que convidam o rei a ser como um macaco). Pouco importam essas calúnias; ele declara: «Sobrenado, igual à cortiça, por cima da rede, sem recear a onda amarga.» Porque ele é um homem franco, um homem cuja «língua é recta». O homem franco vence sempre junto do príncipe, se vence os lisonjeadores. Píndaro não tem medo dos Simónides e Baquílides que, segundo os antigos, o prejudicam, e são aqui designados. Só de uma coisa tem medo: desagradar aos deuses.

*

A altivez de Píndaro, em todas as palavras de modéstia ou mesmo de humildade que pronuncia, é sempre incomparável. Píndaro sabe que os poetas são iguais aos príncipes e que a glória dos príncipes só existe graças aos poetas. Perante o príncipe, Píndaro nunca é humilde. Só é humilde diante de Deus, tal como o príncipe o deve ser também.

Píndaro pôde, pois, com toda a independência, louvar os príncipes. Louvou os príncipes que o mereciam ser. Híeron e Téron eram homens de grande envergadura — animados de grandeza pela cidade como por eles próprios. Desta grandeza não está excluída a elevação moral.

Píndaro louvou muito, mas também exigiu muito. Pode-se pensar que, louvando, se dedica a fortalecer no príncipe o sentimento do seu valor. Encoraja-o dizendo que a protecção divina se estende sobre ele. Mas ao mesmo tempo recorda-lhe que os seus talentos e os seus êxitos não são mais que dons de Deus: «Não esqueças», diz a Arcesilau, rei de Cirene, «de referir a Deus tudo o que te cabe.» Na verdade, a felicidade dos príncipes só perdura se fundada no temor de Deus e na prática da Justiça. Agir «com Deus», eis o grande princípio de governo.

O poeta é inspirado. É porque é «profeta» que pode exigir muito do príncipe. O que ele exige são as virtudes do velho código aristocrático: justiça, rectidão, liberalidade, e também o respeito do povo, a mansidão para com aqueles a quem governa e que são não súbditos mas «concidadãos». O que exige, sobretudo, é a coragem de suportar a desgraça e a firmeza, não menos difícil, de suportar a felicidade.

Píndaro não pensa que o governo do príncipe seja a melhor forma de governo que existe. Ele o diz. Prefere o governo aristocrático, o governo daqueles a quem chama «sages». No entanto, não repele o regime do bom príncipe, do príncipe que seja o melhor e o mais sábio, do príncipe que se comporte com nobreza. Pensa-se já em Platão, não obstante a diferença dos tempos e dos temperamentos.

Que tentou Píndaro junto dos príncipes da Sicília? Não terá sido exactamente a mesma tentativa que Platão fez junto de outros soberanos sicilianos? Tentou desenvolver no príncipe o sentido da sua responsabilidade. Tentou, ele, aristocrata de nascimento e de alma, ao dirigir-se a estes «homens novos» fazer deles *verdadeiros nobres*.

Podia fazê-lo, não porque fosse poeta a soldo, mas porque, fiel à missão que recebe dos deuses, revela às almas animadas de grandeza o sentido da vida humana, que é o de realizar «belas acções». Apresenta ao príncipe os heróis, convida o príncipe a escolher a vida heróica. Vejam-se, na quarta pítica, dirigida a Arcesilau, os jovens príncipes que se juntam em volta de Jasão: «Nenhum deles», diz o poeta, «queria deixar a sua juventude murchar sem perigo»; queriam, «mesmo à custa da morte, descobrir o encanto explêndido da sua própria nobreza». Escolhem a vida nobre, a vida difícil. Vejamos ainda Pélops, na primeira olímpica, dirigida a Híeron, escolher a vida heróica. Pélops roga: «Um grande risco nada quer de um combatente sem coração. Uma vez que temos de morrer, para que sentar-nos à sombra a digerir na impotência uma velhice obscura, afastados de todas as proezas?»

A vida heróica, a vida nobre, eis os exemplos propostos ao príncipe.

O prémio é a glória, que é a mais segura imortalidade. E é o poeta quem a dá. Píndaro proclama: «A virtude, graças aos cantos do poeta, instala-se no tempo.»

E ainda isto: «A voz dos belos poemas ressoa imortal: graças a ela, pelos espaços da terra fértil e através dos mares, irradia, inextinguível, a glória das belas acções.»

Finalmente, este verso admirável: «Sem os cantos do poeta, toda a virtude morre no silêncio.»

Porquê este entusiasmo e esta certeza? Porque o serviço do poeta e o serviço do príncipe são, um e outro, *serviços divinos*.

VI

HERÓDOTO
EXPLORA O VELHO CONTINENTE

    Heródoto é chamado o pai da história. Não menos justamente lhe chamaríamos o pai da geografia. Apresentou aos seus contemporâneos dos meados do século V todo o mundo bárbaro — «bárbaro» tomado no simples sentido de entrangeiro, no sentido em que os Gregos diziam que a andorinha «fala bárbaro». Apresentou aos seus leitores todo o velho continente desconhecido, desconhecido e por vezes imaginário, os três velhos continentes que ele não conpreende porque os enumeram assim, uma vez que a terra, diz ele, é *una*. Escreve: «Não posso aliás compreender porque à terra, sendo una, lhe deram três nomes diferentes.» Estes três nomes são Europa, Ásia e Líbia, o que quer dizer África. A observação é justa antes de 1492.

    A terra é una, ao mesmo tempo una e diversa, povoada de raças e de nações que são governadas pelas mesmas necessidades elementares, mas que as satisfazem na variedade infinita de costumes diferentes. O projecto essencial de Heródoto era em primeiro lugar contar as grandes proezas das guerras medas. Estas guerras situam-se aproximadamente na época do seu nascimento (nasceu por alturas de 480) e ocupam quase exactamente a primeira metade do século V. Para a jovem Grécia, foram uma provação decisiva: não foram somente os Medas e os Persas, foi a massa enorme dos povos de toda a Ásia Anterior, da Índia ocidental ao mar Egeu, povos nessa época submetidos aos reis da Pérsia, sem esquecer o Egipto súbdito da Pérsia também, que esses reis — o Grande Rei, como diziam os Gregos — lançaram contra a Grécia. Esta provação foi dominada pelos Gregos. Combateram o invasor como se se batessem contra a maré. Muitas vezes um contra dez, salvando assim esse bravio amor da independência que, segundo Heródoto, distingue os Gregos entre todos os povos da Terra, faz deles, não súbditos dos soberanos da Ásia e do Egipto, mas *cidadãos* livres. Heródoto, ao distinguir, por esta característica, os Gregos do mundo «bárbaro», não se engana. Os Gregos quiseram continuar livres, e foi por isso, em condições difíceis, não só de inferioridade numérica assustadora, mas de divisões internas crónicas que opunham cada uma das cidades às outras e, em cada cidade, os aristocratas aos democratas, que eles alcançaram a vitória. Esta vitória foi-lhes dada pelo seu arraigado amor da liberdade. Heródoto sabe-o e di-lo claramente: é por causa disso que ama o seu povo.

Mas se Heródoto ama o seu povo grego, nem por isso é menos curioso de conhecer e dar a conhecer a todos os gregos os outros povos, muito mais poderosos e, alguns deles, de civilização mais antiga que a dos Gregos. É, por outro lado, curioso da diversidade e da singularidade dos costumes do mundo estrangeiro. E é por essa razão que faz preceder a sua história das guerras medas de um vasto *inquérito* sobre as nações que atacaram a Grécia, e que os Gregos, nessa época, conheciam ainda muito mal. Isto leva-o, gradualmente, a alargar mais o seu *inquérito* e a informar os seus leitores sobre o mundo inteiro conhecido no tempo.

O título da sua obra é precisamente *Inquéritos*, em grego *Historiai*, palavra que na época não tem outro sentido. Antes de Heródoto, a história — a investigação histórica — não existe. Ao dar o título de *Inquéritos* à sua obra, ao mesmo tempo de história e de geografia, Heródoto assenta estas duas ciências sobre a investigação científica. Não é menos verdade que o temperamento de Heródoto o leva em primeiro lugar e ao longo de toda a obra para a investigação geográfica ou etnográfica, antes de o incitar à busca da verdade histórica.

De que é curioso Heródoto? Pode-se responder em bloco e sem receio de engano: de tudo. As crenças, os costumes, os monumentos, isso a que nós chamamos «os grandes trabalhos», a natureza do solo, o clima, a fauna e a flora (sobretudo a fauna), a extensão dos desertos, as viagens de descoberta, as extremidades da Terra, os grandes rios de fontes desconhecidas — e por toda a parte e sobretudo a actividade do homem, as suas condições de existência, a sua compleição física, os seus prazeres, os seus deuses, o seu passado milenário ou, pelo contrário, o carácter primitivo do seu género de vida. O homem e a sua obra, o homem e a sua aventura, o homem situado no seu meio natural, estudado na estranheza dos seus costumes: eis o centro de interesse dos

Inquéritos de Heródoto. Pela sua inclinação à pintura do homem de todos os países, de todos os povos, Heródoto é uma das figuras mais sedutoras do humanismo antigo.

Empreguei a palavra curiosidade, que, no fim de contas, é insuficiente para definir a nossa personagem. Voltarei ao assunto adiante para a explicar de modo mais preciso. Mas tendo usado de passagem a expressão verdade histórica, quero explicar-me primeiro sobre uma palavra que a Heródoto se aplica, a meu ver com demasiada facilidade: Heródoto, diz-se, é *crédulo*. É certo que, com a sua boa vontade de inquiridor consciencioso, é ainda duma ingenuidade de criança. A sua credulidade parece primeiro tão infinita como a curiosidade, e não se fala de uma sem a outra. De todas as coisas retomadas e verificadas pela ciência mais moderna, devemos dizer que, pelo menos nas que viu com os seus próprios olhos, é muito raro que se engane. Em compensação, relata sem discernimento, sem espírito crítico a maior parte das vezes as inumeráveis histórias que lhe contam. Deixa-se iludir pelos sacerdotes muitas vezes ignorantes que, em diversos países que visitou, lhe serviam de cicerone. Frequentemente, mesmo, pelo primeiro que aparecia. Ama ainda demasiadamente o maravilhoso, de que estão cheias as narrativas que lhe fazem, para saber repeli-lo com decisão. Quanto mais maravilhosa é uma história, mais ela o encanta — e apressa-se a contá-la, por mais inverosímil que a considere. Aliás, se a não contasse, julgaria faltar ao seu ofício de inquiridor. Paga-se dando a entender que não caiu no logro. Veja-se a reserva com que conclui a brilhante história egípcia do rei e dos dois ladrões: «Se estas palavras parecem críveis a alguém, que creia nelas; por mim, não tenho outro fim em toda esta obra (a reserva vale, pois, para o conjunto da sua obra) que escrever o que ouço dizer a uns e a outros.»

A história de Heródoto constitui pois uma mistura singular de probidade científica e de credulidade. Procura a verdade honestamente, tem um trabalho imenso para a perseguir até ao fim do mundo. Mas ao mesmo tempo conservou o gosto dos povos ainda jovens pelo maravilhoso. Quereria, paradoxalmente, que a verdade que procura tivesse, se assim se pode dizer, um carácter maravilhoso, quereria que os seus inquéritos lhe rendessem maravilhoso em profusão. Para o pai da história, o cúmulo do histórico seria, em suma, o maravilhoso garantido por testemunhas dignas de crédito. Parece desejar que a história seja uma espécie de conto de fadas, que se pudesse provar ter realmente acontecido.

Das duas paixões de Heródoto — o gosto das belas histórias, dos povos estranhos, e, por outro lado, o gosto do verdadeiro —, é por de mais evidente que uma prejudica a outra. Daí, nos seus *Inquéritos*, tantas narrativas extravagantes (e aliás divertidas) recebidas de informadores que facilmente abusaram duma curiosidade tão cândida.

Uma única espécie de erro não se encontra nunca no nosso autor: o erro voluntário. Heródoto nunca mente. Engana-se, compreende mal, atrapalha-se nas suas notas, sobretudo deixa-se enganar com uma facilidade desconcertante, desde que o divirtam. Mas apesar de todos os trabalhos eruditos que o submeteram a uma crítica severa, e mesmo desconfiada, Heródoto nunca foi apanhado em flagrante delito de mentira. É um homem honesto, muito imaginativo também, mas perfeitamente verídico.

Virtude meritória. Porque aos seus leitores, que ignoravam praticamente tudo dos países donde regressou, era fácil contar, quisesse-o ele, fosse o que fosse: «Quem vem de longe, mente facilmente!» diz-se. Heródoto não cedeu a esta tentação em que caem tantos viajantes.

Heródoto viajou muito. Os testemunhos que nos traz, foi buscá-los muito longe. Conquistou a Terra com os seus olhos e os seus pés; muitas vezes, sem dúvida, de burro e a cavalo; muitas vezes, também, de barco. Pôde-se fixar o itinerário da sua viagem pelo Egipto, toda ela feita durante o período da inundação do Nilo. Subiu o vale do Nilo até Elefantine (Assuão), que é o limite extremo do Egipto antigo, próximo da primeira catarata. E isto representa um milhar de quilómetros. Do lado leste foi pelo menos até Babilónia — o que dá, a partir do mar Egeu, uns dois mil quilómetros, e talvez mais longe, até Susa, mas disso não há a certeza. No norte, visitou as colónias gregas construídas na orla da actual Ucrânia, no litoral do mar Negro. É provável que tenha subido o curso inferior de um dos grandes rios da estepe ucraniana, o Dniepre ou Borístenes, até à região de Kiev. Enfim, no ocidente participou na fundação duma colónia grega na Itália do Sul. Visitou também a Cirenaica e sem dúvida a Tripolitânia actuais.

É pois um inquérito pessoal, um inquérito nos locais, que o nosso geógrafo empreende. Através da sua narrativa, incessantemente o ouvimos fazer perguntas, olhar coisas novas. Assim, no Egipto, entra na loja de um embalsamador e informa-se em pormenor sobre os processos do ofício e sobre o preço das operações. Nos templos, pede que lhe traduzam as incrições, interroga os sacerdotes sobre a história dos faraós. Assiste às festas religiosas do país, bebendo com os olhos a cor dos trajos e a forma dos penteados. Ao longo das pirâmides, mede a base a passo e, para as medidas que assim tira, não se engana. Mas quando tem de apreciar a altura a olho, engana-se em muito. E assim por aí fora, em todos os países aonde vai e naqueles aonde não vai, confiando nas narrativas dos viajantes gregos ou bárbaros que tenha podido encontrar em tal ou tal estalagem...

*

Mas basta de reflexões gerais. Heródoto é demasiado concreto para que eu possa comprazer-me nelas por mais tempo. Tentemos indicar os centros de interesse em que convirá deter a nossa preferência. Poderia ser, naturalmente, o Egipto, a respeito do qual é inesgotável. Mas estas histórias egípcias são demasiado conhecidas e eu prefiro levar mais longe o meu leitor. Distinguirei, pois, sem deixar completamente de lado o Egipto (a ele voltarei rapidamente no fim), três centros de interesse do nosso autor, o que não me impedirá de divagar um pouco, à sua maneira, para além deles; esses três países vêm a ser as principais terras cerealíferas da Antiguidade. Esta convergência, mesmo que tenha escapado a Heródoto, assinala claramente de que necessidades dos homens nasceu a ciência geográfica. Nasceu da fome, a atroz fome do mundo antigo, a fome que atirava para fora da sua terra ingrata, e sobretudo mal cultivada e mal distribuída, um dos mais miseráveis e dos mais activos dos povos de então, o povo grego.

Estas três terras de cereal são o país dos Citas (a Ucrânia), a Mesopotâmia e a África do Norte. É com a ajuda destes três exemplos, e distinguindo nas explicações de Heródoto a parte de exactidão e a parte de erro (e a origem do erro), que vou tentar caracterizar o génio próprio de Heródoto. Porque se a geografia nasceu das necessidades do povo grego, nasceu também, como quase sempre, parece-me, no aparecimento de um novo género literário ou de uma ciência nova, de um génio que parece caído do céu. Com isto não quero dizer que este nascimento do génio seja inexplicável ou «miraculoso», mas apenas que, mesmo produzidas as condições que o permitem, esse nascimento não é de modo algum necessário: poderia não se produzir, e muitas vezes não se produz. Com o que sofrem a literatura e a ciência.

*

Mas torno à minha volta ao mundo e começo por Babilónia. Heródoto viu a grande cidade de Babilónia. A muralha, diz, é de forma quadrada. Indica a dimensão de um dos lados do quadrado, e esse número daria oitenta e cinco quilómetros para o perímetro, o que é muito exagerado. O perímetro de Babilónia mal atingia vinte quilómetros. Heródoto tem pelos grandes números um gosto de criança ou de meridional. Aliás, declara que no seu tempo essa muralha tinha sido arrasada por Dario. Mas havia restos ainda. Quer saber como era ela feita. Explicaram-lhe que fora construída de tijolos e que, em cada trinta camadas de tijolos, se pusera no betume que servia de ligação um leito de caniços entrelaçados. Ora, o sinal destes caniços, imprimidos no betume, é ainda visível nas ruínas actuais da muralha.

Heródoto descreve Babilónia como uma grande cidade. Era a maior que ele viu e a mais vasta, nessa época, do mundo antigo. Mostra-nos as grandes ruas direitas, que se cortam em ângulo recto. Admira as casas de três ou quatro andares, desconhecidas no seu país. Conhece a existência das duas muralhas paralelas construídas por Nabucodonosor. A espessura total deste duplo cinto era de uns trinta metros. Heródoto, desta vez aquém da realidade, fala em cerca de vinte e cinco metros. Dá cem portas à cidade: engana-se, é nas epopeias que as cidades têm cem portas. De resto, numa muralha parcialmente arrasada, como ele próprio indica, não as pôde contar.

Descreve também, com bastante exactidão, no santuário de Baal ou Bel, a alta torre que nele se eleva, com os seus oito andares sucessivos e a escada que sobe em espiral. Esta torre de Bel, que revive na nossa torre de Babel, conhecemo-la nós pelas escavações e pelos documentos babilónicos. A propósito da sala do último andar, Heródoto tem esta reflexão: «Os sacerdotes acrescentam que o deus vem em pessoa a esta capela. Mas não me parece de acreditar.»

Heródoto tenta em seguida enumerar alguns dos reis e rainhas que reinaram em Babilónia. Fala de Semíramis, princesa babilónica que viveu nos séculos IX e VIII, atestada por uma inscrição, e que não é a lendária esposa de Nino, a Semíramis dos jardins suspensos, heroína de tragédias e óperas. Fala também duma outra rainha a quem chama Nitócris e que fez sobre o Eufrates, a montante de Babilónia, trabalhos de fortificação para proteger a cidade contra a crescente ameaça dos Medas. Esta rainha Nitócris não é outra que o nosso rei Nabucodonosor. A forma persa do nome deste rei, que tem uma terminação feminina para o ouvido de um grego, induziu Heródoto em erro. Mas é exacto que esta Nitócris-Nabucodonosor construiu a norte de Babilónia, contra os Medas, diversas obras defensivas, entre as quais a bacia de Sipara, descrita pelo nosso autor, e que tanto servia para a irrigação da região como para a defesa da capital.

Em contrapartida, segundo um documento cuneiforme, parece não ter havido cerco da Babilónia por Ciro, como o conta Heródoto numa narrativa que todos conhecem. À aproximação dos exércitos persas, rebentou na cidade uma revolução, e Ciro pôde fazer uma entrada triunfal. Mas Heródoto recolheu sem dúvida no local uma versão da queda de Babilónia mais favorável ao orgulho da grande cidade.

O nosso historiador tentou também informar-se sobre os vencedores e os novos senhores de Babilónia, os Persas. Certamente não foi nunca à Pérsia propriamente dita, isto é, a região de Persépolis e as montanhas do Irão. Também não pretende tê-lo feito. Mas nas estradas do império e nas estalagens de Babilónia (ou de Susa, se chegou até lá) não pôde deixar de encontrar e interrogar numerosos persas, e parece ter tentado comparar as informações de uns com as de outros. As informações que dá sobre a educação e a religião são, com diferenças de pormenor, consideradas exactas pelos historiadores modernos. Por mais sumário que seja o quadro que nos dá dos costumes dos Persas, Heródoto parecer ter entrevisto — não sem surpresa — o ambiente moral da civilização persa.

Sobre a educação, tem esta frase célebre e duma rigorosa exactidão: «Os Persas começam a educação dos seus filhos a partir dos cinco anos, e desta idade até aos vinte anos só lhes ensinam três coisas: montar a cavalo, disparar o arco e dizer a verdade.» A religião dos Persas ensinava, com efeito, o amor da verdade. Nada podia impressionar mais um Grego que admirava as «irrepreensíveis mentiras» de Ulisses. Heródoto está igualmente informado sobre a religião de Ormuzd e de Ariman. Sabe que é proibido aos sacerdotes dos Persas matar os animais úteis como o cão, e outros que ele esquece, todos aqueles de que Ormuzd é o criador, ao passo que é acto meritório matar formigas e serpentes, criaturas de Ariman.

Vê-se, por estes diversos exemplos, e se nos lembrarmos da recente invasão dos Medas e dos Persas na Grécia, que o termo «curiosidade», que primeiro empreguei para caracterizar Heródoto, começa a tornar-se insuficiente. Esta curiosidade tornou-se espanto, admiração, quer se trate da velha cidade babilónica ou do ambiente moral da civilização persa, tão afastado do que era então o da Grécia. O mesmo som nos é dado pelo longo estudo de Heródoto sobre o Egipto e as suas maravilhas.

*

Antes de passar a outros povos, desejaria indicar a maneira como Heródoto representa a Terra. Vota ao ridículo os autores de *Viagens à Volta do Mundo* como Hecateu de Mileto, que davam à Terra a forma de um disco chato «perfeitamente circular, como se fosse feita ao torno, e envolvida pelo curso do rio Oceano». Contudo, Heródoto, nesta e noutras passagens, só protesta contra a existência de um rio chamado Oceano e contra a regularidade de um círculo perfeito que seria a forma da Terra. Mas também vê a Terra como um disco e não como uma esfera. A imagem que dela faz, senão perfeitamente circular, parece inclinar-se para a simetria do círculo.

A Ásia, habitada até à Índia e prolongada por alguns desertos, é amputada da Indochina e da China; a África é cortada da sua parte meridional. O périplo dos Fenícios, no século VI, e o de Cílax, que é de 509, permitem-lhe decidir que a Ásia do Sul e a África do Sul são rodeadas de água. Ao norte destes dois continentes meridionais alonga-se até à Sibéria, «estendendo-se no sentido do comprimento pelo mesmo espaço que as duas outras partes da Terra», a Europa. Mas Heródoto não pode decidir se ao norte, ao noroeste e a leste esta Europa está rodeada de água.

Eis a passagem que se refere ao primeiro dos périplos que mencionei. Foi Necau II (a quem Heródoto chama Neco), faraó do século VI, que o ordenou: «Os Fenícios», escreve, «tendo embarcado no mar Eritreu (trata-se do golfo Arábico), navegaram pelo mar Austral (o oceano Índico). Quando vinha o Outono, abordavam à região da Líbia (a África) onde se encontravam e semeavam trigo. Esperavam depois o tempo da colheita; e, após as ceifas, voltavam ao mar. Tendo viajado durante dois anos, passaram no terceiro ano as colunas de Hércules e chegaram ao Egipto. Contaram, no seu regresso, que contornando a Líbia tinham visto o Sol à direita. Este facto não me parece crível; mas talvez outros acreditem.» Heródoto, desta vez, faz mal em mostrar-se céptico. Com efeito, dobrando o cabo da Boa Esperança, os marinheiros viram, ao meio-dia, o Sol ao norte, à mão direita: isto porque se encontravam no hemisfério austral. Heródoto não sabe bastante de cosmografia para o compreender. Mas esta circunstância, que não podia ter sido inventada e que se recusa a admitir, garante-nos a autenticidade do périplo da África.

Vem depois, na sua narrativa, o périplo de Cílax, que permite decidir que a Ásia do Sul, como a África, é rodeada de água: «Embarcaram», escreve Heródoto, «em Castapira (cidade do Pendjab, situada sobre um afluente do médio Indo). Desceram o rio, na direcção do levante, até ao mar. (Este rio é o Indo. Será preciso dizer que não corre para leste e que Heródoto ou o confunde com o Ganges ou simplesmente erra?) Dali», continua, «navegando para poente, chegaram enfim, no trigésimo mês após a partida, ao mesmo porto onde os Fenícios de que já falei tinham em tempos embarcado, por ordem do rei do Egipto, para darem a volta à Líbia.»

*

Falemos agora dos citas. Instalados desde os finais do século VIII nas estepes da Ucrânia, dos Cárpatos à curva do Dom (o Tánais de Heródoto), os Citas eram ainda, no século V, quase ignorados dos Gregos. O nosso viajante consagrou à descrição da terra e dos costumes uma parte importante da sua obra. Para fazer o seu inquérito, Heródoto dirigiu-se às cidades gregas das margens do mar Negro; fixou-se em Ólbia, a mais importante dessas praças de comércio, construída à entrada da região cita, no curso inferior do Dniepre. Não é impossível, como já disse, que, subindo com algum comboio o curso do rio, ele tenha atingido a região onde se encontravam, não longe de Kiev, as sepulturas dos reis citas que descreve com grande rigor.

Em todo o caso, a sua informação sobre os Citas parece segura. A pintura dos costumes só raramente apresenta traços lendários. As escavações das sepulturas *(kurganes)* da região — a exploração, entre outros, do sítio de Kul Oba, perto de Kertch — confirmaram o seu testemunho, no local exacto onde podia ser confirmado. Quanto aos ritos e às crenças estranhas que anota com deleite, ainda recentemente foram encontrados em aglomerados do mesmo nível de civilização que tinham os Citas do tempo.

O que Heródoto salienta em primeiro lugar é o engenho dos Citas no domínio da resistência à invasão. Este engenho consiste em recuar diante do agressor, em não se deixarem alcançar por ele senão quando o querem, em arrastá-lo assim pelas vastas planuras até ao momento em que estiverem em condições de o combater. Nisto são ajudados não só pela natureza da região, que é uma vasta planície herbosa, mas também pelos grandes rios que a atravessam e que constituem excelentes linhas de resistência. Heródoto enumera estes rios e alguns dos seus afluentes, do Danúbio ao Dom. Há mesmo na sua enumeração um nome a mais.

Eis — porque é preciso escolher em matéria tão abundante — alguns pormenores sobre a adivinhação entre os Citas: «Quando o rei dos Citas adoece, manda chamar três dos mais célebres adivinhos que exercem a sua arte da maneira como contámos. Respondem, geralmente, que este ou aquele, de quem dizem o nome, jurou falso ao jurar pela morada real. Com efeito, os Citas juram pela morada real quando querem fazer o maior de todos os juramentos.

«Imediatamente deitam mão do acusado e o levam perante o rei. Aí os adivinhos declaram que ele havia feito um juramento falso jurando pela morada real, e que, assim, é ele a causa da doença do rei. O acusado nega o crime e indigna-se de que lho atribuam. O rei manda então buscar duas vezes outros tantos adivinhos. Se estes acusam também o acusado de perjúrio pelas regras da adivinhação, cortam-lhe a cabeça imediatamente e os seus bens são confiscados em proveito dos primeiros adivinhos. Se os adivinhos que o rei convocou em segundo lugar o declaram inocente, mandam-se vir outros, e outros ainda; e se ele é ilibado da acusação pelo maior número a sentença que o absolve é também a sentença de morte para os primeiros adivinhos.» Vê-se que a questão da verdade da adivinhação é decidida por maioria de votantes.

Heródoto prossegue: «Eis como os fazem morrer. Enche-se de lenha miúda um carro a que se atrelam bois; metem-se os adivinhos no meio das achas, de pés atados, as mãos ligadas atrás das costas, e uma mordaça na boca. Deita-se fogo à lenha e espanta-se os bois. Alguns destes animais são queimados com os adivinhos; outros salvam-se meio queimados, quando as labaredas consumiram o timão. É assim que se queimam os adivinhos, não só por

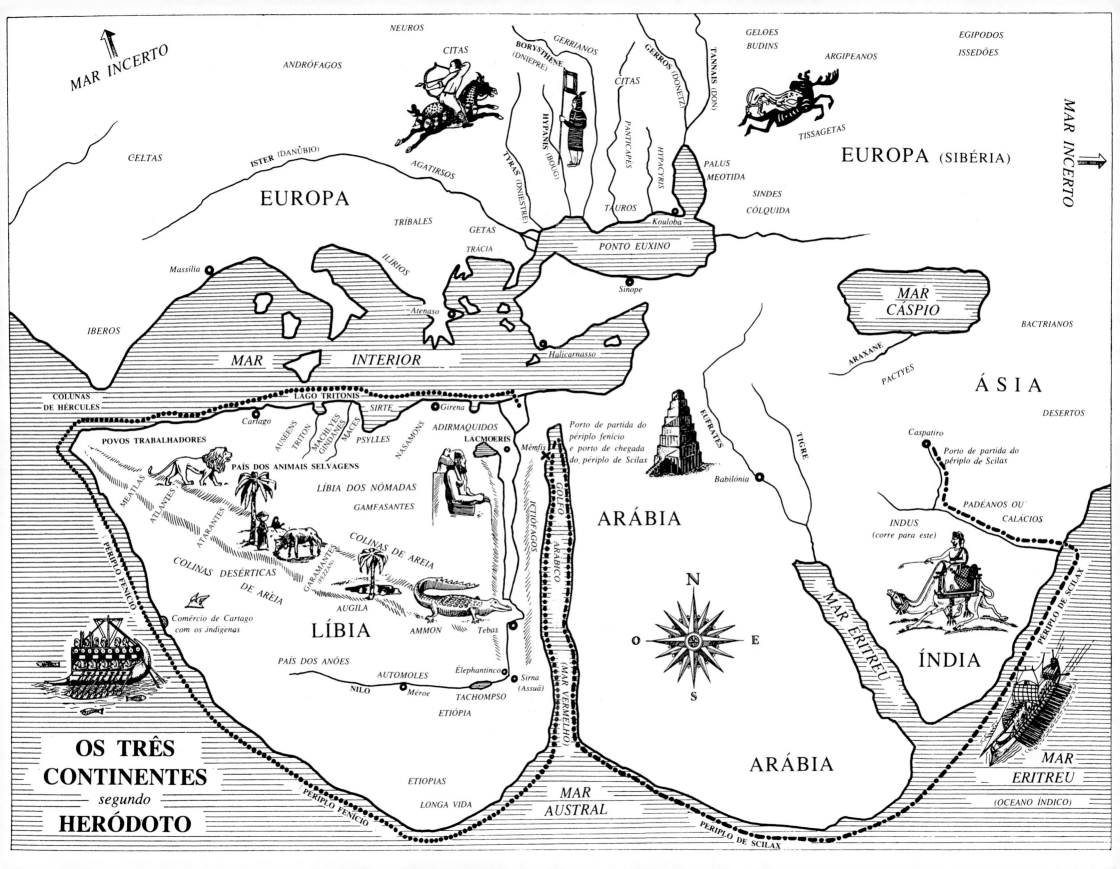

este crime, mas ainda por outras causas; e chamam-lhes falsos adivinhos. O rei manda matar os filhos machos de todos aqueles a quem pune de morte; mas não faz nenhum mal às raparigas.» O que mais impresiona em tais narrativas é a calma imperturbável com que Heródoto conta as piores crueldades.

Eis agora o que o nosso historiador nos conta dos túmulos dos reis citas: «Os túmulos dos reis estão no cantão dos Gerrhenses (na região de Kiev, ao que parece), no local onde o Borístenes começa a ser navegável. Quando o rei morre, fazem nesse lugar uma grande fossa quadrada. Acabada a fossa, untam o corpo de cera; o ventre, previamente aberto e esvaziado das entranhas, é cheio de junça cortada, de perfumes, de sementes de aipo e de anis, e outra vez cosido. Transporta-se em seguida o corpo num carro para outra província, cujos habitantes, como os precedentes, cortam um pouco a orelha, raspam os cabelos à volta da cabeça, fazem incisões nos braços, arranham a testa e o nariz, e espetam flechas através da mão esquerda. Dali leva-se o corpo do rei no seu carro para outra província dos Estados, e os habitantes daquela aonde fora primeiramente levado seguem o cortejo. Quando assim o fizeram percorrer todos os aglomerados submetidos à sua obediência, chega ao país dos Gerrhenses, na extremidade da Cítia, e colocam-no no lugar da sepultura, sobre um leito de verdura. Espetam-se, em seguida, lanças de um lado e do outro do corpo e sobre elas traves de madeira, que se cobrem de canas entralaçadas. Na câmara funerária assim preparada, colocam-se, depois de terem sido estrangulados, uma das concubinas do rei, o seu copeiro, um cozinheiro, um escudeiro, um servo, um correio, cavalos, numa palavra, algumas amostras de tudo quanto ele usava, finalmente taças de ouro (nenhuma prata e nenhum cobre). Feito isto, enchem a fossa de terra, e todos trabalham, à porfia, para erguer, no lugar da sepultura, um cômoro muito alto.» Nos numerosos *kurganes* explorados na Rússia meridional, encontraram muitos esqueletos humanos, ossadas de cavalos e uma profusão de objectos de ouro. No ano de 920, um árabe, chamado Ibn Foszlan, diz-nos que os ritos funerários descritos por Heródoto estavam ainda em uso pelos chefes dos aglomerados ucranianos. Este viajante árabe viu queimar, ao mesmo tempo que o senhor, uma das suas concubinas, previamente estrangulada.

Depois, passado um ano, recomeça-se a cerimónia, mas estrangulando, desta vez, cinquenta dos servidores mais preciosos do rei, asim como um número igual de cavalos. Estes cinquenta servidores são empalados, sobre os cinquenta cavalos igualmente empalados, em círculo em volta do túmulo. Uma vez que eram colocados fora dos túmulos, não foram nunca encontrados estes troféus. O evidente prazer que Heródoto mostra ao contar sem vacilação tais histórias, é um dos traços distintivos da civilização grega. Não é apenas pelos aspectos nobres da sua natureza que os Gregos se sentem próximos dos outros homens, é por todos os aspectos ao mesmo tempo. Os mais cruéis não são os menos importantes. O seu humanismo não é de sentido único — o sentido do idealismo.

*

Após os Citas, Heródoto enumera as nações que ao sul, ao norte, a leste e a oeste ladeiam o domínio cita. Da maior parte delas, salvo talvez dos Getas, na embocadura do Danúbio, ou dos Tauros, na actual Crimeia, só fala por outiva. A maior parte da sua informação vem-lhe dos traficantes gregos que do Danúbio ao Volga percorriam a terra ucraniana, comprando os cereais, as peles, os escravos, vendendo, nos seus belos vasos pintados, o azeite e o vinho, e por vezes a bugiaria dos bazares egípcios. A narrativa de Heródoto, nesta parte dos seus *Inquéritos*, apresenta reservas, mas dá por vezes uma informação sugestiva.

Eis os Neuros: «Estes Neuros dão todo o ar de serem bruxos. A acreditar nos Citas, ou nos gregos instalados na Cítia, cada neuro transforma-se uma vez por ano em lobo e assim fica por alguns dias, retomando depois a sua primeira forma. Por mais que os Citas me digam, não me farão acreditar em tais histórias; mas eles não querem ceder e afirmam-no sob juramento.»

Eis o caso — mais esclarecido — dos Andrófagos: «Não há homens de costumes mais selvagens que os Andrófagos. Não conhecem nem leis nem justiça; são nómadas; os seus trajos parecem-se com os dos Citas; têm uma língua própria. De todos os povos de que acabo de falar, são os únicos que comem carne humana.» A indicação a respeito da língua permite supor que este povo andrófago era de raça finesa. E a verdade é que se sabe que os Finlandeses praticaram o canibalismo até à Idade Média.

Para além dos Citas, dos Neuros, dos Andrófagos e de muitos outros, sempre mais para leste e sempre mais para norte, Heródoto sabe que a Terra continua a ser povoada e que, em vez do mar esperado, se erguem na planície altas montanhas, que nos é permitido identificar com o Ural. A informação do nosso cronista rarifica-se, ou antes, à medida que aumenta a distância, juntam-se a ela traços fabulosos. Contudo, Heródoto opera a sua escolha à maneira costumada, relatando tudo, mas assinalando ao leitor o limite que a sua credudidade se recusa decididamente a atravessar.

«No sopé destas montanhas», escreve ele, «habitam povos de quem se diz serem todos calvos de nascença; diz-se também que têm o nariz achatado e o queixo proeminente.» A descrição destes homens ditos «calvos» (com o que Heródoto quer dizer de pouco cabelo) faz pensar nos Calmucos. Mais adiante: «Vivem do fruto duma espécie de árvore que é pouco mais ou menos do tamanho da figueira e que dá um fruto de caroço, da grossura da fava. Quando este fruto está maduro, esmagam-no num bocado de pano e espremem dele, assim, um sumo negro e espesso a que chamam *aschy*. Bebem-no misturado com leite.» *Aschy* é o nome da bebida nacional dos Tártaros de Kazan. Os Calmucos utilizam ainda a cereja selvagem da maneira descrita por Heródoto. É provável que a árvore de que se trata seja a cerejeira, desconhecida na Europa nessa data.

«Conhece-se pois todo este país até ao dos homens calvos, mas nada se pode dizer de certo da região que se encontra mais ao norte.» É montanhosa, segundo Heródoto, que ouviu dizer que estas montanhas eram habitadas por homens com pés de cabra (maneira de designar homens hábeis a trepar). Heródoto acrescenta: «Mas isto não me parece merecer nenhuma espécie de crença. Dizem também que se formos mais longe ainda, encontramos outros povos que dormem seis meses no ano. Por mim, não posso acreditar. E contudo há aqui sem dúvida um conhecimento confuso da longa noite polar.

Um dos caracteres de todos os países enumerados a partir dos Citas é, para Heródoto, o frio, que segundo ele começa no Bósforo cimério (o estreito entre o mar de Azov e o mar Negro). Escreve ele: «Nestes países, o Inverno é tão rude e o frio tão insuportável durante oito meses inteiros, que deitando água no chão ela não faz lama: só acendendo lume se obtém lama. O próprio mar gela neste terrível clima, assim como o Bósforo cimério; e os Citas do Quersoneso (a Crimeia) passam exércitos sobre o gelo e por ele conduzem os seus carros até ao país dos Sindos (o Kuban). O Inverno continua assim por oito meses completos; nos outros quatro meses também faz frio. (Erro: os Verões são ardentes na Rússia.) O Inverno, nestas regiões, é muito diferente

do dos outros países. Chove tão pouco nesta estação, que nem vale a pena falar; e no Verão a chuva não pára de cair. Não troveja no tempo em que noutros lados troveja; mas no Verão é muito frequente o trovão. Se se ouve no Inverno, olham-no como um prodígio.» Na Grécia, é na Primavera e no Outono, por vezes no Inverno, que rebentam as tempestades, nunca no Verão. Daí o reparo de Heródoto.

Mais adiante, uma reflexão de bom senso: «Quanto às penas, de que os Citas dizem que o ar está de tal maneira cheio que nada se pode distinguir nem se pode penetrar no continente mais para diante, eis a minha opinião. Neva constantemente nas regiões situadas acima da Cítia; mas verosimilmente menos no Verão que no Inverno. Quem quer que tenha visto de perto a neve cair em grossos flocos, compreende facilmente o que eu quero dizer. Ela parece-se, realmente, com penas. Penso pois que esta parte do continente, que está ao norte, é inabitável por causa dos grandes frios, e que quando os Citas e os seus vizinhos falam de penas fazem-no por comparação com a neve.»

*

Entretanto, deixando o Norte, Heródoto leva-nos consigo até às extremidades meridionais da Ásia. Estas regiões do extremo sul dos continentes, segundo o nosso autor, são as dos mais preciosos recursos da natureza. As Índias são a terra do ouro, a Arábia o país dos perfumes. Aqui, mais ainda que pelos costumes dos habitantes, Heródoto interessa-se pela colheita dos mais brilhantes sinais da riqueza que do Oriente fabuloso chegaram até à Grécia. Bens tão raros como o ouro e os perfumes só podem ser recolhidos de maneira maravilhosa. Formigas gigantes, aves de lenda, serpentes aladas, toda uma história natural que nasce, ainda fantástica, empresta ao autor o seu perigoso concurso. Não falarei, aliás, senão numa das maneiras de recolher o ouro, deixando de lado as outras, assim como a colheita igualmente fabulosa dos perfumes.

«Há», escreve Heródoto, «a leste da Índia, sítios que as areias tornam inabitáveis. Encontram-se nesses desertos formigas mais pequenas que um cão, mas maiores que uma raposa.» Estas formigas parecem ter sido marmotas. Os Indianos chamaram «formigas» às marmotas porque elas escavavam o solo.

O Mahabharata dá ao ouro em pó o nome de ouro de formiga. E também acontece, diz-se, encontrar-se pó de ouro nos formigueiros da região. Estes factos, misturados e mal compreendidos, deram lugar à história que Heródoto vai contar e que, depois dele, se repete e se enriquece de novos pormenores até ao fim da Idade Média.

«Estas formigas preparam, debaixo da terra, um alojamento, e, para o fazer, empurram para cima a terra, da mesma maneira que as nossas formigas comuns, com que aliás se assemelham exactamente; e a areia que elas levantam está cheia de ouro. Vão os Indianos recolher esta areia nos desertos. Atrelam juntos três camelos: põem um macho de cada lado, preso por meio de um loro, e, entre os dois, uma fêmea, montada pelos condutores. Mas têm o cuidado de só se servirem daquelas que estão amamentando: tiram-nas aos filhos quando ainda os estão aleitando...

«Não farei aqui a descrição do camelo: os Gregos conhecem-no. Direi apenas isto, que eles ignoram: as patas posteriores do camelo têm cada uma duas coxas e dois joelhos.» Singular anatomia! Os amigos de Heródoto e do camelo consideram-na, no entanto, desculpável. O metatarso, dizem, é tão longo no camelo que o calcanhar parece um segundo joelho, o que leva a supor duas coxas. Além disso, quando o camelo se ajoelha, dobra sob ele um tal comprimento de perna que é fácil perdermo-nos.

«Tendo assim atrelado os camelos, os Indianos, mal chegam aos lugares onde se encontra o ouro, enchem de areia os pequenos sacos que levaram e retiram-se com toda a diligência. Porque, a acreditar nos Persas, as formigas, advertidas pelo olfacto, perseguem-nos imediatamente. Não há, dizem eles, animal tão rápido na carreira; e se os Indianos não ganhassem avanço enquanto elas se reúnem, não escaparia um só. É também por isso que quando os camelos machos, que não correm tão depressa como as fêmeas, começam a cansar-se, eles os desatrelam, primeiro um, depois o outro, e não ambos ao mesmo tempo.» Entenda-se que os camelos machos foram levados apenas para retardar a perseguição das formigas; são largados, em dois tempos, no momento de serem alcançados. As formigas param para os devorar. O texto de Heródoto, que apenas sugere esta explicação, apresenta talvez aqui uma lacuna.

Eis, nas páginas sobre a Arábia, curiosas reflexões sobre a fecundidade relativa das espécies animais. «Os Árabes dizem também que a terra inteira estaria cheia de serpentes se lhes não acontecesse a mesma coisa que eu sabia acontecer às víboras. Foi a providência divina, cuja sabedoria quis, como é de crer, que todos os animais tímidos e votados a ser comidos fossem muito fecundos, não fosse o grande consumo destruir a espécie, e que, pelo contrário, todos os animais nocivos e ferozes fossem muito menos fecundos.» Esta argumentação pode basear-se no papel que Anaxágoras ou antes dele Xenófanes atribuíam à Inteligência no governo do universo. Mas Heródoto é o primeiro a desenvolver esta curiosa visão finalista do mundo vivo. O historiador continua: «A lebre encontra inimigos por toda a parte: os animais, as aves, os homens fazem-lhe guerra. Por isso este animal é extremamente fecundo. A sua fêmea é, de todos os animais, a única que concebe, embora já prenhe, e que traz, ao mesmo tempo, filhos já cobertos de pêlo, outros que o não têm ainda e outros que se estão formando, e tudo isto enquanto concebe.» Aristóteles não deixa de reproduzir a história da tripla superfetação da coelha brava e de acrescentar novos pormenores. Mas eis agora o nascimento do leão: «A leoa, pelo contrário, esse animal tão forte e tão feroz, só produz uma vez na vida e apenas um filho; porque ela lança a matriz ao mesmo tempo que o fruto. Eis a explicação deste facto: logo que o leãozinho começa a mexer-se no ventre da mãe, como tem as garras mais agudas que qualquer outro animal, rasga-lhe a matriz: e quanto mais cresce, mais profundamente a lacera. Por fim, quando a leoa está prestes a parir, nada resta de são.» Heródoto esquece-se de nos explicar como a divina providência se arranjou, neste sistema, para perpetuar a espécie dos leões. A aritmética o impediria.

Mais adiante: «Se pois as víboras e as serpentes voadoras da Arábia nascessem da maneira que a natureza prescreve às outras serpentes (isto é, muito simplesmente, de um ovo) a vida na Terra não seria possível para o homem. Mas, quando se juntam, a fêmea, no momento da emissão, fila o macho pela garganta, agarra-se-lhe com força, e não o larga enquanto o não acaba de devorar. Assim perece o macho. Mas a fêmea recebe o castigo. Os filhos, quando estão prestes a sair, roem-lhe a matriz e o ventre, abrem passagem, e desta maneira vingam a morte do pai.» Clitemnestra — essa víbora, diz Ésquilo — assassina Agamémnon. Com a morte da mãe, Orestes vinga a morte do pai. Heródoto leu ou viu a *Oréstia*. Parece escrever a *Oréstia* das víboras.

Vê-se que as maravilhas se multiplicam nos confins do mundo. Mas estas narrativas lendárias seriam fatigantes. Prefiro relatar alguns traços da pintura que Heródoto faz de um dos povos da África do Norte.

*

Heródoto não percorreu a África do Norte. Da muito grega cidade de Cirene, fez algumas incursões pelo deserto da Líbia e pela Tripolitânia. Interrogando em Cirene e mesmo no Egipto muita gente acerca destas regiões desconhecidas, tentou alargar o seu conhecimento do mundo a essas vastas extensões que, do Egipto a Gibraltar, dos Sirtes ao lago Chade, de Cartago ao Senegal, são frequentadas por nómadas, povoadas de feras, alongadas em desertos, salpicadas de miraculosos oásis. Heródoto parece ter também consultado diários de bordo de navegadores de Samos, de Rodes e da Fócia, que tinham percorrido o litoral africano e descrito as populações costeiras. Conseguiu traçar da África do Norte um quadro que, embora feito de pormenores muitas vezes extravagantes, é mais amplo e mais exacto do que se esperaria.

Heródoto conhece um grande número de povos da região costeira da África. Descreve os seus costumes, ora os das tribos berberes, ora os dos Tuaregues. Relatarei apenas o que ele diz dos Nasamons.

«Mais a ocidente encontram-se os Nasamons (que habitavam a leste e ao sul da Grande Sirte), povo numeroso. No Verão, os Nasamons deixam os rebanhos na costa e dirigem-se a um certo cantão chamado Augila, para aí colherem tâmaras. (O oásis de Augila, hoje Audjila, é um grande centro da colheita de tâmaras, na rota das caravanas que vão da Cirenaica ao Fezzan.) As palmeiras crescem ali em abundância, são belas, e todas frutificam. Os Nasamons vão à caça dos gafanhotos, fazem-nos secar ao sol; e, tendo-os reduzido a pó, misturam-no ao leite, que depois bebem. (Os Tuaregues comem gafanhotos secos e reduzidos a pó.) Costumam ter cada um deles várias mulheres e gozam delas em família. Espetam simplesmente um pau diante deles e unem-se a elas. Quando um nasamon se casa pela primeira vez, a noiva, na noite de núpcias, concede os seus favores a todos os convivas e cada um lhe faz um presente que trouxe de suas casas.» A poliandria (ligada aqui à poligamia) foi praticada «em família» por muitos povos da Antiguidade, em Esparta, entre outros.

Investigando em Cirene a respeito das fontes do Nilo, Heródoto conta dos Nasamons esta história durante muito tempo tida por suspeita: «Eis o que eu soube de alguns cirenaicos que, tendo ido consultar, ao que me disseram, o oráculo de Zeus Ámon, tiveram uma conversa com Etearco, rei dos Amónios.

Insensivelmente a conversa foi cair nas fontes do Nilo e alguém pretendeu que elas eram desconhecidas. Etearco contou-lhes então que um dia alguns nasamons chegaram à sua corte. Tendo-lhes perguntado se tinham alguma informação inédita a dar-lhe sobre os desertos da Líbia, responderam que, entre as famílias mais poderosas da sua terra, alguns jovens chegados à idade viril e cheios de arrebatamento, imaginaram tirar à sorte cinco deles para irem reconhecer os desertos da Líbia e tentar penetrar mais adiante do que até então se fizera. Esses jovens, enviados pelos seus camaradas com boas provisões de água e víveres, percorreram primeiro países habitados; em seguida, chegaram a um país cheio de animais ferozes; dali, continuando para ocidente a sua rota, através dos desertos, viram, após terem percorrido durante muito tempo vastas extensões de areia, uma planície onde havia árvores. Aproximando-se puseram-se a colher os frutos dessas árvores. Enquanto os colhiam, caíram sobre eles homenzinhos de tamanho muito abaixo da média e levaram-nos à força. Os Nasamons não percebiam a língua deles, e estes homenzinhos não compreendiam nada da dos Nasamons. Levaram-nos através de grandes pântanos, à saída dos quais chegaram a uma cidade cujos habitantes eram negros e do mesmo tamanho daqueles que ali os tinham conduzido. Um grande rio, no qual havia crocodilos, corria junto da cidade, de oeste para leste.» Esta narrativa por muito tempo considerada como testemunho da credulidade de Heródoto, sobretudo por causa dos «homenzinhos», que eram relegados para o país das fábulas, tornou-se plausível pelos exploradores da África equatorial, na segunda metade do século XIX. Sabe-se com efeito agora que existem nessas regiões povos anões, os Negrilhos. Não é impossível que indígenas da Tripolitânia tenham atravessado o deserto, do oásis de Fezzan à grande curva do Níger. Heródoto, aqui, tomou o Níger pelo Nilo superior.

*

E assim voltamos ao Egipto.
De todos os países que Heródoto percorreu, o Egipto é certamente aquele que realizava melhor a existência duma história e duma geografia que ele queria, ao mesmo tempo, verdadeiras e maravilhosas. Não há ali nada que não

exceda a sua expectativa, que não responda ao apelo mais extravagante da sua imaginação. E contudo é um Egipto que ele vê e toca.

Uma história algumas vezes milenária, rica de uma floração de contos inauditos e que ele ainda enfeita porque compreende mal as narrativas dos seus intérpretes mentirosos. Testemunhos esplendorosos dessa história: estátuas colossais, monumentos de uma altura que bate de longe todos os recordes do seu jovem povo grego. *The greatest in the world* é a forma mais natural da admiração de Heródoto.

E, depois, um rio que é um prodígio: para um grego que não conhece mais que ribeiras engrossadas pelas tempestades primaveris, torrentes meio esgotadas durante os meses de Verão, o Nilo, com o enigma das suas cheias regulares e fertilizantes, com o mistério das suas fontes desconhecidas e muito mais longínquas do que Heródoto pode sequer conceber, não só prende singularmente o historiador, como lança um desafio à sua avidez de compreender. Heródoto aceita o desafio. Obstina-se em desvendar o duplo enigma das fontes e das cheias do Nilo. Empenha-se no problema da formação geológica do vale do Nilo. É certo que dispõe de factos insuficientes para conduzir um raciocínio que se desejaria rigoroso. Tem o ar, criticando as hipóteses dos seus predecessores, de raciocinar por vezes como uma criança. Mas como é inteligente esta criança! Pouco importa que, no resultado do seu inquérito, acerte ou não: a sua tenacidade em interrogar o mistério, em decifrar o enigma, é a mais bela das promessas.

Há também do Egipto uma multidão de animais estranhos e sagrados que estimulam a curiosidade de Heródoto. Adora erguer bestiários. O que o interessa nesta fauna exótica é, em parte, a estranheza da sua aparência e do seu comportamento, é, mais ainda, a natureza da sociedade que o homem ligou com o animal. Sociedade muito mais íntima no Egipto que na Grécia, e que impõe ao homem singulares obrigações. Heródoto interroga o pacto concluído pelo Egípcio com o gato, o íbis ou o crocodilo, e o seu inquérito abre-lhe, não sobre o animal, mas sobre o *homem,* claridades surpreendentes. O seu bestiário egípcio não é pois apenas uma página de história natural antecipada — em parte recopiada, incluindo os erros, por Aristóteles. É, acima de tudo, uma página de etnografia, uma página de geografia *humana* do povo egípcio.

Uma última categoria de factos impressionou e deteve o viajante. Sabe-se que Heródoto a nada ama mais que a singularidade dos costumes. Com prazer extremo, recolhe uma multidão de ritos singulares. Nada, de resto, o choca ou o indigna neste transbordamento do insólito. O inverso de um uso grego seduz ainda mais este espírito sempre disponível. Por um momento, compraz-se em compor uma imagem do Egipto, a imagem de um país «ao contrário», como em certos contos populares se encontra ou no *Erewhon* de Samuel Butler.

O seu quadro do Egipto, tão barroco, e por mais incompleto que seja, é contudo confirmado, na maior parte dos pormenores, pelos historiadores modernos, ou pelo menos considerado por eles como verosímil.

Alguns exemplos? Retomando uma frase de um outro viajante do Egipto (Hecateu de Mileto), Heródoto declara: «Todo o homem judicioso que se dirija ao Egipto por mar notará que o país que aborda é um presente do Nilo. Fará o mesmo juízo a respeito da região que se estende a montante do lago Moeris, até três dias de navegação, ainda que os meus informadores nada me tenham dito de semelhante: é um outro presente do rio. A natureza do Egipto é tal, que se para lá fordes por mar, estando ainda a um dia das suas costas, e se lançardes a sonda ao mar, dele recolhereis lodo e havereis apenas onze braças de profundidade: isto prova manifestamente que o rio transportou terra até àquela distância.»

Mais adiante, Heródoto precisa o seu pensamento: «Há na Arábia, não longe do Egipto, um golfo comprido e estreito que parte do mar Eritreu (o mar Vermelho). Do fundo deste golfo ao mar largo, são precisos quarenta dias de navegação para uma nave a remos. Na sua maior largura, não tem mais que meio dia de navegação. Todos os dias há nele fluxo e refluxo. Pois eu penso que o Egipto era um outro golfo mais ou menos parecido com este: que este golfo partia do mar do Norte (o Mediterrâneo) e se estendia para a Etiópia, enquanto que o golfo Arábico ia do mar do Sul para a Síria; e que sendo estes dois golfos apenas separados por um pequeno espaço, pouco faltaria para que eles se juntassem, depois de nele abrir um canal. Se o Nilo viesse a mudar de curso e fosse lançar-se no golfo Arábico, quem impediria que em vinte mil anos viesse a enchê-lo com o lodo que constantemente carreia? Por mim, creio que o conseguiria em menos de dez mil anos. Bem poderia pois o golfo egípcio de que falo, ou outro ainda maior, no espaço de tempo que precedeu o meu nascimento, ser preenchido pela acção de um rio tão grande e tão capaz de operar tais transformações.»

E continua: «Não me custa pois a crer o que me disseram do Egipto (isto é, que o vale do Nilo é um golfo atulhado); e eu próprio penso que as coisas são certamente assim, vendo que o rio avança pelo mar em relação às terras adjacentes; que se encontram conchas nas montanhas; que dele sai um vapor salgado que corrói até as pirâmides, e que a montanha que se alonga acima de Mênfis é o único sítio deste país onde há areia. Acrescente-se que o Egipto em nada se parece nem com a Arábia que lhe é contígua, nem com a Líbia, nem mesmo com a Síria... O solo do Egipto é de terra negra e friável, como tendo sido formado pelo lodo que o Nilo trouxe da Etiópia e que ali acumulou nas suas inundações, ao passo que a terra da Líbia é mais avermelhada e arenosa, e que a Arábia e a Síria são feitas duma argila sob a qual se encontra a rocha.»

Esta hipótese de Heródoto sobre a formação geológica do Egipto é exacta — salvo no que respeita ao número de anos de que o Nilo precisou para a operar. As observações de Heródoto sobre o litoral, as conchas, as eflorescências salinas são igualmente exactas. A areia é contudo muito mais abundante do que ele diz.

Outro exemplo: a famosa descrição do crocodilo. «Passemos ao crocodilo e às particularidades da sua natureza. Não come durante os quatro meses mais ásperos do Inverno. É um animal de quatro patas, e vive tão bem sobre a terra firme como nas águas tranquilas. É sobre o solo que põe os ovos e os faz eclodir. Passa em seco a maior parte do dia, mas no rio a noite inteira; porque a água é então mais quente que o ar e o orvalho. De todos os animais que conhecemos, nenhum se torna tão grande depois de ter sido tão pequeno. Os seus ovos, com efeito, não são maiores que os dos gansos, e o animal que deles sai é proporcional ao ovo; mas insensivelmente cresce e chega a dezassete côvados, e mesmo mais. Tem olhos de porco, dentes salientes, e de comprimento proporcionado ao seu tamanho. É o único animal que não tem língua; não move a mandíbula inferior e é também o único que aproxima a mandíbula superior da inferior. Tem garras muito fortes; e a sua pele é de tal maneira escamosa que forma sobre o dorso uma carapaça impenetrável. O crocodilo, dentro de água, não vê, mas ao ar livre tem a mais aguda vista que se conhece. Como vive na água, tem o interior da goela cheio de sanguessugas. Todos os outros quadrúpedes e todos os pássaros fogem dele: só vive em paz com o troquilo, por causa dos serviços que dele recebe. Quando o crocodilo repousa em terra ao sair da água, tem o costume de se voltar quase sempre para o lado donde sopra o zéfiro e de manter a goela aberta: o troquilo, entrando então na goela dele, come as sanguessugas; e o crocodilo experimenta tanto prazer em sentir-se aliviado, que não lhe faz mal.»

Há, nesta descrição, dois erros principais, sem falar do número de dezassete côvados, que é exagerado, embora existam ainda hoje, mais ao sul que no Egipto, espécies que atingem seis metros. Mas dezassete côvados fazem oito metros: um crocodilo deste tamanho é um monstro improvável. Quanto aos dois erros, são os seguintes. O crocodilo não é privado de língua; é verdade que a língua é muito pequena e tão aderente que o crocodilo não pode mostrá-la. Outro erro: é a mandíbula inferior, e não a superior, que é articulada. Heródoto enganou-se porque o animal, deixando a mandíbula inferior descansar no solo e levantando a cabeça para abocar, parece, com efeito, fazer mexer a mandíbula superior. Nem quanto à língua nem quanto à mandíbula achou Heródoto necessário verificar de perto! No que respeita ao troquilo, é uma espécie de tarambola. Segundo testemunhas oculares, esta ave desembaraça o crocodilo, senão das sanguessugas, pelo menos dos pequenos animais que se lhe introduziram na goela.

Outro exemplo animal: «Há no Egipto uma ave sagrada, a que chamam fénix. Só a vi em pintura; raramente é vista; e, a acreditar nos Heliopolitanos, só aparece na região todos os quinhentos anos, quando lhe morre o pai. Se se assemelha ao seu retrato...»

Admire-se aqui a prudência e a honestidade de Heródoto! Só «em pintura» viu a fénix... Ao descrever esta ave fabulosa, não o apanham em flagrante delito de mentira.

Última história egípcia: um conto popular sobre um rei lendário: «Contaram-me os padres que depois da morte de Sesóstris seu filho Féron subiu ao trono. Este príncipe não fez nenhuma expedição militar; mas cegou nas seguintes cicunstâncias. O Nilo nesse tempo enchera muito; a cheia era de dezoito côvados, submergindo todos os campos. Além disso, levantou-se um vento impetuoso que agitou as ondas com violência. Então Féron, com louca temeridade, tomou um dardo e atirou-o ao meio do turbilhão das águas. Logo os seus olhos foram feridos de um mal súbito, e ele ficou cego. Esteve dez anos neste estado. No décimo primeiro ano, trouxeram-lhe a resposta do oráculo de Buto, que lhe anunciava que o tempo prescrito para o seu castigo tinha expirado e que ele recobraria a vista lavando os olhos com a urina de uma mulher que não tivesse nunca conhecido outro homem que não fosse o marido. Féron tentou primeiro com a urina da sua própria mulher; mas como não via mais do que via antes, serviu-se sucessivamente da urina de muitas outras mulheres. Tendo enfim recobrado a vista, fez reunir numa cidade que hoje se chama Eritrébolos todas as mulheres assim postas à prova, excepto aquela cuja urina lhe tinha restituído a vista, e tendo-as feito queimar todas com a própria cidade, casou com aquela que contribuira para a sua cura.»

Larcher, o excelente tradutor de Heródoto — a quem fui buscar todas as citações deste capítulo, com raros retoques, e cuja língua arcaica dá excelentemente o velho jónio de Heródoto — anota assim esta passagem: «Pode-se concluir (desta história) que a corrupção dos costumes tinha sido levada a um alto grau no Egipto. Já não custa a compreender a sábia precaução que tomou Abraão ao entrar neste país, e o excesso de impudência com que se comportou a mulher de Putifar em relação a José.» A sábia precaução de Abraão, a que Larcher alude, foi fazer passar sua mulher por irmã. Assegurava assim a sua honra de marido: e a bela Sara podia passar para os braços do faraó, tirando daí o «irmão» importantes vantagens. De Heródoto e do seu tradutor, qual é o mais ingénuo?, e qual é o mais moral?

*

Quereria terminar citando uma página de Heródoto que me parece poder servir de conclusão a tantos exemplos — uma página sobre o tema da diversidade dos costumes. Este tema é familiar ao historiador. Justifica o seu longo inquérito. O conhecimento da diversidade dos costumes enche o espírito de espanto: sedu-lo e diverte-o. Mas faz também muito mais. Enquanto que sobre o pensamento de cada povo, preso ao uso que pratica, o costume pesa como um jugo, o conhecimento do conjunto dos costumes, na sua variedade infinita e contraditória, é, nas mãos do historiador, um instrumento de libertação do espírito. Eis as reflexões de Heródoto:

«Se fosse proposto a todos os homens fazer uma escolha entre as melhores leis que se observam nos diversos países, é manifesto que, após um exame meditado, cada um se determinaria pela da sua pátria; de tal maneira é verdade que cada homem está persuadido de que não há outra mais bela. É claro, pois, que só um insensato fará disto assunto de gracejos.

«Que todos os homens se encontrem nestes sentimentos que tocam aos seus próprios usos, é uma verdade que se pode confirmar por alguns exemplos, e entre outros por este. Um dia, Dario, dirgindo-se aos gregos da sua roda, perguntou-lhes por que soma poderiam eles decidir-se a comer os próprios pais, uma vez mortos. Todos responderam que nunca o fariam, fosse qual fosse o dinheiro que lhes dessem. Mandou ele então vir esses indianos a quem chamam Calatios, que têm o costume de comer os parentes; e perguntou-lhes, na presença dos gregos, a quem um intérprete explicava tudo o que se dizia de um lado e outro, que soma de dinheiro poderia levá-los a queimar os pais, após a morte destes. Os indianos, soltando exclamações perante esta pergunta, rogaram-lhe que não lhes falasse linguagem tão odiosa. Tal é a força do costume!

«Por isso nada me parece mais verdadeiro que esta frase que se encontra nos poemas de Píndaro: «O costume é o rei do mundo.»

Ao ler estas reflexões, não julgaríamos estar lendo uma página de Montaigne?

VII

SITUAÇÃO DA MEDICINA NO SÉCULO V. HIPÓCRATES

Prometeu, enumerando na tragédia de Ésquilo os benefícios que a humanidade primitiva lhe deve, dava à medicina o primeiro lugar.

«Sobretudo», diz ele, «quando os homens caíam doentes, não tinham para seu alívio nada que comessem, nada que bebessem, nenhum unguento: tinham de perecer. Fui eu que os ensinei a preparar remédios benéficos, que lhes permitiram defender-se de toda a espécie de doenças.»

Hipócrates, apoiando-se numa longa tradição, foi, no século V, o Prometeu da medicina.

Esta tradição é um saber médico laico e prático, transmitido em tal ou tal corporação de homens da arte, e que remonta, para nós, até à *Ilíada*. Neste poema da presença da morte, encontramos mais que um médico, e mesmo simples profanos, capazes de desbridar feridas, desinfectá-las, ligá-las, aplicar compressas, por vezes pós feitos de raízes moídas. Acontece a estes médicos da *Ilíada* praticarem verdadeiras operações.

Homero conhece e descreve, muitas vezes com precisão, cento e quarenta e uma feridas. Conhece também um grande número de órgãos do corpo humano. A profissão de médico é, no poema, exercida por homens livres, respeitados por todos. «Um médico», escreve, «vale só por si alguns homens.»

A medicina mágica não ocupa, por assim dizer, nenhum lugar na *Ilíada*. Na *Odisseia*, que é um conto de fadas, são praticados exorcismos por ninfas enfeitiçadoras encontradas em terra exótica.

Nos séculos seguintes (incluindo o século V) uma corrente mística de origem oriental ganha força, parece invadir a consciência popular e obscurecer, mesmo aos olhos de filósofos, a investigação médica e científica.

Nos santuários de Esculápio, em Trica, na Tessália, sobretudo em Epidauro, afluem os peregrinos e fervilham os milagres. Inscrições de Epidauro, redigidas por padres em forma de ex-voto, trazem-nos o eco destas curas miraculosas, que se operam sempre durante o sono, no seguimento de uma intervenção do deus em sonho (cura pela fé, dizem ainda hoje certos crentes). Eis uma entre muitas, e não a mais estranha.

«Ambrósia de Atenas, a zarolha. Esta mulher veio ao templo do deus e troçou de certas das suas curas, declarando que não se podia acreditar que coxos e cegos recobrassem a saúde, simplesmente por um sonho. Em seguida, adormeceu no templo e teve um sonho. Pareceu-lhe que o deus se aproximava e lhe dizia que a curaria, mas que era preciso que ela lhe oferecesse, no templo, um porco de prata em testemunho da sua estupidez. Tendo assim falado, fendeu-lhe o olho doente e deitou nele um remédio. No dia seguinte, ela foi-se embora, curada.»

Empédocles, nas suas *Purificações*, o próprio Platão em mais de uma passagem, dão testemunho de que a crença na virtude das encantações e da medicina mágica não era estranha ao pensamento da Grécia clássica.

As inscrições de Lourdes-Epidauro são contemporâneas das obras atribuídas a Hipócrates.

Seria erro grave admitir, como o fazem alguns hoje, que a medicina grega tenha saído dos santuários. Houve na Grécia, em plena época de racionalismo, duas tradições médicas *paralelas*, mas inteiramente distintas.

Enquanto na órbita dos santuários se multiplicam os exorcismos, os sonhos, os sinais, os milagres — tudo isto dócil à voz dos sacerdotes —, verifica-se na mesma época a existência duma arte médica, inteiramente laica e independente, aliás de tendências muito diversas, mas que nunca se inclina para a superstição e em que nunca aparece, seja como objecto de crítica ou de troça, o vulto do sacerdote curador ou intérprete do deus curador.

Por um lado, não se fala nunca de pesquisa científica metódica visando a estabelecer as causas materiais das doenças nem regras que vão além do caso particular de cada doente, mas apenas de milagres cumpridos arbitrariamente, graças ao bom querer da divindade. Por outro lado, sem que o espírito do médico seja de modo algum ateu, vêmo-lo afastar resolutamente toda a explicação referida a Deus e só a Deus.

Característica e singularmente ousada é a abertura do tratado intitulado *Do Mal Sagrado*. O autor declara: «Penso que a epilepsia, também chamada mal sagrado, não é mais divina ou mais sagrada que os outros males. A sua natureza é a mesma. Os homens deram-lhe primeiro uma origem e uma causa divinas por ignorância, espantados dos seus efeitos, que não se parecem com os das doenças comuns. Perseveraram depois em ligar a ela uma ideia de divindade, por não saberem destrinçar-lhe a natureza, e tratam-na conforme a sua ignorância... Vejo aqueles que santificaram a epilepsia como pessoas da mesma espécie que os magos, os encantadores, os charlatães, os impostores, tudo gente que quer fazer acreditar ser muito piedosa e saber mais que o resto dos homens. Lançaram o manto da divindade sobre a sua incapacidade de procurar qualquer coisa de útil aos seus doentes.»

Este tratado do *Mal Sagrado* faz parte daquilo a que se chama, desde os Alexandrinos, a *Colecção Hipocrática*, isto é, um conjunto de cerca de setenta tratados, atribuídos pelos antigos ao grande médico de Cós. A maior parte destas obras foram, com efeito, redigidas em vida de Hipócrates, na segunda metade do século V ou no começo do século IV. Alguns, aliás difíceis de distinguir, são da própria mão do mestre de Cós ou dos seus discípulos imediatos. Outros, pelo contrário, têm por autores médicos de escola ou de tendência rivais das de Cós.

Muito sumariamente, é permitido distinguir na *Colecção Hipocrática* três grandes famílias de médicos. Há os médicos teóricos, filósofos amadores de especulações aventurosas. Em oposição, situam-se os médicos da escola de Cnide, em quem o respeito dos factos é tal que eles se mostram incapazes de os ultrapassar. Finalmente — e este terceiro grupo é o de Hipócrates e dos seus discípulos, o da escola de Cós — há os médicos que, apoiando-se na observação, partindo dela e só dela, têm a constante preocupação de interpretar, de compreender. Estes últimos médicos são espíritos positivos: recusam-se às suposições arbitrárias, apelam constantemente para a razão.

Estes três grupos de escritores são igualmente opostos à medicina dos santuários. Mas só o último grupo funda a medicina como uma ciência([1]).

([1]) Em todo este estudo seguirei de perto a obra de Louis Bourgey: *Observation et Expérience chez les Médecins de la Collection hippocratique* (1953). Este livro foi o meu guia na descoberta de uma matéria nova para mim. Para ele deveria remeter a cada linha, por assim dizer, deste capítulo. Mas não é essa a prática que eu poderia adoptar nesta *Civilização Grega* destinada ao grande público. Faço no entanto questão de prestar aqui homenagem particular à ciência de Bourgey e de lhe rogar que permita considerar essa ciência como um tesouro comum, posto por ele à disposição de todos os homens desejosos de se cultivarem.

*

Os médicos teóricos não nos demorarão muito tempo. Trata-se de brilhantes jogadores de palavras, que participam nesse movimento muito vasto, tocante a todas as actividades humanas, muitas vezes com justeza, a que se dá o nome de sofística.

O seu método procede, aliás, inversamente ao método científico são. Em vez de partir do exame dos factos, os autores dos tratados deste grupo partem quase sempre de ideias gerais colhidas na filosofia ou nas crenças da época: contentam-se com aplicar, muito arbitrariamente, tal ou tal dessas ideias aos factos médicos que têm de explicar. Estas ideias são, frequentemente, simples ideias preconcebidas: é o caso do papel predominante do número 7 nas actividades humanas.

O tratado *Das Carnes*, o *Feto de Sete Meses*, seguido do *Feto de Oito Meses*, mostram ou pretendem mostrar que se o feto é viável ao fim de sete meses, e depois aos nove meses e dez dias, é porque nos dois casos conta um número exacto de semanas, a saber, respectivamente, trinta e quarenta. Estes tratados apresentam, igualmente, a título de provas, que a resistência do homem normal ao jejum é de sete dias, que as crianças têm os dentes aos sete anos, que as crises das doenças agudas se produzem ao fim de meia semana, de uma semana, de uma semana e meia, de duas semanas.

O tratado *Dos Ventos*, em que alguns persistem em ver a chave da doutrina de Hipócrates, é menos um tratado médico que uma dissertação, ornamentada sobre o papel do ar e da respiração, ao mesmo tempo como princípio da marcha do universo, da mudança das estações, e como causa de todas as doenças: febres epidémicas ou pestilenciais, catarros, fluxões, hemoptises, hidropisias, apoplexias, cólicas, e até os bocejos.

Uma dezena de tratados da nossa *Colecção* liga-se a esta medicina sofística, brilhante e oca, tão afastada quanto é possível da prática de Hipócrates. Contudo, nos menos maus, encontram-se ainda indicações judiciosas que parecem fruto duma experiência autêntica.

No tratado *Do Regime*, que começa por dissertar no vazio sobre a natureza do homem, sobre a natureza da alma, que é mistura de água e fogo, sem esquecer os sexos, os gémeos e as artes, encontramos com surpresa um catálogo muito bem feito das *plantas hortenses* e das suas propriedades, nomeadamente uma enumeração das virtudes dos cereais, conforme, por exemplo, a cevada seja absorvida com o seu invólucro ou descascada, cozida ou torrada, conforme o pão de cevada seja consumido logo que amassado ou algum tempo depois, ou ainda, para o pão de fromento, conforme seja branco, de rolão ou fermentado. Há páginas e páginas sobre os vegetais, outras sobre as propriedades das carnes, a partir da vaca e não esquecendo o ouriço. O tom discursador e pseudofilosófico do começo do tratado dá lugar a incríveis ementas, tendo à margem todos os riscos de flatulência, os efeitos evacuantes, diuréticos ou nutrientes de cada alimento. As teorias nebulosas da introdução (Aristófanes troça deste género de medicina nas *Nuvens*) cedem o passo à onda das recomendações sobre a utilidade dos vómitos repetidos, o perigo dos excrementos pútridos e o bom uso dos passeios. Notemos, de passagem, que o autor declara elaborar os seus regimes para «o comum dos homens, aqueles que, ganhando apenas para o seu sustento, não têm os meios de renunciar a todo o trabalho para se ocuparem da sua saúde». Feito isto, elabora outro regime, que é sua «bela descoberta», para uso das pessoas de meios. Ninguém tinha pensado em tal antes dele, diz. E aqui o nosso homem cai num anfiguri de *distinguo* em que a sua vacuidade se compraz: deixou decididamente o caminho da ciência ao nível da terra, que durante certo tempo pacientemente seguira.

Façamos também justiça ao tratado *Do Feto de Sete e de Oito Meses* que, a par de divagações septenárias e lunares, contém pelos menos uma página justa, comovente até, sobre os perigos que a criança corre após o nascimento.

«Modificadas (pelo nascimento), as condições de alimentação e de respiração constituem um perigo. Se, com efeito, os recém-nascidos absorvem qualquer germe malsão, é pela boca e pelo nariz que o absorvem. Ao passo que precedentemente não entrava no organismo senão o que era exactamente suficiente e nada mais, doravante penetram nele muito mais coisas; e, em razão desta sobreabundância de contributos de fora como em razão da constituição do corpo da criança, as eliminações tornam-se necessárias: fazem-se, por um lado, pela boca e pelo nariz, por outro lado, pelo intestino e pela bexiga. Ora nada disto acontecia anteriormente.

«Em vez, pois, de respirações e de humores que lhe eram congéneres e aos quais, na matriz, estava aclimatada, como que num comércio de familiaridade, a criança, desde o nascimento, usa de coisas que lhe são estranhas, ásperas, rudes, menos humanizadas: desde aí, é necessidade que de tal resultem sofrimentos e muitas mortes. Em vez de estar envolvida de carne e de humores tépidos, húmidos, concordes com a sua natureza, a criança acha-se vestida de panos como o adulto. O cordão umbilical é, primeiramente, a única via pela qual a mãe comunica com a criança. É por ele que a criança participa no que a mãe recebe. As outras estão-lhe fechadas e só se abrem após a sua vinda à luz; nesse momento tudo se abre nela, ao passo que o cordão se adelgaça, se fecha e se resseca.»

*

Entretanto, nos antípodas destes médicos teóricos, destes «iatrosofistas» situa-se, na *Colecção Hipocrática,* a medicina da escola de Cnide, rival ou émula da de Cós (a de Hipócrates). Os tratados que melhor representam esta medicina cnidiana no *Corpus* são as *Afecções Internas* e as *Doenças* (secção II). Juntemos-lhes uns doze tratados que, sem serem rigorosamente cnidianos, são aparentados de perto ou de longe com esta escola. Nomeadamente diversos tratados de ginecologia.

O grupo cnidiano caracteriza-se pelo gosto da observação precisa e mesmo minuciosa, pela preocupação de dar descrições concretas e pormenorizadas das doenças, evitando toda a generalização abusiva, toda a evasão «filosófica». O médico é, nesta escola, reconduzido ao que em todo o tempo constituiu o núcleo da sua arte: *a observação clínica*. Estes Cnidianos são, pois, principalmente, *práticos*. Não vão além da observação directa, temem forçar — interpretar demasiadamente — as palavras do doente. Têm em relação aos factos uma fidelidade um pouco limitada que lhes estreita o horizonte. Contentam-se com classificar as doenças e, quanto a tratá-las, atêm-se a uma terapêutica experimentada pela tradição.

Não se empenham em debates médicos. Não procuram as causas das doenças, reduzidas ao comportamento de dois «humores», bílis e fleuma. Fogem dos problemas difíceis, insolúveis para eles. Em suma, não procuram compreender.

As suas classificações multiplicam as divisões e parecem multiplicar as doenças. As *Afecções Internas* e as *Doenças II* enumeram e descrevem três espécies de hepatites, cinco doenças do baço, cinco espécies de tifo, quatro doenças dos rins, três espécies de anginas, quatro pólipos, quatro icterícias, cinco hidropisias, sete tísicas, um grande número de afecções cerebrais.

Algumas destas distinções são justificadas, e novas. Por exemplo, a do reumatismo articular agudo e da gota, chamada podagra. Mas a maior parte delas são insuficientemente fundamentadas ou imaginárias.

Eis, a título de exemplo, a maneira como é descrita uma das tísicas mencionadas.

«Esta é produzida por excessos de fadiga. Os acidentes são mais ou menos os mesmos que no caso precedente, mas a doença oferece mais remissões e afrouxa no Verão. O doente expectora, mas os escarros são mais espessos. A tosse é mais premente nos velhos. As dores no peito são mais fortes. Parece que uma pedra pesa sobre ele. As costas também doem. A pele é húmida. Com o mais pequeno esforço, o doente arqueja e fica oprimido. Morre-se em geral desta doença ao fim de três anos.»

Na descrição doutra tísica: «À medida que a doença avança, o doente emagrece, excepto nas pernas, que incham. As unhas retraem-se. Os ombros tornam-se delgados e fracos. Sente-se a goela como se estivesse cheia de penugens: a garganta silva como através de um tubo. A sede atormenta. Todo o corpo enfraquece. Neste estado, não se vai além de um ano.»

A descrição é frequentemente muito expressiva. Alguns traços forçam a atenção: o doente que procura respirar «abre as narinas como um cavalo que corre; deixa sair a língua como um cão que no Verão é queimado pelo calor do ar». Imagens exactas e impressionantes.

Mas os médicos de Cnide, nas suas classificações, são tomados por uma espécie de delírio nosológico. É de notar que a esta profusão de descrições corresponde uma assaz pobre terapêutica. É sempre purgar, fazer vomitar (o vómito é, para os antigos, uma purga por cima), dar leite, cauterizar.

Notemos, entretanto, um tratamento singular preconizado pelos Cnidianos. Os «errhins» são uma prática estranha que consiste em colocar no nariz substâncias de composição variada a fim de curar as doenças cuja sede se situa, para o médico, na cabeça: apoplexia, icterícia, tísica, etc. Estes «errhins» são «purgativos da cabeça». O seu emprego supõe uma comunicação entre o nariz e o cérebro. Mas não dizemos nós ainda uma constipação da cabeça?

Salientemos igualmente o processo de exploração do pulmão empregado pelo médico, que tem necessidade, antes de tentar uma intervenção, de conhecer a posição exacta de um derramamento de cuja presença na cavidade pleural suspeita. O texto indica que depois de ter «colocado o doente sobre um assento sólido e enquanto um ajudante segura as mãos do paciente», o médico «agarra-o pelos ombros e imprime-lhe uma sacudidela, ao mesmo tempo que aplica o ouvido sobre as costelas, a fim de saber se é à direita ou à esquerda que está o mal». Este processo chamado «sucussão hipocrática», embora seja cnidiano, esquecido ou não reconhecido pela tradição médica posterior, mostra bem o engenho inventivo dos médicos de Cnide na observação dos factos. Laënnec declara tê-lo empregado segundo os tratados antigos e ter tirado dele vantagem.

Esta «sucussão hipocrática» lembra-nos, a propósito, que a velha medicina cnidiana — cujo empirismo tendia a tornar-se puro pragmatismo, para não dizer rotina — foi levada, como compensação da sua fidelidade à observação, a várias descobertas, das quais a principal é a auscultação. Uma outra passagem, além da já citada, o atesta. O médico, escreve o autor de *Doenças II*, «aplicando durante muito tempo o ouvido contra as costelas, ouve um rumor como vinagre a ferver». Outras passagens confirmam ainda que a auscultação praticada pelos médicos do século V era sem dúvida uma invenção cnidiana.

Encontramos ainda, nestes tratados cnidianos ou aparentados a Cnide, a menção de numerosas intervenções cirúrgicas e a descrição dos instrumentos que as permitem. O tratamento dos pólipos do nariz é simples e brutal: ora se pratica a cauterização por meio de ferramentas aquecidas ao rubro, ora o arrancamento por meio de um pauzinho munido duma «corda de nervo»: o médico ajusta-a e puxa vigorosamente. As incisões no rim são aconselhadas em três das quatro doenças renais: a incisão, especifica o autor, deve fazer-se «no sítio onde o órgão está mais inchado»; deve ser «profunda». As incisões na caixa torácica são numerosas: são intercostais, e o cirurgião usa primeiro um «bisturi convexo», depois continua com um «bisturi afilado». A operação mais ousada praticada pelos Cnidianos é a trepanação do crânio, a fim de dar saída a um derramamento líquido que ameaça a vista, sem que haja lesão do olho. As curas obtidas são mencionadas, assim como as duas espécies de trépano empregadas.

Basta. A medicina de Cnide representa incontestavelmente um imenso esforço dos homens de ofício, com vista a assentar a sua disciplina em observações rigorosas de factos numerosos. Contudo, há que reconhecê-lo, esse esforço não chega a termo. O grande mérito destes médicos é terem-se recusado aos atractivos de hipóteses filosóficas inverificáveis. Não querem conhecer e transmitir senão os factos observados pela tradição médica; acrescentam a esta tradição os casos que eles próprios recolheram. Apenas conhecem doentes: o seu ofício é tratá-los segundo os métodos que consideram mais experimentados.

Notar-se-á, sem dúvida, e não sem razão, que esta desconfiança dos Cnidianos em relação à especulação e à hipótese provocou, na prática quotidiana da sua arte, uma espécie de desconfiança inconsciente mais geral para com a inteligência. Pensar a medicina não é com eles. Efectivamente, é muito raro que os seus escritos produzam a menor ideia geral, a menor fórmula que tenha o estilo do pensamento. Muito raro, mas não excluído. Citemos uma dessas reflexões — talvez a única. Incide ela sobre o método que permitirá à medicina progredir.

Esta reflexão encontra-se no tratado intitulado *Os Lugares no Homem*. O autor do escrito é um médico, senão cnidiano, pelo menos estreitamente aparentado com a escola. É, em muito, o tratado mais interessante que encontrámos até aqui. O autor escreve isto: «A natureza do corpo é o ponto de partida do raciocínio médico», frase que vai muito além do vulgar empirismo cnidiano.

O autor desta fórmula compreendeu que todas as partes do corpo são solidárias entre si. Razão por que, baseando-se na reflexão de método que citei, faz preceder a exposição patológica que empreende de uma descrição de anatomia geral. Assim, para ele, a medicina não tem outra base mais sólida que o estudo do organismo humano.

A propósito desta frase dos *Lugares no Homem,* alguns modernos pronunciaram o nome de Claude Bernard. Grande honra feita ao modesto prático anónimo que escreveu este tratado, e honra merecida. Nenhum outro escrito de tendência cnidiana provocaria uma tal aproximação.

Quanto à descrição anatómica do nosso autor, ainda falta muito para que ela seja exacta. Contudo, o médico que escreveu *Os Lugares no Homem* não ignora que os órgãos dos sentidos estão ligados ao cérebro; observou exactamente as membranas do olho e as do encéfalo; sabe que a veia cava superior leva o sangue ao coração. Em compensação, parece confundir a veia cava inferior com a acorta.

De resto, não é tanto de notar aqui a exactidão dos resultados do seu inquérito como dizer a justeza de um método que tenta fundar a patologia sobre o conhecimento anatómico.

Antes de deixarmos os honestos práticos de Cnide para nos voltarmos para os autores propriamente hipocráticos da *Colecção,* digamos algumas palavras a respeito do notável tratado intitulado *Do Coração.* Esta obra sofreu aqui e além a influência da escola de Cnide: foi, recentemente, atribuída, com verosimilhança, a um médico da escola siciliana, o sábio Filistião. Este médico professava no começo do século IV em Siracusa, e Platão conheceu-o bem.

Filistião manipulou, sem dúvida, de escalpelo em punho, um coração humano. Não somente o afirma, referindo-se a um antigo uso dos Egípcios neste domínio, mas sobretudo a exactidão da sua descrição anatómica deste órgão confirma, com efeito, que «extraiu o coração de um homem morto». E o nosso sábio praticou, não só a dissecação, mas também a vivissecção dos animais. A não ser assim, como teria ele descoberto que os aurículos continuam a contrair-se quando os ventrículos já deixaram de bater?

O facto é exacto, e o aurículo direito é, por essa razão, chamado *ultimum moriens.*

Que conhecimento anatómico do coração tem pois o nosso autor? Sabe que o coração é «um músculo muito potente, não pelas suas partes tendinosas, mas pela feltragem da carne». Sabe que o coração possui dois ventrículos e dois aurículos; distingue o coração direito e o coração esquerdo e sabe que não existe entre eles nenhuma comunicação directa. Observa: «Os dois ventrículos são a fonte da vida do homem. De lá partem os (dois) rios (artéria pulmonar e aorta) que irrigam todo o interior do corpo: por eles é irrigada a habitação da alma. Quando estas duas fontes se esgotam, o homem está morto.»

Mas Filistião faz observações mais delicadas ainda. Distingue as veias e as artérias, segundo a natureza diferente dos seus tecidos. Nota muito justamente que o coração está inclinado para a esquerda, que a sua ponta é formada unicamente pelo ventrículo esquerdo e que o tecido deste é mais espesso e mais resistente que o do ventrículo direito. Finalmente — e esta é a obra-prima da observação —, descreve com brevidade mas com grande precisão as válvulas que fazem comunicar ventrículos e aurículos e as que estão colocadas sobre a artéria pulmonar e sobre a aorta: compostas de três pregas membranosas — válvulas sigmóides ou semilunares — estão em condições de fechar rigorosamente o orifício arterial. Filistião observa que as válvulas da artéria pulmonar resistem mais debilmente à pressão que as da aorta.

Surpreender-nos-á talvez que um observador tão sagaz, um sábio que tenta uma verdadeira *experiência* (na verdade, mal conduzida) num porco para descobrir a origem do líquido que se encontra no pericárdio e banha o coração — surpreender-nos-á que um tal sábio possa contentar-se, para explicar a função fisiológica do coração, com hipóteses extravagantes. O facto é esse. Esse facto indica que o autor do tratado *Acerca do Coração* não ultrapassou muito o nível de exigência científica dos médicos cnidianos. Mas o nosso espanto seria muito pouco «científico». A ciência edifica-se lentamente num estranho amálgama de verdades, de «intuições justas» e de erros. A sua edificação foi durante longos séculos uma história de Torre de Babel. Os erros dos sábios, no fim de contas, são-lhe tão proveitosos como as justas intuições, porque são eles os primeiros a pedir rectificação.

Esta análise sumária da *Colecção Hipocrática* quereria contribuir para mostrar a marcha sempre ziguezagueante da ciência que nasce.

*

Eis agora, no centro da *Colecção,* alguns tratados — sete ou oito — cuja raça se conhece imediatamente: são os filhos do génio. Se não é possível apresentar a prova de que fosse Hipócrates em pessoa o autor, pode-se, pelo menos, assegurar que estes tratados são obra dos seus mais próximos discípulos. Que tal ou tal tratado seja do mestre de Cós, é mais do que provável. Mas qual?... Não nos percamos em falsos problemas. Sabemos que Hipócrates escreveu: oito obras lhe são hoje atribuídas, ora por um crítico, ora por outro, e os sábios que lhe reconhecem essa paternidade são da mais circunspecta espécie.

Os tratados são: *Dos Ares, das Águas e dos Lugares, Do Prognóstico, Do Regime nas Doenças Agudas,* os livros I e III das *Epidemias, Aforismos* (as quatro primeiras secções), finalmente *Das Articulações* e *Das Fracturas,* tratados de cirurgia, obras-primas da *Colecção.*

Digna do mestre, e contudo certamente de uma outra mão, é a obra *Da Antiga Medicina,* contemporânea da juventude de Hipócrates (440 ou 430). Nesta obra se define com rara mestria a medicina de espírito positivo, a medicina racional que será a de Hipócrates na sua plena maturidade.

A esta enumeração de obras maiores, deverá mais adiante acrescentar-se algumas obras de tendência ética — *O Juramento, A Lei, O Médico, O Decoro, Os Preceitos,* etc. — que farão desabrochar nos finais do século V, começos do século IV, a medicina científica de Hipócrates em humanismo médico.

«Uma nuvem paira sobre a vida de Hipócrates», escreve Littré. Consideremos primeiramente os factos mais seguros.

Hipócrates nasceu em Cós. A ilha, colonizada pelos Dórios, era de civilização e de dialecto jónios. A data do seu nascimento é mais certa do que comumente para um autor antigo: Hipócrates nasceu em 460, contemporâneo exacto de Demócrito e de Tucídides. Pertence à família dos Asclepíades, corporação de médicos que pretende descender do grande médico dos tempos homéricos, Asclépio. (Foi somente após Homero que Asclépio foi considerado um deus.) Entre os Asclepíades, um saber médico humano transmite-se de pai para filho, de mestre para discípulo, Hipócrates teve filhos médicos, um genro médico e numerosos discípulos.

Esta corporação dos Asclepíades, a quem também se dá o nome de escola de Cós, conserva no século V, como toda a corporação cultural, quadros e usos religiosos: a prática do juramento, por exemplo, que liga estreitamente os alunos ao mestre, aos seus confrades, aos deveres da profissão. Mas este carácter religioso da corporação, se implica uma certa atitude moral, não altera em nada a pesquisa da verdade, que continua a ser de intenção rigorosamente científica.

A medicina que se funda na Grécia do século V, nomeadamente a de Cós, é inimiga de todo o sobrenatural. Se se quisesse procurar para o médico hipocrático um antepassado, não seria o padre, nem mesmo o filósofo da natureza que se deveria designar. Isto o compreendeu muito bem o autor da *Antiga Medicina*. Escreve uma obra polémica destinada a defender a medicina como uma *arte*. (A palavra que emprega é intermédia entre técnica e ciência). Ataca sobretudo Empédocles, que foi médico e filósofo, de uma filosofia cheia de intuições geniais, é certo, mas também de armadilhas para a razão, e que se engana quando declara «que é impossível saber a medicina quando não se sabe o que é o homem e que é essa precisamente a ciência que deve ter adquirido aquele que quer tratar correctamente os doentes». Não, responde o autor da *Antiga Medicina*, a arte de curar não deriva nem do conhecimento da natureza, nem de qualquer filosofia do género místico. Rejeita toda a filiação do filósofo (ou do sacerdote) ao médico. O antepassado do médico, quere-o ele humilde, ocupado de humildes tarefas, necessárias e positivas: é, diz ele, o *cozinheiro*.

Explica, com grande perspicácia, que os homens, na origem, comiam a sua alimentação crua, à maneira dos animais selvagens. Este regime «violento e brutal» tinha como consequência uma forte mortalidade. Foi preciso um longo período de tempo para descobrir uma alimentação mais «temperada». Pouco a pouco, os homens aprenderam a descascar a cevada e o fromento, a moer o grão, a amassar a farinha, a cozê-la no forno, a fazer o pão. Em tudo, «eles temperaram os alimentos mais fortes pelos mais fracos, fizeram massas, ferveram, assaram»... até que «a natureza do homem estivesse em condições de assimilar o alimento preparado e que daí resultasse para ela nutrição, desenvolvimento e saúde». E conclui com este ponto: «Ora, a esta busca e a esta descoberta, que nome mais justo atribuir que o de Medicina?»

Foi a esta cozinha destinada à criatura humana, a esta medicina da saúde tanto como da doença, a dos corpos atléticos tanto como dos mais sofredores, que Hipócrates serviu com uma paixão fervorosa durante a sua longa vida. Viajou muito pela Grécia e fora da Grécia, continuando a tradição dos médicos itinerantes ou «periodeutas». Estes médicos viajantes dos tempos homéricos, vêmo-los nós, através da obra de Hipócrates, instalarem-se para uma longa estada num país novo e aí praticarem a medicina, ao mesmo tempo que observam os costumes dos habitantes.

Hipócrates teve, em vida, a maior celebridade. Platão, uma geração mais novo, mas seu contemporâneo, no sentido amplo da palavra, comparando num dos seus diálogos a medicina com as outras artes, põe Hipócrates de Cós em paralelo com os maiores escultores do tempo, Policleto de Argos e Fídias de Atenas.

Hipócrates morreu numa idade avançada, pelo menos em 375, isto é, aos oitenta e cinco anos, no máximo aos cento e trinta anos. A tradição antiga, unânime, atribui-lhe uma grande longevidade.

Tais são os factos seguros desta vida toda votada ao serviço do corpo humano. Ao lado deles floresce, mesmo em vida do mestre, uma lenda fecunda. A prática natural da medicina parece um espantoso prodígio e faz nascer a lenda como um acompanhamento obrigatório duma melodia demasiado pura. Deixaríamos estes ornatos de parte, se alguns desses relatos não encontrassem ainda hoje crédito. É o caso da presença de Hipócrates em Atenas aquando da famosa «peste» (que o não foi) e do que ele fez para desinfectar a cidade. Nada disto repousa em testemunho sério. Tucídides, que dá sobre esta epidemia numerosos pormenores e fala dos médicos que a combateram, não diz uma palavra a respeito de Hipócrates. Argumento *e silentio,* sem dúvida, mas na ocorrência plenamente decisivo. Do mesmo modo é pura lenda o relato da recusa dos presentes de Artaxerxes. Do mesmo modo ainda o relato do diálogo entre Hipócrates e Demócrito, a que acima fiz alusão, por brincadeira, citando La Fontaine.

O que conta para nós infinitamente mais que estas «histórias», é o pensamento, é essa prática da medicina que enche de acções e de reflexões em absoluto convincentes os escritos autênticos do mestre.

O que impressiona em primeiro lugar, nestes textos, é o insaciável apetite de informação. O médico começa por olhar e o seu olho é agudo. Interroga e toma notas. A vasta colecção dos sete livros das *Epidemias* não é mais que uma sequência de notas tomadas pelo médico à cabeceira do doente. Apresentam, na desordem de uma volta médica, os casos encontrados e ainda não classificados. O texto é frequentemente cortado por uma reflexão geral, sem relação com os casos próximos, mas que o médico parece ter notado ao acaso do seu pensamento sempre em movimento.

Uma dessas reflexões vagabundas reporta-se à maneira de examinar o doente, e a palavra decisiva, reveladora, irrompe muitas vezes com rigor, ultrapassando a preocupação da simples observação e mostrando o contorno do espírito do sábio. «O exame do corpo é coisa complexa: reclama a vista, o nariz, o tacto, a língua, o raciocínio.» Esta última palavra é uma surpresa que nos deslumbra, uma prenda de valor.

O tratado dos *Aforismos,* célebre entre todos — que Rabelais explicava no texto grego aos seus estudantes de Montpellier, proeza sem exemplo em 1531, e de que dava a primeira edição moderna —, esse tratado dos *Aforismos* não é outra coisa que a compilação destas reflexões sobrevindas como raios de luz no decurso do exame, anotadas no ardor do trabalho.

Todos conhecem o primeiro desses aforismos, denso como a soma de um método longamente experimentado. «A vida é curta, a arte é longa, a ocasião fugaz, a experiência fugidia, o juízo difícil.». Toda uma carreira de médico se resume nestas palavras, com os seus reveses, os seus riscos, as suas conquistas sobre a doença arrancadas pela ciência assente na prática, pelo diagnóstico ousadamente lançado no meio da dificuldade. A experiência não se separa aqui da razão que dificilmente se enraizou num terreno «escorregadio».

Eis, nas *Epidemias I,* uma longa reflexão sobre o exame do doente.

«Quanto a estas doenças, eis como as diagnosticamos: o nosso conhecimento apoia-se na natureza humana comum a todos e sobre a natureza própria de cada indivíduo; sobre as doenças, sobre o doente; sobre as substâncias ministradas, sobre aquele que as prescreveu — porque tudo isto pode ter contribuído para uma modificação para o bem ou para o mal —, sobre a constituição geral da atmosfera e as condições particulares de cada céu e de cada lugar; sobre os hábitos do doente, o regime de vida, as ocupações, a idade de cada um; sobre as palavras, os modos, os silêncios, os pensamentos que o ocupam, o sono, as insónias, a natureza e o momento dos sonhos; sobre os gestos desordenados das mãos, as comichões e as lágrimas; sobre os paroxismos, os excrementos, as urinas, os escarros e os vómitos; sobre a natureza das doenças que no doente se sucederam, assim como sobre o que delas ficou, princípios de destruição ou de crise; sobre o suor, o arrefecimento, a tosse, o soluço, o arroto, os gases silenciosos ou ruidosos, as hemorragias e as hemorróidas. São estes dados e o que eles permitem apreender que devemos examinar com atenção.»

Note-se a extrema amplitude destas exigências. O exame do médico não tem em conta apenas o estado corporal presente do doente; tem em conta igualmente doenças anteriores e os rastos que elas podem ter deixado, tem em conta o seu género de vida, o clima em que vive, não esquece que este doente é um homem como os outros e que, para o conhecer, é preciso conhecer os outros homens; o exame sonda os seus pensamentos. Até os próprios «silêncios» o informam! Tarefa esmagadora, em que se perderia um espírito sem a necessária envergadura.

Esta medicina é claramente psicossomática, como hoje se diz. Digamos mais simplesmente que é a medicina do homem total (corpo e alma) ligada ao seu meio como ao seu passado. As consequências desta amplitude do exame incidirão no tratamento, que exigirá que o doente, por sua vez, sob a orientação do médico, participe inteiramente também, de corpo e alma, na sua cura.

Ao alargamento da investigação junta-se a rapidez do golpe de vista. Porque «fugaz é a ocasião» de mudar para bem o curso da doença. A famosa descrição, que atravessou os séculos, do «fácies hipocrático» — esse *fácies* que denuncia a morte próxima — atesta a segurança e a acuidade do olhar do mestre.

«Nas doenças agudas», diz o autor do *Prognóstico*, «o médico fará as observações seguintes: examinará primeiro o rosto do doente e verá se a fisionomia é semelhante à das pessoas com saúde, e sobretudo se é parecida consigo mesma. Esta seria a aparência mais favorável, e quanto mais dela se afastar, maior será o perigo. As feições atingiram o último grau de alteração quando o nariz está afilado, quando os olhos estão fundos, as fontes cavadas...

os lóbulos das orelhas afastados, quando a pele da fronte está seca, tensa e árida, a pele de todo o rosto amarela ou negra, ou lívida, ou cor de chumbo... Se os olhos fogem da luz, se se enchem involuntariamente de lágrimas, se se afastam do seu eixo, se um se torna mais pequeno que o outro... se estão ou agitados, ou saindo para fora da órbita, ou profundamente encovados, se as pupilas estão ressequidas e baças... o conjunto destes sinais é mau. Igualmente se dará um prognóstico funesto se os lábios estão soltos, pendentes, frios e pálidos.»

A extrema atenção dada nesta passagem à pessoa do doente, como nos inúmeros casos estudados nas *Epidemias,* em que se sente o médico, por mais apressado que esteja, preocupado em nada anotar que não seja exacto e dado pela «sensação», esta abundante observação imediata não impede Hipócrates de dar uma atenção igual às condições do meio em que vivem os homens.

Dos Ares, das Águas, dos Lugares é um estudo do mais alto interesse sobre as relações do meio com a saúde das populações.

Bourgey observa a propósito: «O médico (antigo) interessa-se não só pelos doentes, mas em maior grau do que hoje se faz, pelo homem com saúde, prescrevendo com este objectivo toda uma higiene de vida.» Vimo-la mais acima: a *Antiga Medicina* declarava que a arte médica, atravancada de filosofia ou empolada de sofística, podia ser redescoberta a partir de uma pesquisa sobre a alimentação conveniente ao homem são e ao doente. Hipócrates segue esta linha de pesquisa. Não quer ser apenas curador, quer informar os homens sobre as condições desse bem precioso entre todos os bens, a saúde. Hipócrates é o médico da saúde, mais ainda que da doença.

Em *Dos Ares, das Águas, dos Lugares* estuda o género de vida de um grande número de povos e descreve-o com um rigor e um relevo impressionantes. Hipócrates sabe que o conhecimento do género de vida de cada homem é útil para o médico e para o higienista.

O médico não pode ignorar se o seu paciente é amigo do vinho, inclinado à boa mesa, à volúpia, ou se prefere a ginástica e o esforço a estes prazeres mais fáceis. Só a natureza do meio social e, em primeiro lugar, físico, o informará. Põe uma perspicácia e uma consciência sem igual na determinação das relações precisas, das relações de causa e efeito que unem, em todas as regiões, o homem ao seu meio natural. Numerosas regiões da Europa e da Ásia alimentam com factos o seu inquérito.

Em cada uma delas, interroga o clima e daí tira consequências relativas a certas doenças locais, como febres, por exemplo, que se esforça por melhor tratar, após ter descoberto a sua origem.

Interroga atentamente as estações. Investiga a sua influência e a das suas mudanças, nos equinócios e nos solstícios, sobre diversas doenças. Algumas estações têm um carácter «desregrado» e, se assim se pode dizer, anormal. (Fala do assunto noutro tratado.) Essas estações são como as doenças do ano. Engendram por sua vez doenças na população. Não ignora as recrudescências das febres intermitentes durante o Verão.

Interroga as águas, trata dos efeitos que certas águas podem exercer no organismo, particularmente as águas pantanosas provenientes das lagoas, e as águas demasiadamente frias. As águas estagnadas provocam as febres quartãs. Manda que sejam fervidas certas águas...

E nada disto é feito de afirmações banais repisando que o homem é dependente do meio físico, que a natureza da terra contribui para modelar a natureza do corpo, etc. Trata-se, pelo contrário, para Hipócrates, de saber se tal homem, vivendo em tal lugar da crosta terrestre, submetido a tal e tal influência, comendo isto, bebendo aquilo, não estará sujeito a contrair tal doença determinada.

É entregando-se a esta investigação concreta, percorrendo os países da Europa e da Ásia, que Hipócrates chega a desenvolver verdadeiros estudos de costumes, a mostrar que o solo e o céu exercem uma clara influência nas disposições psicológicas dos povos. Faz o que antigamente se chamava *etnopsiquia*. O homem pensa e age de acordo com o meio que habita.

No entanto, em tudo isto, o autor não se esquece de evocar a influência das condições sociais sobre o desenvolvimento e a própria constituição do organismo. A este propósito introduz a distinção familiar aos sofistas entre a natureza *(physis)* e o costume *(nomos)*.

Todas estas considerações, e muitas outras, fazem de *Dos Ares, das Águas, dos Lugares* uma tentativa solidamente documentada, talvez a única feita em dois mil anos para estudar atentamente e num mesmo lanço os factos médicos e os factos geográficos, sem falar nos factos meteorológicos. É isto que faz desta obra modesta uma das mais originais que a Antiguidade nos deixou. Habituados às compartimentações das ciências, os nossos espíritos modernos ficam desconcertados pela multiplicidade dos factos reunidos aqui por Hipócrates e orientados para uma única finalidade: a saúde dos homens.

*

Mas, em Hipócrates, a observação não fica por aí.

Nos tratados propriamente hipocráticos da *Colecção,* uma forte vontade domina o que primeiro não parece ser mais que um amontoado de observações — a vontade de *compreender* os factos recolhidos, de lhes dar um sentido útil aos homens.

«Convém», escreve o autor do *Regime das Doenças Agudas,* «aplicar a inteligência a todas as partes da arte médica, quaisquer que sejam.» Fórmulas semelhantes encontram-se na maior parte dos tratados atribuídos a Hipócrates. O pensamento está sempre presente na observação. Essa é a atitude fundamental que distingue um médico de Cós de um médico de Cnide.

Aqui temos o *Prognóstico*. O médico está perante uma otite. Nota os seus numerosos sintomas. E acrescenta, sobretudo: «É preciso imediatamente, e desde o primeiro dia, prestar atenção (espírito, inteligência) ao conjunto dos sinais.»

Eis as *Epidemias,* essa compilação de fichas de clínico. A cada momento vemos o médico, que pareceria dever estar submergido pela observação, libertar-se dela ou antes apoiar-se nela para tentar generalizar o caso individual em regra geral ou para elaborar um raciocínio. Diante de uma doença sujeita a recidiva, anota: «Importa dar atenção aos sinais de recidiva e lembrar que nesses momentos da doença as crises serão decisivas para a salvação ou para a morte, ou, pelo menos, que o mal se inclinará sensivelmente para o melhor ou para o pior.» Inteligência sempre disponível, sempre visando a acção.

Ou ainda, nas *Feridas da Cabeça:* «Se o osso foi descarnado, aplique-se a inteligência em tentar distinguir o que não é visível aos olhos, em reconhecer se o osso está fracturado e contuso, ou apenas contuso, e se tendo o instrumento vulnerante produzido uma hedra (lesão oblíqua), há contusão ou fractura, ou contusão e fractura ao mesmo tempo.» O espírito está atento, pronto a interpretar a observação. Poderiam citar-se inúmeros exemplos.

Assim, a abundância da observação de modo algum dispensa o sábio do esforço e compreensão. Os verbos que em grego significam *pensar, reflectir* são numerosos: Hipócrates escolhe, na maior parte dos casos, aquele que apresenta a reflexão como uma atitude permanente do espírito, e põe-no no tempo em que se inscreve a duração. De modo que *reflectir é trazer sempre consigo no coração.* Hipócrates trouxe consigo, alimentou com o seu pensamento os casos que a observação lhe propõe, os dados dos sentidos, a vista, a auscultação, a palpação. Hipócrates tem essa paciência do espírito que faz frente às dificuldades e resolve os problemas.

Eis um exemplo manifesto, entre muitos, que mostra claramente a novidade do método de Cós em relação ao de Cnide. O tratado *Das Articulações*, que é um tratado de cirurgia, enumera os diferentes acidentes a que estão sujeitos os membros do corpo: fracturas do braço, do nariz, da perna, luxação do húmero, do fémur, etc... Indica, com abundantes pormenores, os múltiplos processos que permitem reduzir fracturas e luxações. Feito isto, *escolhe* entre estes processos e dá com precisão as razões dessa escolha. Os médicos que não sabem fazer e justificar esta escolha reflectida — os médicos cnidianos — são severamente julgados. O autor escreve: «Entre os médicos, há-os que têm as mãos hábeis, mas que não têm inteligência.» Cnide, aqui, é apontada a dedo.

O estabelecimento do prognóstico é um dos objectivos essenciais da medicina hipocrática: traz-nos um belo exemplo da união da observação e do pensamento.

O médico hipocrático propõe-se, como é sabido, reconstituir a doença total com as suas causas, as suas complicações, a sua terminação, as suas sequelas. Quer, segundo as *Epidemias* e o tratado *Do Prognóstico*, «dizer o que foi, conhecer o que é, predizer o que será.» Mais tarde, a escola de Alexandria dará nomes a estas três operações: a *anamnese*, evocação do passado; o *diagnóstico*, determinação da doença pelos sintomas presentes; finalmente, o *prognóstico*, previsão do futuro.

Na maior parte das histórias da medicina, não se presta inteira justiça ao prognóstico hipocrático, do qual se diz que é um meio destinado a estabelecer a autoridade do médico sobre o doente e os que o rodeiam. Sem dúvida, e a *Colecção Hipocrática* di-lo também, acessoriamente. Este juízo sobre o prognóstico tem paralelo na frase humorística de um professor de Lausana aos seus estudantes: «Um diagnóstico rigoroso espanta-vos a vós mesmos. Um tratamento eficaz espanta o confrade. Mas o que espanta o doente é um prognóstico exacto.» Juízo humorístico.

Contudo, este humor erra o alvo. Em todo o caso, o prognóstico não é um punhado de poeira atirado aos olhos do doente por um charlatão. Se é, por um lado, uma maneira de inspirar confiança ao doente, é sobretudo, para o médico, a solução dada a um problema de grande complexidade.

Um doente no seu leito é um terrível nó que ali está para ser desatado. Causas obscuras, antigas e recentes o levaram ali. Quais? E que vai acontecer-lhe? A morte, ou a cura? O prognóstico — que aliás não será comunicado ao doente se for desfavorável — é uma ordenação, através do pensamento do médico, do extraordinário emaranhado de sinais que a observação lhe propõe. Hipócrates é muito sensível à grande complexidade de factos oferecidos aos médicos por qualquer doença. Por outro lado, conhece o valor relativo desses factos. Não ignora, por exemplo, que os sinais mais certos de um desenlace mortal podem ser contraditados, em certas doenças que nomeia, por sinais favoráveis que o médico fará bem em não esquecer. É sobre um conjunto de inúmeros sinais que o médico deve estabelecer o seu prognóstico: e ainda assim esse prognóstico tem sempre um carácter hipotético e, por assim dizer, movediço. Uma fórmula admirável aparece, mais que uma vez, sob formas diversas, nos textos de Hipócrates. Esta: «É preciso ter ainda em consideração os outros sinais.» Palavras de honestidade intelectual, mas também palavras de esperança. A vida é um fenómeno demasiado complexo para que se não possa sempre, por um desvio inesperado, tentar salvá-la e muitas vezes consegui-lo.

A falar verdade, os sábios modernos não deixam de sublinhar as fraquezas do prognóstico hipocrático: estas fraquezas provêm de um facto que deve ser constantemente lembrado, a ignorância quase total do médico em anatomia e sobretudo em fisiologia. Como, persuadido, por exemplo, de que as artérias conduzem ar (!), estará o médico em condições de elaborar um prognóstico assente, como ele quereria, nas causas da doença? Contudo, há já casos em que os poucos conhecimentos que tem dessas matérias lhe permitem fazê-lo. Desde que saiba mais, o seu prognóstico tornar-se-á mais firme.

De resto, para Hipócrates, o prognóstico não tem o seu fim em si mesmo. É nele que assenta o tratamento (e neste sentido equivale ao diagnóstico moderno). Ora, em matéria de tratamento, os outros médicos que não pertenciam à escola de Cós estavam entregues à imaginação ou ao acaso. Ou se apoiavam em considerações teóricas arbitrárias, ou aceitavam sem verificação os tratamentos ditos provados pela tradição. O autor do *Regime das Doenças Agudas* fala com ironia dos tratamentos contraditórios a que chegavam estes médicos ignaros. Escreve:

«Os médicos não têm o hábito de agitar tais problemas. Se os agitassem, certamente não encontrariam soluções para eles. Contudo, daqui ressalta, para o público, um grande desfavor sobre toda a profissão médica, a tal ponto que se chega a crer que a medicina é simplesmente uma arte inexistente. Verifica-se, com efeito, que, nas doenças agudas, os práticos diferem de tal maneira entre si que a prescrição ordenada por um como a melhor será pelo outro condenada como detestável. Deste ponto de vista, há que comparar a medicina com a arte dos adivinhos que olham a mesma ave como de bom augúrio se voa à esquerda, como de mau augúrio se voa à direita... Mas outros adivinhos têm, sobre as mesmas coisas, opiniões diametralmente opostas. Digo, pois, que a questão que acabo de levantar é de uma extrema beleza e toca a maior parte dos pontos da arte médica e os mais importantes; porque ela pode muito, para todos os doentes quanto ao seu restabelecimento, para as pessoas saudáveis quanto à conservação da saúde, para as pessoas que se entregam aos exercícios ginásticos quanto ao aumento das suas forças; numa palavra, aplica-se a tudo quanto se quiser.»

Esta passagem é de um bom senso que faz pensar em Molière, não sem razão. A indignação do autor, o seu entusiasmo por esta medicina que levanta questões «de extrema beleza», brilham através da ironia.

Outros textos indicam claramente o bom método a seguir nas prescrições a dar. Não entremos no pormenor. Indiquemos antes uma das direcções que se afirmam, a propósito, na *Colecção Hipocrática:* essa direcção é também uma linha de cumeada do pensamento de Hipócrates.

Hipócrates conhece os limites da ciência que está fundando. Esses limites estão fixados ao mesmo tempo pela natureza do homem e pela natureza do universo. O homem-microcosmo e o mundo-macrocosmo são, cada um, o espelho do outro. Nesta maneira de pensar e de exprimir não entra nenhuma concepção mítica do mundo natural. Nada mais que um realismo fundamental. Hipócrates reconhece que para as conquistas da medicina sobre a doença e a morte existem *barreiras*.

Admite, por outro lado, que estes dois mundos — microcosmo e macrocosmo —, apoiados um no outro, são ao mesmo tempo fronteiras da ciência e caminho da cura. A cura produz-se no homem graças ao concurso da natureza e, em primeiro lugar, pelo trabalho do organismo humano. O objectivo de Hipócrates — que começa por parecer modesto — é a de dar uma ajuda à acção curativa da natureza. «A natureza é o médico das doenças», diz-se nas *Epidemias V.* «É a própria natureza que abre à sua acção os caminhos. Ela não tem de reflectir... A língua executa sozinha o seu ofício. Muitas outras coisas se fazem assim. A natureza, que não recebeu ensinamentos, que nada aprendeu, faz o que convém.» Noutra passagem, lê-se: «A natureza age sem mestres.»

O médico, cuja função é manter o homem com saúde, procura e encontra no mundo natural e no corpo humano aliados que sabe serem benéficos. O tratamento ordinário do doente consiste em abrir à acção da «natureza medicadora» um caminho justo, um caminho apropriado a cada caso determinado. Porque o corpo organizado possui como que uma vitalidade activa que lhe é própria: tende, por si mesmo, a manter-se na existência empregando recursos múltiplos. Por isso mesmo, o concurso do homem da arte, graças ao seu conhecimento dessas actividades salvadoras do corpo, não é de modo algum descurável: casos há em que é decisivo.

Esta concepção da natureza medicadora não é, como certos historiadores pensaram, a de uma medicina preguiçosa, que resultaria em deixar a natureza agir sozinha. É, pelo contrário, um *conhecimento* assente sobre factos observados, segundo o qual cada organismo humano é um reservatório de forças biológicas, de forças que se defendem espontaneamente contra a sua própria destruição. O médico ajuda o homem na medida em que conhece o jogo dessas forças que o animam e constituem a vida. Conhecimento-acção, eis um dos temas clássicos da civilização grega.

Alguns dos processos de defesa do corpo funcionam por si mesmo. Mas é permitido pensar que este jogo de defesa pode ser também ajudado pelo médico que penetrou os seus poderes. A natureza precisa por vezes de ser amparada: Hipócrates pede ao médico que esteja sempre pronto a responder aos apelos e às possibilidades do organismo e a remediar as insuficiências que nele se encontrem.

O exemplo clássico nesta matéria é a prática da respiração artificial. Já o pulmão, privado de oxigénio, tentou aumentar o seu ritmo respiratório. O sangue multiplica os glóbulos vermelhos. Defesa natural e espontânea. O médico que pratica a respiração artificial não faz mais que suprir as lacunas da natureza: manobra as últimas reservas de um corpo cuja capitulação estava próxima.

Este médico, colaborador da natureza, não preencherá uma função mais alta e inteligente que o taumaturgo ignorante que se louvaria de «criar saúde» a partir de nada?

O médico que espreita «a ocasião fugaz» sobre o próprio terreno da «experiência escorregadia» é um modesto mas eficaz fabricante de vida. Tal como o poeta não fabrica as suas imagens a partir do nada, mas a partir do real, o médico fabrica o homem com saúde a partir do que encontra no corpo do doente, a partir da natureza humana observada e utilizada.

Não foi ao nada, foi ao Sol que Prometeu arrancou o fogo.

*

Tais são os passos rigorosos da medicina hipocrática, tal é a filosofia da profissão médica que Hipócrates tira da natureza e do corpo humano. Nesta exposição insisti mais nos métodos da ciência que Hipócrates fundou do que nos resultados que obtém. É que a ciência progride mais pela justeza dos métodos que pela acumulação dos resultados.

Tanta altura intelectual, tanta modéstia e elevação de pensamento encontram a sua conclusão, o seu coroamento esplêndido no comportamento moral que Hipócrates exige dos discípulos e ele próprio pratica.

Indiquei acima os textos de carácter ético da *Colecção* — *O Juramento, A Lei, O Médico,* etc. Lembro que foram sem dúvida escritos no tempo da velhice de Hipócrates ou pouco depois da sua morte, mas conformemente aos seus princípios e à sua prática. Precisemos que o *Juramento,* que dá forma escrita a um uso antigo e sem dúvida primitivo da Escola, é, por um lado, o texto mais antigo da *Colecção,* e, por outro lado, e ao mesmo tempo, na sua forma actual, um pouco mais recente que os grandes tratados hipocráticos do século V. É também o mais importante dos textos éticos.

Eis a tradução integral desse juramento, que os médicos pronunciavam no momento de abordar a profissão:

«Juro por Apolo médico, por Esculápio, por Higia e Panaceia, por todos os deuses e deusas, tomando-os por testemunhas, que cumprirei, segundo o meu poder e o meu juízo, o juramento e o compromisso seguintes:

«Terei por aquele que me ensinou a arte da medicina o mesmo respeito que pelos autores dos meus dias; partilharei com ele os meus bens e, se for necessário, proverei às suas necessidades; seus filhos serão para mim meus irmãos e, se eles desejarem aprender a medicina, ensiná-la-ei sem salário nem compromisso.

«Darei parte dos preceitos, das lições orais e do resto do ensino que recebi a meus filhos, aos filhos de meus mestres e aos discípulos ligados por um compromisso e por um juramento à fé médica, mas a ninguém mais.

«Dirigirei o regime dos doentes em seu benefício, segundo o meu poder e o meu juízo, com vista a afastar deles todo o mal e todo o dano.

«Não entregarei a ninguém veneno, mesmo se mo pedirem, nem tomarei a iniciativa de o aconselhar. Igualmente não darei a mulher alguma pessário abortivo.

«Passarei a minha vida e exercerei a minha arte em continência e pureza.

«Não praticarei a operação da talha e deixá-la-ei àqueles que dela se ocupam.

«Seja qual for a casa em que eu entre, entrarei nela para bem dos doentes, preservando-me de todo o erro voluntário, de toda a corrupção e particularmente da sedução de mulheres e de rapazes, livres ou escravos.

«Tudo quanto eu tiver visto ou ouvido no exercício e mesmo fora do exercício da minha profissão e que não deve ser divulgado, eu o calarei, encarando o silêncio como meu estrito dever.

«Se me mantiver fiel a este juramento e o não infrigir, que me seja dado gozar afortunadamente a minha vida e a minha profissão, honrado para sempre entre os homens; se o violar e for perjuro, que eu sofra a sorte contrária.»

A maior parte dos estados modernos exigem que os médicos sejam ajuramentados. Mas o próprio emprego da palavra juramento se tornou as mais das vezes abusivo. Em geral, o médico apenas se compromete pela sua honra ou faz uma promessa. A evolução das crenças, os progressos da ciência parecem ter praticamente esvaziado o velho texto de Hipócrates do seu conteúdo.

Na minha terra, o cantão de Vaud, o médico compromete-se nestes termos perante o prefeito do distrito, representante do Conselho de Estado, que exerce o poder executivo.

«Depois de ter tomado conhecimento dos princípios fundamentais da deontologia e das disposições legais que regulam a minha profissão, comprometo-me, por minha honra, a respeitá-los fielmente, prometo exercer esta profissão com a consciência, a dignidade e a humanidade que a sua finalidade auxiliadora exige.»

Nada ficou da interdição de receitar venenos: o médico de hoje, que dominou os elementos tóxicos que um remédio pode conter, prescreve «venenos»-remédios durante todo o dia. Nada sobre a interdição do aborto solicitado: esse aborto tornou-se legal, em mais de um caso. Ficou a deferência para com os colegas, prevista pelas disposições da deontologia. Ficou o segredo profissional protegido — pelo menos teoricamente — pela Lei Sanitária de 9 de

Dezembro de 1952 e igualmente pelo Código Penal Suíço, cujo artigo 321 dispõe que aqueles «que tiverem revelado um segredo médico que lhes fora confiado em virtude da sua profissão, podem ser punidos com prisão e multa».

Ficam, sobretudo, na promessa de Vaud, tomada a título de exemplo, essas belas palavras de *consciência, dignidade, humanidade*, esse prosseguimento de uma única *finalidade auxiliadora*, que são como que um eco longínquo mas autêntico do amor que Hipócrates dedicava aos seus doentes e que ele exigia dos seus discípulos.

A promessa do médico genebrino, intitulada ainda *Juramento de Genebra*, está mais perto do juramento de Hipócrates. É prestada perante a assembleia geral da Associação dos Médicos, não perante a autoridade política. Nestes termos:

«No momento de ser admitido no número dos membros da profissão médica:

«Tomo o compromisso solene de consagrar a minha vida ao serviço da Humanidade.

«Conservarei para com os meus mestres o respeito e o reconhecimento que lhe são devidos.

«Exercerei a minha arte com consciência e dignidade.

«Considerarei a saúde do meu paciente como meu primeiro cuidado.

«Respeitarei o segredo de quem a mim se tiver confiado.

«Manterei, na medida de todos os meus recursos, a honra e as nobres tradições da profissão médica.

«Os meus colegas serão meus irmãos.

«Não permitirei que considerações de nação, de raça, de partido ou de classe social venham interpor-se entre o meu dever e o meu paciente.

«Guardarei o respeito absoluto da vida humana, desde a concepção.

«Mesmo sob ameaça, não admitirei fazer uso dos meus conhecimentos médicos contra as leis da Humanidade.

«Faço estas promessas solenemente, livremente, por minha honra.»

Este *Juramento de Genebra* foi adoptado pela assembleia geral da Assembleia Médica Mundial, em Genebra, em Setembro de 1948.

*

O *Juramento*, a *Lei*, e os outros tratados éticos de Hipócrates suscitam ainda outras observações.

A primeira, não destituída de importância, é que as instruções dadas ao médico sobre a prática da sua profissão, se estão reunidas e reforçadas nestes escritos pela forma do juramento, nunca são contraditadas mas pelo contrário confirmadas pelos outros tratados da *Colecção*, nomeadamente por aqueles que é permitido atribuir a Hipócrates. Estamos pois perante a simples codificação de usos antigos, e esta codificação é feita conformemente à inspiração do Mestre, numa inteira fidelidade à sua memória.

Nenhuma das práticas interditas pelo *Juramento* se encontra nos sete livros das *Epidemias*, notas que, como vimos, foram redigidas sem cuidados, sem preocupação de publicidade, e de que uma parte pelo menos é do punho de Hipócrates; o conjunto, espelho sem mancha da prática da escola.

Outro aspecto. Os escritos éticos dão a maior atenção ao porte do médico, ao seu comportamento físico e moral. Ele só entra nas casas «para bem do doente». Esse doente, qualquer que seja, qualquer que seja a sua condição social, quer se trate de uma mulher, de um homem ou de uma criança, seja de condição livre ou escravo — não é para o médico mais do que um ser sofredor, um «paciente» no sentido forte e etimológico do termo. Tem direito às atenções, ao respeito do médico, e este respeita-o como deve respeitar-se a si próprio.

«O médico», escreve o autor da *Boa Conduta*, «como o bom filósofo, com quem se parece, pratica o desinteresse, a reserva, o pudor; veste com modéstia; tem a seriedade, a tranquilidade do juízo, a serenidade, a pureza da vida... Possui o conhecimento de tudo o que é útil e necessário, está liberto da superstição.»

O autor do livro intitulado *Do Médico* declara por sua vez que o médico deve possuir a continência e «conservar as mãos puras... Os seus costumes são honestos e irrepreensíveis e, com isto, será grave e humano para com todos.»

Numa palavra, a sua atitude é a do «homem de bem» e ele mostra-se «amável com as pessoas de bem». Diante do doente «nem impulsivo, nem precipitado». Nunca está de mau humor, «sem ser no entanto duma alegria excessiva».

«Não é coisa de somenos, na verdade», continua o mesmo autor, «as relações do médico com os seus doentes», mas relações que requerem «justiça», a do juízo (a justeza) e a da conduta.

Uma das virtudes mais necessárias deste médico homem de bem é a modéstia, virtude intelectual tanto quanto moral. O médico pode enganar-se: reconhecê-lo-á logo que disso se aperceba, e diante do doente, pelo menos se se tratar de «pequenos erros». A sua formação, que foi longa e feita sob a direcção de mestres esclarecidos, guardá-lo-á em geral dos erros graves. Se os comete e se eles podem levar à morte, não deve reconhecê-los na presença do doente, sob pena de comprometer a calma deste. Preferirá consigná-los nos escritos, a fim de esclarecer os médicos das gerações seguintes.

A modéstia, por outro lado, impõe ao médico o dever de apelar para os confrades se se encontrar embaraçado. Lê-se nos *Preceitos:* «O médico que, por causa da sua inexperiência, não está vendo claro, reclamará a assistência doutros médicos, com quem consultará sobre o caso do doente e que se associarão a ele para encontrar a solução... Os médicos que vêem em conjunto um doente não discutirão nem se cobrirão reciprocamente de ridículo. Porque, afirmo-o sob juramento, nunca um médico que propõe um raciocínio deverá invejar o raciocínio de um confrade. Se o fizer, só mostra a fraqueza do seu.»

Finalmente, sempre por modéstia, o médico recusar-se-á a empregar processos que teriam um ar ostensivo, procurando com isso impor-se ao doente. Porque «seria vergonhoso que depois de muito barulho, muita exibição e muitas palavras acabasse por chegar, no fim de contas, a coisa nenhuma». O médico deve escolher em todas as circunstâncias o meio de cura onde se encontre o mínimo de ostentação. Esta atitude é a única digna de um «homem de coração e de um homem da arte», ao mesmo tempo. Os dois termos implicam-se um ao outro, porque a arte do médico está ao serviço dos homens. Os *Preceitos* recordam-no numa fórmula inesquecível: «Lá onde houver amor dos homens, há também amor da arte.»

A modéstia do médico resulta em primeiro lugar do amor que ele dedica à arte que exerce; o médico conhece com efeito a imensidade das exigências da sua arte; toma conhecimento delas quotidianamente no exercício da sua profissão, como toma consciência dos limites das suas capacidades. Mas em segundo lugar, porque ele ama os homens que trata, porque tem o sentimento agudo do carácter precioso e complexo da vida que deseja proteger, a modéstia impõe-se ao médico que tem em si a responsabilidade dessa vida.

O amor dos homens e o amor da arte são os dois pólos do seu humanismo.

*

Insistamos, para terminar, num último aspecto, apenas indicado até aqui.

A *Colecção Hipocrática* nunca faz, em nenhum dos seus numerosos tratados, a menor distinção entre os escravos e as pessoas de condição livre. Uns e outros têm os mesmos direitos à atenção, ao respeito e aos cuidados do médico. Não apenas os escravos, mas os pobres, que começam a ser muitos em todo o mundo helénico, pelos finais do século V, e cuja vida, muitas vezes, não é menos dura que a dos escravos.

Nos livros das *Epidemias* não redigidos por Hipócrates (que indica raramente nas suas notas a profissão dos pacientes), eis algumas das profissões designadas pelo médico: carpinteiros, sapateiros, correeiros, pisoeiros, vinhateiros, hortelões, mineiros, pedreiros, mestres primários, taberneiros, cozinheiros, palafreneiros, atletas profissionais, diversos funcionários (que podem ser escravos públicos), etc. Num grande número de casos, a profissão não é dada. Há também muitas mulheres, livres ou escravas. Vê-se que estas profissões são modestas ou modestíssimas. É de crer que alguns dos operários indicados sejam escravos. Essa indicação é dada mais que uma vez.

Escravo, estrangeiro ou cidadão, para o médico não faz qualquer diferença. O autor dos *Preceitos* chega mesmo a pedir «que se trate com atenção particular o doente estrangeiro ou pobre».

Ora, acontece que este «preceito» é seguido, e mais do que isso. Se relermos as fichas de doentes de um só livro das *Epidemias,* tomado ao acaso, o quinto livro, verificamos que em cem doentes dezanove e talvez mais (é muitas vezes difícil distinguir) são seguramente escravos (doze do sexo masculino, sete mulheres). Alguns foram tratados em Larissa de Tessália, durante a estada assaz longa que ali fez o médico periodeuta que redige o livro V. Todos parecem ter beneficiado de cuidados vigilantes e prolongados. Uma das mulheres escravas morre duma afecção encefálica por altura do quadragésimo dia, depois de ter estado muito tempo sem conhecimento.

Eis o caso de um moço de cavalariça, um escravo escolhido entre estes dezanove. Tem onze anos, e foi ferido por uma patada de cavalo na testa, por cima do olho direito. «O osso parece não estar são», diz o médico, «e dele saiu um pouco de sangue. O ferido foi amplamente trepanado até à díploe (sutura de duas placas ósseas formando a superfície interna e externa do crânio). Em seguida foi tratado, conservando-se o osso a descoberto, e o tratamento ressequiu a porção de osso primeiramente serrada. Por alturas do vigésimo dia, começou uma tumefacção perto da orelha, com febre e arrepios; o inchaço era mais considerável e doloroso durante o dia; o movimento febril começou por um estremecimento; os olhos tumeficaram-se, assim como a fronte e todo o rosto; o lado direito da cabeça era o mais afectado; mas a tumefacção passou também para o lado esquerdo. Não aconteceu nada de desagradável; para o fim, a febre foi menos contínua; isto durou oito dias. O ferido escapou: foi cauterizado, tomou um purgante, e teve aplicações medicamentosas sobre o inchaço. A ferida nada tinha que ver com estes acidentes.»

São muito diversas as afecções de que sofrem os doentes deste livro V. Exemplo: angina, surdez, gangrena ou esfacelo, pleurisia, peripneumonia, tísica, diarreias e outras perturbações do intestino ou do estômago, tumor no ventre, perturbações da bexiga, cálculos, anorexia febril, erisipela, e muitas outras. Muitas vezes trata-se de chagas resultantes de acidentes, ou de casos de gravidez. Em geral, o médico não parece tratar ou anotar nas suas fichas senão doenças graves: não se interessa pelos pequenos achaques.

A mortalidade é muito elevada. Dos dezanove escravos tratados no livro V. doze morrem. Mas a proporção dos mortos não é menos forte para o conjunto dos doentes que para os escravos. Em quarenta e dois casos assinalados nos livros I e II das *Epidemias*, vinte e cinco têm desenlace mortal. Um médico do final da era pré-cristã declara que devem ser lidas as *Epidemias* porque elas são «uma meditação sobre a morte». Os homens desse tempo ainda morriam como moscas! E como poderia ser doutra maneira? A medicina, tal como a descrevemos, ignorando o essencial da anatomia, porque a dissecação lhe é interdita pelos costumes, não está ainda em condições de baixar a taxa «natural» da mortalidade. Natural? Quero dizer: aquela que o meio natural e o seu próprio corpo tinham fixado à espécie humana. Contudo, virá uma dia em que os médicos poderão dizer, e não só como em Molière: «Nós modificámos tudo isto.»

Pelo menos, entre estes homens tão perigosamente mortais, a medicina não distingue. Os escravos, para ela, são também criaturas humanas. Trata-se de um facto tão surpreendente que vale a pena pô-lo em evidência, antes de concluir. É certo que o proprietário pode ter interesse em conservar este capital humano. Mas que vale este rapaz de onze anos, cuja história contei? Menos do que nada, menos do que as despesas do prático, sem dúvida.

Aliás, o tom em que são redigidas as anotações do médico, idêntico qualquer que seja a condição social do paciente, parece revelador desse misto de interesse científico e de simpatia humana que define o humanismo de Hipócrates.

Pensemos nos dois grandes filósofos dos séculos seguintes, no seu desprezo por essas «ferramentas animadas» que são os escravos!

Pelo seu espantoso apetite de saber, pelo rigor da sua pesquisa sempre vivificada pelo raciocínio, enfim, pelo seu devotamento à criatura sofredora, por essa amizade oferecida *a todos os homens* sem distinção, a medicina de Hipócrates atinge o nível mais alto do humanismo de século V e ultrapassa mesmo ousadamente, neste último ponto, as maneiras de viver e de pensar desta época.

Oferecendo a todos os homens a salvação corporal que, no meio das dificuldades, procura para eles, é, nas trevas da sua ignorância, a mais bela das promessas.

Quanto ao resto, não esqueçamos as palavras de Bacon (que cito de memória): «A medicina pode mais do que julga.»

VIII

O RISO DE ARISTÓFANES

O riso de Aristófanes: a coisa menos ática, a mais livre, a mais grosseira que há? Não. Ou então: a mais graciosa, a mais alada do mundo? Também não. Ou talvez duas vezes sim. Todos os risos *ao mesmo tempo*. Nos dois pólos: o riso satírico e o riso da alegria. Com tudo quanto está entre eles.

Logo, dois risos principais. O primeiro, que participa da cólera, o riso que dilacera, que faz em pedaços a estupidez, as absurdidades que crescem com abundância sobre o terreno da «ordem social» em que Atenas, no final do século V, se situa. A idade de ouro cansa-se de produzir obras-primas de mármore que ninguém acabará. O imenso império que as pagava com o seu dinheiro e o seu trabalho desarticula-se. A metrópole tenta em vão tornar a coser os pedaços com o sangue das repressões... Então, no palco do teatro de Dioniso, durante todo o último quarto do século, ouve-se rolar como um trovão o riso de Aristófanes. A sátira denuncia as contradições em que se enterra a democracia imperialista; denuncia os desastres da guerra, a miséria desvairada do povo; põe no pelourinho os demagogos mentirosos, aproveitadores e ladrões, os generais vaidosos e imbecis, a estupidez do Povo-Soberano enganado de sofismas e de lisonjas; exibe à luz do dia os malefícios da educação nova; põe uma nota de infâmia no reinado cego da Língua sobre o povo dos Braços--Cruzados. Tudo isto sem nunca deixar de rir e de encher o palco e o céu com as suas cambalhotas de acrobata. Este riso é o riso satírico — riso *contra*.

Mas não esqueçamos o riso *com*. O riso que nos entrega ao amor das coisas, ao amor dos campos e dos mais humanos bens elementares — o pão, o vinho, a paz. O riso que reaviva em nós a beleza das árvores e das flores, a graça bravia dos animais da herdade e dos bosques, o riso que fala a inefável linguagem das aves. O riso que desabrocha com os nossos gestos «naturais», com os gestos do amor, o riso fisiológico, o riso lírico da alegria.

Este riso, que é o simples júbilo da criatura feliz de viver ao sol da terra, este riso restitui-nos ao sentido do real reencontrado, torna a plantar-nos, após uma última combalhota que parece desafiar em pleno céu as leis da gravidade, com os pés no chão, em terra firme. Este riso exprime, esquecida a sátira, a volúpia de viver, como criatura carnal, no mundo rebrilhante das cores e das formas, a volúpia de possuir a realidade. A alegria de ser um homem situado no coração da beleza do mundo. E de rir porque se é homem. Aristóteles soube dizê-lo: «O homem é o único dos seres vivos que sabe rir.» O que Rabelais muito exactamente traduz, para pôr em epígrafe do seu *Gargântua:* «O riso é próprio do homem.»

A função comum destes dois risos, aliás inseparáveis — o satírico e o lírico — é a sua virtude curativa. Aristófanes considera-se o «mestre de escola» da sociedade ateniense, o educador da juventude do seu povo. O riso faz parte da sua terapêutica. O homem atinge a sua plenitude, a sociedade ganha o seu equilíbrio na alegria reencontrada. Existe uma «catarse», uma purificação pelo riso. O riso que nos restitui ao bom senso, restitui-nos à nossa verdadeira natureza. Somos doentes: o riso restitui-nos à saúde.

Indissoluvelmente ligados um ao outro, estes dois risos de Aristófanes não separam nada do que na realidade e no coração do homem é unido ou se contraria. Não separam as palavras das coisas que elas designam e dos actos que denominam. Não separam a detestação da guerra do amor carnal da paz. Não separam os corpos das almas, como se, separada do corpo, a alma pudesse ter outra coisa que uma vida amputada, como se o corpo e a alma não fossem, na sua conjunção inaudita, a respiração um do outro.

*

Remontemos às duas fontes gémeas destes dois risos solidários.

O riso satírico enraiza-se num velho folclore que é de todos os tempos e de todos os países. Anteriormente a Aristófanes, existiam na Grécia, particularmente na região dória — em Esparta e em Mégara —, farsas populares improvisadas, nascidas do simples prazer que o homem tira da imitação, da caricatura dos ridículos humanos. Apesar da pobreza da nossa informação, sabemos que os mimos de Esparta representavam, usando máscaras assustadoras e cómicas, velhas desdentadas, ladrões de fruta e de carne, sapientes doutores estrangeiros. Escavações recentes encontraram algumas destas máscaras. A farsa megarense dispõe duma colecção de máscaras, a mais conhecida das quais é a do cozinheiro, do ogro-cozinheiro.

Ligados a máscaras cómicas, nascem tipos na Grécia. Estas personagens típicas são igualmente as que povoam todas as comédias populares, antigas e modernas. Nada mais curioso, com efeito, que encontrar sobre os palcos da *commedia dell'arte,* ou na corte dos Valois, ou nas aldeias do Brandeburgo ou da Inglaterra — como em Molière e Shakespeare —, personagens que se parecem como irmãos com as das atelanas latinas ou da comédia de Aristófanes e de Menandro. Os mesmos ridículos morais ou físicos, a bossa de Polichinelo ou o fraseado de um médico estrangeiro divertem, a séculos de distância, públicos que nada têm em comum senão ser o riso próprio do homem.

Lembrar alguns destes tipos esclarecerá a comédia de Aristófanes.

Eis a máscara do pedante, o sábio doutor estrangeiro. Este tipo existe nas atelanas latinas, sob o nome de Dosseno, o pedante corcunda. Na cena italiana, é *il dottore,* ora legista, ora médico, possui a ciência infusa e exprime-se em douta linguagem. No *Puppenspiel* alemão, é um taumaturgo e um charlatão chamado Dr. Fausto. Em Molière, é o grupo dos Diafoirus, Desfonandrès e consortes, e, na comédia shakespeariana, é o extraordinário Dr. Caius das *Alegres Comadres,* que emprega uma suposta algaraviada de físico francês.

Outro tipo da comédia popular: o velho libidinoso, ciumento e avaro. É Papus nas atelanas, Euclião em Plauto, Pantalão em Veneza, Volpone em Ben Jonson e, mais tarde, no teatro clássico francês, Harpagão e Bártolo. Não esquecer, com efeito, que Harpagão não é apenas avarento, embora essa característica seja nele levada ao extremo: encontramos nos seus grotescos amores, na sua rivalidade com o filho, traços do antigo Pantalão debochado.

Mencionei já o ogro-cozinheiro de grande boca e longos dentes, ora glutão, ora feroz. Chama-se Meson em Mégara, ainda antes de Aristófanes. É o Manducus das atelanas latinas, o Hans Wurst glutão, bêbedo, obsceno — papão trémulo — do *Puppenspiel.* É o Arlequim da comédia italiana, de máscara preta de negro, por vezes de faca nos dentes.

Eis o importante bando dos fanfarrões, de que Aristófanes fala como personagens essenciais da comédia grega. Estes fanfarrões são as mais das vezes impostores e sempre importunos. Com as suas múltiplas pretensões atravancam a segunda parte da comédia de Aristófanes. Por toda a parte são ridicularizados e espancados. O Pulcinella napolitano, o Polichinelle francês, pertencem à família dos fanfarrões sovados. O mesmo acontecia aos importunos de um curioso drama popular que ainda há poucos anos se representava na Alemanha do Norte, o *Kasperlspiel*. Kasperl é um bom homem que, como Diceópolis ou Trigeu em Aristófanes, só quer viver em paz com toda a gente. Impede-o disso um desfile de desmancha-prazeres: um recebedor de impostos, um bufarinheiro polaco, a sua própria mulher, a sogra, o Diabo, a Morte e outras personagens, todos expulsos à cacetada, entre chalaças. O argumento do Kasperlspiel está muito perto dos apeleamentos de enfadonhos que se sucedem nos *Arcarnânios*, na *Paz,* nas *Aves* de Aristófanes.

Há um fanfarrão que merece uma menção particular: o soldado fanfarrão. A sua máscara está tão espalhada na história da comédia como o rosto da guerra o esteve na história dos homens. *Miles gloriosus* e «Tomador de praças fortes» (Pyrgopolinice) em Plauto, Capitan na *commedia dell'arte,* Matamoros da comédia espanhola. (Uma personagem chamada Matamore revive ainda em *Illusion de Corneille,* onde encanta a comédia de imaginações fantásticas e feéricas.) E não esqueçamos o capitão Fracasse, criação franco-italiana. E adiante.

Deixo também de parte outras máscaras, as de lacaios, por exemplo.

O teatro de Aristófanes está todo cheio destas máscaras, ou, pelo menos, de sinais destas máscaras sobre o carácter das personagens. Aristófanes herdava, sem dúvida, da comédia popular anterior, uma colecção de tipos cómicos, dos principais dos quais já falei — pedante, velho sovina e debochado, ogro-cozinheiro, fanfarrões de todas as cores. Rejuvenesce estes tipos tradicionais aplicando as máscaras que os caracterizam a personagens históricas da Atenas do seu tempo, a um ou a outro dos seus contemporâneos sentados nas bancadas do teatro. Ou, se não lhes aplica exactamente a máscara apropriada, inspira-se, para a criação poética da personagem, nas imagens que a máscara sugeria.

Duas personagens parecem ter usado no seu teatro a máscara do Matamouros. Em primeiro lugar, Lamacos, nos *Acarnânios,* a comédia dos vinte anos do poeta, toda dirigida contra o imperialismo ateniense e a guerra que dele resultava. Este Lamacos era um honrado general que mais tarde se fez matar corajosamente na campanha da Sicília. Tinha a infelicidade de usar um nome que significava claramente em grego *Batalhador*. Aristófanes veste de

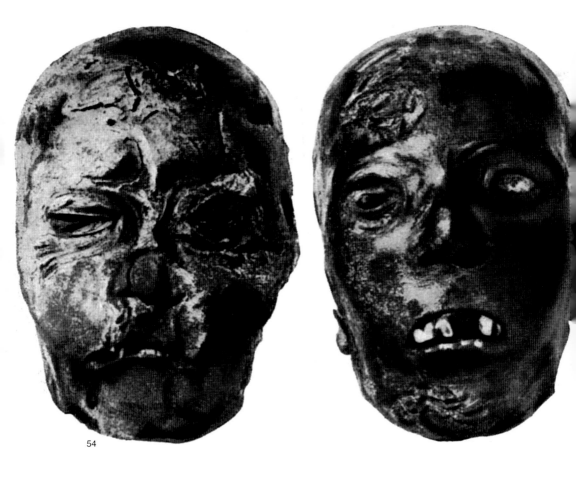
54

capitão Fracasse este Lamacos-Batalhador, manda-o guardar desfiladeiros para as fronteiras, debaixo da neve, e faz dele o herói duma aventura grotesca, donde volta com um tornozelo torcido, amparado por dois soldados. Em estilo épico grandiloquente faz a narração da sua ridícula proeza; despede-se da pluma do capacete como Ifigénia da luz do dia. Tudo isto sob os olhos irónicos de Diceópolis-bom-cidadão que, tendo concluído para si e para os seus uma paz separada, regressa vencedor de um concurso de bebedores, muito tocado e amparado por duas cortesãs seminuas.

Uma personagem mais importante poderia ainda ter arvorado a máscara do soldado fanfarrão: o Ésquilo das *Rãs*. Ésquilo é, para o satírico Aristófanes, que o admira muito e dele troça amigavelmente, o poeta dos militares e dos valentões. Os seus heróis «só respiram piques, lanças, capacetes de brancas plumas, elmos, perneiras, almas vestidas de sete peles de boi». E gaba-se disso. O seu estilo define-se em termos militares; usa, em vez de poeta, máscara do mata-mouros: «um estilo de sobrancelhas e penachos, espécie de estranho papão... um estilo empoleirado num cavalo.»

A um dos mais ilustres dos seus contemporâneos, ao sábio enigmático, a Sócrates, Aristófanes parece aplicar a máscara do sábio doutor, tal como a aplica ao poeta raciocinador e subtil, Eurípides. Sócrates, com a sua pretensão de cingir o mistério do homem e da natureza, com a dialéctica das suas coversações intermináveis que deixam o interlocutor atónito e desconcertado, com essa ciência que ele declara não possuir e que dissimula sob o manto da sua ironia percuciente — Sócrates, para o popular ateniense, não é mais que um divertido prestidigitador: não é o sábio, é o sofista dos sofistas. Quanto a Eurípides, o intelectual, o poeta «de língua afiada, o dissecador de palavras, que destrói com as suas subtilezas trabalhadas toda a alta inspiração, todo o esforço do génio», é um outro impostor a ridicularizar... Eurípides e Sócrates, ambos se lembram da máscara do «sábio doutor estrangeiro», ambos têm direito a ela.

Eis, duas vezes reconhecível na mesma comédia — os *Cavaleiros* — a máscara do ogro-cozinheiro: a do ogro-voraz e a do parasita glutão que dele deriva. A máscara do ogro alimenta a criação da principal personagem da peça, o temeroso Agoracrito, salsicheiro de seu ofício e demagogo por promoção da sorte. Muitos traços designam neste orador iletrado mas de palavra fácil um cozinheiro papão. Na sua infância, diz ele, foi bicho de cozinha. «Fui criado a sopapos, nos matadouros... Enganava os cozinheiros, dizendo-lhes: 'Olhem, rapazes, não estão a ver? Uma andorinha, estamos na Primavera.' E eles olhavam, e eu, entretanto, palmava um bocado de carne.» As imagens mais saborosas da personagem são imagens culinárias: «E eu, ó Povo, se não te amo, se não te quero bem, que me cortem em bocadinhos e me façam em guisado! E se não tens fé nas minhas palavras, que eu seja, naquela mesa que ali está, rapado como queijo!» Passando da salsicharia à política, Agoracrito continua a exercer o mesmo mister: «Governar o povo», diz ele, «é muito simples: misturar, enredar, embrulhar os assuntos todos juntos, conquistar a multidão com palavrinhas doces, falar da maneira como se faz um guisado.» Agoracrito tem o formidável apetite do ogro. «Que me sirvam um estômago de boi e uma pança de porco! Depois de os ter engolido, e bebido por cima o caldo, sem mesmo me limpar, descomporei os oradores.» Notemos ainda que se ele consegue suplantar o rival nos favores de Demos é graças a um concurso de cozinha. Finalmente, é por meio de uma operação culinária que, no fim da comédia, ele rejuvenesce Demos, o Povo-Soberano. «Mandei-vos cozer Demos e de feio o fiz belo...»

O ponto de partida da brihante criação de Agoracrito nos *Cavaleiros* está pois na existência da máscara de Meson, o ogro-cozinheiro de Mégara. Que Aristófanes tenha repintado a máscara de cores frescas, colhidas na realidade política do seu tempo é evidente, mas trata-se de um assunto, de um aspecto do seu génio de que neste momento me não ocupo.

Assinalo ainda, nestes mesmos *Cavaleiros,* uma outra personagem, o adversário de Agoracrito, o escravo paflagónio Cléon. Esta personagem esclarece-se em parte pela existência de um tipo da comédia popular atestado anteriormente a Aristófanes e que provém igualmente do ogro-cozinheiro, mas com sensíveis diferenças. É o glutão já não aterrador, mas aproveitador, é o parasita lisonjeiro.

O Cléon dos *Cavaleiros* é um escravo que se insinuou na casa de um rico burguês, de nome Demos, figura alegórica claríssima em Atenas. Ele governa o seu senhor pela lisonja, prestando-lhe constantemente pequenos serviços, como meter-lhe debaixo do assento uma almofada na altura própria ou oferecer-lhe os seus cabelos para limpar os dedos quando se assoa. O parasita hábil acaba por tornar-se intendente da casa e, como esta casa é a do Povo ateniense, este papa-jantares duma casa burguesa torna-se, por alegoria e metáfora, o explorador da democracia ateniense. Não insisto no partido maravilhoso que o poeta tira desta transposição do tipo do parasita do plano privado para o plano público. Basta-me indicar a origem provável da sua invenção: uma máscara de parasita torna-se a figura do aproveitador da República.

E aqui temos quanto às origens do riso satírico. Este riso mergulha — disse-o já — em velhas tradições populares que alimentam e alimentarão no decurso dos séculos a comédia. Mas ainda é precisa, para explicar a brilhante floração da farsa satírica de Aristófanes, esta viva cólera que ressoa no coração e queima, essa generosa cólera contra a degradação próxima das instituições democráticas, contra a deterioração já ameaçadora dos costumes privados e públicos. A presença dessa cólera que recusa o mundo ateniense tal qual é e tal como se está desfazendo, é a seiva que dá vida substancial ao retomar das máscaras e dos tipos herdados do passado.

*

E depois, mesmo ao lado do riso da cólera, estreitamente unido a ele, há o riso da alegria. Donde vem este?

Vem das festas aldeãs dos campos áticos. É o riso das raparigas que correm e se alcançam no vento, de cabelos soltos, levando nas suas mãos vermelhas uma infusa aos trabalhadores. É o riso que acompanha o vinho clareto que se bebe nos dias de festa, ou nos dias de chuva ao canto do lume, com os amigos. Ouçamo-lo:

Que prazer, que prazer
Em me ver livre do capacete, do queijo e das cebolas!
Não gosto de combates,
Mas de estar ao canto do lume com os amigos
A ver quem bebe mais, depois de ter deitado fogo à lenha mais seca,
Aos troncos arrancados no Verão; de assar grãos,
De tostar bolota e de beijar a Trácia
Enquanto minha mulher se lava. Nada é mais agradável,
Depois das sementeiras, do que ver orvalhar e ouvir um vizinho dizer:
Que vamos nós fazer agora, Comarquides?
Por mim, acho que não era mau irmos beber um golo,
Enquanto os deuses trabalham para nós.
Mulher, põe aí a assar três quenices de feijão

Com uns grãos de trigo e passa cá uns figos.
A Sira que diga ao Manes que saia do campo;
Hoje não se pode espontar a vinha,
Nem ajeitar a terra; está tudo molhado.
E tragam-me lá de casa o tordo e dois pintassilgos;
Também havia soro de leite e quatro pedaços de lebre;
Só se a doninha os levou ontem, ouvi um certo barulho...
Traze cá, rapaz, três para nós, um para o pai.
Pede a Esquinades uns mirtos, uns ramos com bagas;
E de passagem dize a Carinades que venha beber um trago,
Já que os deuses nos são propícios e úteis às nossas lavouras.
E quando a cigarra nos delicia com a sua canção,
Gosto de ir visitar as minhas vinhas de Lemnos,
A ver se a uva já está madura (é casta precoce),
A ver se abre o figo novo!
E logo que amadurece é comer a fartar
E sempre a cantar «Ó estação bem-amada».
Depois água de tomilho;
Engordo sempre nesta época.

Aristófanes é um filho dos campos. Nasceu, a acreditar nos *Acarnânios,* na ilha de Égina, pouco depois de ali se ter erguido a uma deusa local esse templo cujas ruínas chamam ainda o viajante entre as oliveiras e os pinheiros. Seu pai possuía sem dúvida um pequeno campo. Foi aí que ele se ligou, que concluiu estreita amizade com a vida rústica que toda a sua obra defende, foi aí que aprendeu a conhecer todas as flores do campo e da horta, e todos os nomes, todos os cantos dos pássaros. Ouviu, no seu pipilar, o apelo da Musa das moitas. Manejou a enxada e o enxadão, cujo metal brilha ao sol e enche de alegria o coração do camponês. Participou nessas festas graves e joviais em que o proprietário e a sua família passeiam ingenuamente ao redor dos campos e das vinhas, para aumentar a colheita, o emblema da geração, um enorme falo pintado de cores vivas. Ouçamo-lo cantar, regressado ao seu domínio de volta da guerra, esse hino fálico em que Aristóteles vê a origem da antiga comédia ática.

Falo, companheiro de Baco,
Alegre conviva, valdevinos nocturno,
Sedutor de mulheres, belo amante de rapazes,
Posso enfim saudar-te, após cinco anos de ausência,
De volta à minha aldeia, com o coração alegre,
Agora que fiz a paz
Para mim sozinho e também para os meus,
Livre de cuidados, de combates e de capitães.
Quão mais agradável é,
Falo, meu velho Falo,
Surpreender a roubar lenha no poço
A Trácia, a escrava de Estrimodoro,
Sabes, a fresca lenhadora,
Agarrá-la pela cintura,
Atirá-la ao chão
E tirar-lhe o caroço...
Falo, meu querido Falo,
Se queres beber esta noite connosco,
Amanhã, para curar a tua dor de cabeça,
Ao nascer do Sol, oferecer-te-ei a taça da paz
E penduraremos juntos o meu escudo
No pano da chaminé.

    Aristóteles não erra quando vê nestes cantos fálicos uma das fontes da comédia. Tais cantos, mesmo condimentados de gracejos, estão cheios da mais sã veia cómica, da alegria de viver na edénica serenidade dos deuses da *Ilíada*, do riso do seu riso homérico que está acima do «pecado» e acima da lei.

    Aristófanes foi muito novo para a cidade. Rapidamente conheceu a celebridade, ao mesmo tempo (é ele que o diz) que se tornava calvo: nunca esqueceu a sua infância campestre. É com o riso do camponês que ele zomba da gente das cidades, que escarnece da estupidez e da maldade. Os maus cidadãos, os vaidosos, os presumidos e os imbecis poderão provocar-lhe a cólera, mas não lhe tirarão a alegria.

*

Estaremos já entrevendo a extrema variedade de tom da comédia de Aristófanes? É dizer pouco afirmar que ela é, ao mesmo tempo, satírica e lírica. Carregada de azedas cóleras, transbordante de sarcasmos e de invectivas, plena de ensinamentos, capaz de dizer aos poderosos e ao povo duas verdades, salpicada da mais grosseira porcaria, chafurda na obscenidade e dela sai coroada de poesia. O seu riso-povo, o seu pesado riso de taberna vai de par com a ironia mais fina, com o humor mais raro, com a paródia mais subtil. Contudo, nesta miscelânia de tons, tudo tem a marca do seu criador, uma marca que só a ele pertence.

A sua invenção cómica caracteriza-se, em primeiro lugar, pela criação de personagens híbridas, extravagante gado poético, ao mesmo tempo vespas e juízes, por exemplo, que nos impõem a sua verdade caricatural, a sua verdade de vespas e de juízes conjuntamente, a vespa que zumbindo e picando esclarece o juiz maníaco e maldoso que condena. Aristófanes enxerta a vespa no juiz, tal como enxerta o ferrabrás em Ésquilo, o ogro no demagogo, ou ainda Eurípides na bela Helena ou na romanesca Andrómeda. Assim nascem, em profusão, personagens verdadeiras e grotescas: os monstros criados pela imaginação acabam por ser a própria verdade. E isto graças à acção em que o poeta os empenha.

Com efeito, Aristófanes não é apenas nem sobretudo um extraordinário inventor de personagens. É, acima de tudo, um prodigioso inventor de acções cómicas. Poucas são as suas comédias que não tomem como ponto de partida uma situação extravagante, uma situação que ofende a lógica, que desafia as leis do equilíbrio social ou moral e que, não obstante, repõe em ordem, faz retornar ao simples bom senso a vida dos homens e da cidade, roída de incoerentes discórdias.

A invenção da acção opera, em relação à realidade, uma ligeira deslocação que nos transporta a um mundo ao mesmo tempo semelhante e diferente do nosso. Aristófanes inventa nas suas comédias uma série de mundos em que as leis naturais, os princípios do raciocínio não funcionam exactamente como no nosso. É como se ele se divertisse em conduzir-nos a um planeta onde, graças a uma diferente lei da gravidade, déssemos sem esforço saltos prodigiosos e levantássemos pesos enormes. Neste mundo criado para elas e só neste mundo, as personagens de Aristófanes são, para nós, autênticas. O carácter insólito do seu comportamento torna-se, subitamente, a coisa mais natural que há.

É desta maneira que, por vezes, neste último quartel do século V, em que a guerra assola Atenas e devasta os seus campos, o poeta imagina uma situação nova para restituir aos seus concidadãos uma nova paz. Basta-lhe misturar à mais autêntica realidade ateniense um grão de heléboro que a vai purgar dos miasmas da guerra, curá-la da loucura da guerra. Do mesmo passo, Aristófanes faz entrar o seu público, o público dos cidadãos, cambaleando de mansa alegria, num mundo imaginário — um mundo habitado por uma outra loucura, a loucura da paz. Pelo prestígio da poesia, este mundo de loucura que tem um tão belo nome seduzirá os homens. Eles acabarão por acreditar nesta realidade doutra espécie que os encanta. Colaborarão com o poeta que dá vida ao mais querido dos seus sonhos. Aristófanes quer que um dia os homens vivam em paz, que por ela se passeiem como, nos dias de festa, as famílias passeiam pelos campos.

Vejamos essas invenções.

Em *Os Acarnânios* (estamos na Primavera de 425, sexto ano de guerra para o povo ateniense), o honrado camponês Diceópolis, verificando que na Assembleia as propostas de paz são escarnecidas pelos magistrados e vaiadas pelo povo ludibriado, tem esta ideia muito simples, esta ideia de absurdo bom senso: «E se eu fizesse a paz para mim sozinho!» Dito e feito, regressa à sua aldeia. Imediatamente todos os bens afluem ao seu mercado: leitões de Mégara, enguias da Beócia e o resto, copiosamente enumerado. Não sem que Diceópolis tenha antes denunciado perante o povo os responsáveis da guerra, e em primeiro lugar Péricles que, no seu crânio olímpico, em forma de cebola, concebeu o sinistro decreto que fechava aos Megarenses os portos da Ática, reduzindo Atenas à fome, arruinando Mégara, subvertendo toda a Grécia. Tudo isto misturado com uma história de mulheres públicas raptadas duma casa de que Aspásia, favorita de Péricles, é dada por patroa... «E eis toda a Grécia a arder por causa de algumas réstias de alhos e três marafonas!»

Diceópolis não quer saber de nada. Bem firme na sua paz, triunfa dos inimigos febris de delírio guerreiro, vinhateiros de humor azedo que querem lapidá-lo por causa das vinhas devastadas, cidadãos cegos de orgulho e de raiva vingativa pelas mentiras da propaganda belicista. O homem «que fez a paz sozinho» ganha a partida que Aristófanes se dispôs a jogar contra a cidade. Ganha-a por chocarrice e razão. Rejubila. O seu júbilo rebenta como uma tempestade de alegria... Nada mais resta aos seus concidadãos que imitá-lo.

Assim, a invenção de Aristófanes mantém-se cingida à realidade histórica e quotidiana de Atenas. O decreto contra Mégara é atestado pelo historiador Tucídides e apresentado por ele como a chave da situação diplomática de que nasceu a guerra. Mas a criação de Aristófanes recompõe esta realidade, primeiro no caricatural, depois no imaginário; o poeta propõe-na ao público para seu deleite e também para sua meditação. A extravagância e, por momentos, a poesia da acção inventada fazem em pedaços a grosseria e o ridículo da realidade política, tal como a estupidez do povo enganado a mantém e a consolida.

Uma outra comédia contra a guerra, representada em 411, num período particularmente negro da matança recíproca das cidades, é a que se intitula *Lisístrata*. Aristófanes não ignora o sofrimento das massas populares arrastadas ao conflito a que chamamos guerra do Peloponeso e que não é outra coisa que a primeira «guerra mundial» da Antiguidade. Ao sangue vertido, à fome, à miséria que por toda a parte se espalham no mundo grego e que vão crescendo sempre desde que há vinte anos rebentou a guerra, respondeu corajosamente Aristófanes imaginando a mais escabrosa e a mais burlesca acção cómica que se poderia inventar. Para infamar, amaldiçoar, aviltar a guerra que — não o esqueçamos — é uma invenção do sexo forte, e também porque, libertando-se do nacionalismo acanhado, o poeta quer fazer ouvir a todos os Gregos, a todos os homens do mundo conhecido, da Sicília à Pérsia, o apelo imperioso da fraternidade humana exigida pelos povos, Aristófanes colocou no centro da sua obra uma mulher que fala a outras mulheres. Uma mulher de cabeça resoluta e de coração generoso, a ateniense Lisístrata. O poeta supõe que sob o impulso desta decidida mulher todas as mulheres dos países em guerra se aliam contra a sinistra estupidez dos homens e tomam uma decisão muito simples, confirmada por um juramento solenemente grotesco: contra os seus maridos, contra os seus amantes, elas farão a greve geral do amor! Como se vê, Aristófanes imagina, aqui, uma suspensão das leis da fisiologia. Que se passaria se, por amor da paz, todas as mulheres forçassem os homens à continência? Eis a pergunta a que responde o mundo que Aristófanes inventa e nos propõe. Um mundo alucinante! Que suplício para os soldados de licença, que suplício para os respeitáveis magistrados encarregados de parlamentar com as mulheres que ocuparam a Acrópole! Suplício descrito com precisão, mostrado no palco com grande crueza!... O riso e a cólera desabam juntos sobre as bancadas do teatro.

A situação inventada, na sua genial simplicidade, dá lugar a cenas que podemos achar muito ousadas e mesmo obscenas, se quiserem, mas de uma obscenidade tão jovial, tão sã, que não há um homem ou uma mulher que com elas se não regozijem. As consequências desta ruptura duma grande lei natural desenvolvem-se com rigor. Uma dessas consequências, imprevistas por Lisístrata, mas não pelo poeta, é serem as mulheres apanhadas no seu próprio jogo. E aí as temos, sob pretextos diversos e absurdos, procurando deixar o campo das mulheres para ir fazer, cada uma com o seu marido, aquilo que um instante antes tinham jurado que não fariam e que lamentam tanto como ele. «Quero ir a casa», diz uma, «tenho lãs de Mileto que os vermes andam a roer... É só o tempo de as estender em cima da cama...» Uma outra: «Estou grávida, sinto as primeiras dores...» Lisístrata descobre todos os subterfúgios: «Não estenderás nada em cima da tua cama», diz ela à primeira, e à segunda: «Ontem, não estavas grávida!» Apalpa o ventre suspeito: «Que dureza é essa que aí tens?» — «Um menino», responde a outra. «Oh! que engraçado», diz Lisístrata, que retira de debaixo do vestido um objecto de bronze, oco, «o capacete sagrado de Atena!» Recondu-las todas ao redil. Outras, em compensação, sentem um prazer demoníaco em pôr sobre brasas, em fazer assar a fogo lento o marido que as vem procurar, manifestamente «presa de todos os furores de Afrodite». Vinte vezes a provocante Mirrina está prestes a dar-se a Cinésias, seu marido, que já não pode mais. Mas ela precisa de um leito. Falsa saída. Depois um colchão. Nova saída. Depois um perfume, que ela vai buscar. Por fim, despe-se, mas para logo desparecer, com estas palavras: «Querido, não te esqueças de votar pela paz...»

A paz acaba por vencer, e os dois sexos e os povos em guerra reconciliam-se, cantando.

Peça obscena, repetimos, talvez a mais obscena que alguma vez apareceu num teatro. Mas, no fim de contas, de modo algum uma peça libertina. Nada em *Lisístrata* perverte e leva ao desregramento dos costumes. A obra é feita, rindo, com sentimentos profundamente enraizados em todos os seres humanos: o amor da paz e, mais simplesmente ainda, o amor da vida, que só se perpetua — que se saiba — pelo amor físico e pelo prazer que nele sentimos.

O riso de *Lisístrata* exprime a saúde vital do povo grego; mais ainda, a saúde da espécie humana.

Uma das melhores peças do nosso autor contra a guerra é uma comédia campestre, já toda feliz da próxima conclusão do armistício de 421, armistício aliás ilusório. Esta comédia, anterior a *Lisístrata*, chama-se muito simplesmente *A Paz*.

É a história de um vinhateiro que tem o nome de Trigeu (o que quer dizer que ele saboreia o vinho novo) e que, cansado das parlengas dos políticos sobre a paz que está prestes a vir e nunca mais vem, se resolve a ir ele próprio buscar a Paz ao Céu, no Olimpo. Foi para lá efectivamente que ela se retirou, pois os homens não param de ultrajá-la. Mas aconteceu-lhe uma desgraça: o papão da guerra, um horrível gigante chamado Polemos, fechou-a no fundo duma gruta. Quanto aos deuses, não se metem nas questões dos homens: decididamente, estes são por de mais estúpidos com as suas guerras! Os deuses deixaram o Olimpo e mudaram-se para o alto da calote celeste. Um deles, Hermes, ficou para guardar a baixela; faz de porteiro.

Mais uma vez a invenção do poeta impressiona pela simplicidade e extravagância. A Paz está no Céu: Trigeu irá lá buscá-la e trazê-la para a Terra. Para chegar ao palácio de Zeus, recorda-se duma fábula da sua infância — que La Fontaine virá a retomar —, cavalga um enorme escravelho que o transportará através do espaço. O escaravelho é um insecto a que também se dá o nome de bosteiro, porque se alimenta de bosta e de bonicos. Trigeu capturou um, que faz alimentar desta maneira por dois escravos, um dos quais, meio sufocado, pede aos espectadores um nariz sem buracos.

Imagine-se a encenação! O palco está dividido em duas partes: a herdade de Trigeu, à direita do espectador, e, à esquerda, o Olimpo, com o palácio dos deuses. Entre estas duas casas, a abertura de uma vasta caverna, tapada com grossas pedras. Uma máquina de teatro toma Trigeu sobre o escaravelho, diante da herdade e faz-lhe descrever nos ares um semicírculo. Entretanto, as filhas de Trigeu, espantadas de o verem erguer-se para o céu, desejam-lhe boa viagem e esperam, quando ele voltar, a torta e o par de bofetadas que lhes promete. A máquina depõe finalmente Trigeu diante da porta de Zeus. O nosso vinhateiro põe mãos ao trabalho, esforça-se por tirar a Paz da caverna. É ajudado pelo coro da comédia, composto de pessoas de todas as terras da Grécia em guerra. O que mostra que Aristófanes sabia que todos os povos que se batiam queriam a paz. Trigeu especifica que há ali sobretudo camponeses, artífices, operários, mercadores. Esta honrada gente, não sem custo, desembaraça a entrada da caverna. Mas ainda é preciso puxar para a luz, por meio duma grossa corda, a Paz metida no mais fundo de um poço, ao que parece. Nem todos os povos puxam a corda tão alegremente como outros. Trigeu repreende os preguiçosos, dirigindo a cada um gracejos apropriados às suas ligações políticas. Finalmente, à força de «Oh, iça!... oh!, iça!...», a deusa da paz emerge da escuridão. É uma estátua, mas vem acompanhada de duas belas raparigas de carne e osso (sobretudo, de carne), no simples trajo que a natureza lhes dera quando nasceram. Uma, é Opora, a deusa das messes e dos frutos, a deusa da maturidade do Outono; a outra é Teoria a deusa das festas e das patuscadas. De pão, frutos e festas estiveram os Atenienses duramente privados durante os dez anos que durou a guerra.

Trigeu saúda esta aparição com um entusiasmo lírico em que a poesia, o gracejo e a sátira se misturam numa trapalhada encantadora, cheia de graça e da promessa de dias melhores. Diz ele:

> Ó Senhora, tu que nos dás as uvas,
> Com que palavras me hei-de dirigir a ti?
> Onde hei-de ir buscar um vocábulo de dez mil ânforas
> Para te falar? Em casa não o tenho!
> Salve, Opora! Salve também, ó Teoria!
> Que linda cara tu tens, ó Teoria,
> E que bafo que até faz bem ao coração!
> Suavíssimo, cheio de perfume e de safanço da guerra...

Hermes, que está presente — é um deus muito popular, amigo da gente simples — pergunta: «Faz lembrar o cheiro do saco dos soldados?» — «Pfu!», exclama Trigeu. «Com esse, fica tudo a cheirar a cebola.»

> Mas esta cheira a tempo da fruta,
> À hospitalidade, às Dionisíacas, às flautas,
> Aos trágicos, aos cantos de Sófocles, aos tordos,
> Aos versinhos de Eurípides...
> À hera, à peneira das borras, aos cordeirinhos a balir,
> Ao peito das mulheres a correrem pelos campos,
> À escrava embriagada, à medida entornada
> E a muitas outras coisas boas.

Hermes aponta as cidades reconciliadas: «Olha como as cidades amigas gracejam umas com as outras e riem todas contentes.»

A paz foi encontrada. Toda a gente vai poder trabalhar nos campos. Trigeu já se diverte.

A segunda parte da comédia faz-nos assistir ao casamento de Trigeu, que não se esquece de desposar Opora. Casamento cheio de pilhérias! Mas que é também perturbado por uma quantidade de desmancha-prazeres. Por exemplo, os fabricantes de armas, que vêm queixar-se com cara de enterro. O arneiro, o fabricante de couraças, o mercador de lanças, o fabricante de trombetas — toda uma caterva se apresenta ali, cada um com o objecto da sua especialidade. Trigeu, gracejando, mas energicamente, manda-os a todos passear, fingindo comprar as armas para usos domésticos. Nada a fazer: a arma de guerra é uma ferramenta que não serve para nada. Apenas os piques encontram mercê aos olhos do vinhateiro. Compra-os a um cento a dracma e declara: «Cortados ao meio, servem para esteios da vinha!»

Também se quer que as crianças da escola cantem na boda. Mas elas só sabem cantos militares, o que põe Trigeu meio doido de fúria.

A comédia acaba em grande patuscada.

Estas são as acções cómicas que Aristófanes inventa, ao serviço da paz. Fantásticas em alto grau, criadas pela imaginação, não se afastam contudo da realidade. Pelo contrário, fazem que conheçamos melhor, na sua exigência mais profunda, essa exigência que o povo grego reclama neste momento da sua história — a paz.

Aristófanes é um realista impenitente: não se contenta com pintar a realidade do presente, precisa ainda de explorar e dar a conhecer aquela que o seu povo chama, a realidade do futuro, do mais longínquo futuro. E é pelo poder da imaginação que a descobre. As suas acções imaginárias fazem da comédia uma espécie de máquina de explorar o tempo. E isto não é apenas verdade para as peças que escreveu sobre a paz, mas para muitas outras.

*

Há uma comédia de Aristófanes que parecer desprender-se muito mais da realidade, erguer o seu povo a exaltar-se ainda mais em poesia: é a comédia, é o poema *As Aves*. No momento em que Atenas, derrubada pelo desastre da Sicília, devorada mais do que nunca por querelas intestinas, roída de miséria, se prepara para enfrentar o último assalto que contra ela preparam os seus antigos e novos inimigos e as cidades revoltadas do seu próprio império, Aristófanes mostra-se em situação de oferecer aos seus concidadãos um mundo maravilhoso, um mundo de riso e de alegria. E isto não para lhes proporcionar uma evasão, alguns momentos de esquecimento, mas para lhes fazer dom de um «paraíso» (a palavra designa um belo jardim), o único que os homens podem em qualquer momento alcançar, o único que lhes dá ao mesmo tempo o trabalho e os frutos do trabalho, o alimento e o repouso, o único, sobretudo, onde os Gregos encontram a primitiva fraternidade das criaturas, a amizade dos animais, das árvores, o comércio familiar dos deuses. Este paraíso, é a natureza. Aí, Aristófanes saboreia outra vez as delícias da infância. Oferece aos Atenienses a idade de ouro reencontrada.

Numa divertida invenção, como se verá. Mas haverá alguma coisa mais importante, mais *séria* para os Atenienses, nesta catástrofe da sua história, que o riso das *Aves*?

Um dia, dois excelentes cidadãos decidem que estão fartos de Atenas. Pouco falta para que detestem a cidade. «É uma cidade acolhedora», diz com graça um deles, Evélpides, «para quantos queiram pagar multas. As cigarras, durante um mês ou dois, fazem ouvir os seus cantos, empoleiradas nos ramos das árvores. Os Atenienses, esses, cantam sem parar, durante toda a vida, empoleirados nos processos.» (Estes processos são os processos políticos que os denunciadores profissionais intentam, nas circunstâncias críticas que Atenas atravessa, a todos os cidadãos suspeitos.)

Pois bem, Evélpides e Pisetero estão fartos e mais que fartos. Fartos de Atenas da politiquice, das calúnias e dos berros, da Atenas que Aristófanes sabe já que está a desfazer-se. Vêmo-los no campo, na orla da floresta, à procura de «qualquer cidade bem lanosa, para nela se estenderem e repousarem como sobre um agasalho macio». Quereriam encontrar, ou mesmo fundar uma cidade sem facções, sem patifaria, sem processos, sem dúvidas e sobretudo sem dinheiro, uma cidade onde a vida seria saboreada como um dia de festa. E porque, dizem um para o outro, não irão ter com as aves? As aves comem à farta, nas matas, mirto, dormideiras, e hortelã. Levam uma vida de noivos. Porque, pensa Evélpides, cheio de grandes projectos, não fundar entre o céu e a terra, uma cidade nas nuvens?

Entendem-se com a poupa que noutros tempos viveu uma vida de homem antes de tornar-se ave e pedem-lhe que chame, por eles, todas as aves do mundo. A poupa chama primeiro o rouxinol, Filomela, que é sua mulher.

Ó querida, ó morena, ó mais amada das aves,
Tu que te associas a todos os meus cantos,
Rouxinol, companheiro de infância,
Tu vieste, eu vi-te,
Trouxeste-me a tua voz suave,
Ó tu que fazes ouvir na tua bela flauta
A voz da Primavera.

Rouxinol, quando a tua garganta morena
Vibra de melodias líquidas e o teu canto,
Através das folhagens dos teixos, sobe
Até à morada de Zeus, então Febo dos cabelos de oiro
Ouve-te e a sua lira incrustada de marfim
Acompanha os teus queixumes. Ele reúne o coro dos deuses
E das suas bocas imortais eleva-se,
Para acompanhar as tuas melodias,
O canto divino dos bem-aventurados.

Uma flauta, no silvado, imita o canto do rouxinol, e Evélpides, maravilhado, exclamou:

Oh! a voz da avezinha
Encheu de mel todas as frondes.

A poupa o disse, ao chamar a sua companheira: o canto do rouxinol é tão belo que faz cantar o coro dos deuses. Nada mais grego que uma tal poesia. Ela exprime a unidade profunda da natureza: dos deuses ao pássaro a sua harmonia é idêntica.

Entretanto, ao chamado da poupa, todas as aves da terra, do céu e do mar aparecem em cena e formam o coro colorido da comédia.

Aristófanes conhece bem as aves, conhece os seus ninhos, a sua alimentação, o seu género de vida. No apelo que a poupa lhes dirige, classifica-os por domínios ou, como se diz, por *habitats*, juntando à melodia dos seus versos gorjeios e trinados, séries de sílabas sonoras onde se transcrevem cantos de aves.

Eis o apelo da poupa:

Epopopopoi, popoi, popopopoi, popoi,
Iô, iô, vinde todos aqui, meus irmãos alados!
Vós que debicais nos campos bem semeados dos camponeses,
Povo inumerável de picadores de cevada, de devoradores de sementes,
Que num repente levantais voo com um canto que nos arrebata!
E vós que gorjeais todo o dia, saltitando em redor dos torrões,
Assim, aos gritinhos, numa voz contente:
Tiô, tiô, tiô, tiô, tiô, tiô, tiô, tiô!
Vinde também todos quantos, nos jardins, engolis
As bagas da hera, e vós, os das montanhas,
Picadores de azeitonas bravas, e os comedores de medronhos,
Voai velozmente para o meu canto: triôtô, triôtô, tôtôbrix!
E vós que, nos vales pantanosos,
Engolis os mosquitos de ferrão agudo,
Vós, habitantes das regiões húmidas e da bela planície de Maratona,
E tu, ave das asas coloridas, gelinota, gelinota!
E vós, que voais com os alciões por cima das vagas em fúria
Do mar, vinde todos saber aqui a novidade!
Reunimos neste lugar todas as espécies de aves que existem.
Um homem, um espertalhão, veio procurar-nos,
Um espírito inovador, de iniciativas ousadas.
Vamos, vinde em massa exprimir o vosso parecer.
Vem, povo das aves do céu, vem aqui, aqui, aqui, aqui,
Tôrotôro, tôrotôrorotix, kikkabau, kikkabau,
Tôro, tôr, tôro, tôrolililix!

Depressa um fervilhar de asas invade o vasto semicírculo reservado às danças do coro. Quando as aves chegam, os dois homens despejam a lista a toda a velocidade: «Eh! uma perdiz, uma cerceta, um alcião... uma coruja... um picanço, uma rola, uma calhandra, uma toutinegra... uma pomba... um falcão, um pombo torcaz, um cuco, um francelho, um mergulhão, um xofrango...» E outras ainda, que não conseguimos identificar.

Tudo isto se põe a pipilar e a dançar ao som da melodia de belos cantos líricos. Danças e cantos, primeiro cheios de desconfiança e de hostilidade para com o inimigo hereditário, o homem.

Um combate fingido começa, em que os dois homens escapam à justa à cólera vingativa das aves que, de bicos afiados, asas abertas, unhas aguçadas, ameaçam furar-lhes os olhos.
Por fim, graças à intervenção da poupa, Pisetero é autorizado a expor às aves os seus miríficos projectos.
Faz admiráveis discursos, de prodigioso virtuosismo, rigorosos e fantasistas, apoiados em numerosos exemplos, estabelecendo que os deuses olímpicos são usurpadores e que noutros tempos a realeza do mundo pertencia às aves. Começa já a esboçar-se essa religião antiga e nova, esse culto das aves que Aristófanes inventa na cena cómica por um dia, e que se encontra, nas profundidades da alma grega, com uma religião primitiva ainda atestada, em certas regiões campestres, na época de Aristófanes.
«Imediatamente, e em primeiro lugar, citarei o galo, que detinha o poder e reinava antigamente sobre todos os Persas, antes dos Darios, antes dos Megabazos, de tal modo que ainda lhe chamam a ave da Pérsia, em razão da sua antiga realeza... Foi então tão grande, tão forte, tão poderoso que ainda agora, por um efeito do seu antigo poder, basta que ele cante ao amanhecer, para que todos saltem da cama e corram ao trabalho, ferreiros, oleiros, curtidores, sapateiros, banheiros, vendedores de farinha, fabricantes de liras e de escudos. Todos vão para o trabalho, mal se calçam, às escuras.»
Depois de muitos outros exemplos da supremacia das aves, Pisetero descreve a sua decadência. Hoje, os passarinheiros capturam-nos e vendem-nos no mercado. «Agora tratam-vos como escravos, sois párias imbecis. Atiram-vos pedras. Até mesmo nos santuários não há passarinheiro que contra vós não lance laços, redes e varinhas enviscadas, ciladas, armadilhas, malhas, gargalheiras e esparrelas. Depois, quando vos apanham, vendem-vos assados no espeto. Sois vendidos, mas antes ainda vos apalpam. E não se contentam com servir-vos assados: deitam-vos em cima queijo raspado, azeite, sílfio, vinagre, e depois de assim terem preparado um molho doce e gorduroso, espalham-no por cima de vós, a ferver, como se fôsseis... carne.»
Tendo assim excitado a cólera das aves, Pisetero convida-as a reconquistar a realeza. Propõe-lhes construir uma cidade em pleno céu, que interceptará as

comunicações entre os deuses e os homens, frustará os habitantes do Olimpo do odor dos sacrifícios de que se alimentam e, pela fome, os reduzirá a mercê. Quanto aos homens, o povo alado reinará sobre eles como sobre gafanhotos.

A proposta de Pesitero é votada pela assembleia no meio de grande entusiasmo. Restabelece-se o culto das aves. Que o povo mortal se acautele: que a cada um dos antigos deuses ele junte pelo menos nos seus sacrifícios uma oferenda a uma ave: «Se se imolar a Posídon uma ovelha, que sejam ao mesmo tempo consagrados grãos de trigo ao pato! Se a Zeus rei se sacrifica um bode, antes de o imolar, que se degole em honra da carricinha, o pássaro-rei, um mosquito macho!» O poeta torna-se lírico:

A estes deuses alados, não precisaremos
De construir templos de mármore
Nem de fechá-los com portas de ouro.
É nas matas e nos bosques de chaparros
Que eles habitarão. Os mais nobres deles
Terão por santuário uma oliveira.
E nós não iremos a Delfos nem a Ámon
Para fazer-lhes sacrifícios. Mas entre os medronheiros
E as oliveiras bravas, de pé, em oração,
As mãos estendidas para os ramos, os invocaremos,
Rogar-lhes-emos que nos dêem a nossa parte de bens.
E logo, contentes com um punhado de cevada ou de trigo,
Eles atenderão a nossa súplica!...

As aves, seduzidas por Pisetero, rapidamente afinam com o diapasão do seu lirismo; sob a sua direcção, vão todas pôr-se a construir a cidade nova. A esta cidade se dá um nome magnífico, chamar-se-á Nefelococcígia, que se pode traduzir por Cidade-do-Cuco-nas-Nuvens.

Cada espécie de ave tem, na construção da cidade ou na organização da República, a sua função, em relação com o seu género de vida ou a sua aparência física. A andorinha é aprendiz de pedreiro: Aristófanes viu-a com um bocado de argamassa no bico: de resto ela tem a cauda em forma de trolha. O picanço-verde é um carpinteiro que, em grandes golpes do bico, esquadria as traves. O pato, com o seu avental branco, faz serviço de pedreiro: transporta os tijolos. As cegonhas, que atravessam as fronteiras, entregam os passaportes aos viajantes do ar. Os gaviões são os gendarmes do espaço: mandam-nos em patrulha para impedir as ameaças que começam a pesar sobre Nefelococcígia.

É que, contruída entre o céu e a terra, a cidade das aves está ameaçada, ao mesmo tempo, pelos homens e pelos deuses.

Os homens quereriam infiltrar-se a pretexto de prestar serviços à cidade nova. E aí vemos reaparecer a gente de que justamente Evélpides e o seu camarada tinham querido fugir. Os padres e as suas cerimónias intermináveis, os maus poetas que vêm vender os maus versos que compuseram à glória da cidade das aves. E inspectores das obras. E fabricantes de leis. E denunciantes e chantagistas profissionais. Sem esquecer Méron, um famoso urbanista contemporâneo, muito vaidoso da sua ciência ao gosto do tempo. Tudo importunos que são espancados por Pisetero e pelo amigo.

Mas os deuses também não estão contentes. É que, ao fundar a Cidade--do-Cuco-nas-Nuvens, as aves, como Pisetero previra, cortaram a única via da sua alimentação quotidiana, o fumo dos sacrifícios. De modo que os deuses rebentam de fome no Empíreo. As aves tornaram-se os deuses dos homens. Deuses que são os seres mais aéreos desta natureza onde o homem encontra a felicidade e o pão.

Os cantos do coro das *Aves*, redobrando as palavras de Pisetero, dizem e repetem aos homens o encanto e o proveito da nova religião.

> *Sim, se nos aceitardes por deuses,*
> *Tereis em nós Musas proféticas,*
> *Anunciando brisas e estações,*
> *Inverno, Verão, suaves calores.*
> *Não fugiremos para longe de vós,*
> *Não iremos tomar assento lá em cima, majestosos, nas nuvens,*
> *Como faz Zeus. Mas, sempre presentes,*
> *Dar-vos-emos, a vós, aos vossos filhos,*
> *Aos filhos dos vossos filhos, riqueza e saúde,*
> *Vida, paz, juventude, danças, festas*
> *E... leite de pássaro.*

A última frase é um gracejo: o «leite de pássaro», porque é coisa que não existe, significa em grego «felicidade perfeita»... Aristófanes graceja. É de sua natureza nada dizer daquilo que lhe toca o coração sem troçar um pouco da sua própria emoção...

Os deuses famintos zangam-se. Enviam à insolente cidade uma embaixada de três escolhidos entre eles. Um é o grande Posídon, deus cheio de dignidade, o segundo é Hércules, que é glutão e só pensa na comida, o terceiro é o deus de um povo bárbaro, que não compreende uma palavra de grego e fala de maneira simplificada.

Pisetero recebe a embaixada, mas, para prestar aos deuses culto e sacrifícios, põe as suas condições. Pede que Zeus lhe ceda em casamento sua filha, que se chama Realeza. Depois convida os embaixadores para o almoço; Hércules, diante de cujas narinas Pisetero, enquanto negociava, faz passar os eflúvios de um prato que se apura, aceita tudo. A decisão final depende, portanto, do deus bárbaro que não compreende nada e que se exprime de maneira incompreensível. Mas interpreta-se o que ele diz no sentido duma reconciliação geral.

Assim, o poeta satírico Aristófanes — tão duro para alguns dos seus contemporâneos, e que pressente já nas querelas políticas das cidades, na guerra terrível que divide o mundo grego, qualquer coisa que ameaça toda a civilização antiga —, é também o poeta da alegria, do amor pagão da vida, da natureza e de todos os seres que nela vivem.

Ao longo de toda esta acção, que é mais feeria que comédia satírica, Aristófanes mostra ter pelas aves a mais viva amizade. Faz que elas desenvolvam, rindo, toda uma teogonia que pretende provar que as aves são os mais antigos seres do mundo.

«No princípio», dizem elas, «era o Caos, a Noite, o negro Érebo e o vasto Tártaro. Nem a terra, nem o ar, nem o céu existiam ainda. No seio dos abismos infinitos do Érebo, a Noite de negras asas começou por pôr um ovo sem gérmen, de que nasceu, passado o tempo necessário, Eros o desejado. Nas suas costas rebrilhavam duas asas de ouro; e ele era semelhante aos rápidos turbilhões do vento. Foi ele que, unindo-se durante uma noite escura, nas profundezas do Tártaro, ao Caos alado, fez eclodir a nossa raça que foi a primeira a subir para a luz. A raça dos Imortais não tinha ainda visto a luz do dia antes de Eros ter ligado os elementos do mundo. Destas ligações nasceram o Céu, o Oceano, a Terra e a raça incorruptível dos Bem-Aventurados. Eis porque somos nós os antepassados dos Seres imortais.»

Assim se exprimem, falando «aos fantasmas inconsistentes, iguais às sombras, a esses seres desprovidos de asas, semelhantes a sonhos, que são os homens», eis como falam as aves «isentas de velhice, ocupadas em pensamentos eternos» e capazes de ensinar aos mortais «toda a verdade sobre a natureza das coisas celestes».

Mais adiante, as aves recordam aos espectadores os serviços que prestam aos homens. São o calendário do camponês e do marinheiro, são os mais seguros presságios, os oráculos mais certos.

> *Somos nós que aos mortais assinalamos as estações,*
> *Primavera, Inverno, Outono; nós que lhes dizemos que semeiem*
> *Quando o grou, crocitando, emigra para a Líbia;*
> *Ele avisa igualmente o nauta*
> *De que pode suspender o leme e dormir descansado...*
> *O milhafre, mais tarde, aparece e anuncia a estação nova;*
> *É a altura de tosquiar a lã primaveril das ovelhas.*
> *Depois a andorinha diz-vos que vendais o vosso manto de lã*
> *E compreis uma túnica leve.*
> *Nós somos, para vós, Ámon, Delfos, Dodona*
> *E Febo-Apolo.*

Noutro ponto — mais um sinal de amizade de Aristófanes pelas aves — a assembleia do povo alado lança um decreto severo contra um famoso mercador de aves que martiriza as suas congéneres e ultraja as aves mortas.

> *Aquele de vós que matar o passarinheiro Filocrates*
> *Receberá um talento; aquele que o trouxer vivo*
> *Terá quatro talentos — tendo em conta que ele espeta os tentilhões*
> *E os vende a um óbulo sete;*
> *Que sopra os tordos (para os fazer parecer mais gordos)*
> *Os expõe e os estraga;*
> *Que nas narinas dos melros*
> *Espeta as próprias penas; que apanha os pombos,*
> *Os mantém fechados e os força a servir de chamariz,*
> *Presos numa rede.*

Não haverá nesta passagem mais que um protesto burlesco? Um sentimento de piedade, certamente. Mais que piedade? Uma simpatia recolhida mas clara por esse mundo alado onde tudo parece, comparado com a vida humana, alegria, risos, juventude e canto.

Aristófanes nunca deve ser tomado à letra. Não pensa, a sério, apesar do que certas passagens atrás citadas dão a entender, fundar um culto das aves. Mas em certos momentos da sua comédia, onde acaba o riso? onde começa o sonho? O poeta compraz-se a sonhar com um culto que, não o esqueçamos, foi uma das formas da religião dos seus antepassados. Na terra helénica, como entre a maior parte dos primitivos, o culto dirigiu-se aos animais, nomeadamente às aves, antes de dirigir-se a seres de forma humana. Aristófanes não supõe acertar quando faz declarar por Pisetero que a águia foi adorada antes de Zeus, a coruja antes de Atena. Na própria Acrópole, nós sabemos — o que Aristófanes ignorava — que o culto da coruja precedeu o de Atena «de face de coruja», como diz Homero num epíteto cuja sentido ele já não compreende. Os Gregos adoraram o milhafre e a pomba, o cuco e o cisne, a andorinha e o rouxinol, como o atestam os mitos e, em mais de um caso, a arqueologia. O mito inverte o sentido das metamorfoses: foi o cisne que, com o tempo, se mudou em Zeus, não a inversa. A consciência popular, a memória dos camponeses, podiam muito bem conservar a lembrança obscura duma religião das aves. Aristófanes, brincando com as aves, guiado por velhos ritos ou simplesmente pela sua intuição, remove talvez no fundo da alma campestre recordações sagradas, ressuscita uma piedade sepultada.

Sem dúvida, repito, o poeta sonha e diverte-se. Mas nós não temos absolutamente os sonhos e as brincadeiras que queremos. O sonho e o jogo são arrancados à nossa natureza profunda, ao nosso passado, ao passado dos nossos avoengos, do nosso povo. Em certo sentido, eles exprimem-nos. Não se inventa, brincando, o culto das aves entre as árvores, sem ter amado muito as aves e árvores. Aristófanes, nesta comédia das *Aves,* é mais sério do que ele próprio pensa.

Citemos ainda uma passagem em que as pinceladas cómicas, em que as pontinhas de humor não representam, na poesia de Aristófanes, mais do que um espécie de resistência pudicamente oposta pelo poeta à influência que a natureza tem sobre a sua sensibilidade.

O coro canta:

Feliz a raça alada das aves!
No Inverno, não nos envolvemos em mantos.
No Verão, o brilho ardente do calor sufocante
Não nos entorpece.
Vivemos entre as flores dos prados;
A frescura das matas é o nosso retiro,
À hora em que a cigarra, voz dos deuses,
Ergue o seu grito agudo e, bêbeda de sol no calor do meio-dia,
Lança o seu apelo. Passamos o Inverno em antros profundos,
Brincando com as Ninfas da montanha.
Debicamos as bagas tenras do mirto branco
E os frutos do jardim das Graças.

E citemos ainda uma passagem, onde Aristófanes, cessando de utilizar os seres e as coisas que encontra na natureza, de dispor deles para o seu jogo cómico, parece de súbito *tomado* por essa beleza natural, «possuído pelo delírio», como diz Platão. Por um momento, ele é como a cigarra, «voz divina», ou como o próprio rouxinol, uma das vozes que a natureza, no mutismo em que quase sempre se fecha, escolheu para comunicar connosco. Aristófanes inventa, sem rir, penso eu, uma «Musa das matas» que o inspira. (Deixo de parte, na tradução, o fluxo de sílabas sonoras e intraduzíveis que, intercaladas entre os versos, cantam a perder a respiração.)

Musa dos bosques, sempre diversa,
É por ti que, nos vales e na crista das colinas,
Empoleirado nos ramos de um freixo,
Tiro da minha garganta morena melodias sagradas
Em honra de Pã e graves árias de dança
Para a Mãe das Montanhas. Foi nestes lugares
Que Frínico, semelhante à abelha,
Se alimentou dos frutos das nossas melodias;
Foi escutando as aves que ele recolheu
A suavidade dos seus hinos.

Neste trecho, o riso de Aristófanes une-se à gravidade. Cala-se para escutar no bater do seu coração essa «melodia sagrada» que a ave ergue em louvor da natureza selvagem que Pã simboliza, e essas «graves árias de dança» que oferece à mais imensa das deusas, a Mãe das Montanhas. Parece estar o poeta, ao escutar a ave, apurando o ouvido ao silêncio sagrado das grandes presenças naturais: esta voz da ave exprime para ele o inefável.

A sua própria voz se torna grave ao falar agora: Frínico, que ele invoca, não será, anteriormente a Ésquilo, o pai da tragédia?

Duma ponta à outra da comédia, o poeta faz ouvir — com muitas outras coisas — essa harmonia essencial que existe no fundo do universo: os deuses, as aves, todos os seres do mundo participam, juntos, nesse concerto solene.

Como os cisnes, nas margens do Hebro,
Unindo as suas vozes todos juntos,
E todos juntos batendo as asas,
Clamam o hino de Apolo.
O seu grito sobe entre as nuvens do céu;
Na floresta calam-se os animais selvagens;
As ondas do mar acalmam-se; o azul resplende;
Todo o Olimpo ressoa, o espanto apodera-se dos deuses;
E do céu o coro das Graças e das Musas,
Com gritos de alegria vem responder ao seu canto.

IX

O DIA DECLINA

Façamos o ponto.
Apresentámos até aqui, algumas das obras da idade de ouro da civilização grega. Esta idade de ouro prolonga-se por cinquenta anos e não mais — a segunda metade do século V. Cinquenta anos da história da humanidade: a duração quando muito, de um belo dia de Verão... «Na sufocação do meio-dia», canta Aristófanes, «a cigarra, louca de sol, grita.» A civilização grega, no seu meio-dia, é este grito de alegria arrancado às entranhas da espécie humana, dando à luz as obras do génio.
Não um único dia belo, mas o próprio Verão na sua plena maturidade, o Verão e os seus frutos abundantes, essa estação que recompensa o trabalho do camponês, aquela a que os Gregos chamam *opora*. Nos pomares recolhem-se, aos cestos, as maçãs e as peras, enchem-se os cabazes de ameixas douradas. Já as messes estão recolhidas, e nas vinhas as uvas reluzentes anunciam a aproximação das vindimas. A Terra, a mais antiga divindade, a mais tangível, a mais alimentadora, cumpriu uma vez mais as suas promessas... A *opora* é a glória do Verão que acaba. Mas é também o Outono que começa... O Sol baixa no horizonte...

Não é que neste começo do século IV a civilização se prepare para morrer. Ainda está vigorosa e, durante os séculos seguintes, e até aos primeiros séculos da era cristã, produzirá, nos novos domínios da actividade humana que explorará, algumas obras-primas, depois obras em grande número dignas de interesse. Mas, uma vez passada a idade de ouro, a questão do valor da civilização grega começa a pôr-se. Digamos mais cruamente: a questão do seu triunfo ou do seu revés.

Com efeito, uma civilização não é uma espécie de jogo com que a história se divertiria, um amontoado de costumes e de obras que os sábios do futuro virão a classificar. É antes uma *oportunidade*, uma série de oportunidades ou de ocasiões que um povo cria para seu uso e uso de outrem, oportunidades e circunstâncias que, firmemente modeladas pelas mãos dos homens, devem permitir por longo tempo assegurar à comunidade o seu equilíbrio e à maioria o conhecimento de um mundo mais humano, um mundo onde cada um possa fazer desabrochar mais completamente a sua humanidade.

Ora, ao verificar o lento declínio e sobretudo a brusca mudança de orientação da civilização helénica a partir do século IV, pode-se pensar que a idade clássica deve ter-nos dado, a partir do século V, sinais precursores desses fenómenos. Eles estão presentes, com efeito, manifestos mesmo no coração da idade de ouro: parece-nos necessário assinalar ao leitor os principais, no momento em que vamos encaminhar-nos naquilo a que chamei a nova orientação da civilização grega.

Temos, em primeiro lugar, a presença permanente da guerra. Uma longa guerra de vinte e sete anos esgota as forças vivas das cidades gregas, e em primeiro lugar de Atenas, durante o último terço do século V. É a guerra impropriamente chamada do Peloponeso: na verdade — disse-o já — é a primeira guerra mundial da sociedade antiga. Ela acaba por arrastar no seu curso todos os estados gregos (ou pouco menos), assim como alguns reinos bárbaros. Mas esta pretensa guerra do Peloponeso não é a única que morde a idade de ouro, a única que absorve as energias de Atenas e da Grécia na própria época em que os povos helénicos criavam a civilização que descrevi. Uma outra guerra, esta de doze anos, conduzida por Atenas para extensão e consolidação do império, para subordinação dos aliados, precedeu a guerra do Peloponeso. Assim, perto de quarenta anos de guerra coexistem com a idade de ouro. Não sem perigo, não sem diminuir, a partir do século seguinte, o impulso criador do povo grego.

Estas guerras são claramente guerras imperialistas. Não guerras de defesa do território, como o haviam sido as guerras medas do começo do século V. Não «guerras justas», mas guerras de conquista e de domínio. E isto não é só verdade para Atenas, que quis e dirigiu essas guerras para aumento do seu prestígio e da sua grandeza: é igualmente verdade para os adversários de Atenas, que, ao mesmo tempo que afirmavam defender a sua independência e bater-se pela liberdade das cidades, nada tiveram de mais urgente a fazer, logo que a vitória alcançaram, que colocar essas cidades libertadas sob o seu próprio jugo.

Guerras imperialistas, e também, quase por toda a parte, guerras intestinas entre os cidadãos de cada cidade. Na guerra do Peloponeso, um e outro dos campos opostos, sobretudo o da democrática Atenas e dos seus aliados, estão internamente divididos em dois partidos adversários — aristocratas e democratas —, o mais fraco dos quais pactua com os dirigentes do campo inimigo e muitas vezes trai em favor deles. A traição é, com efeito, a companheira habitual da conquista e da sujeição. O domínio de Atenas sobre as cidades que ela chama, por eufemismo, seus aliados, só foi conseguido antes e assegurado agora por meio de revoluções no interior delas, revoluções que levam o partido democrático ao poder e banem os aristocratas. E esta Atenas democrática e belicista só consegue sustentar a sua longa guerra imperialista contrabatendo constantemente com maiorias, na Assembleia Popular, os antigos Eupátridas e seus clientes, partidários de um acordo com os aristocratas espartanos e beócios. Uma vez, mesmo, durante a guerra, em 411, um golpe de estado oligárquico varreu por alguns meses, em Atenas, as instituições democráticas, na intenção de obter dos aristocratas que dominavam o outro campo uma paz favorável. Tentativas sem resultado, mas que tiveram seguimento. Quando Atenas capitulou, em 404, foi um regime ditatorial — a tirania dos Trinta — que veio a ser imposto pelo vencedor à democracia vencida. Estes Trinta eram cidadãos atenienses do partido aristocrático, cujos serviços Esparta assim recompensava.

Assim, a guerra geral das cidades gregas é também uma guerra civil que se alastra à maior parte das cidades, sobretudo às de regime democrático.

Estas divisões intestinas, no interior de cada cidade, são tão fortes que seríamos tentados a ir mais longe e ver na guerra do Peloponeso uma guerra de classes, tanto quanto uma guerra imperialista. Mas tal expressão não é apropriada a este conflito das cidades do final do século V. Os tempos mudaram desde o começo do século: o sentido da luta de classes está agora desnaturado. Para os democratas, em Atenas, não se trata já de conquistar ou ampliar a democracia; trata-se de impedir os ricos de participar dela; trata-se também de depurar de recém-chegados o registo cívico para aumentar, em caso de distribuição de benefícios, a parte de cada cidadão. Numa palavra, trata-se de guardar o poder e os seus privilégios para os democratas bem instalados. A luta que se desenrola no interior da cidade já não tem esse sentido amplo e fecundo que tinha nos tempos de Sólon e de Cléstenes; apenas tem um sentido estéril, negativo.

Mas há um outro carácter da guerra do Peloponeso que deve ser posto em evidência: a sua inexpiável atrocidade. Para as guerras entre Gregos, trata-se de um fenómeno inteiramente novo.

Por toda a parte a chacina responde à chacina. Extermina-se com frenesi, sem o menor respeito pelo direito das gentes, nem dos tratados que só são invocados no momento em que os contestam ou violam. Parece não haver, mesmo entre Gregos, leis da guerra. A população em condições de usar armas, nas cidades tomadas de assalto, é sumariamente passada à espada; as mulheres e as crianças são vendidas nos mercados de escravos. Aqui, ateiam-se Oradours; além, os mercenários cujo soldo não foi pago degolam, para se vingarem ou distrairem, as crianças duma escola. As cidades aliadas, mesmo aquelas com que se «contraiu amizade», se, apertadas por Atenas, esboçam um gesto de insubmissão, são condenadas à morte sem cirunlóquios por uma assembleia nervosa que os partidários das represálias quase tornam louca. (Assim aconteceu com Mitilene de Lesbos, em 428; foi preciso, no dia seguinte, uma reviravolta da maioria para poupar a população desta cidade, durante muito tempo amiga, às últimas brutalidades.) A sorte de Plateias, conquistada e arrasada pelos Lacedemónios, responde à da cidade de Lesbos: um tribunal irrisório de juízes espartanos refere-se ao direito para o infringir mais imprudentemente. Noutros locais, ainda, o terror inspirado pelos rigores de Atenas e de Esparta levam populações apavoradas ao suicídio colectivo... É que, comenta Tucídides, cuja história mexe e remexe estes horrores, «a guerra ensina a violência e põe as paixões da multidão de acordo com a brutalidade dos factos».

Assim, ao longo de toda a guerra do Peloponeso, a força em todos os lugares afirma descaradamente o seu domínio e nega o direito.

Um acontecimento, entre todos, resume o carácter desta guerra horrível, contemporânea da idade de ouro. Trata-se do caso de Melos. Ele ilustra o imperialismo desenfreado de Atenas, tem a sua parte de traição das facções, acaba na nudez da chacina.

Foi na Primavera de 461, durante os anos de uma paz mal assegurada. Atenas decide fazer uma expedição contra a ilha de Melos. Aliás — e declara-o com cinismo aos Melianos — não tem qualquer censura a fazer àquela cidade. A não ser esta: durante a guerra precedente, Melos manteve-se neutra. Ora um Estado que, como Atenas, possui o domínio do mar, sente como uma ofensa a neutralidade de uma ilha. Esta neutralidade insulta a sua força, é aos olhos de outrem um índice da sua fraqueza. Atenas exige pois aos Melianos que se submetam ao seu domínio, sem ter outra razão para dar que a necessidade de se fazer temer por todos os Estados marítimos. Em vão os Melianos fazem valer a justiça da sua causa: não conseguem abrandar a inabalável Atenas. Por fim, recusam-se a vergar-se às ordens atenienses. Uma frota de Atenas bloqueia o porto da cidade; as tropas desembarcam na ilha.

Após uma resistência encarniçada, que durou perto de um ano, «a traição interveio» e os assediados, renderam-se à discrição. Os Atenienses chacinaram todos os homens adultos da cidade, reduziram à escravidão as mulheres e as crianças.

Mais tarde, repovoaram a ilha enviando colonos atenienses, a quem foram distribuídas as terras dos antigos habitantes.

Melos foi tomada e arrasada no Inverno de 416-415. Sófocles, nesse Inverno, escrevia *Electra*, irmã mais nova de *Antígona*; Aristófanes meditava as *Aves*.

Mas eis agora, mais grave ainda que a guerra, uma outra presença reveladora que deixa pressagiar, neste final do século V, o declínio próximo, o desaparecimento distante, o revés da civilização grega. É a presença, em Atenas, no seio da idade de ouro, duma democracia ao mesmo tempo inacabada e já em vias de desagregação.

A democracia de Atenas começara por ser uma conquista, e fecunda conquista, dos pequenos camponeses, dos artífices, dos comerciantes e dos marinheiros, conquista feita num grande impulso criador. As criações políticas e culturais que foram fruto dessa democracia multiplicam-se a partir do século VI até ao fim do século V e, na última parte deste período — a idade de ouro: 450-400 — engendram-se uma à outra, pelo menos no domínio cultural, com uma abundância que parece inesgotável. Mesmo se aí colaboram aristocratas em grande número, elas são no entanto o resultado do ímpeto democrático, uma vez que todas são destinadas às necessidades e aos prazeres do povo dos cidadãos, tornado senhor do seu destino.

Mas, com Péricles, e em parte por causa de Péricles, a conquista democrática estabilizou-se: começa mesmo a esboroar-se. Lembremo-nos que, mal chegado ao poder, nos anos de 451-450, Péricles tinha recusado a qualidade de cidadão a quem não fosse filho de cidadão *e de uma filha de cidadão*. Um tal decreto, votado pela Assembleia a proposta sua, fechando o registo cívico, fechava do mesmo passo a democracia ateniense. A cidadania tornava-se, graças a esta medida, privilégio duma casta de vinte mil homens (número dado nas *Vespas* de Aristófanes, em 422) que governava uma cidade de quatrocentos mil habitantes, sem falar de um imenso império.

Uma das principais preocupações de Péricles foi assegurar a esta massa privilegiada de cidadãos a possibilidade de ascender às magistraturas, às diversas funções públicas, e de ter assento no Tribunal dos Heliastas (o Tribunal do Povo, composto de seis mil juízes). Para isso era preciso que essas funções fossem retribuídas. Péricles concedeu pois a estes inúmeros funcionários um salário, aliás bastante modesto, que foi aumentado por Cléon, um dos seus sucessores.

A política imperial de Péricles teve igualmente por objecto — principal ou secundário, não sei, mas indubitável — dar de que viver às massas populares. Alcançava esse objectivo quer outorgando soldo aos exércitos, quer pela construção de grandes edifícios que dava trabalho a numerosas corporações de ofícios, trabalho que, no fim de contas, era pago pelo tributo dos aliados e dos súbditos.

Mas a política imperial conduzia à guerra imperialista. Rapidamente o império se tornou para a própria Atenas uma terrível «tirania» (Tucídides põe a palavra na boca de Péricles); tornou-se uma engrenagem onde Atenas acabou por ser apanhada — e, para terminar, esmagada. As revoltas sucediam-se às revoltas. Esparta espreitava a sua hora. Contudo, o tributo dos aliados continuava a ser indispensável à alimentação e ao divertimento do povo soberano. Para sair da engrenagem, teria sido preciso começar por ganhar a guerra. Atenas perdeu-a e arruinou-se.

O povo dos pequenos camponeses foi o primeiro a sofrer. Contra a coligação dos inimigos que a sua política suscitou, Atenas só era poderosa graças à sua marinha. Péricles decidiu portanto apenas combater no mar e encerrar toda a população de Atenas atrás das muralhas da cidade. Atenas e o Pireu tornaram-se insulares. Os camponeses abandonaram terras e aldeias. Ano após ano, o inimigo espartano volta em cada Primavera e assola os campos. Os camponeses vivem na cidade em condições detestáveis; acampam entre as Longas Muralhas que ligam Atenas ao Pireu e a Falero. A peste que se declara em 430 encontra nesta população amontoada e anemiada pela fome um terreno de eleição. Arruinada e dizimada, a população camponesa ateniense — cujos recursos eram até aí independentes do império — está reduzida, como os artífices, como os marinheiros, como os pequenos funcionários, a apoiar essa guerra imperialista de que espera trabalho e pão.

O Sócrates de Platão pouco exagera quando censura Péricles de ter tornado os Atenienses «preguiçosos, cobardes, tagarelas e cúpidos». Com efeito, Péricles é responsável pela formação, em Atenas, dessa massa de cidadãos ociosos que esperam do Estado alimentação e divertimento. Alternadamente, o Estado paga-lhes salários, paga-lhes para assistir aos espectáculos e manda-os matar-se nos campos de batalha do Peloponeso e da Trácia. Mas mesmo isto — defender Atenas que os mantém — não o quererão por muito tempo. Cedo não haverá já exército de cidadãos. Para sustentar as guerras que devem dar-lhes os seus «dividendos», os cidadãos-accionistas da democracia ateniense exigirão que sejam contratadas tropas mercenárias. O espírito cívico não sobrevive muito tempo à conquista das instituições democráticas, pagas tão caro, mas qe parecem mortas por não terem mais que progredir.

Na verdade, as instituições estão intactas, por assim dizer, mas petrificam-se numa imobilidade perigosa durante o meio século da idade de ouro. Parece não haver já classe militante para as defender e melhorar. A classe que as fez caiu numa estranha inércia. Não é mais uma classe de *produtores*, mas antes uma classe de *exploradores* dos que produzem, que são os metecos (cidadãos doutras cidades ou súbditos de reinos bárbaros, domiciliados em Atenas), os aliados e sobretudo os escravos. Há um evidente divórcio entre os *beneficiários* do regime e os *produtores* da cidade de Atenas.

Esta exploração da democracia e do seu império produz-se no meio duma terrível confusão, de que Aristófanes — que deverá ser lido nesta altura, não pelo cómico que nos dá, mas pela imagem que nos oferece do seu povo — é a testemunha mais clarividente e segura.

Mesmo quando acontece idealizar o poeta cómico algumas das suas personagens, os camponeses, por exemplo, ou quando, mais frequentemente, os caricaturiza e despedaça com um excesso de dureza — os políticos, os filósofos, os juízes — uma coisa é certa: é que na sua sátira ataca sempre defeitos *verdadeiros*.

Se retomarmos os *Cavaleiros* e as *Vespas*, acharemos, para além da ficção cómica, a imagem autêntica dos novos senhores do povo que sucedem a

Péricles e a imagem do próprio povo a que respondem esses novos senhores, os demagogos.

Eis o Cléon dos *Cavaleiros*. É um orador lisonjeador e cúpido. Lisonjear o povo para garantir o poder, usar esse poder para encher as algibeiras! Como nos achamos, de repente, longe do Péricles de Tucídides, «inteiramente incorruptível» e que só falava ao povo reunido para lhe «dar os melhores conselhos». A lisonja tornou-se um meio de governo em relação a esta plebe que a guerra tornou ociosa e cujas exigências esboçam já o *«panem et circenses»* da população romana.

Ouçamos este demagogo dirigir-se ao Povo soberano (cito ou resumo passagens colhidas um pouco por toda a parte na peça): «Demos, amo-te, estou apaixonado por ti... Demos, tu deves reinar um dia sobre todos os gregos, ser juiz na Arcádia com cinco óbolos por dia... Demos, tenho aqui oráculos que declaram que tu deves mandar na terra inteira, coroado de rosas... Demos, não te canses, toma um banho, empanturra-te, empanzina-te, refarta-te... Aqui tens guisado de lebre, aqui tens doces... Aqui tens a minha própria túnica... Aqui tens, sem precisares de trabalhar, uma pratada de salários para comeres à tripa-forra.» Assim, ao longo de toda a peça, Cléon, incansavelmente, metodicamente, propõe-se corromper o povo pela lisonja, pelo engodo dos prazeres, do dinheiro, da ociosidade. A lisonja é para ele o primeiro princípio da conduta do povo. «Conheço o povo», diz, «sei como se lhe lança o isco... e por isso ele pertence-me.»

Mas aqui temos agora o mesmo Cléon, posta de parte a lisonja, em sua verdadeira natureza. Como um Tufão de violência («o mais violento de todos os cidadãos de Atenas», diz Tucídides), lança uma tempestade de ameaças. Denuncia, manda açoitar os bons servidores do povo. Para quê? Para que lhe paguem, para que o comprem. Faz chantagem. Em tudo e em toda a parte, «assenta sobre as flores da venalidade». Exige, extorque, confisca. Manda inscrever os seus inimigos entre os ricos no registo do imposto. «Apalpa os magistrados como os figos para ver os que estão maduros ou a amadurecer. É o sorvedoiro, a Caríbdis das rapinas. Acorre ao Conselho com a barriga vazia, sai de lá com a pança cheia. Do alto dos rochedos da Ática, espreita os tributos dos aliados, como um pescador espreita os atuns. Devora as ilhas como um cão lambe um prato.» Por fim, oferecendo ao Povo soberano, a Demos, não mais que uma fatia insignificante, reserva para si «a enormidade do bolo». (As nossas metáforas não mudaram!)

Assim, Cléon é lisonjeador, é cúpido e ladrão, e gaba-se disso: «Gabo-me dos meus roubos», diz ao seu rival, «e tu não!... E só perjuro quando me apanham em falta!»

Outros traços secundários dão relevo à personagem. Cléon é cobarde (como o diz Tucídides), é grosseiro, é inculto, é um «vadio». É obsceno e devasso. Sem falar do físico: é ruivo e fede como uma foca, é um macaco cinocéfalo, tem um traseiro de camelo... E não digo mais.

É este o mais vivamente colorido dos sucessores de Péricles. Mas porquê? Porque o povo tem os senhores que merece. Já o diremos. Mas vejamos primeiro as *Vespas*, essa peça sobre as instituições judiciárias atenienses, essa pintura do povo maníaco do tribunal, devorado de processo e processos, de que Racine fez os divertidos *Demandistas*.

As *Vespas* mostram claramente a necessidade de multiplicar infinitamente os processos para dar que comer ao povo-juiz. Senão, será a fome para esta massa popular que perdeu a possibilidade e o gosto do trabalho. «Vejamos, pai», diz o rapazinho que ilumina com a sua lanterna o caminho do velho juiz que se dirige ainda madrugada ao tribunal, «se o arconte não constituísse tribunal hoje, com que compraríamos o nosso almoço?»

Aqui temos pois uma classe de pessoas que não podem viver — e viver bastante mal, se não têm outros recursos — senão da abundância dos processos. Estes processos são provocados por denúncias. Um pacto tácito, mas muito consciente, se estabelece entre os demagogos e os juízes. Para manter este proletariado de funcionários, os políticos intentam ou fazem intentar inúmeros processos, fazem reinar a delação na cidade. E o povo, reconhecido até ao servilismo com quem o alimenta, apoia na Assembleia a política dos seus fornecedores de causas a julgar. Pacto pelo qual cada uma das partes se subordina à outra. Aristófanes denuncia este pacto de servidão recíproca. A principal personagem da peça, o juiz Filocléon, gaba-se — e com razão — de ter domesticado os demagogos: «Mesmo Cléon», diz, «esse senhor que berra, a nós não nos morde: pelo contrário, traz-nos ao colo, enxota-nos as moscas... E Teoros engraxa-nos os sapatos...» Mas Aristófanes faz igualmente desenvolver — com não menos razão — por Bdelicléon (aquele que Cléon faz vomitar), para uso de seu pai Filocléon, o seu tema favorito: «Tu és escravo e não sabes.» Os demagogos, com efeito, muito mais espertos que os funcionários, tiram do pacto estabelecido os maiores benefícios. «Eles extorquem às cidades cinquenta talentos de uma só vez», ao passo que deixam «tasquinhar ao juiz uns restos de realeza». Isto prova-o Bdelicléon com numeros na mão. Recursos dos impostos e do tributo do império: dois mil talentos. Salário do povo-juiz: cento e cinquenta talentos. Para onde vai a diferença?, pergunta. «Para os bolsos dos que dizem: 'Não trairei a multidão ululante dos Atenienses, antes lutarei sempre pela massa do povo'.»

No entanto — para desgraça de Atenas — os políticos observam exactamente a cláusula do pacto que os obriga a proporcionar aos juízes a sua ração quotidiana de processos. Dirigem-se aos sicofantas (é assim que se denominam em Atenas os delatores e os chantagistas profissionais), a menos que prefiram exercer eles próprios esse ofício rendoso. Os sicofantas eram os piores parasitas da democracia ateniense. As comédias de Aristófanes estão cheias deles. A delação assola a Atenas da guerra do Peloponeso. Atenas, porque é preciso que o juiz receba o seu salário quotidiano e porque as querelas das facções se exasperam no ambiente da derrota próxima, vê-se completamente roída por essa chaga horrível.

Sabe-se que se este flagelo pôde desenvolver-se com tal amplitude, foi em parte graças a uma grave lacuna das instituições judiciárias. Não existe em Atenas ministério público. A sociedade não processa. Só a pessoa lesada tem o direito de o fazer. Daqui resulta que se se trata de incriminar um acto que afecta o interesse público, qualquer cidadão — parte da comunidade — pode apresentar-se como acusador e denunciar esse acto. Daí este fervilhar de delatores, que são sobretudo os políticos, certos de agradar ao povo intentando o maior número possível de acções que impliquem a segurança do Estado.

Denuncia-se a torto e a direito: denunciam-se as cidades aliadas para que o seu tributo seja aumentado; denunciam-se os ricos para confiscar os seus bens; denunciam-se as conspirações com o estrangeiro; denunciam-se os funcionários acusando-os de corrupção ou de desvio de fundos públicos; denunciam-se as tentativas de estabelecer a tirania, as conspirações inumeráveis... Atenas vive num ambiente de insegurança e de terror, de que encontramos eco em Tucídides tanto quanto em Aristófanes.

A comédia escolhe os casos-limites ou inventa por vezes denúncias divertidas. Basta ser demasiado elegante, trazer um manto com franjas, tratar da barba, para se ser acusado de inimigo do povo, aristocrata, monárquico. Eis Bdelicléon acusado de aspirar à tirania: «A tirania», diz ele, «é nome que eu não tinha ouvido até hoje uma vez em cinquenta anos! Agora é mais comum que o peixe salgado e o seu nome corre o mercado todo. Se alguém compra arenques e recusa sardinhas, logo o mercador do lado, que vende sardinhas, diz: Este homem tem todo o ar de fazer provisões com vista à tirania. Se se pede alho-porro para condimentar as anchovas, a vendedeira de vegetais deita um olhar de esguelha: Ah, ah! tu pedes alho-porro! Aspirarás tu à tirania?»

Retrato cruel, de um cómico negro, nos dá Aristófanes do povo ateniense e dos seus senhores! Aristófanes chegou a ser considerado um inimigo da democracia. Erro flagrante! Aristófanes é o melhor amigo do povo ateniense, um amigo que o estima bastante para lhe dizer duas verdades. O quadro é tão exacto, na sua própria exageração, que esta ampliação nos pinta já, de maneira quase profética, o que vai ser a democracia nos meados do século IV.

No tempo de Sólon — digamo-lo à saciedade, esbocemos uma vez mais ainda esta grande esperança tão cedo abortada — constituira-se na Ática uma classe social, uma classe produtora formada, em grande parte, de pequenos camponeses. A ela se tinham juntado os artífices da cidade. Uns e outros, conjuntamente, empenhados na produção de bens materiais e culturais, tinham exercido uma actividade revolucionária, criadora de instituições novas.

A guerra e a constituição do império de Atenas, depois a sua exploração, tinham-lhes esgotado a produção, quebrado os laços sólidos que os uniam na criação duma mesma obra. Essa obra estava em vias de desaparecer. Já não havia em Atenas uma classe de cidadãos iguais em direitos, solidários na posse desses direitos, fruto do seu trabalho. Não havia mais que um aglomerado de indivíduos, apenas ligados entre si pela pobreza, e, pelo ódio, a algumas personagens que os exploravam.

Fechados na Atenas insular, votados à ociosidade, apenas tinham em comum a partilha de uma riqueza adquirida à custa de um império prestes a desmoronar-se. Eram magistrados, funcionários, juízes aos milhares. Para ganhar o salário, muitos deles inscreviam-se ao mesmo tempo em várias secções do Tribunal do Povo, decididos a recebê-lo em cada uma logo após terem julgado uma só causa. Distribuições em dinheiro e em espécie completavam ocasionalmente este salário bastante baixo. Mas lamuriavam-se — vêmo-lo nas *Vespas* — porque do tributo dos aliados somente recebiam uma parte insignificante, enquanto a mais grossa maquia ia para as despesas militares e para os bolsos dos demagogos. Toda a economia em que vivem os cidadãos atenienses é ilusória. Só o tributo dos aliados e sobretudo o trabalho dos escravos lhe dão uma existência concreta.

Quando o tributo se afundar na derrota (em 404), o povo dos cidadãos ficará por muito tempo reduzido à miséria. A maior parte deles, com efeito, camponeses, não encontrarão os seus bens nos campos; os pobres emigram; os miseráveis vendem-se como escravos ao estrangeiro ou alistam-se como mercenários. O número de cidadãos ficará, no século IV, reduzido de cinquenta por cento. Uma minoria de filhos da fortuna enriquecidos apropria-se dos domínios dos campos áticos: a grande propriedade engloba a pequena propriedade. Vêem-se reaparecer no século IV as pedras que indicavam as hipotecas dos ricos sobre as terras dos pobres e que Sólon mandara arrancar no século VI. Os novos senhores da terra, a partir daí, fazem-na trabalhar por numerosos escravos. A presença do trabalho servil impede o trabalhador livre de retomar a sua antiga actividade.

Foi a escravatura, com efeito — base cada vez mais larga da sociedade antiga, mas terreno movediço em que ela se afundará —, que, mercê da guerra das cidades e das facções, mercê da degradação da democracia, acabou por conquistar tudo. Os escravos tornaram-se, neste começo do século IV, a verdadeira classe produtora da sociedade, e praticamente a única, pelo menos em Atenas.

O preço do escravo é, nessa data, muito baixo, certamente por via das guerras incessantes, que lançaram no mercado carne em quantidade para venda. A manutenção de um escravo custa pouco, menos ainda que a do pobre diabo do homem livre, por mais que a necessidade o torne sóbrio. É pois natural que no artesanato, como nos campos, predomine cada vez mais a mão-de-obra servil.

Afirma-se frequentemente que o desprezo do homem livre pelo trabalho manual o levava a preferir a ociosidade sustentada pelo Estado. A fome, ai de nós!, é uma necessidade que domina cruelmente a escolha entre o trabalho manual e o *farniente*. Aliás, não vejo que exista na época de que estamos tratando esse desprezo de que se fala. Quando muito, atestam-na alguns intelectuais — Xenofonte, Platão — que de resto não insistem muito nela. É muito mais tarde, no século II da nossa era, que Plutarco declara de maneira surpreendente que nenhum mancebo de boa família quererá alguma vez tornar-se um Fídias ou um Policleto porque estes artistas deveriam ter sido considerados vis e desprezíveis, como trabalhadores manuais que eram.

A proporção numérica dos cidadãos livres e dos escravos basta para explicar o predomínio do trabalho servil sobre a mão-de-obra livre. Como vimos, o número dos cidadãos está em vias de diminuir; o dos escravos (por mais difícil que seja uma afirmação em semelhante matéria) segue claramente o caminho oposto: aumenta sem cessar e parece atingir em Atenas quatrocentos mil no fim do século IV, de duzentos mil que fora por meados do século V.

Apesar deste aumento — que apenas se esboça no final da idade de ouro — seria um erro pensar que já não há neste momento trabalhadores livres em Atenas. Pelo contrário, são ainda numerosos os pequenos artesãos que trabalham por conta própria. Encontramos menção deles nas obras da comédia antiga como nos diálogos socráticos de Platão, admitidamente ocorridos nessa época. Os oleiros são, entre eles, os mais importantes: ocupam ainda o vasto subúrbio do Cerâmico. Mas não nos surpreenderia saber que apenas trabalham metade do dia.

A economia ateniense sofre uma crise grave. Os países distantes — Itália, Pérsia, Cítia — onde ainda hoje encontramos os vasos áticos originais do século V, começaram a fabricar, no mesmo estilo, os seus próprios vasos, para satisfazerem as necessidades locais e mesmo, por vezes, para exportação. O que é atestado quanto à produção de vasos deve ser verdade para muitos outros objectos, antes de proveniência ateniense exclusiva e que os países novos aprenderam a produzir. Foi durante a guerra do Peloponeso, sem dúvida, que Atenas perdeu estes mercados.

Tudo isto não deixa de explicar ou pelo menos não impede o aumento do número de escravos em relação ao dos cidadãos e nomeadamente dos trabalhadores livres.

Este acréscimo da mão-de-obra servil frente ao trabalho livre é inquietante: mas ainda não é sufocante, salvo talvez nos grandes domínios campestres em que a maior parte do território da Ática se tornou. Deste acréscimo há que esperar — mas não precipitemos o futuro — uma lenta extinção da vida das cidades, extinção em que entram aliás muitos outros elementos que aparecerão no curso da rampa descendente da civilização grega, pela qual ainda não começámos a descer.

O que, em contrapartida, se não deverá esperar da escravatura é a transformação, o rejuvenescimento económico e social das cidades antigas. A massa dos escravos na Grécia não ganhou consciência de si mesma nem da sua unidade. Não se propõe nenhum objectivo. Não constitui uma classe no sentido político e revolucionário do termo. Não vê outra saída para a sua miserável condição que a fuga maciça ou a raríssima alforria individual. Uma fuga deste género deu-se no último período da guerra do Peloponeso. Nela foram vinte mil escravos — pela maior parte, mineiros do Laurião — que se passaram para os Espartanos. Mas este acontecimento não foi mais que um sobressalto da extrema miséria, de maneira alguma um acto político da luta dos explorados contra aqueles que os exploram.

Nada indica, pois, na sociedade do fim do século V, que a escravatura esteja ou mesmo possa tornar-se um factor activo da renovação da cidade ameaçada. A escravatura apenas *pulula*. Trata-se de um fenómeno ainda puramente quantitativo, privado de qualquer outro sentido.

Na verdade, a escravatura propõe à sociedade dos homens livres a *imagem* daquilo em que esta se tornará com o decorrer dos séculos. Imagem sinistra, imagem do último grau de miséria.

A escravatura é pois uma fonte, e a mais activa delas, duma produção limitada aos bens materiais, mas é ao mesmo tempo um terrível peso morto que se torna cada vez mais pesado. Esperar deste peso morto um instrumento de salvação para a sociedade antiga — nem pensar.

A imagem da miséria, que dominará o fim dos tempos helénicos, ergue-se no horizonte da Grécia. Vêmo-lo transparecer, tal como a da riqueza adquirida pelos meios mais desonestos, ao longo da comédia *Plutos* do profético Aristófanes, comédia que, a bem dizer, pertence já ao século IV (388). (Noto, de passagem, que o reformador Zwingli, o mais humanista dos reformadores, fez dar de *Plutos* uma representação em grego.)

Eis a história. Crémilo, que é um honrado camponês, cidadão ateniense duma aldeia da Ática, chegado à velhice, pergunta a si mesmo que há-de fazer de seu filho: se deixá-lo no campo a arranhar a terra do seu magro bocado e nada colher dele, ou mandá-lo para a cidade a engordar com os patifes e esperar de Plutos (a Riqueza) a recompensa da sua desonestidade. Vai consultar o oráculo de Delfos. A Pítia não responde à pergunta, mas convida-o a seguir o primeiro homem que encontrar à saída do templo. Esta personagem é um mendigo seboso e esfarrapado, e cego ainda por cima. É o próprio Plutos, a Riqueza em pessoa.

Crémilo segue-o, e detém-no: decide curá-lo da cegueira que Zeus lhe infligiu, porque ele só recompensava os justos, de quem o senhor dos deuses tinha ciúmes. Recobrando a vista, recompensará o honesto Crémilo e os pobres diabos dos camponeses da sua aldeia, que, ao cabo de uma vida de miséria, nem sequer têm com que pagar o próprio enterro.

Plutos é curado, miraculosamente, no santuário de Epidauro. Os negócios dos sicofantas da canalha e dos bandidos que viviam à custa da república começam a ir por água abaixo, com grande alegria dos velhos camponeses de boa raça.

Nenhuma obra, melhor que *Plutos*, mostra a importância que o dinheiro ganhou na vida ateniense. O próprio assunto indica que o problema da miséria se põe às massas populares que assistem ao espectáculo. «O amor do dinheiro domina-nos a todos», declara uma personagem da peça.

Pobres e famintos havia-os há muito tempo em Atenas, sobretudo depois de a guerra se ter instalado na cidade como em sua própria casa. Mas o que deles se dizia na época das *Nuvens* (423), e que podia ser divertido, não era já bom de dizer em 388, ou tomava um sentido já não cómico, mas patético. Já não é gracejo falar no palco de gente que não possui nem manto, nem leito, nem cobertor: essa gente está representada em grande número nas bancadas.

As distribuições de trigo a preço reduzido ou mesmo gratuitas tornaram-se cada vez mais frequentes, mas são também cada vez em menor quantidade. Luta-se para as obter. Faz-se dinheiro de tudo; empenham-se os móveis, o equipamento militar. Nem as medidas dos homens de Estado, nem a frugalidade camponesa impedem o custo de vida de subir constantemente. Os decretos que tentam impedir a alta dos produtos mais necessários, como o sal, não chegam a nada.

Assim, nas últimas comédias de Aristófanes — donde foram tiradas estas indicações — toda uma multidão de factos indica que a miséria se tornou para a maior parte dos atenienses uma preocupação grave e quotidiana, e o dinheiro um sonho inacessível.

Uma cena curiosa atrai particularmente a atenção em *Plutos*. Quando Crémilo se mete em cabeça curar a cegueira da Riqueza, uma personagem alegórica imprevista ergue-se diante dele: é a Pobreza. Expulsá-la da Terra, diz, é expulsar a verdadeira benfeitora dos homens. Só a pobreza estimula as energias, proporciona desafogo e felicidade. Tal é a tese que a Pobreza defende. Ninguém lhe responde: ninguém, com efeito, neste momento da história dos homens, está em condições de refutar o sofisma de forma satisfatória. Crémilo contenta-se com responder-lhe por um acto: expulsa-a e não quer fixar nada da sua apologia falaciosa. Mas não deixa de evocar o cortejo da Miséria, que segue de perto o da Pobreza: o flagelo dos piolhos, das pulgas, da vérmina, que atormentam os míseros e os impedem de dormir, repetindo-lhes no seu meio sono: «Tu terás fome. Mas levanta-te!... E fica sabendo que por manto não terás mais que um trapo; por leito, um braçado de juncos, onde vivem os percevejos... por tapete, uma enxerga podre; por travesseiro, uma pedra debaixo da cabeça; em vez de pão, rebentos de malvas; em vez de bolo, folhas de rábano; por escabelo, um pote partido...» e o resto à proporção, até rebentar finalmente.

Riria o povo muito, no teatro de Dioniso, nesse dia da Primavera de 388, onde, em plena guerra recomeçada por dez anos, o seu poeta favorito lhe pintava a sua triste vida de miséria, como uma advertência no limiar de um século de derrotas, de desastres, de fome?

Porque perdeu Aristófanes a alegria do seu riso? Porque há-de ser, senão porque começou o declínio da sua cidade bem amada, a miséria do seu povo alegre, a miséria «dos pequerruchos sofredores e das velhas de enfiada»?

Guerras contínuas e decadência da democracia, escravatura e miséria — iremos deixar que estas nuvens invadam todo o céu?

Não. O povo grego tem a vida dura. Séculos e séculos esperam ainda que ele os modele à sua imagem. Estamos no fim do século V. Ainda faltam mil anos para que o imperador Justiniano mande fechar a Escola de Atenas, onde se ensina a filosofia profana.

Mil anos depois de Sócrates ter começado a interrogar, à sua estranha maneira, o espírito do homem.

O povo grego, com as suas guerras e a sua miséria, com as suas instituições deterioradas, mas também com as suas letras e as suas artes, com a sua razão, com a sua sageza, com a sua infatigável coragem, tem diante de si esta corrida de mil anos a fazer...

Nas ruas de Atenas, Sócrates interroga os passantes... E ei-lo que se prepara para recolher o seu mel.

X
O ENIGMA DE SÓCRATES

Para os seus contemporâneos, para nós ainda hoje, Sócrates foi um enigma de que certamente não teremos nunca a chave. Este homem estranhíssimo, quase extravagante, e contudo de simples bom senso e de uma lógica rigorosa, ainda não acabou de nos surpreender nem de nos instruir e de nos dispensar as suas descobertas, o seu saber e a sua preciosa ignorância.

Mas o mais espantoso desta vida, ao mesmo tempo singular e vulgar, está na fecundidade inacreditável da morte que a conclui. Esta morte faz levantar uma plêiade de testemunhas — discípulos ou adversários — que nos dizem, através dos séculos, mesmo quando o dizem de maneira contraditória, a importância da palavra de Sócrates e da verdade pela qual ele deu a vida.

Mas qual é o conteúdo dessa palavra? Porque morreu Sócrates? Que verdade lhe parece mais preciosa do que a vida? Aqui começa o nosso embaraço, aqui começa a grande confusão dos historiadores. Porque temos realmente de confessar que os testemunhos dos discípulos que dele se valem — sem mesmo falar dos adversários — são frequentemente contraditórios. Enumeremo-los, atendo-nos apenas aos testemunhos daqueles que conheceram Sócrates vivo.

Temos em primeiro lugar Aristófanes, que faz de Sócrates, em 423, a principal personagem da comédia *Nuvens*. Sócrates tem, nessa data, quarenta e seis anos. Ensina sem dúvida há muito tempo nas praças e nas ruas de Atenas. Ensinará ainda durante vinte e quatro anos, antes que a justiça pense em incomodá-lo e enviá-lo perante o Tribunal do Povo. Aristófanes é poeta cómico, faz pois de Sócrates, segundo as leis do género, uma caricatura exagerada. Mas é preciso que apresente ao seu público uma caricatura cujo original seja imediatamente reconhecível. Aristófanes faz usar à sua vítima a famosa máscara do «Sábio doutor estrangeiro», personagem — vimo-lo já — que existe em todas as comédias de todos os povos do mundo, próximas do veio primitivo. O Sócrates de Aristófanes está certamente simplificado pelo exagero dos traços cómicos que lhe são comuns com todos os sábios de comédia. Mas admitamos que os traços acentuados pelo poeta existiam, embrionários, no Sócrates autêntico. Ora, os dois traços essenciais do Sócrates das *Nuvens* são, por um lado, a explicação que o filósofo dá dos fenómenos da natureza, sem fazer intervir neles os deuses: o Sócrates de Aristófanes explica a chuva e as tempestades não pela acção de Zeus, mas pela acção das nuvens; neste sentido, no sentido etimológico do termo, é um ateu. Por outro lado, o Sócrates das *Nuvens* pratica a sofística, apresentada pelo poeta como a ciência que permite «*Tornar mais forte,* perante os tribunais, *a causa mais fraca»,* o que quer dizer que ele perverte a juventude oferecendo-lhe um meio cómodo de escapar às consequência penais das suas faltas, o adultério, por exemplo. Pois bem, estes dois traços do Sócrates aristofânico — *ateísmo e corrupção da juventude —* encontramo-los nós praticamente assim formulados na acusação levantada contra Sócrates vinte e quatro anos depois. Platão sublinha esta identidade, ao mesmo tempo que contesta a exactidão do retrato, que considera calunioso.

Eis agora as testemunhas-discípulos — os apóstolos. Os maiores deles são também os fundadores das escolas filosóficas que, na sua oposição evidente, pretendem igualmente valer-se de Sócrates.

Temos em primeiro lugar Platão. Oferece ao seu mestre essa homenagem única na história literária de pôr o seu próprio pensamento, e isto quase ao longo de toda uma obra de cinquenta anos, na boca daquele que o formou para a sabedoria. Platão faz de Sócrates, nas suas obras, o autor do idealismo platónico. Platão é um grande poeta, e a deformação que opera a partir do Sócrates autêntico não é certamente menos importante que a do poeta cómico Aristófanes. Aliás, acontece-lhe repetir e confirmar Aristófanes, tanto quanto o contradiz.

No entanto, Platão não é apenas poeta, é um fabricante de mitos «políticos», é talvez em primeiro lugar uma cabeça «política», e um homem que detesta a democracia ateniense. Toda uma parte da sua obra o diz, e ele próprio reconhece o seu temperamento político na mais famosa das suas cartas conhecidas. Que tenha pois «politizado» Sócrates no sentido antidemocrático, parece extremamente verosímil. Nada, no entanto, absolutamente nada nos prova que o ateniense Sócrates, vindo do povo, tenha sido o primeiro fundador da ideologia platónica reaccionária, como por vezes se afirma levianamente.

Eis outras testemunhas. Situados nos dois pólos do pensamento do século IV, mas valendo-se igualmente de Sócrates, temos Antístenes, o fundador da escola ascética dos cínicos, e Aristipo, o fundador da escola do prazer calculado dos hedonistas.

Não esqueçamos o abundante testemunho de um discípulo que não é filósofo mas historiador, ou que se apresenta como tal: Xenofonte, o amigo leal, de quem tanto mal se disse e que não é tão limitado quanto se quis fazer crer, Xenofonte que pretende relatar-nos um grande número de conversações socráticas que ouviu. Notemos no entanto que a sua condição de proprietário campestre e de comandante de cavalaria não o preparava particularmente para um relato fiel do ensinamento socrático. Também ele deforma a imagem do Sócrates autêntico. Mais ou menos que o poeta cómico ou que o filósofo-poeta, o político-poeta? Não serei eu a dizê-lo.

Finalmente, há que mencionar pelo menos uma testemunha adversa, Polícrates, autor de uma acusação contra Sócrates (não a acusação oficial apresentada ao arconte, mas uma obra independente). Não é conhecida esta obra, mas dispomos de um resumo que acreditamos exacto, embora tardio.

Escusado seria dizer que estas numerosas testemunhas se contradizem frequentemente. Pesar o seu valor, escolher entre elas, talvez recusá-las a todas: aqui está um bom trabalho para os sábios.

Nestes últimos anos, escreveu-se muito sobre Sócrates, e quase sempre para pôr em dúvida o valor das tradições que conservam a sua palavra. Há as duas grandes obras — teses na Sorbonne — de Magalhães-Vilhena, obras recheadas de erudição, aliás muito inteligentes, ainda que repletas de desenvolvimentos por vezes sem relação com o assunto. Há o livro à primeira vista mais imparcial, mas muito mais negativo também, do professor suíço Gigon, livro meticuloso na discussão dos textos, meticuloso e obstinado na elaboração de hipóteses que pretendem reduzir a nada mais que ficção toda a literatura socrática. Este encarniçamento em destruir um pelo outro os testemunhos dos antigos sobre Sócrates tem qualquer coisa de irritante e, no fim de contas, de suspeito.

Em verdade, estes dois autores não contestam, nem um nem outro, a existência de um ateniense chamado Sócrates que teria vivido e discorrido no último quartel do século V. Não contestam nem o processo nem a condenação à morte que desse processo resultou.

Mas todo o resto lhes parece simples lenda, mito, criação poética, *Dichtung*, escreve Gigon, poemas filosóficos, diz ele também, a propósito dos diálogos de Platão.

É esta a tese que me obriga, no início deste estudo, a dedicar alguns instantes à crítica. Tese à primeira vista perturbante e sedutora, mas, em verdade, nunca convincente.

Algumas observações ela provoca, com efeito. Em primeiro lugar, lembremos que há trinta ou quarenta anos, dois grandes filólofos platonianos sustentavam com igual segurança a tese inversa daquela que Gigon e Magalhães-Vilhena sustentam. Para Burnet e Taylor, os diálogos platónicos, longe de serem mito e poesia, eram exactos resumos e quase autos de declarações das autênticas conversações socráticas. Enganavam-se, mas durante muito tempo a sua opinião prevaleceu.

Observemos, por outro lado, que as contradições que se pretende encontrar entre os testemunhos não são tão numerosas quanto se diz, e talvez não muito mais numerosas que as concordâncias que por vezes se esquece sublinhar. Assim, Aristófanes que, repito, escreve as *Nuvens* em 423 troça de um Sócrates que se entregava à observação dos «meteoros», isto é, dos astros e dos fenómenos celestes, à maneira de Anaxágoras e que, para melhor os observar, se instalava num cesto suspenso nos ares. Ora, no *Fédon* de Platão, escrito quarenta anos mais tarde, Sócrates apresenta-se como discípulo de Anaxágoras: também ele inquiriu em primeiro lugar sobre a forma da Terra, sobre o Sol e sobre a Lua, e não sobre a moral. Porque não pôr em evidência esta notável correspondência dos testemunhos, em vez de perder tempo em salientar de preferência as divergências de interpretação?

Logo, existem certas concordâncias entre os testemunhos. Mas exige-se que todas as testemunhas da vida de Sócrates estejam de acordo em tudo. Pretende-se considerar autênticos apenas os factos que fossem atestados ao mesmo tempo por Aristófanes, Platão, Antístenes, Aristipo, Xenofonte e os outros. Uma tal exigência é absurda. O acordo unânime das testemunhas sobre os mesmos factos seria a coisa mais espantosa — digamos outra vez a palavra —, mais *suspeita* do mundo. Nunca tal coisa se viu em qualquer causa. Além disso, estas testemunhas não assistiram forçosamente às mesmas conversas. Não viram o paradoxal Sócrates sob a mesma luz. Não o conheceram todos na mesma época da sua vida. Que milagre se pede? Que homens diferentes uns dos outros, pela idade, profissão, temperamento, ideias, dêem testemunho idêntico ou semelhante. Observemos que aqui não se trata somente de testemunhar sobre factos, mas sobre a *interpretação* dos factos. No fim de contas, sobre o pensamento de Sócrates, esse pensamento que Sócrates, dizem-no os antigos, se comprazia em dissimular e que carregava de ironia ambígua. Será realmente de espantar que o proprietário campestre e o filósofo idealista, esse poeta impenitente que é Platão, ou ainda o poeta cómico mais fantasista que jamais houve, ou que o filósofo do prazer e o filósofo do ascetismo não tenham relatado e interpretado os mesmos factos e os mesmos pensamentos da mesma maneira? O contrário é que seria surpreendente, ou antes, é impensável.

Iremos, a partir destas divergências, destas contradições naturais, concluir pela inautenticidade, pelo carácter mítico, lendário, fictício de Sócrates, tal como no-lo dá a conhecer a literatura antiga? Esta conclusão parece-me pouco sensata.

Uma única coisa parece certa, e essa dá à tese de Burnet e de Taylor uma mostra de razão: é que os diferentes retratos de Sócrates apresentados pelos seus contemporâneos, todos eles *interpretações,* deviam no entanto ter *todos* com o Sócrates *histórico* alguma semelhança que permite reconhecê-lo.

Podemos nós, aliás, chamar Sócrates *histórico* àquele Sócrates que nasceu da parteira em 469 e viveu enigmático aos seus contemporâneos e durante muito tempo a si mesmo, até ao momento em que o veneno e a injustiça fizeram pela última vez passar a sua respiração entre os lábios, em 399? O verdadeiro Sócrates é aquele que vive ainda na memória dos homens; o Sócrates *histórico* é aquele que age sobre a história do pensamento, que age na história dos homens que nós somos, de cada vez que nos aproximamos dele através daqueles que dele nos falam. O Sócrates histórico e o Sócrates lendário são uma e a mesma pessoa — um ser vivo porque actuante.

O Sócrates «lendário» existiu mesmo quando vivo, existiu no próprio coração do Sócrates «autêntico», estranho aos seus próprios olhos. E é também por isso que o problema socrático continua a ser um problema histórico exemplar. Não se pode dizer, com efeito, de todos os factos históricos que eles são sempre, ainda que em diferentes graus, «construções» da história. E no entanto são *factos.* Agem.

Assim, pretender distinguir em Sócrates duas personagens, é pretender separar na sua vida dois modos de existência, um dos quais tão válido como o outro. É condenar à morte o verdadeiro Sócrates uma segunda vez, aquele que vive em nós como em todos aqueles que o conheceram pelo testemunho dos seus discípulos — uma vez que ele próprio nada escreveu.

Recuso-me a cometer este crime. Comete-o a crítica de cada vez que, pretendendo distinguir Sócrates múltiplos e contraditórios, «variantes» de Sócrates, vai até ao ponto de imaginar, para os explicar, hipotéticos diálogos socráticos perdidos, que parece tomar mais a sério que aqueles que nos restam.

Na verdade, tais filólogos nada têm de sério. Sócrates é para eles um jogo, uma espécie de *puzzle* de que nos falta a maior parte dos pedaços e que eles refabricam. Sócrates não é um jogo. É um ser vivo, uma vez que nos faz viver a nós. Histórico e lendário, é uno e é assim que eu o tomarei, deixando-me guiar na escolha que fizer entre os testemunhos pelo choque que deles recebo — não apenas eu, mas o choque que deles recebeu a história dos homens.

É neste ponto, com efeito, que me parece mais gravemente em falta a crítica socrática, tal como ela se afirma hoje. Esquece, muito simplesmente, isso que deve chamar-se o *choque socrático*.

O caso é que sem a presença activa da pessoa e do ensino de Sócrates nas ruas de Atenas durante meio século, e sobretudo sem a acção da morte de Sócrates em 399, nada do que se seguiu é explicável. Só a violência do choque sofrido pelos discípulos explica a abundância e também a diversidade da literatura socrática. Este choque autêntico, dado por uma pessoa autêntica, recebeu-o cada um de maneira diferente, porque eram também diferentes uns dos outros, mas cada um deles o recebeu na sua carne. Nenhum poema inventado a partir da morte de Sócrates, por maior que seja o poder da arte, estava em condições de mobilizar ao mesmo tempo poetas, historiadores, filósofos, e isto pela continuação dos séculos. Temos aqui uma resposta que me parece duma clareza deslumbrante para a miopia dos críticos debruçados sobre textos vivos, que dissecam como se se tratasse de cadáveres. Arrumar por exemplo a narrativa da morte de Sócrates por Platão — cuja força emocional foi por mim sentida idêntica perante os mais diversos auditórios —, classificá-la na gaveta de um capítulo a que se dá o título de «Poema filosófico de Sócrates», parece-me ser um contra-senso que se aproxima do não-senso. Nunca se criou um tal poema a partir do nada ou quase nada.

Mas é tempo de abandonar ao seu destino estes estudos, em cujo artifício há uma suspeita de má fé, que procuram roubar-nos o Sócrates actuante, é tempo de retomar as coisas pela outra ponta e tentar fazer reviver o Sócrates ao mesmo tempo histórico e landário, o Sócrates enigmático que parece esquivar-se no absurdo, sob a máscara divertida da ironia, para melhor nos tocar.

*

Sócrates amou muito os jovens: gostaríamos de conhecer a sua juventude. Não foi uma criança prodígio. É aos quarenta anos, e porque um deus lhe faz sinal, que toma consciência da sua missão. Não sabia quem era esse espírito extravagante nesse invólucro de Sileno, essa alma violentamente possuída de qualquer coisa ignorada — esse estrangeiro que se chamava Sócrates. Lera, em Delfos, gravado no templo de Apolo, o adágio já repisado da sabedoria helénica: «Conhece-te a ti mesmo.» Não o lera com os olhos, à maneira de um peregrino distraído, antes o ouvira em si mesmo como um eco às perguntas que preocupavam a sua juventude: «Quem és?, e para quê? Que sabes tu?, e de que te serve o seu saber?» Tinha uma alma ao mesmo tempo ardente e reflectida, uma natureza apaixonada e a mais fria razão que terá havido. Desejava ardentemente empenhar a sua vida, mas com conhecimento de causa.

Criança ainda, os poetas ajudam-no a apreender uma parte de si mesmo. De modo diferente do que se esperaria. Aprende na escola as belas histórias deles; recita ao mestre as suas sentenças. Ama essa voz que fala do poderio dos deuses e do labor do homem. Mas o seu espírito não se deixa embalar ao ritmo dos versos. Os poetas falam-lhe do que ele mais deseja no mundo aprender a conhecer: os deuses e o homem. A criança não os deixa falar sozinhos. Interroga. «Dizeis a verdade?», pergunta a Homero, Hesíodo e Píndaro. E se os apanha em mentira, se os vê atribuir qualquer má acção a esses senhores do mundo que quer justos e bons, se verifica que os seus heróis se contentam com uma aparência de virtude, indigna de um homem honesto, a criança zanga-se com a poesia. Rejeita esta mentirosa imitação do ideal que traz em si, e que sabe verdadeiro. O comércio dos poetas descobre-lhe, não *quem* é, mas pelo menos aquilo que procura e ama. Sócrates ama a verdade.

Os sábios procuram também a verdade. Alguns dos desse tempo perscrutam o céu, procuram compreender a marcha dos astros, figurar-se a forma do mundo, apreender a essência que o constitui. Sócrates adolescente escuta-os com atenção e confiança. Estes «físicos», como lhes chamam, vão certamente dar-lhe a chave do conhecimento. Ao explicarem-lhe o que é o mundo, dir-lhe-ão porque está Sócrates no mundo e o que deve fazer nele. Depressa descobre que os sábios não repondem melhor que os poetas à única pergunta que é preciso decidir para viver: «Quem sou eu?» De que serve explorar o universo, se se ficar ignorante da sua própria natureza? Os deuses sabem como o mundo é feito, uma vez que o enchem e o dirigem. É vão, é ímpio procurar forçar o segredo da natureza que eles habitam. Mas a alma humana, com a sua exigência de felicidade e o seu poder de virtude, que sábio descobrirá as verdades que lhe dizem respeito? A natureza é dos deuses, o espírito do homem a ele pertence. Os eclipses e os meteoros não nos dizem como viver. Porque não escutar antes essa débil voz racional que balbucia em nós e que, falando em todos os homens, ganha de súbito a força do seu comum consentimento? Sócrates recusa a frívola ciência daqueles que fogem do homem e do seu serviço para procurarem nos espaços celestes o álibi da única verdade necessária. A influência de Sócrates, imensa por via das escolas que derivaram dele, contribuiu em muito para que os antigos preferissem a «filosofia» às ciências propriamente ditas. Funesta escolha, decerto, a de uma «filosofia» que, afastando provisoriamente as ciências, se limita ao conhecimento do homem! Nada importa a Sócrates tanto quanto este conhecimento. Nada o prende, senão a conquista do espírito pelo homem, da sua alma, como ele diz. Por certo era cedo de mais para fundar sobre regras precisas a ciência moral. Sócrates não o ignora. Mas gosta de saltar por cima dos séculos...

Muito mais que os poetas e os sábios, os artesãos aproximam Sócrates da tomada de consciência a que aspira. Todo o homem, segundo ele, tem qualquer coisa a ensinar-lhe, uma vez que todo o homem detém em si a verdade sobre o homem. Mas mais do que qualquer outro, o homem do povo, o artesão ligado ao mester por regras delicadas e rigorosas. Sócrates é o povo. Vive na rua. Sente-se artesão-nato (para fabricar o quê?), irmão de todos aqueles que falam a linguagem técnica das coisas que modelam. A maior parte dos seus discípulos serão filhos-família; muitos a ele irão apenas para divertir a ociosidade em que vivem. Sócrates é operário, nascido do povo operário. Sua mãe, a parteira, é perita no mais antigo dos mesteres. Seu pai é desses trabalhadores da pedra que esquadriam, chumbam e alisam os blocos com que se constrói o Parténon. Sócrates frequenta os operários. Para definir o útil e o belo, a virtude e o bem público, é à forja que ele se instala, é ao sapateiro que vai buscar os seus exemplos, é ao carregador que ele interroga. Toda a sua vida, o marceneiro e o pedreiro, o carreiro e o oleiro acompanharão as suas palavras e darão, pela sua boca, réplica aos políticos e aos sofistas. *Os artesãos são os primeiros mestres de pensar de Sócrates.* São obrigados a conhecer as coisas de que falam. Não podem fazer batota com a matéria que trabalham nem com o objectivo que se propõem. É preciso que os objectos que lhes saem das mãos prestem os serviços que deles se exigem. É preciso pois que o artesão aprenda a sua arte e a faça passar às suas mãos. Sócrates admira o rigor das regras que permitem produzir um objecto. Maravilha-se com a igual precisão que o operário põe nos gestos e na linguagem. Inveja este trabalho obreiro que, pela prática de regras seguras, adapta exactamente uma obra ao emprego que ela deve preencher. Uma tal obra é bela.

Aconteceu a Sócrates tomar nas mãos o cinzel de seu pai, talhador de pedra. Contudo, uma outra matéria o atrai, que quer afeiçoar com a mesma segurança, a mesma ciência, a mesma consciência obreira; a alma humana. Sócrates quer inventar uma técnica para apresentar belas almas à luz do dia.

Ao cabo de uma lenta aprendizagem, Sócrates conhece o que procura e o que é. Procura um método que permita extrair do homem a verdade que está no homem e que diz respeito ao homem. Procura uma ciência da vida humana. Conhece-se a si mesmo bastante para escolher com decisão o seu mester. Toma o velho ofício de sua mãe, cortadora de cordão. Libertará as almas do fruto da verdade que elas têm em si.

Nasceu para ser isto: parteiro das almas.

Mas para chegar a esta escolha, que difícil caminho não terá ele percorrido nos anos obscuros da sua juventude? Que obstáculos da carne, cavalgando sobre os do espírito, se encontraram nesta estrada que só levava à vontade do verdadeiro? Olhe-se essa máscara de fauno: saber-se-à que outros apetites o possuíam, além do amor das almas.

Sócrates amava o vinho; mas ninguém alguma vez viu embriagado este bebedor intrépido. Sócrates amava as carnes juvenis; mas ninguém, no seu processo, ousou sustentar que ele fizesse delas uso infame. Todo o ardor da sensualidade que queimava a sua natureza, converteu-o em violento desejo duma única posse: a verdade! Rosto de bruto, onde irá pousar, sobre aqueles lábios mágicos, o verbo do espírito.

Esta vocação, conquistada através de lutas íntimas que mal podemos adivinhar e sem dúvida à custa de cruéis recusas, foi-lhe descoberta um dia, em toda a claridade, pelo deus de Delfos.

Conhece-se a história. Sócrates estava já na plena força da idade, há muito tempo conversava consigo mesmo e alguns familiares. Mas não considerava ainda o seu mester um serviço do deus nem um serviço público. Um dos seus amigos de infância lembra-se de perguntar ao oráculo de Apolo se existe no mundo homem mais sábio que Sócrates. «Não há», responde o deus. Sócrates espanta-se. Está de boa fé, só sabe que é ignorante. O seu embaraço é grande. Tem a certeza de que o deus não mente, mas não se julga dispensado de tirar a prova. Não há outro caminho, para verificar o oráculo, que examinar toda a sabedoria estabelecida... Assim começa ele essa conversa que sustentará, durante trinta anos, com os mais ilustres espíritos de Atenas e da Grécia, de cada vez confundindo o saber dos homens de Estado e dos sacerdotes, dos sábios e dos poetas e, em cada sábio confundido, prestando testemunho ao deus que o proclamou o mais sábio, com razão, porque só ele o é bastante para reconhecer a sua ignorância.

Estranho ofício, singular doutor. Durante trinta anos, interroga, refuta, «esvazia». Durante trinta anos faz rir de todos e de si próprio.

Trinta anos em que desconcerta, escandaliza, exaspera, enfeitiça por vezes.

Quem pode compreendê-lo nesta função de acusador público de toda a sabedoria ateniense, de toda a sabedoria humana? Quando muito, um discípulo. De modo algum o seu povo. Sócrates sabe-o e não se preocupa com isso. Uma vez que o deus assim o quer, continua sem descanso a arrancar à estupidez a sua máscara. Continua este serviço sem salário e quase sem esperança, este serviço de educador do seu povo, o mais insubmisso de todos os povos. É a sua maneira de ser cidadão, de praticar a verdadeira arte política (porque, diz ele, não há outra), aquela que consiste em «tornar melhores os seus concidadãos».

Continua assim, até que o seu povo irritado o fere, como a um moscardo que se esmaga com uma palmada, porque nos pica.

*

Porque o fizeram morrer os seus compatriotas?

Sócrates amava o seu povo com ternura fraternal. Foi para ele que viveu, foi por ele que consentiu em morrer.

Se se quiser compreender o sentido desta vida e o da morte que o conclui, há que seguir o duplo caminho de Sócrates, e do povo de Atenas para esse termo. Há que viver longamente com Sócrates nas ruas dessa cidade que ele se recusou a abandonar, com sacrifício da sua vida. Há que vê-lo com os olhos desse povo a que tanto queria e que não podia compreendê-lo.

Dez horas da manhã, praça do mercado, um dia qualquer dos trinta anos do apostolado de Sócrates (o último terço do século a que se convencionou chamar de Péricles, o que não daria prazer a Sócrates, que não amou a Atenas desse homem). A praça está cheia de gente. O salsicheiro apregoa os seus chouriços; o oficial de cavalaria estende o capacete à vendedora de arenques. Diante da loja do barbeiro, em volta das mesas dos cambistas, Atenas conversa.

Sócrates passa. Todos o conhecem. Seria difícil um engano, é o mais feio dos Atenienses. A sua face larga e romba coroa-se de uma fronte vasta e nua. Os olhos salientes lançam, sob as grossas sobrancelhas, uma mirada de touro. As narinas do menos grego de todos os narizes levantam-se ousadamente. Uma barba rala esconde mal os lábios de uma boca que parece feita para morder, conforme sugere um discípulo, e mais feia que a de um burro, acrescenta Sócrates. Um corpo robusto sobre pernas curtas. Tal é a fealdade socrática, de que Sócrates é o primeiro a rir e que se gaba de poder demonstrar que é a própria beleza. Porque, se o belo é o útil, quem não preferiria a um nariz direito, cujas narinas só distinguem os odores que sobem do chão, este nariz aberto a todos os ventos, oferecido ao hálito do céu? Demonstração pouco convincente para os fiéis dos deuses do Olimpo e para os fervorosos do ginásio. Alguns inclinam-se a ver num tal excesso de fealdade um sinal do desfavor do Céu. Só um íntimo aí distingue, pelo contrário, o secreto parentesco do mestre com antigos génios, os sátiros maliciosos, Sileno, o encantador.

Este feio homenzinho cuida pouco de si. Porque tem o corpo em pouca estima, um filósofo lava-se pouco. Se frequenta as palestras, é para aí debitar as suas tolices, não para frustrar os atentados da idade, a insidiosa invasão da gordura. E que dizer desse velho manto que ele arrasta por todas as estações, quer o bóreas sopre em rajadas ou o sol a pino obrigue as pessoas de bom senso a disputarem a sombra de um burro! Sócrates traz o trajo da gente pobre. O vulgo não sabe que Sócrates se antecipa aos séculos e que este manto, que os filósofos tomarão dele em sua memória, tornar-se-á o hábito do monge.

Entretanto, Sócrates cruzou-se na praça com um personagem conhecido, um daqueles cuja palavra governa a assembleia popular. É um bom orador, talvez um homem honesto, mas que tem nos lábios, mais vezes do que seria prudente, a bela palavra justiça. Com a liberdade das relações antigas, Sócrates aborda-o: «Meu caro», diz-lhe, mais ou menos([1]), «tu que és o conselheiro do povo em todo o empreendimento justo ou injusto, quererás que juntos procuremos o que poderá ser a justiça?» Ou diz-lhe: «Uma vez que um homem de Estado tem por ofício velar pelo respeito das leis, quererás definir comigo a lei?» Faz-se roda. O personagem importante está cheio de segurança. «A lei? a justiça? Não há nada mais simples!» Dá a sua definição. Sócrates sopesa-a. Há ali um termo obscuro. Definamo-lo por sua vez. Ou tomemos talvez um exemplo, tirado da arte culinária ou da criação de cavalos, enfim, de coisas que toda a gente conhece. A conversa prossegue rasteirinha, cheia de surpresas e de evidências, rigorosa sob aparentes desvios, até ao momento em que, diante deste homem cujas perguntas só pedem um sim ou um não como resposta, o belo burilador de frases, forçado a recuar a cada passo, ameaçado de cair no absurdo, perseguido pela boa lógica, dividido entre dilemas, decide-se a concluir bruscamente que a lei é a ilegalidade. E que a justiça... Mas prefere desistir. O que obriga Sócrates a certificar que ele discorria na assembleia acerca de coisas de que ignorava tudo... A assistência ri, enquanto o outro se esquiva. Sócrates fez um inimigo.

Contudo, depois de rir, o povo inquieta-se. Afinal de contas, que quer este Sócrates? Que significa este jogo de pimpampum? esta obstinação singular em fazer confessar a cada um que não sabe nada? e esta afectação ainda mais estranha de proclamar a sua própria ignorância? em declarar em todas as ocasiões que se alguma coisa sabe, é precisamente que nada sabe? Ontem, era sobre a moral que fazia perguntas às pessoas, pondo os basbaques a rir a propósito de honestas definições que lhe davam do bem supremo ou do dever cívico. Não acreditará nem na virtude nem no dever do cidadão, este mestre da ironia?

As suas palavras acerca dos deuses são, entre todas, surpreendentes. Declara que se fôssemos razoáveis (são as suas próprias palavras) o que teríamos a fazer de melhor seria reconhecer que a respeito dos deuses não sabemos absolutamente nada. Fala muito de uma providência, de deuses que vêem tudo, ouvem tudo, estão presentes em toda a parte, conhecem até os

---

([1]) O autor usa exemplos em parte imaginários, ou pelo menos «compostos», mas sempre na linha socrática.

nossos pensamentos. Muito bem. Fala menos frequentemente dos deuses das nossas festas nacionais, dos deuses dos nossos antepassados, que nós invocamos pelos seus velhos nomes! Diz este Sócrates que não são os seus verdadeiros nomes! Das histórias que os nossos pais nos contaram acerca dos deuses, aceita uma parte, rejeita a maior parte, a pretexto de que não se deve fazer fé em narrativas em que se vê os deuses procederem mal. É fácil contudo compreender que o que é mal para os homens não o é forçosamente para os deuses. Em todo o caso, tais histórias são sagradas, e é perigoso para toda a cidade que nelas se toque. Sócrates diz também que não devemos orar como oramos, pedir isto e aquilo, que os deuses sabem melhor do que nós o que nos convém. Ele, ao deus Pã, pede a «beleza interior». Que quer isto dizer? E depois, tem também o seu deus próprio, a que chama o seu «demónio». Ouve a sua voz. Ninguém tem o direito de ouvir vozes. Salvo a Pítia e alguns outros; mas, aí, há os sacerdotes para fiscalizarem. Ninguém tem o direito de nos falar de deuses que não conhecemos, de deuses estranhos à cidade. Ainda que diga, sobre os deuses como sobre o resto, que não sabe nada, não é maneira de se tirar de embaraços. Há coisas que toda a gente sabe, coisas que todo o bom cidadão deveria saber.

Quanto ao que Sócrates diz do governo popular, ainda é mais chocante para o Ateniense médio. O Ateniense sente orgulho das suas instituições democráticas. Com razão, embora não sem algum exagero. Além disso, elas permitem viver. Todos, ou pouco menos, exercem à vez qualquer magistratura, por um ano ou pela duração de um processo, por vezes por um dia apenas. O Ateniense espanta-se de ouvir Sócrates criticar o modo de eleição dos magistrados, feita por sorteio. Como se não fosse esse o único método razoável e verdadeiramente democrático de escolher os representantes da cidade! Dizem-lhe que Sócrates declarou que a Assembleia popular tomava as suas decisões «ao acaso»; ou que governar é uma ciência difícil que deveria ser reservada a um pequeno número. Onde é que ele mete a igualdade dos cidadãos? Um dia — e isto toda a gente viu e ouviu — foi a vez de Sócrates fazer parte da mesa da Assembleia do povo, reunida em tribunal supremo. Pois não presidiu ele aos debates duma maneira revoltante? Tentou impedir-nos de votar como nós queríamos votar. Queríamos votar de uma vez só a condenação à morte de dez generais vencedores da batalha naval das Arginusas: não se tinham dado ao trabalho de salvar os soldados que se afogavam, por causa, diziam eles, de uma tempestade que rebentara. Sócrates pretendia que votássemos sobre cada um dos dez separadamente. Os seus colegas da presidência acabaram por nos deixar fazer como queríamos. Sócrates diz que o que há de pior na democracia é que, no fim de contas, os governantes deixam sempre o povo fazer o que quer. Felizmente! Disse, mesmo, um dia, que a democracia era uma espécie de tirania!... É extraordinário quantas coisas afirma e como é obstinado nas suas opiniões, este homem que se gaba de nada saber...

Assim iam as reflexões de muitos atenienses, enquanto Sócrates, trabalhando ao serviço da verdade e do seu povo, carregava de ameaças o seu destino.

Não esqueçamos, no entanto, que ele não filosofava sozinho em Atenas, nesse tempo. Se a sua maneira era mais pitoresca, as suas palavras mais agudas que as dos outros filósofos, era fácil embora confundi-lo com esses novos mestres vindos da Grécia da Ásia ou da Itália grega, aos quais se dava o nome de sofistas, o que então apenas significava sábios. Sabe-se que os Protágoras, os Górgias, os Pródicos e confrades, muito procurados pela juventude dourada de Atenas, que por vezes se levantava antes do amanhecer para bater à porta deles, faziam ofício de instruir os seus alunos em todas as coisas humanas e divinas, em todas as ciências e em toda a sabedoria, gramática e astronomia, geometria, música e moral, sem esquecer o problema do conhecimento e, quando a ocasião calhava, o fabrico do calçado. Isto em troca de dinheiro à vista, ao passo que Sócrates considerava vergonhoso vender o saber, dizendo que o comércio da sabedoria não merecia menos ser chamado prostituição que o tráfico da beleza. Entre tantas ciências em que se ofereciam por mestres, os sofistas ensinavam, com mais brilho e proveito, a mais útil de todas numa democracia em que a arte da palavra dispõe do soberano: a ciência da eloquência, a retórica. Indo de cidade em cidade a exibir o seu saber, meio professores, meio jornalistas, era em Atenas, a democracia mais «avançada» do tempo (gabavam-se de fazer dela a cidade das luzes), que mais gostavam de estar. Aos seus cursos e conferências acudiam jovens ávidos de novidades — alguns, não duvidemos, desejosos de sólido saber, a maior parte desejosos de encontrar junto destes mestres ilustres o segredo do domínio das multidões, que uma publicidade ruidosa prometia. Não se gabavam os sofistas de fazer triunfar, à sua vontade, pela palavra, a má causa da boa e, segundo o seu estribilho favorito, «tornar mais forte a tese mais fraca»? Precioso trunfo nas mãos de um jovem político com pressa de vencer, esta arte da justa, estas «duplas razões», estes «discursos esmagadores», que a sofística propunha aos seus adeptos.

O ENIGMA DE SÓCRATES

De resto, não é este o lugar para dizer o que eram, em verdade, os sofistas. Sem contar que os conhecemos mal, e sobretudo pelos testemunhos dos adversários. Que tenham sido verdadeiros «doutos», que tenham ensinado o pensamento a voltar-se contra si mesmo para se criticar eficazmente, ou que tenham usado com virtuosidade de um saber enciclopédico com o fim de subordinar o verdadeiro à utilidade do momento, não é coisa que importe ao propósito em que estamos, que não é o de estabelecer o que eles eram, mas apenas indicar o que pareciam ser ao povo comum de Atenas. Sobre este ponto, não há qualquer dúvida. O povo via nos sofistas diletantes da inteligência. Engenhosos mas perigosos fazedores, mestres de dúvida, demolidores de toda a verdade bem assente, semeadores de impiedade e de imoralidade, em suma, numa palavra que é desse tempo, corruptores da juventude.

Ora, para o ateniense médio, Sócrates, o perpétuo doutor, que com as suas perguntas entorpece o pensamento dos interlocutores, à maneira, diz um deles, da tremelga marinha cujo contacto paralisa a mão do pescador, Sócrates que obriga aqueles que a ele se ligam a rejeitar todas as noções recebidas para confessar a sua ignorância, Sócrates é o príncipe dos sofistas, o mais insidioso dos corruptores da juventude. O mais culpado também: os outros são estrangeiros, ele é cidadão.

Atenas engana-se. Seja qual for o juízo a fazer sobre os sofistas, Sócrates não é um deles. Sabemos que os combateu, que julgou com severidade o uso que faziam da arte da palavra, propondo-se, não estabelecer o verdadeiro, mas produzir a sua aparência. Sabemos, pressentimo-lo, pelo menos, que se o Sócrates público deixava a maior parte das vezes desconcertados os seus interlocutores, entregues à dúvida como a um tratamento necessário, o Sócrates das conversações mais íntimas, depois de ter submetido os discípulos a esta higiene destinada a lavar o espírito do amontoado de noções erróneas que a preguiça aí deixa acumular, se as suas almas, assim purificadas do erro, aspiravam ainda à verdade, praticando então a maiêutica que recebera de sua mãe, ajudava-os a trazer à luz a sabedoria que neles habitava sem que o soubessem. A dúvida a que, segundo Sócrates, convidavam os sofistas, não era mais que um cómodo cepticismo que permitia ao indivíduo escolher entre cem erros aquele que mais lisonjeava o seu interesse. A sofística era uma arte de lisonja, uma complacência de cozinheiro para com crianças mimadas. Sócrates praticava a arte do médico. A dúvida que infligia, como um cautério ardente, destruía as partes gangrenadas da alma, restituindo-lhe a sua saúde nativa e a sua fecundidade.

Mas se o recuo do tempo, o conhecimento do que saiu da revolução socrática, nos permitem hoje tirar Sócrates para fora do grupo dos sofistas, reconhecer nele uma grandeza intelectual e moral que estes sem dúvida não tinham, devemos confessar que para os contemporâneos o engano era fácil, pois Sócrates exercia aparentemente o mesmo ofício que os sofistas, como eles instruindo a juventude, como eles discutindo em público política e moral, religião e por vezes arte, e como eles criticando com vigor e subtileza as noções tradicionais nestas matérias.

Guardemo-nos pois de «armar em espertos» (como dizia Péguy). Nesta Atenas do século V, onde o povo colhia prazer dos difíceis poemas de Ésquilo ou de Eurípides, não havia mais tolos do que em qualquer outro lado. Talvez um pouco menos. Outros povos, noutros tempos, tiveram na conta de demolidores, renegaram e por vezes condenaram os grandes obreiros do espírito. Quanto maiores eles são, mais difíceis de reconhecer.

Mas não foi apenas o povinho de Atenas — o descarregador-jurado, o bufarinho-jurado, o desempregado-jurado — que se enganou acerca de Sócrates. Igualmente se enganaram atenienses de velha cultura e de educação requintada. Aristófanes enganou-se, ele que conhecia o filósofo, que comera e bebera à mesma mesa que ele, que trocara com esse bom conviva muitas palavras amáveis e graves.

Sócrates exercia há uma dezena de anos nas praças o seu ofício de «dançarino-estrela à glória de Deus» (assim se exprime Kierkegaard) quando Aristófanes, querendo denunciar sobre a cena cómica os malefícios da educação nova, ou simplesmente querendo rir (era seu direito e prazer dos Atenienses), escolheu — para figurar aos olhos dos seus concidadãos toda a igrejinha dos filósofos, retóricos, astrónomos, físicos e outros contempladores de nuvens, todo o clã dos intelectuais — Sócrates, a quem carregou ao acaso das opiniões e dos pecados de meio século de pesquisa e pensamento. A comédia *Nuvens*, representada em 423, vinte e quatro anos antes do processo de Sócrates, foi, no entender de Platão, uma das causas distantes, mas indubitáveis, da acusação feita ao filósofo.

Conhece-se a história desse rico camponês que, arruinado por um filho citadino, e demasiado simplório para ser velhaco sem aprendizagem, vai bater à porta do «pensadoiro» de Sócrates, mestre de canalhices, astuto sofista que ensina, a quem lhe pagar largamente, a arte de trapacear na justiça e enganar os credores. Das divertidas lições que recebe deste Sócrates de mascarada, retorcidas embora, o homenzinho tira logo de entrada o claro desprezo da palavra dada e a certeza de que os deuses só punem o perjúrio dos imbecis. Mas o filho, na escola do desrespeito, aproveita mais depressa ainda que o pai. A moral é por ele vingada, à cacetada, nas costas do autor dos seus dias. É também vingada pelo incêndio do «pensadoiro das doutas almas» e pelo aniquilamento daquele covil de impostores.

O Sócrates das *Nuvens* é divertido; deve ter parecido convincente ao espectador. A sua composição complexa só revela a sua clarividência e a sua crueldade através da análise do historiador das ideias. A caricatura do sábio assenta, em certos pontos, na agudíssima intuição que o poeta teve dos aspectos mais originais da revolução socrática. Assim, o primado concedido por Sócrates ao espírito sobre o corpo, a inversão de valores que ele opera nas relações entre a alma e o corpo, inversão escandalosa aos olhos de um povo apaixonado pela beleza física, e o ascetismo que, com o tempo, e desde Antístenes e Platão, não deixou de resultar dela, tudo isto ganha, na comédia de Aristófanes, o trajo da sujidade e do andrajo, a máscara das faces emaciadas, das almas meio desencarnadas que divagam no pensadoiro.

O poder da arte é temível. Muito mais próxima de Anaxágoras, de Górgias ou de não importa que outro mercador de ciência que do próprio Sócrates, a personagem de Aristófanes é no entanto assaz socrática na singularidade do gesto e da linguagem, assaz socraticamente alimentada de ditos irónicos e de paradoxos extravagantes, para figurar aos olhos do povo de Atenas como o único Sócrates que poderia reconhecer, o único que poderá um dia condenar na barra do tribunal. Porque o Sócrates levado ao tribunal dos Heliastas será o Sócrates de Aristófanes; e porque o povo-juiz tem fortemente gravada no espírito a ficção do poeta, não perceberá que é um outro Sócrates que responde à intimação do magistrado: condenará o fantasma que, por virtude da poesia, o possui.

É impressionante, com efeito, que se duas queixas se podem extrair da comédia de 423 contra aquele que ela põe no pelourinho — impiedade e corrupção da juventude —, os dois mesmos pontos de acusação sejam explicitamente formulados na queixa apresentada contra o acusado de 399: «culpado de não crer nos deuses... culpado de corromper os jovens».

Sócrates ímpio, dizem em coro Aristófanes e o Tribunal do Povo. Ímpio, este homem que, mais do que nenhum outro, nesta Atenas das luzes, conduziu a busca de Deus no respeito do seu Ser desconhecido? Recusando-se a forçar o divino, fosse para o desalojar, fosse para o definir, nesse domínio da natureza que é, para a alma antiga, o seu habitáculo sagrado, guardando-se de fazer falar a Deus a linguagem da estupidez humana, atribuindo-lhe tão-somente o verbo da razão, o comportamento da justiça, sabendo também deixá-lo repousar no seu inefável silêncio, Sócrates, diante do supremo mistério, manifesta a sua costumada modéstia e a sua rigorosa probidade. A única coisa que declara saber com toda a segurança a respeito da divindade, é que nada sabe de seguro. A ignorância é aqui o testemunho mais puro da autêntica piedade. Neste acto de circunspecção, quão próximo está de Deus este sábio que de Deus nada sabe! Tão próximo quanto um homem o pode estar sem renunciar à sua humanidade. Porque a este Deus desconhecido concebe-o ele apenas justo e bom, como o seria o melhor dos homens, na posse de toda a sabedoria e consciente de que só esta excelência o realiza. No seu espírito decifra, por meio de um paciente exame, uma lei de justiça e de bondade, cujo cumprimento conduz à perfeição o seu próprio destino. E esta lei não está nele só; é nela que todos os homens se reconhecem. Quem pois a teria posto nas raízes da alma humana, senão esse Deus não revelado que só pode ser o Bem supremo?

Eis o Sócrates ateu. E eis agora o corruptor da juventude. Dessa juventude que ele não cessou de amar e servir.

Sócrates amou a juventude do seu povo na beleza assiduamente cultivada do corpo. Amou-a muito mais nas promessas da sua alma ainda móbil, como uma terra de boa lavra que, ao obreiro paciente em moldá-la, retribui com largueza as sementes que lhe confia. Sementes de coragem, de justiça, de temperança, de sabedoria, de que Sócrates não colheu a messè terrestre. Mas não levantou ele contra a tradição esta juventude demasiado acarinhada?

Sem dúvida. Porque ele é o verdadeiro educador e porque nenhum adolescente acede sem ruptura à vida do espírito. Sócrates quer educar o seu povo, conduzi-lo à consciência do seu verdadeiro bem, ao perigo e à nobreza da escolha. Quer libertá-lo da servil obediência à opinião estabelecida, para o comprometer no livre serviço da verdade severamente verificada. Quer tirá-lo da infância, que pensa e age por imitação e constrangimento, para fazer dele um povo adulto, capaz de agir por razão, de praticar a virtude não por temor das leis e do poder (ou de deuses ao seu dispor), mas porque sabe de ciência certa que a felicidade é idêntica à virtude.

Ensinar isto dia após dia, dar a esta empresa todos os pensamentos de uma vida vivida na miséria e na irrisão, será fazer obra de corruptor? Mas nem Aristófanes nem o povo ateniense (e que outro povo, aliás?) podiam compreender a grandeza da tarefa que o filósofo se prescrevera. Em vão Sócrates dava os dias da sua missão. Os tempos não estavam amadurecidos. A sua vida, por mais longa que fosse, não tinha a dimensão dos séculos que era preciso que Sócrates esperasse para deixar de ser um irritante enigma e tornar-se para os homens uma fonte de claridade.

Um recurso no entanto lhe restava, uma via mais brusca para alcançar o seu objectivo, para convencer ao menos alguns discípulos e instalar de repente a sua verdade na vida da humanidade. Dados em vão os dias da sua vida, ainda pode dar a sua morte.

No mês de Fevereiro do ano de 399 (Sócrates tinha setenta anos), um jovem poeta ateniense chamado Meletos afixava no pórtico do arconte-rei uma queixa contra Sócrates. Obedecia a convicções religiosas, ou políticas? Procurava fazer conhecer a sua obra por um processo de publicidade indirecta? Ignoramos. Não era aliás senão o testa de ferro de um político grande negociante que se dizia democrata moderado e parece ter alimentado feroz animosidade contra os intelectuais. Este personagem, chamado Anitos, era um patriota certamente muito sincero, mas de espírito acanhado. Seja o que for que se tenha dito, não parece ter tido motivo de rancor pessoal contra Sócrates. Mas estava persuadido de que Atenas, muito abalada por recentes desgraças, só reencontraria a sua grandeza quando as velhas maneiras de viver e de pensar fossem restauradas na cidade apodrecida pela educação sofística. Um orador, Lícon, assinava com Anitos a queixa apresentada por Meletos. O texto estava assim redigido: «Sócrates é culpado de não crer nos deuses reconhecidos pelo Estado e de introduzir na cidade novas divindades. É também culpado de corromper os jovens. Pena proposta: a morte.»

Sabe-se que neste ano de 399 Atenas mal acabava de sair duma das crises mais terríveis da sua história. Trinta anos quase ininterruptos de guerra e revolução — invasão do território, peste, destruição da frota, desmoronamento do império, bloqueio, capitulação, ocupação estrangeira, ditadura, proscrições, guerra civil seguida de uma duvidosa amnistia: Atenas saía desta longa provação com os nervos a nu, as energias despedaçadas, derrubado o seu orgulho de grande potência, que durante tanto tempo fizera as vezes de exércitos, de pão e de coragem.

Nestas circunstâncias, os homens no poder, entre eles Anitos, falavam ao povo a linguagem da penitência e do trabalho. Convidavam-no a renunciar à ambição política, a reparar por meio de um trabalho encarniçado o desastre económico e financeiro, a reconstruir as herdades, a replantar as vinhas e os olivais, a reconstruir barcos, a descer outra vez às minas, a reanimar a indústria e o comércio. Logo, não mais intelectuais apaixonados por abstracções, não mais discussões sobre coisa nenhuma. O espírito é um luxo. Produção de bens materiais em primeiro lugar.

Entretanto, Sócrates, rodeado de alguns ociosos, continuava a especular em público sobre o bem supremo, a passar ao crivo as opiniões estabelecidas, a insistir com os seus concidadãos para que não cuidassem doutra coisa que da alma, dizendo: «O meu único trabalho é ir pelas ruas e persuadir-vos, novos e velhos, de que não vos deveis preocupar nem com o vosso corpo nem com a vossa riqueza tanto como com a vossa alma e os meios de a tornar melhor. A minha tarefa é dizer-vos que as riquezas não dão virtude, mas que a virtude é para os homens a fonte de toda a prosperidade, de todos os bens, tanto públicos como privados.» Talvez ele tivesse razão, na sua estranha linguagem de intelectual, mas o menos que se poderia dizer destes discursos de ideólogo era que não davam de comer ao povo e o não levavam a pôr todas as suas forças ao serviço do país, na obediência ao poder. Assim raciocinavam sem dúvida Anitos e os dirigentes.

O sentimento popular ia mais longe. Não deixava de estabelecer entre o ensinamento de Sócrates e as desgraças da pátria relações de causa e efeito. Esta, em primeiro lugar. A derrota de Atenas era uma punição dos deuses irritados pelas pesquisas ímpias dos filósofos, do mesmo modo que a vitória de Esparta era a recompensa devida ao seu respeito pelas tradições dos antepassados. E esta outra relação, ainda mais directa. Dois dos familiares de Sócrates tinham sido, no decurso do desastre, os génios maus da cidade. Não era um dos seus favoritos o triste Alcibíades, o profanador das estátuas de Hermes, o sacrílego que, com os seus amigos, parodiava em casa os mistérios, Alcibíades que, tendo com as suas belas promessas arrastado Atenas para a desastrosa campanha da Sicília, se passara em seguida para o inimigo e empregara todos os recursos do seu génio em concertar com Esparta e a Pérsia a ruína da sua pátria? E o outro grande homem político instruído por Sócrates, era Crítias o ateu, o autor dessa tragédia cujo herói confessava com impudência que os deuses não são mais que uma útil mentira, e o chefe desse sanguinário grupo de ditadores, posto no poder pelo estrangeiro, cuja polícia enviara para o exílio ou para a morte milhares de bons cidadãos. Eis os dois homens de quem se podia dizer: «Sócrates foi seu mestre.» Não era difícil aos políticos, convencidos ou não de que um mestre é responsável pelos erros dos discípulos, servirem-se destes dois nomes para levantar contra o filósofo o furor popular e fazerem dele o bode expiatório encarregado de levar para a morte todos os velhos pecados de Atenas.

Entretanto, se as desgraças da cidade explicam em parte a condenação de Sócrates, não devemos esquecer que um processo por impiedade não era coisa nova em Atenas e que anteriormente a essas desgraças três vezes pelo menos foram intentados processos contra filósofos — Anaxágoras, Protágoras e Diágoras de Melos. Atenas era tolerante. Na Cidade-Luz do século V, as opiniões mais ousadas tocantes aos deuses ou ao Estado podiam em geral ser expostas com toda a liberdade, sob formas diversas, nomeadamente no teatro, sem que ninguém pensasse em ir buscar ao seu arsenal as velhas leis dos séculos precedentes que protegiam contra os ímpios os deuses da cidade. Desta extrema liberdade de opinião, de que Atenas se glorificava entre as cidades da Grécia, temos múltiplas provas. Guardemo-nos pois de fazer de Atenas, por causa do caso de Sócrates, o lugar de não sei que fanática Inquisição. O que é preciso dizer é que neste ambiente de feliz liberdade acontecia que os políticos, com fins exclusivamente políticos, se servissem de uma acusação de impiedade para *fazer calar* um homem cuja palavra, no seu entender e na circunstância presente, fosse perigosa para a comunidade. Fazê-lo calar, e nada mais. Usava-se com efeito destes processos como de uma espécie de ameaça, à qual se admitia que o acusado se esquivasse, quer por meio de um arranjo com o acusador, uma promessa de meio silêncio, quer pelo exílio. Se houve, com efeito, outros processos intentados contra filósofos além do de Sócrates, é importante notar que só a condenação à morte de Sócrates foi seguida de efeito. Porquê? Em parte por causa das desgraças que acabamos de recordar e que tinham provisoriamente alterado o humor liberal do povo ateniense, em parte também e sobretudo porque Sócrates se recusou a esquivar o golpe, e porque durante os debates procedeu de maneira a envenenar a cólera do povo. Pode pensar-se que, no fim de contas, muito mais energicamente que os seus acusadores, Sócrates quis sem dúvida a sua própria morte.

Aqui, afloramos o sentido mais profundo desta morte. O mais estranho também. Uma vez mais Sócrates oferece o seu rosto de enigma e reserva o seu segredo. O estado das nossas fontes não nos permite dizer, pelo menos com certeza, porque quis ele morrer, se realmente o quis. Teremos aliás o direito de forçar um segredo que ele não entregou aos seus íntimos? Quando muito, pode sugerir-se que o filósofo desejou a morte, a fim de que ela fosse o acto que testemunhasse uma verdade que ele até aí apenas ensinara. Em todo o caso, é nessa morte que esse ensinamento se cumpre — é nela que Sócrates nos atinge ainda hoje.

O processo competia a uma das secções do tribunal popular dos Heliastas. Esta secção contava quinhentos e um juízes, tirados à sorte entre os cidadãos. Pertenciam estes a todas as classes da sociedade. Os marinheiros não eram mais numerosos que os pequenos burgueses, diga-se o que se disser. Este tribunal-barafunda reunia na praça pública. Por trás da paliçada que limitava o recinto, a multidão comprimia-se como se estivesse num espectáculo. Os meirinhos tinham dificuldade em impedi-la de manifestar-se. Os próprios juízes se comportavam como no teatro. Acontecia insultarem o acusado, ou chorar pela sua sorte.

Sócrates não esperava de semelhante tribunal uma justiça equânime. Sabia que o seu povo era ainda criança. Sabia que esta criança era caprichosa, colérica para a verdade, sensível às lisonjas. Nunca a amimara com doçuras. Não se propunha também, neste dia em que o seu povo e ele iam encontrar-se frente a frente, oferecer-lhe outra coisa que uma difícil ocasião de se mostrar justo e sábio. Por uma última vez ia pô-lo à prova. Porque considerava o seu processo uma prova, não a sua — estava há muito tempo pronto para tudo — mas a do seu povo.

Sabemos pouca coisa acerca dos discursos dos três acusadores. O jovem poeta, acusador oficial, parece ter sido fraco. Se tinha contado com um triunfo de tribuna, teve de contentar-se com a palma do ridículo. Pelo menos, segundo as palavras dos amigos de Sócrates. O político Anitos e o orador Lícon, que o secundavam, foram, em compensação, extremamente brilhantes. Pronunciaram discursos ornados de todos os enfeites da retórica em moda, e tão persuasivos, escarnece Sócrates, que, ao ouvi-los, não estava muito seguro de ser ele próprio.

Para estabelecer o bom fundamento da acusação de impiedade, os acusadores não deixaram de explorar a velha prevenção popular contra aqueles que tentavam explicar os fenómenos celestes. Sócrates tinha há muito tempo renunciado à astronomia, ímpia, com efeito, aos seus olhos. Mas um filósofo é sempre para o vulgo um homem que cai num poço ao observar as estrelas — e que o merece. Os acusadores procuraram também estabelecer que a crítica dos mitos, a que se entregava Sócrates, implicava a impiedade, até mesmo o ateísmo, o que exigia astúcia, uma vez que a mitologia não era entre os antigos artigo de fé e os Atenienses estavam acostumados a ver os seus poetas, até mesmo os mais piedosos, refundirem constantemente os velhos mitos. A queixa de introdução de novas divindades tentou muito canhestramente apoiar-se sobre o pretenso culto que o filósofo prestava ao «demónio» cuja voz ouvia. Jamais Sócrates prestara culto à sua «divindade». Também nunca empregara a respeito dela o termo «demónios» no plural, como o dizia o texto da queixa, ainda menos convidara os seus concidadãos a adorar tais demónios, pois considerava a «voz divina» que lhe falava como um sinal de particular benevolência da divindade para com ele. Mas o povo, que não se surpreendia de ver acusar de ateísmo o mesmo homem a quem se censurava ouvir em si a voz divina, não estava disposto a fazer distinções subtis.

Mais ainda que sobre a acusação de impiedade, os acusadores parecem ter feito incidir os seus esforços sobre a acusação de corrupção da juventude. Sócrates, diziam eles, inspirava aos jovens o gosto das «tolices», palavra com que os espíritos «realistas» costumavam designar a reflexão e o estudo. Desviava-os da «acção» e principalmente da participação dos negócios do Estado. Retendo a juventude a seu lado, desmantelava a família, a favor da qual Anitos e a sua roda exibiam então grande zelo. Ensinava abertamente o desprezo do poder paterno. A falsa ciência que inculcava aos discípulos fazia-os rebelarem-se contra a sabedoria reconhecida, contra as leis da cidade, contra a ordem e a tradição.

Em suma, sob formas diversas, era sempre a mesma censura: Sócrates ensinava os jovens a pensar. O que ele fazia.

A lei ateniense exigia que o próprio acusado apresentasse a sua defesa. Gente do ofício, os logógrafos, redigiam contudo para os acusados os discursos que estes debitavam no tribunal. O mais famoso dos logógrafos do tempo, Lísias, ofereceu a Sócrates os seus serviços. Este pediu que lhe fosse lido o discurso composto em sua intenção, que era de muito cuidado estilo. Recusou-o com um sorriso. «É um belo discurso», disse a Lísias, «mas que me convém pouco.» — «Como é que não te convém, se é belo?» — «Não sabes que os belos sapatos e os belos trajos não me ficam bem?» As belas frases, para seu gosto, vestiam mal a sua inocência.

Sócrates defendeu-se pois a si próprio. Não preparou a defesa, considerando que nela trabalhara toda a vida, não cometendo nunca injustiça. Apresentou-se perante a justiça apenas com a consciência duma vida recta, toda ela posta ao serviço da cidade. Detesta em demasia a eloquência de escola ou o simples artifício de um discurso preparado com vagar e que vai ser dito com o ar de improviso, para vir agora, nesta última conversa com o seu povo, com a cabeça cheia de frases feitas, de fingidas respostas e argumentos que não teria ainda pesado. Sócrates improvisou. Platão deixou-nos, na *Apologia de Sócrates*, não o texto exacto certamente, mas um eco vivo desta defesa, uma livre imagem em que o discípulo não pôde deixar de conservar a inspiração que animara a palavra do mestre.

O tom é o da conversação. Parece-nos ouvir Sócrates falar com aquela familiaridade encantadora e brusca que lhe era própria. Conversação com o acusador, em primeiro lugar. Usando do direito que a lei lhe dava de «conversar» com o queixoso, Sócrates põe Meletos na berlinda; envolve-o na rede da sua dialéctica irónica; fá-lo cair, há que dizê-lo, na armadilha dos sofismas que sabia manejar como qualquer outro. Reduziu-o ao silêncio.

Mas, principalmente, conversou com os juízes. Diálogo decisivo com o povo ateniense. Uma última vez, Sócrates tenta dar-se a conhecer. Explica a sua missão. Não para defender a sua vida, que pouco lhe importa, mas para obter de Atenas um acto de razão que a tornará melhor. Arancar-lhe, enfim, um acto de justiça, não para recusar a morte de Sócrates, que para ele não poderia ser um mal, mas para preservar do pior dos males, que é a injustiça, a alma dos seus concidadãos. A parada pela qual o acusado trava este combate, é a salvação de Atenas: «Se me condenardes à morte, não é a mim que fareis mal, mas a vós próprios... Não é a mim que defendo neste momento; longe disso. É a vós que eu defendo.»

Por esta razão, Sócrates recusa-se a solicitar a indulgência dos seus juízes. Os acusados comuns, sabendo que assim agradariam ao soberano, rebaixavam-se a suplicar, traziam à barra a família lacrimosa. Muitas vezes conseguiam tocar com esta comédia o coração sensível da multidão que fazia de tribunal. Nada seria pior aos olhos de Sócrates que arrancar à piedade uma absolvição. Não incita os seus juízes a um cobarde sentimentalismo, mas à coragem da razão. Não quer a compaixão deles: quer torná-los justos. Recusa-se a ser o compla-

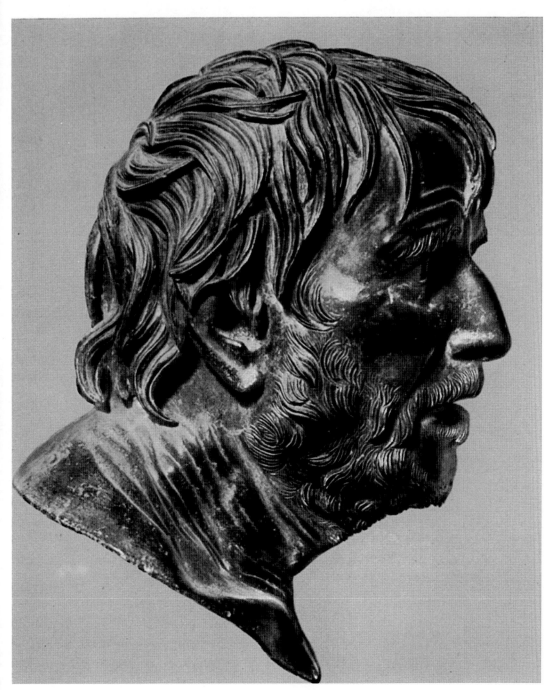

cente lisonjeador da sua vaidade, menos ainda o pedinchão que se humilha perante o povo-senhor. Porque ele é que é o senhor, o senhor que flagela, porque ama.

Arrisca a vida neste jogo. Ele o sabe: cada uma das suas palavras está carregada de indiferença pela morte. A sua vida está nas mãos daqueles homens; continua a visá-los com os dardos da sua ironia, não muda uma palavra à sua linguagem habitual, uma inflexão de voz. Porque não é da sua vida que se trata, mas sim de não degradar este povo, muito pelo contrário, tentar ainda erguê-lo. Sócrates é, nesta última hora da sua vida pública, o que sempre foi: o educador da cidade.

Rumores zumbem em redor dele. «Renuncia, Sócrates; cede, enfim. Não poderás tu, na idade em que estás, deixar repousar esse furor de perseguir as pessoas, essa raiva de quereres dar lições? Não te queremos mal, abranda apenas um zelo doravante inútil. Deixa de filosofar nas nossas ruas, de ti só queremos a paz.» Estas vozes falam pela boca dos seus próprios amigos.

Fá-los calar. Afirma com altivez a sua missão divina. Provoca: «Eu sou aquele que o deus vos deu para vos tornar melhores... Se me condenardes à morte, não recebereis segunda vez um favor assim.»

Que insuportável arrogância! O júri corta com gritos o discurso insolente. Sócrates não fraqueja. «Não vos espanteis, Atenienses... Há qualquer coisa de divino num homem que sacrifica bens e vida no interesse de outrem.»

O tribunal recalcitra. Ah!, se ao menos Sócrates pudesse fazer-lhe compreender o que é o bem supremo, se pudesse abrir os olhos dos seus concidadãos à sabedoria, fazê-los ganhar! Mas é tarde de mais para persuadir; Sócrates só pode apresentar o seu testemunho de amor pelo seu povo, de fidelidade a Deus. «Amo-vos, Atenienses... Mas obedecerei a Deus, não a vós.»

Último diálogo de Sócrates e de Atenas. Debate de um povo e da sua alma.

Os juízes votam. Sócrates é declarado culpado por duzentos e oitenta e um votos contra duzentos e vinte. O povo perdeu.

Ainda não. Sócrates torna a subir à tribuna para jogar a última oportunidade de Atenas.

Faltava, com efeito, fixar a pena do condenado. A lei autorizava-o a propor ele próprio um castigo mais suave que o proposto pelo acusador. Nesse momento, Sócrates teria podido, se quisesse, salvar a vida, propondo o exílio ou a prisão, ou ainda uma pesada multa, que os seus amigos, com Platão à frente, se propunham pagar em seu lugar. O tribunal teria sem dúvida admitido esta pena mais leve. Foi Sócrates que o não quis. Propor uma pena qualquer, seria, com efeito, ou reconhecer-se culpado, ou convidar os juízes a cometer a pior injustiça: castigar a inocência. Ele estava inocente. Mais ainda, era o benfeitor da cidade. A justiça exigia não apenas que ele não fosse punido, mas recompensado. Pediu pois aos juízes que lhe concedessem a suprema honra reservada aos cidadãos que tinham bem merecido da pátria: a hospitalidade no Pritaneu. Só assim podia ainda, nesse momento, ser restaurada a justiça na alma do juiz.

A palavra de Sócrates torna-se, neste segundo discurso, mais vergastante, mais exigente o apelo que dirige ao seu povo extraviado, mais orgulhoso também o testemunho que presta à sua missão mal apreciada. Sócrates aplica o ferro em brasa na injutiça que gangrena os seus concidadãos. Lança o seu desafio: «Uma recompensa, ou a morte!» — sabendo sem dúvida o que o tribunal escolherá, sabendo também que a sua morte é doravante o único meio de atingir no coração aqueles que mais amou.

Este discurso provocante, apenas desdenhosamente atenuado nas últimas frases, a instâncias dos amigos, exasperou o tribunal. Os juízes não souberam ouvir, para lá da bravata, a voz insistente e terna que chamava Atenas. O voto anterior declarara Sócrates culpado por pequena maioria; a pena de morte foi pronunciada por quase unanimidade de votos. Singular tribunal, em que estiveram muitos juízes para declarar ao mesmo tempo, com os seus sufrágios, o acusado inocente e digno de morte.

Sócrates é um homem que nunca desiste. A sua tarefa não está acabada. Levanta-se uma vez mais para advertir o seu povo. Dirige-se em primeiro lugar àqueles dos juízes que o condenaram: Que tenham cuidado! não é matando as pessoas que se desembaraçam da verdade. Pelo contrário, ela reforça os assaltos. Só tornando-se homem de bem se faz calar a voz daqueles que a servem.

Depois despede-se dos que o absolveram, os seus justos juízes, assegurando-lhes que a morte não poderá ser um mal nem para eles nem para si. Eles vão continuar a viver; ele deixa-os para morrer. Mas quem terá a melhor parte? «Ninguém o sabe, excepto Deus.»

O saber de Deus é a certeza a que se refere em último lugar a ignorância de Sócrates, e este nome sagrado foi também a palavra que pronunciou perante o seu povo este homem condenado à morte por ter desprezado os deuses da cidade.

O ENIGMA DE SÓCRATES

*

Na véspera da condenação de Sócrates, os Atenienses tinham adornado de grinaldas a popa do barco sagrado que todos os ano conduzia a Delos uma embaixada para celebrar a festa do nascimento de Apolo. A lei não permitia que durante esta peregrinação a cidade fosse maculada com uma execução capital. Era preciso esperar o regresso do barco. Se os ventos fossem contrários, a viagem seria longa. Sócrates esperou trinta dias.

Durante esse tempo, recebeu os discípulos na prisão, prosseguindo com toda a serenidade as conversas habituais. Ocupou-se também, para obedecer a sonhos que lhe ordenavam fosse poeta, a compor um hino a Apolo. E contudo sempre pensara que a «filosofia», que lhe enchera a vida, era a mais alta poesia.

Faltava-lhe sofrer a mais cruel das provações. Os discípulos, sem que ele o soubesse, preparavam a sua evasão. O projecto não encontrava obstáculos. Os homens políticos pareciam lamentar o aspecto que o caso tomara, a obstinação de Sócrates que levara os magistrados a executá-lo. A igrejinha de chantagistas e delatores profissionais, sem o concurso da qual um projecto deste género não chegaria a bom resultado, parecia mostrar-se acomodatícia. Conhecendo a riqueza de alguns dos amigos de Sócrates, espantava-se por não ter sido ainda abordada por eles. Os guardas da prisão, cheios de amizade por este prisioneiro de humor tão pacífico, receberiam com agrado da autoridade ordem para fecharem os olhos. Críton, o mais velho amigo de Sócrates, tinha na Tessália relações que receberiam com alegria o filósofo. Trabalhava-se pois com zelo para esta evasão e sem grandes disfarces. Tudo parecia pronto e tudo parecia fácil.

Faltava obter o consentimento de Sócrates. Os discípulos conheciam-no bem de mais para contarem tirá-lo dali sem luta. Ao longo dos debates tinham sentido afirmar-se nele a exigência da morte. Receavam uma severa lição. Os dias passavam — este longo mês de íntimas conversas — sem que nenhum deles ousasse abordar o mestre. Por fim, Críton, sabendo que o barco fora assinalado no cabo Sunion, decidiu-se.

Chega à prisão de manhã cedo. Sócrates repousa; Críton contempla aquele sono tranquilo. Hesita em perturbá-lo... Sócrates abre os olhos.

« — Que fazes aqui tão cedo?

— Trago-te uma notícia.

— Já sei qual é. Depois de amanhã... disse-me um sonho.»

Então Críton, com fogosidade e ternura, começa o assalto. Fala da vergonha dos discípulos se não conseguirem fazer nada pelo mestre. Fala das diligências empreendidas. Suplica a Sócrates que se deixe guiar, que não abandone os seus filhos, os seus amigos. Atreve-se até a censurá-lo desta traição para com eles. Mais ainda, ousa acusá-lo de só por fraqueza consentir nesta morte única, de colaborar com os maus num acto de injustiça. Assim, o velho camarada que durante toda a sua vida rodeou o filósofo de cuidados afectuosos, que piedosamente o admirou, sem o compreender sempre, mas dando-lhe instintivamente razão, neste momento em que o seu amigo o abandona para seguir qualquer cego demónio, revolta-se de súbito contra esse capricho de morrer e encontra, para o reter, a pior injúria que se poderia fazer a Sócrates: acusá-lo de injustiça... «Não, Sócrates, tu não cometerás esse erro; partirás esta noite comigo.»

A esta fervorosa imploração Sócrates responde num tom que começa por parecer um pouco frio. A sua decisão está tomada. No entanto, quer reflectir, como é seu costume. Quer justificar-se aos olhos do amigo. «A tua solicitude é louvável», diz a Críton, «se estiver de acordo com o dever. Senão, quanto mais insistente for, mais enfadonha.» E convida-o a examinar com ele, segundo o seu método habitual, se a evasão que lhe propõe é conforme ou não com os princípios que toda a vida ensinou e que, agora ou nunca, devem ser praticados. Porque ele não vai mudar só porque uma desgraça o ameaça. O essencial não é viver, mas bem viver. Dois velhos, como Críton e ele, teriam passado a existência a falar de coisas imaginárias? Ou não saberão que vem sempre uma hora em que os princípios, se são verdadeiros, exigem ser vividos?

Sócrates começa então com Críton um longo debate sobre o dever cívico. Pode o cidadão condenado injustamente furtar-se à sansão das leis? Tem ele o direito de, por sua vez, ser injusto?, de responder ao mal com o mal?, de dar com a sua desobediência o exemplo da desordem?, de responder aos benefícios que recebeu da cidade com a destruição das leis da cidade? Não, por certo. O mal é sempre o mal, e deve ser sempre evitado. Os argumentos precipitam-se nos lábios de Sócrates.

Cala-se, por fim, ouvindo ainda ressoar em si, como um som de flauta, as palavras que as Leis da cidade lhe inspiraram.

Críton nada tem para responder.

E que diriam os juízes de Sócrates, se ouvissem falar assim aquele a quem tinham condenado porque ensinava o desprezo das leis e que preferia morrer a prejudicá-las?

Dois dias depois, o barco sagrado entrava no Pireu. Mais cedo que de costume, os discípulos dirigem-se à prisão. Segundo o uso ateniense, Sócrates só devia morrer depois do pôr do Sol. Este último dia da sua existência mortal, quis ele passá-lo a falar, com aqueles a quem amava, da morte e das esperanças de imortalidade que ela pode deixar à razão humana.

Seria impertinente relatar aqui, numa forma diferente daquela que Platão fez para sempre sua, as fases deste debate e os últimos momentos do sábio. Platão pôs ali, sem dúvida, muitos argumentos que só de si vêm. Mas pôs também todo o seu amor pelo mestre, o que basta para autentificar, senão a demonstração, pelo menos a narrativa. A morte serena do mestre coroa a fé do discípulo na sua imortalidade. Com um amor intrépido da verdade, Sócrates defronta o problema que a próxima dissolução do seu ser lhe põe. A imortalidade que ele persegue não é uma bela mentira com que seria bom encantar-se a si próprio, é um conhecimento que ele quer assentar nas garantias da razão. Acolhe com alegria todas as objecções que lhe são apresentadas por aqueles que procuram com ele, porque elas o obrigam a consolidar a sua demonstração, a corrigir qualquer erro que tenha cometido. E se, no termo da conversa, bem pesadas todas as coisas, a felicidade da alma do justo para além da morte apenas surge como um «belo risco», esta modesta conquista basta para o encher, na hora da partida, duma serenidade plena de esperança.

Quem sabe? Talvez seja preciso curar-se da vida para curar-se enfim da ignorância.

«Sócrates», perguntara Críton, «como te sepultaremos?» — «Como vos agradar», respondeu Sócrates, sem poder reter um sorriso, «se me conseguirdes apanhar.» Bom Críton, dava ele o nome de Sócrates ao cadáver que ia ver daí a pouco! Perguntava a uma essência, que deveria julgar imortal, como a devia enterrar. «Tu deverias saber, no entanto, Críton, que falar impropriamente é um mal que se faz às almas.»

Não falemos pois de Sócrates como de um morto. Saibamos, se o compreendemos, que a dissolução do seu invólucro mortal não marcava o termo da sua vida, mas o começo duma outra vida, que ele ia prosseguir nas almas dos seus discípulos. Estas almas fiéis não foram somente o templo de um culto prestado à sua memória; foram o lugar do seu novo nascimento, a sede do seu ser obstinado em retomar incansavelmente — socraticamente, fosse embora para combater as razões propostas por Sócrates — a aventura da pesquisa do saber.

Terceiro Período

DE EURÍPIDES A ALEXANDRIA

I

DECLÍNIO E DESCOBERTA.
MEDEIA, TRAGÉDIA DE EURÍPIDES

No seu desenvolvimento, as civilizações seguem o caminho dos seres naturais, das plantas, por exemplo. Germinam, nascem, crescem; desabrocham na época do seu classicismo; e depois murcham, envelhecem, declinam, morrem. Talvez, contudo, nunca morram inteiramente. Continuam a ser, para os homem do futuro, como nostalgias, lembranças murmurantes do passado, e acontece às gerações, às vezes, regular por elas os seus pensamentos, as suas criações novas. São pois, mesmo no revés, esperanças abortadas até aqui, mas não devolvidas ao nada, esperanças vivas, actuantes na memória da humanidade.

Os períodos de declínio das civilizações são sempre, na minha opinião, muito intessantes. Em primeiro lugar porque mostram claramente — mais claramente do que as origens e os nascimentos, sempre envolvidos em obscuridade — por que razões e em que condições as comunidades humanas criam valores culturais e o que perdem ao vê-los desaparecer.

Por outro lado, estes períodos de declínio, estas «rampas descendentes» das civilizações nunca são puramente negativas ou estéreis: criam ainda algo de novo; apresentam aos homens novos problemas, frequentemente mais complexos. É como se as comunidades que envelhecem tivessem de súbito mais dificuldade em respirar, em agir, em viver. À medida que se desagrega a civilização que era seu ambiente natural — seu oxigénio —, à medida que se abalam as crenças que eram seu quotidiano alimento, procuram, porque não querem morrer, novos métodos de pensar, fabricam novos mundos de poesia ou de sabedoria, inventam — e quanto mais envelhecem, mais inventam —

novas razões de esperar, outras certezas. Assim, os períodos de declínio são igualmente períodos de descobertas. As civilizações transformam-se, mais do que morrem. A sua vida é um constante renascimento.

De resto, o sol que declina sobre o Jura não será já, neste mesmo instante, um sol que se ergueu para além do oceano, levando aos homens a promessa de um dia novo?

Esta obra abarcará dois séculos sombrios para o mundo helénico, o IV e o III antes da nossa era. São os séculos que vêem morrer as cidades. Demóstenes é o condenado campeão dessas cidades que tinham dado à idade clássica o seu quadro social, apertado mas rigoroso. O génio de Alexandre — e antes dele, de seu pai, Filipe — desfere um golpe mortal nestas comunidades políticas. Mas Alexandre não se limita a destruir a cidade, cria a forma nova do Estado moderno. Após a sua espantosa aventura, o Oriente fica povoado de vastos reinos dirigidos por príncipes, por dinastias, como as dos Ptolomeus no Egipto, dos Selêucidas na Ásia.

Nestes mesmos séculos, entretanto, dois grandes filósofos procuram ainda restaurar, assentar sobre bases novas a velha cidade antiga. É, nomeadamente, Platão, é também Aristóteles, e outros depois deles. Mas estas tentativas não têm futuro. O próprio Platão tenta um esforço mais amplo: substitui a cidade terrestre, a democracia deteriorada dos cidadãos, por um mundo divino onde todas as almas se encontrarão depois da morte, num além que prefigura a cidade celeste, o reino dos céus. Assim, a civilização grega, ao mesmo tempo que se degrada, prepara, por meio de profundas revoluções da sociedade e do pensamento, os caminhos do cristianismo. Esta é uma das orientações essenciais dos IV e III séculos antes da nossa era.

Contudo, esse será um dos aspectos que esta obra apresentará. A velha civilização grega, a boa, a primitiva civilização do século V, a civilização «pagã» do povo grego, aquela que de 450 a 400 produzira obras clássicas em profusão, ainda não está no cabo da sua vida. Para descrever o contexto político do declínio, bastará consultar a obra de um historiador, um espírito grego entre todos — clarividente e duro —, Tucídides, um pensador e um artista que mostrou brilhantemente como, desde o último terço do século V, a guerra entre Gregos destruiu o mundo das cidades, mais seguramente ainda que Filipe e Alexandre.

Reencontraremos também o velho esforço do povo grego — esforço presente desde as origens (ver Ulisses) — para explicar o mundo, conhecer-lhe as leis, de modo a utilizá-las e tornar-se senhor dele. Esta ciência das leis do universo físico era ilustrada, na época clássica, pelo grande nome de Hipócrates, o pai autêntico (apesar das troças de Molière) da medicina moderna. Na época do declínio da civilização grega, a ciência é praticamente a única das actividades humanas que ainda vai progredir. Formula — em astronomia, em biologia, em mecânica, por exemplo — hipóteses que, uma vez fechado o parêntesis ingrato da idade romana e da Idade Média, serão retomadas, serão assentes em experiência e em razão pelos sábios do renascimento, e finalmente serão ultrapassadas em todos os sentidos pelos sábios da idade científica em que vivemos presentemente.

Não esqueçamos também os poetas. Mais afastados do povo que na idade clássica, os poetas alexandrinos criam, para fugir à realidade do seu tempo, muitas vezes contundente, mundos poéticos que são deliciosos refúgios, espécie de férias concedidas ao labor dos homens, paraísos (grandes jardins, é este o sentido grego da palavra), mas paraísos sobre a terra, muito afastados do paraíso das almas de Platão. Afastados e talvez igualmente quiméricos.

Eis uma parte do que me proponho mostrar.

Mas para precisar esta noção de *declínio* que tentarei definir e que dominará todo este período, vou pôr os primeiros capítulos da minha exposição sob o signo de um poeta da idade de ouro de Atenas — a segunda metade do século V —, o poeta trágico Eurípides.

Explicar-me-ei. Noto, em primeiro lugar, que a tragédia de Eurípides foi desacreditada tanto quanto adulada — desacreditada pelos próprios contemporâneos do poeta e também pela crítica do século XIX, Nietzsche, por exemplo —, adulada pelas gerações do fim da Antiguidade que amaram e praticaram este poeta mais do que a Ésquilo e Sófocles, que o representaram por toda a parte, no imenso Oriente conquistado por Alexandre. Hoje, Eurípides tem ainda amigos calorosos — amigos que, reconhecendo embora as fraquezas e as lacunas das suas peças más, saúdam nele o autor de algumas das obras-primas do teatro trágico, aquele poeta a quem devemos a *Fedra* de Racine que o amou desde a infância, o continuou e o cumpriu.

Esta diversidade de juízos sobre Eurípides adverte-nos do duplo carácter do seu génio — da sua ambivalência, como hoje se diz. Sim, em certo sentido, Eurípides destrói a tragédia, como o afirmou Nietzsche. Intelectualiza-a, esquematiza-a, quer pelo emprego de processos um pouco rígidos no prólogo e no desenlace, quer introduzindo nela debates à maneira dos sofistas, debates de ideias frequentemente inoportunos sobre os problemas do seu tempo, que aliás são também do nosso. Eurípides paga talvez, aqui, o preço da sua profunda humanidade: é demasiado sensível a toda a dificuldade humana, a toda a pesquisa humana, para não instituir um debate, quando a ocasião surge, sobre a escravatura, sobre a condição da mulher, sobre a igualdade dos sexos, e acima de tudo sobre o papel dos deuses da nossa vida, sobre a natureza dos deuses ou do acaso. Eurípides abre-se a toda a preocupação humana. Está presente no seu tempo e em tudo quanto o perturba presente na miséria, presente na fraqueza, da solidão da criatura. Eurípides está sempre *disponível*. Demasiado, até. Não sabe esquecer, apagar-se, quando uma situação o toca vivamente. Daí cenas que por vezes, mal ligadas à acção trágica, mancham a sua obra.

Estas cenas, as más peças onde elas se encontram, constituem o elemento negativo do declínio.

Mas eis, no poeta, o aspecto positivo, o elemento criador. Esse mesmo amor da criatura que convida Eurípides a instituir por vezes sobre as actividades humanas discussões em que a acção dramática se retarda — esse mesmo amor leva-o também a explorar regiões trágicas desconhecidas dos seus predecessores, a inventar acções em que o homem, sem que seja desprezada a parte dos deuses nas nossas vidas, se explica mais claramente ainda pelo jogo das paixões nele alojadas e que, na lastimosa fraqueza da sua vontade, o destroem e o aniquilam. Doutra maneira dizendo, Eurípides descobre o trágico das paixões que nos conduzem e frequentemente nos perdem.

Esta descoberta, que alimentará a poesia lírica, depois o romance, desde o fim da Antiguidade, por fim a tragédia moderna a partir do Renascimento — esta descoberta, que é uma das mais importantes da história literária, Ésquilo e Sófocles mal a tinham suspeitado.

Eurípides é pois o poeta do declínio na medida em que todo o declínio é igualmente o anúncio de uma renovação. Não é apenas, se o é, o demolidor da tragédia antiga: prolonga-a, rejuvenesce-a, transfere-a para o nosso Renascimento, humaniza-a de toda a vida do nosso coração múltiplo.

O trágico, em Ésquilo e Sófocles, ameaçava o herói de fora, os deuses abatiam-no. As bombas caíam do céu. Eurípides, sempre e em tudo mais próximo de nós (e que haverá que nos seja mais próximo que o nosso próprio coração?), instala o trágico nas profundidades desse coração mal conhecidas de nós próprios. A partir daí, não é apenas do céu que caem as bombas, é o coração humano que se torna um explosivo.

Deste trágico que nos derruba servindo-se das nossas paixões (que descoberta há mais prodigiosa?) vou rapidamente dar um exemplo, o de *Medeia*.

Medeia é uma mulher abandonada do marido. A ama, que abre a peça e com a sua tagarelice nos esclarece, dá-nos todas as circunstâncias desse abandono. A esse marido que a desampara com dois filhos, Jasão, amou-a ela no país distante onde se encontraram, a Cólquida. Medeia era a filha do rei, Jasão ia procurar à Cólquida o tosão de ouro, Medeia ajudou-o traindo seu pai, salvou-o e seguiu-o até à Grécia, em Corinto, onde nos encontramos. E agora Jasão vai casar com a filha do rei de Corinto, união mais vantajosa do que a que concluíra com uma estrangeira. Sacrifica friamente Medeia. A ama diz-nos dela: «*Tudo lhe é inimigo, o seu amor está ferido... Jasão traiu-a.*» Qual vai ser a resposta de Medeia a esta traição? Primeiro, dias passados a chorar, um desespero mudo, gemidos por seu pai e pela sua pátria abandonados. E depois a ama acrescenta um ou dois toques mais sinistros. «*Os filhos fazem-lhe horror.*» Mais adiante: «*Alma violenta*», diz ela... «*Como é terrível!*» Eis que a nossa piedade por Medeia se tinge já de angústia. A rainha está posta diante de nós como um enigma. Sabemos todas as circunstâncias do seu abandono, não sabemos nada dela própria, a não ser a bravia violência da sua alma. O destino que a derrubará está nela, numa zona ainda ignorada dela própria e de nós.

O poeta prolonga ainda esta abertura por meio de uma cena entre a ama e um velho escravo que traz as crianças da lição de ginástica. O trágico não invade bruscamente o drama: introduz-se sorrateiramente. Temos aqui uma conversa entre dois servidores dedicados à sua senhora, no estilo mais quotidiano. Um conta ao outro palavras ouvidas na fonte. É a vida de todos os dias que decorre, e a presença das duas crianças dar-nos-ia prazer, se algumas palavras escapadas à ama não fizessem pungir o horror nesta vida comum. «*Mantém as crianças afastadas da mãe, ela fita-as com um olhar estranho*», diz ela ao velho escravo... De súbito, um grito sai do palácio: Medeia chama pela morte. «*Queridos meninos*», diz em voz baixa a ama, «*evitai aproximar-vos de vossa mãe*», e, um pouco mais tarde, consigo mesma: «*A que será levado este coração orgulhoso, esta alma que nada faz vergar, mordida pela desgraça?*» Assim a angústia torna-se mais precisa: o destino que vem a caminho depende dum movimento secreto do coração de Medeia. É aqui que está o motor da acção dramática.

O coro da tragédia faz a sua entrada da maneira mais simples. Compõe-se de mulheres que passam e que se detêm perante os gritos estranhos que continuam a sair do palácio. Inquietam-se, informam-se, compadecem-se. O coro da tragédia é a rua que passa ao lado do drama, a rua com a sua curiosidade, o seu bom coração, a sua piedade fácil. Boas mulheres, mas não esperemos delas que se comprometam. Têm piedade de Medeia, que é mulher como elas, mas que é estrangeira, e princesa. Guardar-se-ão de se meterem numa querela entre grandes deste mundo. Indignam-se contra uns e contra outros, rogam aos deuses que lhes seja poupada a paz do lar. Mas não se lançarão na luta. Eurípides, com estas mulheres um tanto sentimentais e moralizantes, dá-nos a escala de Medeia apaixonada. Compraz-se em fazer caminhar lado a lado o trágico dos grandes destinos e o rame-rame das vidas simples. Efeito de contraste, mas também efeito de identidade. Porque Medeia é também uma simples mulher. Por aqui tocamos aquilo a que se pode chamar a proximidade do trágico de Eurípides.

Medeia sai finalmente do palácio e apresenta-se à curiosidade enternecida do coro. Diferente do que esperaríamos. Que mulher estranha! Diante destas mulheres do povo, à luz da rua, domina-se, é senhora de si mesma. Não já o queixume, só a amargura convém à sua dignidade. A amargura de ser uma estrangeira nesta cidade onde o seu próprio marido a trata como estrangeira. Sobretudo a amargura de ser mulher e de ser tratada baixamente segundo a baixa condição da mulher, quando nenhuma alma é mais viril que a sua. Ah! esses famosos homens tão vaidosos da sua coragem no combate, tão desprezadores da vida tranquila das mulheres em casa. «*Absurdidade!*», grita ela ao coro. «*Estar em batalha três vezes, de escudo no braço, mais vale isso do que parir uma só vez!*» A mulher tem o seu lugar de combate, o leito. Tem pelo menos o direito de o defender. «*Sim, uma mulher pode ser cobarde e tremer diante de uma espada. Mas veja ela ofendidos os direitos do seu leito, e não há alma mais alterada de sangue.*» Tendo assim esplendidamente excitado no coro o orgulho de ser mulher, reivindica o apoio de todas as mulheres na luta que vai travar contra o homem. Facilmente arranca ao coro a promessa de um silêncio cúmplice.

Esta cena traz-nos uma primeira prova do poder de Medeia. Medeia sofre, mas Medeia é forte. O seu domínio sobre si própria é igual à sua influência sobre os outros.

Ei-la agora diante de um homem, de um adversário declarado, Creonte, o rei de Corinto, que vem anunciar-lhe o exílio. Será esta sentença que Medeia vai combater. Aprendemos a conhecer aqui o estranho poder de fascinação que exerce sobre os homens. A razão deste poder está na raríssima aliança de uma extrema paixão e de uma extrema inteligência. Em Medeia, a paixão apura a lucidez do espírito, não a perturba. Temos aqui uma visão justíssima de Eurípides: nas suas personagens, a paixão não cega sempre (como a sabedoria corrente o afirma), dá lucidez. A inteligência de Medeia aviva-se no próprio movimento da paixão. Medeia nunca perde de vista o objectivo a alcançar. Sabe mesmo utilizar friamente, tendo em vista esse objectivo, uma situação passional. Nesta cena com o rei, quase não tem necessidade de representar um papel. Limita-se a sofrer diante dele, nos limites exactos em que esse sofrimento é capaz de comover Creonte sem o inquietar. É a isto que eu chamo utilizar com inteligência a paixão. Por vezes, permite-se uma frase irónica: *«Casai e sede felizes!»* O conjunto da cena é paixão autêntica, mas disciplinada. Ao mesmo tempo, por trás do sofrimento autêntico, sente-se subir nela, de réplica em réplica, uma extraordinária alegria de ser a mais forte: a alegria de combater e vencer... Medeia obteve nesta cena o que lhe é necessário para a vingança: um único dia de prazo. É senhora da acção. Que vai fazer? Tudo depende do que ela é. Mas ainda o ignoramos. O enigma do seu ser subsiste.

Uma coisa é certa: Medeia vai matar. Por enquanto não entrevê ainda outra vingança que matar os seus inimigos. *«Três cadáveres num dia»*, grita para o coro, *«o pai, a noiva, meu esposo.»* A sua imaginação inflama-se: vê-se incendiária ou entrando silenciosamente no quarto dos esposos, de gládio na mão. Rejubila: *«Ei-los mortos!»* Saboreia antecipadamente a volúpia de matar. Este delírio assassino, estes transes têm qualquer coisa de tão triunfal que o coro, em vez de recuar de horror como seria de esperar, é como que arrastado pela fanfarra. Grita: *«Os rios podem voltar a subir para as suas nascentes... Chegou a hora do triunfo das mulheres.»*

De súbito, Jasão entra, correcto e frio. A cena foi retardada até agora, para nosso maior prazer. Foi preciso penetrar-nos da força de Medeia antes de a pôr em conflito com esta outra força que a iguala: Jasão. Medeia ardente, Jasão gelado.

Jasão não ama nada. É um puro egoísta que se apresenta diante de nós. Jasão é um cínico que passou pela escola dos sofistas e que fala a linguagem deles. Os seus raciocínios são impecáveis até ao paradxo. Medeia prestou-lhe serviços: reconhece-o e, como ele diz, *«não se queixa».* Mas enfim, Medeia amava-o. É ao amor, é a Cípris que ele deve algum reconhecimento, se é que o amor exige agradecimentos. O amor é gratuito, ou não é amor. Aliás, Medeia recebeu tanto ou mais do que deu, nomeadamente o privilégio de habitar não já em terra bárbara, onde reina a força brutal, mas em terra grega, onde reina a justiça. Jasão apropria-se das palavras mais sagradas com uma imprudência ilimitada. Quanto ao seu novo casamento, Jasão justifica-o pelo amor que tem aos filhos. Di-lo e prova-o: os filhos ganharão em dinheiro, em boa educação, logo em proveito material e moral, com a alta aliança que vai contrair. A própria Medeia o reconheceria se não pensasse apenas no leito. De resto, Jasão portar-se-á como cavalheiro: rompe com uma mulher, oferece-lhe dinheiro e cartas de recomendação para o estrangeiro. Há casos em que um perfeito cavalheiro significa um perfeito malandro.

Na personagem de Jasão, a análise do egoísmo é levada a um inaudito grau de agudeza. Eurípides compraz-se, e também noutras peças, em pôr a nu esta raiz da maior parte dos nossos actos. Uma personagem como Jasão não se limita a interessar-nos: perturba-nos porque encontramos nele confessada uma parte inconfessada de nós próprios. É um dos segredos da arte de Eurípides este de exprimir o que recalcamos.

Durante a cena, Medeia mal pôde aflorar Jasão. Jasão, que a nada ama, é invulnerável. Só o amor torna vulnerável e por de mais Medeia o sente. Mas não amará verdadeiramente Jasão a nada? Uma palavra lhe escapou a propósito dos filhos, uma frase cínica como tudo o que ele destila: *«Basta de falar dos filhos que tenho. Nada tenho que dizer contra eles.»* Mas foi uma frase que o descobriu, uma frase que Medeia retém. Por isso, desta cena em que ela bebeu toda a humilhação, onde em vão esbarrou contra o egoísmo maciço de Jasão, Medeia, sempre hábil em reconquistar as suas vantagens, recolhe uma arma: Jasão está ligado aos filhos. É quanto basta. Do triunfo provisório de Jasão vai sair logicamente o triunfo de Medeia.

Salto uma cena — a cena com Egeu, o rei de Atenas, um velho amigo de Medeia por quem ela se deixa convencer a aceitar o asilo que ele lhe oferece em caso de necessidade. No teatro, estas cenas permitem às personagens e ao espectador deixar caminhar em si pensamentos demasiado intensos — aqui, a morte das crianças. Além disso há aqui uma espécie de conivência do destino ou, digamos, das circunstâncias com as nossas paixões. A vida oferece tais oportunidades: o importante é que Medeia saiba aproveitar esta. Não tem medo de morrer após o seu crime, mas quer gozar a sua vingança. Por esta razão, aceita a hospitalidade de Egeu.

Depois deste diálogo que a assegura contra os seus inimigos, Medeia vê agora claramente em si mesma: começará por servir-se dos filhos para armar uma ratoeira à nova esposa de Jasão. Eles levar-lhe-ão os frutos envenenados que a farão morrer. Depois, matará os filhos. É este o único golpe que poderá desferir em Jasão. Pouco importa que esse mesmo golpe a fira, a ela. Só assim poderá manifestar a sua força... Anuncia tudo isto ao coro com um misto de júbilo e de horror, de lágrimas e de gritos de triunfo. O prólogo advertira-nos de que a paixão de Medeia podia voltar-se contra os filhos, e contudo é para nós inconcebível que esse pressentimento se torne realidade. A necessidade da morte das crianças não nos parecia ser ainda evidente em Medeia. Dizemos com o coro: *«Não poderás, diante dos teus filhos ajoelhados, banhar de sangue as tuas mãos com coração firme.»*

No entanto, os seus planos começam a realizar-se com uma temerosa pontualidade. Facilmente, faz cair Jasão na armadilha de uma reconciliação. Nesta cena, em que ela sonda o seu coração de pai, que se revela sensível sob a crosta do egoísmo, descobre com um frémito de alegria, numa irradiante hipocrisia, que encontrou enfim no bloco inteiriço de Jasão uma fenda por onde introduzir a faca. Frémito de alegria e de horror: porque o amor de Jasão pelos filhos vai ser também a sentença que os condena e os arranca a ela.

Então, sozinha com eles, começa em si o combate supremo. Ali estão eles, com os seus *«queridos olhos»*, o seu *«último sorriso»*: Medeia é inteiramente senhora da vida e da morte deles. Aperta-os nos braços, cobre-os de beijos. *«Ó mãos queridas, lábios bem-amados... Sede felizes, ambos — mas não aqui! Ó doce amplexo, macia pele, suave hálito dos meus filhos: Ide, ide...»* Afasta-os e faz-lhes sinal para que voltem para casa.

O conflito dramático, pela primeira vez em teatro, está estreitamente circunscrito nos limites de um coração humano. Seis vezes, em vagas opostas, o amor materno e o demónio da vingança se defrontam entre os muros deste coração que parece ao mesmo tempo de carne e de aço. Por um instante, o amor parece vencedor: *«Eles serão a tua alegria.»* Mas o demónio ataca com uma arma nova, persuadindo Medeia de que já é tarde de mais, de que já não é livre, segredando-lhe que *«tudo está cumprido»*. É uma das comuns armadilhas do demónio, fazer-nos crer que já não somos livres, precisamente para que deixemos de o ser. Mais um sobressalto e ela cede ao apelo do crime. A acção interior desatou-se.

Quanto à acção exterior, vai com a rapidez do raio. Medeia fecha-a com um verso que se tornou célebre.

θυμός δέ χρείσσων τῶν ἐμῶν βουλευμάτων

«O meu furor é mais forte que as minhas resoluções.»

Θυμός, *«meu furor»*, é a paixão, é o demónio que a habita, é o seu ódido assassino.

Medeia dominou-se. Espera calmamente a notícia de morte da rival. Quando um servidor lha vem contar, ouve com uma horrível alegria. Esta narrativa é de um brilho quase insustentável. A imagem da princesinha, dessa figura de boneca que Jasão preferiu à grandeza de Medeia, brilha como uma pérola — uma pérola que vai ser esmagada com o tacão. Primeiro, desvia os olhos ao ver os filhos da rival. Mas conquistada pelos presentes, não espera mais e experimenta o diadema e o véu. A cena diante do espelho é duma graça maravilhosa — na sua fragilidade. De repente o mal desencadeia-se. As servas julgam tratar-se de um ataque de epilepsia. Depois vem essa labareda que lhe jorra da fronte. E é o horror...

Medeia ouve a narrativa com volúpia. Saboreia a sua atrocidade até à última gota. Depois, de repente, um sobressalto: agir. Um acto a espera: corre a ele. Ainda alguns impulsos do coração para os seus bem-amados. Enrijece: o debate está encerrado.

Fere enquanto o coro canta, invocando o esplendor do Sol. O poeta poupa-nos a narração da morte das crianças. Talvez uma narrativa nos permitisse distender por instantes. Gritos de crianças assassinadas, através dos cantos do coro, bastam para que os nossos nervos sejam esticados até ao limite... A acção rola a toda a velocidade. Jasão já ali está, diante das portas fechadas. Fere os dedos ao tentar abri-las. Quer vingar a sua jovem mulher, salvar os filhos das represálias do povo, e o coro grita-lhe que os filhos já estão mortos. Quantas tragédias acabam com um «tarde de mais»! O destino vence os homens em velocidade.

Mas aqui o destino é Medeia. Ela aparece no céu, num carro alado. Triunfante. Ao lado, os corpos dos filhos, a quem ela e Jasão tanto quiseram e que o seu mútuo ódio assassinou. Medeia ganhou agora a sua última grandeza: pagou a vitória por um preço mais alto que a vida. Jasão insulta-a, Jasão suplica.

Mas as palavras de Jasão, tão hábil em jogar com as palavras, caem por terra: já não têm alcance, já não têm sentido. No seu horrível triunfo, Medeia atingiu uma espécie de rigidez. Não é carne, apenas aço. Uma impassibilidade apenas sacudida por um riso atroz atirado à face de Jasão.

E agora sabemos quem ela é.

Quem é ela? Um monstro, evidentemente. Mas tão próximo de nós que por este caminho cada um de nós pode tornar-se um monstro. Procuremos compreender.

Medeia é, antes de mais, um coração enlouquecido de paixão. Amou Jasão, é manifesto. Amou-o com amor e também por orgulho. Ele foi uma das suas presas, e gaba-se disso. Agora odeia-o. Nela o ódio parece ter invadido tudo. Não odeia em Jasão aquele a quem ainda ama, como acontece. O seu ódio procede ao mesmo tempo de um amor abolido e do seu orgulho ultrajado: odeia em Jasão aquele que a humilha, aquele que é a negação da sua própria força. É para reafirmar, aos olhos de outrem e aos seus próprios olhos, essa força negada que ela mata os filhos, ferindo ao mesmo tempo mortalmente o pai deles, vingando a sua humilhação.

Ela ama os filhos. São os seus *«bem-amados»*, ama esse *«olhar luminoso... que lhe faz desmaiar o coração»*. Ama-os a toda a hora, quando os acaricia ternamente, quando os mata. Mata-os para que os seus inimigos não se riam dela. Mata-os porque a sua terrível sede de domínio se tornou para ela um *«demónio»* (a palavra aparece várias vezes no texto) de que já não é senhora. Será um furor criminoso alojado no irracional insondável do seu ser? Talvez uma coisa e outra. Medeia não o sabe, apenas sabe que esta força é mais forte do que a sua vontade, e di-lo.

Isto não é apenas psicologia realista duma força incrível. A clara vontade de Medeia sucumbe perante a paixão. Esta paixão habita-a e possui-a. É um elemento demoníaco alojado no seu terno coração de mãe. Psicologia, pois, mas também possessão. As forças psicológicas não são distintas das forças que conduzem o universo. Seremos nós próprios distintos do universo? Eis a questão aonde conduz o realismo psicológico que Eurípides descobre. Ele sublinha na paixão demoníaca de Medeia a nossa dependência do mundo, a nossa sujeição ao «cosmos». Mas ter disto consciência é já, de algum modo, libertar-se. A verdade trágica é uma força que liberta.

Eurípides não se pronuncia explicitamente sobre a natureza desta força demoníaca. O que ele mostra, com toda a clareza, é a temível complexidade do nosso coração ignorado. Mostra também que esta força que em nós habita é *trágica*, uma vez que nada podemos contra ela e que ela nos destrói.

Medeia é completamente destruída, no seu mesmo triunfo. Os obstáculos que sempre até aqui restabeleciam o seu poder, já não existem diante dela. O próprio amor materno está ultrapassado. Agora, na sua vitória, vai esmagar-se contra o vazio.

E a sua morte — no sentido figurado — não é sentida por nós como um castigo, mas como um cumprimento do seu destino, um cumprimento da sua natureza que, como todo o cumprimento, nos cumula de alegria.

II

O TRÁGICO DE *IFIGÉNIA EM ÁULIDE*

O trágico do coração humano que Eurípides descobre e que já indiquei a propósito de *Medeia* não é, neste poeta, o único factor que pode causar a perda do herói. Quase sempre o drama é construído de maneira a mostrar que elementos muito diversos — a vontade de uma divindade, o acaso de circunstâncias imprevistas, os sentimentos das personagens, os do próprio herói trágico — tudo converge ou parece convergir para a morte do herói temida pelo espectador. Mas ao mesmo tempo, porque as personagens são muito móveis, porque o acaso e a vontade divina não são menos instáveis, um outro movimento da peça — movimento inverso — nos arrasta a cada instante não para a morte, mas para a salvação do herói. Daí uma acção muito complexa, com reviravoltas perpétuas, numerosas peripécias, que nos lançam nos abismos do terror e do desespero para nos fazerem subir de novo para um céu de esperança e de alegria. Nunca Ésquilo e Sófocles inventaram acções tão complexas, *intrigas* capazes de nos manterem em suspenso, de nos cortarem a respiração para logo no instante seguinte nos restituírem o ar a plenos pulmões. Ainda aqui Eurípides afirma, no próprio declínio da tragédia, a cintilante novidade da sua arte.

Quero tentar mostrar uma parte do que acabo de dizer tocando algumas personagens de *Ifigénia em Áulide,* sem narrar a acção.

Vou pois mostrar como o destino de Ifigénia, essa morte esperada desde o princípio e que um oráculo de Ártemis exigiu em troca de ventos favoráveis à partida da frota grega para Tróia — vou mostrar que este destino que é o próprio coração, o centro cruel da tragédia, é constituído em grande parte pelo carácter móvel das personagens que rodeiam Ifigénia. Estas personagens, que ora querem ora não querem a morte da heroína, são as «peças» do acontecimento trágico que domina todo o drama e por fim tudo leva a ele — acontecimento que, aliás, por um último golpe da sorte, não se produz no momento em que deveria produzir-se, e que é a morte de Ifigénia.

Agamémnon — o pai e o rei —, aquele a quem o oráculo ordena, para assegurar a vitória do seu povo sobre Tróia, que degole a sua própria filha —, Agamémnon é uma dessas personagens interiormente divididas, uma dessas naturezas complexas, direi mesmo confusas, que a arte de Eurípides se compraz em pintar.

Agamémnon é um fraco: é uma alma toda feita de velocidades e sem vontade. Não é mau, não é destituído de coração. Longe disso. Sensível, demasiado sensível, abunda em boas intenções, em ternura fácil, em sonhos complacentes para os seus, em belos projectos para o seu país e para si próprio. Ama a filha: querê-la-ia feliz, bem casada, rica de amor como é de beleza. Ama a Grécia: querê-la-ia independente e altiva. Ama as honras e a glória: quereria deixar à posteridade um grande nome. Mas sempre: *«Quereria.»* A sua vontade só pode definir-se no condicional: não entra no real, não o sabe modelar com decisão. Pelo contrário, é o seu ser inconsistente que se deixa moldar pelos homens e pelas circunstâncias. A vontade de outrem fá-lo imediatamente duvidar da sua. Flutua ao sabor dos seus próprios sentimentos. Que um dos seus projectos, uma das suas ligações contrarie outro, que um dos seres que se esboçam nele — o bom pai, a grande personagem, o sonhador impenitente — pareça cortar o caminho ao outro, e ei-lo desamparado, incapaz de escolher o caminho e manter-se nele. Escreve uma carta para fazer vir Ifigénia ao acampamento dos Gregos, rasga-a, torna a escrevê-la. Diz «não» a Menelau que reclama a abominável morte, e quando Menelau, enternecido pelas lágrimas do irmão, diz «não» por sua vez, é ele, Agamémnon, que diz «sim» àquilo que julga cómodo denominar fatalidade. Porque todo o obstáculo à sua incerta vontade se torna destino perante o seu olhar pouco firme. No fim de contas, tendo deixado os outros decidir em seu lugar, agarra-se furiosamente, como acontece aos fracos, a esta decisão que ele imagina ordenada pelo dever. Não ouve mais nada, abafa a voz do coração e do bom-senso, repele brutalmente para longe de si a filha a quem ama. Pensa assim, na cobarde obstinação que nele faz as vezes da coragem, dar ao seu povo, como julga dar a si mesmo, uma exortação e um exemplo de firmeza.

O TRÁGICO DE *IFIGÉNIA EM ÁULIDE*

No seu rigoroso amor da verdade, Eurípides sempre experimentou extremo prazer em «esvaziar» os falsos valores. Este Agamémnon, generalíssimo e rei dos reis, que em vez de impor ao exército, aos políticos, aos sacerdotes, a quem detesta, o desejo mais querido do seu coração (a salvação da filha bem-amada), desejo conforme, ele o sabe, à lei da consciência, à razão natural (apesar da exigência duma deusa), este grande rei que se deixa mediocremente manobrar por toda a gente, e, de derrota em capitulação, empurrar para a única coragem que lhe resta, a do medo, este deplorável Agamémnon, a quem no entanto não recusamos a nossa amizade, é uma das mais cruéis criações do poeta que sabe ler nas nossas almas.

Não há outra saída para este homem sensível e mole que a de estar, por um momento ao menos, ao serviço do destino que ele próprio forjou, brutal e inexorável. Ele que não soube fazer frente às circunstâncias, aos seus subordinados, ao oráculo absurdo, terá a coragem, que vai buscar ao fundo do pavor, de fazer frente às duas mulheres que suplicam, de enfrentar os lamentos desgarradores de Ifigénia, as mãos do pequeno Orestes estendidas para ele... Um mau bocado a passar, e ei-lo que se escapa, com a mentira da guerra necessária nos lábios, com palavras de herói devastado — ele que não é mais que um criminoso.

Uma vez mais, no seu teatro, Eurípides situa o trágico da condição humana nessa região do ser onde os nossos instintos (bons e maus, pouco importa), onde os nossos sentimentos mais legítimos — afeições familiares, amor da pátria, desejo de glória — não aceitando ser orientados, dirigidos e travados por um pensamento claro, uma vontade firme, por princípios consentidos, nos levam ao acaso em todos os sentidos e seguramente ao desastre. Sem filosofar nem moralizar, Eurípides saboreia o prazer agudo de verificar a verdade. Verifica que Agamémnon ama a filha e que a filha o ama, que uma maravilhosa ternura os une, mas que a felicidade de Ifigénia, a que este comércio de afeição parece destiná-la, não tem mais para edificar-se, fora da vontade dos deuses, que as areias movediças da alma do pai. É aqui, antes de mais, muito mais do que na armadilha dos deuses, é nesta cobarde ternura paterna que vai afundar-se a vida de Ifigénia. Haverá mais trágica figura do destino?

O mesmo se passa com as outras personagens. Clitemnestra ama sua filha. Quem ousaria dizer o contrário? Para a salvar, exibe uma profusão de amor maternal. No entanto, uma chaga secreta rói esta afeição trasbordante e tira-lhe toda a eficácia.

Esta mãe demonstrativa é uma mulher forte. Nesta família em que os homens são todos sensibilidade e todos nervos, ela é toda vontade. Espera-se que a sua energia vença facilmente o esposo indeciso, que a sua linguagem não poupa. Conduziu bem a vida: esposa relizada de um marido desposado a contragosto, teve os filhos que era preciso ter, criou-os como era necessário, não lhe faltou nenhuma das virtudes que convinham — mulher fiel, boa mãe, perfeita dona de casa. É uma grande burguesa.

A sua entrada é imponente. Chega de carro, com a filha mais velha, que lhe pediram trouxesse, com o filho mais novo, que levou consigo de sua própria vontade — e também com muitas bagagens. Tudo isto desce do carro em boa ordem, a cargo dos servos e do coro basbaque, submergido de bons conselhos. Feito isto, ordena à filha que se coloque a seu lado e convida a assistência a admirar o quadro.

Pede ao marido esclarecimentos sobre a família e a ascendência do noivo, sobre a cerimónia do casamento. A aliança é bela, Clitemnestra declara-se satisfeita, ao mesmo tempo que lamenta que as bodas, tendo em vista as circunstâncias, não possam ser celebradas com o brilho que conviria. Quando Agamémnon lhe pede que se mantenha afastada da cerimónia, protesta com veemência. Casar a filha sem a presença da mãe, seria bonito! Deixar que o pai, no lugar da mãe, segure o archote nupcial, que inconveniência! É ela que tem a última palavra nesta querela.

Eis uma matrona forte que parece ter envergadura para arrancar ao destino a sua presa, para impor a vontade ao seu triste esposo. Não o consegue tão valentemente como parece. Porquê? Porque há um verme no fruto. Há neste coração de mãe uma fenda que faz que a sua imploração pela filha soe a falso. Só por amor-próprio defende esta filha a quem pretende amar. Tiram-lhe o que lhe pertence: isto indigna-a muito mais do que a desespera. Como se atrevem a fazer-lhe tal ultraje? Exibe os seus méritos e as suas queixas. Da súplica passa à injúria, à ameaça. Neste combate travado com o eterno adversário, o marido, parece por momentos esquecer a causa do conflito, a vida da filha. Nunca se esquece de si mesma, nem do seu direito. Na verdade, não suplica, advoga. Mas a força da argumentação não impede o espectador de fazer a si mesmo esta estranha pergunta: «Do pai que a vai degolar, ou da mãe que quer salvá-la, qual dos dois ama mais a filha?» A resposta não é duvidosa. A falar verdade, ambos amam. Mas enquanto o fraco pai está ligado à filha por todas as fibras do seu pobre coração, a forte mãe ama sobretudo nela um «bem» que é iníquo tirar-lhe, uma parte do capital de felicidade que amontoou no decurso de uma vida bem administrada... Ainda se poderá falar de amor?

Eis porque a efusão maternal de Clitemnestra não tem efeitos. Não pode fazer vergar o marido porque ela própria não foi tocada em pleno coração. A dor desta mãe é impura, misturada com vulgares satisfações que tira de si própria.

A partir daí, o demónio trágico apodera-se desta mãe falsamente maternal para levar ao cúmulo da desolação a sorte de Ifigénia. As cenas mais cruéis do drama são aquelas em que a pobre rapariga, abandonada pelo pai, só tem para a assistir no último combate as incómodas lamentações da mãe. Junto de Clitemnestra, muito mais que junto de seu pai, sentimos Ifigénia votada à mais amarga solidão. Ifigénia vai para a morte no mais completo desnudamento. O poeta trágico — o demónio do trágico — colocou junto dela a personagem espessa de Clitemnestra, não para a consolar de morrer, mas como a máscara irónica da incompreensão dos vivos para com aqueles que estão sendo conduzidos pelo anjo da morte.

Clitemnestra, como Agamémnon, é uma das figuras expressivas do destino de Ifigénia...

É inútil determo-nos muito tempo nos dois outros emissários do destino. A simplória sensibilidade à flor da pele de Menelau, travada na acção pela sua vaidade ferida de marido, só serve para precipitar a perda daquela a quem ele se lembra, fora de tempo, com uma explosão de lágrimas mas sem insistir muito, de querer salvar. Mais impulsivo ainda que seu irmão Agamémnon, atirado pela sua emotividade de um extremo para outro, marido extravagante que move céu e terra para recuperar uma esposa a quem considera detestável, irmão sucessivamente transbordante de injúrias e de piedade — esta natureza instável é um instrumento de eleição nas mãos da sorte anónima que opera mais seguramente o desastre humano na desordem do coração.

Finalmente, Aquiles, esse luminoso rapaz, generoso e púdico, que no espaço de um relâmpago se conhece tão semelhante a Ifigénia — essa rapariga entusiasta e nobre que um engano lhe deu por mulher, contravontade — que poderá ele a favor dessa alma irmã? Muito seguro dos seus méritos, ingenuamente convencido de que mil raparigas desejam o seu leito, oferece a vida e conforma-se ao vê-la recusada. No horizonte desolado da rapariga, passa como uma lembrança concedida à felicidade, como uma vã imagem do amor, entrevista no instante em que já se abre para ela o caminho solitário que escolheu e que leva à morte.

Assim, no coração de todos aqueles que amam Ifigénia, o trágico ergueu a sua armadilha.

E ainda assim esta armadilha só funciona por efeito duma sorte maligna, de um Infortúnio insigne, que é talvez o verdadeiro deus da tragédia, esse Acaso que, em certos dramas de Eurípides, parece a delegação dos deuses ausentes. Releia-se *Ifigénia*, estude-se a composição da acção!

Veremos todos os sentimentos das personagens, todas as circunstâncias do drama empenharem-se umas nas outras, repelirem-se e accionarem-se mutuamente com uma justeza perfeita. Nada falha na marcha do drama. De cada vez que uma personagem fez o seu ofício, inflectiu num sentido dado, ao mesmo tempo que a acção, a emoção que ela inscreve em nós — esperança ou temor —, logo outra personagem se apresenta, animada de um sentimento sempre natural, inteiramente fundado, que inflecte a acção e a nossa emoção no sentido inverso. Segundo uma linha quebrada, onde cada vértice de ângulo marcasse uma peripécia, a acção, sem se deter um instante, avança para a morte de Ifigénia, que faz atrair tudo para si. Seja o que for que façam ou não façam as personagens, quer tramem essa morte ou a procurem afastar, é ela que ganha, ganha, num andamento que se precipita, numa perfeita convergência das paixões postas em jogo. Mas quem todo o tempo pensa nisso, senão o Acaso, que não pensa em nada?

Rei Édipo propõe-se aqui como ponto de referência. O drama de Sófocles não é menos belo mecanismo que *Ifigénia em Áulide*. Mas a máquina infernal que esmaga Édipo não anda sozinha. Sófocles obriga-nos a conhecer e a confessar o seu divino autor. Pelo menos impõe-nos, por trás dos acontecimentos, a presença de um mistério activo (um deus terrível) donde procede o nosso destino. No mecanismo mais complexo e tão bem construído que destrói a vida de Ifigénia, não haveria desta vez mais que a mão de um hábil autor? (Quero dizer, um homem de letras.)

Não. Há essa Ausência que troça de nós e que não tem nome mais temeroso que o de Acaso.

Insistamos. Das cinco personagens de quem depende a vida ou a morte de Ifigénia — Agamémnon, Clitemnestra, Menelau, Aquiles, e, naturalmente, a própria Ifigénia — não há uma só que, num momento do drama, uma após outra, ou duas ou três juntas, não trabalhe para a sua salvação. Quer a desgraça (que Desgraça?) que nunca sejam todas ao mesmo tempo. Para conjurar o trágico, para lhe retirar todo o poder sobre esta vida ameaçada, bastaria apenas isto: uma coincidência das boas vontades, uma decisão tomada em comum. E a guerra de Tróia não se teria dado. Ifigénia (sem que para isso fosse preciso um milagre) viveria.

Dir-nos-ia o poeta que os deuses quiseram lançar Gregos e Troianos na matança dessa guerra de dez anos? Nem sequer isso. O oráculo diz aos Gregos: «Se quiserdes partir, pagai o preço.» Este drama não nos apresenta a guerra como uma fatalidade vinda dos deuses. Nem mesmo como uma necessidade política e nacional bem evidente. Deve-se notar com efeito que a Grécia não parece ameaçada na sua existência e na sua liberdade senão por um artifício de linguagem, na boca dos chefes que têm interesse em dizê-lo. Se se trata, neste caso, de permitir a um dos chefes «conservar o seu comando e não perder uma glória brilhante» e ao outro «apertar nos seus braços uma bela mulher com desprezo da razão e da honra», poderá falar-se de guerra necessária e legítima? Tratar-se-á de uma guerra de libertação? Duvidamos ao verificar que nos lábios da cândida Ifigénia «salvar a Grécia» e «dominar os Bárbaros» são fórmulas que se substituem. Eurípides, que detesta a guerra, teria carregado de ironia o dom que esta rapariga ingénua faz da sua vida a uma causa que ele sabe ilusória? Mostrá-la-ia apanhada nas redes dos sofismas do culto da pátria? Não tomo partido nesta questão, delicada entre todas.

Uma coisa é certa. Esta guerra, absurda mais do que qualquer outra e detestável como todas o são, é constantemente apresentada como evitável. Bastaria, para que ela fosse com efeito evitada — a acção construída pelo poeta, com o seu vaivém de decisões contrárias e os seus ressaltos do coração, ali está para no-lo mostrar com toda a clareza —, bastaria um minuto em que fossem postas em comum todas as vontades de salvação que se agitam caoticamente no drama, em que fossem amontoados numa muralha única os tesouros de afeição, de generosidade, de piedade, que se dissipam loucamente ao vento. Mas, exactamente por qualquer acaso que ninguém comanda, esse minuto, entre todos os minutos decisivos do drama, não se produz. O Contratempo que rege a acção anula todos os esforços. Quando Agamémnon quer salvar a filha, Menelau impede-o. Quando Menelau pretende ajudá-lo, Agamémnon declara que se tornou impossível. Quando Clitemnestra e Ifigénia assaltam com súplicas e lágrimas o sensível Agamémnon, a instável personagem tornou-se firme como um rochedo. Finalmente, quando Aquiles propõe uma atitude de força, é Ifigénia, ainda há pouco agarrada à vida, que abandona e se lança na morte. De cada vez a Má Sorte está presente, não como uma pessoa mal-intencionada, mas como um miasma flutuante pronto a introduzir-se nos poros da alma humana para a infectar, a penetrar num qualquer interstício do Acontecimento, para mudar felicidade em infelicidade, para operar a sua tarefa de morte. Uma carta escrita um pouco tarde de mais e que se engana de endereço, e mais não é preciso para que a Sorte oscile.

O trágico último de *Ifigénia* parece-me pois situado na falta de concordância entre os esforços comuns dos homens para assegurarem a sua felicidade. É o jogo cruzado das vontades, é a eterna perplexidade das personagens, o seu desmoronamento no momento crítico que dão ao trágico o seu peso específico. Nem sequer é necessário que as forças más postas em jogo sejam muito fortes — medíocre ambição de Agamémnon, pobre apetite conjugal de Menelau. Basta que no momento em que o destino oscila, as forças de salvação tenham sofrido um eclipse ou passado para o outro campo. Basta uma lacuna no círculo de vontades que, unindo-se, tudo poderiam salvar. Por esta falha do coração, por esta singular carência do ser, passa o destino de Ifigénia.

Este trágico da desordem do mundo, da anarquia dos sentimentos, da instabilidade da vontade, é manifestado por todo o teatro de Eurípides. *Ifigénia* mostra-o brilhantemente. Mas à composição do trágico esta obra junta, no plano das relações dos homens entre si, um elemento que em parte alguma é indicado com tanta força: a ausência de entendimento entre os homens no momento em que, para conjurar a desgraça, seria preciso que cada um pusesse algo de si. Ainda aqui, anarquia. Cada um puxa para seu lado, as mãos desunem-se. Ifigénia repele a última mão que lhe é estendida.

O desastre espreita todo o triunfo humano. A esta malevolência do mundo para com a nossa felicidade chama um coro de *Ifigénia,* retomando uma velha expressão da linguagem religiosa, «a cólera dos deuses». Esta cólera ciumenta não parece significar outra coisa, para Eurípides, se nos referirmos à acção da peça e apesar dessa grandiloquente palavra «deuses», que a obscura ameaça suspensa sobre toda a existência feliz, sobretudo sobre a mais rica de promessas.

Ora, nesta mesma passagem, o pensamento do poeta lança-se para um estado esquecido, mas não irremediavelmente perdido, da sociedade, em que os homens, renunciando à anarquia para unir os seus esforços num «combate comum», se furtariam ao golpe do furor mortal que os espreita. No mundo tal como é, tal como o mito de Ifigénia o revela ao poeta, os homens mostram-se incapazes de constituir essa «frente comum» para salvar um dos seus. Porque eles falham, abate-se sobre Ifigénia — ela própria trânsfuga — «o ódio dos deuses».

O TRÁGICO DE *IFIGÉNIA EM ÁULIDE*

Mas como sustentariam os homens um combate comum contra o malefício dum furor demoníaco? Este furor do ser não é apenas o nome que deram ao rosto maligno do universo, é também o que convém à demência dos seus corações, à sua fundamental inaptidão para se apoderarem da felicidade.

Tudo é inapreensível em redor do homem, tudo nele é fugidio. Na incerteza em que se debate confusamente, quereria poder contar com o concurso dos seus irmãos na desgraça, com a máquina a que chama sociedade. Vários termos da passagem onde se fala do «combate comum» a isso aludem. Não poderia essa máquina protegê-lo contra alguns dos golpes dissimulados do destino? De resto, para isso mesmo inventou ele a «sociedade».

Mas por certo há nessa famosa invenção alguma coisa desarranjada, uma vez que é pela «salvação comum» que Ifigénia tem de morrer...

Distracção dos deuses, extravio do coração, traição do acaso — o destino de Ifigénia é feito desta sombra amassada...

Entretanto a poesia, na noite trágica, traz consigo a luz e faz nascer a alegria com as lágrimas.

Este drama de *Ifigénia*, de que anotei aqui alguns elementos trágicos, não é somente *tragédia*, é também *poesia*.

Quero dizer: Ao mesmo tempo que reinam no drama e sobre nós essas forças trágicas que de Ifigénia fazem sua presa, ao mesmo tempo, e em nós, mas através dos cantos do coro, através do desespero de Ifigénia, uma outra voz procura fazer-se ouvir. O poeta acordou em nós as energias elementares do universo, do *cosmos* — essa bela palavra grega que designa ao mesmo tempo o mundo, a ordem e a beleza. Quanto mais avançamos neste drama desumano, neste drama trágico, mais sentimos que para além do trágico outra coisa diferente procura falar-nos, a voz confusa do *cosmos*, do mundo a que estamos ligados, a voz da poesia — as imagens, os sons e os ritmos —, a vida múltipla do universo, a cor das coisas, a música dos seres, a alternância da sombra e da luz, o pulsar das nossas artérias — é tudo isto que nos chama. O Verbo poético ganha forma e ao mesmo tempo que se junta ao horror trágico permite-nos suportá-lo, mais ainda, amá-lo; proporciona-nos aquilo a que se chamou, na sua ambiguidade, «uma deliciosa dor» (a própria definição do prazer poético, pelo menos da poesia trágica).

O mundo pediu a palavra. Somos de súbito transportados para um novo ambiente, mas não atirados para um idealismo irrisório. É no seio duma realidade mais autêntica, mais respirável, que as imagens do poeta — as imagens onde residem todos os elementos já nomeados da fascinação poética (a música das palavras, a dança dos ritmos) —, é nessa realidade mais leve para os pulmões que as imagens do poeta nos desabrocham dando-nos a alegria no exacto momento em que o horror trágico nos fita nos olhos.

Surge aqui, na tragédia grega, a necessidade sem igual das partes corais, da poesia e da música dos coros, a necessidade também desses cantos do herói ou da heroína no momento em que a morte vem buscá-los.

Não é que sejam esquecidas as exigências cruéis que fazem da tragédia com uma franqueza brutal um dos instrumentos essenciais da nossa aprendizagem de homem. Por ela, pelos sofrimentos que nos apresenta, que nos reserva, aprendemos o ofício de homem — e como ele é difícil, atravessado de obstáculos inúmeros, que nos vêm dos deuses e de nós próprios, do fraco coração humano que é este nosso. Por fim, esta sorte constantemente sacudida de vicissitudes é sempre inelutavelmente, e para cada um de nós, barrada por uma morte incompreensível. Mas a tragédia *Ifigénia* traz-nos, deixa-nos esperar também outra coisa. Incessantemente nos encanta com outra coisa. Oferece-nos até mesmo onde se articulam as ácidas cenas de disputas, os violentos golpes da sorte que nos derrubam e nos desesperam, oferece-nos, por meio dos cantos das raparigas, toalhas de poesia duma incomparável beleza.

Os temas do nosso destino trágico são retomados pelo poeta nos seus coros ou nas partes cantadas pelas personagens da tragédia. E é sempre a crueldade do amor, o absurdo delirante da guerra, é o sacrifício odioso de Ifigénia — estes mesmos temas atrozes são retomados e dilaceram-nos, mas noutro tom, que é o tom poético. O amor e a morte apresentam-se a nós numa espécie de *aura* poética e essa *aura* é-lhes dada pelas imagens dos objectos que os acompanham e a que são estreitamente ligados pelo poeta. São imagens que provêm do mundo natural, da beleza do mundo sensível. O amor e a morte parecem agora participar dessa beleza do mundo. Impregnam-se e revestem-se da beleza dos prados, das árvores, dos animais campestres, das aves, das deusas, dos rios, do céu, do ouro, do marfim... Misturam-se com os apelos dos pastores, árias de planta, pés de mulher que tecem voltas sobre a areia clara... E a flecha de Eros é chamada flecha gémea, dupla flecha de graças — δίδυμα τόζα χαρίτων —, porque cumula de alegria as vidas que destrói. E Helena não é somente a pior das esposas, é a irmã dos celestes Gémeos... E quando os Frígios, de pé sobre as muralhas, vêm vir para eles a morte, é sob a forma de um deus monstruoso e esplêndido, Ares que sobe do mar vestido de bronze... E quando Pérgamo está por terra, restam, para chorar sobre os corpos dos seus filhos com as gargantas abertas, imagens de raparigas.

E assim por aí fora. A beleza do cosmos, do universo, é constantemente tecida com o horror da nossa condição. De preferência a continuar a comentar esta acessão da tragédia à poesia cósmica, darei dois exemplos.

Eis o coro que vem após as barulhentas disputas entre Agamémnon e Menelau:

«Tu vens, Páris, do país dos pastores, a tua infância cresceu entre as brincadeiras dos animais do estábulo.

Nos caniços desiguais da tua flauta, fizeste cantar, em variações exóticas, as moles volúpias das danças frígias.

Um dia, deitado entre as vacas de pesadas tetas, resolveste num gesto distraído o diferendo das três deusas.

Louca sentença! que te levou pelos caminhos do mar até ao palácio adornado de marfim.

Onde o brilho dos teus olhos ambíguos acordou o desejo da rainha.

Onde a ciumenta Afrodite conjuntamente coroou e perdeu as vossas duas vidas!

Por ti, pastor Páris, entre o povo dos lavradores de boas terras e o dos domadores de cavalos, nasceu a Discórdia homicida.

A guerra de lábios púrpuros que para as muralhas de Tróia guia a Grécia inimiga com os seus barcos e as suas lanças.»

Finalmente, no momento mais negro da acção, quando Agamémnon repele os queixumes de Ifigénia, eis o lamento que a rapariga faz erguer:

«Ai de mim! mãe, mãe! O mesmo queixume nos sai dos lábios... Tu, perdes a tua filha bem-amada. Para mim, já não há mais luz; para mim, morre o esplendor do sol.

Oh! Oh! Cimo nevado do Ida, radioso vale onde em tempos Príamo expôs o tenro recém-nascido, arrancado à mãe para uma morte fabulosa!

Porquê, porquê, cresceu Páris sobre a montanha, pastor esplêndido.

Conduzindo os seus bois para a clara torrente pelos carreiros dos pastos,

Pisando a salva e o jacinto, floridos para os seios das deusas?

Elas vieram ao estábulo do pastor, as três filhas orgulhosas do Olimpo.

Palas, altiva da sua lança mais do que da sua roca, Hera, do leito real de Zeus.

E Cípris que se compraz com os cruéis desejos que aloja no coração dos mortais...

Elas vieram, sorridentes rivais, para o combate famoso da beleza.

E para a morte duma pobre rapariga de Argos.

E para a Glória dos Danaios cujas naves vão voar sobre o mar.

Pois que Ártemis decretou que o sangue duma virgem era o preço da sua bondade.

Ó mãe, mãe, ó infeliz Ifigénia, ele abandona-me, entrega-me, aquele que me deu a vida.

Deixa-me sozinha, sozinha com a implacável Helena, com a negra beleza que vai tirar-me o sangue.

Ele prepara a faca sacrílega que me cortará a garganta.

Porquê, porquê os deuses sobre o Euripo encantado barraram o caminho dos ventos propícios?

Porque reservou Zeus, senhor de todos os destinos, a alegria da partida para uns, pelo mar cheio de sol,

E para mim a dura espera da escuridão subterrânea?...

Ó Necessidade, cruel dominadora...

Ó Tempo da vida, severa aprendizagem da morte...»

Assim, ao longo de todo o drama, se faz ouvir no lirismo que o acompanha essa voz do universo a que chamamos poesia, essa encantação que nos enche de delícias, esse canto que nos faz amar a crueldade do trágico.

A tragédia grega submerge-nos ao mesmo tempo de terror e de arrebatamento.

E o nosso coração dança dentro de nós com selvagem alegria.

III

O DRAMA DAS *BACANTES*

Eurípides morreu em 406, na Macedónia, hóspede do rei Arquelau. Tinha setenta e cinco anos. *Ifigénia em Áulide* e as *Bacantes* são as últimas tragédias que escreveu, chegadas até nós. Foram representadas em Atenas em 405, após a morte do poeta. Ambas alcançaram o primeiro prémio, vitória que Eurípides raramente obteve enquanto vivo.

O drama das *Bacantes* é um drama estranho, desconcertante. Pelo menos, põe firmemente o enigma de um mistério que durante toda a vida angustiou o poeta e a que ele deu as respostas mais contrárias — o mistério de Deus, da sua existência, da sua justiça ou da sua injustiça, da sua acção na vida do universo e na vida dos homens.

O mistério de Deus, a necessidade de Deus, dilaceraram Eurípides durante toda a sua carreira. Sucessivamente, crê e blasfema. Nas *Bacantes* liberta enfim, pela criação das personagens que ali se defrontam, as forças que o dividiam, essas forças que fazem dele um poeta *trágico*. As *Bacantes* são a chave do poeta trágico Eurípides. Delas se deram as interpretações mais opostas: é o testemunho da sua conversão, é o mais claro recusamento de Deus. A isto voltarei. Mas começo por analisar este magnífico poema.

Estamos em Tebas, lugar duma natividade. Um deus está diante de nós, Dioniso, filho de Zeus. Regressa à cidade onde os raios de seu pai o arrancaram aos flancos de sua mãe, Sémele. Regressa ao lugar do nascimento a manifestar a sua divindade aos Tebanos, que a desconheciam.

As Ménades asiáticas e delirantes acompanham-no: ajudaram-no a fazer triunfar o seu culto no Oriente distante. Agora, ele vai fazê-lo triunfar na cidade natal, em Tebas.

Feriu já as irmãs de sua mãe, que troçavam da sua origem divina. Agora confessam-no, na montanha. Tornadas também Ménades, proclamam a sua divindade.

Mas um adversário mais temível se ergue ainda diante dele: é Penteu, o jovem rei do país, que, no culto dionisíaco, apenas vê impostura e anarquia. Dioniso mostrar-lhe-á que é deus. Para executar o seu propósito, revestiu-se da aparência tranquilizadora e perturbante, ao mesmo tempo, de um dos seus sacerdotes, um jovem Lídio de voz meiga e rosto delicado. É sob esta máscara que tentará seduzir o rei Penteu. Se Penteu se furta às suas seduções, Dioniso ferirá. Assim é posto o conflito trágico.

O ambiente místico da tragédia torna-se mais ardente com a entrada do coro das Ménades asiáticas. Avançam ao som da flauta e do tamborim. Falam da felicidade do crente que se entrega ao seu deus no seio da natureza. O caminho que conduz a Dioniso foge da artificialidade das cidades, conduz à montanha, ao mistério das árvores e dos animais. Revestido da pele do corço, embriagado de música, o homem entra na roda da natureza. Dança, e a terra dança com ele. Acede ao êxtase, tomba no chão, sob a visão do deus que a chama. Eis um fragmento destes cantos:

«Ó bem-aventurado, o homem querido dos deuses
que, iniciado nos seus mistérios,
vive na montanha a vida dos eleitos,
faz entrar no cortejo a sua alma e, pela virtude das purificações,
torna-se Baco...
Cedo toda a terra dançará quando Brómio (outro nome de Baco),
à frente do grupo, conduzir os seus de cimo a cimo...
Alegria na montanha, depois da dança e dos saltos,
cair no chão, com o despojo sagrado do corço.
Saborear o sangue do bode degolado, e a graça da carne crua,
enquanto sobre as colinas frígias e lídias
Brómio lança o evoé!
A terra escorre de leite, escorre de vinho,
escorre do néctar das abelhas...
Então, brandindo como uma tocha a labareda ardente
do seu tirso, Baco precipita a corrida.
A volúpia dos seus cabelos desata-se no céu.
A sua voz chama como um trovão.»

O DRAMA DAS *BACANTES*

O apelo de Baco não é ouvido apenas pelas Ménades. Eis que vêm dois velhos, o adivinho Tirésias e Cadmo, o fundador de Tebas. Desde que o deus sopra na cidade, o coração dos dois velhos bate mais rapidamente. Tomaram o bastão dos iniciados: irão à montanha confessar o deus. As suas velhas pernas realizarão esse milagre: dançarão em honra do deus... A cena impressiona-nos pela simplicidade da fé dos dois velhos. Por outro lado, manifesta o poderio de um deus capaz de fazer que a velhice deixe de ser velhice. Mas ainda não estamos conquistados. Quando muito, seduzidos. Inquietos. O nosso mundo de sensatez começa a vacilar.

De súbito, eis que aparece o rei Penteu. É o herói trágico da peça. Sabemo-lo ameaçado: atrai-nos. Agrada-nos também pelo seu tom directo, a sua franqueza, a sua coragem. É rei, é responsável pela ordem na cidade. Damos-lhe razão por querer resistir ao contágio desencadeado pelo equívoco Lídio. Sabemos, é certo, que se engana quando denuncia, nos transportes do novo culto, uma grosseira devassidão sob as aparências do êxtase. Mas está de boa fé. Contudo, bastará a boa fé para desarmar os deuses?

O espectáculo dos dois velhos, a quem julga dementes, lança o rei em viva cólera. O seu arrebatamento, as suas acusações mal-fundadas contra um culto que ignora mostram uma precipitação de juízo pouco razoável num apóstolo duma religião desrazoável. Quando Penteu, que antes mandara meter na prisão as Ménades tebanas que fora possível apanhar, dá aos seus soldados a ordem de prender o falso profeta, o belo Lídio que é o próprio deus, sabemos que se compromete. O seu destino está em marcha. Devemos admirá-lo? Devemos lamentá-lo?

Entretanto, o coro canta mais uma vez a felicidade daquele que se entrega ao novo deus. Dioniso é o dispensador da alegria. Com ele, acaba-se a tristeza, vem o riso e a volúpia, as Musas e os Amores. Ai daquele que sem ele se julga sábio! A sabedoria humana é orgulho e loucura. O homem só encontra a paz na fé mais ingénua. Ai dos sábios e dos inteligentes!

Este coro radioso, tão pagão pela exaltação do Desejo, contém estranhamente palavras duma ressonância evangélica. Julgamos ouvir: «Deus escondeu estas coisas aos sábios e aos inteligentes», e mesmo: «Felizes os pobres de espírito!» Surpreendente Eurípides: a sua sensibilidade ao mistério adianta-se aos séculos.

Os guardas trazem Dioniso agrilhoado. Entramos no coração do drama. Doravante o rei e o deus vão enfrentar-se numa sequência de cenas decisivas, cortadas por algumas explosões de milagres na acção. De cada vez esta oposição se torna mais trágica, sem que nunca seja abandonado o tom da conversa mais natural. Esta conversa, sempre quebrada, sempre retomada, é uma engrenagem de lentos arranques. O poeta interrompe o movimento de relojoaria apenas para sublinhar por meio de um falacioso arabesco, por meio de cantos e singulares prodígios, o paciente cerco do homem pela divindade.

Penteu dá pouca atenção ao primeiro milagre. Na prisão, as correntes das Ménades caíram a seus pés, os ferrolhos correram por si mesmos; e permitiram a evasão das prisioneiras.

Presta mais atenção ao estrangeiro que lhe trazem! Que espantosa beleza! Que suavidade fascinante naquele rosto! O rei interroga: as respostas do mancebo têm a mesma doçura que as suas feições. O rei irrita-se, ameaça: o Lídio responde com uma calma mais ameaçadora que a cólera. Penteu, durante um instante, perturba-se. Uma alma mais permeável que a sua ao sagrado adivinharia um deus numa dignidade tão tranquila. É a eterna cena do profeta perante o príncipe. Não é de espantar que uma *Paixão de Cristo* da época bizantina tenha utilizado algumas destas réplicas de Eurípides. Dir-se-ia Jesus diante de Pilatos.

«Penteu. As minhas masmorras prevalecerão sobre a tua pessoa.
Dioniso. O deus, quando eu quiser, me virá libertar...
Penteu. Onde está ele? Que se manifeste aos meus olhos.
Dioniso. Ele está onde eu estou. Os teus olhos de ímpio não o vêem.
Penteu. Agarrem-no. Ele ultraja Tebas na minha pessoa.
Dioniso. Irei aonde tiver de ir. Mas o mal não pode alcançar-me...»

Assim as violências de Penteu se submergem na calma do deus. O homem escorrega, o homem afunda-se na água pérfida e profunda do mistério divino. Sabemos já que o homem está perdido. O que ignoramos é se o deus merece ganhar.

Outra vez se erguem os cantos do coro... A música perturba-se e torna-se febril; a poesia alarga-se em apelos apaixonados. A fé exige a presença do deus aprisionado: «Vem... Vem... Levanta-te...» Ela afirma o seu regresso: «Ele virá...»

De súbito, o deus responde. O prodígio surge aos nossos olhos. Do fundo da sua masmorra, o deus fala às suas servas: «Ἰὼ Βάχχαι, ἰὼ Βαχχαι!» O coro reconhece o seu senhor: «Ἰὼ δεσποτα, ἰὼ δεσπότα.» A terra treme, as pedras da arquitrave soltam-se, Dioniso quebrou as cadeias, caminha para o palácio, o incêndio desencadeia-se: o deus aparece. As Ménades do coro caem aos pés do seu senhor e adoram-no.

O rei assiste com assombro e raiva ao milagre. Torna a achar-se na presença do Lídio, que se contenta com responder-lhe às suas manifestações de fúria: «Não te tinha dito... que me libertariam?»

Os prodígios multiplicam-se. Do Citerão chega um boieiro com uma espantosa narração da vida que fazem as Bacantes no seio da natureza. Esta montanha, a mesma onde daí a pouco se cumprirá em horror o destino de Penteu, ofereceu ao boieiro o mais encantador dos espectáculos. Lá é o paraíso do homem inocente vivendo na fraternidade dos animais. As Ménades brincam com as serpentes; aleitam os cabritos-monteses e os lobinhos. A natureza oferece a plenitude dos seus dons. O mel corre dos tirsos, a fonte brota do rochedo e o vinho sobe do solo. Sob a pressão dos dedos, a terra deixa-se mungir do seu leite, como uma teta... No entanto, esta amenidade da natureza muda-se em fúria contra os profanos que vêm perturbar a paz do Éden. O pastor conta como com alguns camaradas tentara apoderar-se de Agave para a levar a seu filho Penteu. Então, toda a comunidade das colinas, dos animais e das mulheres se defendeu. A montanha entrou em delírio. Todo este paraíso se transformou numa violência desenfreada contra os ímpios. Uma terrível carnificina, operada pelas mãos das Ménades, mostrou a omnipotência do deus — desse deus que é a própria natureza, generosa ou mortífera a seu belo-prazer, inviolável.

Esta narração não atinge Penteu. O milagre irrita-o. Enrijece cada vez mais na sua resistência a uma religião que ofende o seu gosto da ordem. Tem os seus soldados. Marchará contra a montanha: reduzirá o sobrenatural à razão.

Deus é mais forte que o homem. Mas no exacto momento em que Eurípides nos convenceu da sua omnipotência, Dioniso parece de súbito querer renunciar a usar da sua força e tentar manifestar-se operando a salvação do homem. Numa cena em que o destino de Penteu balouça, Dioniso estende a mão ao adversário: exorta o rei a renunciar ao seu projecto, fala-lhe com bondade. Mas é nesse momento único em que a divindade abre a porta da sua graça que o homem, Penteu, julga ser a oferta uma armadilha, ele que daí a pouco tomará a armadilha do deus como uma oferta amigável. Eterno mal-entendido do homem e de Deus. Penteu obstina-se...

Então, bruscamente, o tom do deus muda. Durante um instante, tivera piedade. Mas o homem endureceu. Dioniso só pensa agora em enganá-lo. A sua doçura, que se fizera bondade, será perfídia doravante.

Dioniso propõe agora a Penteu que se disfarce de Ménade para observar as fiéis do deus na montanha. O rei é seduzido pela ideia: o empreendimento convém ao seu carácter ousado. Dioniso não tem dificuldade em convencê-lo. Penteu cede facilmente, tanto mais que há muito tempo se sente atraído por esta religião que ele combate... Volta ao palácio para se vestir, enquanto Dioniso triunfa.

«Mulheres,» diz ele ao coro, «este homem caiu na rede.
Vai procurar as Bacantes: encontrará o seu castigo, a morte.»

O coro responde com novos cantos, que falam uma vez mais da alegria da Ménade de pertencer ao deus, a delícia de folgar entre as árvores e os animais, no seio da natureza.

A cena que se segue a estes belos cantos é uma das mais cruéis que Eurípides escreveu. O rei condenado sai do palácio, cheio de uma alegria assustadora. Está num estado meio delirante, já possesso de Baco. Vê dois sóis e duas Tebas. Vê, na cabeça do seu guia, os cornos do touro dionisíaco. Deslumbra-o a sua indumentária de mulher, faz-se admirar, perdeu todo o respeito de si mesmo. Dioniso dá o último toque no grotesco trajo, põe no seu lugar um caracol de cabelos que um passo de dança desmanchara. Nas mãos do deus irónico, Penteu não é mais do que um brinquedo sem alma, ridículo e lastimável. A cena termina com uma sinistra profecia, que Penteu toma a rir. Voltará, como lhe diz o deus, «transportado nos braços de sua mãe». «Cúmulas-me de delícias», responde jovialmente Penteu, que não sabe o que sua mãe transportará. Todo o fim do drama é votado ao horror. Nunca o terno e cruel Eurípides foi tão longe na região do patético. É uma espécie de volúpia sanguinária que rebenta na tragédia, é a morte longamente saboreada e como acariciada no seu horror físico, na sua angústia moral.

Vem primeiro a narrativa da laceração de Penteu pelas Ménades. Neste texto terrível não há a menor grandiloquência. O tom objectivo de um relatório, com pormenores precisos, horríveis no seu rigor. O coro das Bacantes recebe esta narrativa da matança do filho pela mãe num transporte de adoração.

A cena seguinte dá um novo passo para o horror. Agave, jubilosa, entra oferecendo ao deus o que julga ser a cabeça dum leãozinho que matou na montanha, e que é, na ponta do tirso, a cabeça do filho, gotejante de sangue. Num gesto terno, acaricia o rosto que não reconhece.

Eurípides quer que ela o reconheça. Seu velho pai, Cadmo, volta do Citerão, com os restos mutilados do neto. Posto na presença da brincadeira sangrenta e da loucura da filha, faz-lhe — como o faria um psiquiatra — as perguntas exactas que levarão Agave a tomar consciência do que fizera. A secura do interrogatório quase científico acusa ainda o patético e leva-o ao mais alto grau.

Este cúmulo era talvez ultrapassado na cena seguinte. Mas essa cena está perdida para nós na nossa tradição manuscrita que depende de um manuscrito único e rasgado. Aí se via Agave colher um a um os membros do filho, dispô-los um após outro, enquanto se lamentava e os beijava. Alguns versos desta cena horrível são-nos dados pelo drama da *Paixão* a que já aludi; são postos na boca de Maria, lamentando-se sobre o corpo de Cristo. Mas o que Eurípides fizera de tal cena, ignoramo-lo.

Finalmente, no termo da tragédia, Dioniso aparece no céu. Despojou-se da máscara que escolhera para derrubar o seu adversário, vem tomar posse da vitória. Que tem a dizer-nos este deus vencedor?

Esperamo-lo na sua majestade. Ela resplandece. Esperamo-lo na sua justiça. Ela é terrível. Esperamo-lo na sua clemência. Irá ele aceitar o arrependimento de Agave? Repele-o. Menos ainda pensa em consolar. Agave confessa o seu erro, suplica. Esbarra com o «tarde de mais» que a divindade opõe ao homem no termo do conflito trágico. «Conheceste-me tarde de mais», diz Dioniso. O homem suplica ainda. O deus só tem uma resposta a dar, e essa é: «Sou Deus.»

Como se deve interpretar as *Bacantes*? Esta obra, tão dividida contra si mesma, não cessa de dividir os seus intérpretes.

Alguns consideram a tragédia um violento ataque dirigido por Eurípides contra a religião. Assentam o seu juízo principalmente sobre a interpretação que dão ao teatro de Eurípides em geral, apresentado como a obra de combate de um apóstolo das luzes, de um racionalista (é a sua expressão). Pelo contrário, outros críticos vêem nesta tragédia uma apologia da fé, e, opondo esta obra ao resto do teatro de Eurípides, tal como o entendem, nela encontram o testemunho de uma conversão do poeta envelhecido.

Talvez estas duas opiniões, que parecem tão contraditórias, só sejam falsas se se adoptar uma delas com exclusão da outra.

Explico melhor. Toda a tragédia é, num sentido, um acto de revolta contra o mundo tal qual é, ou tal qual nos surge. E, num outro sentido, toda a tragédia é um acto de fé para com o mundo tal qual deve ser, ou antes, tal qual é, por trás das aparências, revelado pela poesia.

É um conflito semelhante o que Eurípides projecta nas *Bacantes*. É vão procurar apreender o poeta numa das suas personagens sem ter em conta as outras. Eurípides não é aquele que recusa Dioniso, tomado à parte daqueles que o confessam, nem inversamente. Ele é, se o posso dizer, todas as personagens ao mesmo tempo. É o conflito das personagens... É a tragédia... As *Bacantes* são o mais claro testemunho dessa espada que o divide, dessa chaga que nele habita — um desejo de Deus jamais satisfeito.

Eurípides não é pois Penteu sozinho. Mas é também Penteu. Também não é Penteu inteiro. É desconhecer a natureza da criação poética identificar o poeta com uma das suas personagens, ainda que seja o herói trágico. Um grande poeta nunca se decalca. Se se exprime numa das suas personagens, é ao mesmo tempo a si próprio e a um outro que ele nos dá nessa criação. O mesmo acontece na criação segundo a carne: podem encontrar-se no filho certos traços do pai, mas são novos ao mesmo tempo que semelhantes. Do mesmo modo, uma personagem é uma criatura nova, e não é permitido procurar no seu rosto mais do que um reflexo do autor donde veio.

O reflexo de Eurípides em Penteu é, antes de mais, essa exigência de ordem, de razão, que o rei apresenta ao deus. Penteu aceitaria um deus autêntico, mas está certo de que um deus que se revela na desordem, na perturbação de alma que se manifesta por absurdos milagres, só pode ser impostura. Penteu não é um ímpio. Eurípides não pôs na sua boca uma só palavra céptica para com o divino. Nada que lembre a linguagem ou a filosofia da época. Penteu crê nos deuses, mas o delírio e os prodígios parecem-lhe estupidez humana, não sabedoria ou presença divinas. Em suma, crê em deuses que governariam o mundo tão racionalmente como ele pensa, em boa consciência, governar a sua cidade. O seu espírito positivo, tanto quanto a sua função de chefe de Estado, tornam-lhe suspeito o misticismo da religião dionisíaca. Diante do duvidoso Lídio, das Ménades extasiadas, Penteu encarna honestamente ao mesmo tempo a razão de Estado, o princípio da ordem e também a simples razão, e, no seu sentido mais limitado, o senso comum, o bom-senso. Penteu pede que os deuses tenham bom-senso. Pede que os deuses sejam como ele. Dir-se-á que é bastante grave exigir tão pouco da divindade. Contudo, muitos deuses seriam condenados por esta bitola do homem honesto.

Há no entanto outra coisa em Penteu: a atracção que exerce sobre ele a religião que combate. Atracção de que se defende, à sua maneira sensata. Que significa esta maneira de rodar constantemente em volta dos adeptos de Baco? Insiste com perguntas, decide surpreendê-los na montanha. É para melhor assentar o seu juízo sobre este culto novo. Não será antes impelido pelo sentimento de que há nessa religião que ele persegue uma obscura verdade, uma verdade que lhe diz respeito? Penteu, por fechado que pareça a toda a experiência religiosa (mas há alguém tão fechado quanto queira parecer?), parece por momentos atraído pelo íman do mistério. Obstina-se em compreender. Quer forçar um segredo. Estes furores explicam-se em parte pelo recalcamento a que o seu ser racional submete o seu sentido religioso inconfessado. Por outro lado, tem a desgraça de dar às perguntas que faz ao deus um tom positivista, que é a forma do seu pensamento. O que provoca no deus uma resposta evasiva ou uma recusa brutal de explicar-se.

«Qual é a utilidade desta religião?», quer saber o rei. Ao que o deus responde: «Não te é permitido sabê-lo.»

«Como é o teu deus?», pergunta ainda. Resposta: «Como lhe apraz.»

Tais réplicas iluminam singularmente o drama de Penteu. É o homem que se fecha ao mistério divino? Ou será o deus que lhe barra o acesso? Os milagres fervilham. Será Penteu que se recusa a vê-los? É o deus que impede que seja tocado por eles? O Lídio afirma a presença mística de Dioniso: «Neste momento, presente a meu lado, ele vê o que eu sofro.» Que pode responder Penteu senão: «Onde está ele? Os meus olhos não o vêem.» E como poderia vê-lo, se o deus se furta aos seus olhos? Mais prodígios: os ferrolhos saltam; o deus toma a forma do touro; o palácio do rei desmorona-se em chamas. A retina e os tímpanos do príncipe registam estes factos, mas nem por isso o seu espírito se abre à acção divina...

Que dizer? Porque usa o deus o seu poder para fechar e não para abrir os olhos da alma?

Chegamos aqui ao trágico da graça. Penteu, diria a linguagem cristã, não recebeu a graça. Por instantes, o deus parece oferecer-lha, numa cena a que já fiz alusão: «Ainda é possível conciliar tudo... Quero salvar-te.» Oferecida, mas não dada, se a graça é um dom, não será o mesmo que dizer que o deus lha recusa? É neste ponto da personagem de Penteu que nós estamos, certamente, mais perto de Eurípides. Também ele quereria compreender. A obra trágica do poeta testemunha o seu desejo de dar à vida um sentido religioso, de apreendê-la na sua realidade divina. Como Penteu, é muitas vezes com uma violência destruidora que Eurípides avança ao encontro do divino. Por certo a sua natureza não é tão estranha ao sentimento místico, tão árida como a de Penteu... No entanto, como Penteu, Eurípides terá tido, na sua busca de Deus, o sentimento de que não era ele que endurecia, mas o Outro que se fechava.

O poeta, já o disse, não está somente em Penteu. O coro das Ménades e mesmo os dois velhos, embora em menor grau, representam o outro pólo da sua vida espiritual.

Dos dois velhos, diremos apenas que a firmeza ou a candura da sua fé terá feito inveja ao intelectual inquieto que é Eurípides, terá constituído para ele uma tentação de segurança. Tirésias é um doutor da lei que a si mesmo proíbe o exame das suas crenças e compra por este preço a paz interior. Cadmo é uma alma de velho criança e um formalista a quem o cumprimento do rito basta para dar quietação. A paz destes dois velhos e o renovo de juventude que a aceitação das verdades reveladas lhes traz levam Eurípides velho, num momento de lassidão, a abandonar-se a um sonho assim... Mas o poeta detém-se nestas duas figuras apenas por um momento: não é feito para os asilos de velhos. Se pôde invejar Cadmo e Tirésias por serem o que são, também sabe que ele próprio é outro. A docilidade deles não satisfaz o seu sentimento da dignidade humana. Sempre fugiu dos paraísos imóveis: parte com o coro das Ménades.

A poesia coral das *Bacantes* é única na obra de Eurípides. Este coro das Ménades parece lirismo puro, mas é também personagem. Esta poesia não paira acima da acção, numa região de serena beleza: é no centro ardente da tragédia que o coro das Ménades nos instala, no centro mesmo de Eurípides. A voz do coro faz-nos ouvir o mais poderoso apelo que do mundo divino veio tocar o poeta.

Deus revela-se aqui com uma força incomparável. Não, por certo, como deus da consciência, mas como deus da natureza, da vida do mundo. Deus está na montanha. Aí manifesta por meio de prodígios a sua actividade livre, criadora. Está no jorrar da fonte, no salto dos animais, na vida escondida dos bosques e dos montes. É essa abundância de vida que contém e excede a vida humana. É esse fluir de vida universal que arrasta o homem no seu curso. Toda a vida é divina, move-se no seio da natureza. O corço que salta na verde alegria dos prados, os ramos carregados de sombra na solidão da floresta — é a isto que a Bacante se une, em felicidade, como uma tempestade saltando. Deus é isto, é a comunhão das criaturas. A montanha que entra na dança é animada do mesmo sopro divino que os seres que vivem sobre ela. A terra dançante e as feras delirantes não estão separadas de Deus. O mesmo fluxo habita neles e, se preciso for, os faz erguer-se contra aqueles que tentem dividir essa comunhão.

Só o homem vive separado da natureza, e aí está toda a sua desgraça. O homem, com efeito, construiu para si próprio, à margem do grande Todo, um mundo isolado a que chama sabedoria. Sabedoria que é loucura, porque é separação de Deus. Uma vez mais, na sua obra, Eurípides tocou o mistério da loucura, que sempre definiu como separação. Aqui é toda a vida humana, separada de Deus, tal qual ele se revela na natureza, que lhe aparece como loucura.

Que o homem renuncie, pois, à sabedoria! Porque, di-lo um verso estranho, «a sabedoria não é a sabedoria: Τὸ σοφὸν δ'οὐ σοφία». E não é inútil notar que a primeira das sabedorias — a pretensa sabedoria do homem — é designada por uma palavra neutra, muito intelectual, uma palavra que dá a essa sabedoria um carácter de artifício, ao passo que a palavra σοφία, que designa a sabedoria que o homem reencontra abandonando o seu espírito crítico, é uma velha e boa palavra da linguagem corrente, uma palavra feminina, própria para nomear uma sabedoria viva e fecunda.

Que o homem deixe, pois, de estar sozinho com o seu pensamento! Que faça, diz o poema, entrar a sua alma no cortejo! As «orgias» sagradas de Baco na montanha, tirando-o de si mesmo, reintegrando-o no ciclo da vida universal, dar-lhe-ão o êxtase: ele verá Deus. É dançando sobre a terra, por sua vez dançante, vestido de peles de animais e coroado de folhagem, fazendo entrar em si o ritmo da terra e das coisas nascidas da terra, que o homem alcançará a única sabedoria verdadeira, a Loucura das Loucuras, Μανία Μαινάδων. Tornado ele próprio louco, isto é, inspirado, conhecerá em si a presença de Deus. Então a natureza abundará para ele em dons maravilhosos. Ela lhe dará o vinho, o leite e o mel. Mas a sua virtude fecunda manifestar-se-á, sobretudo, pelo nascimento da alegria.

O conhecimento de Baco é alegria. Trata-se de um tema essencial dos coros. Alegria da dança e do canto, alegria da flauta e do cacho de uvas, alegria de Afrodite e das Musas: tal é a vida que se abre àqueles que, renunciando à sabedoria dos inteligentes, se entregam a Dioniso na simplicidade do coração.

Esta religião que encontra a alegria na comunhão da natureza, dessa natureza que não é, segundo o sentimento antigo, uma criação de Deus, mas ela própria inteiramente divina, esta religião tem para nós um nome: é um paganismo. Pouco importa o nome, se ela dispensa uma experiência religiosa autêntica. A este sentimento do divino, a este «entusiasmo» no pleno sentido da palavra entusiasmo, que é «Deus em nós», parece-me fora de dúvida aceder Eurípides e fazer-nos aceder a nós pelo prestígio poético nos coros das *Bacantes*. Toda a resistência que o seu ser sensato opunha ao divino é arrastada no fluxo destes coros. Penso não me enganar ouvindo aqui o acento de uma alma por instantes preenchida pela presença de Deus.

Tal é o outro pólo da tragédia, e de Eurípides.

Mas esta fé do poeta será mais que um impulso, uma breve certeza no extremo de um impulso? Para o saber é preciso interrogar a personagem de Dioniso, precisar a sua acção no drama e falar dos sentimentos que ela suscita em nós.

O deus que anima a natureza age também no mundo dos homens. Este mundo existe. Eurípides está por de mais ligado ao humano, o seu coração está por de mais ferido pela miséria da nossa condição, para que ele pense em contestar que existe um mundo dos homens, com direito, como tal, à atenção dos deuses. Se lhe acontece negar a legitimidade desse mundo que o homem constrói à sua maneira, é só, no fim de contas, naqueles breves jorros de misticismo naturalista de que falei. É pois, em último lugar, sobre a sua acção no mundo dos homens, que Dioniso será aceite ou rejeitado.

Havia, em Tebas, uma família humana, um avô, uma mãe, um filho, unidos pelos laços duma íntima ternura.

Nesta família nasceu um deus: os seus não o reconheceram. Agave riu, Penteu perseguiu, só Cadmo se entregou. Então o deus decidiu obrigar os seus a confessar a sua pessoa divina e punir a incredulidade.

Multiplicou os sinais da sua divindade, os sinais da sua omnipotência. Que sinais deu ele da sua justiça, da sua bondade — da sua humanidade? Dificilmente os encontramos: são marcas incertas e fugidias. Nenhuma graça é mais obscura que a sua. É certo que Dioniso não decidiu desde o princípio a morte de Penteu. Ofereceu-se a ele, deus escondido sob a máscara. Advertiu, ameaçou. Foi paciente. Lançado na prisão, ainda assim não feriu, antes fez aparecer novos sinais. Que o homem abra os olhos à evidência deles, e o deus o salvará. Mas Penteu mantém-se cego a esses sinais: o deus fere-o. Porque a cegueira, que é um outro nome da recusa de Deus, é o crime irremissível. Nem sequer a recusa do divino, qualquer que ele seja, esse amargor das almas obtusas. Penteu é piedoso, não é como ateu que o atingem. Mas a recusa de Dioniso, a recusa deste deus nascido uma vez, oferecido uma vez. Em que religião a recusa de um deus nascido uma vez, oferecido uma vez, não merece a laceração de Penteu? Há também as penas eternas. É talvez a Justiça de Deus. Mas é um género de justiça que faz rebelar-se a fé de Eurípides.

E Agave? E Cadmo? Agave pecou por um pouco de percipitação e de maldizer para com o deus. Por causa disto, Dioniso começou por a condenar a confessá-lo na alienação do seu ser, depois de matar o filho e a este horrível suplício: reconhecer entre as suas mãos a cabeça do filho que matara. Quando Cadmo, devoto, está envolvido no castigo dos ímpios. A omnipotência de Deus manifesta-se nesta liberdade ilimitada.

É preciso que Eurípides escolha de uma vez. Muitas vezes, no decurso da sua carreira, o vimos nesta encruzilhada. Se Deus é omnipotente e se basta a omnipotência para o justificar, Dioniso está justificado. Faça o que fizer. Porque, como diz Sófocles: «Façam os deuses o que fizeram, nunca é o mal.» A fé torna-se então uma espécie de horror sagrado, a delícia talvez de se sentir subjugado por uma força sem freio. Deus é essa força elementar que nos faz dançar e cantar como nos faz morrer, e o mundo connosco; é ao mesmo tempo a volúpia e a dor de viver, é esse mistério deslumbrante que nos fulmina. Então, renunciando a um mundo onde tudo seria ordem, razão, clara justiça, Eurípides entrará no cortejo báquico onde só conta o deus do delírio e a alegria animal de se perder no fluxo da totalidade.

Mas se Deus deve obedecer, no seu comportamento, às leis que são as do nosso espírito, à lei do Espírito tal como ele se revela à nossa consciência, se ele mesmo é consciência moral, se não pode ser outra coisa que a expressão perfeita da nossa imperfeita humanidade, não um abismo confuso aberto sob os nossos passos, mas em nós uma segura luz, o mais alto ponto de justiça e amor — então, que quer dizer Dioniso?

Parece haver nas *Bacantes* momentos, e mais quanto mais se avança, em que Eurípides não aguenta, assim esquartejado nesta dupla necessidade de que Deus seja a plenitude da vida e de que seja a imagem mais alta da consciência. Basta então que Dioniso falte a uma das condições que o poeta põe à sua aprovação, basta que ele apareça no céu da tragédia para triunfar na sua desumana divindade e bruscamente, arrebatado pelo seu amor da criatura sofredora tanto quanto por essa exigência moral que o seu espírito apresentou, Eurípides afasta-se; recusa este deus.

Na verdade, a partir da cena em que Agave entra, trazendo sem a conhecer a cabeça do filho, sabemos que Eurípides dirá «não». Depois vem o momento em que, tendo reconhecido o filho, ela solta o seu grito: a humanidade do poeta revolta-se contra a desumanidade divina. Estarão pois os deuses abaixo dos homens? Dioniso aparece agora para dar a sua sentença: Agave julga também. Diante daquele que a condena, ela declara:

«Não devem os deuses, no seu furor, assemelhar-se aos mortais.»

Por certo se abusou deste verso. É abusar dele utilizá-lo para fixar o sentido da tragédia inteira, mais ainda para fazer de Eurípides um incrédulo e do drama uma máquina erguida contra a fé. Este verso, que exprime exactamente o sentimento de Agave num momento dado, não é mais também que um momento do pensamento de Eurípides. Mas é verdade que se trata do momento decisivo. A tragédia oscilou: Eurípides escolheu.

Eurípides desejou apaixonadamente a fé. Atesta-o a sua obra. Possuiu a fé: nas *Bacantes* apreendeu a grandeza de Deus revelado na sua omnipotência. Contudo, a sua humanidade, a sua peidade pelo sofrimento, a sua consciência moral — e porque não dizer a sua fé no homem? —, não lhe permitiram assegurar-se nessa outra fé, aquela em que ele se perderia em Deus. As *Bacantes* são o mais ardente impulso que solevou Eurípides para o divino: são também a mais dolorosa queda. Mas deveremos verdadeiramente chamar queda a esta maneira de estar em frente de Deus? Porque, em verdade, ele não nega que exista esse deus que o experimentou. Sabe que existe terrivelmente. Verifica apenas que esse deus não lhe diz respeito. Esperaria um outro?

Ou não possuirá ele antes um outro? Que é pois essa labareda interior que faz resplandecer a sua obra inteira do puro amor do homem?

Nenhuma tragédia de Eurípides é mais significativa que esta do seu génio aberto a todos os apelos da vida. Nenhuma mostra melhor a que ponto Eurípides é poeta como Platão queria que fosse filósofo, «com toda a alma». Nas personagens que cria, liberta as forças opostas da natureza. Por mais violentamente antagonistas que sejam as exigências do seu ser, assume-as a todas. E é porque não renega nenhuma, porque aceita viver nesta dura tensão, que é poeta trágico.

IV

TUCÍDIDES E A GUERRA DAS CIDADES

Apresenta-se agora, para representar a sua parte no drama da Grécia declinante, um juiz lúcido e íntegro entre todos, o maior historiador do mundo antigo, Tucídides, um dos maiores historiadores de todos os tempos.

O Renascimento quase o esquecera. O século XVI comprazia-se mais nos abundantes inquéritos do pitoresco Heródoto, estendidos em superfície por todos os caminhos da terra, do que na severidade altiva do grande juíz do seu tempo e do nosso — Tucídides. Montaigne e Rabelais ignoram o seu nome. Mais tarde, que é que a *História Universal* de Bossuet podia fazer, ou o *Século de Luís XIV* de Voltaire, da noção de lei histórica, como a propõe Tucídides? Para o primeiro, a história da humanidade é o plano de Deus, para o segundo, a vontade do príncipe... Quando muito, Montesquieu...

O sábio século XIX sabiamente exumou Tucídides. Julgou reconhecer nele uma das suas própria invenções a da história cienfífica, da ciência *objectiva* do passado. Tucídides tornou-se para nós, filhos do século XIX, o historiador absoluto, a Objectividade pura (com maiúscula, naturalmente).

E isto é verdade com alguns cambiantes e uns tantos esquecimentos. Em primeiro lugar, a própria história que vivemos ensinou-nos que a objectividade absoluta, sobretudo para o historiador que escreve a história que viveu e a história de uma grande guerra, é uma miragem inacreditável. Digamos mais simplesmente que Tucídides é um historiador mais imparcial, na medida em que o seu tempo, o seu carácter e a sua formação lho permitiram.

Por outro lado, Tucídides não é apenas um grande historiador, é também, e talvez acima de tudo, um grande artista. Escreve a *Guerra do Peloponeso* à maneira de um drama em três actos — que ela, aliás, foi, o que o historiador descobriu à medida que ela se desenrolava. Neste drama há quatro ou cinco personagens de primeiro plano, não mais. A guerra das cidades não é tratada como um drama shakespeariano, com oposições múltiplas de figuras numerosas. É tratada — como se poderia esperar — segundo a técnica económica da tragédia clássica. Isto equivale a dizer que quatro ou cinco personagens individuais (quatro em Atenas) elucidam inteiramente o sentido do drama. Sem falar das figuras expressivas dos povos, desenhadas em traços inesquecíveis.

Eis, a título de exemplos — e para tornar mais tangível a arte de Tucídides no retrato —, duas dessas personagens atenienses, cujas máscaras, mais perscrutadas, atiram para segundo plano ou deixam ignorar aqueles que as repetiriam inutilmente. O princípio de selecção, a que todo o historiador é forçado a recorrer para evitar a acumulação, é levado por Tucídides infinitamente mais longe que no historiador moderno. As personagens escolhidas — esboçadas de maneira linear, mas firme — são, ao mesmo tempo, nesta história exemplar da guerra das cidades, as imagens simbólicas do homem político de todas as democracias ou pseudodemocracias.

Nícias, chefe do partido conservador ateniense, é um homem honesto, ou pelo menos dá grande importância a assegurar-se de que o é. A sua inteligência é de medíocre envergadura, limitada à prática, para não dizer à rotina, do seu ofício de general. Ora, «a guerra», declara-o Tucídides com força, «é o reinado do imprevisto». O homem político deve remediar esses acasos. Nícias, por seu lado, parece contar não com esses acasos imprevisíveis, mas esperar que o acaso tome em seu lugar as decisões diante das quais sempre recua. Com efeito, não é apenas a pouca inteligência, é a energia que lhe falta, é a vida que circula em ponto mínimo neste corpo fatigado. Em parte, por causa da idade e da doença. (Nícias, na carta em que pede a sua revogação aos Atenienses, desculpa-se com a sua nefrite do revés a que levou a expedição da Sicília, que dirige.) Mas o mal é mais congénito: perante a acção, Nícias é timorato. Este homem que, pelo gosto das honrarias, se deixou carregar das pesadas responsabilidades de um chefe de partido e de um chefe de exército, é constantemente paralisado na sua actividade pelo medo que tem desses Atenienses de que é chefe. Na sua eterna indecisão, parece sempre escolher os caminhos mais lentos, como se temesse acima de todos as coisas chegar ao objectivo. Se age, é sempre fora de tempo. Quando seria preciso continuar diante de Siracusa e apertar o cerco com vigor, Nícias pede aos Atenienses a sua revogação.

Quando a situação, agora muito perigosa para o exército ateniense, exige uma retirada sem regateio, e quase sem reflectir, Nícias é de opinião de que devem ficar. De resto, cheio de patriotismo (mesmo que confunda em demasia a salvação da pátria e o seu próprio prestígio), piedoso como ateniense de velha cepa que é (quer dizer, supersticioso): estas virtudes de bom homem não o salvam de ser um fraco, desencaminhado por apetite de renome na política. Tucídides traça dele um retrato que por momentos convidaria à admiração (tem a coragem do soldado, sabe morrer com bravura de uma morte infamante), se os elogios que lhe confere não fossem temperados com todo um jogo de pequenas reservas. Assim, num parêntesis assaz desenhoso: «Nícias era por de mais inclinado à superstição e às coisas deste género.» Este «por de mais» é muito sarcástico na pena de Tucídides, que não esconde não o ser.

Para terminar, o nosso historiador confere a Nícias uma espécie de certificado de bom comportamento e sublinha a ironia da sorte que reserva a este homem conformista a execução sem glória de um general prisioneiro que deixara capturar o seu exército pelo inimigo. Com o juízo implícito de que para ser um grande chefe não basta talvez ser um bom homem.

Nos antípodas de Nícias, Cléon (ou Alcibíades). O inteligentíssimo Cléon, lógico implacável, a quem Tucídides, que não gosta dele, deu no entanto a honra de atribuir, num dos seus discursos, a sua própria filosofia da história, como o fez num dos discursos de Péricles — Cléon sabe e mostra que um grande Império só se funda e dura na injustiça. Declara que os Estados que exercem o domínio, não podem, sem perigo, dar razão às cidades, que, com motivos justos se revoltam contra eles, não podem dar-se ao luxo de se mostrarem subitamente justos, humanos, generosos. Atenas, por exemplo, quando Mitilene submetida desencadeia a sua rebelião, só pode escolher entre a justiça e o Império, entre Mitilene e a sua própria existência. Cléon, esse, propõe que se esmague Mitilene por meio de sangrentas represálias que espalharão por todo o mundo helénico o terror do nome de Atenas.

No entanto, na sua lógica rigorosa, ao discurso de Cléon faltam cambiantes. A eloquência e o pensamento do orador têm qualquer coisa de provocante para com a realidade, mesmo que Cléon fale muito da necessidade de ser realista. Cléon é um doutrinário, um «jacobino» que tem na cabeça um sistema feito, no qual os ensinamentos da experiência já não podem entrar. Este homem que constantemente dá lições aos outros, sem aceitar recebeê-las de nada nem de ninguém, tem qualquer coisa de «prefeito de colégio». Disse-se do seu requisitório contra Mitilene: «É um discurso de pedagogo vaidoso.» Tal é a forma da sua inteligência: rígida e sectária.

Mas Cléon tem alguma coisa mais que inteligência: uma inacreditável energia, uma audácia sem freio. Uma saúde vital enorme rebenta através das suas violências, atraente e repelente ao mesmo tempo. Cléon não teme a violência, cultiva-a, é «o mais violento», diz Tucídides, dos oradores populares: reclama constantemente novas execuções: morticínios de civis, represálias impiedosas. Na verdade, este violento impenitente não tem medo de nada, nem sequer da desonra, ao contrário de Nícias que a teme acima de tudo, e nem sequer tem medo da morte que restabelecerá a sua cara reputação. Cléon, se assim se pode dizer, não tem medo de ser cobarde. Na batalha de Anfípolis, Tucídides mostra-o decidido «desde o princípio» a não se deixar apanhar, a salvar a pele, custe o que custar. Foge com o grosso do exército. Pouco lhe importam as troças que este comportamento provocará: é homem para fazer calar os trocistas.

No decurso de uma cena tratada em tom sarcástico, Tucídides opõe Nícias e Cléon diante da assembleia do povo. Nícias não consegue, apesar da frota e das tropas importantes que mobilizou, forçar à capitulação um punhado de espartanos bloqueados na ilha de Esfactéria. Cléon mostra-se fanfarrão: «Se os generais (gesto na direcção de Nícias) fossem homens...», tudo estaria arrumado. E se fosse ele o general... Nícias pega-lhe na palavra, demite-se do seu comando e oferece-o ao seu adversário. Durante um instante, Cléon fica desconcertado. O povo diverte-se. Nícias renova a proposta. Então Cléon, que recobrara serenidade, sobe à tribuna. Declara-se capaz, com um pequeno contingente de auxiliares que pede, de trazer vivos para Atenas, dentro de vinte dias, os Lacedemónios prisioneiros (espectáculo que nunca se vira), ou de exterminá-los na ilha. O povo ri desta jactância. Mas Cléon cumpre a sua palavra. À discrição do aristocrata desprezador que é Nícias, opõem-se em toda a cena a «genica» de Cléon, a vigorosa saúde do homem do povo.

Estes dons de Cléon, esta força incontestável que vive nele, não é sem contrapartida que os põe ao serviço do interesse público. Por certo Cléon não é um traidor, à maneira do brilhante Alcibíades, de Alcibíades, o jogador. Cléon, por mais forte que seja, não se sente bastante forte para trair. É um «patriota», da espécie mais melindrosa, até. Gostaria bem de persuadir o povo de que ele, Cléon, tem o monopólio do «patriotismo». Mas digamos, pelo menos, que o seu patriotismo não é puro: Cléon ama o poder (Tucídides não diz o dinheiro, como diz Aristófanes do mesmo Cléon) tanto ou mais que a sua cidade. Se lança Atenas na aventura, é porque o estado de guerra, a perturbação, a confusão que daí resultam lhe permitem derrubar os adversários políticos e consolidam o seu poder pessoal. Digamos mais cruamente ainda que o temperamento de Cléon está de acordo com a violência da guerra, com a sua brutalidade fundamental. Pode mesmo perguntar-se se — inconscientemente — a inteligência, na pessoa de Cléon, não procura impor à realidade política «planos» demasiado rígidos com a única intenção de provocar resistências e desordens que servem a sua exigência de violência.

Assim, as personagens de Tucídides, como as criadas por um grande romancista, não param de nos pôr questões, de reclamar uma explicação, simplesmente afirmando-se à maneira dos seres vivos.

Não acabaríamos de falar da arte de Tucídides. Digamos apenas que o estilo estranho e brilhante que ele inventa, responde exactamente à forma do seu pensamento. Tucídides pensa e escreve num ritmo binário. Tudo se exprime nele em construções simétricas, nas quais, no entanto, introduz, para apoiar a nossa atenção e variar o seu próprio jogo, elementos «assimétricos» que dão vida ao que estas oposições teriam de demasiado verbal. Equivale a dizer que Tucídides pensa e escreve dialecticamente: sustenta constantemente consigo mesmo, e para alcançar a verdade, um diálogo interior que prossegue ao longo das frases primeiramente obscuras à força de concentração, de densidade e de aparentes contradições, mas de súbito luminosas ao leitor que se empenha e se deixa conduzir neste labirinto de sombra e de claridade. Poucas personagens, poucas situações parecem a Tucídides simples e unívocas. Cada ser tem a sua dupla vertente... E, para concluir, será apenas a história da guerra dos Atenienses e dos seus adversários que Tucídides nos conta? Não. A posse ou a perda dos bens que nos são mais necessários — o pão, a liberdade, a glória —, eis o que se debate no decurso do áspero diálogo aonde o verbo de Tucídides nos arrasta. Há momentos em que a tensão do debate se resolve em frases que têm o peso e o brilho do mármore. Uma frase entre cem, simples e recta, como uma escada, frase dirigida por Péricles aos cidadãos de Atenas: «Sabendo que a felicidade está na liberdade e a liberdade na coragem, enfrentai os perigos da guerra.»

Mas há um outro aspecto da história de Tucícides que deve reter a atenção. Esta história quer-se *útil* e o seu autor o diz. Numa frase célebre do seu prefácio declara que não escreve para proporcionar ao leitor «o prazer de um momento»; a sua obra constitui um xτῆμα ἐς ἀεί «uma aquisição para sempre» — um bem oferecido às gerações do futuro. Como? Tucídides está convencido de que há leis da história e de que essas leis nos são inteligíveis. Conhecê-las é adquirir o poder de agir sobre a história, do mesmo modo que conhecer as leis da física é adquirir o poder de agir sobre o mundo físico, sobre a natureza. Tucídides escreve para os cidadãos atenienses, para o povo soberano de Atenas, a fim de dar aos homens políticos o conhecimento das leis que fazem agir, no plano da história, os indivíduos e os povos. É aí que está «a aquisição para sempre», o «bem», o «tesouro» — o xτῆμα — que ele põe à disposição dos homens do futuro, para que o usem conforme a sua razão e segundo os interesses da cidade.

Desta concepção de uma história, que ele quer, além disso, racional, resulta a ausência de todo o maravilhoso na obra de Tucídides. Vemos bem a diferença imensa que existe entre uma tal história e o que foi dito mais acima da de Heródoto. Não é por acaso que o maravilhoso corre em torrentes nos encantadores *Inquéritos* de Heródoto. A piedade do autor autoriza a divindade a intervir no curso dos acontecimentos a seu bel-prazer, segundo a sua natureza, que é caprichosa. A acção divina suspende, pois, a acção das leis históricas. A partir daí, para Tucídides, deixa de haver ciência possível. Disse-se que Tucídides era ateu. Todo o sábio, como sábio, é forçosamente ateu, no sentido de que não tem que ocupar-se de Deus. Há, pois, na base da sua história útil uma hipótese de trabalho que é uma hipótese racionalista: as leis da história são, em princípio, conformes às da nossa razão.

Neste esforço de falar em termos de razão ao povo, Tucídides inscreve-se ao lado dos seus grandes contemporâneos, Anaxágoras, Leucipo, Demócrito, Hipócrates, por exemplo, dessa geração que concebe com grandeza o projecto de fundar, sobre bases racionais, uma ciência útil ao homem. De resto, ele recebeu, profundamente, a influência destes sábios, destes pensadores. Em tudo, é o filho e o representante da idade das luzes. Meditou sobre a frase de Leucipo: «Nada se produz ao acaso, antes todos os acontecimentos nascem pelo efeito de uma causa racional e sob o império da necessidade.» Sofreu ainda mais a influência de Hipócrates e dos médicos. Temos disso a prova material no emprego de uma terminologia médica, usada na descrição da pretensa peste de Atenas, e noutras ocorrências. A própria noção de lei histórica tem em Tucídides mais parentesco com aquelas que se depreendem da escola de Hipócrates do que com as da escola de Leucipo e de Demócrito, mais tingidas de mecanicismo. Na pesquisa das leis, Tucídides, como Hipócrates, chega à noção de leis relativas. Leiamos esta frase do seu prefácio: «Bastar-me-á que a minha obra seja julgada útil por todos aqueles que queiram formar uma ideia clara dos acontecimentos passados e dos acontecimentos semelhantes ou mais ou menos semelhantes que o curso das paixões humanas voltará a trazer um dia.»

A originalidade de Tucídides consiste talvez essencialmente em ter transportado os métodos e o espírito da ciência propriamente dita — ciência física e médica — para o domínio da história onde ainda reinava o maravilhoso. Tal como Sócrates tentava fazer da moral uma ciência, Tucídides tenta fazer da história uma ciência exacta ou quase. Tarefa imensa, talvez demasiadamente ambiciosa.

Toda a explicação da história conduz, pois, principalmente, ao conhecimento da natureza humana, do homem vivendo em sociedade. Naturalmente, o homem pode estar colocado em meios de crenças, de necessidades, de instituições que diferem — e é importante estudar essas diferenças. Tucídides fá-lo com grande cuidado. Mas, no fim de contas, é sempre o homem, com as suas variações no espaço e no tempo, que dará a chave da história. Só a estabilidade relativa da sua natureza permite estabelecer as leis do devir histórico. Uma dessas leis é formulada por Tucídides com esta reserva significativa: «Enquanto a natureza humana for o que é.» Reserva que mostra melhor que nenhuma outra a prudência com que o historiador usa a sua hipótese de trabalho.

Não sei se se começa a entrever o carácter ao mesmo tempo grandioso e rigoroso — nada quimérico — do empreendimento de Tucídides. Fundar a história como uma ciência útil, é afirmar que o homem traz na sua própria natureza as causas principais do seu êxito e do seu desaire históricos. O historiador que ensina ao homem público (é para um Demóstenes do futuro que Tucídides parece escrever), o historiador que ensina os dirigentes de Atenas a ler no jogo das paixões humanas, dá-lhes um instrumento, uma arma de qualidade. Saberá a inteligência, sem se deixar enganar pelas crenças populares na intervenção divina — intervenção manifestada pelos oráculos ou pelos eclipses —, saberá ela distinguir, no jogo confuso da história, regularidades, leis? Mais ainda: saberá ela, graças a este conhecimento das leis históricas, que é o das paixões humanas, das necessidades humanas, das instituições humanas, modificar o curso do acontecimento em marcha, corrigir as falhas da história? O esforço de Tucídides — fundar a história útil — implica esta previsão, esta rectificação do futuro.

Mas não omitamos um facto muito importante. Qual é o assunto da pesquisa de Tucídides? É a história do nascimento, da formação, do crescimento de um império, o império de Atenas. O autor viu nascer este império como se nascesse uma oportunidade do mundo helénico. Iria Atenas tornar-se a cabeça, a directora racional da comunidade dos povos gregos? Iria ela, no impulso que a levara à vitória sobre os Persas, quando das guerras medas, fazer a união dos Gregos sem ferir o orgulho das cidades independentes? Iria ela arrastar consigo, persuadir os Gregos a segui-la, ou forçar as cidades a suportar o seu império? Perguntas como estas ter-se-iam apresentado a Tucídides enquanto recolhia os seus materiais e enquanto começava a redigir. Mas chegou um momento em que Atenas, cedendo à vertigem da sua grandeza ou calculando mal a sua força, pretendeu aumentar na Sicília o império que já possuía no Mediterrâneo Oriental. Lança todas as suas forças na luta — todos os seus barcos e, não tarda, todos os seus exércitos. É um desastre total. Os seus adversários de sempre do Peloponeso, da Beócia, de Corinto e doutras partes lançam-se na carnificina. Os súbditos e os aliados abandonam-na e revoltam-se. A Ática é invadida, Atenas conquistada. A história mudou de rumo. Os factos falam bem alto. O que Tucídides tem diante dos olhos e descreve, não é já apenas a formação e a grandeza de um império, é o seu desmoronamento. Não o sabia quando começou a recolher os documentos da história, em 431, quando a guerra rebentou; sabe-o em 404, agora que Atenas está por terra. Estes vinte e sete anos de guerra, esta guerra do Peloponeso, é finalmente a falência da unidade dos Gregos sob o domínio de Atenas, é a falência do imperialismo ateniense, é, numa palavra, a ruína da Grécia das cidades. Tucídides retoca neste sentido algumas frases da primeira parte da sua obra já redigida. Acrescenta, nomeadamente, no estudo das causas, esta frase: «De facto, a causa verdadeira entre todas, mas a menos confessada, é que, no meu entender, os Atenienses, ao crescer, causaram a apreensão dos Lacedemónios e assim os forçaram à guerra.» Tucídides aumenta pois a responsabilidade dos Atenienses atribuindo-lhes um imperialismo desproporcionado com a relação das forças entre os Gregos. Por outro lado, inclina-se de futuro a ler de maneira cada vez mais sombria esta linguagem das paixões humanas, em que estão inscritas as leis históricas.

Que é, no fim de contas, essa natureza humana, segundo ele? Que é esse homem que faz a história?

O homem, como toda a criatura viva, é habitado por uma força primordial, que aceita como uma exigência indestrutível do seu ser, e que é o desejo de viver. Viver é, antes de mais, *durar*, é firmar a segurança da sua existência. O homem, nota Tucídides, só se expõe à morte para escapar à morte. Viver é, a seguir, assegurar o bem-estar da sua vida. Isto é, *possuir*.

Possuir e durar, eis as direcções essenciais do instinto vital. Uma mesma palavra as liga: o *interesse*. O interesse é o móbil que subtende toda a actividade humana. Todos os outros móbeis se enraízam nele. Não há homem de acção que, em Tucídides, para agir sobre as multidões, para fazer funcionar as molas secretas do coração, não acabe por pronunciar palavras como interesse ou seus sinónimos — utilidade, ganho, vantagem, etc. Estas palavras são o *leitmotiv* de toda a obra.

O que Tucídides afirma do indivíduo, afirma-o mais ainda das colectividades, das sociedades políticas que são o objecto próprio da história.

Que é a cidade, a nação, o Estado? Uma associação de interesses, uma soma de interesses individuais. Para Tucídides, o Estado não é, como com demasiada facilidade se admite para a cidade antiga, um ser novo que teria o seu interesse próprio. O Estado não é uma entidade, é o lugar de um contrato: um contrato entre os interesses individuais que se salvaguardam melhor no quadro da cidade do que dentro de outro quadro qualquer. A dialéctica dos oradores de Tucídides, num perigo da cidade, procura demonstrar que o interesse do Estado se confunde com os interesses individuais, que o bem-estar e a própria vida do indivíduo são aniquilados na perda da cidade, ao passo que são favorecidos na sua prosperidade.

Feita esta reserva, só falta verificar que a cidade, soma dos interesses individuais, obedece aos mesmos imperativos que os indivíduos: também ela quer possuir e durar.

Escusado será dizer que Tucídides não pensa em indignar-se contra esta exigência, que descobre no coração da actividade política. Uma lei natural nunca poderia ser objecto de indignação para o sábio. Tucídides acha-se colocado, pela investigação que empreendeu, diante de uma verdade de ordem biológica. Descobre que as sociedades humanas querem viver: considera-as deste ângulo, porque entende que este ponto de vista esclarece toda a actividade das cidades em guerra. Todo o resto — a moral, etc. — lhe é indiferente, desde que esta lei, que vai utilizar como hipótese explicativa da história, explique com efeito o maior número de factos.

Por outro lado, Tucídides tem o maior cuidado em fazer afirmar esta lei que descobriu por um grande número de personagens da sua história — homens de Estado muito diferentes uns dos outros, lutando por causas diversas, com caracteres diversos e que talvez nem sempre tenham inspirado ao autor uma viva simpatia pessoal. É por esta espécie de consentimento universal que Tucídides salvaguarda a sua objectividade de aparência e dá à lei histórica o seu alcance geral.

Vejamos as declarações de Péricles. Eis, no segundo ano da guerra, o discurso que ele pronuncia para defender a política imperialista que irrita o povo porque ela parece conduzir — já — a um desastre. Diz em substância: Nossos pais fundaram um império — para viver. Nós somos obrigados a conservar e mesmo ampliar esse império. O nosso império assenta, sem dúvida, sobre a injustiça. Desafiamos constantemente o ódio dos nossos súbditos. Sejamos justos por um só momento, e não só o nosso império desaba como perdemos a liberdade e mesmo a existência. Hoje, só temos uma escolha diante de nós: exercer a tirania ou desaparecer. Justificação do imperialismo — não no plano da moral, bem entendido, mas no da vida.

Esta declaração de Péricles é inteiramente repetida pela de Cléon, de que já falei. É-o igualmente pela de um inimigo mortal de Atenas, o grande patriota siracusano Hermócrates. Poder-se-ia esperar vê-lo indignar-se da ambição de Atenas, da sua pretensão não fundada à conquista da Sicília. Nada disso. Diz ele aos Siracusanos: «Estou pronto a perdoar aos Atenienses a sua política de conquista; não censuro aqueles que procuram o poderio... Porque é da natureza do homem comandar aqueles que cedem.» Eis a justificação do direito de conquista pelo instinto de natureza. É evidente, se assim se pode falar, que Hermócrates leu Tucídides.

Não foi pois por acaso que Tucídides escolheu para tema da sua história o destino de um império. O nascimento, o crescimento e a destruição de um império apresentam aos seus olhos o fenómeno político em estado puro — fenómeno cheio de grandeza. Esta grandeza, repetimos, não está na ordem da moral, mas na ordem da vida. O crescimento de uma cidade, o seu imperialismo, parecem ter impressionado Tucídides com um belo espectáculo — do mesmo modo que olhamos com prazer um adolescente quando come: o seu apetite é uma justificação suficiente. Toda a cidade viva tende ao império. É absurdo detê-la no desenvolvimento do seu ser. Em nome de quê? Tucídides não o saberia. Detê-la — isto é-nos dito vinte vezes — é condená-la à morte.

Repete-o ainda Alcibíades, no discurso em que proclama a necessidade da expedição à Sicília: «Não nos é permitido regular à nossa vontade a extensão do império. No ponto em que estamos, forçoso nos é ameaçar os poderosos e reprimir os nossos súbditos. Porque cairemos sob o domínio de outrem desde que cesse o nosso.» Em suma, viver, para um Estado, é em cada instante empenhar a sua força numa nova provação. «Nenhuma cidade», diz ainda Alcibíades, «se mantém na inércia.»

Assim, a vida é um dinamismo. Vencer outro, é a única maneira de um povo afirmar a sua excelência. A mesma palavra grega πλεονεχτεῖν, que não é rara no nosso autor, significa ao mesmo tempo *vencer alguém e distinguir-se*.

Que tudo isto nada tenha que ver com o direito internacional, com a justiça, penso eu ser vidente. A história é o desenvolvimento de um querer viver, é o combate entre vontades de viver.

Mas não se encontrará no mundo até aqui anárquico de Tucídides uma força capaz de organizar o caos das vontades de viver antagonistas? Uma força que imponha à expansão da vitalidade pura uma *ordem?*

Esta força existe, incontestavelmente. Está ligada à acção de alguns grandes homens, capazes de fazerem tomar a certos povos decisões que correspondem às circunstâncias. Esta força, que é a *inteligência,* existiu num passado recente, na pessoa de Temístocles. Existe eminentemente em Péricles. Teria sido ela que, neste último caso, agindo solidariamente com o amor da pátria e num completo desinteresse, ganharia seguramente a guerra de Atenas, se Péricles não tivesse morrido prematuramente. A inteligência de Péricles, conhecendo como conhecia e regulando as paixões da cidade, fazendo conta com o acaso ou anulando-o à força de justa previsão, sabendo também ripostar-lhe com um golpe ousado — a inteligência de Péricles, segundo Tucídides, teria assegurado o triunfo da história de Atenas, com certeza. Mas haverá verdadeiramente tais «com certeza» na história dos povos? E poder-se-á admitir que a história seja assim ganha graças à acção de um indivíduo particular?

Seja como for, esta guerra ganha nunca teria sido mais que a vitória do imperialismo ateniense. Vemos aqui que Tucídides se mostra incapaz de ultrapassar a noção de *cidade*. Nessa noção se afunda, exactamente como se afunda nela a história da Grécia do seu tempo.

A conclusão desta *História da Guerra do Peloponeso* — que o autor não teve tempo de acabar — arrebatado também por esse acaso não calculado que é a morte — acha-se já indicada em duas passagens importantes da obra que nos deixou. A primeira, acrescentada na primeira parte da sua história depois do fim da guerra, é aquela em que, concluindo sobre Péricles, compara a acção deste com a dos sucessores.

«Depois da morte de Péricles, melhor se viu ainda a exactidão das suas previsões. Predissera o êxito aos Atenienses se eles se mantivessem em repouso, se dessem todos os seus cuidados à marinha, se renunciassem a aumentar o império durante a guerra e se não pusessem o Estado em perigo. Mas em todos os pontos se fez exactamente o contrário... Eis a causa desta mudança: Péricles exercia o seu poder em razão da consideração que por ele tinham e da profundeza da sua inteligência. Dominava a multidão, ao mesmo tempo que respeitava a liberdade. Mais a conduzia do que era conduzido por ela. Devendo o seu crédito apenas a meios honestos, não tinha que lisonjear a multidão. A sua autoridade pessoal colocava-o em condições de a enfrentar e de mostrar-lhe a sua cólera... Este governo tinha o nome de democracia, mas era na realidade, o governo do primeiro dos cidadãos...»

Eis um magnífico elogio de Péricles. Mas este elogio está ligado à verificação de que o regime interno de Atenas — a democracia do seu apogeu — não permitia aos Atenienses ganharem a guerra em que o seu chefe empenhara a cidade se essa democracia não fosse «corrigida», de algum modo, pela presença, à frente do Estado, de uma inteligência que o autor nos apresenta, em toda a narrativa, como excepcional. Não será esta verificação já uma condenação implícita da democracia, que passou o seu ponto de excelência para entrar no período do seu declínio?

Vem agora a segunda passagem que desejo salientar. Trata-se da descrição dos tumultos de Corcira. Aqui se vê a penetração da análise de Tucídides: de tal maneira que a sua descrição das perturbações produzidas pela guerra no estado de espírito das cidades, nos finais do século V, vale para as cidades do século seguinte, para a época de Demóstenes, como vale ainda para o nosso próprio presente. Nomeadamente, as suas observações incisivas sobre a alteração do sentido das palavras (e dos valores que elas designam), alteração que é um fenómeno característico de toda a decadência política.

«As cidades», escreve Tucídides, «presas destes tumultos sofreram males terríveis, que se produzem e sempre se produzirão, enquanto a natureza for o que é, mas que podem variar de intensidade e mudar de carácter segundo as circunstâncias... A guerra, ao fazer desaparecer a facilidade da vida quotidiana, ensina a violência e põe as paixões da multidão de acordo com a brutalidade dos factos... Ao querer-se justificar actos considerados até aí como censuráveis, mudar-se-á o sentido comum das palavras. A audácia irreflectida passou para uma corajosa devoção ao partido; o frenesim era considerado como a manifestação de uma alma verdadeiramente viril... Nem uns nem outros se restringiram à boa fé... Os cidadãos que pretendiam permanecer neutros pereciam sob os golpes dos dois partidos...»

Assim se desagregam as cidades e o mundo das cidades, assim se destrói, em consequência da guerra das cidades e das dissenções civis dela resultantes, a Grécia inteira.

Um homem — que se alimentou de Tucídides — tentará ainda salvar Atenas, e a Grécia como ela. É Demóstenes. Tentativa heróica, mas desesperada.

Outros tentarão explorar outras vias de salvação da cidade. O maior deles, Platão, juntando o pensamento e a acção, esforçar-se-á por propor nas suas obras a imagem duma cidade ideal, ao mesmo tempo que tenta dirigir, apoiando-se na amizade de um príncipe, uma cidade real.

Mas a parte da especulação intelectual e do sonho é grande de mais em Platão para poder, pelo menos na altura, encarnar-se na realidade.

A obra de Tucídides não é pois a história do triunfo de Atenas. É talvez mais: no momento em que começa a falência da democracia e da grandeza atenienses, é o triunfo do espírito humano que, julgando a história de Atenas, toma consciência dessa falência e tenta compreender as razões dela.

V

DEMÓSTENES
E O FIM DO MUNDO DAS CIDADES

Há homens cuja vida, cuja actividade parecem transportadas pelo fluxo da história. Qualquer palavra que pronunciem, qualquer empreendimento a que se entreguem, estão como que concordes, de antemão, por mais imprevisíveis que sejam, com o movimento histórico que arrebata o povo. Será o caso de Alexandre. Tudo se passa como se houvesse harmonia pré-estabelecida entre os seus desígnios políticos e o destino da civilização grega, que ele instala nos confins do mundo conhecido.

Muito diferente é o caso de Demóstenes. A sua acção corajosa, a sua maravilhosa eloquência, inscrevem-se uma e outra num momento histórico que de antemão as condena e, se assim se pode falar, as nega. Tudo lhe é contrário. As suas tardias vitórias sobre um povo fatigado, a sua luta desigual com Filipe da Macedónia, o seu próprio génio de orador, tudo isto ele parece arrancar à sua natureza rebelde, à fortuna adversa, à história que já o repele.

Órfão de pai desde os sete anos, despojado de uma riqueza bastante grande por tutores desonestos, aprende a eloquência e o direito para a recuperar, mas apenas recobra alguns restos. Para ganhar a vida, exerce o ingrato ofício de logógrafo, isto é, escreve discursos por conta de clientes que os pronunciarão perante o tribunal. Alguns deles são discursos políticos. Neles se encontram, sem dúvida, muitas habilidades e sofismas de advogado, mas encontram-se também certos traços propriamente demosténicos: a exigência duma alta moral política, a lembrança de que os privilégios não devem ser mais que o preço dos serviços prestados, o respeito severo da honra nacional de Atenas, o amor da paz, decerto, mas não da paz a todo o custo, a recusa, pelo contrário, de um recuo da política ateniense, à qual Demóstenes promete ainda, sob certas condições, uma era de grandeza.

Quando criança, Demóstenes era de saúde delicada. Uma mãe receosa mantinha-o afastado dos exercícios da palestra. Nunca foi saudável. Nada mais comovedor que o seu físico, tal como aparece uma estátua que lhe foi erigida poucos anos após a sua morte: um rosto magro, faces cavadas, o peito estreito, ombros curvados. É um doente — e é o maior orador de Atenas, um dos maiores homens de acção nascidos desta cidade, o último que tentou torná-la valente. Uma alma de ferro habitava este corpo débil... Compreende-se, ao contemplar a sua aparência, o humor sombrio que a tradição lhe atribui e esse gosto pela vida solitária, que ele constantemente refrearia por amor de Atenas, para se lançar na refrega política. Compreende-se igualmente o epíteto desprezador de «bebedor de água» que lhe lançava o seu adversário Esquino.

Entre as deficiências físicas deste orador nato, havia deploráveis defeitos de pronúncia! Em estado de emotividade, articulava indistintamente, a sua língua tropeçava diante de certas sílabas, gaguejava. (Observe-se o seu lábio inferior recolhido, colado à gengiva, característica que denuncia frequentemente os gagos!) Além disso, porque tinha o fôlego curto, retomava-o no meio das frases, que ele compunha longas e emaranhadas e que só se compreendem quando desenroladas de um fôlego em toda a sua amplidão, em breves suspensões para valorizar as palavras deslocadas da sua ordem lógica, precipitando o período o seu movimento no momento de atingir o fim e tocando-o à última palavra, como se bate numa bola. Por meio de exercícios apropriados, e com uma rara energia, Demóstenes disciplinou a sua língua e a sua respiração, o seu ombro também, que um tique atormentava. Os seus primeiros discursos tinham feito rir o povo: cedo se tornou um dos oradores mais disputados da assembleia.

Na tribuna, denuncia com uma clarividência acerada a ambição de Filipe, mostrando nele o liquidador do mundo das cidade, o futuro senhor da Grécia, finalmente unida e reunida — mas sob o seu jugo.

Filipe da Macedónia era um homem de extrema sedução e cujo encanto pessoal agiu sobre o próprio Demóstenes quando os dois homens se encontraram. Não temos nenhum retrato dele. Os de seu filho Alexandre (se é permitido julgar o pai pelo filho) mostram uma raça admirável, um corpo e um rosto de grande finura de linhas, de uma rara elegância, donde se desprende uma prodigiosa energia. Teria Filipe também a fronte explêndida de Alexandre, coroada de uma cabeleira real, de uma crina de leão? Em todo o caso, o pai, tal como o filho, era uma bravura que tocava a loucura, de uma resistência sem limites. Filipe era um cavaleiro extraordinário e, ao contrário de Demóstenes, um bebedor temível.

Filipe reinava sobre um povo de camponeses e sobre uma nobreza conflituosa e pouco polida. Estranhos costumes subsistiam ainda na corte de Pela. Aquele que não tenha morto um javali com as suas próprias mãos, não é admitido a sentar-se à mesa real. Aquele que não tenha abatido um inimigo na guerra usa, como como sinal de infâmia, um cordão à volta da cintura. Os Gregos consideram bárbaros os Macedónios. Estes falam, no entanto, um dialecto grego, mas tão aberrante que os Gregos o não compreendem.

Pela sua cultura, Filipe fazia com a sua roda um contraste completo. Fora educado à grega, como refém levado para Tebas, nesse século IV em que, sucessivamente, cada uma das três grandes cidades gregas sustenta o seu papel de grande potência minúscula: é a vez de Tebas, depois de Esparta e Atenas. Filipe aprendeu junto dos vencedores de ocasião — Pelópidas, Epaminondas — a arte militar e a retórica, as letras e a filosofia. Chama à sua corte artistas e poetas. Manda educar seu filho por Aristóteles, esse futuro mestre de pensamento do nosso Ocidente medieval como do mundo árabe. Joga junto dos Gregos com o seu amor pelas letras, apresenta-se como um «filo-heleno» convicto.

É de resto bom general, mas sobretudo um diplomata astuto, fértil em maquinações e mentiras de toda a espécie. É pela diplomacia e pela corrupção, muito mais do que pelas armas, que vai tornar-se senhor da Grécia. Lembremo-nos de que para ele «não há cidade inconquistável se se puder fazer entrar nela uma mula carregada de ouro». É menos perigoso, declara Demóstenes, estar em guerra aberta com Filipe que assinar com ele o mais seguro dos tratados. Filipe possui a arte de fazer arrastar até ao infinito as negociações, e, enquanto se vai negociando, continua a conquistar as cidades uma após outra. É generoso de promessas que não pensa cumprir. Sabe, para obter o essencial, fazer concessões de pouca importância — e estas concessões fá-las à custa de terceiros.

Filipe sabe dividir os seus adversários, lançá-los uns contra os outros ateando velhas razões de queixa, o que não é muito difícil como o povo grego. É paciente; sabe preparar longamente uma situação, dar aos acontecimentos o tempo de amadurecerem, e, depois, quando o fruto está no ponto, colhe-o bruscamente num golpe de força.

Sabe, sobretudo, fazer a guerra conservando as aparências da paz. A paz é a principal e a mais perigosa das suas máquinas de guerra. Foi isso que muito bem viu Demóstenes, desmascarando uma das ratoeiras costumadas de todos os imperialismos.

Filipe — que desde o primeiro dia do seu reinado visa Atenas no coração e que logo de entrada compreendeu que Atenas, fraca ou forte, era a cabeça da Grécia, e que derrubada Atenas, a Grécia sucumbiria com ela —, Filipe, sem quase nunca atacar esta rainha caída, surpreende um após outro os seus vassalos por meio de golpes traiçoeiros. Opera de preferência na região da Trácia e nas proximidades de Bizâncio. Estas regiões, como se sabe, são de há muito tempo necessárias à economia ateniense: no século IV, mais ainda que no século anterior, à medida que aumenta a população da cidade e que se despovoam os campos, à medida também que se torna mais exigente a ociosidade do povo-cidadão.

Mas, nesta primeira metade do século IV, a Trácia e os Estreitos não asseguram apenas a respiração de Atenas: tornaram-se penhores da sua grandeza e são como que o alibi da sua ambição, tão incurável como o é a sua inércia. É, em todo o caso, o núcleo do novo e frágil império que ela recentemente conquistou, denominado *Segunda Confederação Ateniense*.

É ali que Filipe, em primeiro lugar, ataca e ameaça. Para ali dirige Demóstenes também o seu contra-ataque das *Filípicas*. A campanha das *Filípicas* vai durar uma dezena de anos. O estado de guerra quase nunca estava declarado entre Atenas e Filipe, e Demóstenes empenha-se em denunciar esta paz-máquina de guerra.

Escutemos a voz do orador, em 341.

«Se realmente a nossa república», diz ele, «pode ainda escolher a paz, se é exacto que ela só de nós depende, declaro sem hesitar que devemos permanecer em paz e peço que a nossa vontade de paz se traduza em decretos e em actos e que deixem de nos enganar. Mas se um outro, de armas na mão e rodeado de forças consideráveis, nos lança como um isco esta palavra de paz, enquanto se entrega a actos de guerra, que nos resta fazer senão batermo-nos?... Considerar como estado de paz uma situação que há-de permitir a esse homem, uma vez que tiver deitado a mão a todo o resto, vir atacar-nos na nossa própria

ΔΕΞΙΛΕΩΣ ΛΥΣΑΝΙΟ ΘΟΡΙΚΙΟΣ
ΕΓΕΝΕΤΟ ΕΠΙ ΤΕΙΣΑΝΔΡΟ ΑΡΧΟΝΤΟΣ
ΑΠΕΘΑΝΕ ΕΠ ΕΥΒΟΛΙΔΟ
ΕΝ ΚΟΡΙΝΘΟΙ ΤΩΝ ΠΕΝΤΕ ΙΠΠΕΩΝ

casa, certamente é delirar; demais, é falar apenas de uma metade de paz: a paz que nós lhe consentimos, mas não aquela que ele nos consente.»

Mais adiante: «Esperar pacientemente o dia em que ele confesse fazer-nos guerra, é ser o último dos ingénuos. Porque mesmo que caísse sobre a Ática e atacasse o Pireu, nem assim o confessaria — se julgarmos pelo que faz noutros sítios. Foi apenas a quarenta estádios (sete quilómetros) das muralhas de Olinto que fez aos seus habitantes esta intimidação: «De duas, uma; ou vós evacuais a vossa cidade, ou eu evacuo a Macedónia!» Até então, se o acusavam de pensar na guerra, indignava-se, enviava uma embaixada para se justificar. Quando da sua marcha sobre a Fócida, era como aliado desse país que para lá se dirigia, e os representantes do povo fócido faziam ainda parte do seu cortejo... Quanto aos desgraçados habitantes de Oreu, não dizia ele que lhes enviava tropas para velar por eles, por pura bondade — porque soubera que sofriam de discórdias civis e que em tais circunstâncias tinha de fazer o seu dever de aliado e de verdadeiro amigo? Depois disto, acreditais que um homem que prefere usar da surpresa à força aberta contra povos demasiado fracos para intentarem alguma coisa contra ele e mal capazes de se defenderem contra os seus ataques, acreditais que este mesmo homem só vos fará guerra depois de uma declaração formal. Não conteis com isso. Seria verdadeiramente o mais tolo dos homens se, quando vós fechais os olhos aos seus ultrajes, quando não pensais senão em censurar-vos mutuamente os danos que ele vos faz, fosse de sua própria iniciativa desenredar as vossas intermináveis querelas e convidar-vos a voltar-vos todos contra ele — ia privar do seu melhor argumento os oradores que vos adormecem dizendo-vos que não está em guerra connosco!»

Tal é o vigor, tal é o tom desta campanha das *Filípicas* que Demóstenes sustenta durante dez anos contra os Atenienses inertes, tanto quanto contra Filipe da Macedónia. Demóstenes não desanima nunca. Precisa de tempo para «curar os ouvidos» dos Atenienses.

Eis um outro fragmento que mostra mais claramente ainda o grau de indolência cívica em que haviam caído os Atenienses e a vontade desesperada de Demóstenes de os arrancar desse sono mortal em que se afundam, eles e o povo da liberdade.

«Não escreve Filipe nestes exactos termos nas suas cartas: «Eu sei viver em paz com aqueles que sabem obedecer-me...» (Reconheceremos aqui a linguagem de Hitler?) E nós, Gregos de todos os países, suportamos os seus ataques e a sua linguagem, sem mesmo trocar delegados para deliberar, sem dar nenhum sinal de indignação. Tão cobardemente permanecemos amalhados atrás das nossas fronteiras, que ainda hoje somos incapazes de fazer alguma coisa de útil, incapazes de nos unirmos, de constituir uma sociedade de auxílio mútuo, de assinar um pacto de amizade! Com um olhar tranquilo, contemplamos os progressos do seu poderio e cada um de nós, penso eu, imagina ganhar para si o tempo que um outro leve a parecer. (A Europa de 1940). Mas salvar a comunidade dos Gregos, nisso ninguém pensa, para isso ninguém trabalha. Contudo, ninguém ignora que o inimigo, à maneira de uma epidemia de febre ou qualquer outro flagelo, virá a atingir um dia até mesmo aquele que mais a salvo se julgue...:

«Quem levou mais longe a insolência? Não contente com ter destruído cidades, preside aos jogos nacionais do povo grego! E quando não assiste, delega criaturas suas!... Dita aos Tessálios a política que terão de seguir. Envia tropas ora para Erétria para expulsar os democratas, ora para Oreu, a fim de ali instalar um tirano... E os Gregos, que vêem tudo isto, toleram-no. Fazem-me pensar nas pessoas que, de olhos bem abertos, vêem aproximar-se o granizo, pedindo ao céu que ele caia nas terras dos outros. Quem pensa em afastá-lo?»

Noutra passagem, mas sempre em 341, Demóstenes precisa as razões profundas da hostilidade do imperialismo autoritário de Filipe para com esta Atenas ideal que ele defende — a Atenas da democracia e da independência das cidades.

«Não há nada que ele mine, nada que combata com mais encarniçamento que o nosso regime político, nada que tome mais a peito destruir. E, em certo sentido, com razão. Porque ele bem sabe que, mesmo submetidos todos os outros povos, nada possuiria de maneira estável enquanto permanecerdes em democracia; e que se sofresse algum revés (como a qualquer homem pode acontecer), todos os pvos que agora une sob o seu jugo se apressariam a recorrer a vós. Porquê? Porque vos coube em partilha não uma paixão violenta de conquista e de domínio, mas uma força singular para reprimir e destruir o poder dos usurpadores — sempre prontos a declarar-vos contra quem quer que tenda ao império, protectores natos da liberdade dos povos. Eis porque ele não quer que este espírito de liberdade que está em vós esteja à espreita de ocasiões de o ferir. E o seu cálculo não padece de falta de justeza nem de vigilância. Considerai-o pois um inimigo irreconciliável da vossa república e do governo popular. Ficai certos de que todos os seus empreendimentos visam o nosso país e que em toda a parte onde alguém se bate contra ele, é por nós que se bate...»

Tais são os dois adversários do grande conflito que dilacera esta viragem do século IV. De um lado, Filipe e o imperialismo macedónio, e também a ideia monárquica que, nos confins do mundo helénico, na Sicília grega com Dinis, o Antigo, e Dinis, o Novo, na Tessália, ganha cada vez mais força. E do outro lado, quem? Demóstenes sozinho ou quase sozinho, que se apresenta (sem demasiadas ilusões, mas com uma inabalável firmeza) como o defensor da primeira cidade democrática da Grécia, Atenas, e, com ela, de todas as cidades gregas que permaneceram fiéis a essa forma exemplar da vida política helénica — a cidade. A cidade: comunidade de cidadãos livres e iguais e comunidade soberana, ciosa acima de tudo da sua independência nacional. Para Demóstenes, a forma democrática da cidade caracteriza no mais alto grau a própria civilização grega. E é isto que ele defende, com uma paixão, uma energia, que não se desmentem nunca, frente a todas as outras formas de governo e sobretudo frente à monarquia imperialista que é o destino dos Bárbaros. Demóstenes está convencido de que a guerra entre Filipe e Atenas é uma guerra de morte. Porque os princípios dos dois adversários são inconciliáveis. Ninguém melhor do que ele disse, nessa altura, que a democracia ateniense é o último apoio que a Grécia pode encontrar contra o domínio macedónio, como também contra todo o imperialismo, qualquer que seja.

E contudo, apresentado na pureza que Demóstenes quereria dar-lhe, este conflito Atenas-Filipe não está exactamente apresentado. Porque acontece que Atenas não é já essa cidade democrática que Demóstenes lhe pede que seja. Já a «República dos Atenienses» tomou o caminho da morte. Não há mais cidade em Atenas, porque não há mais espírito cívico. Isto também Demóstenes o sabe e o diz sob as mais diversas formas. Indigna-se de que o povo, em pleno perigo macedónio, não queira servir no exército: o povo quer que o Estado empregue os recursos do Império ateniense reconstituído em pagar-lhe mercenários que defenderão em seu lugar os privilégios dos cidadãos livres. Aliás, o povo já não pede grande coisa aos seus novos «senhores». Nem sequer exercer os seus direitos políticos: vendeu-os pelo prato de lentilhas, «o pão e os espectáculos». Demóstenes, ao longo de toda a sua carreira, não deixou de pedir que os fundos destinados a pagar aos cidadãos o seu lugar no espectáculo fossem destinados, pelo menos em tempo de guerra, às despesas do exército. Pediu-o ao próprio povo, com insistência e habilmente. Nunca o obteve a sério. Mas o mais grave, aos olhos do orador, é que o povo já não se preocupa com fazer a política da cidade: prefere deixar esse cuidado aos «senhores» que arranjou. Senhores que são os que o lisonjeiam. A opinião pública que na vida quotidiana reclama a liberdade de palavra, só a aceita, na assembleia, para os lisonjeadores da populaça.

O povo de Atenas, di-lo Demóstenes com a coragem do desespero, escolheu pois a servidão.

Escutai-o. Ouvi a amargura da sua voz.

«Porque corria tudo tão bem dantes, e tão mal agora? Primeiro porque o povo, antigamente bastante enérgico para desempenhar ele próprio o seu dever militar, era senhor dos homens políticos, dispunha soberanamente de todas as vantagens, e porque cada cidadão se considerava feliz de receber do povo honras, cargos e benefícios. Mas hoje, pelo contrário, são os homens políticos que dispõem de tudo, tudo se faz por eles, enquanto vós — o povo — paralisados, despojados do vosso dinheiro, dos vossos aliados, estais reduzidos à condição de servidores, ao papel de lacaios, não sois mais que cidadãos--acessórios, contentes se vos concedem a indemnização para os espectáculos, se as pessoas que vos conduzem organizam para vós uma qualquer procissão, enfim — sinal de coragem cívica que excede tudo — ainda lhes rendeis graças por vos terem dado o que era vosso. Eles, contudo, começam por vos amalhar na cidade, levam-vos a tornar-vos essa espécie de caça que amansarão para vos domesticar. Na verdade, imagino eu, não há lugar para conceber um grande e juvenil orgulho quando se age com pequenez e mesquinharia. Os sentimentos dos homens correspondem aos seus hábitos. De resto, não ficaria surpreendido se me custasse mais caro revelar-vos estes abusos do que aos seus autores cometê-los. Que tenham aceitado falar-vos nesta linguagem, já é coisa que me espanta!»

Demóstenes sabe que o seu povo está maduro para a servidão. Contra as manobras da quinta coluna em Atenas, contra Esquino em primeiro lugar, contra os traidores de todo o cariz que souberam ganhar a confiança da assembleia, Demóstenes luta desesperadamente e até ao fim. Não quer permitir ao seu povo «que garanta a segurança na escravidão».

E eis uma última passagem que denuncia a causa de todos os males presentes: a venalidade dos oradores.

«Eis o ponto a que chegámos! E nós tergiversamos, fraquejamos, olhamos de lado o vizinho, desconfiamos uns dos outros, e não daquele que nos faz mal a todos. Qual é a causa de tudo isto? Porque tem de haver uma razão, uma causa real para que os Gregos, antigamente tão apaixonados pela liberdade, estejam hoje tão dispostos à servidão. Ah! é que havia então, havia, Atenienses, no coração de quase todos, qualquer coisa que já não há, qualquer coisa que triunfou do ouro dos Persas, que assegurou a liberdade da Grécia, que não se deixava vencer em nenhuma batalha, nem sobre a terra nem sobre o mar, e é porque qualquer coisa pereceu que tudo está agora arruinado, que tudo está transformado. Que era essa qualquer coisa? Nada de complicado ou difícil. Apenas que se alguns aceitavam dinheiro daqueles que queriam dominar a Grécia e procuravam corrompê-la, todos os odiavam. Havia o maior risco em ser acusado de corrupção. O culpado era punido com o maior castigo; e não havia nenhuma remissão, nenhum perdão. Esta ocasião de agir em cada circunstância, que a fortuna oferece muitas vezes mesmo aos mais negligentes à custa dos mais atentos, não havia maneira alguma de a comprar aos oradores ou aos generais, o mesmo acontecendo com a concórdia interna, com a desconfiança em relação a tiranos e Bárbaros, numa palavra, nada de semelhante. Hoje, tudo se vende como no mercado; em troca, importou-se o que perdeu e contaminou a Grécia. E que é? Invejar o que recebeu; rir de quem o confessa; perdoar àqueles cujo crime está provado; odiar quem os censura, tudo, enfim, que acompanha a venalidade. Porque trieras, população, dinheiro, abundância de todas as outras matérias, tudo o que permite julgar da força de um Estado, de tudo isto estamos nós hoje todos mais bem providos que dantes, e muito mais. Mas tudo se tornou inútil, ineficaz, improdutivo, por culpa daqueles que disso fazem tráfico.»

Tudo estava, ai deles, tudo estava jogado, e por culpa dos traidores, quando rebentou o desastre de Queroneia.

Filipe decidira precipitar os acontecimentos. Aproveitou o primeiro pretexto para atravessar as Termópilas. Uma vez na Grécia, deixou cair o pretexto e marchou bruscamente na direcção da Ática. A esta notícia, Atenas começou por ficar estupefacta. Acendem-se grandes fogueiras para convocar à assembleia os camponeses da Ática. No meio do povo silencioso, Demóstenes sobe à tribuna. Reanima a coragem de todos. Propõe que se marche contra Filipe e se procure obter, neste supremo perigo, a aliança de Tebas, velha inimiga de Atenas. Escutam-no. Os cidadãos armam-se. Demóstenes, delegado a Tebas, encontra aqui já os deputados de Filipe que oferecem aos Tebanos a partilha do saque se eles deixarem o exército macedónio atravessar o seu território para invadir a Ática. A sua eloquência inverte a situação e leva os Tebanos à aliança ateniense. Os exércitos das duas cidades reconciliadas detêm por um momemto a marcha de Filipe. O choque decisivo deu-se no dia 1 de Setembro de 338, em Queroneia. O escol das tropas gregas aliadas foi aniquilado pela cavalaria macedónia, comandada pelo filho de Filipe, Alexandre, que tinha a idade de dezoito anos. Três mil atenienses foram mortos ou aprisionados.

Acabara a independência das cidades.

Demóstenes, apesar dos seus quarenta e oito anos, alistara-se como simples soldado.

A eloquência de Demóstenes, o imenso esforço que sustentou, tanta coragem e tanto génio — tudo isto disfarça mal o desmoronar da cidade de Atenas.

A partir do princípio do século IV, Atenas, tão maltratada na guerra do Peloponeso, declina. As outras cidades seguem-na nesta rampa descendente: Esparta, contudo, Tebas depois, aproveitam-se da decadência ateniense para se içarem ao primeiro lugar, embora sem brilho. Guerras contínuas e a união de todos contra aquela das cidades que pretenda por sua vez a hegemonia, não tiveram outro resultado que uma anarquia geral do mundo grego, na miséria de todos, Estados e particulares. Criam-se ligas aqui e além, confederações de cidades. Mas nenhuma destas formas políticas consegue ultrapassar a velha noção da cidade livre e durante muito tempo governada, em prosperidade, pela maioria dos cidadãos.

Apenas a monarquia autoritária nascente parecia ganhar cada vez mais terreno. Há escritores que propõem a imagem do «bom monarca» aos seus leitores e parecem, nesta primeira metade do século IV, preparar a opinião pública para as transformações que farão da Grécia e dos países conquistados pelo helenismo uma quantidade de Estados governados por príncipes. Aliás, em quê estes monarcas — os Ptolomeus, os Selêucidas do século seguinte — são «bons monarcas», é o que verdadeiramente se não vê.

Deveremos censurar a Demóstenes ter-se enganado sobre a «direcção» que ia tomar a história do seu povo? Alguns modernos o fizeram. Mas não os seus contemporâneos nem os Gregos do fim dos tempos antigos. Demóstenes, segundo os antigos, fez «a melhor das políticas possíveis». Melhor, em todo o caso, que a do seu contemporâneo Eubulo, esse admirável administrador das finanças atenienses, esse banqueiro cuja política consistia em liquidar uma falência implicitamente admitida. Melhor que a do orador popular Démades, que dizia: «Atenas já não é a cidade que, sob os nossos antepassados, combatia no mar, é uma velha de pantufas que bebe tisana.» Melhor que a de Esquino, traidor confesso, arrivista cego de vaidade, que praticava a política da colaboração, a «do cão rebentado que vai água abaixo». Melhor que a de Fócion, o general-homem-de-bem-e-derrotista que, vendo a fraqueza moral dos seus concidadãos, nada fez para a corrigir e se contentava com protestos mal-humorados para alívio da sua consciência. Tão bem aliviada que acabou por aceitar o poder das mãos do ocupante.

Todos estes homens, aliás, responsáveis como Demóstenes da «direcção» que tomou o futuro, colocaram-se como ele no terreno apertado e exclusivo da cidade.

Um só, talvez, o professor Isócrates — de quem parte da sua brilhante actividade literária consistiu em procurar na vizinhança do mundo grego um príncipe que fizesse a unidade dos Gregos usando das armas gregas para conquistar o império dos Persas —, acabou por encontrar esse homem em Filipe da Macedónia. Isócrates dirige-lhe, na mesma época em que Demóstenes encetava a campanha das *Filípicas,* uma carta aberta, a sua *Carta a Filipe,* na qual roga ao rei macedónio que reconcilie os Gregos sem desejar outra recompensa que a glória de ter, com a sua ajuda, vencido os Bárbaros. Isócrates escreve: «Deves ser o benfeitor dos Gregos, o rei dos Macedónios, o senhor dos Bárbaros.» A frase é bem soante, mas, infelizmente, não é mais que uma frase. Isócrates, de resto, nunca fez política activa. Cuidava tanto da sua saúde, que conseguiu viver até aos noventa e oito anos. Diz-se que se deixou morrer de fome depois da batalha de Queroneia. Vã reparação, se o foi.

Demóstenes sobreviveu à ruína das suas esperanças. Exilado, continuou a lutar, a bater-se contra Filipe, contra Alexandre, contra Antípatro. Suscitou novas revoltas em Atenas. A sua política, na verdade, nunca variou. Profundos valores morais desenham a figura dessa política. Perante todas as formas de domínio estrangeiro, Atenas deve erguer a forma democrática da cidade que, segundo ele, caracteriza a civilização grega no seu humanismo fundamental. A honra ordena aos Atenienses e aos Gregos, de quem aqueles são os guias, que lutem pela liberdade e pela democracia. De resto, pensa Demóstenes, o seu interesse coincide com a sua honra e com o interesse comum da Grécia.

Foi a isto que Demóstenes chamou Atenas. Atenas não o ouviu. Plutarco, fiel súbdito de Roma, mal preparado para compreender a democracia do século v que Demóstenes procura despertar, emite sobre ele este juízo: «É evidente que Demóstenes se manteve até ao fim no posto e no partido político em que ele próprio se colocara nos seus começos, e que não só não mudou durante a sua vida, como sacrificou a sua vida para não mudar.»

Foi por isto, pela democracia ateniense já morta, que Demóstenes escolheu a morte. Preferiu o suicídio à vida na servidão. Se é que um génio desta envergadura, um homem desta estatura pode morrer alguma vez.

Demóstenes continua a ser para os nossos contemporâneos um objecto de paixão, um sinal de divisão. Não apenas um mestre da eloquência, mas um mestre da liberdade. Os historiadores tratam-no sucessivamente de herói, de agente da Pérsia, de simples advogado, ou mesmo de santo... Exaltado e ultrajado, continua vivo.

VI

O GRANDE DESÍGNIO POLÍTICO DE PLATÃO

Antes de Platão, a literatura grega é principalmente *poesia*. O poeta é para os homens do século V o educador da juventude e o educador da cidade. A partir de Platão e depois de Platão, a literatura grega é principalmente *sageza, ciência, filosofia*. O filósofo, o sábio, não o poeta, é o educador dos indivíduos e das cidades. Afastam-se de Homero e do helenismo que dele deriva. «Caro Homero», diz uma personagem da *República*, «que cidade, graças a ti, se administrou melhor? Que homens se tornaram melhores?» Daí a famosa condenação pronunciada por Platão contra a poesia, Homero em primeiro lugar. Artífices de mentiras, os poetas são banidos da cidade.

No entanto, Platão, na fronteira duma idade poética e duma idade filosófica, é, ao mesmo tempo e ao longo de toda a sua obra, filósofo e poeta. É isso que faz a sua sedução sem par e é também essa mistura que torna a sua interpretação tão difícil. Deveremos tomar sempre Platão à letra? Quando escarnece, de quem troça ele? Talvez de nós. E nos seus admiráveis diálogos, qual das suas personagens fala em seu nome? Sempre Sócrates? Certamente que não. Algumas vezes, o adversário de Sócrates: ele próprio, Platão. No fim de contas, a filosofia de Platão exprime-se mais validamente pela dialéctica ou pelo mito? Conforme os casos. Disse-se de Platão que ensinava «em parábolas». A palavra dá que pensar.

Platão nasceu em 427, o que quer dizer que tinha quase atingido a idade da plena maturidade quando se desmoronou, em 404, no fim da guerra chamada do Peloponeso, a cidade de Atenas. É de uma família ateniense, nobre entre todas. Os seus antepassados paternos descendem do último rei de Atenas; um dos antepassados de sua mãe é Sólon, o precursor, no século VI, da democracia.

Este jovem aristocrata parece destinado, pelo nascimento, a desempenhar um papel na vida pública. Recebe a mais completa educação, aquela que então se admite ser a mais própria para aguçar a inteligência, para domar a palavra com vista à prática política. É um belo e vigoroso mancebo: a largura dos seus ombros valeu-lhe o nome de Platão, que não é mais que uma alcunha. Distingue-se como soldado; ganha duas vezes o prémio de atletismo em jogos nacionais. Mas o debate sofístico atrai-o tanto como a palestra e retém-no mais. Ouviu, por certo, na sua adolescência, os últimos ensinamentos dos últimos sofistas. Apraz ao seu espírito subtil ver o pensamento virar-se contra si mesmo. Apraz-lhe ouvir declarar que os homens nascem desiguais, que a moral não é mais que uma invenção do fraco para refrear o mais forte e que de todas as formas de governo a mais racional é a aristocracia. Em mais de um ponto, e nomeadamente em política, a palavra dos sofistas liga-se e justifica os conceitos antipopulares, os discursos nietzschianos que circulavam na sua família mais próxima, pela boca de Crítias, o futuro «tirano», primo de sua mãe.

É igualmente muito sensível — juvenilmente entusiasta — aos feitiços de linguagem de que os sofistas dispunham.

Muito novo, contudo, frequentando as palestras, os terrenos de desporto, ouve o mestre desse outro feitiço, Sócrates, desenvolver os seus paradoxos e praticar a «refutação». Vê serem interrogados os mais velhos dos seus, seu tio Cármides, e o brilhante Crítias, o desenvolto Alcibíades, todos obrigados a confessar os pensamentos mais ocultos, obrigados, no fim de contas, a escolher e a justificar a vida que farão. Sócrates é a oportunidade deles, talvez a sua última oportunidade. É também a oportunidade rara, única, de Platão; ao mesmo tempo atraído e repelido, ele será a sua vocação.

Por agora, Platão não é mais do que atenção, olhar apaixonado da alma. Eis que se aproxima o belo Cármides, seu jovem tio... Belo como um atleta nu, e a sua beleza arranca ao próprio Sócrates uma exclamação de admiração, contudo acompanhada de uma reserva: «Se ao menos se lhe juntasse uma pequenina coisa!» — «Qual?», pergunta Crítias. «A beleza da alma», responde Sócrates. Este Cármides, que Platão respeita e que de todo o coração quereria ser, atola-se quando Sócrates lhe pede que dê uma definição da sabedoria. O mesmo acontece com Lísis quando o interrogam sobre a amizade, e o general Laques, esse bravo militar, que figura faz quando lhe é pedido que defina a coragem? Quanto ao sapientíssimo Hípias, sofista acabado, esse não sabe a primeira palavra do que seja a beleza.

Restam Protágoras e Górgias, os mestres da retórica, da sofística, da política do justo e do injusto. Ei-los sucessivamente perdidos e aniquilados, confusos e confundidos pela ironia ofensiva deste velho Mársias da palavra acrobática...

Platão foi também procurar Sócrates com inteira confiança. Presta-se à refutação socrática. Que jogo esplêndido! Mas será um jogo? Adianta definições sobre os temas da vida pública. Quereria conciliar as tradições políticas que lhe vêm da sua família altivamente aristocrática com os usos da democracia ateniense, que ele deseja ardentemente reformar com as lembranças e os exemplos mais esclarecedores da tirania. Mas durante muito tempo, das conversas socráticas que seguiu e praticou como discípulo zeloso, dos seus vinte anos até à morte do Mestre, durante oito anos, durante muito tempo nele só ficou dúvida, incerteza, repugnância de si mesmo, amargura. Quereria governar como homem justo uma cidade justa. Mas que é a justiça? Onde encontrá-la em Atenas?

Um grande desígnio começa a amadurecer dentro de si. *É preciso refazer uma outra cidade.*

Sobrevêm, paralelamente a este drama íntimo em que ele se empenha, o desastre de Atenas, a incompreensível tirania dominada por seu primo Crítias — e, bruscos como um raio, o processo e a morte de Sócrates.

Os Atenienses tinham, em 405, perdido a sua última frota — cento e sessenta trieras atenienses apanhadas num lance de rede, três ou quatro mil prisioneiros friamente executados. «Nessa noite», diz o historiador que narra o acontecimento, «ninguém dormiu em Atenas. Os Atenienses choravam os seus mortos; choravam ainda mais sobre si próprios.» Os dois reis de Esparta estavam já na Ática como em sua casa. Pausânias acampava às portas de Atenas, nos jardins de Academo. Lisandro, com duzentos barcos, aproximava-se: bloqueou o Pireu.

Atenas, assassinada, capitulou. As fortificações e as Longas Muralhas foram arrasadas, «ao som da flauta», diz Xenofonte, o aristocrata. O Império, num repente, desabou. Os exilados são chamados. «Todos se exaltavam em Atenas à ideia de que esse dia marcava, para a Grécia inteira, o começo da liberdade.» Enganavam-se. Marcava, seguramente, para Atenas o começo da servidão. — Atenas que jurava «ter os mesmos amigos e os mesmos inimigos que Esparta».

Nesse dia Platão talvez tenha chorado. Uma esperança contudo se juntava às suas lágrimas. Havia finalmente um governo forte, o governo dos Trinta. Estes Trinta eram cidadãos atenienses, a maior parte regressados do exílio. À frente deles, Crítias. Cármides fazia parte do governo do Pireu. Os parentes de Platão, os seus amigos, di-lo ele numa carta, insistiam para que tomasse o seu lugar ao lado deles. Comenta: «Tive ilusões, o que não surpreende: era novo! Imaginava que iam governar a cidade reconduzindo-a das vias da injustiça para as da justiça.» Platão, contudo, não aceitou ligar-se aos seus amigos do governo dos Trinta. Reservava-se. «Observava atentamente», escreve. Esperava também, certamente, a ver o que faria Sócrates.

Ora os Trinta, que sabiam que Sócrates dispunha sobre o povo ateniense e sobre muitos jovens intelectuais de um grande prestígio, resolveram ligá-lo à sua política por meio de um acto de cumplicidade manifesta. Encarregaram-no de ir, com quatro outros cidadãos, prender um certo Leão de Salamina, um homem honesto que se propunham condenar à morte. Sócrates não se mexeu, arriscando-se ao pior. Platão, cinquenta anos mais tarde, ao contar esta história, ainda não acalmara a sua raiva. Esta questão afastou-o dos seus amigos aristocratas, sem por isso o aproximar da democracia, que ele considerava de há muito apodrecida e que sempre detestara.

Este Platão de vinte e cinco anos, destinado pela sua própria natureza, mais ainda que pelos seus, à política, mas que a ela se não entregaria enquanto reinassem abertamente a violência e a injustiça; este Platão, que morria por actuar e reduzido a não fazer nada, e que se declara, durante as revoluções de Atenas, «sem amigos, sem camaradas fiéis», vai sofrer o golpe mais duro e imprevisto: o mestre que ele não cessara de venerar e amar, apesar das suas dúvidas íntimas, esse Sócrates cujas conversas sempre satisfaziam a sua expectativa, vai ser arrastado pelos poderosos do tempo, pelos chefes da democracia novamente triunfante, perante um tribunal popular, e o filósofo mal se defende, provoca os seus juízes, parece procurar a morte, como se ela devesse afirmar, com mais clareza que a vida que fizera, o que ele tinha para dizer ao seu povo. Assim, Sócrates bebeu a cicuta. Platão, naquele momento, não compreende o golpe que o feria. Parece ter sido prostrado pela doença. Dessa doença sairá renovado, como se tivesse passado por um amargo baptismo.

É, com efeito, durante os anos difíceis que se seguem à morte de Sócrates, que se fixam alguns dos traços essenciais do génio de Platão. Não falemos mesmo da negação implacável da democracia ateniense, o regime que matara o mestre. Platão sempre a desprezara e odiara. Mas agora precisa de construir uma outra cidade, não uma cidade de sonho, uma utopia, mas uma cidade de razão, nos antípodas da democracia delirante, uma cidade onde semelhante crime não fosse nunca possível, sequer imaginável. Platão emprega neste projecto uma grande parte da vida e até ao fim: morrerá sem ter acabado as *Leis*.

Mas uma outra resolução, uma outra experiência se enraiza nestes anos da sua maior dor. Esta Atenas que condenou Sócrates é um mundo invertido, um mundo de pernas ao ar. É preciso pôr este mundo de pé. Aquilo que aos nossos olhos cegos se apropria do nome de realidade, há que saber agora que é apenas pura aparência; e aquilo que é dado como invisível, o que escapa à linguagem dos nossos sentidos, a isso deveremos chamar pura e única realidade. O idealismo platónico tem a marca de um traumatismo grave: a morte de Sócrates feriu-o mortalmente. Para cicatrizar a ferida, ou simplesmente para viver, é preciso afirmar que Sócrates não morreu, é preciso continuar a fazer falar Sócrates. E toda a sua filosofia, tal como a forma da sua ficção literária, proclama isto em primeiro lugar: Sócrates vivo — os seus dois seres indissoluvelmente ligados, combinados em um ser novo — continua a falar. Platão encontrou um Sócrates que é o Justo.

A partir de então, Platão presta homenagem ao seu mestre, primeiro numa série de curtos diálogos a que se dá o nome de socráticos porque estão mais perto do Sócrates «histórico», ao mesmo tempo que recompõem Sócrates à imagem de um Sócrates interior que vive em Platão. Presta-lhe testemunho, reabilita-o na incomparável *Apologia de Sócrates,* que ousa pôr na boca do mestre falando ao tribunal. Finalmente, no último, no mais profundo e mais belo dos diálogos ditos socráticos, o *Górgias,* Platão, frente aos sofistas enfim desmascarados, frente a esse Calicles sedutor e nietzschiano, onde se reconhece uma parte tão importante do próprio Platão jovem, apresenta em Sócrates a imagem do Justo perfeito, desse Justo que, nas condições em que está colocado por uma democracia que falseia a justiça, tem de aceitar morrer.

Reencontrando o seu mestre, Platão reencontrou ao mesmo tempo o caminho difícil do comprometimento político que até aí se recusara a assumir. Na mesma carta em que expõe, já velho, as suas indecisões, as suas perturbações de mancebo e o que delas resultara, dá a justa fórmula donde derivará toda a acção futura — filosófica e política.

«Fui irresistivelmente levado a declarar... que os males das cidades não cessarão antes que a raça dos puros, dos autênticos filósofos suba ao poder, ou que os chefes das cidades, por um favor divino, se ponham verdadeiramente a filosofar.»

A mesma alternativa de salvação para as cidades é posta na *República:* «Enquanto os filósofos não forem reis nas cidades, ou aqueles a que chamamos agora reis e soberanos não se tornarem verdadeiramente e suficientemente filósofos, enquanto o poder político e a filosofia não se encontrarem nas mesmas pessoas... não haverá descanso nos males que desolam as cidades, nem mesmo, creio, nos do género humano.»

Platão não se esquivou pois à sua vocação *nativa,* que era a de fazer política. A filosofia que vai construir, a metafísica que levanta como um farol, não são mais que prelúdios à tarefa principal que é a sua: fazer a política da cidade, não de Atenas, para sempre perdida no frenesim democrático, mas da cidade de amanhã em que os filósofos serão reis.

Mas que política é essa que quer fazer? Já o *Górgias,* que é como uma aposta que propõe à sua Atenas delirante, o sabe e o diz com toda a clareza. A verdadeira política consiste simplesmente em melhorar os cidadãos nas cidades. Aqueles que dela se encarregam não têm outro objectivo a procurar: tornar os cidadãos mais justos e melhores. Porque dar-lhes barcos, arsenais, armas e portos, dar-lhes o Império, como o fizeram Temístocles e Péricles, é dar-lhes frivolidades. Pior: é armá-los para a guerra, é preparar a sua destruição. Em contrapartida, dar-lhes a justiça é couraçá-los contra a desgraça; dar-lhes a virtude é dar-lhes a felicidade, único bem necessário que todos os homens procuram. Eis o que, antes de passar à acção, o filósofo deve assentar — conformemente a um dos famosos paradoxos socráticos, segundo o qual «aquele que padece injustiça é mais feliz do que aquele que a comete». (Paradoxo órfico, ao mesmo tempo que socrático.)

Entretanto, Platão viaja durante dois anos: quer recolher as experiências políticas, as noções científicas dos povos estrangeiros. Torna-se rapidamente um dos maiores eruditos que o mundo conheceu. Foi por isso, sem dúvida, que começou a ensinar só tarde. Em 387 (tem então quarenta anos) instala-se na Academia, funda a sua escola, onde vão formar-se os verdadeiros filósofos, aqueles que governarão as cidades. É ali, é nas áleas desses jardins «onde o plátano murmura com o ulmeiro» que vão nascer a amizade platónica, o partidarismo, a conspiração platónica, uma sociedade fraterna onde, pelo estudo, pela dialéctica, pela exploração metódica de campos ainda não arroteados do pensamento e da vida humanos, jovens ardentes e resolutos prepararão à civilização de Sófocles e de Aristófanes um futuro imprevisto, ao mesmo tempo a sua destruição próxima e a sua paradisíaca florescência. A escola de Platão, primeira das grandes escolas do fim da Antiguidade, é um poderoso reservatório de energias. Aí se fabricam explosivos, mas aí se prepara também já o mundo que singularmente se sucederá ao mundo antigo, quer dizer, o mundo cristão.

Platão, entretanto, compõe a *República*, mais tarde as *Leis* — duas obras que são testemunhos brilhantes da sua vocação política inalterável.

Mas não esquece também a outra via que lhe resta aberta pela alternativa que propôs: ou os filósofos serão reis, ou então os reis se tornarão filósofos.

Platão sempre fora atraído pela Itália do Sul e pela Sicília. Fora lá que, já convencido de que a virtude deve ser ciência infalível, melhor dizendo matemática, encontrara Arquitas de Tarento, o fundador da mecânica e da acústica, um desses filósofos a que chamavam, com um termo carregado de prestígio, «pitagóricos». Este Arquitas exerce sem violência grande autoridade sobre a *Ordem Pitagórica* refugiada em Tarento — autoridade de sábio, destituída, pela sua comunidade, de toda a ambição. Platão tirou do contacto com o pitagorismo um tom de entusiasmo ascético que impregna de uma fé nova os grandes diálogos da sua idade madura: *Górgias, O Banquete, Fédon, Fedro*.

O filósofo frequenta também em Tarento, e noutros pontos da Itália, os círculos órficos. Estes órficos não eram apenas vagabundos e mendigos, instalados às portas dos templos com a sua pacotilha de amuletos, a boca cheia de encantações. Eram, sobretudo, uns pobres diabos. A vida pouco mais lhes dera que miséria e fome: o orfismo é para eles um refúgio, permite-lhes sonhar com as promessas da morte.

O aristocrata cumulado de bens que é Platão fixará qualquer coisa desta mística da evasão, de origem popular, quando empreender a anunciação do seu evangelho do além. As verdades órficas falaram-lhe com a força de uma encantação.

Terra do pitagorismo e do orfismo rejuvenescidos, eis como Platão vê a Itália do Sul. Ela abre ao seu socratismo horizontes místicos.

Mas outros céus ainda, outras experiências o esperam na Sicília. Platão já antes, na Itália ou algures, travara relações de amizade e de fraternidade política com o jovem Dion, espírito caloroso, entusiasta, um tanto quimérico. Este Dion era cunhado do novo senhor de Siracusa, Dinis I, um soldado de fortuna que se tornara déspota, mas de modo algum «déspota esclarecido», como acreditou Platão, sob palavra de Dion. Platão encontra em Dion um discípulo duma frescura e duma compreensão raras. Poucas figuras há, na obra de Platão — exceptuando Sócrates, naturalmente —, que brilhem mais vivamente que a de Dion. Em plena corte de Siracusa, lugar de prazeres e de sensualidade sem freio, Platão converte Dion à filosofia e ao ascetismo, e ambos imaginaram então, arrebatados por uma embriaguez de amizade, que iam poder igualmente conquistar Dinis para a filosofia. Não sabemos sob que forma exactamente empreendeu Platão a conversão do príncipe à maneira filosófica de governar os seus súbditos. O caso é que Dinis se rebelou e que Platão, embarcado à força num barco lacedemónio, se achou uma bela manhã lançado na ilha de Egina, onde o expuseram no mercado dos escravos para aí ser vendido. Um homem generoso comprou-o e restituiu-o aos seus amigos e à filosofia. Ele que no *Górgias* iria traçar o retrato sinistro do mais desgraçado dos homens, o tirano criminoso e impune, sabia doravante, por experiência, a que se expunha um filósofo ao abordar este género de personagem.

Por duas vezes ainda, durante o reinado de Dinis II, Platão retomou com a ajuda de Dion os seus projectos de reforma em Siracusa. Parece contudo cada vez mais convencido de que o «tirano filósofo» não existe. Só a decrepitude das instituições atenienses podia levá-lo a renovar as suas tentativas sicilianas. É a Atenas que Demóstenes flagela desesperadamente; a Atenas desta data (367 e 261, últimas viagens à Sicília) não é já apenas uma detestável democracia; é, segundo a frase de Platão, uma abominável e grotesca *«teatrocracia».*

Voltaire não conquistou Frederico II para a filosofia, nem Diderot a grande Catarina. Platão também não logrou esta operação de conversão com os dois Dinises de Siracusa.

Quanto a Dion, esse, foi assassinado. No exacto momento (354) em que, senhor do poder em Siracusa, se dispunha a «realizar a justiça», como declara Platão, foi ignobilmente degolado, levando consigo as últimas esperanças do Mestre de ver reinar um rei «autenticamente filósofo». Platão chorou pela morte do seu jovem amigo lágrimas amargas. Este crime causou-lhe náusea. Escreve Platão na *Sétima Carta:* «Esta acção vergonhosa e sacrílega, se a não escondo, também não quero falar dela.» Faz de Dion este elogio: «Desferiram na humanidade inteira, como em mim, o golpe mais funesto, chacinando um homem que queria pôr a justiça em prática... Resolvido a sofrer a injustiça, de preferência a cometê-la, mas procurando contudo garantir-se contra ela, Dion sucumbiu no momento em que ia triunfar dos seus inimigos... Por certo a maldade daqueles que o perderam não lhe escapava, mas a profundeza da estupidez deles, da sua perversidade, da sua avidez, isso é que ele não podia suspeitar. Este erro causou a sua morte e sobre a Sicília inteira um luto imenso se estendeu.»

Detenhamo-nos agora alguns momentos no patamar da *República*.

A *República*, cujo título significa «república» no sentido da palavra, «coisa pública», é uma das obras mais ricas de Platão. Verdadeiramente, encontramos nela todo o Platão. Naturalmente, mas nem sempre em primeiro plano, a exposição das suas teorias políticas e sociais, incluindo o seu feminismo e aquilo a que se chama, inexactamente, o seu comunismo. Mas também as suas ideias sobre a educação, sobre o valor da poesia e da música, sobre a utilidade das ciências. A sua definição do espírito filosófico e do filósofo. Sobretudo as peças essenciais da sua metafísica; em parte alguma é mais clara do que aqui a distinção dos diversos graus do conhecimento. Encontramos ainda as ideias de Platão sobre a outra vida e também uma história esquemática das sociedades humanas desde as origens do estado social até à sua teoria das revoluções das formas políticas, particularmente um estudo muito avançado, muito acerbo, dos dois sistemas políticos mais espalhados no mundo grego e os mais odiosos a Platão, a democracia e a tirania. A democracia, sobretudo, sobre a qual o autor desfere sarcasmos ferozes.

E todos estes temas, além de outros que não cito, são abordados, abandonados, retomados no decurso de um diálogo (em dez livros) que conserva o andamento de uma verdadeira conversação — de uma conversação onde tudo conduz a tudo, porque os interlocutores estão todos eles ocupados de pensamentos idênticos, guiados por um mesmo amor da justiça e da verdade. A cada instante, como num drama, aderimos ao que cada personagem declara. Sócrates, naturalmente, esse Sócrates que permanece vivo e movente em Platão, esse Sócrates que é Platão, Gláucon e Adimanto, sem esquecer o fogoso Trasímaco, o sofista apaixonado pela violência pura.

O ponto de partida da pesquisa de Platão — a pesquisa da melhor forma de governo — está na convicção de que a democracia ateniense é uma tentativa falhada. Não procura prová-lo, não pesquisa as causas desse revés. Pensando bem, entre todas as que já mencionei, é a escravatura a causa principal desse revés. Platão não o admitia: recusando-se a conhecer a causa, não pôde encontrar o remédio. A sua pesquisa, falseada à partida, conserva um interesse muito grande porque, com um extremo vigor de pensamento e de imaginação, o filósofo lança-se numa empresa de renovação da cidade, de reeducação dos cidadãos, empresa que se tornará, no fim de contas, uma tentativa de salvação das almas. E esta tentativa, de um certo ângulo, acompanhou a humanidade num longuíssimo trecho do seu caminho.

Assim, Platão, à sua maneira, como Demóstenes, como Tucídides, confirma a derrota histórica da democracia ateniense. Mas a obra de Platão não se contenta com registar a derrota, situa-se também numa nova partida da humanidade. Indiquei-o a propósito de Eurípides: não há, em história, derrota nem fim que não seja ou não possa ser um começo. A continuação destas páginas não cessará de o mostrar.

Retornemos à *República* e à cidade nova que ela propõe. Parece por momentos uma espécie de mundo ao invés da democracia que derivava de Sólon. Em vez de assentar na igualdade das cidadãos, na igualdade dos seus direitos políticos na assembleia, assenta na desigualdade dos seus dons naturais — observação justa em princípio — donde resulta a desigualdade dos seus modos de vida e das profissões que se lhes atribuem. (Não falo da desigualdade dos direitos políticos, visto que para a maioria eles são inexistentes.)

Na cidade de Platão: três classes de pessoas, três classes muito desiguais em número — sem mesmo ter em conta os escravos, que, esses, não são mais que matéria muscular, reserva ferramental. A existência destas três classes manifesta claramente a derrota da experiência democrática; manifesta também a extensão da praga da escravatura, o contágio do princípio de segregação que ganha parcelas novas da sociedade, uma vez que nem a classe dos trabalhadores nem a dos soldados têm qualquer parte no governo.

No fundo do edifício social está a classe mais numerosa, a massa dos trabalhadores — comerciantes, sobretudo artífices e camponeses. Esta classe deve prover com o seu trabalho a todas as necessidades materiais do conjunto da comunidade: alimentação, vestuário, alojamento. Platão, tão preocupado em toda a sua obra com os problemas da educação, não se preocupa em nada com uma cultura a dar aos trabalhadores: estes satisfazem-se com o seu trabalho. Quando muito, pode-se dar o nome de cultura ao que é posto ao seu alcance nas festas da cidade, em que a religião os forma nos deveres para com o Estado: o principal desses deveres é trabalhar no seu lugar para o bem da comunidade, segundo os dons que receberam da natureza. A sua virtude própria é moderar os apetites, refrear as paixões: o que se lhes ensina é a temperança.

Acima deles, está a classe dos guerreiros, a que Platão chama também os guardiões. Porque a cidade não precisa apenas de ser vestida, alimentada, etc., precisa de ser defendida. Platão detesta a guerra como o pior dos flagelos. Mas desconfia também desses caracteres indolentes «que, por um amor intempestivo da paz, acabam por perder toda a aptidão para a guerra e se colocam à mercê do primeiro assaltante que aparece». (Isto segundo a *Política*.)

Platão dedica o maior cuidado à educação dos guardiões. Esta educação assenta na prática das velhas disciplinas aristocráticas: a ginástica e a música. E por música entendamos tudo o que se liga às Musas, poesia, música propriamente dita e dança. Assim, pelos desportos e pelas artes esta classe de guerreiros é forçada à coragem, ao desprezo da morte, a essa nobreza moral que já enchia a velha poesia lírica de Esparta e de Tebas.

Porém, como sabemos, há uma outra poesia que Platão recusa aos cidadãos da sua república: a poesia épica, e também a poesia trágica. A tragédia, glória de Atenas no século de Ésquilo e de Sófocles, tem o defeito, aos olhos de Platão, de enfeitar a aventura humana de perigosas delícias, de pintar as paixões com uma complacência que considera repreensível. Os poetas trágicos são, como Homero, expulsos da República. A arte moraliza-se até ao excesso. Os guardiões corajosos de Platão serão mantidos na ignorância do mal. Pensa-se evitar-lhes assim a tentação de usarem da força de que dispõem para se apoderarem do poder. Não terão outra paixão que o amor da causa justa!

Uma frase cheia de doçura poupa-lhes ainda outras tentações. «Tudo é comum entre amigos» — expressão pitagórica (φιλότης ἰσότης). Platão priva a classe dos guardiões do prazer da propriedade e das alegrias da família. Os guerreiros não possuem nem terras nem mulheres. O apetite da propriedade, o interesse familiar poderiam distraí-los do serviço da cidade. Os seus casamentos são uniões provisórias, reguladas pelos magistrados por sorteio, aliás falsificado. Quanto às crianças, tiradas às mães logo à nascença e criadas pelo Estado, ignorarão sempre quem foram os pais, chamarão pai e mãe aos que tiverem a idade de o ser, irmãos e irmãs a todas as crianças nascidas ao mesmo tempo, ou quase, que elas. É desta maneira que Platão forma a classe dos guardiões, misturando nos seus conceitos muitas considerações eugénicas, inspirando-se na prática dos produtores das raças cavalar e bovina, usando e abusando de comparações animais.

Mas, insisto, Platão não obedece apenas, nem sobretudo neste ponto, a preocupações eugénicas — melhorar a raça. Pensa cortar no coração dos servidores do Estado, os guardiões, as duas raízes mais fortes do egoísmo individual: o amor da propriedade e o amor da família.

Começamos por não pensar em procurar na história a realização de sonhos tão desumanos. (Que pensar duma frase como esta «Tomar-se-ão todos os cuidados possíveis para que uma mãe não possa reconhecer o seu filho!») E, contudo, a quimera platónica, precisamente neste ponto, não deixou de realizar-se. O comunismo na U.R.S.S.? Não. Antes a igreja católica, que, visando a votar inteiramente os soldados da Igreja à comunidade, impôs ao clero o voto de pobreza e de castidade — meios tão antinaturais, pelo menos, como a comunidade dos bens e das mulheres, e que, em todo o caso, se propõem o mesmo objectivo: consagrar sem reserva, sem o engodo do dinheiro, e fora da sedução da mulher, o indivíduo à comunidade.

Na Idade Média, era de regra dividir, conformemente à realidade social, em três classes a população da cristandade: havia os *laboratores* (os trabalhadores), os *bellatores* (os soldados, os homens de guerra) e os *oratores* (o clero). Era o clero que exercia a realidade do poder, e foi a esta classe que se impôs a supressão dos interesses familiares, sob a forma do celibato e do voto de pobreza.

Nada disse da primeira classe, da pequena minoria dos magistrados-filósofos. O reinado dos filósofos vai buscar muito, sem dúvida, às experiências pitagóricas que Platão teve em Tarento. Estes magistrados-sábios só entram nas suas funções após longos estudos que partem da geometria em que se forma o raciocínio; depois, passam a todas as outras ciências conhecidas, à dialéctica que os conduz ao estudo e à contemplação das Ideias, esses Seres objectivos — o Bem, o Belo, o Justo — que constituem a única realidade do universo filosófico de Platão.

Acrescente-se que esses senhores do Estado, esses filósofos tão seguros de si mesmos, não se preocupam em nada com o que nós tomamos tanto a peito — a liberdade individual. Os meios pouco lhes importam: só os fins são tidos em consideração. Se preciso for, condenar-se-ão homens à morte; outros serão banidos. O filósofo não é obrigado a persuadir cada cidadão da justiça de cada reforma. Basta que o próprio reformador dela esteja convencido. Para uso do povo que, como as crianças, não é capaz de verdade, inventar-se-ão falsas razões. Contar-se-ão fábulas, dir-se-ão mentiras, a que, para o caso, se chamará «mentiras reais». Eis ao que, ai de nós, o grande Platão se baixou.

O GRANDE DESÍGNIO POLÍTICO DE PLATÃO

Não insisto. Por agora só temos que verificar que Platão pensa assegurar a justiça na cidade e a salvação dos homens pelo governo dos filósofos sobre os outros cidadãos — ao que poderíamos em rigor aderir, se a filosofia em questão, o conhecimento do mundo destes filósofos tivesse qualquer relação com a realidade, se nos fosse provado que ela é objectivamente verdadeira. É impossível admiti-lo. Devemos pelo contrário declarar que a filosofia de Platão nos surge hoje como uma das mais graves alienações do espírito humano: é mesmo uma tentativa que virá, com o tempo, a alimentar uma religião de consolações. Confissão de fraqueza.

Concluamos esta análise dos grandes projectos políticos de Platão. Como se chegara a este ponto no seio da democracia ateniense, ainda há pouco de aparência tão próspera? A classe ascendente que, um século antes, na primeira metade do século V, tinha aberto caminho ao impulso democrático, essa classe activa de comerciantes, artífices e camponeses, estabilizara-se, como acontece, nas suas primeiras conquistas. Repousara na certeza de poder para todo o sempre explorar os escravos, cada vez em maior número. Quando os recursos, os mercados, a própria produtividade haviam começado a esgotar-se, Atenas e as outras cidades mercadoras tinham-se lançado nas guerras imperialistas, onde mutuamente se arruinaram. Agora tinham necessidade de firmar a sua segurança e a sua estabilidade a todo o custo, ainda que fosse na servidão, e mesmo, como na *República* de Platão, à custa duma certeza prometida apenas à imaginação. As cidades estavam já prontas (Demóstenes repete Platão) a renunciar aos últimos simulacros da democracia, a vender o que lhes restava de liberdade pela segurança sob um domínio qualquer, o domínio macedónio ou o dos filósofos.

A cidade platónica oferecia já aos homens do século IV a imagem falaciosa de um Estado em equilíbrio perfeito, onde nada viria perturbar a ordem para sempre estabelecida. Esse é um dos aspectos mais estranhos da cidade que Platão nos propõe. Ali nada se mexerá nunca. É um Estado donde o progresso é rigorosamente banido. Este Estado é dado como perfeito por toda a eternidade. O progresso, aos olhos de Platão, neste equilíbrio de justiça absoluta, o «progresso», ou antes, o movimento, só poderia ser sinónimo de decadência. Com efeito, num Estado onde os filósofos possuem todo o conhecimento e não podem enganar-se nunca, num tal Estado, nada acontece. E é como a supressão da história, a que pareceu visar Platão.

Mas o homem não é feito para os paraísos imóveis. A história arrasta-o. A história faz o homem e o homem faz a história. Os séculos estáveis não são mais que aparência. Muitos séculos depois que Platão, ao compor a *República*, julgou assinar a certidão de óbito da democracia, o caminho para a democracia será retomado, no coração da estável Idade Média cristã, com a luta das comunas na Itália e em França. Depois virá 1789... Depois 1848... Depois esses *«dez dias que abalaram o mundo.»*

A história da humanidade ainda agora começa.

VII

BELEZAS E MIRAGENS PLATÓNICAS

Há um outro Platão — o mesmo — que, sem abandonar a busca, a invenção de uma cidade nova, ora mais quimérica (como na *República*), ora mais racional (como nas *Leis*), busca que prosseguiu até ao último suspiro, colocou no centro da sua vida um outro inquérito: «Que é o mundo onde vivemos? Qual é o sentido da realidade que nos rodeia? O que os olhos vêem, o que os ouvidos ouvem, é todo o real? Será mesmo o real, ou apenas a sua aparência?»

Platão é um poeta apaixonado pelo real, por aquilo a que o senso comum chama a realidade, pelo mundo sensível, o mundo das cores, das formas e dos sons. Ao longo de toda a sua vida, Platão sentiu ardentemente a paixão deste mundo físico admirável em que vivemos. A sua obra o testemunha manifestamente. Ama o sol e os astros, ama o céu e as nuvens ao vento, e as árvores que se balançam, e os prados e os rios, as águas e os reflexos movediços dos seres e dos objectos das águas. Constantemente este mundo natural transborda na sua obra e a invade. Os cisnes e as cigarras guerreiam-se nos seus mitos. A sombra de um alto plátano, a frescura de uma fonte, o perfume dos cachos violetas da verbena, acompanham fraternalmente esta ou aquela conversação de Sócrates e de Fedro sobre a beleza das almas.

O lento diálogo, o mais longo que escreveu — os doze livros das *Leis* desenrolam-se ao longo de um indolente passeio que leva de Cnosso, em Creta, três velhos à gruta de Zeus do Ida — passeio em que são dispostas, em pequenos bosques de ciprestes ao longo do caminho, paragens destinadas à lassidão e à conversação, repousos onde o olhar se perde, em vastos prados, ao longe, no ondular das ervas. O perfume das árvores e dos prados não cessa nunca de acompanhar esta última marcha, esta suprema busca de Platão.

Acima de tudo, Platão ama, como a obra-prima da natureza física, a rigorosa beleza dos seres humanos, a graça em promessas de desabrochamento dos adolescentes que se exercitam nas palestras — desde que, precisa Sócrates, a elegância da sua estatura encerre uma alma ávida de se instruir e que tenda ao bem.

Os diálogos de Platão estão cheios de personagens e de cenas da vida quotidiana. O romance pode ainda esperar séculos para nascer. Platão aí está, que basta para tudo, restituindo ao leitor, com o seu amor dos seres e das coisas, a plenitude do mundo encantador a que chamamos, na adesão dos nossos sentidos, na ingenuidade do bom-senso, o mundo real.

Mais ainda. Quando o filósofo tomar o partido, à força de razões, de negar a existência dessa realidade sensível, quando a tiver reduzido, a despeito do calor do amor primeiro que lhe dedicava, a não ser mais que não-ser, não deixará, contudo, de nos pintar o único mundo que existe aos seus olhos desenganados do erro — o mundo das Formas ideais, inacessível à grosseria dos nossos sentidos —, de revestir a nudez da Ideia com as cores e todas as aparências sensíveis que para longe de si repelira.

O mundo das Ideias platónicas acaba por ter, sob a pena de Platão, o mágico, todo o brilho do mundo poético de um Ésquilo ou de um Píndaro.

Eis a alegoria que o poeta Platão inventa para nos fazer entrar nesse mundo.

Imagine-se uma caverna bastante profunda, onde estão homens agrilhoados de maneira a não verem mais que o fundo da caverna. Por trás deles, uma fogueira, e, entre essa fogueira e o lugar que eles ocupam, um muro. Por trás do muro circulam pessoas que transportam, acima deste, estatuetas que representam todas as formas da vida.

Que vêem os prisioneiros? Incapazes de virar a cabeça, vêem perfilar-se e desfilar sobre o fundo da caverna, como sobre um *écran*, apenas as sombras das estatuetas. Estas sombras representam tudo o que existe na natureza, todos os espectáculos que pode oferecer a vida humana. Que ouvem eles? Nada mais que, em eco devolvido pelo fundo da caverna, as palavras que pronunciam aqueles que transportam as estatuetas, dissimulados por trás do muro. Que podem eles pensar? Não suspeitam nem da existência das estatuetas, nem, e isso ainda menos, da dos objectos e das cenas que elas figuram. Tomam pois estas sombras pela própria realidade, quando elas não são mais que o obscuro reflexo duma imitação do real. Do resto negam a existência.

Suponha-se agora que um destes prisioneiros é libertado das suas cadeias, que o forçam a levantar-se, a virar a cabeça, a olhar para o lado da fogueira; imóvel desde que nasceu, não poderá executar estes movimentos sem sofrimento. E interrogado sobre as estatuetas que lhe mostram, ainda deslumbrado pelo brilho do fogo, será incapaz de as apontar claramente ao passo que ainda há pouco distinguia perfeitamente as sombras e podia mesmo indicar a sua sucessão provável no *écran*.

Pouco a pouco, entretanto, a vista do cativo libertado acostuma-se à luz da fogueira. Compreende que as sombras que lhe pareciam toda a realidade nada são e só se explicavam pelo fogo e pelas figurinhas interpostas.

E agora arranquem-no por força à sua caverna, arrastem-no, «por um carreiro rude e escarpado», até à claridade do sol! Chegado à luz do dia, cego pelo seu brilho, não poderá ao princípio distinguir nenhum dos objectos que são os objectos verdadeiros. Lentamente, porém, os seus olhos habituar-se-ão a esta região superior. Discernirá primeiramente as imagens que se desenham à superfície das águas, depois os próprios objectos. Se levantar os olhares para a luz dos astros nocturnos e da Lua, poderá contemplar durante a noite as constelações, antes de suportar em pleno dia a vista do sol. Por fim, tornar-se-á capaz, exercitando-se, de ver o sol nas águas e por toda a parte onde ele se reflicta, depois — último acto do conhecimento — de o contemplar tal como é e na sua própria morada.

Agora vê as verdadeiras plantas, os verdadeiros animais, descobre o verdadeiro sol que os ilumina e lhes mantém a vida, vê todas estas realidades vivas e plenas de seiva, de que as estatuetas e as sombras da caverna não eram mais que pobre imitação, baço reflexo.

Lembrando-se então da sua primeira morada, e pensando nos seus companheiros de cativeiro, o nosso homem, embriagado de alegria, quererá tornar a descer à caverna. Anseia por sentar-se no antigo lugar e contar aos antigos camaradas a ascensão difícil para a luz e as incríveis belezas que descobriu. Mas quem vai acreditar? Tratá-lo-ão de impostor. É mesmo possível que, se podem apoderar-se dele, os cativos da caverna o matem. Não foi o que aconteceu a Sócrates, o mestre bem-amado de Platão?

Tal é, sumariamente resumida, a alegoria em que Platão encerra o conhecimento que pensa ter do mundo e da realidade. Como deveremos interpretá-la?

Tudo o que os prisioneiros vêem na caverna, quer as figurinhas, quer as suas sombras, constitui o mundo sensível, que é um mundo de pura ilusão. As sombras são as ilusões dos sentidos, as imagens dos sonhos, a que se prende, como se fosse a única realidade, a credulidade vulgar. Mas as estatuetas que passam por cima do muro e que representam os objectos exactamente percebidos, aos quais damos comummente o nome de reais, não são igualmente mais do que ilusões, imitação dessa Realidade que não se distingue com os olhos do corpo e que a ciência, fora da caverna, revela ao filósofo.

Porque afinal existem, na alegoria da caverna, coisas e seres reais, à imitação dos quais são feitas as estatuetas, que as sombras grosseiramente reproduzem. Para contemplarem estes seres reais, os prisioneiros têm de começar por sair da caverna, isto é, do seu corpo — logo, morrer. Este arrancamento ao mundo sensível não se faz sem esforço nem sofrimento. As cadeias que nos ligam ao mundo obscuro, porque representam os desejos e os temores, as paixões que nos sujeitam ao corpo, aprisionam-nos no mundo das aparências. O carreiro «rude e pedregoso» que nos permite alcançar o mundo verdadeiro, é a reflexão filosófica, é o método dialéctico. Rejeitando os testemunhos dos sentidos, é a nossa alma, a parte superior da nossa alma — a nossa razão — que, na sequência de um longo e difícil estudo, nos leva ao conhecimento dos *modelos,* das formas perfeitas, à imagem das quais são feitos os objectos frustes que tomamos por reais.

A estes modelos chama Platão *Ideias* ou *Essências*. A palavra Ideias designa, na filosofia de Platão, não as ideias do nosso espírito, mas esses seres perfeitos que existem objectivamente fora de nós — seres incriados e imperecíveis, eternos e inalteráveis, que a alma do filósofo pode ser admitida a contemplar, na medida em que reconhece a inanidade do mundo material, do mundo da sensação, na medida também em que se formou, degrau após degrau, no método do conhecimento dialéctico. A alma contempla as Ideias, alimenta-se delas, se assim se pode dizer, tal como os bem-aventurados contemplam, depois da morte, a Face divina no Paraíso.

Nada existe, pois, plenamente, a não ser as Ideias. Se nos acontece cometer uma acção justa, é porque existe uma *Justiça em si* que o nosso espírito pôde de uma certa maneira contemplar. Se vemos ou se criamos um objecto belo, é porque a nossa alma apreendeu — não pelos olhos ou pelas mãos, mas pela razão — a Forma pura da Beleza.

O mesmo se passa não somente com os actos justos e os objectos belos, mas com todos os seres do mundo: só se apresentam a nós na ilusão e no erro dos nossos sentidos, porque encontramos nesta deformação sensível uma lembrança da Ideia pura, da Essência que eles imitam.

Julga-se ver ou desenhar um triângulo rectângulo, mas nenhuma mão, nenhum lápis o pode desenhar. As figuras geométricas são formas ideais, em que as linhas não têm qualquer espessura. Um triângulo rectângulo não é nem grande, nem pequeno, nem isto, nem aquilo — a não ser rectângulo. O desenhador julga desenhar centenas de triângulos rectângulos: só existe, muito para lá das aparências particulares que desenha, a Ideia pura, eterna, do Triângulo-rectângulo em si.

Passeamos pelo campo e julgamos ter encontrado manadas de cavalos. Que engano! Apenas encontrámos, ao sabor das nossas sensações enganadoras, aparências que emergem do não-ser pela *participação* que as liga à forma do Cavalo. Porque o Cavalo-Modelo, o Cavalo-Ideia, não é nem preto nem branco, nem baio nem malhado, nem de nenhuma raça cavalar. É Cavalo puro e os nossos sentidos não no-lo mostrarão jamais. Só o nosso espírito, para além da sensação, pode contemplá-lo. E assim por aí fora.

A filosofia de Platão é a filosofia idealista, não no sentido corrente do termo, mas porque é a filosofia da existência objectiva das Ideias, dessas Essências eternas que só a nossa alma conhece, ou, antes, *reconhece*. A nossa alma, com efeito, viveu em presença desses Seres celestes, antes de ter caído naquilo a que Platão chama (e antes dele os pitagóricos) o túmulo da alma, que é o nosso corpo cego e perecível.

Começaremos a entrever a estranha viragem que constitui, no coração da civilização antiga, a filosofia platónica? Para Platão, há, de um lado, o mundo sensível, o mundo da matéria, mergulhado no não-ser; do outro, o mundo da alma que conhece directamente pelo pensamento o mundo das Formas ideais, única Realidade.

Na verdade, a alma, meio cega, tornada surda e muda na opacidade do corpo, condenada à noite no ilusório mundo dos sentidos, não conheceria as Ideias se as não *reconhecesse*, se as não tivesse contemplado anteriormente à sua encarnação corporal e terrestre.

Numa outra narrativa mítica, que completa a da caverna, Platão mostra-nos a alma percorrendo, antes da sua encarceração no cárcere do corpo, as regiões celestes. A alma é figurada como uma atrelagem de dois cavalos alados. Um é branco, animado de glória, e virtude e de verdade: representa as nossas paixões nobres, o nosso esforço instintivo para o belo e o bem. O outro é espesso, tortuoso, negro, tem o pescoço curto, os olhos injectados de sangue, as ventas peludas, tem o gosto da violência, obedece a custo ao freio: representa as nossas paixões baixas, que nos levam à injustiça. Quanto ao cocheiro desta atrelagem simbólica, é a nossa razão, a parte superior da nossa alma, que deve conduzir de frente estes dois seres alados, e, seguindo um dos deuses, elevá-los até às regiões celestes. O cortejo das almas ergue-se pois para as alturas do céu, lá onde residem no absoluto as Ideias eternas, a Beleza em si, a Justiça em si. Eis uma breve passagem deste mito.

«De cada vez que o cortejo se eleva para ir participar do banquete divino, tem de passar através de regiões escarpadas que levam ao mais alto ponto da abóbada celeste. Sempre em equilíbrio, os carros dos deuses, fáceis de dirigir, a ele ascendem sem esforço. Aqueles que os seguem, em contrapartida, só a muito custo sobem no espaço. O corcel dotado de compleição rebelde entorpece a atrelagem e puxa para a terra o cocheiro que não teve o cuidado de o domar. Essa é a dura provação, a justa suprema que se oferece à alma do homem. As almas que recebem o nome de imortais, chegadas ao cume do céu, passam para o outro lado da abóbada e erguem-se então sobre o próprio dorso do céu. E, enquanto aí permanecem, a revolução celeste arrebata-as e elas contemplam as realidades que estão para além do céu.»

Mas o esforço é demasiadamente duro para a maior parte das almas humanas. Muitas delas só por um instante se apercebem da Verdade, da Sabedoria, da Beleza verdadeiras. Tornam a cair e, na queda, perdem as suas asas. Então a alma fica encerrada, sobre a terra, num corpo humano. Neste túmulo, no entanto, acontece-lhe recordar-se do que viu e retomar as asas para uma nova viagem celeste. Eis ainda, mais adiante, uma passagem desta narrativa mítica.

«O homem, com efeito, que vê a beleza sobre a terra, recorda-se da Beleza verdadeira. A sua alma então toma asas; anseia por voar para as alturas. Na sua impotência, ergue, como a ave, os seus olhares para o céu; e, desprezando as coisas deste mundo, faz que a acusem de loucura, mas este transporte que a eleva é o mais belo dos delírios... Toda a alma de homem contemplou, pois, por natureza, as Essências; doutro modo, não teria entrado no corpo de um homem. Mas recordar-se à vista das coisas da terra dessa contemplação não é igualmente fácil para todas as almas, sobretudo para aquelas que apenas entreviram as coisas do céu ou que após a sua queda na terra tiveram a desgraça de se deixarem arrastar para a injustiça das sociedades funestas, e de esquecer assim os mistérios sagrados que antes tinham visto. Só um pequeno número delas conservaram uma lembrança distinta. Quando estas almas vêem neste mundo qualquer imagem das coisas do alto, são transportadas para fora de si mesmas e não podem conter-se mais. Ignoram contudo a causa da sua emoção, porque as suas percepções não são bastante claras.

«É que a Justiça, a Sabedoria, todos os outros bens da alma perderam o brilho nas imagens que deles vemos aqui; perturbados pela obscuridade dos nossos órgãos, é a custo que alguns de nós podem, ao encontrar essas imagens, reconhecer o modelo que elas representam. Mas então a Beleza era esplêndida de contemplar, quando, reunidas ao coro dos bem-aventurados, as nossas almas (as dos filósofos), seguindo Zeus, como as outras seguindo outros deuses, gozavam desse radioso espectáculo, iniciadas em mistérios a que é permitido chamar os mais santos, e que nós celebrávamos na integridade das nossas naturezas, isentos de todos os males que nos esperavam na continuação dos tempos, admitidos à contemplação das aparições perfeitas, simples, imutáveis e beatíficas, que se desvelavam aos nossos olhos no seio da mais pura luz, não menos puros nós próprios, não ainda encerrados neste túmulo a que chamamos corpo, aprisionados nele como a ostra na sua concha.»

Será necessário insistir longamente naquilo a que chamei a viragem que constitui o platonismo na vida antiga? Este mito da queda das almas, estas imagens repetidas em que o corpo é apresentado como o túmulo ou a prisão da alma, esta distinção rigorosa estabelecida entre o corpo e a alma, tudo isto não será já a base ideológica da fé cristã?

Tocamos aqui a novidade profunda da representação do mundo que Platão desenvolve na Grécia cerca de quatro séculos antes da nossa era. A vida antiga não estava, até aí, voltada para a morte e para o além. Estava empenhada na produção e na conquista dos bens terrestres, alimentava-se da alegria de viver sobre a terra a nossa breve existência de homens, tão valentemente, tão justamente e, se preciso fosse, tão heroicamente quanto possível. Para além da morte, os Gregos não viam, quase sempre, mais do que uma existência diminuída e, para muitos deles, incerta. Pense-se em Aquiles! Vive plenamente a sua vida de homem, dissipa-a dispendiosamente, gasta-a prodigamente no tumulto das paixões. Não pensa nunca no dia da sua morte. A morte é o preço aceite da única imortalidade que conta para ele: a glória. Contudo, a sua sombra, que não é mais do que uma «cabeça vacilante», desceu aos Infernos. Ulisses ali o encontra quando se arrisca a enfrentar o reino infernal. Interroga-o sobre a condição de rei que lhe é dada no pobre paraíso dos Campos Elísios. Aquiles responde-lhe com uma força subitamente recobrada: «Preferiria ser, sobre a terra, à claridade do sol, um simples jornaleiro campestre, ao serviço de um camponês pobre, do que ser rei nos Infernos.»

Eis a antiguidade grega, no seu humanismo fundamental. Afirmação do valor primeiro, único, da vida presente e terrestre, frente às tristes consolações do além.

Com Platão, tudo vai mudar. A alma viveu antes do corpo, continuará a viver depois do corpo — desde que tenha percorrido, em virtude, várias existências terrestres. A morte, na verdade, tem de ser atravessada mais de uma vez. Mais de uma vez terá de libertar o sage dos constrangimentos da vida corporal. «Filosofar», declara o Sócrates já morto, o Sócrates vivo em Platão, «filosofar é aprender a morrer.» E enquanto fala aos seus discípulos, de quem a morte o vai separar, de quem a morte o separa a fim de o cumprir, sentimos deslocar-se o eixo da existência antiga. A vida presente, vivida na alegria e nas penas, na coragem e na fraqueza, na sabedoria e na ignorância, a efémera vida presente deixou de ser, como o tinham afirmado tantos poetas e sages, o nosso bem mais querido, o mais certo coração do nosso ser. A vida terrestre, única e limitada, o nosso mais único bem, a nossa preciosa, a nossa insubstituível vida carnal — não é, afirma Platão, a verdadeira vida. A vida terrestre não é mais do que um prelúdio à vida verdadeira, talvez uma escola, uma pergunta feita à morte. Sim, declara com veemência o novo Sócrates, esse Sócrates do além da morte que revive em Platão, esse Sócrates que é Platão, o Platão devir de Sócrates, sim, a vida terrestre não é mais do que uma «aprendizagem da morte». A esperança profunda do homem, a sua mais segura razão de ser, passa a ser o além.

Assim, a imortalidade da nossa alma domina, abrange a nossa vida mortal.

Eis porque os discípulos, na prisão onde Sócrates bebe a cicuta, lêem no seu rosto uma perfeita serenidade, «uma calma maravilhosa».

«A morte», explica ele gravemente, «é uma espécie de carreiro, um atalho que nos leva direito ao fim, nesta busca em que a razão nos guia.

«Enquanto o nosso corpo estiver connosco, enquanto a nossa alma estiver contaminada pela infecção que está nele, nunca possuiremos inteiramente o objecto dos nossos desejos, isto é, a verdade. O corpo, com efeito, causa-nos mil trabalhos pela necessidade que temos de o alimentar. Se vierem doenças, são outros obstáculos na nossa caminhada para o verdadeiro. O corpo enche-nos de amores, de desejos, de receios, de mil quimeras, de múltiplas frivolidades, de tal modo que, di-lo um provérbio, por sua causa não nos fica nem um pensamento de bom-senso. Donde provém a guerra, donde nascem as revoluções, senão do corpo e das suas paixões? Não vêm todas as guerras do desejo de acumular riquezas? E não é o corpo que a tal nos força, o corpo que faz de nós escravos das suas necessidades? Por isso não temos tempo de pensar na filosofia!

«Mas o que há de pior, é que se por acaso o corpo nos deixa algum vagar e nos pomos a reflectir, logo se lança no meio das nossas buscas, perturba-nos, atordoa-nos, paralisa-nos, torna-nos incapazes de distinguir a verdade! Fica pois absolutamente demonstrado que se alguma vez quisermos saber verdadeiramente qualquer coisa, é mister que nos separemos do corpo, e que a alma, reduzida a si mesma, examine as coisas em si mesmas. Assim, não gozaremos daquilo por que nos declaramos enamorados — a Sabedoria — enquanto não estivermos mortos (a própria razão disso nos adverte), mas nunca durante a nossa vida! Porque, se é impossível alguma coisa conhecer puramente enquanto estamos com o corpo, de duas coisas uma: ou o conhecimento nos está para sempre interdito, ou só o obtemos depois da morte, no momento em que, liberta do corpo, a alma será restituída a si mesma. Por todo o tempo que estivermos nesta vida, não nos aproximaremos da verdade se não nos afastarmos do corpo, se não renunciarmos a toda a relação, a todo o comércio com ele, salvo no caso de necessidade absoluta, se não o impedirmos de nos encher da sua corrupção natural, se não nos conservarmos puros das suas máculas, até que o próprio Deus venha libertar-nos dele. Então livres e puros da loucura do corpo, viveremos, espero, com objectos puros como nós, e conheceremos por nós próprios a Essência pura.»

«Livres e puros da loucura do corpo» (e mais acima) «esta corrupção... esta infecção... esta mácula corporal» — aqui temos, nesta passagem toda repleta de ultrajes ao corpo, de desprezo do corpo e da vida dos sentidos, aqui temos sons novos na boca de um escritor grego!

No entanto, ainda uma vez mais a noção de declínio manifesta a sua ambivalência. Que teria pensado Homero, para não falar em Píndaro ou Aristófanes, deste corpo obstáculo ao desabrochar da nossa individualidade, este corpo rebaixado, parece predizer o poeta cómico, a não ser mais no «pensadoiro» que o pretexto disforme da alma hipertrofiada de sabedoria... Mas, ao mesmo tempo que nesta passagem nos afastamos do helenismo clássico, avançamos pelo caminho de um helenismo novo, por caminhos que terão mais tarde um outro nome. «Livres e puros da loucura do corpo... conheceremos por nós próprios a Essência pura» parece já anunciar: «Felizes os que têm o coração puro, porque esses verão Deus.»

A passagem que acima citei pertence ao *Fédon*, esse diálogo em que Platão pretende *demonstrar* a imortalidade da alma. (Foi este mesmo *Fédon* que no tempo do Renascimento italiano Cosme de Médicis e — salvo erro — o cardeal Orsini ouviram no seu leito de morte para se prepararem para o último combate.) Demonstração, retórica e poesia, nada de *grego* falta a esta obra, que é ao mesmo tempo a obra de um lógico, quase de um geómetra, de um mestre orador e de um mágico do verbo.

Mas o *Fédon* convencer-nos-á? Apenas conheci um homem, sábio helenista, que se declarou racionalmente conquistado pela argumentação de Platão. Mas trata-se de ceder ao rigor do raciocínio, ou de dar a adesão do nosso coração à palavra de Sócrates moribundo? Este diálogo sensibiliza-nos, mais do que nos convence. O que na verdade nos convence — mais do que os argumentos apresentados — é a perfeita lealdade daqueles que participam na conversa. As dúvidas que os interlocutores de Sócrates conservam e hesitam em exprimir nessa hora em que a imortalidade da sua alma é o único bem que o Mestre segura ainda nas mãos, essas dúvidas, que eles no entanto exprimem por respeito da verdade, são mais convincentes na sua autenticidade corajosa do que os argumentos com os quais Sócrates os refutará. Mas a coisa mais convincente — se era necessário ser absolutamente convencido dessa imortalidade que parece fugir-nos mais e mais a cada articulação do diálogo — é que o próprio Sócrates renuncia ou quase, exactamente no momento em que todos os seus adversários estão reduzidos ao silêncio. É com efeito Sócrates que já não quer reter os sonhos que esboçava acerca da morada eterna das almas, e que, modesto perante o mistério que os seus olhos demasiadamente fixaram, se recusa a dar como uma certeza da razão essa descrição encantada da felicidade da alma que acaba de fazer e que ele agora se contenta com propor como um acto de fé, como uma grande esperança.

«Vale a pena», diz ele, «que nos aventuremos a acreditar. É uma sorte que é belo correr, é uma esperança de que devemos encantar-nos a nós próprios...»

O helenismo de Platão avançou até aí, até esta espécie de aposta. Mas vejamos ainda as condições postas. Sócrates continua: «Que tome pois confiança pela sua alma aquele que, durante a vida, rejeitou as volúpias e os adornos do corpo, considerando-os estranhos à sua pessoa e propícios a engendrar o mal em lugar do bem; aquele que se entregou às sós volúpias da ciência e que adornou a sua alma, não de um enfeite de empréstimo, mas do que lhe é próprio, a temperança, a justiça, a coragem, a liberdade, a verdade! Esse deve esperar tranquilamente a hora da sua partida para o outro mundo, pronto a meter-se ao caminho quando o destino o chamar.»

Eis aquilo a que se compromete o sage que aspira à imortalidade: deve escolher não só praticar a virtude, escolhe também a vida do ascetismo, e — outras passagens o precisam — a da *mortificação* do corpo, desse corpo no qual a sua alma imortal, no ciclo das migrações, por um instante *«lançou a âncora»*.

Leia-se ainda no mesmo *Fédon* o que Sócrates diz aos discípulos acerca do convívio da alma e do corpo, e do que ele deve ser para assegurar à alma a sua imortalidade.

«Se a alma se separa do corpo, pura, sem nada desse corpo arrastar consigo, porque, longe de ter mantido com ele, durante a vida, qualquer comércio voluntário, ter-se-á, pelo contrário, aplicado sempre a fugir dele e a recolher-se a si mesma, fazendo desta ocupação seu único cuidado... E a alma que assim age outra coisa não faz que filosofar, isto é, no fundo, exercitar-se a morrer sem custo. Não será isto preparar-se para a morte?... Se a alma se separa pois do corpo neste estado, dirige-se para o que lhe é semelhante, para o que é invisível, divino, imortal e sage; ali é feliz, liberta do erro, da loucura, dos temores, dos amores desregrados e de todos os outros males humanos; e, como se diz dos iniciados, passa verdadeiramente a eternidade com os deuses...

«Mas suponhamos que a alma se separa do corpo, impura e degradada, por sempre ter estado misturada com ele, por tê-lo servido e amado, por se ter deixado encantar por ele, enfeitiçar pelos seus desejos e prazeres, ao ponto de crer que só é real o que é corporal, o que se pode ver, tocar, comer, beber, ou fazer servir aos prazeres do amor; se tornou em hábito odiar, temer e fazer o que é invisível, obscuro ao nosso olhar, mas inteligente, apreensível, a quem ama a sageza, julgar-se-á que uma alma assim possa, ao sair do corpo, encontrar a sua natureza intacta e livre?... Pelo contrário, sai dele toda embebida desse elemento corporal, que o comércio constante, a união demasiado estreita que teve com o corpo, o cuidado assíduo com que dele se ocupou, lhe tornaram como essencial... Esse elemento que a penetra é pesado, denso, terroso e participa do visível. A alma, carregada desse peso, a ele sucumbe; e, puxada para trás, retida no mundo visível pelo medo que tem do invisível, desse outro mundo a que se dá o nome de Hades (Hades significa invisível), vai errante, diz-se, entre os sepulcros e os túmulos, em redor dos quais se viu por vezes rondar não sei que tenebrosos fantasmas de almas, como devem ser as imagens daquelas que deixaram a vida antes de estarem inteiramente purificadas, e que retêm em si algo da região visível, o que faz que os olhos dos homens possam vê-las ainda...

«É uma coisa conhecida dos amigos da sabedoria que a filosofia, quando toma a direcção da alma, vai encontrá-la apertadamente agrilhoada num corpo e por assim dizer soldada a ele; forçada a considerar as coisas não por si mesma, mas por intermédio dos órgãos como através das grades dum cárcere; atolada enfim numa escuridão total. E o que há de terrível neste aprisionamento, bem o viu a filosofia, é que toda a força do cárcere vem das paixões que fazem que o próprio prisioneiro ajude a apertar a sua cadeia! A filosofia, recebendo a alma neste estado, anima-a suavemente, e trabalha para libertá-la; mostra-lhe que o testemunho dos olhos do corpo está cheio de falsidades, que o dos ouvidos e dos outros sentidos regurgita de ilusões; incita-a a separar-se deles, salvo em caso de necessidade...

«A alma do verdadeiro filósofo, persuadida de que não deve opor-se à sua libertação, abstém-se pois, tanto quanto lhe é possível, das paixões, dos prazeres, dos desgostos, dos temores; reflectindo que após as grandes alegrias e as grandes tristezas, os terrores e os desejos imoderados, se deixam de sentir não só os males comuns, como estar doente ou perder a fortuna, mas o maior e o último de todos os males, e sem disso ter a sensação.

«— E que mal é esse, Sócrates? pergunta o discípulo.

«— É que o efeito necessário do extremo gozo e da extrema aflição é convencer a alma de que o que a regozija ou aflige é muito real e muito verdadeiro, embora não seja assim...

«Cada pena, cada prazer, têm, com efeito, por assim dizer, um prego com o qual fixam a alma e a pregam ao corpo, tornando-a assim tão semelhante a ele, tão corporal, que a fazem crer que só é verdade o que o corpo lhe diz. Ora, se ela vai buscar ao corpo as suas crenças e partilha os seus prazeres, é forçada, penso eu, a tomar também os mesmos costumes e o mesmo comportamento, tal como lhe é impossível chegar alguma vez pura ao outro mundo; mas saindo desta vida toda cheia desse corpo que abandonou, não tarda a cair num outro corpo e nele ganhar raiz, como a semente na terra para onde foi lançada, excluindo-se para sempre de todo o comércio com a pureza e a simplicidade divinas...»

É possível que esta escolha mística, esta vocação de ascetismo, que se manifestam com tanto brilho nestas páginas, sejam disposições propriamente platónicas. Mas é muito provável que o misticismo platónico, que se afirma tão fortemente no *Fédon* e que tomará, graças a ele, no cristianismo, um tão prodigioso impulso, se enraíze no pitagorismo, esse ardente pitagorismo com o qual Platão entra em contacto na Itália muito antes do *Fédon*. Foi na escola pitagórica itálica que Platão ouviu pela primeira vez o famoso *sôma-sêmâ*, a palavra que identifica o nosso corpo e um túmulo. «O nosso corpo é o nosso túmulo», diz Platão no *Górgias*, diálogo anterior ao *Fédon* e que é ao mesmo tempo o último dos diálogos a que se pode chamar socrático e o primeiro onde se vê despontar o misticismo platónico.

Retomando e comentando uma frase de Eurípides:

«Quem sabe se viver não é morrer
e se morrer não é viver?»

o Sócrates do *Górgias* pergunta-se se na realidade nós não estaremos já mortos. Mortos e encerrados no nosso corpo-túmulo. A nossa vida presente, a nossa vida de homens destinados a morrer, não é uma vida verdadeira. É já morte, uma cegueira que nos vota a todas as acções absurdas, aos desregramentos da paixão. Vivemos numa espécie de morte-desordem, ao passo que tudo — na nossa alma — aspira à ordem que é claridade e beleza. A alma que possui a ordem possui a existência. Tendo em si o bem, é boa e é feliz.

Tudo isto, que está no *Górgias,* implica o conhecimento do pitagorismo que vai fundir-se com o socratismo para dar nascimento ao misticismo platónico.

Toda a vida humana tem de ser refeita agora ao nível destas novas afirmações. A vida presente em primeiro lugar: Platão nunca a isso renunciou. Esta vida mortal deve ser virtude, prática cada vez mais rigorosa, cada vez mais severa, da virtude. Platão nunca abandonou o homem de carne e osso. Nunca renunciou a edificar, para a criatura carnal, neste mundo, um reino de virtude. Ah! Se Péricles, Címon, Temístocles, Miltíades tivessem possuído esta ciência da virtude que é a única ciência necessária! Se a tivessem ensinado aos Atenienses, Atenas, na prática da justiça, teria sido feliz. Mas Atenas, mal educada por esses falsos grandes homens, escolheu o outro partido, cometeu a pior injustiça, fez morrer o único homem político verdadeiro que possuiu, Sócrates, o filósofo.

Aos outros, medíocres ou destestáveis, pô-los ela no ostracismo, prendeu-os ou exilou-os; a Péricles, depois de o ter adulado, condenou-o por desvios.

Por tudo isto, enquanto espera que Atenas dê a si própria homens políticos dignos desse nome, isto é, filósofos, e enquanto espera que, livremente ou forçada, ela os siga no seu ensinamento da virtude — enquanto espera, em suma, que Atenas inteira se converta à virtude —, Platão escolhe propor aos seus concidadãos uma outra via, mais directa: transporta o reino de justiça que sonha para Atenas e para a comunidade dos homens, por meio de uma audaciosa transferência, transporta-o para o além. Esta caminhada dupla, sempre solidária, passa a animar a maior parte da sua obra: fundar terrestremente um reino de justiça e, ao mesmo tempo, afirmar misticamente a imortalidade da alma humana no outro mundo. Esta caminhada é a própria caminhada do cristianismo. Platão anuncia-a num grande grito de paixão, crê invocá-la num grito supremo de razão. Esse é o mais ardente sentido da sua obra.

Platão propõe aos homens uma religião de salvação. «A quem confirmar a nossa alma e a alma da cidade?, pergunta ele com crescente insistência. Qual é a única coisa necessária? Que disciplina poderá assegurá-la? Quem nos salvará?»

Sócrates estava já à beira destas perguntas. Platão renova-as, mas também as torna mais precisas, à luz do pitagorismo itálico. «Se a injustiça», diz, «pode parecer triunfar neste mundo, estejamos seguros de que a morte, que põe a nu as almas, revelará a miséria interna dos maus. Felizes os que ela encontrar ainda curáveis! Ai daqueles a quem ela imortalizará na sua injustiça!»

Ao longo da sua vida, ou pelo menos no período da sua maturidade — a dos grandes diálogos-poemas já nomeados —, Platão parece ter sido perseguido pelo problema da morte e do além. A ele regressa constantemente, e por três vezes, em mitos admiráveis, descreve a sorte das almas depois da morte.

Eis um fragmento do mito do julgamento das almas no *Górgias:*
«Quando os mortos comparecem perante o seu juiz, por exemplo, os da Ásia perante Radamanto, este, mandando-os aproximarem-se, examina a alma de cada um, sem saber de quem ela é; e muitas vezes, pondo a mão sobre o Grande Rei ou qualquer outro príncipe ou potentado, verifica que nada há de são na sua alma; vê-a toda lacerada e acutilada de perjúrios e de injustiças, gravados nela como ferro em brasa pelos actos da sua vida; vê que tudo nela está torcido pela mentira e pela vaidade, e que nada cresceu a direito, porque ela cresceu fora da verdade; e que finalmente a licença, a orgia, o orgulho e a incontinência, a encheram de monstruosa fealdade. E depois de a ter visto, manda-a ignominiosamente para a prisão onde terá de receber os castigos apropriados.»

«...Outras vezes, vendo uma alma que viveu santamente e em verdade, alma de um simples cidadão ou de qualquer outro, mas, sobretudo, se não me engano, alma de um filósofo unicamente ocupado no seu ofício próprio, e que durante a sua vida não se dispersou em estéreis agitações, Radamanto admira-lhe a beleza e envia-a para as ilhas dos Bem-Aventurados. Eaco faz outro tanto, por seu lado. Ambos julgam, com uma vara na mão. Só Minos, que vigia os julgamentos, tem um ceptro de ouro, como o Ulisses de Homero o viu, «um ceptro de ouro na mão, fazendo justiça aos mortos». Por mim, creio nestas narrativas e estudo-me para aparecer perante o juiz com uma alma irrepreensível. Desdenhoso das honras que a maior parte dos homens prezam, apenas viso a verdade, e quero empregar todas as minhas forças a viver como homem de bem e do mesmo modo morrer quando tiver chegado a minha hora.»

Platão, neste mito como noutros, afirma a sua fé na Justiça divina. Ela castiga o culpado, mas é para seu bem; coroa de felicidade a alma do justo.

Há casos de uma extrema gravidade, em que criminosos de faltas irremissíveis — em geral tiranos — são eternizados no castigo da sua injustiça.

Platão imagina, não só o paraíso e o purgatório, mas ainda o inferno com os seus suplícios dantescos, aplicados por demónios de fogo. Eis o castigo do tirano Ardieu.

«Eu estava presente, declara uma alma que regressa do além para se reencarnar, quando uma alma perguntou a uma outra alma onde estava o grande Ardieu. Este Ardieu fora tirano duma cidade de Panfília, mil anos antes; matara o seu velho pai, o irmão mais velho, e cometera, ao que se dizia, outros crimes enormes.

«— Não vem, respondera a alma interrogada, e nunca virá aqui. Todos nós fomos testemunhas de um terrível espectáculo. Quando estávamos para sair do abismo subterrâneo, depois de termos cumprido a nossa pena de mil anos, vimos de súbito Ardieu e outros, a maior parte dos quais tiranos como ele; havia também alguns particulares que haviam sido grandes celerados. No momenmto em que eles esperavam poder subir, o orifício (que permitia às almas emergir do Inferno) recusou-lhes a passagem, e de todas as vezes que um desses miseráveis, cujos crimes eram sem remissão ou não tinham sido suficientemente expiados, tentava sair, ele começava a mugir.

«Então, seres ferozes e feitos de fogo, postados não longe dali, acorriam a esse mugido. Deitavam mão ao infeliz e levavam-no. Quanto a Ardieu e a outros, ataram-lhes os pés, as mãos, a cabeça, atiraram-nos por terra, esfolaram-nos à força de pancadas; depois arrastaram-nos pela berma do caminho, onde, ferindo-os sobre sebes de giestas espinhosas, repetiam às sombras, à medida que elas passavam, a razão por que os tratavam assim e que iam precipitá-los no Tártaro.»

«Esta alma acrescentava que, entre os terrores de toda a espécie que as haviam agitado, a si e às suas companheiras, durante a caminhada, nenhum igualava o de que o mugido se ouvisse quando elas se adiantassem para sair, e que tinha sido para elas um momento de viva alegria não o terem ouvido no momento de subirem.»

Mais tarde ainda, na *Sétima Carta* (Platão escreve-a perto dos seus setenta e cinco anos; compôs o *Górgias* aos trinta e poucos anos), o filósofo ateniense regressa à imortalidade da alma para afirmar com veemência a sua realidade, referindo-se desta vez às crenças dos Órficos, que conheceu e frequentou na juventude, quando das suas viagens à Itália. Escreve:

«Deve-se acreditar esta antiga e santa doutrina (a dos Órficos), de que a alma é imortal, que depois da sua separação do corpo encontra juízes e castigos severos, e que por consequência é menor mal para nós sofrer as maiores injustiças que cometê-las. O homem ávido de riquezas, e pobre pelo lado da alma, não ouve uma tal linguagem, ou só a ouve para dela zombar. Semelhante a um animal feroz, apropria-se sem pudor de tudo quanto julga bom para satisfação dos seus desejos insaciáveis de comer e de beber, ou tudo quanto é capaz de lhe proporcionar até à saciedade esse indigno e grosseiro prazer a que erradamente se dá o nome de amor. Cego que não vê que estas acções baixas são outras tantas impiedades — impiedades que forçosamente a alma injusta leva consigo, por toda a parte onde ela estiver nesta terra e durante a sua viagem sob a terra, nas suas miseráveis peregrinações.»

Uma vez mais Platão, nos apresenta a nossa vida terrestre como um lugar de exílio e de passagem, e a morte como uma porta aberta para imensidades de expiações, de castigos... Esquece desta vez as recompensas.

Assim Platão, com os Órficos como com os Pitagóricos, proclama com toda a segurança a imortalidade da alma. É ela, ao longo da obra imensa, um dos temas mais exaltados do seu misticismo e os mais novos da sua fé, pelo menos em relação à tradição helénica anterior tomada no seu conjunto. É também o tema mais fecundo, se aproximarmos esta crença daquelas que nos séculos futuros vão prevalecer por muito tempo nas comunidades do Ocidente saídas do helenismo, e da civilização greco-romana depois.

A crença na imortalidade da alma é, na confusão dos últimos séculos pré-cristãos, confusão seguida de muitas outras confusões, a afirmação mais estável, a consolação mais eficaz a que vai agarrar-se o desespero humano. Platão sustentou-a corajosamente com a sua autoridade e o seu génio.

E, contudo, esta longa obstinação de Platão em provar a imortalidade da alma surge hoje como uma preocupação mesquinha e miserável. Se não temêssemos cometer uma falta de gosto, diríamos que um tal problema e a solução que lhe dá Platão lembra em demasia a promessa do barbeiro: «Amanhã, barba gratuita.» Aprendamos a dizer *nós* onde por muito tempo dissemos *eu*, e a questão que durante séculos atormentou a humanidade apagar-se-á do nosso pensamento.

Contudo, uma vez mais se perguntará quais foram as causas desta singular mudança de perspectiva que significa com evidência o pensamento de Platão. Estas causas só puderam aparecer até aqui incidentalmente, no plano de fundo desta obra, no impulso que arrebatava o povo grego para a conquista de uma civilização feita para os homens e para a vida presente, feita para assegurar perante as forças naturais e ainda desconhecidas e poderosas, perante pressões sociais não menos ameaçadoras, a libertação, a segurança e o bem dos homens que usufruíam do direito de cidadão.

Contudo, esta civilização, que parece romper do solo com a força indiscutível de um jovem tronco, apesar do impulso, apesar do esplendor desse brotar, deixa aparecer, desde o princípio, no movimento criador que a arrebata, insuficiências, lacunas, falhas que são sinais evidentes da sua impotência em ganhar para os homens a terra e o céu.

Feridas também. A guerra imperialista do fim do século V, a miséria que na Ática acompanha e segue a derrota, fazem já de Atenas, no tempo da juventude de Platão e no começo do século VI, uma cidade de desolação. As muralhas, os edifícios nacionais, caem em ruínas. O tesouro está vazio. Os juízes são pagos apenas do produto das confiscações e das multas que pronunciam. Até no golfo Sarónica, nas proximidades do Pireu, o mar pertence aos piratas ou aos corsários do inimigo que capturam os comboios de reabastecimento. Este reabastecimento de Atenas torna-se aliás muito difícil e está submetido a uma fiscalização draconiana. Atenas tem fome; bruscas fomes rebentam na cidade. Quando Demóstenes descreve a gente do Pireu «...empurrando-se no Grande Mercado para obter rações de meio sesteiro de farinha de cevada...», adivinha-se que a agitação deve ser grande entre o baixo povo do porto. As oscilações do preço do vinho e do preço do pão em Atenas a partir da segunda metade do século bastam para denunciar uma crise económica em pleno desenvolvimento.

Os apetites, legítimos ou desenfreados, declaram-se em todas as classes sociais. Eis como o próprio Platão, no regresso das suas viagens, descreve o mundo desumano que antigamente Sócrates prometia à justiça; agora é um campo fechado onde animais dominados pelos seus desejos disputam o pasto. «Olhando sempre para o chão, como os animais, ou debruçados para a mesa, empanturram-se de comida, ou sujam-se uns aos outros e, disputando a ver quem terá mais desses prazeres, escoicinham, matam, e matam-se à cornada, com tamancos de ferro para satisfazerem as suas insaciáveis cobiças.»

Na verdade, uma crise económica violenta rebentou em Atenas, ainda em vida de Platão. A guerra, que se supunha pelo menos liquidada pela derrota de Atenas e das suas ambições imperialistas (ilusão demasiado comum para precisar de ser sublinhada!) — a guerra parece, no século IV, coexistir com o regime democrático ateniense, a menos que coexista sucessivamente com os imperialismos espartano, tebano, macedónio. Na ruína próxima de todas as cidades, cada uma pensa ter tempo de arriscar a sua probabilidade de grandeza. Assim, a guerra é no século IV o cenário sinistro permanente do mundo grego inteiro.

Por outro lado, Atenas empobrecida, obstinada num orgulho nunca saciado, exporta cada vez pior os produtos da sua agricultura (azeite e vinho) e da sua indústria (cerâmica). Outrora tivera abundância de mercados, nas ilhas do Egeu, na região do Bósforo e além, numa larga porção da Ásia Menor. Agora estes países sacudiram, ao mesmo tempo que o jugo político, o domínio económico de Atenas. O comerciante ateniense esbarra cada vez mais com uma indústria e uma agricultura indígenas que tornam vã a oferta dos produtos da Ática. Em 380, no seu *Panegírico*, Isócrates pode ainda escrever a propósito do Pireu que era um mercado no coração da Grécia onde abundavam os produtos de toda a espécie. Mas em 356, Xenofonte, nos *Rendimentos*, ao mesmo tempo que mostrava um optimismo «oficial», invocava a paz que faria voltar os mercadores a Atenas e restituiria ao Pireu a sua prosperidade de antanho. Entre o *Panegírico* e os *Rendimentos*, um quarto de século passou, e com ele a queda da segunda confederação ateniense. O autor dos *Rendimentos* evoca com nostalgia o tempo em que Atenas detinha livremente a hegemonia que lhe havia sido entregue pelos outros gregos como prémio dos seus bons ofícios. Sentia confusamente que a crise da economia e das finanças estava na origem do desequilíbrio geral e do declínio do poder ateniense.

A arqueologia confirma aqui as sugestões dos textos. Escavações bastante recentes feitas nos antigos clientes de Atenas, na Bulgária, na Roménia, na Crimeia, no Irão, na Ásia Menor, revelam no século IV a presença de objectos cada vez mais numerosos — urnas funerárias, armas e jóias — de fabricação local. Atenas perdeu o seu predomínio económico.

A guerra permanente e as dificuldades económicas venceram a sua grandeza.

Eis agora, depois das feridas, que parecem o preço histórico normal de um demasiado brusco e brevíssimo período de desabrochamento, as falhas congénitas de toda a civilização grega.

Será necessário tornar à incrível cegueira dos antigos ao deixarem desenvolver-se no seio das suas comunidades (mesmo pseudodemocráticas) a escravatura, que com o tempo destruirá a sua civilização, arruinará a sua própria existência. Mas esta cegueira nada tem de incrível: é imposta aos homens desse tempo pelo melhor de si próprios, pela imperiosa necessidade que têm de crescerem em todos os sentidos; construir novos templos, novos teatros sobre novas terras, navegar para explorar as regiões desconhecidas, conquistar novos mercados, permutar novos bens materiais, afirmar em todos os lugares a sua presença humana. E isto *na ausência de todas as ferramentas* que o desenvolvimento das ciências e das técnicas porá mais tarde à disposição dos homens.

Esta ausência de ferramentas e de máquinas não lhes parece, aliás, embaraçosa. Numa abundância que julgam ilimitada, têm ferramentas — têm máquinas — que são os escravos.

Um número se propõe aqui à nossa atenção. Segundo o historiador Ctésicles, quando de um recenseamento da população da Ática que se realizou no final do século IV, havia em Atenas, ao serviço de 21 000 cidadãos livres e de 10 000 metecos em condições de usar armas — havia 400 000 escravos — número que englobava sem dúvida as mulheres e as crianças. A maior parte dos historiadores contestam este número enorme. Mas, vendo bem, parece que o contestam porque têm repugnância em admitir que a civilização grega foi uma civilização de base esclavagista. Não se deve ter medo da verdade. O grande helenista George Thomson admite este número e é quase o único a admiti-lo, com Gernet. Estes dois grandes sábios sabem que sem esta enorme quantidade de escravos Atenas nunca teria construído o Parténon nem assumido o restante da sua grandeza. Sabem também que por causa deste número, mais tarde, Atenas e a Grécia viriam a perecer. Mas o tempo do declínio ainda não chegara. Não chegaria enquanto para os Atenienses ter escravos fosse tão «natural» como beber, comer e dormir. É o caso ainda nos primeiros diálogos de Platão. Mais tarde, quando se ocupa em construir cidades ideais, Platão começa a perder a sua paz de espírito em relação à escravatura, ou pelo menos a aperceber-se de que a escravatura precisa de ser justificada. E justifica-a, melhor ou pior, não sem constrangimento e inabilidade. Para Platão, a escravatura é, em suma, uma *realidade*. O seu espírito de quimera cede aqui perante o seu profundo realismo. Sabe que os escravos *existem* e nada mais quer saber. Não distingue o que Aristóteles, mais lógico e mais lúcido, vê muito bem; a saber, que a escravatura é, em Atenas, uma necessidade determinada pelo desenvolvimento económico da cidade. Está ligada à expansão comercial de Atenas, à sua estabilidade financeira. Digamos mais brutalmente que é uma exigência da hegemonia ateniense, do imperialismo ateniense. Mas Platão, que dificilmente pode ignorar este aspecto da verdade, recua perante a sua afirmação. Os escravos são para ele, como para todo o ateniense médio, seres inferiores e ignorantes, aceites como tal. A escravatura é, muito simplesmente, um fenómeno natural que nem sequer se discute.

Aristóteles explica na *Política* que existem duas espécies de máquinas, as inanimadas e as animadas. Assim, o piloto tem à sua disposição o leme inanimado e o vigia animado. A abundância do «maquinismo animado» — os escravos — torna inútil a construção de «máquinas inanimadas». Acrescentemos que uma espécie de preguiça de espírito convida o homem a não procurar substituir o que tem (os velhos métodos de trabalho comprovados pelas gerações) por duvidosas e quiméricas novidades. O próprio maquinismo, perante a escravatura, surge ainda como um devaneio! Sabe-se aliás como o argumento se volta contra o argumentador e forma um círculo terrivelmente vicioso — círculo intransponível para quase todos os antigos. Se a abundância de mão-de-obra servil torna inútil a invenção de máquinas, a ausência de máquinas faz que não se possa passar absolutamente sem escravos.

Tanto mais — argumento de reforço — que, como recentemente foi descoberto, o arreio dos cavalos era concebido de tal modo que a força motriz animal tinha um fraquíssimo rendimento: a coleira do cavalo, em vez de assentar, como hoje, nas espáduas, assentava contra a garganta, como uma coleira de cão, ameaçando estrangular o animal ao mais pequeno esforço.

Mas a existência da escravatura — e isso talvez fosse o mais grave — não criava apenas condições tais que a construção de máquinas pareceria pouco útil do ponto de vista económico: dela resultava uma hierarquia particular de valores que provocava o desprezo pelo trabalho manual. Platão opõe, no *Górgias*, as artes mecânicas, que são servis, às artes liberais, praticadas pelos homens livres nos seus lazeres. Depois de ter sublinhado a importância capital do papel do engenheiro, que salva por vezes do inimigo as cidades, declara: «Contudo, tu despreza-lo, a ele e à sua arte, só lhe chamarias engenheiro (fabricante de máquinas) como injúria, e não quererias nem dar a tua filha ao filho dele, nem casar com a filha dele.» Este desprezo geral é já notado por Heródoto: «É comum aos Gregos», diz, «sobretudo aos Lacedemónios, como aos Bárbaros. Menos espalhado em Corinto», cidade comerciante e industrial por excelência, e sem dúvida também em Atenas, onde não obstante se censuram a Sócrates as suas comparações «mecânicas» quando ele não hesita em tomar como exemplo correeiros e sapateiros.

Plutarco conta-nos como Platão se enfadou com o seu amigo Arquitas e com Eudóxio, que tinham procurado resolver certos problemas geométricos com o auxílio de aparelhos mecânicos: «Mas depois», escreve Plutarco, «tendo-se Platão agastado com eles, sustentando que corrompiam e faziam dano à dignidade e ao que havia de excelente na geometria, fazendo-a descer das coisas intelectivas e incorpóreas às coisas sensíveis e materiais, e fazendo-a usar da matéria corporal, em que é necessário usar vilmente e baixamente a obra da mão: desde esse tempo, digo, a mecânica veio a separar-se da geometria e, sendo longamente tomada em desprezo pelos filósofos, tornou-se uma das artes militares.»

Platão prescreve nas *Leis* que nenhum cidadão exercerá jamais profissão mecânica. E Aristóteles declarará que nenhum artífice, na cidade ideal, alguma vez será cidadão. Desde Platão, a palavra *banausos*, que significa *artífice*, degrada-se e toma o sentido de *vulgar* ou *desprezível:* tudo o que é artesanal, todo o trabalho manual deforma conjuntamente a alma e o corpo.

Platão opõe a filosofia, arte suprema, que tem por objecto a imóvel contemplação — essa contemplação que confere à alma a imortalidade —, opõe-na ao trabalho dos operários, artesãos, engenheiros, comerciantes, que apenas visa fins perecíveis. O seu distante e genial discípulo, Plotino, dirá com mais clareza ainda: «A contemplação é o fim supremo de toda a acção.» E Platão dá como modelo à nossa actividade a vida contemplativa da terra, das árvores e das plantas, que «produzem seres sem terem precisão de instrumentos, alavancas, por exemplo, para as produzirem», mas pela simples contemplação.

Eis ao que leva, através de Platão, o movimento de pensamento nascido na Jónia com homens como Tales, que era um engenheiro, ao mesmo tempo que um sábio e um sage. Platão contesta claramente esse movimento que se propõe criar uma técnica científica e que teria levado, cedo ou tarde, à invenção e ao desenvolvimento da maquinaria.

Plotino, no século III da nossa era, é, nesta direcção, a eflorescência de Platão. Este homem singular, de quem um dos discípulos nos diz «que parecia corar de habitar num corpo», empregou o tempo da sua vida não a escrever — pobre ocupação! — mas a tentar ultrapassar a razão e a imaginação, o sensível e o inteligível, para se libertar de tudo o que ainda é determinação e alcançar enfim Deus só, Deus na sua vazia pureza — Deus com o qual a alma se confundirá no êxtase. «Tornar-se semelhante a Deus», exigia já Platão. O sonho plotiniano — uma tal embriaguez, um tal delírio — procede claramente de Platão.

Etapa no caminho do cristianismo.

Quanto à condenação da escravatura porque está votada às tarefas manuais e à indignidade das ferramentas que a mão maneja e que afeiçoam a matéria, essa condenação implica já o desprezo da Realidade sensível que caracteriza a filosofia platónica. A partir daí, virar a Realidade como se vira um casaco, pôr o avesso para o lado do direito, e inversamente, torna-se a coisa mais natural do mundo. Declarar que a actividade a que a realidade corrente nos sujeita — objecto dos nossos esforços, do nosso trabalho rude e fecundo que a transforma sem cessar — é puro não-senso, e que só a vida contemplativa pode cumular a nossa alma de alegria, eis quanto bastará para consolar a nossa profunda infelicidade, o desespero inerente à nossa condição mortal. Platão, votando a nossa alma — única porção de nós digna de interesse — à contemplação, desde este mundo, de Deus só, prepara-a para essa felicidade absoluta a que a sua natureza a destina depois da morte do corpo.

Que felicidade absoluta? A da alma enfim desembaraçada do corpo e admitida à contemplação da Beleza suprema. Platão dá magnificamente corpo ao seu sonho, trabalha na confecção desta miragem com a paciência nunca fatigada duma florista, escuta docilmente a voz de Diotima instruindo Sócrates no *Banquete*.

«Se alguma coisa pode dar valor à nossa vida», diz a profetisa a Sócrates, «é a contemplação da Beleza pura. Diante de tal espectáculo, que seriam o ouro e os adornos, as belas crianças e os mancebos, cuja visão hoje te perturba, e cuja contemplação e comércio têm tanto encanto para ti e para tantos outros, que consentiríeis em perder, se tal se pudesse, o comer e o beber, para ficardes olhando os vossos bem-amados e conversar com eles! Pergunto qual não seria o destino de um mortal a quem fosse dado contemplar o belo sem mistura, na sua pureza e simplicidade, não já infectado de carnes e de cores humanas, e de todos esses vãos enfeites condenados a desaparecer, a quem fosse dado ver, frente a frente, sob a sua forma única, a Beleza divina! Julgas que se queixaria do seu quinhão aquele que, dirigindo os olhares para tal objecto, vivesse na sua contemplação e comunhão? E não será só contemplando a Beleza eterna com o único órgão para o qual ela é visível — o espírito — que poderá conceber, não simulacros de virtude, porque não é a simulacros que se prende, mas virtudes verdadeiras, pois é só a Verdade que ele ama?

«Ora, é àquele que concebe a virtude verdadeira e que a alimenta que pertence ser querido de Deus; é a ele, mais do que a qualquer outro homem, que pertence ser um dia imortal.»

Numa tal passagem apreende-se ao mesmo tempo o amor profundo e a imensa repugnância que inspira a Platão a realidade sensível. É para se aproximar dela, ao mesmo tempo que se afasta, que escolhe o desvio paradoxal da sua metafísica. A contemplação da Beleza pura, a comunhão com Deus, são a única miragem assaz vasta, assaz profunda, assaz convincente para o consolar de ser homem.

Mais tarde, é ainda Platão que abre ao grande Agostinho as portas da *Cidade de Deus*. S. Agostinho, no mais aceso das dificuldades, ao mesmo tempo morais e intelectuais, que o retinham ainda no limiar da fé católica, prisioneiro das armadilhas de heresia maniqueísta ou talvez, mais simplesmente, cativo da sua desenfreada sensualidade, descobriu, diz «os livros dos Platónicos» traduzidos em latim. Eram obras de Platão, e também a obra de Plotino que Porfírio redigiu para o seu mestre. Conta-nos, nas *Confissões*, como foi com o espírito cheio do que lera nas obras de filosofia grega que abordou com um coração novo a leitura das Escrituras, «reconhecendo nelas tudo o que já lera nos livros dos filósofos», excepto, naturalmente, o mistério da Encarnação.

Todos conhecem a cena célebre das *Confissões* em que Agostinho, orando num jardim, julgou ouvir a voz celeste de uma criança que cantava: «Toma e lê, toma e lê.» Abriu ao acaso o livro do apóstolo Paulo, que de há muito o não deixava, e leu: «Não mais comezainas nem orgias, não mais cópulas nem devassidão. Revesti-vos do Senhor Jesus Cristo e não procureis mais contentar a carne na sua concupiscência!»

A partir desse dia, Agostinho repudia o maniqueísmo, renuncia à sua vida de devassidão, retira-se para as montanhas com sua mãe e alguns amigos, faz o que os Gregos chamavam *«bios philosophicos»* e que era já a vida dos anacoretas cristãos.

Convertido, baptizado, rapidamente ordenado padre, Agostinho é um dia aclamado pelo povo dos fiéis bispo de Hipona, a segunda cidade de África depois de Cartago.

Na obra vastíssima que dele conservámos (cento e treze obras, quinhentos sermões, inúmeras epístolas), vemos que é por intermédio de S. Agostinho, todo cheio dos «escritos dos Platónicos», e através das suas polémicas com as heresias pululantes, que vem a constituir-se a doutrina mais pura da igreja católica.

Não temos que repetir aqui essa história. Ela conduzir-nos-ia aliás por direcções muito diversas: aos tomistas, mas também aos reformadores, aos humanistas (não esqueçamos os jansenistas e o grave «caso» que suscitou na Igreja de França a condenação pelo papa Urbano VIII do *Augustinus* de Cornelius Jansen) e a grandes escritores franceses.

Tomemos apenas o testemunho de La Bruyère, em *Des Esprits forts*. Depois de ter nomeado Basílio, Jerónimo, Agostinho, La Bruyère exclama:

«Um Padre da Igreja, um doutor da Igreja, que nomes! que tristeza nos seus escritos! que secura, que fria devoção, e talvez que escolástica! dizem aqueles que nunca os leram; mas antes que espanto para todos aqueles que fazem dos Padres uma ideia tão afastada da verdade, se vissem nas suas obras mais rodeio e delicadeza, mais polidez e espírito, mais riqueza de expressão e mais força de raciocínio, traços mais vivos e graças mais naturais do que quanto se nota na maior parte dos livros deste tempo, que são lidos com gosto, que dão nome e vaidade aos seus autores! Que prazer amar a religião e vê-la crida, sustentada, explicada por tão belos génios e por tão sólidos espíritos, sobretudo quando se descobre que pela extensão do conhecimento, pela profundeza e penetração, pelos princípios de pura filosofia... pela dignidade do discurso, pela beleza da moral e dos sentimentos, não há nada, por exemplo, que se possa comparar a S. Agostinho a não ser Platão e Cícero!»

Mas não nos afastemos do essencial, que é isto:

Agostinho ensina, depois de Platão e segundo Platão, a procurar e a contemplar Deus com o olhar da alma para além do mundo dos corpos, a distinguir as suas perfeições invisíveis através das coisas criadas. Para Agostinho, como para Platão, estas perfeições são Ideias de Deus projectadas no Ser. Mas não é apenas o pensamento de Platão que penetra a teologia cristã por meio do agostinismo. É muito mais: a maior parte dos misticismos, todas as evasões da alma sedenta de Deus que derivam de S. Agostinho remontam a Platão e ao seu grande discípulo — o maior e o mais extático —, Plotino, o vidente cego por todas as miragens que povoam o deserto humano.

Assim Platão penetra e se antecipa à miragem cristã.

Uma frase de Pascal nos *Pensamentos* ilumina com simplicidade, mas numa fulguração deslumbrante, o que quisemos mostrar neste capítulo. Ei-la:

«Platão para dispor ao cristianismo.»

Contudo, de todos os escritores gregos, Platão é, num sentido, apesar da nova direcção que dá ao humanismo grego, o mais grego de todos.

É grego pelo seu extraordinário amor de mitos, não apenas pelos mitos herdados da tradição mas mais frequentemente (embora nem sempre seja possível distingui-lo) pelos mitos que inventa, que tira do seu próprio fundo e graças aos quais exprime os mais inesperados cambiantes do pensamento. Nenhum outro escritor grego o iguala nesta faculdade de imaginação criadora, salvo talvez Aristófanes ou ainda o poeta da *Ilíada,* que, como diziam os antigos, «inventava os deuses». Platão inventou a viagem das almas no céu das Ideias com a mesma audaciosa liberdade que Homero o encontro de Hera e de Zeus no monte Ida. *Inventou,* no quadro e nos limites da sua fé. Tanto um como o outro.

A palavra poesia significa em grego *invenção* e *criação* antes mesmo de significar *poesia*. Seria banalidade repetir depois de muitos outros que Platão é um grande poeta, o maior do século IV. O que se deve antes dizer — e o elogio não é menor — é que é um admirável prosador, o maior penso eu, dos prosadores gregos, num século e numa linguagem que, contudo, se honram de serem os de Demóstenes.

Platão dispõe, no mesmo momento, de todos os tons com o à-vontade mais natural. Passa da simplicidade ao sublime numa acrobacia que causa arrepios. Vinte vezes, trinta vezes seguidas, o discípulo responde *sim* às perguntas do mestre. Seria de ranger os dentes, se se tratasse doutra língua que não o grego (ver as traduções), mas das vinte ou trinta vezes é um *sim* diferente. Pesado de reticências. Por vezes próximo do nosso *sem dúvida*. Por vezes, um *sim* tão vizinho do *não* que chegamos a tremer e nos agarramos ao nosso bom-senso para não cairmos no contra-senso.

Tudo isto é ainda a simplicidade de Platão. A diversidade do grande prosador.

Mas eis que a frase se alonga e começa a mover-se. Pode até dizer-se que começa a dançar. Ergue-se um vento sobre a poeira das palavras. Rodopiam e sobem ao céu numa velocidade acelerada, alargando a órbita da frase. Aonde nos leva o autor mágico? Não sabemos. Verticalmente, ao zénite. Estamos perto do astro solar. Subitamente abrasados de inteligência e de amor. Compreendemos nesse estado de delírio de que Platão fala, não através das palavras da nossa linguagem, mas com as sílabas da língua prestigiosa com que Platão joga e faz malabarismos. A sua língua tornou-se para nós uma espécie de respiração.

E que compreendemos nós? Compreendemos a verdade que Platão procura comunicar-nos e que não é mais do que uma alucinante miragem.

Estamos enfeitiçados. Platão enfeitiça-nos.

Simplesmente porque é sem dúvida o maior prosador-poeta de todos os séculos.

Tem, segundo Montaigne, o «comportamento poético, em saltos e cabriolas: é uma arte, como diz Platão, leve, ágil demoníaca»; tem o verbo novo a cada instante da sua irrupção, um natural que é surpresa renovada, e nunca espanto. («Ó Deus!», continua Montaigne, «como estas alegres escapadas, como esta variação tem beleza!» E isto tanto mais quanto esta naturalidade se parece com o «indiferente e o fortuito».)

Platão tem a frescura da invenção da «melhor prosa antiga» (ainda Montaigne), a que «reluz em tudo com o vigor e o atrevimento poético, e representa algum ar da sua fúria... O poeta», diz Platão (e assim faz ele na sua prosa), «sentado no tripé das Musas, jorra, de furor, tudo o que lhe vem à boca, como a gárgula duma fonte, sem contrária substância, e num curso corrente: ele mesmo é todo poético; e a velha teologia é toda poesia, dizem os sábios; e a primeira filosofia, é a original linguagem dos deuses.»

Montaigne, caracterizando assim o estilo de Platão — «a original linguagem dos deuses» —, dá-nos a palavra do embruxamento que nos envolve. Platão seduz-nos porque parece exprimir-se numa língua carregada de sentido secreto: apreendemos o que quer dizer sem que a nossa razão o compreenda. É pela beleza da língua que Platão nos conquista e nos engana, e nós não lhe queremos mal por sermos por ele enganados.

Acrescentemos a isto a magia da sua composição musical.

Platão nunca compõe ou raramente o faz como retórico, segundo os preceitos da bela, razoável e sempre engenhosa retórica que os sofistas tinham inventado no seu tempo e que ele nunca deixou de combater. Compõe segundo as leis do delírio. Existe mais de um delírio. Nenhum, ensina-no-lo ele próprio, está mais perto do seu próprio génio do que esse delírio que ele recebe como dom divino das deusas de toda a música, as Musas.

Os temas principais dos seus diálogos — quer se trate de Justiça na cidade ou quer se trate do Amor — nunca são anunciados e desenvolvidos de maneira escolar ou escolástica. Aparecem à maneira de temas musicais, primeiro a título de motivo melódico secundário, ocasional, na meia sombra de uma pergunta feita, no fundo sonoro da conversa. Depois acontece que a pequena vaga que corria à frente sobre a areia de súbito incha, arrasta e domina os interlocutores na torrente de paixões contrárias, impõe a sua presença com autoridade, longamente invade, embebe o pensamento, até que a atenção saturada se quebra e se recusa para deixar a verdade operar sem palavra no silêncio do inconsciente. Por duas vezes no *Banquete* intervêm tais rupturas de tom: o soluço de Aristófanes e a entrada de Alcibíades embriagado, afrouxando a gravidade da conversa com o riso sempre libertador.

Um diálogo de Platão nunca tem a secura factícia duma demonstração rigorosa. É ritmo vivo, movimento cintilante desse outro diálogo permanente que mantém em nós o nosso próprio pensamento, com os seus temas contrários que se perseguem, se cavalgam, se substituem, e que não acabam nunca a busca da Verdade.

Ainda nisto Platão é grego. Na outra ponta da cadeia da história, Ulisses não cessa de interrogar em si mesmo «o seu coração e o seu pensamento».

Quem quer que tenha amado Platão na sua língua, em grego... Não para o traduzir (ai de nós!)... Mas sensualmente, como se gosta do fruto que se come e se derrete na boca sequiosa... Quem quer que tenha amado o grego como volúpia que sangra, sabe que a frase de Platão o trespassa de delícias inauditas, que ela acorda ou talvez recorda promessas nunca ouvidas, que seduz o ser inteiro — alma e corpo indissoluvelmente ligados para sempre, ou para o instante que passa — que só ela, fazedora de imortalidade, fazedora de anjo, pôde fazer da mais absurda miragem humana — a vida eterna — uma realidade tangível, um bocado de pão para comer quando se tem fome.

Será permitido deixar-nos embriagar assim por esta linguagem de sonho? Ceder ao Enfeitiçador? *Sim, se fosse possível que as palavras que ele emprega tivessem na sua língua um sentido segundo, um sentido por nós inapreensível, e contudo certo?* A palavra *alma*, por exemplo.

Não, não pode ser. *Razão* não pode significar *des-razão*. A morte continua a ser morte, isto é, o nada. Se durante séculos assim não foi, Platão é um dos principais artífices desta alienação do bom-senso humano. Será bastante para merecer ser chamado o divino Platão?

VIII

ARISTÓTELES E OS SERES VIVOS

Platão e Aristóteles, duas grandes personagens, não só na história da filosofia mas também na história da humanidade. Um e outro são *génios*. O termo foi muitas vezes deslustrado. Exactamente, que quer ele dizer? Significa (Littré e outros consultados) que estes dois homens levaram a aptidão que tinham para exercer o seu ofício — «filosofar» — além dos limites conhecidos até aí. O termo de génio implica um ultrapassamento, uma descoberta, uma *criação*. Se a filosofia é uma arte de viver, se Platão e Aristóteles tentaram modificar esta arte concretamente, modificando os homens, estes não serão nunca mais depois deles (Alexandre: terceiro génio deste tempo) o que eram antes.

Por eles e pelo concurso dos povos que estes génios ao mesmo tempo iluminam e exprimem, transforma-se uma civilização, despoja-se do passado, renova-se. Não tarda que precise de outro nome: era grega, ou helénica, irá chamar-se *helenística* — antes de mudar mais completamente ainda e tornar-se civilização cristã, se realmente este belo mito alguma vez existiu.

Aristóteles nasceu em Estagiros, cidade grega da costa da Trácia, em 384 (Platão é quarenta e três anos mais velho). Passa a primeira infância em Pela, capital da Macedónia, onde seu pai, Nicómaco, era médico e amigo do rei Amintas, pai de Filipe da Macedónia. Era de uma dessas famílias de Asclepíades das quais Galeno nos diz que os médicos ensinavam aos filhos a dissecação. Mas Aristóteles perdeu o pai demasiado cedo para ter beneficiado dessa prática, que ficou sendo para ele uma espécie de lenda familiar.

Aos dezassete anos, vai para Atenas a fim de ali estudar. Entra para a Academia, a escola de Platão. Votou ao velho mestre, idoso mas sempre viçoso como as varas da primavera, uma admiração profunda, uma viva amizade, que o não dispensava da crítica. Sobre as divergência dos dois filósofos os antigos fabricaram alguns mexericos absurdos, mas delas tiraram também o belo adágio que atribuem a Aristóteles. «*Amicus Plato, sed magis amica Veritas.*» («Amo Platão, mas mais ainda a Verdade.») «Coices de potro contra a sua própria mãe», dizia divertidamente Platão falando das críticas de Aristóteles contra si.

Aliás, era entrar na amizade do mestre pôr em causa a teoria das Ideias. O próprio Platão, sessenta anos depois, não deixava repousar inerte a sua própria filosofia, antes sem cessar a ela voltava para verificar-lhe ou contestar--lhe o valor. Foi nesta crítica conjunta e divergente do mestre e do discípulo que se enraizou a sua indefectível amizade.

Aristóteles deu ainda a Platão uma outra prova desta amizade fiel: ficou ligado à Academia, participando sempre das conversas até à morte do mestre, quando tinha trinta e oito anos. E de crer que Platão — que tinha por ele a mais alta estima e o denominara *Espírito puro* — lhe houvesse confiado uma disciplina na sua escola, talvez a da Retórica.

Em 347, Platão morre e Aristóteles deixa Atenas. Aristóteles nunca fez política activa, mas a sua vida sofreu por mais de uma vez os efeitos da luta em que estavam empenhadas Atenas e a Macedónia. Em 347, as relações dos dois adversários eram más, apesar da falsa paz em que se comprometem, em plena campanha das *Filípicas* e com o assentimento de Demóstenes. Aristóteles não tem qualquer simpatia pelo regime político macedónio: nas suas obras políticas nunca mostrou a menor preferência pela monarquia autoritária de Filipe. Mas nem por isso deixa de ser considerado em Atenas, no ambiente de guerra fria que reina na cidade, um estrangeiro, uma personagem suspeita por causa da amizade que conservava na corte da Macedónia.

Aristóteles, deixando pois Atenas, instalou-se primeiro em Mísia, no Asso, junto de Hermias, escravo de costumes duvidosos, seu antigo condiscípulo na academia, que se tornara tirano de Asso. Foi ali que Aristóteles fez as primeiras pesquisas de história natural, que prosseguiu em Mitilene de Lesbos. Casara com a filha adoptiva de Hermias, a princesa Pítia, a quem sempre testemunhou grande afeição.

Foi em Lesbos e na Ásia Menor que Aristóteles empreendeu junto dos pescadores as pacientes observações sobre os peixes e os crustáceos que abundam nas *Pesquisas sobre os Animais*, publicadas muito mais tarde.

Entretanto, Filipe da Macedónia, procurando um professor para a educação de seu filho Alexandre, então com catorze anos, escolheu Aristóteles. O futuro soberano do universo teve pois como preceptor o maior sábio do seu tempo, um erudito exemplar, aquele a quem, mil e quinhentos anos depois de ter morrido, o príncipe dos poetas da Idade Média celebrava com justa razão no seu *Inferno* como «o mestre dos que sabem». Que resultou desta maravilhosa conjunção, deste paradoxo inaudito que confia ao apóstolo do justo meio, do bom-senso ligado ao realizável, o temerário amante do impossível e do impossível realizado? Devemos confessar que não sabemos muito. O filósofo não pressentiu a importância da revolução que foi o grande pensamento do seu real aluno: condenou a fusão dos dois mundos antigos, o bárbaro e o grego, que era o princípio ardente desta revolução. Quanto ao senhor do mundo, aprendeu de Aristóteles a amar a *Ilíada* como uma obra-prima sem igual e a não se separar jamais dela. Mas não aprendeu a domar a selvajaria das suas paixões tão bem como soube domar Bucéfalo.

A confrontação do pensador e do delfim da Macedónia prolongou-se por dois anos no santuário das Musas de uma residência arborizada. (Irá já a cultura retirar-se do mundo?) Filipe chamou Alexandre para lhe confiar, aos dezasseis, anos, a regência do reino, enquanto ele próprio partia para uma expedição militar.

Aristóteles, um pouco mais tarde, depois de Queroneia e depois do assassínio de Filipe, voltou a Atenas. Aí funda a sua escola, o Liceu, do nome de um ginásio próximo, consagrado a Apolo Liceu. A escola instalou-se em várias casas, construídas num grande parque plantado de belas árvores. Aristóteles ensinava passeando com os seus alunos, discutindo as questões mais abstrusas da lógica e da metafísica: eram os cursos da manhã, a que se dá o nome em linguagem um pouco pedante, de cursos *esotéricos*, reservados aos discípulos adiantados. À tarde, dava numa das casas conferências ou cursos *exotéricos*, destinados ao público em geral, sobre assuntos próprios para o interessarem mais, temas de retórica ou de literatura, questões políticas. Estas conferências era seguidas de discussões. A diferença entre os cursos da manhã e os da tarde estava na dificuldade maior ou menor dos assuntos tratados, mas nenhuma doutrina secreta, nenhuma tendência mística marcavam o ensino reservado aos discípulos mais íntimos.

Aristóteles reuniu no Liceu, com o apoio de Alexandre, importantes colecções. Uma biblioteca que foi, depois da de Eurípides, a primeira biblioteca pertencente a um particular. Colecções de botânica e de zoologia, esboços das do futuro Museu de Alexandria. Nas obras de história natural de Aristóteles encontravam-se remissas para volumes de *Tábuas* que reproduziam animais e plantas. A constituição destes álbuns, destes *«Desenhos Anatómicos»*, era muito importante. Exigia em quem o elaborava um grande esforço de exactidão. Supunha o uso da dissecação animal.

Aristóteles ensinou no Liceu durante uma dúzia de anos. Por morte de Alexandre, teve de deixar Atenas, tal era o ódio contra a Macedónia e seus amigos, mesmo os menos militantes e mais inofensivos. Acusado como Sócrates de impiedade, teria declarado quando partiu: «Não quero deixar que os Atenienses cometam um novo crime contra a filosofia.» Entregou a escola ao cuidado do seu discípulo Teofrasco e retirou-se para Cálcis, na Eubeia, para uma propriedade que herdara da mãe.

Morreu no ano seguinte, de uma doença do estômago. Tinha apenas sessenta e dois anos.

Possuímos o seu testamento. Por ele conhecemos alguns aspectos da sua vida privada. Depois da morte da primeira mulher, a princesa Pítia, Aristóteles viveu muito tempo em fiel concubinato com uma hetera, chamada Herpilis. Esta dera-lhe um filho, Nicómaco. Aristóteles tinha também uma filha, de Pítia, e um filho adoptivo, Nicanor. O testamento casava antecipadamente Nicanor e a filha de Pítia. O filósofo legava à sua concubina Herpilis, à escolha desta, a casa parterna de Estagiros ou uma das suas casas em Cálcis.

Um historiador moderno comenta assim o testamento: «Decididamente, não é exagero: Aristóteles foi marido excelente, pai afectuoso e dedicado, um bom homem.»

Porque não? Um génio também pode ser um bom homem... Se, contudo, este juízo sobre Aristóteles nos interessasse, por pouco que fosse, teríamos que retomá-lo e acrescentar que Aristóteles, esse «excelente marido», praticava com total paz de espírito e singular ardor, o amor dos rapazes — repudiado com severidade por Platão. Mas para quê?...

Outro ardor em Aristóteles nos interessa muito mais. Aquele que, longe de toda a curiosidade anedótica, o leva a querer conhecer e possuir o mundo inteiro — a natureza e os seres que ela contém —, penetrar-lhe o sentido e transmiti-lo aos outros homens... O facho da ciência (velha metáfora gasta!)

foi transportado com honra por Aristóteles, um dos primeiros, um dos *fundadores* da ciência, pela estrada da humanidade.

Toda a imensa obra de Aristóteles, por mais díspares que possam ser as direcções que explora, os domínios que descobre, testemunha essa ardente vontade de conhecer e de dar a conhecer, que é o primeiro dom de todo o sábio, ao mesmo tempo que a sua realização primeira. Assim, em Aristóteles, a lógica e a biologia, a metafísica e a moral, a psicologia e a teologia só aparentemente são conquistas díspares. Aristóteles liga-as numa síntese tão bela, que cada parte não só está no seu justo lugar no todo, como, bem compreendida, ocupa, por si só, lugar de todo.

Ao apresentar Aristóteles naturalista, penso apresentar uma projecção não mutilada do pensamento do filósofo, mas antes, no quadro e na modesta intenção desta obra, tão concreta, tão integral quando possível.

Nada aliás na obra de Aristóteles lhe toca mais o coração, nada ocupa mais lugar na sua vida que o estudo dos seres vivos. A importância da biologia no conjunto da sua obra mede-se primeiro pela extensão material dos tratados biológicos: constituem praticamente a terça parte do *Corpus* conservado. Em três obras consideráveis, mostra neste domínio uma extraordinária intensidade de investigação. A abundância, a paciência e na maior parte dos casos a segurança da informação avultam nos nove livros (autênticos) da *História dos Animais* (o segundo é apócrifo), a que hoje se chama mais justamente *Pesquisas sobre os Animais*. Esta obra é uma mina incrível de factos que se reportam a quinhentas espécies animais diferentes (exactamente quatrocentas e noventa e cinco). Duas outras obras importantes, posteriores a esta, intitulam-se, uma, *Das Partes dos Animais* (quatro livros). Aristóteles consagra-se não apenas a descrever a anatomia animal comparada, mas a expor, segundo um espírito muito sintético, as funções do corpo animal e a explicar as causas do mecanismo dos órgãos. A outra, *Da Geração dos Animais* (cinco livros), é principalmente um tratado sobre os diversos modos de reprodução animal — incluindo a geração espontânea — ao mesmo tempo que uma obra de embriologia animal...

Ao lado destas três grandes obras — as mais importantes pela extensão e pelo conteúdo —, há que notar certo número de tratados psicológico-biológicos, chamados *Pequenos Tratados de História Natural*, cheios de reflexões engenhosas e profundas. Os principais são: *Da Sensação e dos Sensíveis, Do Sono e da Vigília, Da Lonjura e da Brevidade da Vida, Da Juventude e da Velhice, Da Vida e da Morte e da Respiração*, etc. O tratado *Da Adivinhação pelos*

Sonhos é uma obra-prima de observação, de bom-senso e de espírito científico. Assinalemos ainda *Da Marcha dos Animais,* em que Aristóteles estuda e define muito bem o mecanismo da locomoção nos quadrúpedes. A sua marcha normal é «*diagonal*» e ele explica com muita exactidão a razão.

Em cada uma destas pequenas obras, o autor parece dispor do mundo animal inteiro, desde o homem aos crustáceos e aos molucos. Alguns destes estudos são rápidos; nunca fantasistas nem arbitrários. Aristóteles parte dos factos, compara, tenta compreender.

Finalmente, colocada por certo à cabeça do *Corpus* de propósito, uma obra espantosa, inesperada neste lugar, *Da Alma.* Este tratado é, na verdade, um tratado de biologia: serve, de algum modo, de prefácio ao estudo de todos os animais. O termo alma não tem aqui as significações espiritualistas que os modernos lhe atribuem em geral. Aristóteles reage explicitamente contra os filósofos que estudam exclusivamente sob este nome a alma humana. A alma representa para ele o princípio de toda a vida animal. O seu tratado *Da Alma* poderia ser intitulado *Da Vida, das Suas Funções Essenciais e do Seu Princípio.* Aristóteles não estuda, afirmou-se já, os animais, estuda o animal (incluindo o homem) em todos os seus aspectos. A propósito dos animais, estuda o ser vivo.

Esta concepção da alma não implica imediatamente, aliás, uma tomada de posição metafísica: ela seria compatível tanto com uma filosofia materialista como com uma filosofia espiritualista. Dizer que o biologista estuda a alma, é o mesmo que dizer que estuda a organização e a actividade do ser vivo, que reconhece a originalidade da vida.

Aristóteles encontrou no estudo das espécies animais grandes alegrias. Ele próprio disse a razão principal do seu entusiasmo por uma tal pesquisa. «Na verdade», escreve, «alguns destes seres não oferecem aspecto agradável; mas o conhecimento do plano da natureza, neles, reserva aos que podem apreender as causas, aos sábios de raça, alegrias inexprimíveis... Em todas as partes da natureza há maravilhas: diz-se que Heraclito, a uns visitantes estrangeiros que encontrando-o a aquecer-se ao lume da sua cozinha hesitavam em entrar, fez esta observação: «Entrai, também há deuses na cozinha.» Do mesmo modo, entremos sem repugnância no estudo de cada espécie animal: em cada uma há natureza e beleza. Não é o acaso, mas a finalidade que reina nas obras da natureza, e em alto grau; ora a finalidade que rege a constituição ou a produção de um ser é precisamente o que dá lugar à beleza.

«E se alguém achasse desprezível o estudo dos outros animais, teria também de desprezar-se a si mesmo, porque não é sem o temor de uma grande repugnância que se pode apreender aquilo de que se compõe o género Homem, sangue, carne, ossos, veias, e outras partes como estas.»

Será preciso recordar o que Aristóteles entende por *finalidade?* Ele pensa que cada ser e cada órgão foram criados pela natureza com vista a um fim, a um destino especial: é a isso que chama *finalidade.* A natureza, diz, tem o seu plano. Descobrir esse destino, essa causa final dos seres vivos, é redescobrir a cada momento a beleza do mundo. Eis o que leva ao cúmulo a alegria de Aristóteles.

O filósofo, o sábio, vendo bem, mantém-se em guarda contra o abuso das causas finais. Há casos em que se recusa à facilidade da explicação finalista e a substitui por uma causalidade mecânica. «Zeus», escreve, «não faz chover para que o trigo cresça, mas por necessidade. Porque os vapores que sobem têm de arrefecer, e, arrefecendo, mudar-se em água e cair.» Demócrito não teria dito melhor.

Entretanto, guiado pelo entusiasmo quase temerário de que falei, pelo ardente interesse que dedica aos seres da natureza, arrebatado pela amizade quase fraterna que tem pelos animais e pela natureza animal do homem, Aristóteles empreendeu uma imensa tarefa positiva: recensear todos os seres vivos, mostrar neles e na sua constituição uma finalidade imanente e, finalmente, classificá-los como uma ascensão para o Homem.

Era impossível realizar esta gigantesca tarefa sem passos em falso, para além mesmo da interpretação filosófica que ele dá à acção da natureza, e que, por mais fecunda em belezas que possa ser, é, evidentemente, imaginária. (Notemos, no entanto, que existem ainda muitos sábios finalistas na época contemporânea e que não é possível negar a utilidade do finalismo, ao menos como método de pesquisa.) Mas por agora só falo dos erros de factos. Os autores modernos apontam-nos, sempre os mesmos, encolhendo os ombros ou rindo nesciamente. Uma dezena deles são surpreendentes... Uma dezena! em milhares de observações, e num domínio em que Aristóteles avança como explorador por um continente imenso e ainda desconhecido — o mundo vivo, mundo mais vasto e inacessível que o mundo ainda não ultrapassado de um Júlio Verne.

Assim, sustenta com grande gravidade que a mulher tem menos dentes que o homem, que o homem apenas tem oito pares de costelas, à excepção dos Lígures, reduzidos a sete. Notemos que não nos diz se as falsas costelas são assimiladas às outras, nem se se devem contar como uma ou mais as costelas ligadas conjuntamente ao esterno.

Outros erros. Não soube reconhecer os ossos do crânio humano nem encontrar a sutura deles; conta três no crânio masculino, e uma só, que seria circular, no da mulher. Supõe que as artérias estão cheias de ar; pensa que o cérebro é frio. Crê que o homem tem um só pulmão. Quase nada sabe do sistema nervoso. Em geral, aliás, conhece muito menos bem o homem do que os animais. É certo que não dissecou seres humanos, à parte alguns embriões, ao passo que dissecou os animais de meia centena de espécies. (Vê-se, a propósito da toupeira, que Aristóteles retirou a pele espessa que recobre o lugar normal do olho para descobrir as partes essenciais deste: pupila, círculo irisado, branco, assim como o canal que liga o olho ao encéfalo.)

Graves erros, admitamos. O naturalista, frequentemente, mostra-se apressado. Quando seria preciso multiplicar e verificar as observações, fia-se por vezes em fontes pouco seguras e de que nós também não dispomos. Mas acontece-lhe também corrigir-se de uma obra para outra. Assim, depois de ter afirmado, em *Pesquisas sobre os Animais,* fazendo fé numa informação de Heródoto não verificada, que o crocodilo não tem língua, torna a este assunto nas *Partes dos Animais,* declara que afinal língua tem e explica, baseando-se noutro erro de Heródoto, como é possível o erro.

Eis agora outra rectificação mais importante, referente à fecundação dos peixes ovíparos. Aristóteles sustentara nas *Pesquisas* estranhas teorias a este respeito, reproduzindo, de resto, a opinião corrente unânime.

«É mais difícil», escreve, «ver a maneira como se unem os peixes ovíparos, e isso fez julgar a várias pessoas que as fêmeas dos peixes se fecundavam engolindo o licor (a leituga) lançado pelo macho. Há que convir com um facto muitas vezes testemunhado. Quando o tempo do acasalamento chega, a fêmea segue o macho, engole o licor que ele lança e batendo-lhe no ventre com a boca, torna a saída desse licor mais pronta e mais abundante: mas depois da desova, os machos seguem as fêmeas por sua vez e engolem os seus ovos; só nascem peixes do que escapa.

«Daqui veio a ideia, nas costa da Fenícia, de se servirem reciprocamente dos machos e das fêmeas para os apanharem a uns e a outros. Apresentam-se aos mugens (sargos) fêmeas mugens machos; elas reúnem-se em volta deles e os pescadores apanham-nas.

«Estas observações, muitas vezes repetidas, fizeram nascer sobre a fecundação dos peixes o sistema que expus: mas deveria ter-se notado que nada há ali de particular aos peixes. Os quadrúpedes machos e fêmeas distilam na estação dos amores qualquer coisa de líquido, farejam as partes genitais um do outro.

«E há mais. Para tornar fecunda uma perdiz, basta que ela se encontre sob o vento: muitas vezes bastou mesmo ouvir o canto do macho num tempo em que estivesse disposta a conceber, ou que o macho tivesse passado voando por cima dela e ela tivesse respirado o odor que ele exalava. Estas aves, tanto o macho como a fêmea, mantêm o bico aberto durante o acasalamento, e a língua fora do bico.» (Esta alínea é considerada interpolação por alguns modernos, porque interrompe o raciocínio do autor. A tradução francesa é de Camus, 1783.)

Contudo, numa obra posterior, a *Geração dos Animais,* o ponto de vista de Aristóteles modificou-se inteiramente. Nesta nova passagem, a opinião precedente é considerada pelo autor como «uma declaração ingénua e repisada» que mostra grande «leviandade de reflexão, atenção superficial aos factos» (expressões traduzidas de Aristóteles). Criticando com severidade as observações precedentes, o naturalista grego continua: Sendo as condições de reprodução dos peixes, em virtude da sua rapidez, difíceis de captar, os próprios pescadores se enganaram e propagaram verdadeiras fábulas. Não observaram «com o cuidado de conhecer verdadeiramente». Daí «essas afirmações inexactas ou absurdas»!

Há lugares em que a hiena e o texugo são considerados pela opinião popular hermafroditas; o corvo, o gaio, a pomba reproduzem-se pelo bico; a doninha pela boca, e dá à luz pelo mesmo orifício! Aristóteles logo indica com uma exactidão perfeita a maneira como as coisas se passam. «A dificuldade está resolvida», conclui com simplicidade, «quando se está com atenção ao que se passa.»

Vê-se por estes exemplos que acontece a Aristóteles, como em tempos a Heródoto, ceder ao gosto do pitoresco: mas mais frequentemente prefere o prazer superior de só relatar factos exactos.

De resto, a maior parte dos erros de Aristóteles, são devidos a essa desenfreada intemperança de saber que o possui. Ainda não aprendeu que a ciência é longa e deve ser paciente e prudente. A sua impetuosidade serve-o e prejudica-o ao mesmo tempo. Sem ela, a ciência teria morrido antes de ser nascida. Por causa dela, acontece-lhe tropeçar, mas também vencer a verdade em velocidade.

Por vezes também a causa do seu erro está num *a priori* que deve à ciência (ou à ignorância) do seu tempo e que uma observação mais minuciosa não se deu ao trabalho de refutar. Assim se explica a afirmação de que as artérias (a aorta, por exemplo) contêm ar — afirmação sustentada por quase toda a medicina grega, pela opinião corrente, pela terminologia que faz da traqueia a mais importante das artérias. *A priori* que a evidência do sangue jorrando das feridas arteriais não consegue desmentir. Para negar esta evidência — que a perturba — a medicina do tempo imagina canais de comunicação entre veias e artérias e admite que o sangue, porque não está já comprimido pelo ar, passa das primeiras para as segundas, conformemente à teoria que quer que a natureza tenha horror ao vácuo. Tão forte é, mesmo nos grandes espíritos, a pressão de um erro universalmente espalhado!

Se os erros de Aristóteles nos surpreendem, não esqueçamos que são mínimos em relação à abundância dos conhecimentos novos, das descobertas que ele espalha profusamente sobre a humanidade.

A força, a variedade e a justeza das suas observações espantam ainda os sábios do nosso tempo. Aristóteles, sendo como era curioso de informações sobre os animais exóticos, interessa-se ainda mais por aqueles que pode observar de perto. Nunca de mais se admirará, por exemplo, a sua descrição do estômago múltiplo dos ruminantes, com as suas bolsas, nenhuma das quais esquece. Explora igualmente o aparelho circulatório dos animais — coração e vasos sanguíneos —, distingue neles a aorta da veia cava; do mesmo modo dá uma ideia justa do aparelho respiratório, pulmões e brônquios. Todos estes órgãos são tratados de uma maneira relativamente pormenorizada, que indica no autor um conhecimento de primeira mão. Mas foi sobretudo à estrutura dos órgãos genitais, num e noutro sexo, que o naturalista deu mais atenção. As suas investigações neste domínio, sem fazerem esquecer as descrições da escola hipocrática, mostram uma competência excepcional, que mais se afirma na sua última obra de biologia, *Da Geração dos Animais*.

Aristóteles segue também com extrema atenção o desenvolvimento do embrião. Dia após dia, observa o desenvolvimento do pinto no ovo. Viu, no quarto dia, aparecer um ponto vermelho na clara e esse ponto começar a pulsar como um coração. É um coração, com efeito, o coração do pinto que irá nascer. Eis a página sobre a incubação do pinto:

«Nas galinhas, passados três dias e três noites, desenham-se as primeiras indicações do pinto... É durante este período que a gema se forma, subindo para a ponta bicuda do ovo, lá onde está o núcleo primitivo do ovo e onde se produz a eclosão do animal; e o coração distingue-se na clara, com o tamanho de um ponto sanguíneo. Este ponto palpita e move-se como uma coisa viva, e partem dele dois filetes venosos carregados de sangue, em forma de espirais, que se estendem... para cada um dos dois folículos que o envolvem. E uma membrana, percorrida por fibras sanguíneas, rodeia a partir daí a gema, por essa altura, com origem nos filetes venosos. Pouco tempo depois, o corpo do pinto já se diferencia. Primeiro, é extremamente pequeno e branco. A cabeça é bem visível, e, na cabeça, os olhos aparecem muito salientes; ficam assim durante bastante tempo, e só mais tarde diminuem e se retraem. Quanto ao corpo, a parte inferior parece ao princípio insignificante em relação à parte superior. Dos dois vasos que avançam a partir do coração, um dirige-se para a membrana periférica, e o outro para a gema, desempenhando o papel de cordão umbilical. Assim, o núcleo do embrião constitui-se à custa da clara, e o alimento à custa da gema, por intermédio do cordão umbilical...

«Por alturas do vigésimo dia, o pinto começa a pipilar e a mexer-se no interior, se se lhe tocar depois de aberta a casca; e está já coberto de penugem, depois do vigésimo dia, começa a partir o ovo. A cabeça está colocada por baixo da coxa direita, perto do flanco, e a asa cobre a cabeça... A gema, cujo volume veio sempre a diminuir, acaba por se esgotar completamente e por se encontrar inteiramente absorvida no interior do animal (de modo que, dez dias depois da eclosão, se se dissecar o pinto, encontra-se ainda, preso ao intestino, um pequeno resto de gema), mas está solto do cordão umbilical e nada fica no intervalo, pois tudo foi consumido. Durante o período que acabamos de descrever, o pinto dorme, acorda, olha enquanto se mexe, e pipila. E o seu coração palpita ao mesmo tempo que o umbigo, como na respiração.» (Tradução de Tricot, 1957.)

Aristóteles — filho do mais marinheiro dos povos — estudou com uma atenção particular os peixes e os moluscos, sem dúvida quando da sua estada em Lesbos, junto dos pescadores que lhe levam os animais que apanham e que Aristóteles disseca ou observa vivos.

Dêmos dois exemplos particularmente típicos, em que certas afirmações do Estagirita, consideradas fantasistas ou erróneas, se revelaram séculos mais tarde perfeitamente exactas. Aristóteles declara que no esqualo liso, a fêmea parece deixar em depósito ovos no seu próprio corpo, estando estes ovos ligados a uma espécie de placenta existente no corpo materno. Os naturalistas modernos não pouparam troças a esta «invenção», até ao dia em que o grande fisiologista alemão Johannes Muller mostrou — em pleno século XIX — que Aristóteles tinha sido perfeitamente exacto na sua análise. Por outro lado, tratando de um peixe que existe no Aqueloo, o *Silure glanis*, Aristóteles dizia que depois de pôr os ovos, num sítio em geral rodeado de plantas ou outros obstáculos, a fêmea retira-se, enquanto o macho fica de sentinela junto dos ovos, proibindo o acesso aos outros peixes. A sua guarda dura quarenta a cinquenta dias, até que os peixinhos, saídos dos ovos e crescidos, estejam em condições de se defenderem dos seus inimigos. Esta passagem fez rir da ingenuidade de Aristóteles. Ora, o sábio suíço Louis Agassiz, que lera Aristóteles, descobriu nos rios americanos silurídeos que, como o *glanis* do Aqueloo, fazem sentinela aos ovos. Como a obra de Agassiz não foi convenientemente notada, foi preciso esperar pelo ano de 1906 para que se prestasse justiça a Aristóteles. Este peixe tomou então o nome de *Parasilurus Aristotelis*([1]).

Notemos ainda que Aristóteles descobriu na cópula dos cefalópodes uma particularidade notável, que só voltou a ser descoberta no século XIX. Do mesmo modo, foi só no século XIX que se reconheceu a exactidão daquelas observações sobre os ninhos construídos pelo peixe-gato.

Os caracteres de certos moluscos são apresentados pelo sábio grego com uma exactidão impressionante. O polvo, o choco e a lula são muito judiciosamente distinguidos e aproximados. Descritos com amplos pormenores, estes moluscos apresentam uma organização geral semelhante: existência de partes especiais, saco, manto, pequenas barbatanas, cabeça colocada entre o ventre e os pés; carácter tentacular desses pés, que desempenham o papel de mãos munidas de ventosas; tubo digestivo recurvado em forma de V (de tal modo que o ânus está ao lado da boca!); finalmente, a particularidade curiosa de emitir uma espécie de tinta para turvar a água e facilitar em caso de perigo

---

([1]) O cinema retomou esta história num documentário e foi possível ver silurídeos de sentinela junto dos seus ovos.

a salvação do animal. (Magnífica finalidade!) A tinta é a arma preferida do choco, ao passo que o polvo beneficia da propriedade de mudar a cor da pele.

Na outra extremidade da escala animal, Aristóteles dá um retrato interessante e bastante pormenorizado do macaco. Fá-lo em referência ao homem, mais próximo parente na família animal. As diferenças e as semelhanças com o homem são justamente indicadas.

«A sua face oferece muita semelhança com a do homem: têm narinas e orelhas quase iguais, e dentes como os do homem, dentes da frente e molares. Além disso, ao passo que os outros quadrúpedes não têm pestanas numa e noutra das duas pálpebras, o macaco possui-as em ambas, mas muito finas (sobretudo na pálpebra inferior) e extremamente pequenas; os outros quadrúpedes não as têm... O macaco possui também braços como o homem, mas cobertos de pêlos, e flecte os braços e as pernas como o homem, fazendo-se reciprocamente frente as curvaturas dos pares de membros. Demais, tem mãos, dedos e unhas semelhantes aos do homem; apenas todas estas partes têm um aspecto mais bestial! Os pés têm uma forma particular: são semelhantes a grandes mãos, e os dedos são análogos aos das mãos, sendo o do meio o maior; e a parte inferior do pé assemelha-se a uma mão com a diferença de que é mais comprida que a da mão, e se estende até às extremidades como uma palma de mão. E esta palma termina numa calosidade, fraca e defeituosa imitação de um calcanhar.»

Aristóteles assinala igualmente a razão que torna difícil ao macaco a posição erecta. É o facto que «as partes superiores do seu corpo são muito maiores do que as partes inferiores, como nos quadrúpedes... Graças a esta circunstância», escreve, «e ao facto de os seus pés serem semelhantes a mãos, e formarem uma espécie de composto de mão e de pé... o animal passa mais tempo de quatro patas que de pé.»

Não acabaríamos. A respeito dos animais, o naturalista parece tão abundante como a própria natureza. Mister é tornar ao homem e concluir esta explanação com referência a ele.

O homem, entre todos os animais, possui a prerrogativa divina da inteligência. Contudo, a ruptura, neste ponto, entre o homem e os animais não é franca: há em alguns animais aquilo a que Aristóteles chama «traços» ou «imitações» da psicologia humana, nomeadamente do acto de inteligência. É pois o fenómeno humano integral, incluindo a inteligência (que é divina) que

Aristóteles tenta colocar no contexto animal. Assim, a unidade da família animal, a unidade da biologia não será quebrada.

Só o homem tem plenamente inteligência. Só ele também, entre os outros animais, tem a posição erecta. O naturalista indica a relação que liga estes dois factos. «O homem é o único dos animais que se mantém direito porque a sua natureza e a sua essência são divinas. Ora, a função do ser divino por excelência — o homem — é o pensamento e a sabedoria. Mas esta função não teria sido fácil de cumprir se a parte superior do corpo fosse demasiado pesada. Porque o peso retira toda a flexibilidade ao raciocínio e ao senso comum. Por isso, quando o peso e o elemento corporal predominam, o corpo inclina-se necessariamente para a terra: em consequência, a natureza, em vez de dar aos quadrúpedes braços e mãos, colocou por baixo do corpo, para o sustentar, as patas da frente... E foi assim que os animais se tornaram quadrúpedes, porque a alma (o impulso vital) era incapaz de suportar o peso.»

A posição erecta é pois o sinal, ao mesmo tempo que a condição, do pensamento. Os animais, esses, estão «como perpetuamente deitados»!

Como se vê, Aristóteles coloca a própria inteligência nas condições gerais proporcionadas à vida. Põe-na em conexão com a estrutura corporal dos seres vivos. Mostra, escreve J.-M. Le Blond[1], o animal aproximando-se ou afastando-se da aquisição da inteligência na medida em que se afasta ou se aproxima da terra, primeiro rastejando, depois apoiando-se nela graças aos quatro membros, finalmente tendo contacto com ela apenas pelos dois pés. Encontra-se, nas *Partes dos Animais,* uma passagem interessante sobre a decadência da inteligência, a descida da vida para a terra, dos bípedes aos quadrúpedes, depois aos polipódios, aos ápodes, até ao momento em que a ordem humana é contradita, em que o animal perde a sensibilidade e «se torna planta», segundo a expressão de Aristóteles, estando colocadas as raízes, que são órgãos de nutrição, em baixo, ao contrário do que acontece na posição erecta, e a «cabeça» da planta afundando-se na terra: com a perda da sensibilidade, é a extinção total da inteligência.

---

[1] Ver bibliografia. A passagem que se segue é tirada, em substância, da introdução de J.-M. Le Blond intitulada *Aristote, Philosophe de la Vie* (p. 40).

ΕΠΙΦΡΥΝΙΧΟΥΑΡΧΟΝΤΟΣΕΠΙΤΗΣΔΕΛΦΑΝΤΙ
ΔΟΣΠΡΥΤΑΝΕΙΑΣΗΙΧΑΙΡΕΣΤΡΑΤΟΣΑΜΕΙΝΙΟΥ
ΑΧΑΡΝΕΥΣΕΓΡΑΜΜΑΤΕΥΕΝΗΛΑΜΠΡΟΕΔΡΟΣΕΠΕΨΗ
ΦΙΖΕΝΜΕΝΕΣΤΡΑΤΟΣΑΙΞΩΝΕΥΣΕΥΚΡΑΤΗΣΑΡΙ
ΣΤΟΤΙΜΟΥΠΕΙΡΑΙΕΥΣΕΙΠΕΝΑΓΑΘΗΙΤΥΧΗΙΤΟΥ
ΔΗΜΟΥΤΟΥΑΘΗΝΑΙΩΝΔΕΔΟΧΘΑΙΤΟΙΣΝΟΜΟΘΕ
ΤΑΙΣΕΑΝΤΙΣΕΠΑΝΑΣΤΗΙΤΩΙΔΗΜΩΙΕΠΙΤΥΡΑΝ
ΝΙΔΙΗΤΗΝΤΥΡΑΝΝΙΔΑΣΥΝΚΑΤΑΣΤΗΣΗΙΗΤΟΝΔΗΜΟΝΤ
ΟΝΑΘΗΝΑΙΩΝΗΤΗΝΔΗΜΟΚΡΑΤΙΑΝΤΗΝΑΘΗΝΗΣΙΝ
ΚΑΤΑΛΥΣΗΙΟΣΔΑΝΑΠΟΚΤΕΙΝΗΙΤΟΝΤΑΥΤΩΝΤΙΠΟ
ΚΑΤΑΛΥΣΗΙΟΣΙΟΣΕΣΤΩΜΗΕΣΤΩ ΔΕΤΑΜ ΒΟΥΛΕ
ΤΑΝΤΙΤΗΣΒΟΥΛΗΣΤΗΣΕΞΑΡΕΙΟΥΠΑΓΟΥΚΑΤΑ
ΛΕΛΥΜΕΝΟΥΤΟΥΔΗΜΟΥΗΤΗΣΔΗΜΟΚΡΑΤΙΑΣΤΗΣΑ
ΘΗΝΗΣΙΝΑΝΙΕΝΑΙΕΙΣΑΡΕΙΟΝΠΑΓΟΝΗΣΥΝΚΑΘΕ
ΖΕΣΘΑΙΕΝΤΩΙΣΥΝΕΔΡΙΩΙΗΒΟΥΛΕΥΕΙΝΠΕΡΙΜ
ΗΔΕΝΟΣΕΑΝΔΕΤΙΣΤΟΥΔΗΜΟΥΗΤΗΣΔΗΜΟΚΡΑ
ΤΙΑΣΚΑΤΑΛΕΛΥΜΕΝΩΝΤΩΝΑΘΗΝΗΣΙΝΑΝΙΗΙΤΗ
ΣΒΟΥΛΕΥΤΗΝΤΗΣΕΞΑΡΕΙΟΥΠΑΓΟΥΕΙΣΑΡΕΙΟΝ
ΠΑΓΟΝΗΣΥΝΚΑΘΕΖΗΤΑΙΕΝΤΩΙΣΥΝΕΔΡΙΩΙΗΒΟΥΛΕΥΗ
ΙΠΕΡΙΤΙΝΟΣΑΤΙΜΟΣΕΣΤΩΚΑΙΑΥΤΟΣΚΑΙΓΕΝΟΣ
ΚΑΙΤΑΟΝΤΑΑΥΤΟΥΔΗΜΟΣΙΑΕΣΤΩΚΑΙΤΟΥ
ΘΕΟΥΤΟΕΠΙΔΕΚΑΤΟΝΑΝΑΓΡΑΨΑΙΔΕΤΟΝ
ΔΕΤΟΝΝΟΜΟΝΕΝΣΤΗΛΑΙΣΛΙΘΙΝΑΙΣΔΥΟΙΝΤΟΝ
ΓΡΑΜΜΑΤΕΑΤΗΣΒΟΥΛΗΣΚΑΙΣΤΗΣΑΙΤΗΜΕΝΕΠΙΤ
ΗΣΕΙΣΟΔΟΥΤΗΣΕΙΣΑΡΕΙΟΝΠΑΓΟΝΤΗΣΕΙΣΤΟΒΟ
ΥΛΕΥΤΗΡΙΟΝΕΙΣΙΟΝΤΙΤΗΝΔΕΕΝΤΗΙΕΚΚΛΗΣΙ
ΑΙΕΙΣΔΕΤΗΝΑΝΑΓΡΑΦΗΝΤΩΝΣΤΗΛΩΝΤΟΝΤΑΜΙΑΝ
ΔΟΥΝΑΙΤΟΥΔΗΜΟΥ ΔΔΔΡΑΧΜΑΣΕΚΤΩΝΚΑΤΑΨΗ
ΦΙΣΜΑΤΑΑΝΑΛΙΣΚΟΜΕΝΩΝΤΩΙΔΗΜΩΙ

Eis o fim deste desenvolvimento:

«Continuando neste caminho, os seres chegam a ter o princípio vital em baixo, e a parte onde se encontra a cabeça acaba por ser imóvel e insensível: tornam-se plantas com a parte de cima do corpo colocada em baixo, e a parte de baixo em cima. Com efeito, as raízes desempenham nos vegetais o papel de uma boca e de uma cabeça, ao passo que a semente se encontra no extremo oposto: forma-se em cima, na extremidade dos rebentos.

«Assim dissemos a razão por que certos animais têm dois pés, outros vários, ao passo que alguns os não têm, por que uns são vegetais, os outros animais, e por que razão o homem é o único animal que se mantém direito.»

Aristóteles, no seu estudo do homem, releva também a relação que existe entre a mão, a inteligência e a vida do homem. Escreve:

«Os que dizem que o homem não é bem constituído e que é o menos bem provido dos animais (porque, diz-se, não tem calçado, é nu e não tem armas para combater) estão em erro. Porque os outros animais têm um só meio de defesa e não lhes é possível trocá-lo por outro, mas são obrigados, por assim dizer, a conservar os sapatos quando dormem e para fazer seja o que for, e não podem jamais depor a armadura que têm em volta do corpo nem mudar a arma que receberam em quinhão. O homem, pelo contrário, possui numerosos meios de defesa, e sempre pode mudá-los e mesmo ter a arma que quer e quando quer. Porque a mão torna-se garra, unha, corno, ou lança, ou espada, ou qualquer outra arma ou ferramenta. Pode ser tudo isto, porque é capaz de tudo agarrar e tudo segurar.»

Aristóteles, já o disse, recolheu milhares de factos. É um curioso de todo o ser vivo, um homem apaixonado pelo comum como pelo extraordinário. Mas é sobretudo um sábio: recolhe esses factos para os comparar, procurar neles o conhecimento de leis, *para neles pensar a natureza.*

A originalidade da biologia aristotélica reside na perpétua comparação entre os factos recolhidos. Esta comparação assenta numa doutrina explícita da *analogia*. Aristóteles nota a analogia de estrutura, a que também chama homologia. Exemplo: a escama do peixe é a pena da ave, é o pêlo dos quadrúpedes. Mas sobretudo releva a analogia de função. As principais obras de biologia de Aristóteles *(Partes dos Animais, Geração dos Animais)* são sínteses que incluem as manifestações de uma mesma função através das espécies. Um exemplo: a função digestiva. Aristóteles constrói todo o animal em torno do tubo digestivo e dá o diagrama dele: o animal sanguíneo, o mais perfeito, é representado por uma linha vertical, em cima a boca, depois o esófago, depois o estômago, o intestino, em baixo o orifício de excreção. Mas, nos moluscos, um círculo incompleto parece substituir a linha recta e o orifício de excreção tende a aproximar-se da boca. Nas plantas, como vimos, a natureza regressa à linha recta, mas invertida.

Aristóteles mostra a transição que existe entre as diversas formas da vida animal, como entre plantas e animais. Escreve: «Nas plantas encontra-se uma ascensão contínua para a vida animal. Assim, no mar encontram-se certos seres que é difícil decidir se são plantas ou animais. Toda a escala da vida animal comporta uma diferenciação gradual na vitalidade e na capacidade de movimento.»

As próprias plantas são como um patamar da vida entre os seres inanimados e os animais, que, esses, possuem a plenitude da vida. «As ascídias», escreve Aristóteles, «diferem pouco das plantas; são contudo mais vivas do que as esponjas, que oferecem todos os caracteres da planta. Assim a natureza passa insensivelmente, de maneira contínua, dos seres inanimados aos animais, passando por seres que vivem sem serem, propriamente falando, animais.»

Há pois continuidade na natureza: e esta continuidade não é inerte, é uma *ascensão* (a palavra é de Aristóteles) através da vida animal, uma ascensão para o homem. Aristóteles, contudo, se nos referirmos às passagens citadas, vê a marcha da vida ora como uma subida, ora na perspectiva de uma descida: «O animal torna-se planta», escreveu ele.

Dir-se-ia — ao ler estes textos e outros — que há em Aristóteles como que pressentimentos transformistas. Contudo, Aristóteles é explicitamente fixista. Outros textos o indicam muito claramente. Não lhe vamos pedir que desenrede o novelo extremamente complicado que reuniu. Verifiquemos apenas que lhe acontece por vezes deslizar, apesar do seu fixismo teórico, para opiniões evidentemente transformistas. Apresenta as espécies animais como esboços, como reveses parciais da natureza na sua procura do homem. Mas a natureza, depois de falhar, retoma a sua obra, inventa outras espécies.

É incontestável que, em frases que reaparecem constantemente nas suas obras biológicas, Aristóteles personaliza a natureza e apresenta-a como uma força cósmica inteligente que para cada espécie assegura a constituição mais harmoniosa, que entre as espécies assegura o concerto das actividades e que através de todas as espécies, graças a uma ascensão contínua, procura a perfeição do homem(¹). Uma frase, nomeadamente, sob formas pouco diferentes, surge sem cessar: «A natureza não faz nada inútil.» É este o princípio que ele aplica constantemente para explicar a conformação de tal ou tal órgão em cada espécie. Fala duma natureza «organizadora, fabricadora, engenhosa», uma natureza que «quer», que «fixa o seu olhar» no objectivo a atingir. A natureza não é pois uma força criadora, contenta-se com «tirar partido», com vista ao melhor, das condições que lhe são dadas. A natureza não é Deus. É, nos seres individuais, esse «impulso», essa «força de crescimento» que responde à atracção de Deus.

Mas o esforço sintético que se manifesta nesta concepção da «natureza organizadora» manifesta-se igualmente, e no mais alto grau, na classificação das espécies animais.

A falar verdade, não se encontra nos escritos biológicos de Aristóteles classificação definitiva. O sábio compreendia as dificuldades que apresentava uma classificação assim. Contudo, a classificação que concebia surge com bastante nitidez nas suas grandes linhas, e é bastante sólida para ter resistido à prova do tempo. Nada de semelhante fora tentado antes de Aristóteles, e depois dele será preciso esperar até Lineu para verificar novo progresso.

Os dois grupos mais amplos que esta classificação compreende são os de animais sanguíneos e de animais não sanguíneos, correspondendo aos ramos modernos dos vertebrados e dos invertebrados..

Nos sanguíneos vertebrados, Aristóteles distingue primeiro quatro géneros; os quadrúpedes vivíparos, os ovíparos, as aves e os peixes. Mas eis que encontra seres estranhos que são peixes sem o serem. Que fazer das baleias e dos golfinhos? São aquáticos e nadam como peixes, dos quais têm a aparência exterior. Mas são privados de guelras! Possuem um órgão singular, uma abertura que parece ligada à função respiratória e que muito intriga Aristóteles. Por mais de uma vez fala nela na sua obra, e acaba por descobrir-lhe a função. Ainda por cima, estes animais aquáticos não põem ovos como os peixes: dão nascimento, à maneira dos mamíferos, a filhos que aleitam, e, com efeito, têm mamas. O naturalista acaba por decidir-se: coloca estes seres singulares e quase monstruosos num género separado: são cetáceos. (Cetáceos, velha palavra

---

(¹) Segundo Le Blond, «Introdução», p. 46.

poética que designa os «monstros marinhos».) É notável o partido que toma Aristóteles, sobretudo se nos lembrarmos de que todos os naturalistas, excepto ele, até ao século XVI e para além, consideraram as baleias e os golfinhos como honestos peixes. A obra notável de Camus *(Notes sur l'Histoire des Animaux)*, publicada em 1783, após os trabalhos de Lineu, não sabe a quem dar razão neste caso e parece temer que Aristóteles tenha praticado um erro recusando aos cetáceos a qualidade de peixes.

Tal é o género de dificuldades que detém Aristóteles na sua tentativa de classificação: resolve-os afortunadamente sem aliás inventar terminologia complicada. Tomemos o morcego. Que vamos fazer dele? Voa: será uma ave? Vendo-lhe as asas membranosas e peludas, Aristóteles descobre subitamente que o morcego é um quadrúpede; acrescenta: imperfeito. Recusa-se pois a incluí-lo entre as aves — ainda por cima com dentes! É simplesmente um mamífero que voa. Quanto à foca, a despeito dos pés-barbatanas, é incluída, desta vez sem qualquer hesitação, no número dos vivíparos tetrápodes.

Como se vê, Aristóteles é o primeiro a pôr o dedo sobre as espécies, que se apressam a desmentir qualquer classificação demasiado simples. O destino que lhes dá corresponde em geral, sem história nem gíria, à classificação científica dos modernos, mais clara, evidentemente, com o seu vocabulário apropriado. Mas foi Aristóteles quem primeiramente levantou e resolveu os problemas postos pela múltipla complexidade da vida animal, no patamar superior e já como que clarificado do seu desenvolvimento.

O mundo dos animais não sanguíneos, os nossos invertebrados, apresenta-se extremamente atravancado e não poderia ser classificado, logo à primeira, de maneira perfeita. Aristóteles distingue quatro géneros principais, assinalados pelo modo de reprodução — os crustáceos, os moluscos, os insectos e os testáceos. Os dois primeiros géneros são vivíparos. Os insectos estão submetidos a metamorfoses. A reprodução dos testáceos (caracóis, ouriços, etc.) é difícil de precisar: para Aristóteles, muitos nascem por geração espontânea.

Além destes géneros principais, o sábio retém alguns tipos de seres vivos que não entram nas categorias que estabeleceu e que oferecem o carácter comum — por mais diferentes que sejam uns dos outros — de formar uma transição entre o animal e a planta: as ascídias, fixadas no solo, as esponjas, que parecem à primeira vista muito afastadas da estrutura animal, as ortigas-do-mar e as estrelas-do-mar, susceptíveis de se deslocarem, mas que apresentam estrutura orgânica absolutamente original. Anunciando algumas opiniões dos modernos, Aristóteles abre aqui perspectivas sobre um mundo imenso que pressentiu mais do que pôde explorar sistematicamente — esse mundo animal- -planta, esse mundo «zoófito», onde a vida se tacteia para saber se vai aprender a mover-se.

Não escondamos que este resumo da classificação aristotélica é de um carácter sumário que faz tremer. O sábio-filósofo é, na verdade, muito mais flexível e rico do que se pode apresentar aqui. Reparemos pelo menos a injustiça que a nossa simplicidade lhe fez, recordando o juízo emitido sobre ele pelo maior dos biologistas modernos: «Lineu e Cuvier foram os meus deuses», escreve Darwin, «embora de maneiras muito diferentes; mas não eram mais do que estudantes se os compararmos ao velho Aristóteles.»

Pelo seu inacreditável trabalho de observador nunca fatigado, também pela amplidão do labor «em equipas» que instituiu na sua escola — trabalho indispensável a qualquer vasta pesquisa científica —, pelo rigor do método que proclama este grande princípio: «Só há ciência do geral», finalmente pelo carácter genial de muitas das suas visões científicas, Aristóteles é o fundador indiscutido da biologia, da «ciência dos seres vivos».

Dá-a ao mundo antigo, demasiado jovem ainda para apreender o seu valor e fazê-la progredir (veja-se Plínio, apesar de todo o seu pitoresco), e é na verdade o mundo moderno que recebe dele essa descobrerta, como penhor precioso entre todos — com as jovens matemáticas e a antiga astronomia — do génio científico dos antigos, mais exactamente dessa velha faculdade própria da espécie humana: o poder de conhecer e de dominar o mundo natural.

Mas devemos dizer realmente «dominar»? Não. Ao primeiro contacto, Aristóteles aparece como autêntico e puro descendente de Ulisses, «o engenhoso e muito inteligente fabricante de máquinas». Aristóteles, como Ulisses, quer conhecer, no seu ser múltiplo, os animais e as plantas do mundo vivo, sem dúvida para os alinhar, cada um em seu lugar, nas vitrinas da ciência, onde tudo é tão claro que não há já motivo para ter medo. Mas se usa deles assim, não é para dominá-los, menos ainda para os utilizar: é unicamente — e para ele isso quer dizer muito mais — para os *contemplar* na sua relação com os seres eternos de que dependem.

O mundo animal e vegetal é maravilhoso de conhecer na sua complexidade tão bem ordenada, mas Aristóteles não quer esquecer nem deixar que esqueçamos que este mundo a que chama sublunar está sujeito à geração e à corrupção; não possui a existência plena e continua submetido às leis da revolução dos astros. Ora, os astros são «seres divinos», «seres eternos», cuja contemplação, Aristóteles di-lo mais de uma vez, enche de alegria a alma humana, muito mais que as investigações científicas mais exactas que descreve e pratica com tanto entusiasmo.

Não é já o sábio que fala: Aristóteles volta a encontrar-se filósofo. Pode-se lamentar que esta filosofia, a pretexto de votar o homem à busca do imperecível e do divino, contribua para orientar a ciência para uma contemplação forçosamente inerte, para uma espécie de imobilismo onde não pode viver nem desenvolver-se.

Mas não lamentemos nada. O pensamento científico, depois do belo arranque que Aristóteles lhe dera em biologia, precisava, sem dúvida, de um tempo de pousio. Aí irá buscar — com os séculos — a força para novo avanço.

Uma palavra mais. A leitura das obras biológicas de Aristóteles não encanta como encantava Platão. Aristóteles não é um mágico do verbo, não é um poeta, no sentido amplo em que o seu mestre o era. É certo que só temos dele as notas preparadas para os seus cursos esotéricos, reservados aos discípulos mais adiantados, ou talvez notas tomadas por esses discípulos nesses cursos e redigidas por eles. O estilo não tem mistério: o seu grande mérito é ser desprovido de ênfase, sóbrio, e ajustar-se às coisas que descreve.

Assim despojada de ornamentos, a sua obra prende e retém de maneira surpreendente, tal como nos retém a realidade observada e compreendida.

Aristóteles é um poderoso *realista*. A realidade do mundo animal vive, nesta obra, com uma múltipla presença autêntica. Estas presenças animais não cansam nenhum leitor. São presenças estranhas e desumanas quase sempre. Mas ao mesmo tempo próximas e familiares, porque manifestam, no corpo desconhecido, o que é também o fundo último e a substância elementar do nosso ser — a vida que se reproduz pelo desejo, a vida que tem fome e que mata para saciar a sua fome e subsistir. Assim, aquela presença animal, primeiro tão distante, torna-se, ao multiplicar-se em redor de nós de página em página, de uma estranha proximidade. Exprime sem qualquer ênfase aquilo que se prende mais ao nosso coração, ao nosso ventre: a *vida,* efémera em cada ser vivo e contudo como que eterna na prodigiosa multidão dos seres que povoam a Terra.

Numa passagem da sua *Ética a Nicómaco*, Aristóteles maravilha-se com o que nos parece uma verdade banal: «Com toda a evidência, escreve, a «vida é um bem comum ao homem e às plantas.» O filósofo parece tocado primeiro pelo que une o homem aos outros seres da natureza — os mais afastados dele — antes de ser tocado pelo que os separa. A presença da razão do homem apenas não o impressiona mais do que a presença da vida, ao mesmo tempo, no homem e na planta. É aí que se situa em primeiro lugar o humanismo de Aristóteles. O povo múltiplo das árvores e dos animais é para o homem um pouco fraternal. É esse sabor de fraternidade que nos enche a boca quando lemos as obras biológicas de Aristóteles.

Algumas vezes também a proximidade animal se torna doutra maneira mais humana ainda. O povo animal experimenta os mais altos sentimentos humanos. Não somente os mais necessários à conservação da vida, os mais úteis, mas ao mesmo tempo os mais desprovidos de qualquer significação, os mais gratuitos. O filósofo, e desta vez deve dizer-se o grande *poeta* da amizade que é Aristóteles, ele que, falando do homem, afirma que «a amizade é um sentimento absolutamente indispensável à vida», declara igualmente que «esse sentimento não existe apenas nos homens, mas também nas aves e na maior parte dos seres vivos, nos indivíduos de uma mesma espécie uns para com os outros, principalmente sem dúvida entre os homens».

Assim, na sua psicologia como na constituição do seu ser físico, o animal é um esboço do homem. Dir-se-ia que o chama. Aristóteles tem sobre este tema da semelhança psíquica dos animais e do homem uma página notável. «Existem na maior parte dos animais traços desses estados de alma que no homem se manifestam duma maneira mais diferenciada! Docilidade ou ferocidade, coragem ou cobardia, temor ou segurança, intrepidez ou velhacaria e, no plano intelectual, uma certa sagacidade são semelhanças com o homem que se encontram em grande número de animais e que lembram as semelhanças orgânicas de que tratámos.»

Um pouco mais adiante: «A verdade desta asserção (que os animais têm estados de alma que esboçam os da espécie humana) surge imediatamente a quem considerar o homem na idade da infância; na criança é com efeito possível observar como que os traços e os germes do que deve constituir as suas possibilidades futuras, não existindo praticamente nessa época da sua vida qualquer diferença entre a alma da criança e a alma do animal. Não há pois nada de insensato em sustentar que, no que respeita ao homem e aos animais, algumas das suas qualidades são idênticas, outras vizinhas, outras, finalmente, análogas.»

Texto surpreendente, que abre o caminho a toda a espécie de psicologia comparada e impele a ciência para caminhos que ainda não deixou de percorrer.

Assim, a presença animal, mais humana, mais psíquica do que parecia à partida, liga-se e equilibra a afirmação da natureza física animal do homem.

Esta dupla verificação cerra, até torná-los indestrutíveis, os nossos laços de parentesco, a nossa fraternidade natural com o mundo das ervas, das flores e das árvores, das aves, dos peixes e das feras.

O humanismo de Aristóteles é finalmente esse fluxo, esse fervilhar de vida que da planta e através de todas as espécies animais, através do homem, de modo algum dividido, conduz o Ser vivo à claridade da razão.

Mas está o mundo vivo à disposição do homem para ser contemplado em êxtase? Acode-nos esta dúvida ao terminar. Não irá a biologia de Aristóteles abolir-se nessa contemplação?

IX

O GÉNIO DE ALEXANDRE OU A FRATERNIDADE

Há homens — disse-o antes doutra maneira — cujo aparecimento na história parece resolver um problema insolúvel, forçar bruscamente o impasse em que a marcha dos acontecimentos parecia acuada na impotência e na inércia, reabrir o caminho cortado pela desordem e pela anarquia — anunciando e já realizando um futuro novo.

Alexandre é, no mais alto grau, um desses homens.

E é também por isto que a imaginação mítica do povo grego lhe atribui ter cortado o nó górdio. A esse nó indesatável pelos dedos dos mais pacientes, dos mais ágeis, não se deu ele ao trabalho de procurar desfazê-lo partindo as unhas: cortou-o com um golpe de espada. (Se se preferir considerar esta história autêntica e não mítica, pode-se admitir que o oráculo prometia o império da Ásia a quem desfizesse o nó górdio. Alexandre tomou-o à letra e apropriou-se dele num gesto vencedor. A partir daí viveu na perspectiva de Górdio.)

O antigo mundo helénico morria com o desmoronar da cidade. Alexandre não tentou, como Platão, como Aristóteles e outros, restaurar as velhas estruturas, carregadas de glória, reparando melhor ou pior o fato que se tornara demasiado estreito. De um só golpe, a sua acção, não destituída de reflexão, criou para os seus sucessores uma nova maneira de reunir os homens e de governar as comunidades: o Estado moderno com o seu Príncipe.

O seu nascimento e a sua origem prefiguram já o seu carácter, a sua obra e o seu fulgurante destino. Nada mais estranho do que o casal de que nasceu.

Seu pai, Filipe, vencera Atenas, Demóstenes e a Grécia à força de inteligência aguda e de indomável energia. Sabia descobrir e desfazer com uma precisão rigorosa as forças dos seus adversários. Desconcertava sempre com o imprevisto dos seus actos os que pensavam melhor conhecer-lhe os planos. Ora representando de Grego, ora imitando o Bárbaro, usava sucessivamente com os seus inimigos da sedução mais acariciadora (mais pérfida) e da violência mais rude. Posuindo os dons superiores do grande homem de Estado, não se importava de substituí-los, quando necessário, pela astúcia do selvagem. Gostava de se envolver e de desaparecer, mesmo inutilmente, nos abismos da má fé, para fazer reaparecer subitamente aos olhos dos Gregos fascinados o seu rosto de príncipe revestido de justiça e de generosidade. A sua paciência não era menos surpreendente que a prontidão das decisões. Nas conquistas, deixava amadurecer longamente os frutos da diplomacia e da velhacaria, esperando a hora propícia em que apenas tinha de apanhá-los do chão, apenas um pouco pisados. Nenhum escrúpulo de ordem moral alguma vez paralisava a sua acção: mentia com volúpia; faltava à sua palavra com delícia. Pela bravura e pela resistência excepcionais, ao nível da tropa, provava-se a si mesmo a todo o momento, tal como o imaginavam a fidelidade e a dedicação inalterável dos seus soldados.

Nesta herança de Filipe, Alexandre, juiz severo, fizera a sua escolha. Desprezava o modo cauteloso dessa política, detestava a astúcia, sabendo apenas «precaver-se contra ela...» «De uma fidelidade a toda a prova quanto a observar os tratados e as convenções, estava sempre precavido contra a astúcia.» Assim se exprime Árrio. A sua única habilidade era «a velocidade dos movimentos», que o fazia aparecer no sítio onde parecia impossível que estivesse. Pouco lhe importava expor a sua fortuna, certo como estava de vencer. Fixado um objectivo, caminhava direito a ele, no impulso da paixão que o possuía.

Não era, como o pai, todo inteligência (e sensualidade; Alexandre era, escreve Árrio, «muito temperante quanto aos prazeres do corpo; não o era quanto aos gozos do espírito»). Mais ainda que de Filipe, era filho de Olímpia, a frenética Ménade epirota que o deus Dioniso possuía na embriaguez da música e no delírio da dança, no êxtase da alma que, para além dos horizontes quotidianos, descobre novas moradas.

Alexandre recebe do pai todos os dons intelectuais dos grandes políticos e dos melhores capitães, mas o que o torna incomparável aos grandes homens do passado, a Temístocles, a Péricles, ao próprio Filipe, é que esses dons da inteligência são polarizados pela paixão, transportados, orientados e fixados por ela no seu pólo de excelência. A inteligência, no filho de Olímpia, não é apenas claridade, conhecimento das vias e dos meios pelos quais se realizará a acção projectada, é também calor, participa na criação vital como faz o calor solar, e, por vezes, destruidora também como ele, essa inteligência passional, no seu mais alto ponto de intensidade, não é mais que queimadura, não é mais que incêndio.

Durante a sua expedição, se a seguíssemos passo a passo, veríamos Alexandre, acreditando sem dúvida realizar o programa do pai, ampliá-lo sem cessar, descobri-lo de novo, e, inaugurando ao mesmo tempo o seu próprio génio, dar às intenções de Filipe, que eram apenas políticas, um sentido inteiramente diferente. A obra que se esforçará por realizar não será uma conquista imperialista à maneira de Filipe, será, no fim de contas, a invenção de um mundo novo.

Não tenho a intenção de repetir a narrativa da famosa campanha, mas somente sublinhar alguns aspectos dela, uns que parecem contradizer, outros que parecem convocar essa noção de fraternidade a que chegaremos — a que o próprio Alexandre chegou no fim da sua carreira. (Mas sabe-se que morreu com menos de trinta e três anos.)

Antes de partir à conquista do seu trono da Ásia, Alexandre teve o cuidado de não deixar na retaguarda, na Europa, nenhum adversário que não estivesse persuadido da sua força invencível. Ao Norte, atravessando o Danúbio e queimando ao acaso uma povoação, convencia o povo geta hostil e as inquietantes hordas citas do temível poder dos reis da Macedónia. A Ocidente, «pacificou» sumariamente os Ilírios irrequietos. Na Grécia, Tebas dava já o sinal da revolta; encerrava na cidadela a guarnição encarregada de mantê-la sob a ordem macedónia, e Demóstenes, cedo de mais, tratava o jovem rei de «grande tolo», quando esse Alexandre considerado já morto, engolido pela noite da Barbaria, desaparecido nas brumas ocidentais, cai de súbito do céu em frente da gloriosa rebelde. Reconquista a cidade num selvático combate de ruas. Manda arrasar a cidade de Hércules e de Dioniso, poupando apenas a casa do poeta Píndaro. Passa a fio de espada a população masculina, vende os sobreviventes como escravos — trinta mil criaturas humanas! Castigo terrífico, dado como advertência aos Atenienses aterrados. A cobardia ateniense mandou a Alexandre uma embaixada para o felicitar pelo seu feliz regresso e pela repressão do levantamento tebano, de que Atenas fora a verdadeira instigadora... Entretanto, o saque de Tebas foi sentido pelo conjunto dos Gregos como um crime abominável, um atentado contra a sua civilização. Alexandre queria dar de antemão um desmentido à imagem demasiadamente ideal que ia criar de si mesmo no fabuloso Oriente. Mas Alexandre ainda não se conhece...

A verdade é que subsistem em Alexandre — o caso de Tebas nos adverte disso — importantes elementos de violência desenfreada que provêm de sua mãe (apaixonada) ou de seu pai (brutal).

Eis pois a tranquilidade da Grécia assegurada por muito tempo, graças ao terror. Mais ainda pelo exército de doze mil infantes e cinco mil cavaleiros que Alexandre deixava na Europa sob o comando do fidelíssimo Antípatro.

O rei atravessa o Helesponto na Primavera do ano de 334. Não era apenas rei da Macedónia, fizera-se confirmar, pela Assembleia dos Gregos convocados em Corinto, o título já concedido a Filipe de *«general comandante dos Helenos, protector da Grécia»*. Dava assim à campanha o carácter de uma expedição grega — desforra das guerras medas.

Para conquistar ou destruir um império cinquenta vezes maior e vinte vezes mais povoado que o seu, Alexandre levava consigo apenas uns trinta mil infantes e cinco mil cavaleiros, entre os quais mil e oitocentos macedónios, flor da nobreza do reino. E também um corpo de engenheiros, capaz de improvisar um material de cerco a que nenhuma fortaleza poderia resistir. Este exército será renovado à medida que avançar na sua marcha: o que atravessou o Helesponto não se reconhece no que passa o Hindu-Kuch ou conquista o Pendjab. O ponto fraco da expedição era a frota: cento e sessenta trieras apenas. Atenas mostrava-se enfadada e reservava-se: mandara vinte trieras! A frota persa (e fenícia) dominava as águas do Egeu. Sem grande dificuldade — o Grande Rei pensou nisso — podia levar a guerra à Grécia e amotinar contra os novos senhores o país ocupado há pouco tempo. Foi para prevenir esta eventualidade que Alexandre concebeu o plano estratégico da sua campanha.

Para defender o Império contra os fracos efectivos que o atacavam, o Grande Rei, Dario III, dispunha de exércitos consideráveis, difíceis de avaliar, por vezes vinte e cinquenta vezes mais numerosos que o de Alexandre. Mas que significa o número de soldados? Alexandre tinha a certeza absoluta de vencer. Desde o primeiro combate soube comunicar essa certeza aos seus homens. Dario era um soldado corajoso, não desprovido de sentido estratégico. Mas a sua energia era intermitente e pouca a sua clarividência política. O reino já se desagregava; deixava os seus sátrapas defenderem-no a seu modo, e a gangrena da traição invadia o grande corpo do Império.

O primeiro recontro (em 334) deu-se nas margens do Granico, onde o exército persa esperava Alexandre ao sair das piedosas evocações de Ílion. Foi menos uma batalha pensada por um estratega do que uma sequência de combates singulares travados por Alexandre à maneira de Aquiles, seu antepassado. A louca bravura do novo «filho de Peleu», que todos reconheciam pela brancura do penacho e pelo brilho do escudo, bastaram para porem o exército persa em fuga. Alexandre recolheu, entre muitos outros, trezentos escudos que mandou para Atenas com uma inscrição provocante dirigida a Esparta. No seu caminho, a maior parte das cidades gregas da Ásia Menor começaram a render-se. Em pouco tempo submeteu as raras que lhe resistiram.

Tanto quanto o fogoso arrebatamento do Granico, é a sábia reflexão política, unida à piedade mais sincera, que regula em Alexandre a sorte de cada uma das cidades conquistadas. Nas condições que impôs, o rei da Macedónia apresenta-se menos como libertador do que como pacificador das velhas discórdias cujo sentido já não apreende. Em geral afasta do poder as oligarquias e substitui-as por um governo popular: impõe ao governo que instala a autoridade, não de um sátrapa persa, mas de um governador macedónio, nunca de um grego. As liberdades das velhas cidades só são restabelecidas sob o domínio da Macedónia, e, em última instância, do próprio Alexandre. Estamos ainda longe dessa «fusão» dos Gregos e dos Bárbaros que foi mais tarde o grande pensamento do monarca...

Por vezes, a resistência de uma ou outra das cidades gregas parece acordar a selvajaria do rei. Mileto, o glorioso porto dos cem entrepostos, que fizera em tempos ressoar a língua grega desde Náucratis do Egipto até ao fundo do mar Negro, transportando as mercadorias da Cólquida ao Egeu e à Sicília, ligando os povos por meio do comércio e do lucro — Mileto fica a saber, pela chacina desencadeada nas suas ruas pela soldadesca macedónia, que não se resiste a Alexandre, que, querendo sobreviver, é indispensável implorar o seu «perdão». A sorte de Halicarnasso foi pior ainda: a cidade foi arrasada, a população chacinada ou «deslocada»...

Entretanto, qualquer coisa se anuncia apesar de tudo neste «passeio» pelas costas da Ásia Menor, cortado por episódios sangrentos. Um despertar, uma efervescência, apoderam-se das cidades libertadas. Em parte alguma com mais brilho, mais alegria, do que em Sardes e Éfeso. Alexandre, em vários lugares, restaura velhos templos, consagra outros, inaugura jogos, conduz uma procissão, restitui às cidades caídas antigos privilégios. Esses velhos portos onde desde há séculos se juntam a Europa e a Ásia, a Hélade e a Barbaria, começam a inscrever nos factos a amizade dos povos, a «concórdia» estóica que será, na verdade, o sonho de Alexandre... Mas ele ignora ainda esse sonho.

O exército persa tenta deter segunda vez o avanço de Alexandre. Dario comanda-o pessoalmente, reuniu forças consideráveis (seiscentos mil homens, adianta timidamente a nossa melhor fonte, Árrio!). Para que servirá esta massa informe? Para sufocar aquele que a comanda.

Isso (333) é uma batalha ganha por Alexandre, entre mar e montanha, esquivando a ameaça de cerco com a surpresa da ofensiva, atravessando a galope à frente da sua cavalaria o rio que separa os combatentes, visando num arrebatamento furioso Dario que ele descobre no centro e que não tarda a virar o carro e a fugir. A partir daí, a batalha não é mais que debandada e derrota...

O exército persa é pulverizado: cem mil soldados são chacinados. Entre os prisioneiros, a mãe e a mulher do Grande Rei, as suas duas filhas, o jovem príncipe herdeiro, todos reféns preciosos. Os Macedónios deitam também a mão a imensos tesouros. Alexandre trata os seus cativos como verdadeiro cavaleiro da lenda, respeitosamente distante. A esposa do Grande Rei passava por ser a mais bela mulher da Ásia: o príncipe macedónio não a honrou com um olhar. Estamos muito longe do Aquiles da *Ilíada* que joga a vida e tudo quanto tem pela «linda Briseida», a cativa «de rosto fresco».

Isso abria dois caminhos ao vencedor: um, do lado nordeste, para as capitais do Oriente, onde facilmente alcançaria e abateria Dario; o outro, do lado sul, para a Síria e o Egipto. Escolhe o segundo, aquele que lhe dá a liberdade do mar, que impede o inimigo de levar a guera à Grécia, e que o encerra para sempre nas terras da Alta Ásia. Alexandre fez nesta circunstância a escolha menos espectacular, menos romântica, mas a única segura.

Entra na Síria, depois na Fenícia, desdenhando por agora Dario e os seus projectos. Recebe a homenagem de vários portos, entre os quais Sídon. Tiro, que era considerado inconquistável, recusa-lhe a entrada na sua ilha-bastião. Alexandre, embora não fosse dotado de paciência, usa o tempo. Sob os ataques da frota inimiga e do exército cercado, faz construir um longo molhe, com quinhentos metros, mais de uma vez demolido, que liga Tiro insular ao continente; aproxima as máquinas, tenta o assalto das muralhas, ele próprio na brecha. Tiro cai em Agosto de 332: resistira durante sete meses.

Diante dos muros da orgulhosa cidade resistente, Alexandre recebeu uma embaixada do Grande Rei. Dario trata-o como rei, como o macedónio antes lho mandara pedir, Alexandre responde-lhe como igual, convocando para ouvir as propostas o Conselho dos Heteras, alta instituição macedónia. A cena tem grandeza. Sobriamente a relata Árrio, a mais prudente, a mais seca das nossas fontes.

Os embaixadores falam: oferecem em nome do seu senhor metade do império persa, desde o mar grego ao Eufrates, dez mil talentos (sessenta milhões de francos-ouro) pelo resgate das princesas, a mão da filha mais velha do rei a Alexandre, finalmente, a sua aliança e a sua amizade! No silêncio que se seguiu, Parménio, velho general de Filipe, perante estas propostas que excediam em muito o que alguma vez esperara a ambição de Filipe, declara que o momento de fazer a paz chegara e que seria sabedoria aproveitá-lo. Conclui: «Eu aceitaria, se fosse Alexandre.» Uma réplica fustigante escapa ao seu senhor: «Também eu, se fosse Parménio.»

Antes de deixar Tiro, Alexandre celebra ainda um sacrifício solene a Hércules, o antepassado cuja sucessão reivindica tanto no Oriente como no Ocidente. O Hércules tírio não é apenas um homem que atingiu finalmente a divindade no termo de uma vida toda cheia de provações e de trabalhos ao serviço dos homens, é nativamente, substancialmente, um deus — o deus Melqart — que possui na sua plenitude e por toda a eternidade as prerrogativas divinas. É a este Hércules que Alexandre sacrifica e pretende ligar-se. Não perguntou já a si próprio, espantado com o seu próprio génio, se não será autêntico filho de Zeus?...

Alexandre retoma o caminho para o sul e só vem a encontrar resistência em Gaza, a cidade mais importante da Palestina. Gaza recebera de Dario por governador um eunuco negro chamado Batis, que organizou, com o concurso da população, uma resistência feroz ao invasor. Alexandre respondeu com um cerco férreo, que durou mais de dois meses. Conquistada a cidade, o rei entregou-a a uma terrível carnificina; mandou vender como escravas as mulheres e as crianças, passar os homens a fio de espada. Quanto ao governador negro, mandou prendê-lo pelos calcanhares furados ao seu carro de vencedor e arrastou-o, gritando de dor, em volta da cidade, na presença dos soldados que gritavam de alegria. (Este relato encontra-se apenas no tardio Quinto Cúrcio, historiador apreciador de pitoresco e a quem esta obra pouco vai buscar.)

Alexandre chega ao Egipto em Dezembro de 332. Imediatamente mostra a maior atenção pelas divindades egípcias. A fervorosa fé que o ocupa inteiramente encontra neste país de fé religiosa milenária a perfeita justificação. Alexandre, no Egipto, sente-se em casa. Os conquistadores persas tinham (Cambises estupidamente ferido, Artaxerxes chacinado) tomado o touro divino Ápis, para melhor o despojarem dos seus santuários: tinham igualmente ofendido outras divindades. Diferente foi a atitude de Alexandre. Sacrificou num templo de Mênfis a Ápis deus-touro, segundo o rito egípcio, assim como a outros deuses, confundidos com os deuses gregos pelos gregos que viviam no país. Estas cerimónias serviram para pôr os sacerdotes do seu lado, uma vez que o faraó, em princípio, era o único qualificado para oferecer tais sacrifícios. Não vejamos aqui, em Alexandre, um cálculo político ou uma manifestação de tolerância. A alma de Alexandre é demasiado religiosa para se contentar com «tolerar» em outrem a crença noutros deuses: é em si mesmo que acolhe esses outros deuses. Não «tolera», «acolhe» uma outra forma do divino, o que é inteiramente diferente. E foi também por isso que os Egípcios o divinizaram, concedendo-lhe todos os títulos dos faraós seus antecessores, «rei do Alto Egipto e rei do Baixo Egipto, filho de Ra», e muitos outros.

De resto, o que Alexandre procurou no Egipto não foi apenas o encerramento de qualquer base naval para os Persas no Mediterrâneo e para si mesmo o título raro de faraó, mas acima de tudo a resposta a uma pergunta que o inquieta desde a infância. Não fora sua mãe, Olímpia, a possessa, constantemente frequentada por presenças divinas que ocupavam os seus sonhos e o seu leito? De quem é ele filho? É isto que Alexandre quer saber; é para isso que, com a alma pronta a tudo acreditar de Deus, empreende a viagem ao santuário de Zeus-Ámon. A expedição a este templo oracular, situado num deserto muito afastado de Mênfis e eriçado de obstáculos, é uma das iniciativas mais estranhas e mais inexplicáveis de Alexandre, se não fosse a mais reveladora. Que ia ele perguntar ao oráculo famoso? Que resposta recebeu? Os textos, quanto a estes pontos, são contraditórios.

Quando, depois de muito ter caminhado ao longo do mar, se meteu pelo deserto de areia onde se encontra enterrado o oásis de Siuah, foi recebido pelo sacerdote guardião do santuário, que o saudou com o nome de «filho de Ámon», título reservado apenas aos faraós. Depois Alexandre foi admitido, sozinho, no santuário, fez a sua pergunta e recebeu a resposta do deus. Que pergunta, que resposta? Alexandre, instado pelos amigos à saída do templo, respondeu com o silêncio. Mas quem não ouve falar esse silêncio? É o de uma alma recolhida na contemplação de um mistério que lhe foi revelado. Só a revelação do seu nascimento divino, só a convicção de que não era filho de Filipe, mas sim procriado pelo próprio deus — Ámon-Ra — no seio de Olímpia, podem explicar a profundidade do silêncio real. Soubera do deus «tudo o que desejava saber» — única resposta arrancada aos seus dentes.

Além disto, tinha Alexandre alguma coisa mais a perguntar ao oráculo? Nunca mais voltou a falar do assunto.

A confiança que tinha na sua missão foi singularmente aumentada por este oráculo e, a partir desse dia, inabalável. Filho de Zeus, sabe agora que tem qualquer coisa a fazer sobre a terra...

Na sua viagem a Siuah, Alexandre, percorrendo a margem solitária do mar, indicou, perto de uma aldeia de pescadores e em frente da ilha de Faros, o local de um porto que lhe pareceu favorável. Ordenou que aí se fundasse uma cidade que veio a tornar-se, por circunstâncias que ele próprio em parte criou, a principal do seu império e onde se encontraram e se juntaram nos séculos seguintes o futuro do Oriente e do Ocidente. Desta Alexandria, que vai dar o seu nome à nova idade cultural, não se limitou Alexandre, por uma intuição genial, a sugerir a fundação, mas indicou as dimensões e o plano, conforme as exigências do urbanismo nascente, e inventou o duplo porto, ordenando a construção de um dique desde a margem à ilha de Faros.

Na Primavera de 331, repleto de novos projectos nascidos da sua estada no Egipto, Alexandre retoma a perseguição de Dario. Lança-se à conquista dos velhos impérios mesopotâmios e persas. Tem os pés rápidos do seu antepassado Aquiles. Tem vinte e cinco anos.

Tornando a passar em Tiro, aí ofereceu imponentes sacrifícios a Hércules, o grande antepassado, celebrou com esplendor concursos gímnicos e musicais, fez representar tragédias — orgulhoso por oferecer aos Bárbaros os frutos mais perfeitos da civilização grega. Fizera-o igualmente no Egipto, tentando na velha Mênfis, carregada de um passado milenário, a mais audaciosa, a mais surpreendente das fusões. Para este jovem bárbaro de vinte e cinco anos, a tragédia grega conserva a sua sumarenta acidez de fruto verde.

Contudo, após os divertimentos de Tiro, Alexandre retoma a tarefa de conquistador, de engole-reinos. Atravessa o Eufrates, atravessa o Tigre. Desde Isso, não faltou tempo a Dario para reunir contingentes vindos das regiões mais distantes do império, povos de Bactriana e de Sogdiana, Caldeus e Arménios, Medas montanheses, Indianos e os seus espectaculares elefantes. Muitos outros. Instala tudo isto numa vasta planície onde não faltava desta vez espaço para o presumível cerco de Alexandre, a planície de Gaugamelos, não longe de Arbelos. Árrio avalia este exército em quarenta mil cavaleiros e um milhão de infantes. Havia também os mais velhos tanques da história das guerras, duzentos carros armados de gadanhas e já ultrapassados. Os soldados gregos abriam fileiras para deixarem passar estes carros, ou, agarrando os cavalos pela brida, deitavam abaixo os condutores.

Alexandre, uma vez mais, rompendo à cabeça da sua cavalaria contra o coração desta massa incrível de soldados, entrando em furiosos corpo-a-corpo onde quer que se produzisse alguma resistência, conquistou a vitória. A batalha acabou numa imensa chacina. Do lado macedónio, uma centena de mortos apenas. Centenas de milhares do lado persa.

A História desmoronou-se.

Dario desaparecera nas montanhas. O filho de Olímpia foi colher Babilónia sob as aclamações das mulheres. Tomou o título de rei da Ásia. Outras capitais se renderam ao vencedor, a antiga Susa, Persépolis e os seus tesouros nada lendários, Pasárgada, a cidade santa, Ecbátana... Todos estes nomes, a maior parte dos quais eram familiares aos ouvidos dos Gregos graças ao poema do velho Ésquilo, entravam na posse dos soldados com a poeira das suas sandálias.

Alexandre, num gesto difícil de compreender — recompensa às tropas na hora da vitória? —, ofereceu ao exército em festa uma das suas capitais para pilhar, devastar, entregar às chamas, a opulenta Persépolis, com os seus palácios sumptuosos, o seu Apadana — a célebre sala das cem colunas —, os seus montões de lingotes de ouro e prata, as suas pilhas de pedras preciosas. O incêndio devastou Parsa — a que chamamos Persépolis, à grega. Desta cidade tinham saído antigamente os invasores da Grécia na época de Maratona, depois, quando da tomada e do incêndio de Atenas em 480, no tempo da gloriosa Salamina. Alexandre não se importava de desempenhar aos olhos dos Gregos o papel da Justiça celeste. Outorgando aos seus soldados a real pilhagem de Persépolis, remunerava-os pelos seus trabalhos ao mesmo tempo que no Peloponeso e noutros lugares rebentavam novamente levantamentos contra o senhor ausente que abalavam a opinião da Grécia inteira([1])... Mas será preciso encontrar a todo o custo uma explicação razoável para cada acção que a cada momento vem, torrencialmente, desta natureza passional?...

Entretanto, Dario continuava a fugir. Da Média passara às Portas Cáspias. Alexandre perseguia-o numa louca cavalgada através de montanhas e desertos. O Macedónio galopava por vezes dia e noite. Alcançou enfim o fugitivo. Dario jazia na berma do caminho, em estertor, abandonado de todos, menos do seu cão. Um dos sátrapas acabara de assassiná-lo. Alexandre chorou o fim patético

---

([1]) Hoje, Parsa reergue-se, o Apadana proclama o seu esplendor.

do seu adversário. Fez perecer o assassino em suplícios e mandou sepultar Dario com todas as honras reais no túmulo dos seus antepassados (330).

Depois Alexandre avançou mais para longe, para o Oriente. Levou três anos a conquistar os países que se encontram a leste do mar Cáspio e ao norte da Índia e que se chamam hoje Turquestão, Afeganistão, Beluchistão, antigamente Margiana, Bactriana e Sogdiana. Aí fundou diversas Alexandrias, algumas das quais são hoje as cidades-mães destas regiões — Codjent, Samarcanda, Herat, Candaar, etc. Atribui-se ao príncipe macedónio a fundação de setenta cidades. Exagero manifesto. (Quem viu ou deu a lista delas?) No máximo, deve-se falar de dezasseis cidades. Nenhum grego, na verdade, marchara alguma vez por aquelas estradas distantes. Alexandre sonhava com alcançar «a extremidade oriental das terras». Não tardará a retomar essa marcha nunca fatigada, e os seus sucessores depois dele...

Mas, à medida que se «orientaliza», adaptando-se aos costumes e usando o vestuário dos seus novos súbditos, com grande escândalo da maior parte dos gregos do séquito e do exército, não é apenas a conquista do espaço, a fundação de cidades novas, a descoberta da terra que o atraem: marcha também, na direcção do passado, à descoberta do tempo, à conquista da história do povo que é agora o seu povo, quer apropriar-se desse passado, quer de algum modo tornar a fundar a dinastia de que se considera o actual representante. Procura, encontra em Pasárgada o túmulo de Ciro, o grande antepassado. Lê e manda restaurar o epitáfio que mãos sacrílegas violaram. Essa inscrição dizia: «Eu sou Ciro, que conquistei aos Persas este império e reinei sobre a Ásia. Não me invejes este túmulo que é a minha memória.» Alexandre deu ordens precisas para a reconstrução do epitáfio e do monumento. Os pormenores abundantes dessas ordens são para nós prova da piedade fervorosa que, para lá da morte, une fraternalmente Alexandre ao maior dos seus predecessores.

Mas a vertigem do espaço apodera-se dele outra vez. Está em Sogdiana (região de Samarcanda, moderna Usbequistão), olha na direcção do sul a alta muralha do Hindu-Kuch que o separa da Índia — país de riquezas e de maravilhas, conquista de Dioniso e das Ménades, conquista de Hércules, seu antepassado. Reúne um exército importante, atravessa, em 327, os desfiladeiros abruptos da montanha; surge no vale de um afluente do Indo superior, o Cabul. Funda a cidade que terá o nome deste rio. Os macacos guincham nas árvores. No Kapiça, no Gândara, tocou o coração profundo da Índia. Os Hindus, sublevados pelos brâmanes, resistem. Nem tudo é simples neste novo país, vasto como um continente. O rei Pórus oferece batalha. Vêem-se no seu exército duzentos elefantes, massa formidável que aterroriza os cavalos dos cavaleiros macedónicos. Os arqueiros gregos abatem os cornacas com as suas flechas, os animais enfurecem-se e esmagam ainda mais Hindus que inimigos. Pórus, finalmente, rende-se. O vencedor, sempre cavalheiresco, trata-o como rei e faz dele seu amigo.

Este encontro do mundo grego e do mundo indiano é, do ponto de vista da história universal, duma extrema importância. É o encontro de dois dos três grandes humanismos que a história da Antiguidade produziu: humanismo grego e humanismo búdico (e, primeiro, brâmane).

O evangelho de Câkya-Muni, que viria a ser o Sage por excelência, o Buda, começava a espalhar-se pela Índia quando ali apareceu Alexandre. Respondia a tendências religiosas presentes na alma hindu desse tempo e de todos os tempos, que nela continuarão mesmo à margem do budismo, que as fará desabrochar, mas que as não substituirá. A tendência ascética do budismo ligava-se ao ascetismo que, singularmente derivado de Sócrates, ia florir na Grécia e já florescia na época de Alexandre com a escola cínica — com os mendicantes cínicos, como aqueles a quem se chamava os «heróis do trabalho» cínico. Unia-se também ao ascetismo platónico.

Alexandre encontrou ascetas na Índia. Mandou interrogá-los na sua presença. Algumas das respostas obtidas têm um estilo singularmente grego — um pouco de mais talvez —, esse estilo paradoxal que é uma das formas do pensamento sofista. Um desses sages, a quem Alexandre perguntava «qual era, para um homem, o mais seguro meio de se fazer amar», respondeu «que, tornado o mais poderoso de todos, não se fizesse temer». Réplicas que parecem arrancadas ao debate permanente do pensamento grego sobre o tirano. E réplicas que convêm igualmente muito bem (em verdade, demasiado bem) ao debate que Alexandre teve de enfrentar com o seu destino.

Alexandre encontrou ainda na Índia outros sages e outros ascetas. Entre eles, os sages que discutiam nus num prado onde reuniam a sua classe e que falaram ao rei, com estima, de Sócrates, de Pitágoras e de Diógenes. Aquele que parecia ser o mestre, chamado Dandamis, declarou não ter necessidade de nada nem recear que o privassem fosse do que fosse. «Durante a sua vida», dizia, «a terra da Índia, graças aos frutos que dá, bastava-lhe; depois da sua morte, ficaria livre do corpo, companheiro incómodo.» Este falar, acrescenta Árrio, fez que Alexandre reconhecesse nele «um homem livre».

O rei conheceu também e amou com afeição profunda o asceta Kalyana — cujo nome grego, Calanos, veio a significar Brâmane. Sabendo que ele desejava vivamente morrer, mandou erguer, a seu pedido, uma fogueira a que o outro subiu e onde pereceu sem uma palavra de queixume, diante dos olhos maravilhados do exército, excepto Alexandre, que não quisera assistir à morte voluntária do amigo. Do mesmo modo morreu um pouco mais tarde, em Olímpia, o enigmático Peregrino, cristão apóstata que se tornara filósofo cínico.

Assim se tocaram nas Índias, aquando da passagem de Alexandre, a sabedoria grega e a sabedoria hindu.

Depois da morte de Alexandre e da dissolução do seu império, os contactos comerciais e culturais estabelecidos pela expedição do grande Macedónio entre a Índia, as províncias orientais da Pérsia, por um lado, e o mundo grego, por outro, não foram quebrados, mas antes, com o tempo, reforçados por alguns dos seus sucessores. Já durante a sua vida, a expedição de Nearco, ordenada por ele, permitira reconhecer todo o curso do Indo, da parte superior à foz, depois as margens orientais do mar de Omana e do golfo Pérsico.

Quando se desuniu o império ainda imenso dos seus sucessores asiáticos, os Selêucidas, um reino grego instaurou-se muito a leste na Bactriana e na Sogdiana, setenta anos após a morte de Alexandre, sob o ceptro do sátrapa grego da região, Diódoto I. Os súbditos deste príncipe eram uma mistura de Gregos, Iranianos e Partos. A cidadela de Bactros (uma das Alexandrias do grande Macedónio) era a capital. Instalada em plena Ásia Central, estes reis mantiveram a presença grega helénica nas margens da estepe siberiana. Um deles procedeu à reconquista do vale de Cabul aonde Alexandre fora ter depois de atravessar o Hindu-Kuch.

Estes soberanos, que eram príncipes gregos, herdeiros de Alexandre, praticaram na sua corte e na sua administração a língua e os usos gregos, cultivaram a civilização grega no coração da Índia, nas altas províncias de Kapiça e de Gândara, já mencionadas, até ao começo do século I da nossa era. Disso são testemunho nos nossos museus numerosas imagens de Buda e de Bodhisattva (assim se chama ao Buda nas suas existências anteriores à de Câkya-Muni), figuras de deuses ou de demónios que ilustram uma arte a que durante muito tempo se chamou greco-búdica. Alguns sábios, contudo, puseram recentemente em dúvida, baseando-se em escavações soviéticas, esta arte greco-

-búdica: chamam-lhe arte irano-parto-búdica. Continuar-se-á, penso eu, a falar de arte greco-búdica e, por mim, como profano, sensível à serenidade «encantadora» (no sentido forte da palavra) que se desprende de numerosas figuras hindus do Musée Guimet, deixo-me convencer por esse falso ar apolíneo ou afrodisíaco (por vezes ambos juntos) da influência da escultura grega sobre a arte arcaica da Índia. É certo que nem o sorriso nem o encanto são privilégios exclusivos de um povo e podem florescer em todos os lábios humanos.

Contudo, na região setentrional deste reino grego de Bactriana, alargado à Índia superior, nessa Sogdiana que Alexandre tão dificilmente conquistara, se o olhar de um desses gregos perdidos no cabo do mundo, no limiar do Pamir, se dirigia para leste — o olhar de um habitante de Alexandria Eschata (Alexandria última, Alexandria-Codjent) por exemplo — era detido pela massa enorme dos Tien-Chan, os Montes Celestes. Do outro lado repousa, nessa data meio adormecido, o mundo chinês, ainda totalmente desconhecido, o terceiro e o mais antigo dos grandes humanismos do mundo antigo, o humanismo chinês.

Ao sul dos Montes Celestes passará em breve, no fim dos tempos alexandrinos, balizada de oásis, a famosa rota da Seda, essa pista por onde as elegantes romanas receberão da China os estofos de seda com que confeccionarão os vestidos transparentes que o poeta satírico Juvenal censurou. A permuta das mercadorias do Leste e do Ocidente fazia-se no planalto do Pamir. Alexandre fora o primeiro a permitir pela sua expedição, a abertura desta via comercial onde mercadores gregos encontravam na Torre de Pedra negociantes chineses. O mundo antigo atingia a sua primeira unidade.

Submetendo provisoriamente a região do Indo, Alexandre chegou ao termo da sua caminhada — não ao termo que a sua vontade fixara. Tinha, realmente, a intenção de ir mais longe. Antes mesmo de atingir o Indo, o Ganges tornara-se a sua Terra Prometida.

Era por ali que pensava tornar à Europa. Ignorando a existência do oceano Índico, imaginava com efeito poder voltar ao ponto de partida macedónico pelas fontes do Nilo e pelo Egipto. Mas os soldados europeus — gregos e macedónios — recusaram-se a segui-lo. Muitos destes homens tinham percorrido, em oito anos e meio, dezoito mil quilómetros (perto de metade do perímetro da Terra). Havia setenta dias que marchavam e combatiam na planície dos Cinco Rios, o Pendjab, sob as chuvas torrenciais da monção. Alexandre reflectiu durante dois dias, sozinho na sua tenda. Depois anunciou às tropas o regresso à pátria. Doze altares foram erguidos aos deuses do Olimpo naquele lugar, assim como uma coluna de bronze sobre a qual se lia: «Aqui se deteve Alexandre» (No ano 327).

Passam anos. Não muitos (o destino é avarento). Alexandre regressou a Babilónia. Organiza o seu império. Encontrou e inaugura o seu estilo próprio de governar.

Desde há algum tempo que um certo pensamento o ocupa, e nele se firma cada vez mais. É provável que tenha nascido nele quando da revelação que lhe fez o oráculo de Zeus-Ámon. Rei da Macedónia, protector dos Gregos, faraó do Egipto, rei da Ásia, Alexandre deve-se ao conjunto dos seus súbditos. Não convém porém que reine aqui de uma maneira e ali de outra maneira: é em toda a parte Alexandre, em todos os países que dependem dele nos três continentes conhecidos, Alexandre Único. Quer, pela sua pessoa, na sua pessoa, operar a fusão dos povos que conquistou e que estão na sua dependência. Quer fazer reinar entre eles a *concórdia*. A concórdia entre os Gregos e os Bárbaros.

A fusão dos povos na concórdia, pela concórdia, operada graças ao poder pessoal do príncipe, eis um pensamento que parece primeiramente político e, para nós, não muito original. Mas é novo na Grécia e representa um importante avanço sobre o regime da cidade que se deteriorara (ou, mais exactamente, que nunca encontrou o seu equilíbrio).

Alexandre procura, pois, pela *fusão*, conciliar consigo os seus diferentes súbditos e reconciliá-los uns com os outros, Gregos e Bárbaros. Para um homem alimentado de pensamento helénico, a novidade é extrema.

Que um rei de formação grega conceda a bárbaros, a indígenas, confiança e amizade, que receba os mais nobres dos Persas na sua corte e à sua mesa, que lhes outorgue empregos importantes no governo ou no exército, eis o que indigna tanto os macedónios como os gregos. Indigna, ou dá vontade de rir. O rei exagera. Veste-se à oriental. Presta-se ao cerimonial oriental que exigia a prosternação perante o Grande Rei. Vaidade, ou política?, perguntam os seus súbditos gregos. Dever-se-á rir ou chorar por ver gregos dobrarem o joelho diante de um bárbaro?

Ou será caso de revolta? Tecem-se conspirações, conjuras para assassinar o rei. Quando o filho de Filipe pretende fazer entrar na sua guarda filhos de senhores persas, a indignação dos macedónios passa ao motim. Alexandre liquidou uma dessas conjuras com rigor extremo, nomeadamente aquela em que implicou — sem motivo, ao que parece — Filotas, seu camarada de infância. Na sua cólera, cometeu desta vez um crime indubitável: por vaga suspeita de cumplicidade, ordenou, sem o ouvir, a execução do pai de Filotas, o general Parménio, velho amigo de Filipe e fiel servidor de Alexandre como de seu pai. A embriaguez também e a violência de um temperamento sensível à mais pequena troça, que logo considerava um insulto à sua majestade, falam por vezes mais alto que a razão e a amizade. Quando mata com uma lançada o irmão da sua ama, o seu amigo Clito, seu salvador no Granico, que com uma frase livre e mordente o ultrajara duas vezes, ambos estavam bêbedos.

Filotas e Clito, ambos amigos íntimos do rei, ambos inimigos íntimos do seu gosto pelos Bárbaros, que consideravam desonroso!

Na verdade, nem os Gregos nem os Macedónios perceberam nos últimos anos do seu reinado o sentido do novo comportamento de Alexandre. Os nobres macedónios estavam habituados a tratar o rei como camarada. Os Gregos sentiam-se humilhados por verem o seu senhor tratar com condescendência um povo vencido — um povo não grego, um povo bárbaro!

Que queria isto dizer? Vaidade? Não, quando muito um quase nada, quase desculpável. Ou antes, orgulho muito legítimo em quem atingiu tão alto grau de grandeza. Quanto ao vestuário, Plutarco nota, a propósito, que Alexandre não aceitou usar o trajo dos Medas, mas tomou o dos Persas «que é muito mais sóbrio e mais modesto que o dos Medas... rejeitando o que havia de excessivo, de pomposo e trágico no trajo barbaresco... Usou roupas compostas metade do trajo persa e metade como Macedónio...»

Política? Por certo, mas a explicação é insuficiente. Donde vinha esta nova política?

O que havia a compreender era que, em primeiro lugar, Alexandre não é grego, que não tem qualquer razão nativa para aceitar como natural a divisão dos homens em duas raças irredutíveis uma à outra, a dos Gregos e a dos não Gregos, aqueles a que os Gregos chamam Bárbaros. Essa distinção que, segundo Demóstenes e segundo muitos outros, fazia dele, do senhor do mundo, Alexandre, um bárbaro.

Seria Alexandre um bárbaro? Ele pôs a si mesmo a questão, não pôde evitá-la. Respondeu proclamando altivamente a igualdade dos Gregos e dos Bárbaros, a amizade e — se é necessário empregar um termo usual desde há algum tempo entre os historiadores de Alexandre — proclamou a *fraternidade* dos Gregos e dos Bárbaros. Foi para essa fraternidade que Alexandre tendeu, ao princípio sem o saber, durante toda a sua carreira.

De resto, que é um bárbaro? Originariamente, como se sabe, é apenas um homem que não fala a língua grega, um homem cuja garganta faz «*bar-bar-bar*», cuja língua somente produz um rouco balbucio, um incompreensível grito de animal.

Mas a este sentido antigo que Alexandre conhece, junta-se, a partir do século VI, com muita clareza em Demóstenes, um sentido novo, que ele não pode ignorar, e que faz dos Bárbaros não apenas não Gregos, estrangeiros, mas seres grosseiros, incultos, seres inferiores e nascidos para a escravatura.

Este sentido «racista» da palavra bárbaro lê-se com toda a clareza em Platão. Para o autor da *República*, os Bárbaros são «por natureza» nossos inimigos. O ódio que lhes votamos é «natural»: é preciso fazer guerra contra eles e aniquilá-los. Para Aristóteles, mestre de Alexandre, os Bárbaros não só o são «por natureza», como são «por natureza» escravos.

Por isso, numa carta dirigida ao próprio Alexandre e de que Plutarco nos conservou algumas passagens, Aristóteles aconselhava o soberano «a tratar os Gregos como pai ($\dot{\eta}\gamma\epsilon\mu\text{o}\nu\iota\chi\tilde{\omega}\varsigma$), os Bárbaros como senhor, os primeiros como amigos e familiares, e usar os segundos como se usam animais ou plantas».

Para Alexandre, pelo contrário, que resiste firmemente neste ponto à opinião do mestre, de modo algum é «por natureza» que somos Gregos ou Bárbaros. Neste caso, o nascimento e o sangue nada representam; tornamo-nos uma coisa ou outra «por cultura».

Alexandre foi formado nesse alto humanismo grego, oferecido a todos os homens e sem cláusula alguma de segregação, que vai de Homero a Aristófanes, esse humanismo integral de antes da alienação nacionalista que se produziu no final do século V e no século IV.

Julgar-se-á que o conquistador da Pérsia ignorou a obra de Heródoto, esse autor que, de uma ponta à outra dos seus *Inquéritos* carregados de amizade por todo o comportamento humano, celebra com as mesmas delícias «os factos notáveis dos Gregos e dos Bárbaros»? A curiosidade, o prazer de Heródoto, o seu entusiasmo, exaltam-se perante qualquer obra-prima de inteligência, perante todo o acto de energia, toda a maravilha dos países e dos povos estrangeiros. (Eis porque os contemporâneos de Plutarco tratam Heródoto de $\varphi\lambda\text{o}\beta\grave{\alpha}\rho\beta\alpha\rho\text{o}\varsigma$, no sentido injurioso que pode tomar este termo.)

Julgar-se-á que o vencedor dos Persas, que mandava que lhe enviassem, diz Plutarco, em plena Alta Ásia, as obras dos três grandes poetas trágicos de Atenas, não releu dez vezes o esplêndido poema de Ésquilo que se intitula *Os Persas*, o qual não tem por tema, como ainda se ouve dizer, a vitória de Atenas em Salamina, mas a derrota de Salamina, a desgraça do povo persa e do seu rei nas águas atenienses? Soldado de Salamina, Ésquilo, no meio dos escombros de Atenas incendiada e na devastação dos olivais e das cepas cortadas rente ao chão pelo invasor, escreve a tragédia da piedade persa, fazendo bater o coração unânime do seu povo ao ritmo dos soluços do inimigo vencido... Aristófanes, defrontando na Atenas cercada os furiosos remoinhos da demagogia imperialista, faz explodir no teatro o riso insolente das suas peças derrotistas e subir dos baixos da polémica e da injúria o sonho da paz soberana, a paz para todos, amigos e inimigos, a paz radiosa de poesia e de pagã humanidade... Tucídides, acima dos conflitos da guerra mundial que quebra para sempre a força da sua pátria, constrói a calma cidadela do verdadeiro, donde o seu olhar domina o mar das paixões e dos acidentes e procura para o futuro a eternidade das leis...

Eis o humanismo que alimentou com o seu leite o pensamento e a acção de Alexandre, o humanismo onde se enraizou esse amor activo que dedica a todos os homems...

E Homero? Alexandre amava a *Ilíada* até à loucura. Relia-a à noite antes de adormecer. Pousava-a à cabeceira, ao lado da espada. Pode-se acreditar que, impregnado dessa violenta, dessa paradoxal afirmação do homem de que este poema da morte está cheio, Alexandre, que tantas vezes no combate deu a morte, não o fez sem se lembrar da frase de Aquiles ao matar Licaonte com a sua espada: «Morre, pois, amigo, que está morto Pátroclo, quando muito mais valia do que tu.» Este dom de uma amizade, inserido no gesto que dá a morte, não é já o esboço da profunda fraternidade que, frente à necessidade comum de morrer, une todos os humanos, Gregos e Bárbaros, amigos e inimigos, numa mesma comunidade?

Seria Alexandre o único a ler Homero assim? Em todo o caso, palavras como as de Platão e de Aristóteles que citei acima davam o tom ao pensamento grego do tempo. Uma febre de nacionalismo chauvinista sacudia a Grécia. Os poetas não tinham escapado a ela. Já na sua obra-prima *Ifigénia*, Eurípides fazia proferir à infeliz filha de Agamémnon este verso horrível, em que justificava o seu sacrifício:

«O Bárbaro nasceu para a escravatura e o Grego para a liberdade.»

O GÉNIO DE ALEXANDRE OU A FRATERNIDADE

O antagonismo Gregos-Bárbaros tornara-se num axioma tão indiscutido como inverificável. Mas Alexandre respondia-lhe em acções e em intenções. Plutarco escreve: «O seu desígnio não era correr e talar a Ásia, como faria um capitão de ladrões, nem saqueá-la e pilhá-la, como devastação e lucro de inesperada felicidade, como desde Aníbal fez a Itália... assim era sua vontade tornar toda a terra habitável sujeita à mesma razão, e todos os homens cidadãos de uma mesma polícia (de um mesmo Estado) e de um mesmo governo. Eis a causa por que ele se transformava assim em trajos. Que se o grande Deus que enviara a alma de Alexandre à terra o não tivesse chamado subitamente a si, quem sabe se não teria havido uma só lei que regesse todos os vivos e todo o mundo governado sob uma mesma justiça, como sob uma mesma luz... Por isso que o primeiro projecto e desígnio da sua expedição mostra que ele teve intenção de verdadeiro filósofo, que não era de conquistar delícias e abundantes riquezas, mas procurar uma paz universal, concórdia e união e comunicação de todos os homens vivendo uns com os outros.»

E noutra passagem: «Mas estimando ser enviado do céu como comum reformador, governador e reconciliador do universo... reunindo tudo em um de todos os lados, fazendo-os beber todos, por assim dizer, por uma mesma taça de amizade e juntando as vidas, os costumes, os casamentos e as maneiras de viver, ordenou a todos os homens vivos que estimassem ser seu país a terra habitável, e ser o seu campo castelo e torre, todas as pessoas de bem parentes, uns dos outros, e só estrangeiros os maus.»

Assim, à teoria racista que se tornara tradicional e que na alma helénica cavava entre Gregos e Bárbaros um fosso intransponível, Alexandre, por uma das revoluções mais ousadas e mais fecundas que a história conheceu, substitui uma noção nova, a da humanidade, onde a única discriminação entre os homens que funcionará de pleno direito será a das pessoas de bem e dos maus.

Perante o facto sublinhado por estas passagens de Plutarco — a saber que «ele não fez como Aristóteles seu preceptor lhe aconselhava que se portasse para com os Gregos como pai, e para com os Bárbaros como senhor» — parece não poder subsistir qualquer dúvida. Darei exemplos mais adiante. Falta determinar-lhe a causa.

Esta explanação mostrou já, aqui e além, que Alexandre não era somente grande general, grande político, mas que, nos seus desígnios mais profundos, este grande homem de acção obedecia a móbeis a que seríamos tentados a chamar românticos se não temêssemos o anacronismo da expressão. Digamos mais simplesmente que o filho de Filipe e de Olímpia tinha a dupla natureza dos seus pais: natureza mística, mas que só se satisfazia consigo mesma quando realizava, à escala mundial, as suas visões.

Apagar a distinção entre os Gregos e os Bárbaros, eis o sonho mais temerário de Alexandre, eis o grande princípio que, ao apelo desse deus que lhe falou no segredo de um santuário egípcio, ele tentou fazer servir para unidade da sociedade antiga, do mundo variegado que conquistara.

Repensar nesta luz ao mesmo tempo mística e realista a acção e o pensamento de Alexandre equivale a apresentar algumas noções muito simples, mas na época novas. Ei-las:

Deus é o pai de todos os homens, e todos os homens, sejam gregos ou bárbaros, são irmãos. Todos os povos — conhecidos de Alexandre — deveriam ser levados a partilhar os mesmos sentimentos uns para com os outros e a viver na concórdia. Todos os homens, enfim, deveriam — em vez de se manterem passivos e serem apenas súbditos do príncipe — participar com ele na administração do império.

Estas noções e os cambiantes que implicam ligam-se ao grande pensamento da *concórdia*, em que se exprime desde o fim da antiguidade grega o desejo quase universal dos homens de viverem sem guerras.

Mas, para serem exactamente compreendidos, os textos já citados devem ser ainda iluminados por uma outra passagem tirada da principal obra de Plutarco sobre Alexandre. (Cito aqui a *Vida de Alexandre*.)

«Diz-se também, escreve o autor, que Alexandre quis ouvir o filósofo Psámon no Egipto, e que achou muito bem o que ele lhe disse, discorrendo, que Deus era o Rei dos homens, porquanto, dizia, o que reina e domina em todas as coisas é sempre divino: mas ele mesmo discorreu com melhor razão mais filosoficamente (φιλοσοφώτερον), quando lhe disse: Que Deus era realmente pai comum de todos os homens, mas que particularmente queria para si e reconhecia seus aqueles que mais eram pessoas de bem.»

Vê-se aqui substituída a divisão dos homens em gregos e bárbaros, inexistente aos olhos de Deus «o pai comum de todos os homens», pela distinção entre os homens de bem e os que o não são. Assim pensa Alexandre referindo-se expressamente a Deus. Referindo-se também a Homero. Porque a expressão que dá ao pensamento faz lembrar imediatamente a da *Odisseia*: Zeus, «o pai dos homens e dos deuses».

Alexandre alimenta pois a sua acção deste pensamento: Zeus é o pai comum de todos os homens, e particularmente dos homens virtuosos. Pela primeira vez, pelo menos no mundo ocidental, a ideia de que *todos os homens são irmãos* aparece aqui, indirectamente expressa.

Pelo menos em duas circunstâncias da sua expedição, Alexandre manifestou publicamente a confiança que tinha na fraternidade dos homens, assim como a sua vontade de uni-los na concórdia.

É conhecido o grave diferendo que teve com os seus soldados macedónios no caminho de regresso, em Ópis. A velha guarda, coração do exército, não compreendeu que Alexandre mandasse para a terra os veteranos, e sobretudo que abrisse as fileiras deste corpo de escol a persas, a indígenas. Todo o exército se revoltou: recusava-se a combater lado a lado com bárbaros, e preferia abandonar o seu rei. Alexandre convoca o exército inteiro, recorda aos seus homens o que fez por eles, o que juntos fizeram, o que falta ainda fazer. Mas perante o silêncio taciturno dos que o escutam, sente a irritação apoderar-se de si, e é ébrio de cólera e de geografia que conclui:

«...Mas uma vez que todos quereis partir, ide anunciar à nossa terra que o vosso rei Alexandre que venceu os Persas, os Medas, os Bactrianos... que subjugou os Oxianos... os Dranges, que conquistou a terra dos Partianos, dos Corasmianos, dos Hircanianos até ao mar Cáspio, que atravessou o Cáucaso que está para lá das portas Cáspias, que transpôs o Oxo, o Tánais e mesmo o Indo, que apenas Dioniso atravessara... que teria passado o Hifanis se o coração vos não tivesse faltado, que chegou até ao grande mar pelas duas bocas do Indo, que atravessou os desertos da Gadrosia onde ninguém antes dele penetrara com um exército... enquanto a sua frota navegava ao longo das costas da Índia até à Pérsia; ide anunciar que haveis abandonado esse rei quando íeis de regresso a Susa e que partistes, deixando aos bárbaros vencidos o cuidado de o guardarem. Eis o que tereis a contar. Talvez que a vossa conduta pareça gloriosa aos homens, e santa aos deuses! Parti *(ἄπιτε).*»

Dito este terrível «Parti», Alexandre retira-se da tribuna e corre a fechar-se no seu palácio como o faz sempre nos seus movimentos de crise passional, como o fez quando da cólera que custou a vida ao seu amigo Clito. Mas dois dias depois da cena de Ópis, acalmado o sangue pelo silêncio, o jejum e a inacção, ou antes, arrebatado por um novo movimento que o restitui à acção (como ele se parece com o seu antepassado Aquiles!), «dois dias depois, mandou chamar o escol dos persas e, partilhando entre eles os comandos das divisões, deu-lhes o título de parentes do rei e concedeu só a eles o favor de o beijarem».

Os macedónios, entretanto, flagelados pelo discurso do rei — esse rei a quem amavam entre todos os homens — e desesperados ao saberem o tratamento que recebiam de Alexandre os medas e os persas não podem conter-se mais. Correram em massa ao palácio, lançam as suas armas ao chão em frente da porta em sinal de súplica, proclamam que não deixarão o local nem de dia nem de noite «se Alexandre não tiver compaixão deles». Eis o exército que implora a piedade do único homem público, ligado à dura história da Grécia, que foi, com efeito, acessível, à piedade.

Alexandre sai do palácio, vê os soldados humilhados e desfeitos pelo amor que lhe dedicam, «ouve os gritos e os gemidos da multidão, verte ele próprio algumas lágrimas. Prepara-se para dizer-lhes qualquer coisa, enquanto eles se mantinham todos na sua postura de suplicantes. Mas um deles, chamado Calines, distinguido pela sua avançada idade e pelo comando que exercia sobre uma divisão de cavalaria dos Heteras tomou a palavra nestes termos: «Ó rei, o que aflige os macedónios, é saber que nomeaste alguns dos persas teus parentes, que os persas têm o título de parentes de Alexandre, quando nenhum dos macedónios gozou ainda dessa honra.» Alexandre, então interrompendo-o, respondeu-lhe — resposta feita de simplicidade e de grandeza — «Mas eu considero-vos a todos como meus parentes, e a partir deste momento vos darei esse nome». A estas palavras, Calines aproximou-se e beijou-o e cada um que o desejou o fez também.»

Alexandre celebrou esta reconciliação com o seu exército — reconciliação dos Macedónios, dos Gregos e dos «Bárbaros» — oferecendo um sacrifício aos deuses e convidando para um vasto banquete nove mil pessoas de todas as nacionalidades. Alexandre presidiu ao banquete, rodeado dos seus macedónios, dos chefes dos persas e dos homens das outras nações distinguidos pela estirpe e pelo mérito. Durante o banquete, Alexandre fez pessoalmente uma libação única em nome de todos os presente. «Pediu aos deuses os bens em geral, e sobretudo a concórdia, assim como uma partilha amigável dos comandos entre os macedónios e os persas.»

Alexandre surge nesta cena como o reconciliador dos povos. Leva-lhes a concórdia, recebeu de Zeus essa missão. Precisemos: trata-se sem dúvida de Zeus-Ámon, no santuário do oásis de Siuah — foi lá que recebeu a sua missão. Une os seus costumes e as suas vidas como numa taça de amizade. Oferece-lhes a participação no poder. As suas palavras mais impressionantes da passagem de Árrio encontram-se na mesma ordem em Plutarco: é a ὁμόνοια, a união dos corações e dos pensamentos, e é a χοινωνία τῆς ἀρχῆς, a comunidade do poder.

Uma outra cena apresenta Alexandre nesta perspectiva. É a cena dos casamentos de Susa.

Alexandre pretendeu proceder desta vez à «fusão» dos povos antigos por mistura do sangue ou, como diz Plutarco, «por amor legítimo e casamentos honestos conjugando as duas nações por comunicação de crianças».

Uma tenda esplêndida foi erguida em Susa. O chão estava juncado de tapetes do Oriente; as paredes cobertas de estofos bordados em que estavam representadas cenas míticas. Em redor da mesa do festim, perto de cem divãs esperavam os convivas — os noivos de leste e de oeste. Um cortejo avança: Alexandre e a sua nova esposa, Estatira, filha mais velha do rei Dario III, conduzem-no. Seguiam-se os grandes generais. Heféstio, o melhor amigo de Alexandre, desposava a irmã de Estatira; Cratera, sobrinha de Dario e outras: toda a nobreza macedónia (oitenta Heteras) se unia perante os deuses às filhas dos príncipes do Oriente e inscrevia a sua união nos livros reais. Via-se mesmo a filha de um dos inimigos mais encarniçados do rei, Espitameno, sátrapa de Sogdiana, pelo braço do seu novo esposo, Seleuco, que será, entre os sucessores de Alexandre, um dos mais poderosos.

Alguns anos antes, Alexandre dera já o exemplo de uma tal união desposando Roxana, filha de um senhor de Bactriana. Pelo novo casamento do soberano, Roxana não era repudiada. A poligamia oriental instala-se nos costumes dos Gregos.

Fora da tenda, outras mesas recebiam dez mil oficiais, soldados e marinheiros, e as suas esposas asiáticas.

As festas nupciais de Susa duraram cinco dias. Jogos, danças, representações dramáticas, concursos gímnicos e musicais aumentaram o brilho delas. A Europa e a Ásia, os poetas de Atenas, de Siracusa e de Lesbos, mas também os pelotiqueiros da Índia, os cavaleiros persas e medas, os magos iranianos, contribuiram para o prazer dos convivas — não já vencedores e vencidos, mas povos unidos na alegria do jogo, no prazer das artes (incluindo a arte de amar, como dirão os seus descendentes).

Esta apresentação de todos os jogos humanos preludiava a civilização colorida que ilustrará nos séculos seguintes os principais centros do mundo helenístico — Alexandria, Pérgamo, Antioquia, Seleucia do Tigre, finalmente a Roma do Império.

Foi em Fevereiro de 324 que se deram estas grandiosas festas nupciais, primeiras fraternizações do Oriente e do Ocidente, penhor dado aos povos duma concórdia, duma amizade que Alexandre queria universais e duradouras.

Vê-se com que firmeza o Faraó-Rei-de-toda-a-Ásia-Protector-dos-Gregos--Rei-da-Macedónia se recusava a seguir o conselho de Aristóteles de tratar diferentemente os seus diferentes súbditos. A ruptura de Alexandre com o velho mestre parece ter resultado desta recusa do Macedónio de admitir a desigualdade nativa dos Gregos e dos Bárbaros. Este diferendo agravou-se quando Calisteno, sobrinho de Aristóteles, que seguira a expedição na qualidade de historiógrafo, aliás lisonjeiro, sustentou num debate público, perante o rei, que os Gregos não tinham que adoptar o uso da «prosternação» que Alexandre, sem o impor, procurava obter deles. Calisteno foi pouco depois, por ordem do rei, implicado na conspiração dos «pajens», adolescentes que, por infantilidade e quase por brincadeira, tinham formado o projecto de assassinar o rei. O historiógrafo inocente foi condenado sem processo, ao que parece, e enforcado. Este príncipe tão generoso que queria esquecer que existiam Gregos e Bárbaros, não suportava que se pensasse diferentemente dele! Em todo o empreendimento é a paixão que o guia, não a razão.

Nas festas nupciais de Susa, nem mesmo quis ter súbditos. Tinha a seu lado homens e mulheres que se desposavam na igualdade e na alegria, partilhando juntos os prazeres da mesa e da cama, do espectáculo e do jogo.

No fim de contas, podemos surpreender-nos com as contradições de Alexandre. O homem que ordena o saque de Tebas e de Halicarnasso, que executa brutalmente Parménio, Filotas, Calisteno, que assassina Clito, todos inocentes, todos próximos do seu coração, será o mesmo homem que preside e participa nas festas de Susa, que chama a todos os soldados do seu exército seus parentes, que repudia o *slogan* helénico da superioridade dos Gregos sobre os Bárbaros, que sonha com a amizade entre os Gregos e os Bárbaros? Sim, é o mesmo homem. Mas que homem?

Alexandre é um selvagem e um adolescente. Morto em plena juventude, foi toda a sua vida esse selvagem adolescente. Selvagem de génio, por certo. Mas, sobretudo, selvagem apaixonado pela humanidade. Aristóteles forma-o e desilude-o ao pretender encerrá-lo no conceito exclusivo da civilização grega única. Graças ao seu ensino, Alexandre apaixonou-se pela civilização grega,

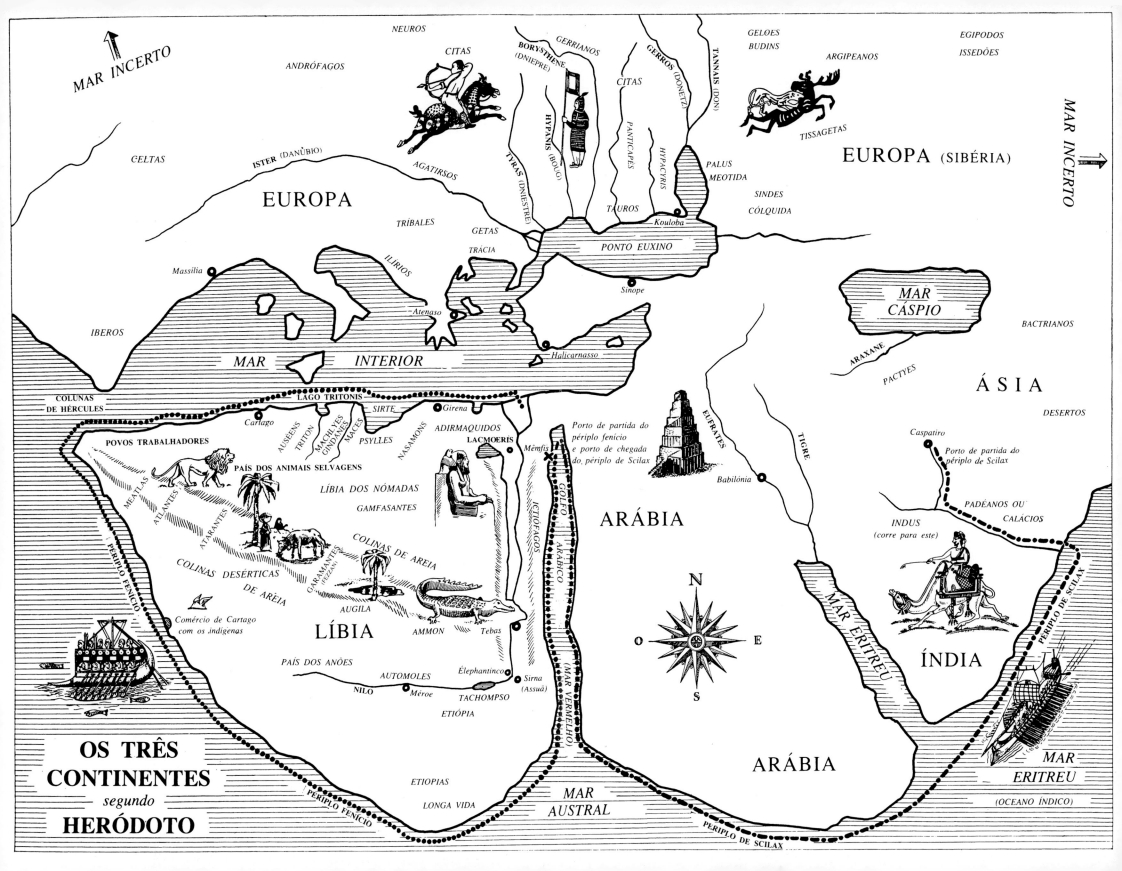

mas, depois de Aristóteles, é a guerra, é o empreendimento da conquista do mundo bárbaro que o formam. É sob o signo do helenismo que começa a empresa: é a Grécia e a Macedónia que ele junta para vingar a Grécia. Mas quanto mais avança pelo mundo bárbaro, pelo Egipto primeiro, depois no cabo do mundo, mais conquistado é pela grandeza desse mundo oriental. Deixa de falar como Grego, e não fala como Bárbaro. Fala como Greco-Bárbaro? Ultrapassou isto. *Fala como homem.* É conquistado pela humanidade de todos os homens que conhece, combate e subjuga. No fim do mundo, o indiano Pórus é seu amigo.

Também o embriaga, não o vinho, mas a sua própria grandeza, a grandeza que descobre em si à medida que descobre os vastos espaços do mundo. Sente esta dupla grandeza como uma labareda ateada dentro de si. Por quem? Por si mesmo, ou por Deus. Entrevê que é a mesma coisa, e se continuasse a viver far-se-ia adorar pelos homens mortais. («Que Alexandre seja Deus, se o quiser», respondem os Lacedemónios ao pedido de Alexandre às cidades gregas para ser tomado como um deus.) Alexandre tende à imortalidade. Não só a da glória, a dos deuses também.

Aliás, este deus imortal nunca deixa de ser um selvagem. Os deuses da *Ilíada*, também, os de Píndaro à sua maneira, os de Sófocles tomam consciência da sua divindade quando se entregam, na plenitude da alegria, à incompreensível selvajaria das suas cóleras, de todas as suas paixões.

Deveremos espantar-vos, assim sendo, de encontrar contradições neste fluxo de vida que habita Alexandre? Em que pode surpreender-nos que Alexandre, que não é qualquer pessoa, não aja nem pense como qualquer pessoa? Em duas direcções: assassínio, na cegueira da cólera ou da embriaguz, de camaradas inocentes e, por outro lado, generosidade de acolhimento oferecido, em actos e palavras, a todos os homens do seu império, Gregos e Bárbaros. As suas espantosas acções conduzem a pensamentos que não são menos espantosos. Deixemos pois de espantar-nos. Não será a história dos homens um espanto constante?

Contudo, Plutarco declara também, de maneira desta vez verdadeiramente estranha, que Alexandre «pôs em execução» uma ideia que foi a de Zenão, filósofo estóico que viveu no século seguinte, esse século III em que Alexandre deveria ter vivido. «Todos os homens», pretende Zenão, «são cidadãos do mundo... Para todos há um mundo apenas.» Zenão queria ver os homens vivendo nele um mesmo género de vida «como um mesmo rebanho pastando com o mesmo pastor em pastagem comum».

Esta ideia de Zenão, nova e aberta ao futuro, tê-la-ia recebido o filósofo estóico, segundo Plutarco, de Alexandre, que a inscrevera nos factos antes mesmo de ser formulada. Zenão imagina «como em sonho», escreve Plutarco, um universo onde reinasse a concórdia assente sobre a amizade entre os povos. Imagina-o segundo as realizações de Alexandre? É muito possível. Não tem a acção prioridade sobre o pensamento? Em todo o caso, atrelagem comum, casal gémeo, para os Gregos, do *logos* e do *ergon*, em cada comportamento humano e também na história da humanidade.

No entanto, se se quiser encontrar a todo o custo o elo que parece faltar na cadeia Alexandre-Zenão, pode-se indicar entre alguns outros o sábio Alexarco, fundador, na geração intermédia, dessa cidade de Panfília (que parece uma cidade de sonho) que tinha o belo nome de Uranópolis. Os habitantes chamavam-se, não, como se esperaria, Uranapolitanos, mas Urânides, o que quer dizer Filhos do Céu. Nas moedas da cidade via-se o Sol, a Lua e Estrelas, deuses naturais e deuses universais dos povos antigos, deuses estóicos ao mesmo tempo que representantes do príncipe, de sua esposa e dos cidadãos da Cidade do Céu. Nas mesmas moedas via-se ainda a representação figurada da filha mítica do Céu que simboliza — já em Platão, sob o nome de Afrodite celeste — o Amor espalhado pelo Universo.

Alexarco sonhava ver todos os homens tornarem-se membros da sua cidade cósmica. Criada para os Filhos do Céu uma língua particular. (Seria uma espécie de esperanto?) Estranha personagem de quem ignoramos praticamente tudo, salvo que era um obstinado sonhador e um sábio filólogo. Mas não é sabido que os sábios são muitas vezes grandes imaginativos? É com as suas hipóteses que se aproximam mais da realidade. Hipóteses a verificar.

Devemos pensar, no fim de contas, que Zenão — através de Alexarco, o filólogo místico — recebera de Alexandre a ideia de fraternidade humana que habita e honra o seu sistema?

Digamos talvez antes que a ideia em questão estava presente no ambiente da época, que chegara o tempo em que os horizontes do mundo civilizado (do mundo grego, nomeadamente), que já até aí nunca tinham sido limitados, se haviam bruscamente alargado.

Alexandre foi o conquistador do espaço. Não só destruíra para sempre a cidade grega, como estendera o seu império até ao Egipto e à Pérsia, até ao Indo e ao Pendjab. Abrira para os seus sucessores o caminho da China, ainda desconhecido. Depois veio Zenão, conquistador não já de espaço, mas da comunidade humana. Como o era também Alexandre. Virá Paulo de Tarso, para quem «em Deus não existe qualquer particularidade em relação às pessoas». Paulo e os apóstolos de Cristo anunciavam a «boa nova» aos circuncisados como aos não circuncisados, aos Judeus como aos Gregos e aos Bárbaros. A fraternidade cristã abria as suas portas.

Mais tarde ainda, a fraternidade foi uma das palavras-chaves da grande Revolução. Fraterniza-se muito em 1790...

Alexandre está à cabeça desta linha de força, uma das principais da civilização humana. Lembra-nos que não há civilização duradoura se não for oferecida a todos.

Em Junho de 323, Alexandre estava em Babilónia. Projectava uma nova campanha, a conquista da Arábia. Depois dela viria talvez a do Ocidente até às Colunas de Hércules, o grande antepassado. Viria a amizade da Grécia, da Ásia, de Cartago e de Roma. A 13 de Junho, derrubado por um acesso de febre, o filho genial de Olímpia e de Filipe morre com menos de trinta e três anos, tendo vivido apenas metade de uma existência humana.

Os generais não permitiram que o seu corpo cosido de ferimentos, crivado de proezas, essa centelha de génio esbrazeada de crueldade e de violência, mas também de humana caridade, descesse à terra ou voasse no espaço para as germinações futuras. Horrivelmente mandaram embalsamar o seu feitiço, disputaram-no com gritos e ameaças. Finalmente, Ptolomeu, levou-o, encerrado no sarcófago, contando fazer sua, em Alexandria, essa alta labareda que, em Alexandre, ardera pelos amigos e pelos inimigos, pelos homens do mundo inteiro.

X

A ANARQUIA SOB A MÁSCARA DA ORDEM
OS DOIS PRIMEIROS PTOLOMEUS

Após a morte de Alexandre, desaparece uma civilização já declinante, a da Grécia de Sólon, de Ésquilo, de Aristófanes, caracterizada na sua estrutura política pela forma da cidade. Mas uma outra, que em alguns dos seus aspectos prolonga a velha civilização grega, está a nascer, a civilização a que chamamos helenística. A estrutura política desta nova civilização é inteiramente diferente. Nas costas do Mediterrâneo Oriental e no Próximo Oriente, como na Grécia, não há mais vestígios de cidades livres e democráticas. Quatro ou cinco grandes Estados, dirigidos por uma dinastia de príncipes, ocupam agora todo o espaço conquistado por Alexandre. Em cada um deles uma grande cidade, capital administrativa e cultural, mantém ainda, pela vontade do príncipe mais do que pela do povo, e em condições sociais absolutamente novas, o prestígio de importantes obras literárias, o brilho da criação artística, e sobretudo favorece a continuidade da descoberta científica.

Mas isto não se fez em um dia. Alexandre predissera-o aos seus generais: «Celebrareis o meu funeral com sangue.» Foram precisos vinte anos de guerras para que se intalasse, com alguma estabilidade, esta nova ordem.

Mas de que ordem se tratava?, em que assentava ela, fora da vontade do príncipe da força do seu exército?

O facto que mais impressiona nesta época nova é o retraimento do povo. Nestes grande Estados, nestas cidades muito populosas — como Alexandria, Pérgamo ou Antioquia — já não há cidadãos livres. Apenas uma multidão de súbditos. Grande número de funcionários tratam da administração complicada, meticulosa e indiscreta do Estado. E há também uma aristocracia de cortesãos e de novos-ricos, em volta da qual gravita uma clientela de libertos e pululam os parasitas.

Onde está o povo? Será ele, nas cidades, essa massa confusa de indivíduos de mesteres múltiplos, de nacionalidades e religiões amalgamadas, multidão sem gostos comuns, a quem apenas une uma vaga lealdade para com o príncipe, mas não a comunidade dos interesses, não a consciência cívica ou o empenhamento numa obra empreendida por todos à glória dos deuses ou para espanto dos homens futuros? Será ele, nos campos, a população agrícola, meio serva, submetida, no Egipto, por exemplo, a uma terrível fiscalização? Ali reinam como soberanos a escravatura e a miséria, e o fisco tirânico, de tal modo que os camponeses, apesar da proverbial fertilidade das águas do Nilo, não são mais do que felás famintos e nus.

Os escritores, os artistas e os sábios estão quase sempre isolados, apesar dos quadros rígidos em que os agrupam o príncipe ou os chefes de escola. São chamados à corte ou às universidades, denominadas «museus», pelo príncipe e para servir a sua glória, directamente ou sob a égide da ciência que ele subsidia. Mas que há de exaltante nisto? Onde podia enraizar e florir a criação? Em que amor forte? Os deuses tornaram-se distantes e duvidosos. O homem não tomou ainda plenamente consciência da sua grandeza. Há o amor da Arte, sem dúvida, o amor da Verdade e da Beleza. Mas, desligada das festas populares, desligada das comunidades políticas ansiosas de viver, desligada dos homens e dos deuses, que acontece à actividade criadora, que acontece à própria beleza? Torna-se preciosa beleza formal, preciosa para círculos de eruditos, para cenáculos de letrados. Cultivada para prazer de indivíduos que procuram um «divertimento»...

Na verdade, esta ordem estabelecida pelo príncipe está muito perto da desordem. Em pouco tempo, mostrar-se-á infecunda como uma anarquia.

Eis dois príncipes, os maiores do mundo helenístico, os dois primeiros da dinastia dos Lágidas, que reina sobre todo o domínio egípcio. É Ptolomeu I e Ptolomeu II, dignos ambos de que os admiremos.

Ptolomeu I, chamado Soter, isto é, Salvador, é uma bela figura de oportunista. Apesar das genealogias miríficas inventadas depois para o fazerem descender de Hércules, este homem é um soldado saído das últimas fileiras do exército. Podia citar o nome um pouco ridículo, sobretudo para um soldado, de seu pai, que se chamava Lagos, o que significa Lebre, mas não o do avô. Mais tarde, a adulação lançou um véu sobre estas modestas origens. Verificou-se que na tradução da Bíblia dos Setenta, que viu a luz em Alexandria, a lebre nunca é denominada Lagos, mas designada por um dos epítetos deste animal, δασύπους, um adjectivo que significa «de patas peludas».

Nas campanhas de Alexandre, Ptolomeu não foi dos mais brilhantes generais do rei, mas um dos seus mais seguros conselheiros. Era mais velho uns dez anos. Era ele quem velava à porta da tenda de Alexandre no dia da conspiração dos pajens, ele quem, aquando da disputa do rei e de Clito, começara por afastar prudentemente Clito para fora da tenda. Durante toda a campanha, surge como um homem sensato que segue o jovem soberano sem entusiasmo, mas com fidelidade inabalável.

Ptolomeu redigira umas memórias da campanha. Não as possuímos, mas a história de Árrio, que as tem em grande conta, é fundada nessas *Memórias*. Era a obra de um homem que procurava opor a verdade ao romance que, a partir da morte do rei, começava a invadir a história da expedição. Por isso mesmo, desmentia a lenda, bastante lisonjeira para si, que explicava o seu cognome de Soter declarando que ele havia, numa batalha, salvo a vida do soberano. Ptolomeu nega tê-lo feito.

Logo depois da morte de Alexandre, o filho de Lagos mostrou toda a justeza do seu juízo. Perante o conselho dos generais, apresentou a temível questão da sucessão. E foi o primeiro a indicar a solução que mostrou ser, com o tempo, a única possível — mas ao cabo de vinte anos: o desmembramento do império. Diante da rivalidade dos generais que pretendiam todos, ou quase todos, ocupar o primeiro lugar, sugeriu uma fórmula diplomática: confiar o governo do império aos generais. No entanto, o conselho e o exército mantiveram a ficção de um rei. Designaram-se mesmo dois reis: o filho de Alexandre, se Roxana, que estava grávida, desse à luz um rapaz, e o meio-irmão de Alexandre, Arrideu, filho de Filipe e de uma bailarina, que era praticamente imbecil. Ao mesmo tempo chegou-se a acordo quanto à escolha de um regente, o general Perdicas. Os dois reis serviram optimamente para serem assassinados nos anos seguintes, e Perdicas — como mais tarde o general Antígono, que teve as mesmas intenções que ele —, tentando impor a sua autoridade aos antigos companheiros de armas, provocou coalizões, de que Ptolomeu foi muitas vezes artífice.

Quando do primeiro conselho dos generais, Ptolomeu insistiu também vivamente para que as satrapias fossem repartidas entre os generais. Ganhou a causa e soube agir para que lhe atribuíssem a melhor, uma das mais ricas, a mais unificada, a mais fácil de defender — o Egipto. Uma vez investido neste poder, Ptolomeu quis abandonar depressa Babilónia mas teve a decência de esperar o parto de Roxana e o funeral do rei. Logo depois destes dois acontecimentos, partiu para o Egipto, em Novembro de 323. Dali só sairá para contrariar as tentativas de restauração do império.

Durante um governo e um reinado de quarenta anos (323-283), toda a política de Ptolomeu Soter perseguiu no exterior este duplo objectivo: libertar-se da tutela dos regentes e manter entre os outros Estados resultantes do império de Alexandre um equilíbrio proveitoso ao Egipto.

Não narrarei as guerras dos «diádocos» (guerras dos herdeiros, guerras de sucessão), de rara complicação, com constantes modificações de alianças. Para Ptolomeu, a mais dura delas não foi contra Perdicas, mas contra Antígono e seu famoso filho Demétrio Poliorceto, que tinha uma espécie de génio da aventura, da devassidão e da guerra.

Antígono, o velho zarolho, e Demétrio tinham já quase reconstituído o império. A Ásia era deles, e bruscamente lançam-se sobre a Grécia para arrancá-la a Cassandro, que reinava sobre a Macedónia. Demétrio desfere o grande golpe: entra no Pireu à frente de uma frota soberba, conquista Atenas, proclama a sua «independência» no meio do delírio do povo ateniense — independência sob a suserania de Antígono, seu pai, bem entendido.

Vale a pena ler em Plutarco a história da breve lua-de-mel do entusiasta Poliorceto e da cidade de Atenas. Demétrio fora educado no culto de Atenas, dos seus artistas, dos seus filósofos, da sua «liberdade». Restituir a Atenas, súbdita da Macedónia, a «liberdade» (mesmo abusando das palavras), ser celebrado por Atenas como salvador, era o sonho da sua juventude. Na conquista de Atenas põe a mesma paixão que nas aventuras amorosas. Senhor de Atenas, cumula-a de presentes e aturde-a de lisonjas. Os Atenienses, meio sinceros, mostram na adulação uma fertilidade de imaginação sem precedentes. Erguem-se aos deuses salvadores estátuas, quadrigas de ouro, e mesmo altares. Suprime-se o arconte epónimo, magistrado que dava o seu nome ao ano, para o substituir por um padre do deus salvador que desempenhará o mesmo ofício. Um mês muda de nome para se chamar Demetrion. As Dionísias tornam-se Demétrias. Introduz-se a imagem de Antígono e de Poliorceto no tecido da túnica de Atena. Instala-se um apartamento para Demétrio nas traseiras do

Parténon, «embora», nota Plutarco, «fosse ele um hóspede cuja conduta não era digna da vizinhança de uma virgem.»

Ptolomeu não deixa de reagir a este deslocamento do equilíbrio. Arma a frota, mas com excesso dessa sábia lentidão que era uma das facetas do seu carácter. Em Chipre — sobre a qual mansamente alargara o domínio egípcio — faz preparativos de ofensiva. Demétrio acorre com a sua frota. Trava a temerária batalha de Salamina de Chipre, na qual, num repente, a frota egípcia foi aniquilada. Ptolomeu só a grande custo escapa ao vencedor, com alguns navios. Deixa nas mãos de Demétrio «os seus criados, os seus amigos, as mulheres que levara consigo», as máquinas de guerra, oito mil homens apanhados na rede.

O triunfo foi celebrado com extraordinário esplendor. Antígono e Demétrio apoderaram-se abertamente do título de rei, objecto da cobiça secreta de todos os diádocos. Depois multiplicaram os monumentos comemorativos e os ex-votos. A célebre *Vitória*, chamada *de Samotrácia*, um dos mais belos tesouros do Louvre, é um desses monumentos, erigido na proa duma galera de pedra. Com o mármore altaneiro das suas asas triunfantes, avança para o vento contra as vagas presentes ainda nas pregas da túnica, na torção do busto... Demétrio deu-se também ao luxo de um gesto de cavalheiro. Enviou a Ptolomeu os amigos e criados prisioneiros, guardando apenas para seu uso a bela Lamia.

A estas manifestações de entusiasmo e de propaganda, que causaram nos Atenienses a mais viva impressão (tinham recebido do vencedor mil e duzentas armaduras completas retiradas do despojo do inimigo) — a tudo isto Ptolomeu responde com decisão. Ergue-se contra a derrota. Vencido, toma por sua vez o título de rei — gesto que corresponde bem ao estilo da sua natureza enérgica. Depois inicia negociações com os seus confrades — a partir daí, também reis —, inquietos com a grandeza súbita, a ambição crescente que Antígono e o filho tinham mostrado. Com três aliados, Seleuco, outra vítima de Antígono, mas que acabara de retomar as províncias distantes do Império de cuja realeza se arrogava, Lisímaco, rei da Trácia, Cassandro, rei da Macedónia, tece uma quádrupla aliança. Depois de muitas peripécias é Ptolomeu que passa uma rasteira à fortuna de Demétrio, o grande aventureiro. Uma nova frota grega aparece nas águas gregas: uma vez mais a Grécia é chamada à «liberdade». O trono de Demétrio desmorona-se. É preso e internado numa Santa Helena alpestre, onde morre ao fim de três anos de devassidão e tédio... Os Atenienses haviam fechado desde há muito as portas ao deus derrubado.

É o fim das guerras dos diádocos. Os reinos resultantes do desmembramento do império de Alexandre estão separados. Apenas o Egipto encontrara, depois da morte do grande Macedónio, a sua dinastia e a sua unidade. A sageza e a diplomacia de Ptolomeu I tiveram, sem dúvida, muita influência.

Não me deterei no governo interno de Ptolomeu. Digamos simplesmente que tratou os padres com atenções e honrou com um culto antigos faraós que se tinham conservado populares. Mas, no conjunto, o seu domínio sobre o povo egípcio foi — como o dos sucessores, a quem deu o tom — uma exploração metódica dos recursos do rico país da «terra negra» em proveito da corte, do exército, que era obrigado a manter para defesa do trono, e igualmente em proveito da frota, com a qual procurava impor a sua supremacia no Mediterrâneo Oriental...

Ptolomeu Soter não conseguiu helenizar o Egipto. A fundação de três ou quatro cidades gregas, fechadas aos Egípcios, não era suficiente. Em Alexandria, o helenismo sobrepunha-se à vida egípcia, não se ligava a ela. Ainda aqui Ptolomeu Soter chamou a religião em seu auxílio. Tentou popularizar o culto de um deus quase novo, que se impusesse ao mesmo tempo aos Gregos e aos Egípcios. Escolheu para tal um deus compósito de Mênfis, chamado Serápis, cujo nome contém elementos dos nomes de Osíris e do boi Ápis. Este deus, celebrado segundo ritos gregos que lembravam os dos mistérios de Baco, foi proposto ao mesmo tempo aos Egípcios e aos Gregos, que se tentava unir numa religião comum. O objectivo não foi alcançado, mas a voga de Serápis foi imensa durante séculos, sobretudo no Império Romano. Por toda a parte se ergueram Serapeus. Havia um em Alexandria: aí fazia Serápis muitos milagres...

Quanto à helenização do Egipto, que se tentou operar multiplicando os funcionários gregos em todos os países, instalando por toda a parte tropas de mercenários de todas as nações alistadas ao serviço da coroa — essa «helenização» não afectou a resistência tenaz do povo egípcio. A transferência, de Atenas para Alexandria, de uma cultura grega artificialmente importada, que foi a grande ambição dos dois primeiros Ptolomeus, apenas interessou aos intelectuais igualmente importados que a ela se dedicaram e aos milhares de cortesãos e de universitários para os quais os poetas-filólogos cultivavam, fazendo grande algazarra, o pousio fruste do Museu, em breve disposto em canteiros amáveis, maciços floridos, ridentes platibandas.

A ANARQUIA SOB A MÁSCARA DA ORDEM. OS DOIS PRIMEIROS PTOLOMEUS

Antes de morrer, aos oitenta e quatro anos, Ptolomeu Soter regulou a difícil questão da sucessão. É indispensável entrar nestas histórias de família dos Lagidas, muito instrutivas para quem quiser compreender a profunda anarquia daqueles que pretendem fazer reinar a ordem num mundo novo.

Ptolomeu tivera duas mulheres legítimas, sem falar da princesa asiática desposada em Susa e que depressa foi esquecida. O seu primeiro casamento, com a princesa Eurídice, filha de um dos regentes, foi um casamento político, próprio para consolidar uma aliança provisória. O seu segundo casamento, com Berenice — provavelmente uma mulher do povo —, foi um casamento de amor. A união não quebrou aliás o casamento com Eurídice, que só foi repudiada muito mais tarde. Esta Berenice desempenha um papel importante na poesia alexandrina, que a celebra com esplendor, louvando-lhe a beleza, exaltando a fiel união dos dois esposos, sem poupar as alusões desagradáveis a Eurícide. Assim, um ídilio de Teócrito insinua que Eurídice deu a Ptolomeu «filhos que não se parecem nunca com o pai». A história oficial fará de Berenice uma irmã consanguínea de Ptolomeu — uma filha de Lagos. Nada menos provável. Esta genealogia foi fabricada para justificar pelo exemplo de Ptolomeu I os casamentos entre irmão e irmã que praticaram os Lagidas a partir de Ptolomeu II Filadelfo (assim chamado por esta razão). Seja como for, Ptolomeu amava Berenice e os filhos que ela lhe deu, e não os filhos de Eurídice...

De sua primeira mulher, Ptolomeu tivera, com efeito, vários filhos, um dos quais chamado Ptolomeu Keraunos (o que quer dizer Relâmpago e Terror), fosse por causa do seu carácter feroz, fosse por causa dos crimes com que se manifesta a violência desse carácter. Os cortesãos, que sabiam para onde ia a preferência do velho rei, opunham as graças do filho de Berenice, o futuro Filadeldo — o Apolo de caracóis louros de que fala Teócrito — ao humor feroz de Keraunos. Os poetas lembravam ainda que Zeus, que obtivera o trono do Céu, era, não obstante, o mais novo dos três filhos de Crono. Ptolomeu Soter deixou-se convencer de que tinha de escolher entre o vício e a virtude — como Hércules na encruzilhada —, de que devia dar aos seus povos um senhor clemente, aos letrados um protector esclarecido. Deserdou Keraunos.

As consequências desta decisão foram uma sucessão de crimes terríveis que ilustram os costumes dos novos senhores do mundo. Conto esta história, que aliás introduz a principal personagem do reinado de Ptolomeu Filadelfo, aquela a quem os historiadores chamam a «demoníaca Arsínoe».

Keraunos, expulso do Egipto, refugiara-se na corte de Lisímaco, rei da Trácia e da Macedónia. Aí se encontram duas das suas irmãs. Uma, a sua meia-irmã Arsíone, filha de Ptolomeu e de Berenice, estava casada com o próprio rei Lisímaco. A outra, que, como ele, era do primeiro casamento e se chamava Lisandra, casara com o príncipe herdeiro Agátocles. Ora, Arsíone, a demoníaca, loucamente apaixonada por Agátocles, seu enteado, ofereceu-se a ele, mas, ao ver-se repelida, acusou-o, por vingança, de ter querido assassinar o rei seu pai. Lisímaco, violento, e cego pela sua paixão senil pela mulher, lançou o filho numa prisão e pô-lo ao dispor de Arsínoe. Esta entende-se com Keraunos que se encarrega de chacinar Agátocles na masmorra.

A morte do jovem príncipe levanta a opinião pública contra Lisímaco. A viúva de Agátocles, Lisandra, pede vingança ao rei Seleuco, em Antioquia, pede também vingança a Keraunos, cuja parte no crime ignorava. Keraunos, que via no termo desta aventura a queda de Lisímaco e um trono vago a ocupar, fingindo indignação contra o crime de que era autor, incita Seleuco a fazer a guerra a Lisímaco. O reino de Lisímaco desmorona-se. Mas no momento em que Seleuco se prepara para entrar na capital como vencedor, é apunhalado por Keraunos, que se faz aclamar pelos soldados e se apodera da coroa.

Eis Keraunos no trono da Macedónia. Mas tinha ainda de estender-se com sua irmã Arsínoe, viúva de Lisímaco, que reclamava o trono para os filhos. Keraunos tinha aqui adversário à altura. Arsínoe não era fácil de enganar, sobretudo por este irmão cujos recursos em astúcias e crimes conhecia. Keraunos propôs então a Arsínoe desposá-la e adoptar os seus filhos, solução elegante de um problema dinástico delicado. Arsínoe continuava desconfiada, retirada com os filhos numa outra cidade. Keraunos representa então a comédia do amor, apresentando esse casamento não só como uma combinação política, mas como a satisfação dos seus desejos. Arsínoe, para quem o amor do irmão não era talvez coisa absolutamente nova, deixa-se enfim conquistar. As bodas são celebradas com esplendor. O terno esposo pede então que o deixem beijar os sobrinhos, agora seus filhos. Arsínoe conduz Keraunos à residência dos filhos. Keraunos descobre o jogo: enquanto os soldados ocupam a cidadela, apunhala as crianças nos braços da mãe. Arsínoe foge para o Egipto. Algum tempo depois, os Gauleses invadem a Macedónia. Keraunos é morto quando defendia o reino. Os moralistas triunfam: a vingança divina alcança cedo ou tarde o celerado.

A ANARQUIA SOB A MÁSCARA DA ORDEM. OS DOIS PRIMEIROS PTOLOMEUS

Viúva de dois reis, Arsínoe procura conquistar novo trono no Egipto. Ptolomeu II, seu irmão de pai e mãe, reinava sobre o Egipto. Esta mulher a quem os historiadores antigos chamam «emética» porque «vomitava constantemente», não vomitava apenas alimentos e bílis, vomitava também calúnias. Ptolomeu II estava já casado com uma outra Arsínoe, filha de Lisímaco. Contra esta Arsínoe I, Arsínoe II, a demoníaca e emética, empreende uma campanha de difamação, como a que tão bem resultara contra o enteado, Agátocles, precisamente irmão de Arsínoe I. A rainha, afirma ela, preparou uma conspiração. Que conspiração? A calúnia dispensa-se de ser clara. Insinua: contra o rei, seu esposo. Ptolomeu II sente o ascendente da terrível irmã, mais velha oito anos. Aliás, esta usa para com ele de diversas seduções. Ptolomeu era muito sensual. Na altura própria, a campanha de calúnia e sedução combinadas resolve-se na descoberta de uma conspiração imaginária em que a culpabilidade da rainha só se demonstrou pelo seu castigo. Arsínoe foi relegada para a Tebaida, enquanto Arsínoe II subia ao trono e tomava o título de Filadelfa, pois que só o amor fraterno a inspirara. Este título foi em seguida transferido para o rei, que passou a ser Ptolomeu Filadelfo.

Entretanto, para os lisonjeadores em prosa e verso, o casamento de irmão e irmã — considerado incesto pelos costumes gregos — tornou-se imediatamente o grande pensamento do reinado. Justificavam-no pelo *Hieros Gamos* (casamento sagrado) de Zeus e de Hera, e passava mesmo a conferir aos esposos Adelfos a qualidade de deuses adelfos. Os teólogos invocavam também o exemplo de Ísis e de Osíris. Os políticos e os juristas lembravam que o casamento entre irmão e irmã era uma exigência do direito monárquico egípcio. Os historiógrafos demonstravam que Ptolomeu Soter desposara em Berenice uma filha de seu pai. A partir de então, os Lagidas, como os Faraós, casar-se-ão, realmente ou por ficção legal, à moda divina, preservando assim o seu sangue de qualquer mistura com o dos simples mortais.

Não entro aqui nos pormenores das guerras do reinado, por muito tempo vitoriosas, sobretudo em vida de Arsínoe II, que parece ter inspirado a política de Filadelfo, mais imperialista do que a de seu pai.

Ao longo do reinado, estas vitórias foram celebradas com festas pomposas e um dilúvio de literatura panegírica desconhecida até hoje. Ptolomeu II amava as cerimónias e saboreava o incenso. Os poetas não lhe poupavam lisonjas. O seu amor pelas letras, sincero e inteligente, não era inteiramente desinteressado. Para si, a cultura não era tão nova como para seu pai. Tivera na infância ilustres mestres, digamos, pelo menos, sábios professores, o filósofo Zenódoto e o poeta Filetas de Cós, autor do primeiro dicionário da língua grega. Por vaidade e gosto sincero, Filadelfo fez muito pelas letras. Durante o seu reinado, a literatura grega tornou-se literatura alexandrina, tal como a sua corte se tornou a Versalhes da Antiguidade. Se os poetas o reembolsaram com elogios generosos das pensões que lhes concedia, a verdade é que ele os pagava bem.

Cito aqui apenas um exemplo do carácter cortesão da poesia alexandrina, que tão fortemente contrasta com o tom amigável e severo com que um Píndaro, nos tempos clássicos, falava ao príncipe de quem espera o ganha-pão. O poema de Teócrito intitulado *Elogio de Ptolomeu* não resgata a chateza do louvor pelo brilho da poesia. É um quadro anfigúrico e empolado do poderio ilimitado de Ptolomeu. Este reina sobre mil países, habitados por mil nações, é rei de trinta e três mil trezentas e trinta e três cidades (para obter este número mirífico, o poeta pede aos leitores uma adição complicada: Ptolomeu é rei «de três centenas de cidades, e três milhares se juntam a três miríades e ainda duas vezes três e três vezes nove.» Total: 33 333! Ptolomeu é filho dum deus e duma deusa — primeira menção feita pelo poeta, mais apressado do que juristas e padres, da dupla divinização de Ptolomeu Soter e de Berenice. É esposo (reconheça-se aqui Arsínoe, a emética!) «da melhor das mulheres que no quarto conjugal enlaçou um jovem esposo — um irmão-marido amado do fundo do coração». Mas o elogio mais desenvolvido do poema é o do ouro abundante, «esse ouro que, na opulenta morada, não fica amontoado sem serventia». E que uso mais glorioso que o de recompensar os poetas! «Não há, nos concursos harmoniosos de Dioniso, poeta capaz de entoar um canto harmonioso, sem que o príncipe lhe mande entregar presente digno do seu talento. Por isso, os intérpretes das Musas celebram Ptolomeu em reconhecimento dos seus benefícios.» Poesia cortesã, literatura de petição! Se os poetas não fossem capazes doutra coisa, deixaríamos de lado tal inspiração. E notemos que essa inspiração sem grandeza não impede Teócrito, de mal mais tarde com a corte de Alexandria, de desferir num outro poema uma frechada «à mulher dos três maridos»!

O fim do reinado de Ptolomeu II — a partir de 270, data da morte de Arsínoe — foi menos brilhante. O rei teve de ceder parte das suas conquistas. Tornou-se sombrio durante os vinte e quatro anos da sua viuvez. Chorou muito a irmã-esposa, ou pelo menos mostrou comprazer-se na exibição da sua dor.

A ANARQUIA SOB A MÁSCARA DA ORDEM. OS DOIS PRIMEIROS PTOLOMEUS

As lágrimas não impediam o rei de manter numerosas amantes, a algumas das quais deixava que se dessem ares de rainha; muitas delas se pavoneavam nos seus palácios particulares.

Entretanto, Ptolomeu fazia conceder à rainha defunta honras divinas, erigindo-lhe estátuas na maior parte dos templos egípcios, enquanto não lhe construía Arsinoeias particulares. Com habilidade que alguns admiraram, misturando o sentimento e o sentido dos negócios, tomava como pretexto a instituição do novo culto para desviar em proveito da coroa parte dos rendimentos dos templos egípcios. Ele mesmo fazia a esses santuários piedosas peregrinações: por meio de ritos mágicos, pretendia insuflar a imortalidade nas estátuas que levantava, ou antes, naquela a quem as estátuas representavam. De mês em mês e de ano em ano as inscrições permitem-nos segui-lo nessas viagens em que preside às apoteoses da deusa Filadelfa. Funda mesmo, por antecipação, um templo aos Deuses adelfos!

Todo este culto místico-político-sentimental, tão alheio à tradição helénica, tão imbuído de ideias orientais, e que os Romanos captarão habilmente ao serviço da ideia imperial, se exibe com esplendor pela primeira vez no mundo helénico.

Ptolomeu tinha grande medo da morte. Envelhecia com desgosto, caía na hipocondria. Apesar da sua verdadeira cultura, apesar do gosto pelas ciências naturais que lhe atribuem, o seu egocentrismo e a sua incrível vaidade tornavam-no crédulo quando se tratava da sua saúde. Pedia aos mágicos o que os médicos não ousavam prometer-lhe. Um historiador desse tempo escreve: «Estava de tal modo gatoso que contava viver sempre e dizia que tinha encontrado o segredo da imortalidade.» Mas o seu temperamento, que nunca fora robusto, alterava-se com o decurso dos anos em que não praticara nem a continência nem a sobriedade. A morte, que temia, criando sonhos de vida infinita, colheu-o aos sessenta e dois anos de idade, no trigésimo nono ano do seu reinado, em 246.

Tais foram os dois príncipes que criaram o Museu e a Biblioteca — a primeira universidade do mundo.

XI

O REINADO DOS LIVROS
ALEXANDRIA, A BIBLIOTECA E O MUSEU

Alexandria, nos últimos séculos antigos, foi uma cidade imensa. Fundada por decisão de Alexandre numa das bocas do Nilo, no local de uma aldeia de pescadores e de pastores, mas na encruzilhada das rotas navais, fluviais e terrestres de três continentes, torna-se rapidamente o entreposto do universo, a maior cidade comercial do mundo e, ao mesmo tempo, pelo menos durante três séculos, a capital cultural do helenismo.

Um arquitecto urbanista elaborara o plano geral ainda em vida de Alexandre. Era um homem já célebre pela ousadia das suas concepções. Chamava-se Dinócrates de Rodes. A cidade foi dividida por ele em quatro bairros por duas artérias — uma, norte-sul, outra, leste-oeste — que se cortavam no centro. Cada um desses bairros tinha o nome de uma das quatro primeiras letras do alfabeto. A artéria principal (leste-oeste) tinha em linha recta sete mil e quinhentos metros, a largura de trinta metros e era ladeada de passeios. A artéria norte-sul desdobrava-se em duas largas áleas, separadas por um renque de árvores.

Nos quatro rectângulos, as outras ruas, perpendiculares e paralelas, eram bastante estreitas (uns seis metros). As cidades antigas, onde a circulação só é intensa nos dias de festa, não precisam de ruas largas, e o clima exige pelo contrário ruas estreitas. Uma só grande artéria basta para as procissões.

Eis o espectáculo da rua, num dia de festa em Alexandria, descrito por uma provinciana de Siracusa falando a uma amiga: «Meu Deus!, tanta gente! Onde vamos e como vamos atravessar esta multidão? Formigas sem número e sem fim! Realmente, Ptolomeu, belas coisas nos fazes desde que teu pai está entre os deuses. Acabaram-se os gatunos que roubam quem passa, escapando-se à egípcia!... (Uma coluna de cavaleiros alcança as mulheres. Empurrões.) Gorgô querida, que vai ser de nós? Os cavalos de armas do rei! Amigo, não me esborraches. O alazão levanta-se todo. Repara, parece furioso! Cabra da Eunoa (é a criada), não julgues que te escapas! Ele vai matar o cavaleiro. Ainda bem que o pequeno ficou em casa!»

A vasta cidade de Alexandria, que ocupou para o fim da Antiguidade uma superfície de cerca de cem quilómetros quadrados, fora construída muito rapidamente e toda em pedra, o que era uma grande novidade. Para os palácios, importara-se mármore, que não se encontra no Egipto. O palácio real dos Ptolomeus, chamado Bruquion, era rodeado de jardins. Para povoar a nova capital, apelou-se para as regiões do mundo helénico, procedeu-se mesmo a deportações. Quando Ptolomeu Soter conquistou Jerusalém, transportou para Alexandria milhares de judeus. Cinquenta anos após a fundação, Alexandria contava, diz-se, trezenos mil habitantes. Era a cidade mais povoada do mundo. No começo da era cristã, parece ter atingido um milhão de habitantes. Então, no interior da sua cerca quadrangular, cresceu em altura: construiram-se casas de vários andares, casas de aluguer, com apartamentos, o que nunca acontecera em cidades gregas. Conhecemos por mosaicos e modelos de barro as altas casas de aluguer de Alexandria, as casas-torres, algumas das quais se erguiam como «arranha-céus».

A maravilha de Alexandria era o porto e também o seu famoso Farol. O sítio escolhido por Alexandre não era um porto natural muito notado. Mas o Macedónio vira que, graças à ilha de Faros, a mil metros da margem, podia-se instalar um porto excelente. Ligou-se a ilha à costa por meio de um dique de um quilómetro que dividia a baía em dois portos. A entrada do primeiro, o de leste, era estreitada por dois molhes: continha o porto de guerra, os arsenais e os estaleiros navais, assim como o porto pessoal do soberano. O segundo — chamado Eunostos, o que quer dizer Bom Regresso —, a oeste, era o porto mercante. Duas aberturas praticadas no dique que os separava — e sobre as quais havia passadiços — permitiam aos navios passar de um porto para outro. Este duplo porto de Alexandria foi depois copiado em várias cidades helenísticas.

Quanto ao Farol, era obra de um engenheiro, Sostrato de Cnido. Com a altura de cento e onze metros (a flecha da catedral de Lausana tem setenta e cinco), erguia a sua torre de três andares, cada um deles recolhido em relação aos outros. A lanterna era feita de oito colunas que suportavam uma cúpula sob a qual ardia uma fogueira de lenha resinosa. Diz-se que a luz era aumentada e difundida por espelhos. Um elevador permitia subir até à lanterna.

O Farol foi logo classificado entre as sete maravilhas do mundo. Foi este Farol que deu aos Árabes a ideia do minarete.

Mas os Ptolomeus ergueram no céu de Alexandria duas luzes mais brilhantes que as chamas do Farol. Foram elas a poesia e a ciência alexandrinas.

Ptolomeu Soter desejava fazer da sua capital o grande centro cultural do tempo, arrancando a Atenas a hegemonia neste domínio. Chamou poetas, sábios, filósofos. Conquistou alguns poetas. Assinalei já Filetas de Cós, de quem fez preceptor de Filadelfo, e que, ao mesmo tempo poeta e erudito, foi um dos mestres do alexandrinismo, de Teócrito, nomeadamente. Ptolomeu atraiu também ilustres médicos, matemáticos e astrónomos. Mas deve-se declarar que junto dos filósofos falhou quase completamente. E contudo era a eles que desejava sobretudo conquistar. O historiador Burckhardt disse, à sua maneira irónica, que os filósofos eram, ao lado dos diádocos e das cortesãs, as grandes vedetas da época. Os representantes das principais escolas — cinismo, estoicismo, epicurismo — esquivaram-se. Atenas continuará a ser nos séculos seguintes, e até ao fim da idade antiga, a cidade dos filósofos e dos estudos filosóficos. Ptolomeu apenas chamou a si um representante da escola peripatética, Demétrio de Falero, discípulo de Teofrasto, o fundador da botânica, e, através dele, discípulo do seu mestre Aristóteles. O próprio Teofrasto se recusou a ir ensinar no Museu.

O papel de Demétrio de Falero na fundação do Museu foi considerável.

Este Demétrio levara vida bastante agitada. Era um orador muito popular e aceitara governar os seus concidadãos, os Atenienses, em nome de Cassandro da Macedónia. Apoiado por uma guarnição macedónica, fora durante dez anos tirano de Atenas. Era, aliás, bom administrador. Atenas conhecera, sob o seu governo, uma época de prosperidade material, sem grandeza. Tinham-lhe erguido estátuas como aos príncipes da época. Depois fora derrubado e expulso por outro. Por ocasião da morte de Cassandro, seu protector, passou a Alexandria. Ptolomeu deu-lhe a sua confiança e passou a descansar nele para que implantasse na capital a cultura das letras, das ciências e das artes. A Demétrio se deve atribuir o projecto das instituições que se tornaram o Museu e a Biblioteca.

A ideia e o nome do Museu não eram novos. A ideia estava já realizada na escolha peripatética a que Demétrio se ligava. Remontava mesmo ao pitagorismo. Pitágoras fundara uma espécie de confraria (quase um convento) na qual o culto das Musas simbolizava e mantinha o estudo e a investigação científicos. Às casas pitagóricas chamava-se museus.

Esta ideia fora retomada por Aristóteles e Teofrasto. Aristóteles proclamara a necessidade da colaboração dos sábios no edifício da ciência. Ideia fecunda e que desde então, sobretudo nos tempos modernos, permitiu o desenvolvimento prodigioso da ciência moderna e contemporânea. Só graças a múltiplas colaborações os *Estudos sobre os Animais* haviam chegado aos resultados que atingiram. Noutro domínio, antes de escrever a sua *Política,* Aristóteles empreendera um vasto inquérito sobre as constituições políticas, inquérito que se alargara a cento e cinquenta e oito cidades. Os antigos liam ainda essas cento e cinquenta e oito obras, a mais importante das quais, a *Constituição de Atenas,* foi encontrada no fim do século XIX. Não eram todas de Aristóteles. A maior parte era obra de discípulos e de amigos formados por ele. Após Aristóteles, Teofrasto, seu sucessor, organizara no Liceu um Museion que era um esboço do Museu de Alexandria. Aí se encontravam salas de aula, alojamentos para os professores. Aí se conservava a famosa biblioteca reunida por Aristóteles.

A ideia de Aristóteles e de Teofrasto era agrupar os sábios e os alunos em redor de uma biblioteca e de colecções científicas, com vista a uma colaboração útil ao progresso da ciência. Demétrio de Falero apenas teve que alargar este plano, ajudado pela munificência de Ptolomeu, para fundar o Museu e a Biblioteca.

Os edifícios e a organização do Museu de Alexandria são-nos mal conhecidos. Os arqueólogos não encontraram o edifício, que apenas conhecemos pelas descrições de escritores antigos. (Mas como se há-de proceder a escavações em plena cidade de Alexandria?) Havia salas de aula e de trabalho, quartos para os pensionistas do Museu, que eram os professores, uma sala comum para as refeições. Houve, com o tempo, e sobretudo desde Filadelfo, naturalista apaixonado, colecções de plantas e de animais nos jardins, depois um observatório rudimentar, finalmente salas de dissecação. O Museu foi pois a primeira universidade.

Os pensionistas do Museu eram sábios, poetas, raros filósofos, que viviam no estabelecimento e recebiam uma pensão do Estado para prosseguirem em paz os seus trabalhos, ao mesmo tempo que davam algumas aulas. Não se sabe qual era o número dos estudantes. Algumas centenas, sem dúvida. Leio num manual moderno que chegaram a ser catorze mil. Ignoro onde se foi buscar este número duvidoso.

Quanto aos pensionistas-professores, que um escritor antigo trata com impertinência de «criação engordada numa capoeira», eram em número de uma centena. A direcção do Museu estava confiada a um grande sacerdote das Musas e a um presidente. Este tinha apenas funções administrativas e não era um sábio. Mais importante era o bibliotecário, de quem os antigos nos conservaram frequentemente o nome. As listas de bibliotecários transmitidas por escritores da época bizantina, nem sempre concordam entre si. Uma lista encontrada bastante recentemente nas areias do Egipto, em Oxirrinco, surge assim elaborada, para a época dos primeiros Ptolomeus: Zenódoto, filólogo, Apolónio de Rodes, sábio poeta, Eratóstenes, matemático e geógrafo, Aristófanes de Bizâncio e Aristóteles da Samotrácia, ambos filólogos e críticos literários. Uma outra lista transmite-nos o nome de Calímaco, chefe da nova escola poética que floresceu em Alexandria, ele próprio poeta. Este Calímaco desempenhou na Biblioteca um papel muito importante. Redigiu em cento e vinte volumes (rolos de papiro) uma *«Tábua dos escritores que se ilustraram em todos os géneros e das obras que compuseram»*. Era um catálogo da Biblioteca, com biografias e comentários, no qual as obras estavam classificadas, primeiro por géneros literários, depois, em cada género, por ordem de mérito; era também como uma história sumária da literatura grega.

Tudo isto nos conduz à Biblioteca, glória do Museu.

O Egipto era um país de velha cultura e de colecções. No tempo dos antigos faraós havia já bibliotecas. Uma delas tinha, em egípcio, esta inscrição: *«Asilo do Espírito»*. Alguns soberanos da Assíria e de Babilónia tinham também bibliotecas. Foi encontrada a biblioteca cuneiforme de um deles, cujos livros eram tijolos! Durante muito tempo só os príncipes haviam sido ricos bastante para possuirem livros.

Aristófanes fala com ironia da biblioteca de Eurípides, esse poeta que filtrava nas tragédias o sumo espremido dos seus livros, como se faz uma tisana. Mas a primeira biblioteca importante, propriedade de um particular, foi a de Aristóteles. Fora reunida graças aos generosos subsídios de Alexandre.

Depois de Alexandre, a fabricação, em grande quantidade, de papiro, e, depois, de pergaminho, e sobretudo o emprego, como copistas, de escravos cultos, permitiram produzir o livro em maior quantidade e mais barato. Chegou o momento em que um público bastante importante usou livros. Mais tarde, um pouco depois da nossa era, será a idade do romance, que supõe numerosos leitores.

Demétrio de Falero fez enormes compras de livros para a Biblioteca. A seu pedido, Ptolomeu Filadelfo comprou aos herdeiros de Teofrasto a biblioteca de Aristóteles. Um escritor mostra-nos, sob o reinado deste príncipe, barcos vindos de Atenas despejando nos cais de Alexandria pacotes de «volumina». No fim do reinado de Filadelfo, um relatório oficial registava a presença de quatrocentos mil volumes no Museu, contando os duplicados, e de noventa mil não os contando. Os sucessores de Filadelfo continuaram este esforço. Seu filho, Ptolomeu III Evérgeta, não recuava diante de qualquer despesa para garantir a posse de livros preciosos e raros. Assim, pedia emprestado, a troco de uma caução fabulosa, o exemplar oficial dos trágicos, copiado em Atenas no século IV e que continha todas as obras dos grandes poetas trágicos atenienses; depois abandonava a caução e ficava com o exemplar.

A Biblioteca crescia não apenas graças à compra das obras clássicas, mas também à extrema fecundidade dos autores contemporâneos. Um filólogo chamado Dídimo compunha três mil e quinhentos volumes de comentários. Mesmo não muito extensa, uma obra compreendia facilmente vários «volumes», quer dizer, «rolos», o que tornava temível tal fecundidade. Os antigos admitem que para desovar desta maneira era preciso ter entranhas de bronze: chamaram a este filólogo Dídimo Calcentero, o que quer dizer precisamente «de entranhas de bronze». E nós conhecemos os nomes, incluindo os dos filósofos e dos sábios, de mais de mil e cem escritores helenísticos. Que dilúvio! Que catástrofe literária! Que literatura quantitativa!

Diz-se que em 47 antes da nossa era, na época da guerra de César no Egipto, a biblioteca comportava setecentos mil volumes.

Que continha a Biblioteca? Que se comprara? Sem dúvida tudo quanto a literatura grega produzira de interessante. Um testemunho diz-nos expressamente que Filadelfo escreveu aos reis seus confrades para que lhe enviassem tudo quanto existia em poetas, historiadores, oradores, médicos. Os sábios do Museu liam ou podiam ler toda a literatura épica, lírica, dramática, todos os historiadores, a enorme literatura filosófica e médica. Se conservámos a maior parte das obras significativas da Antiguidade, em quantidade não conservámos a centésima ou a milésima parte. Ateneu lia oitocentas peças da comédia denominada média, de que nada nos resta, a não ser que se conte o *Pluto* de Aristófanes entre a comédia média.

Pretendeu-se saber se os bibliotecários adquiriram e fizeram traduzir parte da literatura dos povos «bárbaros». Conhecemos alguns casos deste género. Assim, na época de Filadelfo, um egípcio helenizado, o padre Maneton, escreveu em grego, utilizando obras da Biblioteca, um manual de *Antiguidades Egípcias*. Do mesmo modo, um padre caldeu, Beroso, escrevia *Antiguidades Caldeias*. Havia, pois, provavelmente, na Biblioteca, obras estrangeiras, traduzidas ou não.

A tradução mais importante foi a famosa tradução chamada dos *Setenta*, tradução em língua grega dos livros sagrados dos Judeus, a que chamamos Antigo Testamento. Segundo a tradição judaica, Ptolomeu Filadelfo teria reunido setenta sábios judeus e ter-lhes-ia pedido que traduzissem para o grego as suas Escrituras. Mas trata-se de uma lenda. Na realidade, a tradução prolongou-se por um extenso período, o Pentateuco só foi acabado no século III, os Profetas e os Salmos no II, e o Eclesiastes cerca de cem anos após a era cristã. A existência de tal tradução indica pelo menos que os judeus eram muito numerosos no Egipto e que tinham, muitos deles, esquecido a sua língua. Havia, com efeito, em Alexandria, algumas centenas de milhares de judeus helenizados.

Finalmente, não esqueçamos que havia na Biblioteca, em grande número, obras apócrifas. O zelo dos coleccionadores sempre suscitou o ardor dos falsários. Parte da tarefa dos filólogos alexandrinos — Zenódoto e outros — será distinguir, na massa de obras acumuladas na Biblioteca, o autêntico do falso. Zenódoto, por seu lado, dedicou-se a estabelecer um texto mais puro dos poemas homéricos. Marçou com um óbelo (sinal em forma de alfinete) os versos ou as passagens que considerava interpolados. As edições modernas têm em conta a condenação de Zenódoto incidente sobre as passagens tardias ou suspeitas dos poemas homéricos. Outros filólogos fizeram trabalho análogo para os poemas trágicos e de uma maneira geral para toda a literatura grega. Assim nascia no Museu e na Biblioteca a crítica dos textos.

Vêem-se também florescer no mesmo tempo e nos mesmos círculos os léxicos de palavras raras ou que se haviam tornado arcaicas, as obras de comentários ou de crítica literária, os tratados de gramática — tudo quanto tendia a esclarecer e a tornar mais acessíveis uma literatura e uma língua já ilustradas por cinco ou seis séculos de obras-primas. Os sábios do Museu e da Biblioteca não recuaram diante desta tarefa ingrata e necessária.

Não é inútil indicar também qual foi o destino destas duas grandes instituições de Alexandria e até que data duraram. Um século e meio após a sua fundação, Museu e Biblioteca sofreram uma crise grave. Passou-se isto no reinado de Ptolomeu VIII ou Evérgeta II, a quem os seus súbditos chamavam Caquérgeta. Adivinha-se que se Evérgeta significa Benfeitor, Caquérgeta há-de querer dizer o contrário. Esta personagem carregara-se de crimes abomináveis. Degolara o próprio filho e enviara-o em bocados a sua mulher, como presente de aniversário. Expulso da capital, a ela voltou graças a uma guerra civil. Pôs Alexandria a ferro e fogo, proscreveu e dispersou os pensionistas do Museu. Ateneu conta a propósito que se viu então «grande quantidade de gramáticos, filósofos, geómetras, médicos, errando pelo mundo inteiro e reduzidos pela pobreza a ensinarem o que sabiam». Julgamos ler uma narrativa da dispersão dos sábios e artistas bizantinos quando da tomada de Constantinopla pelos turcos. Contudo, este singular Ptolomeu tinha o gosto das letras, e usava, entre os seus títulos, o de Filólogo (!), reconstituiu o corpo de professores do Museu, e foi também ele quem, na rivalidade que opunha a biblioteca de Alexandria e a de Pérgamo, encontrou um processo de guerra inédito. Proibiu a exportação do papiro do Egipto. Pérgamo respondeu a esta proibição com a invenção do pergaminho que, feito de pele de carneiro, de cabra ou de vitelo, dava à escrita uma matéria mais resistente que o papiro e permitiu ao comércio dos livros desenvolver-se mais ainda.

O período de glória do Museu estava já passado. Nessa época — fim do século II — não há grandes nomes entre os pensionistas. O seu brilho durou século e meio, o que corresponde ao reinado dos cinco ou seis primeiros Ptolomeus. Depois é apenas uma instituição que sobrevive. Alguns imperadores romanos ainda se interessaram por ela. Suetónio diz-nos que Cláudio fundou um novo Museu. É certo que o imperador Cláudio se julgava escritor. Compusera umas *Antiguidades da Etrúria* e ordenou que os seus escritos fossem lidos em Alexandria uma vez por ano, diante de numeroso público. Por essa altura, o Museu tornara-se uma espécie de Academia, sem relações com a corrente da literatura e do pensamento.

O progresso do cristianismo foi uma das causas principais do declínio do Museu. O ensino científico que ali continua a ser dado nos primeiros séculos da nossa era, mantinha-se sob o signo do politeísmo. Hipátia, a sábia matemática e filósofa, ali ensinava nos finais do século IV e princípio do século V. Mas uma populaça fanatizada pelos monges, num dia do ano 415, invadia a sua casa, arrancava dali a desgraçada mulher, despedaçava o belo corpo desta sábia pagã, sem que o patriarca Cirilo tivesse tempo de intervir.

Quanto à Biblioteca, uma tradição que ainda anda pelos manuais de história conta que foi incendiada uma primeira vez, aquando da guerra de César no Egipto, em 47. Esta tradição é hoje contestada. O principal testemunho sobre que assenta é uma passagem do historiador Dion Cássio, que diz apenas que foram incendiados «apothékai» de livros e acrescenta: «ao que se diz». A palavra empregada significa «depósitos» ou «armazéns» e não pode designar a Biblioteca. Talvez fossem livrarias ou simples pacotes de livros nos cais, prontos para serem levados por César quando rebentou o incêndio. O próprio César diz que deitara fogo à frota de Alexandria e que o incêndio pegara aos edifícios vizinhos dos cais. É provável que os antigos tenham bordado sobre este tema e alargado o incêndio à Biblioteca para daí tirar efeitos de retórica. António, fosse para reparar o prejuízo do incêndio, fosse para se tornar agradável a Cleópatra, doou à rainha do Egipto, por essa altura, duzentos mil volumes da biblioteca de Pérgamo.

Muito mais tarde, a Biblioteca foi certamente incendiada com o Museu e o Brúquion. Foi em 273 da era cristã, na época do imperador Aureliano, aquando da guerra que fez à princesa Zenóbia, aquela rainha de Palmira que constituira um vasto império oriental. Aureliano capturou-a após longa perseguição em camelo e fê-la aparecer no triunfo que celebrou em Roma.

Depois, a Biblioteca reconstituiu-se uma vez mais num Museu ainda uma vez mais renovado. Quando em 640 os Árabes se apoderaram da cidade, não é sequer certo que uma e outra instituições tenham cessado de existir. É difícil, para uma e para outra, marcar a data do seu desaparecimento. Depois de dez séculos de existência, deixavam um rasto tão brilhante na memória dos homens que a sua lenda ou a sua história dominavam ainda, em plena Idade Média, todo o renascimento de civilização. Alexandria, graças à sua perenidade, constituiu o primeiro arco de uma ponte lançada entre a Antiguidade e os tempos modernos.

Não esqueçamos, por outro lado, que nos primeiros séculos da sua existência (o III e o II antes da nossa era) o Museu e a Biblioteca marcaram, no bem e no mal, toda a civilização helenística.

No bem, por certo, quanto ao domínio da ciência. A ideia de Aristóteles que lhe deu nascimento (como o disse já) é que a ciência é o fruto de uma colaboração: progride pelo esforço colectivo das gerações. A obra de arte, a obra literária, em contrapartida, se devem muito à tradição, ao tempo e ao meio, são, no entanto, essencialmente, um acto de génio individual e podem nascer súbitas e acabadas em oposição à descoberta científica, sempre colectiva e sempre recomeçada. O génio científico, indispensável também ao progresso da ciência, insere-se neste progresso como um elo a que se ligará o elo seguinte.

Aristóteles levara a ciência para o caminho de um inquérito universal sobre o mundo e sobre o homem. Este inquérito paciente era conduzido com respeito pelos factos. Para chegar a bons resultados, tratava-se de coleccionar e classificar o maior número possível de factos, depois edificar uma explicação desses factos. Os sábios do Museu não professavam uma filosofia determinada, nem mesmo a aristotélica. Não tinham colhido em Aristóteles uma metafísica, mas uma direcção de trabalho, um método de trabalho. Assim, o Museu não era uma escola filosófica, como o Pórtico estóico, a Academia platónica, o Liceu aristotélico, era verdadeiramente uma universidade. Em Alexandria edificava-se pois a ciência. Os soberanos do Egipto puseram à disposição dos sábios uma biblioteca, colecções, laboratórios — toda a aparelhagem científica dispendiosa e indispensável — e a ciência podia progredir com rapidez.

Deste modo, não causa espanto que os grandes nomes do Museu e os grandes nomes da época alexandrina sejam de sábios e não de poetas. Foi no Museu que viveram e ensinaram os grandes matemáticos dos séculos III e II: Euclides, que é o mais conhecido, porque expôs, num tratado de estilo, propriedade e clareza admiráveis, o método da geometria elementar, mas que não é o mais genial; Apolónio de Perga e Hiparco de quem não direi muito, pois não gosto de empregar uma linguagem que não compreendo. De Apolónio de Perga apenas isto: escreveu um tratado em que estudou as propriedades das *Secções cónicas*. Hiparco inventou a trigonometria. Se Arquimedes, um dos maiores génios científicos de todos os tempos, viveu em Siracusa tanto quanto em Alexandria, foi no Museu que se formou e foi em Alexandria que fez aparecer os seus tratados. Foi também no Museu que ensinaram os grandes astrónomos do tempo, Aristarco de Samos — o Copérnico da Antiguidade — e ainda Hiparco, prodigioso observador do céu estrelado, que recenseou (sem telescópio, claro) mais de oitocentas e cinquenta estrelas fixas e que descobriu a precessão dos equinócios. E também grandes médicos. Assim, Herófilo de Calcedónia, que descobriu o sistema nervoso e a rede arterial e pressentiu a circulação do sangue, só reencontrada ou enfim descoberta no século XVIII. Foi no Museu que ensinou esse sábio universal, Eratóstenes, matemático e geógrafo, que mediu a circunferência terrestre. Não esqueçamos os grandes filósofos já nomeados, os fundadores da crítica dos textos: Zenódoto, Aristófanes de Bizâncio, Aristarco de Samotrácia.

Esta enumeração pode parecer vã. Mas não é inútil se quisermos entrever a extensão e a importância da investigação científica no tempo em que floresceu o Museu, que foi um dos principais agentes do progresso das ciências.

Mas se o Museu e a Biblioteca prestaram à ciência grandes serviços, deve-lhes a poesia alexandrina muito? Deve-lhes mais do que algumas das suas taras? A poesia alexandrina nasceu, ou pelo menos viveu, à sombra do Museu. O chefe de escola, o teórico, o Malherbe da poesia nova, Calímaco, viveu longamente no Museu, elaborou o catálogo analítico da Biblioteca. O poeta épico Apolónio de Rodes foi bibliotecário honorário. Os poetas querem ser todos ou quase todos — sim, mesmo Teócrito — eruditos. É claro que a erudição, frequentemente mal digerida, não pode deixar de destingir sobre a poesia. Em parte, a erudição envenenou a poesia alexandrina. Que os poetas desse tempo tenham partilhado o gosto dos seus contemporâneos pelas investigações eruditas, muito bem. O erro foi terem transportado esse gosto para géneros poéticos nos quais, mal assimilado, não está no seu lugar. O poema de Apolónio, em certos momentos muito belo, está infestado de observações e notas eruditas em pleno texto. O poeta esquece as personagens e a acção para explicar ao leitor a etimologia (falsa, bem entendido) de um nome de lugar ou a origem (falsa, igualmente) de um costume ainda em vigor no seu tempo, ou ainda para repreender os habitantes de uma cidade do Ponto Euxino, que, segundo ele, se enganam honrando um herói que nada tem que ver com ela. Escusado será dizer que tais observações, de que o texto está semeado, desfazem a ilusão poética. O bibliotecário, o pedante Apolónio, destrói constantemente o mundo criado pelo poeta Apolónio. Calímaco, mais erudito ainda do que Apolónio, e talvez menos poeta, não deixa tão penosa sensação de disparidade. A erudição, nele, está mais assimilada, em certos aspectos, com a matéria poética que escolheu. Contudo, quantas alusões sábias nas suas obras, que exigiam, para o leitor antigo como para o moderno, uma cultura mitológica, histórica, geográfica, astronómica, toda uma cultura livresca, uma competência científica e graus universitários — coisas que lhe entorpeciam o fôlego poético, já de si pouco vigoroso! Na verdade, a existência da Biblioteca e do Museu introduziu infelizmente na literatura o reinado dos livros.

Estes poetas leram de mais, desenrolaram na sala de leitura da Biblioteca demasiados «volumina». Procuram fazer brotar a inspiração dessa mesma leitura. «A leitura», escreve Apolónio, «é a substância do estilo.» Noutra passagem diz-se «secretário das Musas». (A frase é reveladora.) E Calímaco declara: «Não canto nada sem testemunhos» — sem documento. É mais do que verdade. Antes de abordarem qualquer assunto, documentam-se, esgotam a literatura da matéria. Daí que certas obras cheirem a já visto, a compilação.

À época alexandrina não faltaram inteiramente homens dotados de temperamento poético. Mas, depois desta estação dos escritores no Museu e na Biblioteca, sabemos já que a poesia alexandrina será uma poesia — de poetas talvez — de *letrados* com certeza.

XII

A CIÊNCIA ALEXANDRINA. A ASTRONOMIA. ARISTARCO DE SAMOS

A ciência nascera na Jónia, no século VII, com Tales. Na idade clássica, com Demócrito, Hipócrates e a escola de Cós, com Tucídides também (estes três homens são exactamente contemporâneos, nasceram todos em 460), a ciência brilha com grande esplendor. A época alexandrina (os séculos III e II) é o momento da sua mais viva floração. Neste último período da civilização grega, a energia espiritual dos homens, o génio dos inventores, a curiosidade do público — tudo aquilo que na idade clássica caminhava à frente da criação artística, para a construção dos templos, para a irradiante presença da tragédia, orienta-se agora, num impulso não menos ardente mas projectado de modo diferente — menos geral, no entanto — para a descoberta científica. Aristarco de Samos e Arquimedes são génios tão poderosos como Ésquilo e Fídias, mas o objecto da sua investigação mudou: já não se constrói arquitectura nova, não se recompõe o universo em trilogias trágicas, edifica-se a ciência, explica-se o mundo físico.

É isto que entusiasma os homens, os mais cultos, digamos. Daí resulta que a audiência dos poetas se reduz. A poesia vive à margem da grande corrente espiritual da época. A poesia clássica era uma poesia de praça pública, uma poesia de multidão. A poesia alexandrina é uma poesia de câmara. Se os sábios não fazem correr as multidões, pelo menos são como as grandes estrelas da época. Mais do que isto: são eles que detêm, nas suas investigações, o futuro da humanidade.

Vou tentar apresentar alguns exemplos da ciência alexandrina. Em primeiro lugar a astronomia, a mais antiga das ciências humanas, porque era a mais necessária ao camponês e ao marinheiro, nascida entre os Gregos, povo de marinheiros e de camponeses.

Mas há que retomar as coisas de um pouco mais longe.

Desde as origens do pensamento grego, desde Tales de Mileto e da escola jónia, os sábios gregos procuraram explicar os fenómenos celestes. Antes deles, os Babilónios tinham observado o céu e elaborado o quadro dos cinco planetas — Mercúrio, Vénus, Marte, Júpiter e Saturno — e das principais constelações. Os Babilónios eram excelentes observadores, tinham acumulado durante séculos inúmeros factos. Os sábios alexandrinos, graças ao contacto estabelecido por Alexandre entre o mundo grego e a Caldeia, aproveitaram estas observações. No entanto, os historiadores modernos da ciência admitem que a astronomia babilónia constituía mais uma soma de verificações do que uma verdadeira ciência, do que uma explicação ou uma tentativa de explicação das aparências, aquilo a que em grego se chama «fenómenos». Pode-se chegar a conhecer bastante bem a marcha de um planeta com as suas estações e os seus recuos na abóbada celeste, prever mesmo essa marcha, sem ser capaz ou sem mesmo sentir a necessidade de dar a razão de tudo isso. Desde as suas origens, pelo contrário, a astronomia grega distingue-se pela sua busca de uma explicação dos fenómenos.

As explicações, logo ao princípio, abundam. São falsas, bem entendido, mas não são absurdas. Sobretudo não fazem intervir o sobrenatural. São racionais. As perguntas que o sábio grego faz a si mesmo são, nomeadamente: Qual é a causa do dia e da noite? Qual é a causa das estações? Qual é a causa da marcha irregular dos planetas sobre a abóbada celeste? A causa dos eclipses da Lua e do Sol? A das fases da Lua? Eis alguns problemas que só nos parecem simples porque foram resolvidos há quatrocentos anos ou mais.

Essas explicações, a partir do século VI grego, abundam. Há quem imagine a Terra como um disco chato, um disco com um rebordo, e é por trás desse rebordo que o Sol circula durante a noite, do poente ao nascente. Para outro, o Sol e a Lua são nuvens inflamadas que, depois de terem atravessado o céu do nascente ao poente, «caem num buraco», e no dia seguinte é um novo sol e novas estrelas que se levantam. Para um outro, ainda, a Lua é uma espécie de vaso cheio de fogo que ora nos apresenta o seu interior iluminado — é então a Lua cheia — ora o seu exterior escuro. Daí, segundo a posição do vaso, resultam as fases da Lua e também os eclipses. Para um outro ainda, os eclipses são produzidos por corpos terrosos e opacos que circulam sem o sabermos no céu, etc.

A CIÊNCIA ALEXANDRINA. A ASTRONOMIA. ARISTARCO DE SAMOS

É o princípio e estas explicações parecem-nos infantis. Mas elas procuram enquadrar-se nos factos. Propositadamente, cito apenas as falsas. Mas ao lado destas hipóteses inexactas, também as houve exactas. Anaxágoras dá no século V a explicação justa das fases da Lua e dos eclipses deste astro.

A grande questão, de que depende por assim dizer todo o resto, é a da forma e sobretudo da posição da Terra no universo. A maior parte dos antigos astrónomos vêem a Terra como um disco pousado sobre a água ou suspenso no ar. Todos ou quase todos, até à época alexandrina, situam a Terra no centro do universo girando todo o resto em redor. O geocentrismo pesou sobre quase toda a astronomia antiga.

Foi a escola pitagórica que, antes da época alexandrina, mais contribuiu para resolver este duplo problema: repito, o da forma e da posição da Terra.

É a primeira a afirmar, talvez já no século VI, a esfericidade da Terra. Em parte, talvez por razões ideológicas, por assim dizer: porque a esfera é uma figura considerada perfeita por causa da sua simetria absoluta. Mas em parte também porque se reconheceu que era a forma da Terra que provocava os eclipses de Lua e nessa sombra se distinguia a de um corpo arredondado.

Foi também na escola pitagórica que se distinguiu nitidamente na marcha do Sol e dos planetas dois movimentos combinados: um que é o da duração de um dia e se efectua de Oriente para Ocidente — movimento que é semelhante ao das estrelas — e que tem como eixo a estrela polar e o centro da Terra. Este movimento efectua-se no plano do equador celeste (ou terrestre). O outro movimento do Sol e dos planetas é um movimento anual; efectua-se no sentido inverso do primeiro e sobre um plano diferente, que é chamado o plano da elíptica. Sabemos que estes dois movimentos correspondem aparentemente ao duplo movimento da Terra em volta do seu eixo, em um dia, e da Terra em volta do Sol, em um ano. Pitágoras e a sua escola não encontram imediatamente a explicação, mas apresentaram exactamente o problema, ao dizerem: eis o que se verifica e que é preciso explicar. Porque não encontram os primeiros pitagóricos a explicação? Porque continuam a colocar a Terra imóvel no centro do universo.

Um discípulo de Pitágoras, Filolau, o primeiro, fez mexer a Terra e não a deixou no centro do mundo. A sua hipótese é bastante curiosa: não põe no centro do sistema o Sol, mas um outro sol chamado Fogo Central, em redor do qual a nossa Terra roda em vinte e quatro horas. Mas disso não nos apercebemos porque a nossa esfera terrestre apresenta sempre a esse Fogo Central o seu hemisfério desabitado, estando voltado o hemisfério habitado para a esfera celeste. Esta hipótese, pelo menos, dá uma representação aproximada do fenómeno dos dias e das noites. Com efeito, a Terra de Filolau, girando em vinte e quatro horas em redor do Fogo Central, apresenta alternadamente as suas duas faces ao Sol assim como à abóbada estrelada e imóvel: daí o movimento aparente do Sol e das estrelas em um dia, explicado pela primeira vez por um movimento da Terra e não do Sol e dos astros.

Filolau compraz-se em complicar o seu universo supondo a existência de um astro invisível para nós, que gira ao mesmo tempo que a Terra em volta do Fogo Central e sobre a mesma circunferência, mas na outra extremidade do diâmetro, de modo que as nossas regiões habitadas lhe viram as costas. Este astro chama-se Antiterra. A sua existência terá sido suposta para elevar a dez — número perfeito — o número das esferas ou astros existentes em redor do Fogo Central: a esfera estrelada, o Sol, a Lua, os cinco planetas conhecidos, a Terra e a Antiterra. Temos aqui um exemplo flagrante dos preconceitos de perfeição numérica ou geográfica que lançam em erro os astrónomos antigos.

Contudo, dois pitagóricos, posteriores a Filolau, suprimem a Antiterra, põem o Fogo Central no centro da Terra, tornam a colocar a Terra no centro do mundo, mas desta vez fazendo-a girar sobre si mesma em um dia.

Assim, em várias etapas — no decurso de dois séculos — a escola pitagórica descobria e sustentara a esfericidade da Terra e a sua rotação sobre si mesma. Além da hipótese de Filolau, fazendo girar a Terra em redor do Fogo Central, podia-se retomar a ideia fecunda de que a Terra não estava necessariamente no centro do mundo.

Mais tarde, nos finais do século IV, um peripatético chamado Heraclides do Ponto esboça a hipótese heliocêntrica, que será a de Aristarco de Samos. Este Heraclides procurava explicar o escândalo dos planetas que da Terra se vêem avançar, parar e recuar na abóbada celeste sem que se pudesse dar uma razão. De todos os planetas, os que para nós se comportam da maneira mais estranha, se teimarmos em fazê-los girar em volta da Terra, são Mercúrio e Vénus, colocados entre a Terra e o Sol, e que portanto não podem parecer girar em redor da Terra, ao passo que os outros planetas, mais afastados do Sol do que nós, ao girarem em redor dele, podem em rigor parecer que giram em redor de nós. Heraclides dá a explicação simples e exacta do comportamento de Mercúrio e de Vénus: giram, diz ele, em volta do Sol. Temos pois aqui um começo do sistema heliocêntrico. Mas Heraclides continua a afirmar que o Sol

gira em roda da Terra, em um ano, bem entendido, não em um dia, pois a rotação da Terra sobre si mesma explica o movimento diurno do Sol.

Eis-nos à beira da hipótese de Aristarco de Samos. Este grande sábio viveu no reinado dos três primeiros Ptolomeus, de 310 a 230. Passa em Alexandria a maior parte da sua vida, ensina no Museu, publica numerosas obras. Não chegou até nós a obra em que expõe o seu sistema heliocêntrico. Resta-nos apenas uma obra intitulada *«Da Grandeza e da Distância do Sol e da Lua»*. Aí sustenta, pela primeira vez na Antiguidade, que o Sol é muito maior do que a Terra, cerca de trezentas vezes maior. (Na verdade, é um milhão e trezentas mil vezes.) Para Anaxágoras, no século V, por exemplo, já muito ousado nas suas hipóteses, o Sol é muito mais pequeno do que a Terra e a Lua, «do tamanho do Peloponeso».

Foi provavelmente esta visão nova da dimensão do Sol, ao mesmo tempo que a hipótese semi-heliocêntrica de Heraclides, que levou Aristarco a propor um sistema heliocêntrico. Parecia singular fazer girar em redor da Terra um corpo trezentas vezes maior do que ela. Aristarco formula em termos muito claros, segundo as nossas fontes indirectas, das quais as principais são Arquimedes e Plutarco, a sua hipótese heliocêntrica. Segundo ele, «a Terra é um planeta que como os outros gira em redor do Sol; dá essa volta em um ano». O Sol é uma estrela fixa, e as outras estrelas também são fixas. Por outro lado, há, segundo Aristarco, não apenas uma grande distância da Terra ao Sol, mas uma distância ainda mais considerável do Sol às outras estrelas fixas. Dava uma prova geométrica: verificava que de dois pontos suficientemente distantes podia-se, na Terra, construir a base de um triângulo de que o Sol era o cimo, ao passo que com as estrelas essa construção se tornava impossível pois a base do triângulo é praticamente nula em relação à altura praticamente infinita. Declarava ainda que o diâmetro da órbita da Terra é praticamente igual a zero em relação ao diâmetro da esfera em que situava as estrelas fixas.

Tal é, em termos gerais, o sistema de Aristarco: a Terra é concebida como um planeta girando em um dia sobre si mesmo e em um ano em redor do Sol e segundo uma órbita circular. Exactamente o sistema de Copérnico, incluindo o erro do movimento de translação circular da Terra e dos outros planetas em redor do Sol.

Não se trata de um simples encontro de acaso. Copérnico conhecia a hipótese de Aristarco de Samos, assim como os outros sistemas astronómicos da Antiguidade. Di-lo na obra em que expõe, em 1539, o seu próprio sistema, obra intitulada *«Das Revoluções Celestes»*. Cita os astrónomos antigos que acreditaram quer num movimento da Terra sobre si mesma, quer num movimento da Terra em redor do Sol. Cita nomeadamente Filolau, Heraclides e Aristarco, e acrescenta: «Estas passagens levaram-me também a pensar num movimento da Terra.» Este texto honra a modéstia e a lealdade de Copérnico, ao mesmo tempo que apresenta um testemunho flagrante do papel da ciência antiga no renascimento da ciência moderna.

É interessante notar como Aristarco foi pouco seguido na Antiguidade. À parte um astrónomo do século seguinte, de quem quase nada sabemos, os antigos citam a hipótese apenas para combatê-la. Ela provocaria uma revolução nas concepções astronómicas. Mas esbarrou — como mais tarde o sistema de Copérnico, que não triunfou sem resistência — quer com preconceitos populares e religiosos, quer com razões muito sérias de ordem científica.

Entre os preconceitos populares, há os que são sugeridos pelo amor-próprio humano que quer que a Terra seja o centro das coisas. As crenças religiosas eram ofendidas pela assimilação da Terra aos planetas: abolir toda a distinção entre a matéria terrestre, que é perecível, e os astros, que são de essência incorruptível e divina, mantidos pelos deuses, era uma impiedade. Anaxágoras fora condenado por um tribunal ateniense por ter afirmado que o Sol era uma pedra inflamada e a Lua uma terra. O culto dos astros estava em voga no século III, por influência do estoicismo, que lhe dá grande lugar no seu sistema panteísta, e também sob a influência da astrologia, que por essa época invadia o mundo grego, vinda do Oriente. Entre os adversários de Aristarco que se baseavam na filosofia religiosa, houve o grande filósofo estóico Cleanto, que declarou que devia intentar-se um processo contra Aristarco por ter posto a Terra em movimento: «Posto em movimento o que por natureza é imóvel.» Belo argumento!

Mas a principal razão da derrota de Aristarco foi a oposição dos sábios mais importantes: Arquimedes, Apolónio de Perga e, no século seguinte, Hiparco. Estes sábios declararam que a hipótese não dava exacta conta das aparências, dos «fenómenos»... «É preciso salvar os fenómenos», dizia Hiparco. E este princípio, que significa: é preciso ter em conta os factos tal como os observamos — é justo. Não bastava lançar uma hipótese, era preciso saber se ela se adaptava aos factos. Os sábios combatiam Aristarco por rigor científico.

A hipótese de Aristarco, com efeito, fazia girar os planetas em círculo em redor do Sol. Ora, sabe-se que as órbitas dos planetas são elípticas. Um observador muito minucioso como Hiparco verificava «erros» na marcha dos planetas, quando tentava explicá-la pela hipótese de Aristarco. Pela mesma razão, no século XVI, Copérnico foi combatido por um observador como Tycho-Brahé, que recolocava a Terra no centro do sistema e, ao mesmo tempo que faz girar os outros planetas em redor do Sol, faz girar o Sol em redor da Terra. O sistema de Copérnico não responde às aparências antes de Kepler ter descoberto as órbitas elípticas dos planetas e da Terra e formulado a sua lei: «As órbitas dos planetas são elipses de que o Sol ocupa um dos focos.»

É lamentável que os sábios que se opuseram a Aristarco não tenham sido levados a fazer a descoberta de Kepler. Mas o preconceito da superioridade do movimento circular estava tão arreigado que não foi neste ponto que atacaram Aristarco. Conservaram-se as órbitas circulares e renunciou-se ao heliocentrismo para regressar ao geocentrismo. Teimava-se assim num duplo erro. Mas, graças a sistemas muito complicados, conseguiu-se pô-lo de acordo com as aparências.

Para lá chegarem, os astrónomos inventaram dois sistemas que mais tarde se combinaram, o sistema dos excêntricos e o sistema dos epiciclos. Estas teorias são muito engenhosas, sobretudo o sistema dos epiciclos. Consistia em fazer girar um astro não directamente em redor da Terra, mas em redor de um ponto que entretanto rodava também em redor da Terra. Podia-se complicar o sistema por meio de um arranjo de epiciclos sucessivos. Desta maneira conseguia-se dar conta matematicamente das desigualdades aparentes da marcha dos planetas, das suas estações e dos seus recuos no céu. É claro, com efeito, que se se fizer descrever a um planeta um arco de círculo cujo centro está em movimento numa direcção inversa em relação à Terra, obtém-se, da Terra, uma estação do planeta.

Mas diz-se com razão que esta teoria era uma invenção de astrónomos matemáticos e não físicos. Nunca um físico teria tido a ideia de fazer girar os astros, não em redor de massas reais, mas em redor de pontos imaginários.

Com um instrumento tão flexível como o sistema dos epiciclos, não se receou aceitar as aparências, e todas as aparências, como realidades. Regressa-se não apenas ao geocentrismo, mas ao imobilismo da Terra no centro das coisas. Abandona-se ao mesmo tempo o sistema de Aristarco e a teoria do pitagorismo que afirmava a rotação da Terra sobre si mesma. O prestígio de Aristóteles, que defendera a imobilidade da Terra, teve muita influência.

Este duplo dogma do geocentrismo e da imobilidade da Terra impõe-se no fim da Antiguidade. O sistema de Cláudio Ptolomeu, que viveu no século II da nossa era, e sem nada trazer de novo resume o estado da astronomia nessa data, transmite esse dogma à Idade Média e à igreja católica, que não se desfaz dele antes do século XIX. Sabe-se que em 1615, Galileu, que sustentava a teoria de Copérnico, foi citado perante a Inquisição de Roma, que o fez abjurar. A proposição de que a Terra gira sobre o seu eixo e em redor do Sol foi solenemente declarada falsa e herética, e a obra de Copérnico posta no Índex dos livros proibidos. Foi só em 1822 que a Igreja declarou pela primeira vez lícita a impressão de obras que ensinassem o movimento da Terra.

Não me deterei noutros astrónomos alexandrinos. Hiparco é um altíssimo nome. Mas a sua descoberta, que é a precessão dos equinócios, tem um carácter demasiado técnico para que eu me arrisque. Hiparco é, aliás, sobretudo, um observador. Realizou um trabalho de gigante, a elaboração da carta exacta das estrelas — com instrumentos ainda rudimentares. Como já disse, a sua carta compreende mais de oitocenta e cinquenta estrelas. Elaborada esta carta, comparou as suas observações com as dos babilónios, feitas muitos séculos antes dele. Foi através dessas comparações que chegou à sua grande descoberta.

Depois de Hiparco e do fim do século II antes da nossa era, não há mais descobertas em astronomia e pode-se dizer que a astronomia científica morre. Os Romanos desinteressam-se desta ciência inútil. Alguns dos seus grandes escritores tiveram, nesta matéria, surpreendentes ignorâncias. Lucrécio pergunta a si mesmo, como na época do velho Xenófanes, se a Lua que se vê num certo dia é a mesma que a da véspera. Uma passagem de Tácito parece indicar que ignorava que a Terra fosse redonda.

Nesta data e desde há muito, a astronomia cedeu o lugar a uma pseudociência do céu, a astrologia. Nada direi da astrologia, que é uma religião caldaica, transplantada para o mundo helenístico e que, neste mundo de matemáticos e outros sábios, ganhou um ar falaciosamente científico.

Será preciso esperar pelo Renascimento para assistir, sobre os alicerces gregos, a uma nova arrancada da astronomia.

XIII

A GEOGRAFIA.
PÍTEAS E ERATÓSTENES

Depois do céu, a Terra.

A expedição de Alexande abrira uma época de explorações, de pesquisa geográfica. A curiosidade dos povos e a cupidez dos mercados eram igualmente excitadas pelos relatos dos companheiros de Alexandre. O apetite de conhecimentos exactos dos sábios sobre a extensão da Terra, sobre as rotas do mar e dos contingente não o era menos. Entre as numerosas viagens empreendidas no século III, não há apenas expedições comerciais, há verdadeiras expedições científicas. O grande projecto dos geógrafos é estabelecer por meio de relações de viagens tão exactas quanto possível uma carta do mundo, sem desprezar a recolha, ao mesmo tempo, de uma multidão de informações sobre os costumes dos habitantes e os produtos dos países descobertos.

Entre muitos geógrafos desse tempo, escolho apenas dois para apresentar aqui. Um é viajante, descobridor de terras, explorador de uma rota marítima, ao mesmo tempo que sábio. O outro é geógrafo matemático, cartógrafo. O primeiro é Píteas, o segundo Eratóstenes.

Píteas é um marselhês que não teve relações com Alexandria, mas cujas obras foram lidas e utilizadas pelos sábios alexandrinos. A sua viagem é contemporânea dos últimos anos do reinado de Alexandre. Descobre no Ocidente o mar do Estanho e o mar do Âmbar no momento em que Alexandre no Oriente descobre as Índias. O objectivo de Píteas era reconhecer a rota do Estanho e do Âmbar e os países que bordavam a Mancha (mar do Estanho) e o mar do Norte (mar do Âmbar). Apenas antes dele os Fenícios tinham penetrado nestas regiões. É o primeiro grego a percorrê-las e a descrevê-las.

É intressante notar que Píteas fora encarregado pela República de Marselha de efectuar esta exploração das regiões setentrionais donde lhe vinham importantes recursos. Trata-se de um facto raro e até então único, sem dúvida. O sábio na sociedade antiga é um homem independente cuja actividade não aparece como função social. O investigador ou o trabalhador científico não recebe da colectividade qualquer auxílio material.

Píteas parte de Cádis na Primavera. (A data não é segura. A sua viagem é situada entre 328 e 321). Segue as costas da Península Ibérica, depois singra a direito através do golfo da Gasconha para os rumos armoricanos. De Cádis à ilha de Ouessant, leva oito dias. A partir daí entra em país desconhecido. Retarda a sua marcha porque se aproxima do mar de Estanho. Observa, nota as ilhas que encontra, os nomes dos povos. Suspeita, pela língua dos habitantes, que está em regiões para além de Marselha, em terras celtas. É o primeiro grego que rodeia a Gália. Não esqueçamos que nesta data estamos a quase três séculos de César.

O país do Estanho, é a Cornualha. Píteas desembarca. Seguiu até ali as rotas fenícias e púnicas. Quer agora reconhecer a Britânia. Durante seis semanas — em Abril e em Maio — segue ao longo da costa ocidental da Grã-Bretanha, pelo interior do mar da Irlanda. Chega à ponta setentrional da Escócia. Afirma que a Britânia é uma grande ilha triangular, maior que a Sicília. Mais de uma vez desembarca na costa, mede a altura das marés, anota os costumes dos habitantes.

(A sua obra perdeu-se. Conhecemo-la apenas através do geógrafo Estrabão que a utiliza abundantemente.)

Píteas regressa em seguida à Mancha, ou pelo mesmo caminho, ou, mais provavelmente, seguindo a costa oriental da Britânia. Depois avança pelo mar do Âmbar. Deixa as costas do país de Kent (Κάντιον), a que também chama «as costas brancas»: são as falésias de cré, tão características da região de Dover. Avança pelo mar do Norte para alcançar numa semana a foz de um grande rio, que deve ser o Elba. Estaciona então em ilhas que são sem dúvida as ilhas Frísias e talvez Heligolândia. É provável que ali se recolhesse o âmbar amarelo, que é, como se sabe, uma resina fóssil dos pinheiros da época terciária. Alguns historiadores supõem que o mar do Âmbar é o Báltico. Não o é, a acreditar no relato de Píteas.

Depois de uma escala — em Maio e Junho — nas ilhas do Âmbar, Píteas ruma em direcção à Ursa. Ao cabo de sete dias, avista a Jutlândia, que toma

A GEOGRAFIA. PÍTEAS E ERATÓSTENES

por uma ilha ao longo da qual segue. Depois, desta ilha para uma nova terra, atravessa aquilo a que chama um grande estreito e que é sem dúvida a entrada do Escagerraque. Não entra nele, mas, atravessando-o de sul para norte, chega às costas de uma terra muito escarpada, e segue ao longo dessas costas na direcção do norte. Os habitantes desta terra desconhecida chamam-lhe Tule, e é sem dúvida a Noruega

Píteas pasa uma temporada em Tule. Circula pelo país, ora por terra, ora por água: descreve com exactidão o que nós chamamos um «fiorde». Chega assim a Trondheim. Mostram-lhe o lugar onde o Sol repousa durante longas noites. Contam-lhe que no Inverno, no Norte do país, não aparece acima do horizonte. Ele próprio, no Verão, assiste a noites de duas ou três horas, a dias de vinte e uma a vinte e duas horas.

Observou a corrente marítima, a que hoje chamamos corrente do Golfo, e que, vinda dos trópicos, aquece as águas do Atlântico boreal.

Nota que os indígenas de Tule não são selvagens, recolhem frutos, aveia e trigo, fazem pão, bebidas fermentadas, conhecem o mel no Sul.

Embarca alguns deles como pilotos e tenta formar intérpretes, depois prossegue a sua rota para o norte. Mas ao fim de poucos dias tem de voltar para trás porque, diz, *«o mar já não é água nem ar».* A expressão é interpretada de maneiras diferentes. Uns pensam que Píteas foi detido pelo nevoeiro, outros que esbarrou com a banquisa glacial. Estrabão fala, talvez segundo Píteas, do *«mar gelado»* no Norte. Mas, noutro texto de Píteas, uma alusão ao *«pulmão marinho»* parece indicar antes brumas glaciais. Parece com efeito que se dava o nome de «pulmão marinho» aos nevoeiros opacos que passavam por ser lançados pela «respiração» do mar.

Em todo o caso, Píteas renuncia a prosseguir mais para norte. Chegou ao que os antigos chamavam *«o mar de Saturno»*, isto é, às regiões marítimas proibidas.

Volta a Marselha em Outubro, depois de oito meses de viagem, mas tendo navegado apenas cento e quinze a cento e dezasseis dias.

Os antigos liam duas obras de Píteas. *Péri tou Okéanou* era o relato da sua viagem. Outra obra, cujo título se pode traduzir por *Volta ao Mundo,* era um resumo ou uma compilação dos conhecimentos geográficos da época.

Estas obras eram, ao mesmo tempo, como já disse, de viajante, de comerciante e de sábio. Píteas era curioso de costumes estranhos, à maneira de Heródoto e dos antigos cronistas. Notava tudo o que dizia respeito ao comércio de Marselha, aos lugares de produção, aos mercados. Mas a sua obra continha também mais notações propriamente científicas. Determinava em longitude e latitude os lugares de todas as suas escalas e notava também as distâncias percorridas de uma a outra. Trabalhava pois no levantamente de uma carta. Dele temos uma latitude de Marselha que é de uma exactidão perfeita. Interessava-se também, como já disse, pela altura das marés e foi o primeiro sábio que notou a correspondência entre as marés e as fases da Lua.

As obras de Píteas foram muito apreciadas pelos geógrafos da época helenística. Hiparco, ao mesmo tempo matemático, astrónomo e cartógrafo, e Eratóstenes, sábio universal, dão-lhe grande importância.

Em contrapartida, esboça-se depois uma reacção, sobretudo entre os geógrafos que receberam a influência romana. Deve-se dizer que os Romanos esqueceram prontamente as rotas marítimas que Píteas abrira. Se chegaram às costas do mar do Âmbar, foi por terra. A partir de então não se hesita em tratar Píteas de mentiroso. Políbio dá muito cedo o sinal desta ofensiva. Estrabão segue-o e sobe ainda de tom. Hoje, contudo, admite-se que Píteas foi um observador exacto e de boa fé.

É certo que mais tarde foi utilizado pelos romancistas gregos. Esta posteridade inesperada serviu-o mal aos olhos do sábio. Os autores dos romances de aventuras, numerosos depois da era cristã, servem-se dos países descritos por Píteas como de uma moldura para as suas narrativas. Mas, ao fazê-lo, misturam às descrições exactas de Píteas toda a espécie de contos de origem diversa, mesmo contos populares da Índia que conhecemos pelas versões árabes de Sindbad, o marinheiro. Situam nos lugares descritos pelo explorador povos fantásticos, como os Hiperbóreos da antiga poesia grega. A partir desse momento esquece-se a exacta localização de Tule. Pensa-se — e a Idade Média partilhou esse erro: alguns modernos o partilham ainda — que Tule é a Islândia. Mas nem as dimensões, nem o género de vida, nem os produtos da Tule de Píteas correspondem à Islândia.

Assim é Píteas, aventureiro e descobridor de terras e de mares, muito mais interessante que o Jasão que dirige (terá dirigido?), segundo Apolónio de Rodes, a expedição dos Argonautas, e sábio mais sério do que o mesmo eruditíssimo Apolónio.

Este tipo de homem não está isolado no seu tempo, Indico rapidamente dois ou três para completar este quadro da febre aventureira e geográfica da época.

Há Eutidemo, outro marselhês, que, seguindo a costa africana do Atlântico, alcança a foz do Senegal.

Houve Hípalo, que partiu no reinado de Ptolomeu Soter de um porto chamado Berenice, construído no mar Vermelho, para fazer o comércio das Índias. Este Hípalo teve a ideia, ao sair do mar Vermelho, em vez de seguir as costas, de se deixar levar no alto mar pela monção até à costa do Malabar. A partir de então, passou-se a utilizar a monção nos dois sentidos e, graças à regularidade e à mudança de sentido do vento, os mercadores deixavam-se ir nesta corrente aérea como na corrente de água de um rio. Em Julho parte-se para as Índias, em Dezembro volta-se ao Egipto. Berenice está a vinte dias do Malabar.

Hípalo abrira uma rota da Índia que foi a da Idade Média até Vasco da Gama. Mas a Antiguidade teve também um percursor de Vasco na pessoa de Eudoxo de Císico. Este navegador estava ao serviço dos Ptolomeus e para eles fizera várias vezes a viagem das Índias. Teve a ideia de procurar uma nova rota para este país por Gibraltar e pelo Sul da África. Mas os Ptolomeus, que se tinham atribuído o monopólio do comércio da Ásia Oriental, temeram que Eudoxo suscitasse uma concorrência contra eles. Retiraram-lhe o emprego. Eudoxo preparou então uma expedição por sua própria conta. Levou sementes, tencionando hibernar no correr da jornada, esperar a monção e tornar a partir no Verão seguinte. Conseguiu ou não conseguiu dar a volta à África? As tradições antigas divergem neste ponto. Umas dizem que naufragou no caminho; outras afirmam que partiu do mar Vemelho e fez a volta pelo Cabo e por Gibraltar.

Eis alguns dos descobridores do mundo e dos seus caminhos na época alexandrina.

Retorno à geografia científica. Eratóstenes é uma dos seus representantes mais eminentes, sem aliás se ter confinado apenas à geografia.

Nascido no ano 275, em Cirene, foi como todos os homens da sua geração, discípulo de Calímaco. Foi também estudar filosofia a Atenas, que continuava a ser a cidade dos filósofos. Era a época em que, na Academia, Arcesilas transformava o platonismo numa espécie de cepticismo chamado probabilismo. Eratóstenes seguiu este ensinamento e escreveu mais tarde uma *História da Filosofia*. Escreveu também uma *História da Comédia Antiga*, obra em doze livros.

Foi igualmente poeta. Nessa época em que os poetas se gabam de ser sábios, importava também que os sábios fossem poetas. Eratóstenes restitui a poesia a uma das suas mais antigas funções: quere-a didáctica como haviam sido as de Hesíodo e de Sólon. Põe em verso a ciência do seu tempo. A sua obra poética intitulava-se *Hermes*. Partia da lenda de Hermes quando fez jorrar no céu a Via Láctea ao morder o seio da sua ama Hera. Depois, poeta voava para os astros. O seu poema era ao mesmo tempo astronómico e geográfico. Apenas conservamos um fragmento da descrição da Terra, uma passagem sobre as cinco zonas terrestres, que Virgílio retomou.

Sabe-se que André Chénier começara um *Hermes*, poema científico e cosmogónico que devia ser a grande obra da sua vida e de que restam alguns belíssimos fragmentos, como aquele que começa:

«*Salut, ô belle nuit étincelant et sombre,
Consacrée au repos...*»

André Chénier praticava com devoção os alexandrinos. Os *Analecta* do sábio Brunck, aparecidos em 1776, eram o seu livro de cabeceira. É provável que Chénier tenha ido buscar a ideia do seu *Hermes* ao *Hermes* de Eratóstenes.

Finalmente, não esqueçamos que Eratóstenes foi um dos grandes bibliotecários de Alexandria. Ptolomeu III chamou-o de Atenas, com a idade de quarenta anos, para dirigir a Biblioteca. Foi bibliotecário durante os quarenta últimos anos da sua longa vida: morreu em 195, com a idade de oitenta anos. Uma vida cheia de trabalhos, uma cabeça cheia de ciência, aberta a todas as pesquisas, a todos os conhecimentos do tempo. Uma cabeça do género da dos sábios italianos do Quattrocento.

Para nós, em primeiro lugar, um geógrafo.

Como bom discípulo de Aristóteles, já Alexandre mandara fazer, no correr das suas campanhas, pelos sábios que consigo levara, toda uma colecção de levantamentos topográficos que deviam servir para o estabelecimento de uma carta da Ásia.

À volta do ano 300, um peripatético chamado Dicearco tentou fazer uma carta do mundo conhecido, calculou a altura de algumas montanhas e experimentou medir a circunferência da Terra.

Eratóstenes retomou o projecto de fazer uma carta científica do Globo, mas com meios e método muito superiores aos de Dicearco. Recolheu todos os «pontos» que tinham sido cientificamente estabelecidos em longitude e latitude. Lança a ideia de expedições científicas que permitissem demarcar pontos de um grande número de lugares em numerosos países. Esta ideia, que os sábios do seu tempo começam a executar, foi aplicada em grande escala na época do astrónomo e geógrafo Cláudio Ptolomeu (século II da nossa era). Dispondo já de certo número de pontos, Eratóstenes construiu a sua carta traçando paralelas ao equador e meridianos. Traça os seus meridianos reunindo os pontos que sabe terem no mesmo momento a hora do meio-dia, logo, a mesma longitude. Traça os seus paralelos unindo os pontos com a mesma latitude, isto é, aqueles cujo ângulo de horizonte com a Estrela Polar é o mesmo. Sabe-se que no pólo esse ângulo é de noventa graus e que no equador é igual a zero. Eratóstenes obtém assim rectângulos, aliás desiguais. A carta que deste modo elabora é bastante exacta.

Eratóstenes tem por outro lado uma visão bastante justa da repartição das terras e dos mares sobre a superfície terrestre. Aristóteles ainda supunha que o Extremo Oriente da Índia se ligava à África, separando assim os oceanos em mares fechados. Era essa a ideia de Alexandre, que em certa altura pensou em voltar — a pé — da Índia até às fontes do Nilo. Eratóstenes sabe que os oceanos são um só mar e que os continentes estão nele dispostos como ilhas, e não os oceanos como mares fechados no interior das terras. Assinala a analogia das marés do oceano Índico e do Atlântico e daí deduz que se poderia navegar da Espanha para a Índia. É isso o que tenta um pouco mais tarde Eudoxo de Císico e é esse o projecto realizado por Vasco da Gama.

É ele também que, após Aristóteles, mas com mais precisão, distingue sobre a esfera terrestre zonas climáticas. Conta cinco zonas: as duas zonas glaciais limitadas pelos círculos árctico e antárctico, as duas zonas temperadas entre os círculos árctico e antárctico e os trópicos, e, enfim, a zona tórrida entre os trópicos. No interior da zona tórrida, Eratóstenes nota que há, a cavalo sobre o equador, uma zona habitada e duas zonas desabitadas entre essa zona equatorial e os dois trópicos. Trata-se de uma observação, ou antes, de uma hipótese conforme com a realidade, se se considerar o lugar dos desertos no globo terrestre.

Eratóstenes começa por admitir que, praticamente, os raios do Sol lançados simultaneamente para não importa que ponto da crosta terrestre são paralelas.

Erastótenes procura finalmente medir a circunferência da esfera terrestre e dela dá um número muito próximo da realidade, por meio de um método excelente, que vale a pena indicar.

Ora, ele soube ou observou um facto: no dia do solstício de Verão, em Siene (Assuão), no Alto Egipto, perto da primeira catarata, ao meio-dia, a haste do gnómon não tem sombra, ou ainda, vê-se o Sol do fundo de um poço profundo, o que equivale a dizer que o Sol está no zénite de Siene. Logo, ao meio-dia, o raio de sol que passa por Siene toca teoricamente o centro da Terra.

Por outro lado, Siene está sensivelmente no mesmo meridiano que Alexandria.

Eratóstenes mede então o ângulo α que fazem ao meio-dia, no mesmo dia em Alexandria, o raio de sol e a linha que do zénite de Alexandria passaria pelo centro da Terra.

Em virtude do teorema da secante que corta duas paralelas segundo dois ângulos iguais, o ângulo α de que falei é igual ao ângulo α' cujo vértice está no centro da Terra e cujos dois lados são determinados pelo zénite de Siene e pelo zénite de Alexandria.

Ora, o ângulo encontrado é a quinquagésima parte de quatro ângulos rectos, logo, da circunfrência do meridiano.

Multiplicando por cinquenta a distância de cinco mil estádios que vai de Alexandria a Siene, obtém-se o comprimento do meridiano, logo a circunferência terrestre.

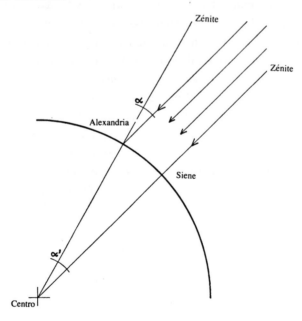

A GEOGRAFIA. PÍTEAS E ERATÓSTENES

O cálculo dá em quilómetros quarenta mil e cinquenta (conforme o estádio que se utiliza). Eratóstenes apenas se enganou em cinquenta quilómetros.

O erro pouco importa. Provém do facto de Siene e Alexandria não estarem exactamente no mesmo meridiano e de a distância de cinco mil estádios, medida por caravanas, não ser absolutamente exacta. O que importa é o método, muito rigoroso. Os cálculos posteriores, nomeadamente os dos Árabes, são muito menos exactos. Será preciso esperar por meados do século XIV para encontrar melhor.

Eraróstenes expusera as suas pesquisas geográficas numa obra intitulada *Geografica,* que se perdeu. O primeiro livro era uma história da geografia: nele fazia a crítica das noções geográficas de Homero na sua época. Considerava ridículos os que tomam a *Odisseia* à letra nas suas descrições geográficas. Dizia que antes de procurar o itinerário de Ulisses era preciso encontrar o correeiro que cosera o odre de Eolo. Esta falta de respeito para com o sacrossanto Homero chocava o historiador Políbio. Eratóstenes mostrava um sentido crítico de que alguns modernos, nomeadamente Victor Bérard, teriam tirado proveito.

Os outros livros eram de geografia científica física ou política. Sabemos alguma coisa deles por Estrabão, cujo melhor parece vir de Eratóstenes.

Acrescento que Eratóstenes fizera também pesquisas de cronologia. Tentara estabelecer na história antiga da Grécia, antes da era chamada das Olimpíadas, algumas datas precisas, interrogando os documentos egípcios. Foi ele quem fixou a data da guerra de Tróia (cerca de 1180), que as pesquisas mais modernas confirmaram.

Finalmente, Eratóstenes inventou o calendário chamado juliano, porque César o pôs em vigor no primeiro século. Este calendário assenta num ano de trezentos e sessenta e cinco dias e um quarto, com o sistema bissexto. Ano um pouco longo de mais, mas que prestou os maiores serviços na extrema desordem dos calendários antigos.

Como se vê, Eratóstenes tocou em múltiplos domínios. Mereceu ser apelidado pelos seus contemporâneos ou pelos seus estudantes de *pentatlo* — nós diríamos: «atleta completo».

XIV

A MEDICINA.
NOTAS SOBRE ARQUIMEDES.
HÉRON E A «MÁQUINA A VAPOR»

No momento em que a ciência fundada pelos Gregos, ao mesmo tempo que desabrochava ainda em diversas direcções nos três grandes séculos alexandrinos (do III ao I séculos), ia, ao entrar na idade romana e mais ainda na Idade Média, imobilizar-se por longos séculos numa atitude contemplativa, inimiga de toda a aplicação prática, devemos observar no entanto que uma ciência pelo menos, entre as jovens ciências helénicas, escapa a esta lenta morte a que a condena a recusa de fazer da ciência um instrumento útil ao homem, ao seu progresso, ao seu bem-estar quotidiano. Essa ciência entre todas privilegiada é a medicina.

Fundada por Hipócrates como um inquérito positivo cujo fim era assegurar na saúde e prolongar o mais possível a vida ameaçada dos seres humanos. A medicina esbarrava ainda nos séculos V e IV com preconceitos religiosos e populares que a impediam de progredir no conhecimento exacto dos órgãos do corpo humano e das suas funções. A dissecação do corpo depois da morte era rigorosamente proibida em toda a Grécia. Aristóteles, que dissecou animais em grande número, era obrigado, para imaginar o funcionamento da nossa mecânica corporal, a concluir a partir doutros mamíferos, o que deixava muito lugar para aventurosas hipóteses.

A transferência da actividade científica da Grécia para o Egipto teve, entre outras, a magnífica consequência de permitir, de tornar natural, a dissecação de cadáveres. Neste país, onde a prática milenária do embalsamamento habituara as pessoas à autópsia dos seus próximos como se se tratasse de um rito familiar, a proibição da dissecação foi imediatamente levantada pelos sábios do Museu. Vários testemunhos nos dizem que o sábio Herófilo acompanhava as suas aulas de Medicina com dissecações públicas de cadáveres humanos. Tratava-se de uma revolução considerável, cheia de progressos futuros.

Herófilo, nascido por alturas do ano 300, foi o primeiro a ensinar Medicina no Museu, sob o reinado dos dois primeiros Ptolomeus. Era um sábio formado no rigor do método das ciências exactas por um grande discípulo de Aristóteles e de Teofrasto, Estratão de Lampsaco, que dirigiu o Liceu e foi também em Alexandria um dos mestres de Ptolomeu Filadelfo. Este Estratão tinha um grande respeito dos factos, uma viva preocupação da experiência e, ligado a Herófilo por amizade, comunicou-lhe essas atitudes. A sua filosofia sugeria já o emprego do método experimental na ciência.

Herófilo, ao que nos dizem, nada queria ensinar que não tivesse visto. O conhecimento dos órgãos do nosso corpo parecia tê-lo transportado de alegria. Manifestava um desdém profundo por toda a teoria que não assentasse na prática e no conhecimento das coisas visíveis. Mostrava aos estudantes, nas suas aulas do Museu que atraíam a juventude da Grécia e do Oriente, os órgãos do corpo humano, uns após outros. Esta descoberta das peças da nossa máquina corporal e a explicação do seu funcionamento eram para os auditores um espectáculo inédito e exaltante. Fez assim, publicamente, a dissecação de mais de seiscentos cadáveres, segundo Tertuliano. Esta prática nova permitiu imediatamente numerosas descobertas, elementares, mas sensacionais. Herófilo publicou os resultados nas suas obras, principalmente nas suas *Anatomica*. Mas todas se perderam.

Sabemos no entanto que distinguiu enfim as artérias das veias e foi o primeiro a reconhecer que umas e outras estão cheias de sangue, corrigindo assim um velho erro da medicina grega. Batendo com força a uma porta durante muito tempo proibida, abriu-a bruscamente para vários horizontes. Estudou *de visu* numerosos órgãos, o fígado, o pâncreas, os órgãos genitais, etc., e com atenção particular o coração e o sistema circulatório. Para conhecer o movimento do coração, utilizou o pulso e distinguiu nas suas pulsações quatro fases — sístole, diástole e os dois intervalos de repouso intermédios. Considerando o pulso elemento essencial do diagnóstico, media-o com frequência com a ajuda de uma clepsidra, o que deve considerar-se um progresso notável no estudo quantitativo dos fenómenos biológicos.

A medicina deve ainda a Herófilo observações minuciosas respeitantes ao olho, ao nervo óptico e à retina. Foram as suas investigações oftalmológicas que o levaram sem dúvida à sua importante descoberta do sistema nervoso. O conhecimento deste deve-lhe muito. Estabeleceu a ligação do cérebro e da espinal-medula. Distinguiu os nervos sensitivos dos tendões que ligam os músculos e os ossos e que, embora tenham em grego o mesmo nome de «nervos», são coisas muito diferentes. Não chegou, contudo, a distinguir claramente entre nervos sensitivos e nervos motores.

Vê-se que Herófilo, pela abundância e pela importância das suas descobertas em anatomia, merece ser considerado o fundador dela, tal como é o inventor duma grande parte da terminologia anatómica empregada ainda hoje.

Um tratado de que é autor, destinado às parteiras, melhorou muito a prática do partejamento.

A filosofia de Herófilo, como toda a sua prática médica, assenta enfim numa anatomia sólida, ainda que elementar.

Erasístratos, contemporâneo de Herófilo, passou longos anos em Alexandria onde participou nas pesquisas deste sobre o sistema arterial e o sistema venoso. Foi em seguida chamado a Antioquia pelos Selêucidas e morreu por alturas de 240.

As investigações de Erasístratos são conduzidas com grande segurança; revestem-se de tal amplitude que frequentemente o designaram como fundador da fisiologia. Fez por esta disciplina o que Herófilo fez pela anatomia. (Sabe-se que se a anatomia se limita a descrever os órgãos, a fisiologia é a ciência das suas funções.)

Compenetrou-se da grande importância do cérebro, cujas circunvoluções notou. Foi o primeiro a distinguir os nervos motores dos nervos sensitivos. Distinguindo igualmente as veias das artérias, chega ao reconhecimento de que as artérias têm pulsação ao passo que as veias a não têm.

Praticou, em experiências correctamente conduzidas, o método experimental. As suas obras perderam-se. Mas dele cita-se pelo menos uma experiência consignada num papiro encontrado no Egipto. «Se se fechar (depois de a ter pesado) uma ave ou outro animal semelhante num recipiente de metal, deixando-o alguns dias sem alimento, e se em seguida o pesarmos com todos os seus excrementos, evacuados como substância visível, encontramos um peso muito mais baixo do que o peso anterior. Isto vem do facto de ter havido uma forte volatilização de substância, que só por raciocínio pode ser reconhecida.» A experiência, excelente na sua concepção e execução, e de que o autor extrai uma consequência judiciosa, teve no entanto o inconveniente de sugerir a Erasístratos o uso de um raciocínio independente dos factos. Herófilo reprovou este uso e combateu em Erasístratos o abuso do raciocínio não assente nos factos.

Estes dois grande médicos foram os fundadores das duas escolas que conduziram a medicina por caminhos resolutamente científicos. Essas escolas continuaram a alcançar, na sua própria competição e por um emprego correcto do método experimental, resultados importantes em anatomia e em fisiologia — resultados que não está nos propósitos desta obra enumerar.

Assinalemos contudo que foi entre estes médicos alexandrinos que começou a desenvolver-se a prática da anestesia. Esta obtinha-se esfregando com suco de mandrágora a parte a operar. Foi enorme o auxílio que daqui recebeu a cirurgia.

As duas escolas médicas de Herófilo e de Erasístratos subsistiram com brilho até cerca do século II da nossa era.

É notável que nos séculos seguintes a medicina grega nunca tenha sido inteiramente esquecida. A medicina não se extinguiu nem na idade romana, nem nos séculos da Idade Média, como aconteceu com a maior parte das outras ciências. A sua utilidade era por de mais evidente para que os homens pudessem abandoná-la.

Na época romana, os médicos são gregos. O velho Catão protestava em vão contra os progressos da medicina grega em Roma. «Os Gregos», dizia, «juraram matar todos os Bárbaros com a ajuda da medicina.» Nenhum romano, por assim dizer, aprendeu ou exerceu a medicina, nenhum se distinguiu nela. Esta ciência manteve-se grega.

Mesmo nos séculos mais negros, nos tempos mortais das piores epidemias, a medicina, rejuvenescida pelos Árabes, mantinha-se fiel às suas origens gregas — continuava a ser uma ciência. Não recuou perante a arte dos pretensos curandeiros, não cedeu ao prestígio da magia: era uma ciência modesta, mas feita de observação e de razão. Não há quase nenhum século da Idade Média que, frente aos erros da superstição, não ofereça um nome de grande médico ou não proponha uma descoberta.

Evidente conquista dos homens, posta ao serviço dos homens.

A MEDICINA. NOTAS SOBRE ARQUIMEDES. HÉRON E A «MÁQUINA A VAPOR»

Mas Alexandria foi também a pátria do engenheiro, facto que eu quereria ainda acentuar.

O povo grego tinha em si desde sempre um gosto secreto pelas máquinas. Um dos primeiros filhos da sua imaginação, Ulisses, chamava-se, segundo o poeta, «grande mecânico» (polyméchanos). Mostrou-se nesta obra que Ulisses não é apenas um excelente marinheiro, mas antes, em todo o ofício, um bom operário — o *homo faber* por excelência.

Se no decurso do seu desenvolvimento histórico outras tendências tinham prevalecido no povo grego, se a ciência nascida das técnicas, mas por muito tempo ligada à pesquisa filosófica e dominada por ela, se tornara cada vez mais especulação pura, em vez de visar aplicações práticas, havia para isso razões técnicas e sociais que adiante precisarei com vagar. O facto é que a ciência grega era, no começo da idade alexandrina, teoria, abstracção e cálculo, mais do que qualquer outra coisa. Levava à civilização, fora dos casos privilegiados da medicina e da biologia, conhecimentos múltiplos de aritmética, geometria, astronomia, cartografia, etc., sempre baseados numa lógica rigorosa e estreitamente ligados entre si — constituindo, juntos, um sistema tão harmonioso, um todo tão restrito, respondendo com tanta fortuna a uma necessidade fundamental do nosso espírito, que o homem teria renunciado à vida de preferência a perdê-lo.

Entretanto, a decadência de Atenas depois de Alexandre, a transferência para a nova capital do mundo helénico de toda a actividade científica, separada agora — notemo-lo — da actividade filosófica, que continuava instalada em Atenas, tiveram como efeito pôr em contacto o rigor lógico racional próprio dos Gregos com a experiência de uma arquitectura, por exemplo, em que tudo eram receitas, mas receitas verificadas desde há três mil anos, com o prestígio de uma agrimensura experimentada em cada ano aquando da cheia do Nilo, uma reserva de invenções díspares, desde a cegonha de tirar água à batedeira mecânica.

Foi esta liga do venerável empirismo egípcio (ou oriental) com o racionalismo helénico — última ocasião de tocar a terra antes de saltar de novo —, foi esta fusão de achados heteróclitos numa síntese lógica impecável, que viriam a fazer reviver nos sábios gregos o gosto atávico das máquinas.

E, depois, Arquimedes, esse novo Ulisses, nascera no ano 287 antes da nossa era.

A obra teórica do grande sábio é deslumbrante. Não lhe tocarei, e dele retenho, sobretudo, o seu amor pelas máquinas. Digamos simplesmente, ao nível de Pierre Larousse, que nos seus trabalhos havia uma presciência espantosa do método do cálculo integral, que só viria a ser reencontrado cerca de vinte séculos mais tarde. Conjugado com as obras matemáticas dos pitagóricos e com a de Euclides, que as completava, com as descobertas dos seus próprios contemporâneos também, o método matemático de Arquimedes conduzia ao conhecimento do espaço material que nos rodeia, da forma teórica dos objectos que nele se encontram, forma perfeita — forma geométrica — de que se aproximam mais ou menos e de que é necessário saber as leis se quisermos agir sobre o mundo material.

Mas Arquimedes sabia também que esses objectos não têm apenas forma e dimensões: movem-se ou podem mover-se, ou permanecem imóveis, sob a acção de certas forças, que os propulsam ou que se equilibram. O grande siracusano estudou essas forças, inventando um ramo novo das matemáticas, no qual os corpos materiais, reconduzidos à sua força geométrica, conservam no entanto o peso. Esta geometria do peso, é a mecânica racional, é a estática e também a hidrostática cujo primeiro princípio Arquimedes inventou — princípio que tem o seu nome — ao soerguer a perna dentro de água e verificando, com surpresa, que ela era mais leve. (*Euréka, achei,* exclamou, saindo entusiasmado e nu do banho. A anedota é divertida, mas inexacta, assim contada. O famoso *Euréka* não foi pronunciado a propósito da descoberta do princípio de Arquimedes, como se diz quase sempre, mas a propósito da dos pesos específicos dos metais, descoberta que pertence igualmente ao sábio siracusano, e de que se encontra em Vitrúvio relato circunstanciado.)

Mas Arquimedes não foi somente um grande sábio, foi também um apaixonado pelas máquinas. Recenseia e faz a teoria das cinco máquinas chamadas «máquinas simples» conhecidas no seu tempo, e que são a alavanca («Dá-me um ponto de apoio», dizia ele, «e eu levantarei a Terra.»), a cunha, a roldana, o parafuso sem fim e o bolinete. É a ele, até, que se atribui frequentemente a invenção do parafuso sem fim, ou talvez tenha aperfeiçoado o parafuso hidráulico que servia aos Egípcios para secarem os pântanos. Isto conduziu-o a outra invenção capital, mais tarde banalizada, a do conjunto de parafuso e porca.

Aos contemporâneos que teriam julgado fúteis semelhantes invenções, Arquimedes fez uma demonstração peremptória do contrário no dia em que,

A MEDICINA. NOTAS SOBRE ARQUIMEDES. HÉRON E A «MÁQUINA A VAPOR»

tendo reunido engenhosamente alavanca, bolinete e parafuso, arranjou maneira, com pasmo dos basbaques, de pôr a navegar uma pesada galera que estava em seco, carregada com equipagem e carga. Deu uma prova ainda mais convincente quando, em 212 antes da nossa era, cercando os Romanos Siracusa, se viu o mais glorioso dos filhos da cidade inventar uma série de máquinas de guerra que mantiveram os sitiantes em respeito durante perto de três anos. Relatada por Plutarco, Políbio e Tito Lívio, esta proeza teve por certo mais eco junto das pessoas simples do que o cálculo do número *pi*, outra proeza arquimediana, muito útil hoje aos rapazinhos dos estudos matemáticos.

Arquimedes morreu no cerco de Siracusa, morto por um soldado romano quando se absorvia na busca da solução de um problema que se tinha proposto a si mesmo.

Deixava numerosos discípulos... Na pista nova que abrira precipitou-se uma geração de admiradores entusiastas, que, tal como o mestre, ardiam para provar o seu saber por meio de realizações concretas.

O primeiro destes discípulos, em antiguidade, foi o alexandrino Ctesibios, que viveu no século II antes da nossa era. As invenções mecânicas de Arquimedes estavam em plena aplicação, e a elas se juntara a da roda dentada. Ctesibios, fazendo rolar no solo uma roda que engrenava em pinhões dentados, realizou o conta-voltas, antepassado do moderno indicador de velocidade dos nossos automóveis. Daí passou ao aperfeiçoamento da clepsidra, que tornou capaz, por meio de engrenagens, de accionar uma campainha ou de fazer mover pequenas personagens. Depois passou à invenção de um órgão hidráulico e à de uma série de engenhos destinados a extrair o vinho dos tonéis, a água das caves e o pus das chagas.

Um dos alunos de Ctesibios ilustrou-se na técnica das bombas e foi, por sua vez, mestre do sábio que surge hoje como o maior dos engenheiros do tempo, depois de Arquimedes: Héron de Alexandria.

Inclinamo-nos a crer que Héron viveu entre 150 e 100 antes da nossa era. Conservamos parte importante da sua obra. Ao lê-lo atentamente, mais de um pensador do Renascimento que antes nos parecia um pensador original faz hoje simples figura de compilador de Héron. O próprio Leonardo da Vinci, dizem alguns (decerto, sem razão).

Héron, além da sua obra de pura teoria, esteve à frente da escola de engenheiros que fundou em Alexandria. O caso era inteiramente novo. Se a Mesopotâmia e o Egipto haviam formado nos séculos anteriores construtores que se nos impõem ainda pela suas obras concretas, os homens desses tempos distantes teriam tido muita dificuldade em comunicar aos alunos e conservar para as gerações vindouras uma cultura teórica indispensável ao prosseguimento do desenvolvimento das ciências. Pelo contrário, não é insensato comparar a escola dirigida por Héron com as nossas escolas politécnicas. Numa como noutra, os cursos abstractos e gerais, Aritmética, Geometria, Física, Astronomia, eram acompanhados de aulas de aplicação sobre o trabalho da madeira e dos metais, sobre a construção das máquinas e sobre a arquitectura(1). Foram estes cursos de Herón que chegaram até nós.

Os grandes professores da escola não eram especializados. O próprio Héron, disse um historiador moderno, «brilhava em todas as matérias do programa». Não precisamos de mais provas que a sua invenção do dioptro, instrumento de geodesia constituído por um nível de água montado sobre parafuso micrométrico e cujos erros se corrigiam por um método de dupla leitura. Não esqueçamos também as suas invenções em hidrostática, entre as quais a famosa «fonte de Héron», brinquedo que, dezoito séculos mais tarde, Jean-Jacques Rousseau, criança, passeava de aldeia em aldeia, fazendo o seu peditório.

Entretanto, tendo descoberto as propriedades do vapor quando dominado, Héron concebeu uma invenção muito mais extraordinária: a eolípila, que não é mais que a turbina a vapor, autêntica marmita de Papin, dezoito séculos antes do próprio Denis Papin — vinte séculos antes de Parsons.

Tomaremos o texto grego que descreve esta máquina nas *Pneumatica* de Héron, e traduzamo-la exactamente

«Por cima de uma marmita de água quente, uma esfera move-se num eixo.» (É este o título).

«Seja A B, uma caldeira contendo água, colocada sobre o lume. Fecha-se com tampa ΓΔ que é atravessada por um tubo curvado E Z H, cuja extremidade penetra (em H) na pequena esfera OK. Na outra extremidade oca do diâmetro ΠΛ está fixado o eixo ΛM que se apoia na tampa ΓΔ.

«Acrescentam-se na esfera, nas duas extremidades de um diâmetro, dois pequenos tubos dobrados em forma de cotovelo. A dobra deve ser em ângulo recto e os tubos perpendiculares à linha HΛ.

---

(1) Ver bibliografia. Cf. Pierre Rousseau. A minha exposição segue de perto, aqui e antes, essa obra.

«Quando a caldeira estiver aquecida, o vapor passará pelo tubo E Z H para a pequena esfera e, saindo pelos tubos recurvos para a atomosfera, fá-la-á girar...»

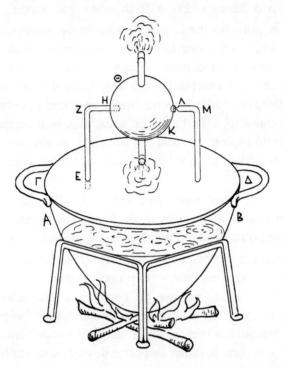

Este texto de Héron não deixa qualquer dúvida. Ao fabricar a eolípila, o grande discípulo de Arquimedes inventou a máquina a vapor.

Uma pergunta imediatamente se apresenta ao nosso espírito. Que fez Héron dela? Que fizeram dela os antigos?

Reponda-se: Nada, ou quase nada.

Dispondo de uma força motriz que hoje nos torna capazes de atravessar os oceanos com paquetes como o *Normandie* ou o *Queen Mary*, os antigos continuaram a utilizar os braços dos remadores para irem de Atenas a Marselha ou Alexandria e voltarem para casa.

Porquê? Procuremos deslindar as razões muito enredadas, ao mesmo tempo técnicas, psicológicas e sobretudo sociais deste longo esquecimento, desta estagnação de uma das mais importantes descobertas da civilização humana.

Não podiam os antigos servir-se da descoberta que tinham feito para aliviar o trabalho dos remadores, ou de uma maneira mais geral o esforço dos trabalhadores? Certamente que podiam, mas nem sequer a ideia lhes passou pela cabeça. Não o fizeram. Eis o facto bruto que importa explicar.

Notemos, em primeiro lugar, que na história das ciências há sempre uma distância imensa entre a descoberta de um novo conhecimento e a sua utilização prática. Nos tempos modernos, passam-se longos anos entre o momento em que foi descoberta a energia luminosa derivada da corrente eléctrica e a fabricação das lâmpadas do vácuo nas quais se introduz o fio condutor que ilumina o nosso trabalho... Distância de anos, mas nem sempre de dezassete séculos! Lentidão do espírito humano em completar as suas descobertas quando não intervém a exigência de uma necessidade e, muitas vezes, a urgência da guerra.

Outras causas influem ainda para travar a utilização das descobertas. Preconceitos e *a priori,* alguns dos quais fomos encontrando ao longo desta obra. Por exemplo, o preconceito idealista da «dignidade da geometria».

O mundo helenístico, apaixonado por invenções técnicas, entusiasmava-se também pelos brinquedos mecânicos. O próprio Héron, apenas publicara a sua obra chamada *Pneumatica,* na qual se encontra a descrição da máquina a vapor, editou uma outra sobre a *Fabricação de Autómatos.* Héron interessava-se muito por estes brinquedos. Empregou a máquina a vapor em fazer dançar de roda marionetas, em abrir sozinhas as portas dos templos, em mostrar ferreiros a trabalhar, um Hérculos combatendo e outras figurinhas que «andavam sozinhas». Assim, segundo Plutarco, que no caso não via mal, «se divertia a geometria». Já alguns predecessores de Héron neste caminho da invenção dos autómatos, como Arquitas, que fazia voar pombas de madeira, haviam sido vivamente censurados por Platão, que se indignava dizendo «que corrompiam a geometria, que lhe faziam perder toda a dignidade, forçando-a como uma escrava a descer das coisas imateriais e puramente inteligíveis aos objectos corporais e sensíveis; por empregarem uma vil matéria que exige o trabalho das mãos, e serve para mesteres servis».

O preconceito em relação ao trabalho manual, considerado servil — de que Platão se faz aqui intérprete —, desacreditava e degradava, constrangia e finalmente abafava a invenção da mecânica aplicada. Este preconceito, como se vê pelo texto citado, estava ligado à existência da escravatura.

Doutra maneira ainda a escravatura impedia a utilização das máquinas. A mão-de-obra pouco custava, inesgotável era o reservatório sem fundo da escravatura, interminável a utilização dessa força motriz muscular de milhares de seres que, com o auxílio de molinetes e planos inclinados, e talvez doutras «máquinas simples» que a nossa imaginação não reencontrou ainda nem concebeu, construiram as pirâmides e levantaram os obeliscos. Para que gastar tanto dinheiro a fabricar dificilmente máquinas de uso duvidoso ou que só serviam de divertimento?... Mas, dizia-se talvez, as máquinas faziam mais trabalho do que os escravos? Tolices. Sejamos realistas. Temos escravos: utilizemos o seu trabalho. Não aumentemos uma produção que não terá por onde se escoar. Nessa altura ninguém estava em condições de responder a tal raciocínio, tão irrefutável como o bom-senso. Aliás, ninguém sequer concebia os termos desse raciocínio, de tal modo a existência da escravatura impregnava todo o pensamento antigo. Intransponível oceano.

Finalmente, não esqueçamos que as máquinas a vapor utilizáveis em fins importantes tinham de ser de grandes dimensões. Héron fizera-as para seu próprio uso, de dimensões reduzidas. O estado da indústria do ferro não permitia mais. Sabe-se que somos devedores dessa indústria ou pelo menos da sua difusão ao povo dos Hititas. Essa difusão dá-se por volta do ano 1300. O ferro começa nessa época a servir para o fabrico de armas. As espadas dos Dórios que conquistam os Gregos a Grécia e o Peloponeso por alturas do ano 1000 são espadas de ferro afiladas e compridas, ao passo que os Aqueus tiveram apenas, para defender-se, curtos punhais de bronze, maciças espadas do mesmo metal. O ferro entrou pois, desde o princípio do primeiro milénio, naquilo que se pode chamar o uso corrente — e, tal como para muitas invenções, esse uso foi o da guerra.

Entretanto, mesmo que nessa data se possa falar de uso corrente do ferro, este metal continua a ser mais difícil de obter que o cobre e o bronze. Uma temperatura de mil e oitenta e três graus faz fundir o cobre e separa-o da sua ganga rochosa. O estanho que a ele se liga para dar o bronze, funde a duzentos e trinta e dois graus. Mas o ferro só se liquifica a mil quinhentos e trinta e cinco graus. Além disso, como o seu minério se apresenta sempre sob a forma de óxido, é preciso possuir carvão em grande abundância para o libertar do oxigénio — e grandes foles de forja, e altos-fornos. Tudo isto faltava aos Alexandrinos.

Muitos obstáculos se teriam apresentado a Héron se ele tivesse querido acabar a sua invenção, utilizar a máquina a vapor. Mas o principal era não existir para os homens desse tempo nenhuma razão que os levasse a substituir o trabalho dos escravos pelas máquinas.

Em definitivo, esta história da máquina a vapor sem emprego é muito instrutiva. A moralidade dela é de que as civilizações não atravessam certos limiares do seu desenvolvimento enquanto não forem impelidas pela vontade das massas em ascensão. A utilização, nos tempos modernos, da máquina a vapor de Denis Papin (através de quantos dissabores!) e de Watt, é contemporânea da ascensão da classe burguesa nos séculos XVII e XVIII. Que ascensão comparável poderia levar à sua realização plena a máquina a vapor de Héron, na época da sua primeira concepção?

Mas pode-se notar, ao mesmo tempo, que é quase inconcebível que uma grande descoberta humana pereça para sempre na história dos homens. Neste estranho desabrochar-perigo a que a criatura humana chegou hoje, há momentos em que o homem parece ser apenas o filho impotente de múltiplos acasos. É somente uma aparência. Na realidade, existe ao longo desta fantástica aventura, deste conto das mil vezes e cem mil vezes e mil e uma noites que é a história dos homens, uma personagem sempre presente, em cada século mais lúcida e consciente, mais activa, uma personagem que retoma os acasos abortados, restitui a vida às sementes mortas, para as fazer germinar em folhagens abundantes e carregadas de frutos, nesse futuro que caminha ao nosso encontro (diziam os Gregos) e a cada instante se torna nosso presente — e essa personagem é o Génio do homem.

Nada se perde nunca na esperança dos povos.

XV

REGRESSO À POESIA.
CALÍMACO.
OS *ARGONAUTAS* DE APOLÓNIO DE RODES

Talvez que após a miragem da pesquisa e das descobertas científicas a poesia alexandrina nos pareça pálida...

O melhor que se poderá dizer dela, é que se esforça, na sua corrente mais importante, por não repetir a poesia anterior, por não ser «académica»

Calímaco é o regente do novo Parnaso alexandrino. O nome deste Boileau da época poética nova domina toda a poesia alexandrina no tempo de Ptolomeu Filadelfo. Suscitou entre os poetas do tempo a admiração, a obediência, a inspiração e por vezes a revolta.

Os *Argonautas* de Apolónio de Rodes são precisamente um acto de revolta de um jovem poeta contra as ordens e as proibições poéticas do professor do Museu, do chefe de escola do alexandrinismo.

Quem é este Calímaco? A sua vida desenha a curva exemplar de uma vida de poeta-letrado. Já nesse tempo, uma vida de homem de letras. Em três momentos. O primeiro é a luta para aparecer, é a miséria de um pequeno regente de escola primária, de um provinciano de Cirene que abre a sua escola num subúrbio alexandrino, que se julga e sobretudo quer ser poeta, e que, à margem das lições, lança os seus primeiros poemas-manifestos, os seus primeiros epigramas e os seus poemas-petições dirigidos ao príncipe todo-poderoso. Um pobre diabo que se dá um pouco à vida de boémia, a alguns amores fáceis ou suspeitos, ou que, pelo menos, os finge nos seus versos.

O segundo momento — uma lisonja ao príncipe acertou finalmente no alvo — é o êxito, é a cátedra de eloquência ou de poesia do Museu, o favor do público, os favores do poder, as funções oficiais na Biblioteca, as encomendas da corte, as pensões. É também a proclamação da nova doutrina poética, a publicação dos poemas do mestre que pretendem ilustrá-la.

Finalmente, terceiro momento: os ciúmes dos rivais que roem na pele do poeta e mestre reputado, as querelas literárias suscitadas pelos jovens, o encolher dos ombros dos de menos de trinta anos. A guerra de epigramas e de panfletos satíricos onde se defendem e se caluniam as teorias cedo ultrapassadas do mestre venerado.

Tudo isto o entrevemos nós, mais do que o sabemos firmemente. A maior parte da obra perdeu-se. O que dela sabemos, é que pouco mais fazia que dar «modelos» poéticos da doutrina. Esta doutrina era válida. A desgraça é que para dar exemplos dessa poesia nova, que com exactidão concebia, Calímaco não era poeta.

Mas Calímaco era um homem inteligente. Não prescreve aos seus contemporâneos a imitação dos grandes poetas do passado, agora clássicos. Está nos antípodas do academismo. Longe de prescrever, proscreve pelo contrário a imitação dos clássicos que já à sua volta pesava sobre toda a criação artística. Sabe que os velhos géneros poéticos estão mortos. Não voltará a fazer-se nem Homero nem os trágicos. Condena a banalidade do poema cíclico, em que a epopeia tentava em vão sobreviver a si mesma. «Detesto o poema cíclico», escreve ele num epigrama, «a estrada banal por onde toda a gente passa. Não bebo na fonte pública; as coisas populares repugnam-me.» E noutro lugar: «Do rio assírio também o curso é poderoso, mas ele arrasta muitas terras maculadas, muito lodo vai nas suas ondas. Os padres de Déô não lhe levam qualquer água, mas aquela que brota, clara e límpida, da fonte — algumas gotas, pureza suprema!»

Logo, em vez do poderoso rio épico, muitas vezes lamacento, que o poema seja uma fonte de água pura, um delgado fio de água, em que cada gota é preciosa.

Calímaco quer obras curtas e cinzelas. «Um grande poema», escrevia ele, «é um grande flagelo.» Afirma o valor do ofício, tem a preocupação da perfeição técnica. Prestou um serviço ao artista ao lembrar-lhe a necessidade do ofício. Tornou assim possível a extrema perfeição técnica de Teócrito.

REGRESSO À POESIA. CALÍMACO. OS *ARGONAUTAS* DE APOLÓNIO DE RODES

Dir-se-ia que reclama, não Victor Hugo e a sua grandeza por vezes negligente, mas José-Maria de Heredia e o seu trabalho cuidado. Sem dúvida o trabalho não substitui a inspiração — e Calímaco sabe-o —, mas numa época de secura de inspiração e de facilidade de perfeição, numa época em que está ao alcance de qualquer fazer uma tragédia em cinco actos (como nós diríamos) ou deixar-se escorregar pela rampa do hexâmetro dáctilo (o metro de Homero, o nosso alexandrino de tragédia) para escrever sobre um tema mítico qualquer um poema épico em vinte e quatro cantos, é salvar a poesia pedir-lhe que se torne uma arte difícil. É salvá-la do academismo, que para ela equivale à morte.

Não julguemos, aliás, que Calímaco, ao honrar a arte, formule uma teoria da arte pela arte ou de poesia pura. Os assuntos têm para ele grande importância. Quais serão eles?

Calímaco pede simplesmente e honestamente que os assuntos poéticos estejam em relação com os interesses novos de um mundo novo. Se rejeita a epopeia e o drama, é não só pelas razões de forma que indiquei já, mas também porque acha que o heroísmo, que é o fundo de ambos, se tornara coisa convencional e que já não interessava a sua época. As batalhas da *Ilíada*, a luta do herói trágico contra o destino, mesmo a fatalidade da paixão em Eurípides, numa palavra, o conflito do homem e da sua condição, que fora o assunto essencial da literatura poética anterior, esse impulso colectivo de negro descontentamento que levava, na luta travada pelo poeta contra a sorte, a essa alegria secreta e paradoxal do herói morrendo pela comunidade e pela glória — tudo isto exaltava no homem a força vital e talvez não pudesse, por então, ser levado mais adiante — tudo isto deixou de estar no primeiro plano do interesse dos Alexandrinos ou da maior parte deles. O heroísmo deixou de ser coisa que os tocasse pessoalmente. Os deuses não são para eles um princípio de acção, uma exigência misteriosa que oferece a luta a fim de que os homens melhores, nessa luta aceite, se ultrapassem a si próprios. Os deuses estão a tornar-se simples recurso de consolação, em que o homem se esquecerá, a si e à sua miséria. Talvez isto não tenha sido claramente pesado pelos homens do tempo. Talvez apenas posto de lado. Os homens seguem agora os seus interesses individuais. São indivíduos que não se dão à grandeza de uma cidade, nem ao serviço dos deuses, raramente a uma grande paixão. Nenhuma grandeza válida parece exaltá-los no combate. Pequenos burgueses meio intelectuais, instalados no seu conforto e na sua cultura. O heroísmo: convenção bombástica composta por deuses doutro tempo. Calímaco escreve com desenvoltura: «O trovão não é meu, é de Zeus.» Reclama uma literatura que seja sua, que esteja ao nível das ambições da sua carreira. Mas mais modesta e mais sincera que a daqueles que se contentassem com imitar o heroísmo.

Calímaco parece ter compreendido que cada época deve redescobrir a poesia nos interesses essenciais do seu tempo. Repor a poesia em contacto com a vida, restaurá-la na sua qualidade de arte viva e também de arte difícil, eis sem dúvida o honroso objectivo de Calímaco.

Infelizmente temos de acrescentar que os interesses da época são assaz pobre e ingrata matéria poética. Os homens deste tempo interessam-se, por exemplo, pela ciência, e, mais ainda, pela ciência sob a forma indigesta da erudição. Para aí vai, se assim se pode dizer, a sua paixão. Calímaco tem a paixão, a volúpia da erudição. A erudição é o seu lirismo, é a sua poesia pessoal. Sob o impulso de Calímaco, os Alexandrinos vão tentar fazer poesia erudita ou astronómica. Vale mais isso que poesia nado-morta. Se *Antígona* os deixava mais frios que a descoberta de uma nova estrela, que tentem fazer poesia com o mundo físico em vez de a fazerem com o mundo interior. Escusado será dizer, no entanto, que, ao abandonar o homem, o seu problema e o seu mistério, a poesia corre um risco terrível.

Seria então os *Fenómenos* de Aratos a obra que mais exactamente realizaria as exigência de Calímaco? Trata-se de um poema astronómico que descreve as constelações celestes no estilo bastante seco de um tratado científico e com muita erudição mitológica. Esta obra gozou durante séculos de imensa popularidade. Cícero traduziu-a em versos latinos. Virgílio e Ovídio consideraram-na uma obra modelo. O Renascimento vê nela uma das obras principais da Antiguidade. Rémi Belleau traduziu-a e deu-lhe algum calor. Para nós, modernos, o mundo tal como a ciência no-lo revela é muito mais vasto do que o memorando astronómico de Aratos, que o seu pequeno mosaico de mitos mais gelados do que os espaços interstelares!

Tentei traçar as grandes linhas da poética de Calímaco. Faltava grandeza a essa poética, mas não lhe faltava justeza. Media bastante bem as forças da época. Um ou dois bons poetas ao procurarem, como ele pedia, «modernizar» a poesia descobriram domínios poéticos novos — a poesia bucólica, penso em Teócrito, a poesia realista no sentido mais vulgar, penso em Herondas. Um e outro seguiram Calímaco não apenas em terem rejeitado o heroísmo convencional mas também em terem procurado dar à sua poesia uma grande perfeição artística (Teócrito sobretudo, Herondas também, à sua maneira).

Mas há que notar também que se estes grandes discípulos revalorizaram a poesia num sentido que Calímaco tinha, se não exactamente previsto, pelo menos sugerido, houve também um poeta, um rapaz de vinte anos, que escreveu contrariamente aos conselhos do velho mestre, um vasto poema épico sobre a aventura heróica dos Argonautas, sobre os amores de Jasão e Medeia. Este estudante, apaixonado por Homero e que pensava poder continuá-lo e igualá-lo, convocou um belo dia os camaradas, os professores e o público culto da corte e da cidade para ler-lhes os seus *Argonautas*. Chamava-se Apolónio, chamado mais tarde de Rodes, para onde se exilou ou foi exilado depois da tempestade que a leitura suscitou. (Os antigos contam que a sentença do exílio foi dada por um Ptolomeu — qual? — a pedido de Calímaco. Não sabemos. Mexericos destes inventam-se facilmente.)

Se ao erguer os *Argonautas* como estandarte de revolta contra Calímaco, Apolónio procurava a publicidade, teve-a. Nada aliás nos impede de pensar que tenha simplesmente e sinceramente obedecido ao que julgava ser o seu génio. Seja como for, rebentou uma querela no «viveiro das Musas» entre os partidários da *grrrande* epopeia e os da poesia requintada em que cada palavra pesada tem o seu valor. Apolónio passou a vida a retocar o manuscrito. Recheou-o de uma indigesta erudição que não possuía quando da leitura pública Pensava assim melhorar o poema e mostrar que, se quisesse, também teria sido capaz, etc.... Mas não melhorou absolutamente nada. E depois deitou mão à sua pena mais acerada para desencadear contra Calímaco uma guerra de epigramas, cujo tom não é muito elevado.

«Calímaco, sujidade, chacota, cabeça de pau, que é causa de que se fale assim? O autor das Causas, Calímaco.»

(*As Causas* era o título de um conjunto de poemas de Calímaco.)

Eis alguns outros epigramas. O tema é sempre o mesmo. Apolónio (ou os seus amigos) opõe à raça dos poetas a dos professores e dos pedantes.

«Raça de gramáticos, roedores que ratais na Musa de outrem, estúpidas lagartas que sujais as grandes obras, rafeiros que para o defenderdes ladrais diante de Calímaco, ó flagelos dos poetas que mergulhais o espírito das crianças na escuridão, ide para o diabo, percevejos que devorais os versos belos!»

Ou ainda:

«Gramáticos, vermes roedores de livros, fraldiqueiros de Zenódoto, soldados de Calímaco, miseráveis caçadores de partículas, que vos comprazeis no «min» e no «sphin», e que procurais saber se o Ciclope tinha cães...(1).»

Calímaco não deixou de responder. Cada um dos campos, nesta querela sobre o poema épico, pretende representar a verdadeira poesia. Calímaco foi apoiado pelo melhor poeta da época, Teócrito, que escreve num dos seus idílios:

«Detesto tanto o arquitecto que se esmera em levantar uma casa mais alta do que o cimo do monte Oromédon, como detesto essa criação das Musas que, ao cacarejarem diante do chantre de Quios (Homero), se esgoelam em vão!»

Mas deixemos esta chicana de homens de letras e vejamos, resumindo de preferência as melhores partes, o que vale a epopeia pseudo-homérica de Apolónio, os *Argonautas*.

Narremos. O primeiro canto abre com uma invocação a Apolo. Esses versos recordam, mas de maneira obscura e insuficiente, as origens da acção — a ordem dada a Jasão pelo rei Pélias de ir buscar-lhe o Tosão de Ouro à Cólquia. Depois o poeta desenvolve um processo da *Ilíada:* traça um catálogo dos heróis (como há na *Ilíada* um catálogo das naves). É uma apresentação de cinquenta e quatro personagens, cada qual com a sua pequena notícia biográfica, a que se juntam algumas informações sobre as produções do seu país. Este manual escolar da geografia do mundo grego é de um tédio esmagador. Além disso, totalmente inútil, pois a maior parte das personagens mencionadas não desempenha depois qualquer papel na acção do poema.

Vêm cenas de adeus e de sacrifício e outras inópias imitadas da velha epopeia. O barco parte, seguindo ao longo das costas. A viagem até à Cólquida, no fundo do mar Negro, dá lugar a numerosas glosas históricas, geográficas, etimológicas. Apolónio exibe aqui uma vasta erudição. Julgamos estar a ler não um poema épico, mas um guia para turistas cultos. O poeta parece propor-se enumerar na sua obra tantos nomes de lugares quanto for possível, com as curiosidades que a eles se ligam. Estas «notas» estão ligadas à narrativa da maneira mais inábil. «Daí provém que hoje ainda... tal uso subsiste... tal

---

(1) «Min» e «sphin», formas pronominais próprias de Homero e que eram explicadas aos estudantes. *«O Ciclope Tinha Cães?»* parece o título de uma obra erudita, do género de *«Luís XIII Sabia Espanhol?»*.

lugar chama-se assim... etc.» Estas rupturas de tom contribuem constantemente para quebrar a ilusão na narração épica. Apolónio seria um alexandrino como os outros?

O primeiro episódio importante é o da estada em Lemnos. Começamos por saber que as mulheres de Lemnos, em consequência de uma crise de ciúme colectivo, chacinaram os seus maridos, e mais toda a população masculina da ilha, incluindo as crianças. Desde há um ano que, em vez de viverem sob a lei de Atena e de Cípris, lavaram os campos e quando necessário tomam as armas. A chegada dos Argonautas mergulha-as em terror. Como repelir estes heróis em caso de ataque? A rainha Hipsipileia reúne uma assembleia de mulheres e propõe enviar aos Argonautas provisões e boas palavras para que regressem ao mar. Polixo, a velha ama da rainha, descobre melhor. Sugere que se convidem os Argonautas a entrar na cidade e se aproveite a inesperada ocasião para repovoar a cidade. Hipsipileia dirige um convite pessoal a Jasão.

Jasão põe o seu manto. Ora Antena bordou neste manto uma multidão de cenas mitológicas. Este manto é a contrapartida exacta do escudo de Aquiles na *Ilíada*. Logo, descrição pormenorizada...

Jasão dirige-se ao palácio da rainha. Hipsipileia é uma mulher hábil. Inventa uma mentira verosímil para explicar aos gregos a ausência dos homens de Lemnos. Sabe também corar, baixando os olhos. Com as palavras convenientes, oferece a Jasão o seu trono e a sua pessoa. O herói deixa-se seduzir, assim como os seus companheiros por outras mulheres. Apenas Hércules fica junto das naves e fulmina. Sem ele, sem as suas censuras vigorosas, Jasão e os companheiros esquecer-se-iam nas delícias de Lemnos. Aqui acompanha-se a *Odisseia:* Hipsipileia é a réplica de Circe e de Calipso. Menos a grandeza. A aventura passa-se aliás num mundo mais «distinto». A cena da separação é decentíssima, como convém entre pessoas da sociedade. O tom está, em suma, mais perto de Georges Ohnet do que de Homero.

A aventura seguinte é igualmente colhida na *Odisseia* «conto de fadas». É exactamente a de Ulisses entre os Lestrigons. Estes monstros eram gigantes que lançavam num porto, do alto das falésias, grandes rochedos que esmagavam os barcos bastante imprudentes para nele entrarem. Todos perecem, salvo o de Ulisses, que ficou de fora. Nos *Argonautas,* os gigantes são os filhos da Terra: têm seis braços e do alto do rochedo onde se cava o porto lançam enormes rochedos para obstruirem a entrada e apanharem os gregos na armadilha. Felizmente, Hércules... A imitação é flagrante... Estica o seu arco e mata todos os gigantes. Nenhum dos inimigos escapa, nenhum dos gregos é ferido. Apolónio pensa enaltecer os seus heróis fazendo-os triunfar em todas as circunstâncias e sem dano. Mas é o contrário que acontece. Não se tomam a sério estes gigantes que se deixam matar como carneiros.

A aventura acaba com uma bela comparação. O pormenor é frequentemente belo em Apolónio, melhor no descritivo do que no narrativo — mau sinal num poeta épico. Mas sempe se ganha alguma coisa.

«Assim, quando os lenhadores lançam em longa fila pela encosta abrupta de um rio os grandes troncos que acabam de derrubar à machadada, a fim de que as árvores humedecidas pelas ondas se deixem fender pelas cunhas, assim, uns após outros, os vencidos jaziam estendidos no lugar onde se estreitava o porto bordado de espunha branca; uns tinham a cabeça e o torso na água, enquanto o resto do corpo jazia sobre a margem: outros, pelo contrário, tinham a cabeça na areia e os pés afundavam-se no mar, e uns e outros iam ser alimento das aves e dos peixes...»

Mas eis o melhor episódio do primeiro canto, com que este termina. Apolónio não imita os velhos poetas, deixa-se ir na corrente mais pura da poesia alexandrina. Escreve um poema todo impregnado do amor das coisas e dos seres, um poema onde se juntam as delícias do mundo sensível e a nostalgia do coração que as sonhou e quer alcançar o seu sonho.

É a história de Hércules e de Hilas, que Teócrito também contou. Estes dois mancebos estavam unidos por grande amizade: a força de Hércules protegia fraternalmente a jovem beleza de Hilas... Um dia em que o mar estava muito agitado, Hércules partiu o remo. À noite, enquanto os camaradas acendem a fogueira do acampamento, Hércules mete-se pela floresta para fabricar outro remo.

«Entretanto, Hilas, levando um vaso de bronze, afastara-se do acampamento à procura duma fonte para dela tirar água... Ora, não tardou que chegasse a uma fonte a que os habitantes da região chamam as Nascentes. Nesse instante exacto um coro de ninfas instalara-se ali. Todas elas, habitantes daquele amável promontório, se compraziam em cada noite a celebrar Ártemis com os seus cantos e as suas danças. As que viviam nas alturas e nas grutas da montanha, as que frequentavam as profundezas da floresta, todas elas acorriam de longe a juntar-se às suas companheiras. E da Nascente de belas águas acabava também de surgir a Ninfa da fonte. Ela viu Hilas, deslumbrante de beleza e de graça; do alto do céu, a Lua cheia, tocando-lhe com os seus raios brilhantes, tornava-o resplandescente. Cípris feriu o coração da Ninfa, que mal pode dominar o seu espírito apaixonado. Logo que Hilas mergulhou o vaso na corrente, logo que a água começou a entrar com ruído no bronze sonoro, a Ninfa cheia de desejo de beijar-lhe a boca delicada, rodeia-lhe o pescoço com o braço esquerdo, com a mão direita agarra-lhe o cotovelo e arrasta-o para o fundo das águas...»

Aqui está uma poesia alexandrina agradável — não decerto na sua forma grega, cantante como a de Teócrito, mas sensível ao encanto dos bosques, à beleza das fontes, ao apelo da carne juvenil... André Chénier tirou destes versos de Apolónio, assim como de um idílio de Teócrito, um *Hilas* cheio de graças.

O fim do poema de Apolónio mostra a dor de Hércules, diz como durante toda a noite ele andou pelos bosques chamando o amigo. Ao amanhecer o barco aparelha sem ele. Tarde de mais se descobre que o tinham esquecido.

O canto II dos *Argonautas* nada traz de novo ao poema. Os espisódios da viagem sucedem-se uns aos outros, sem relação entre si. Apolónio julgou poder fazer um poema épico como uma colecção de aventuras sucessivas, julgou que a *Odisseia* era isso. Mas na obra homérica o herói do poema dava ao desfile das aventuras a unidade da sua forte presença. Cada aventura de Ulisses caracterizava Ulisses de novo. De cada vez, Ulisses saía vencedor da provação que Posídon lhe propunha, ou Calipso, ou Penélope, ou o destino — maior na sua coragem, maior no seu engenho em ripostar ao destino com o fabrico de uma máquina apropriada, de uma astúcia maduramente preparada. De cada vez, Ulisses *respondia* ao destino, afirmando assim a sua qualidade de homem.

Não se passa o mesmo com Jasão. Qualquer desgraça imprevista o desconcerta. Apolónio repete mais de uma vez a mesma fórmula para o caracterizar. Sobrevém uma dificuldade, e eis *«Jasão impotente».* O que caracteriza pois Jasão é a ausência de carácter. De um extremo a outro do poema, ou quase, ele é puro nada. Todo o poema épico é despedaçado por esta «impotência» do herói, igual à do poeta para criar personagens.

Para o fim do canto II, os *Argonautas* não têm mais unidade do que o descosido de um itinerário. Eis uma amostra:

«No dia seguinte e na noite depois, foram ao longo das costas da terra dos Calibes. Estes homens não se ocupam nem da lavoura... nem de nenhuma maneira de fazer frutificar o solo, não fazem pastar os rebanhos... Mas escavam a terra, abundante em ferro, e em troca desse ferro conseguem o que é necessário à vida... Depois de terem passado estes povos, continuaram a jornada ao longo da costa dos Tibarenianos. Neste país, quando as mulheres dão à luz, são os maridos que gemem, estendidos na cama, com a cabeça tapada, e as mulheres tratam-nos, dão-lhes de comer e preparam-lhes os banhos que convêm às paridas». (Mundo ao contrário: pseudo-Heródoto ao lado do pseudo-Homero.) «Depois foram ao longo do país dos Mossinoicianos, cujos habitantes vivem nas 'mossinas'» (a palavra grega significa cabanas), «donde vem o nome que eles usam. Os costumes e as leis deles são diferentes dos de outros lugares. O que é permitido entre nós fazer abertamente, na cidade, na praça, todas essas coisas executam-nas eles nas suas casas. O que nós fazemos nas nossas moradas, fazem-no eles em plena rua, sem que os censurem. Nem sequer têm pejo em unir-se em público...» *(Mais Heródoto!)*

E são cerca de quinhentos versos deste estilo... Passemos adiante...

Contudo, o canto III obriga a rever de alto a baixo o juízo sobre Apolónio.

Este canto abre com uma invocação a Erato, que é a Musa da poesia amorosa. O poeta aborda aqui como mestre um continente poético novo — a poesia da paixão. Se conseguirmos esquecer Safo e Eurípides...

No início do canto assistimos primeiro à visita que Hera e Atena fazem a Afrodite. Querem obter dela que Eros menino torne Medeia apaixonada por Jasão, ferindo-a com uma das suas flechas. Medeia enamorada, entregará ao estrangeiro o Tosão de Ouro.

O encontro das deusas é tratado num tom realista e ligeiramente humorístico. Hera e Atena são vistas como duas grandes damas de Alexandria que visitassem uma pessoa de classe social inferior, mas a quem têm um serviço a pedir. Afrodite está a pentear-se, manda-as sentarem-se em belas cadeiras, ao mesmo tempo que lhes pergunta a que vem tão rara honra. Hera sente a ironia, mostra-se ferida, mas não deixa de expor o seu caso. Afrodite, continuando a fingir humildade, declara que fará o pedido ao filho, mas que custará obrigá-lo a obedecer. Descreve-o como uma criança mal-educada, insolente, que chega a ameaçar a mãe. Depois, quando vê que as duas damas se divertem perante este retrato, arrepende-se de ter falado de mais. Uma rivalidade de mulheres e de mães, subjacente a esta cena, torna-a bastante picante.

Afrodite encontra o filho num dos prados do Olimpo, brincando aos ossinhos com Ganimedes. Eros entusiasmara-se com o jogo. «Segurando contra o peito a mão esquerda cheia de ossinhos de ouro que acabara de ganhar, estava pé, triunfante, com as faces floridas por um suave rubor. O companheiro, sentado sobre os calcanhares, conservava-se em silêncio, com os olhos fitos em terra... Tinha apenas dois ossinhos... As gargalhadas do vencedor irritavam-no.»

Apolónio sai-se muito bem nestes quadros de género. Triunfa no descritivo.

Afrodite aparece, segura o filho pelo queixo, chama-lhe «terrível peste!» E para alcançar a ajuda dele, tem de prometer-lhe «um bonito brinquedo». É uma bola formada de circuitos de ouro, fabricada para Zeus quando criança. O garoto reclama-a: «Quero-a já, imediatamente.» A mãe não cede. Só a terá depois! Toda esta cena é característica do gosto alexandrino. Esta época ama e representa, tanto na poesia como na escultura, as crianças, quase inteiramente ausentes da literatura e da arte clássicas. Pelo menos, até Eurípides.

O poeta conduz-nos então como Jasão ao palácio de Aietes. Jasão admira as maravilhas, os pomares e as vinhas, o próprio palácio. Os netos de Aietes, que Jasão recolheu no decurso da viagem, precipitam-se nos braços da mãe, Calcíope, irmã de Medeia. Alegria geral. Recepção oficial.

Entretanto, o Amor desliza pela multidão. «Eros chega, invisível, trazendo em si o turbor da paixão. Assim no meio das novilhas o moscardo se precipita. E logo, tendo esticado o arco ao entrar a porta, tirou do carcás uma flecha que ainda não servira e que muitas lágrimas iria causar... Os seus olhos agudos olhavam para todos os lados. Acocorado aos pés de Jasão, fixa o encaixe da flecha no meio da corda e dispara a direito contra Medeia. Um mundo estupor lhe acomete o coração enquanto Eros retoma o seu voo e sai do palácio, rindo à gargalhada.

«A flecha ardia no coração da donzela, como uma labareda. Ela fixava Jasão com os olhos brilhantes. O coração cheio de angústia batia precipitadamente no peito. Não tinha outro pensamento, e a sua alma consumia-se naquela suave dor. Assim uma mulher que vive do trabalho das suas mãos, ocupada a fazer lã, lança gravetos de lenha sobre uma acha ardente para ter, no meio da noite, uma luz brilhante no seu quarto. E da pequena acha ergue-se uma labareda prodigiosa que reduz a cinzas todos os bocados de madeira. Assim, agachado no fundo do coração de Medeia, ardia em segredo o cruel amor — e as faces delicadas da rapariga empalideciam e coravam sucessivamente, na perturbação da sua alma.»

Eis — em belos versos — a invasão da paixão no coração de uma rapariga. O progresso e a descrição dessa paixão são o assunto do canto III.

Entretanto, Jasão explicou a Aietes o objectivo da viagem. O rei só lhe cederá o Tosão de Ouro se ele sair vencedor de uma prova. Trata-se de domar dois touros furiosos, cujas narinas vomitam fogo, metê-los ao jugo, lavrar um campo, semeá-lo com dentes de dragão, exterminar os gigantes armados que nascerão desta sementeira. Jasão hesita, «muito embaraçado nesta má situação». Aceita finalmente a prova, sem saber como sairá dela.

Quando ele sai do palácio, o poeta reconduz-nos a Medeia.

«Jasão levantou-se do seu assento e saiu do palácio... Resplandecia entre todos pela beleza e pelas graças. Com os olhos voltados para ele, a rapariga contemplava-o... A alma, como um sonho, esvoaçava no seu rosto, à medida que ele se afastava... Quando ele desapareceu, ela retirou-se para casa, agitando em si mesma tudo quanto os Amores erguem de ternos pensamentos numa alma. Diante dos olhos passavam-lhe todos os instante vividos. Via-o tal como era, lembrava-se das vestes que usava, das palavras que dissera, como estivera sentado, como saira. E o pensamento perturbava-se e dizia-lhe que não havia igual entre os homens. Nos ouvidos ressoavam-lhe o timbre da voz dele e as palavras doces ao seu coração que ele pronunciara. E ela temia por ele, temia os touros, temia Aietes; chorava-o como se estivesse já morto, e pelas faces as lágrimas corriam docemente, arrancadas à piedade... No meio das lágrimas, dizia consigo mesma: «Porque, infeliz, esta angústia que assim me toma? Que ele pereça como um bravo ou como um cobarde, que me importa a mim? Ah! porquê, se ele pudesse sair disto sem dano! Sim, grande deusa Hécate, que seja assim!, que ele regresse à pátria tendo escapado à morte! Mas se o seu destino for perecer aqui, neste combate, que saiba ao menos que estou muito longe de me regozijar com a sua sorte!»

Jasão reúne conselho com os amigos e com Argos, filho de Calcíope, que ele salvou. O rapaz propõe que se dirijam a sua mãe para que ela convença Medeia, que é sacerdotisa de Hécate e instruída na magia, a ensinar a Jasão um encantamento que lhe permita enfrentar a prova. O conselho é seguido, e a partir de então todos os pensamentos dos gregos, de Calcíope e seus filhos, dedicados a Jasão, vão convergir para Medeia.

Ao mesmo tempo, Medeia, pelos caminhos do amor, orienta-se por si mesma para onde todos querem levá-la, embora ignore o que de si se espera.

A rapariga adormecera num sono agitado de sonhos.

«Parecia-lhe que o estrangeiro aceitara a prova, não tanto para levar consigo o Tosão de Ouro — porque com esse fim viera àquele país — mas para a levar, a ela, como sua amada esposa. Imaginava-se a combater ao lado dele contra os touros e que alcançava a vitória, mas que seus pais se recusavam a cumprir a promessa, porque não era à rapariga mas a ele que tinham imposto a condição de domá-los; que por isso se levantava um grande conflito entre seu pai e os estrangeiros, que os dois partidos se entregavam a ela como árbitro, para que se fizesse conforme o seu coração decidisse, e que ela, num repente, sem mais querer saber dos pais, escolhia o estrangeiro. Então, feridos de dor, eles erguiam gritos indignados. Com o coração palpitante, o medo fê-la saltar para fora do leito, lançando em redor olhares assustados.»

É então que na sua inquietação Medeia sente a necessidade de falar com alguém. Pensa em confiar-se a sua irmã. Mas a vergonha retém-na. Vai e vem, descalça, atrás da porta, depois volta ao quarto, lança-se para cima da cama... O poeta descreve longamente esta luta *«do pudor e do audacioso amor»*. Finalmente, uma serva vê-a naquele estado e corre a prevenir a irmã.

O diálogo das duas irmãs é muito belo. Medeia mostra nele, numa mistura surpreendente e admirável, a ingenuidade, o recato duma rapariga bruscamente tocada pela paixão, ao mesmo tempo uma diplomacia instintiva no amor ou, como diz o poeta, «esses artifícios que inspiram os audaciosos Eros». Quanto a Calcíope, é ao mesmo tempo uma mãe que quer salvar os filhos ameaçados e uma irmã que tem piedade da sua jovem irmã.

A cena é muito hábil, assente numa psicologia sólida e subtil. Nesta entrevista nocturna, as duas irmãs mal falam do «estrangeiro». Tudo o que Medeia sente por Jasão é subentendido e deixado na sombra. O que elas procuram juntas é o meio de salvar os filhos de Calcíope se Aietes pretender envolvê-los no castigo que reserva aos estrangeiros. Sente-se aliás que a afeição de Medeia pelos filhos da irmã, com os quais foi criada e que são da mesma idade que ela (o poeta tranquiliza-nos aqui habilmente acerca da idade da tia Medeia) — que essa afeição é muito real, no preciso momento em que ela pensa utilizá-la ao serviço de uma paixão muito mais forte. Ao falar a Calcíope da ternura que sente pelos sobrinhos, Medeia alarma ainda mais a irmã — e é Calcíope que acaba por suplicar a Medeia que salve o estrangeiro para salvar os seus filhos. Ora a isto mesmo conduzia o artifício da enamorada.

«Não poderias tu», diz Calcíope «— faz isto pelos meus filhos, peço-te — imaginar qualquer coisa, um expediente qualquer, nesta temerosa prova, a favor desse estrangeiro que dele tanto precisa também?» A estas palavras, o coração de Medeia palpitou de alegria, o seu belo rosto corou e, no excesso da sua felicidade, ela teve como que um deslumbramento.»

Promete tudo; compromete-se a encontrar-se no dia seguinte com Jasão no templo de Hécate, e a dar-lhe um encantamento que o tornará invencível.

Contudo, mal a irmã a deixa, recai nas incertezas e nos combates. O pudor apodera-se dela outra vez, e o temor de executar contra o pai tal projecto em favor de um desconhecido. Todo o fim da noite é preenchido com estas angústias. Por momentos, deseja ver morrer Jasão, para se ver livre da paixão e do sofrimento. «Não, infeliz, mesmo que ele morresse, não espero ver-me livre dos meus males!» Noutros momentos, compraz-se na alegria de salvar aquele a quem ama... Até que de súbito um reflexo de vergonha a lança no desespero e a arrasta à decisão de acabar com tudo, suscidando-se. Vai buscar então um cofre onde estão fechados venenos; pousa-o nos joelhos, abre-o, escolhe um veneno mortal, ao mesmo tempo que chora por si mesma...

«Mas, de súbito, o terror do odioso Hades penetrou na sua alma. Durante muito tempo ficou calada, e, à sua volta, todas as ocupações da vida, tão doces ao coração, lhe apareciam. Lembrava-se dos prazeres que encantam os vivos; lembrava-se das suas companheiras e da alegria delas; e ver o sol parecia-lhe subitamente mais doce, à medida que ia passando todas estas coisas no seu coração. Então retirou o cofre dos joelhos... Agora os pensamentos já não eram hestitantes. Tinha apenas um desejo: ver o mais cedo possível erguer-se a aurora para lhe dar, a ele, os encantos que ela prometera, para se encontrar na sua presença. Muitas vezes correu os ferrolhos das portas, espiando as claridades do amanhecer. A aurora enviou-lhe enfim a luz bem-amada, e já na cidade tudo era movimento.»

Estamos aqui no ponto culminante do poema. Nada depois excederá esta pintura das vacilações do coração invadido e dividido pela paixão. Notemos, por outro lado, que nunca o poeta foi mais original do que aqui. Desta vez, pelo menos, nesta aproximação da morte acariciada, neste suicídio finalmente recusado porque o vence o amor primeiro da vida, o poeta não imita ninguém, contenta-se com escutar do fundo do seu ser as vozes contraditórias do amor.

Cito ainda algumas passagens do diálogo com Jasão. O interesse concentra-se em Medeia, o que permite esquecer um pouco as insuficiências de Jasão.

Primeiro, vemos a agitação com que a rapariga espera o bem-amado: «Contudo, Medeia, embora estivesse ocupada a cantar com as suas companheiras, só podia pensar em Jasão. Cada nova canção não conseguia agradar-lhe por muito tempo; inquieta, mudava-a constantemente. Não podia estar um momento em repouso, com os olhos fitos no grupo das suas companheiras: olhava a estrada ao longe e constantemente voltava a cabeça. O seu coração parecia partir-se no peito, de tanto bater, de cada vez que ouvia um rumor de passos... Finalmente, ele apareceu ao seu desejo, caminhando com rapidez. Tal como Sírius se ergue do Oceano, tão belo e tão esplêndido, mas para trazer aos rebanhos a calamidade, assim brilhante surgiu aos olhos de Medeia o filho de Esão — para sua desgraça. O coração da rapariga deixou de bater; os seus olhos turvaram-se com um nevoeiro; um rubor ardente invadiu as suas faces; os pés estavam pregados ao chão. As servas haviam-se afastado. Estavam diante um do outro, mudos e sem voz, semelhantes a carvalhos ou a altos pinheiros, crescidos lado a lado nos rochedos da montanha e que ficam imóveis no silêncio dos ventos. Mas não tarda que sob o impulso das brisas renascentes se movam e respondam um ao outro num murmúrio imenso. Assim ambos iam falar, agitados pelo sopro de Eros.» Estranha e magnífica comparação esta de dois seres humanos comparados a árvores imóveis, mas que «se movem e respondem um ao outro num murmúrio imenso».

Jasão expõe o seu pedido, e Medeia treme de felicidade.

«Escutava-o, com a cabeça inclinada, os olhos baixos e um sorriso delicioso. O seu coração derretia-se de alegria. Depois levantou os olhos e fitou-o de frente. Não sabia que palavra dizer para começar; teria querido dizer tudo ao mesmo tempo. E em primeiro lugar, entregando-se toda, tirou do cinto a erva mágica que ele agarrou com alegria. Teria arrancado a vida do fundo do coração e ter-lha-ia dado com o mesmo transporte, feliz por dar-lha se ele lha tivesse pedido — tão delicioso era o brilho que o Amor fazia irradiar da loura cabeça do filho de Esão. Vendo-o, os seus olhos deslumbravam-se, toda ela dentro de si se derretia, como sobre as rosas se vêem evaporar as gotas de orvalho ao ardor dos raios da manhã... E foi muito tempo depois que a rapariga falou...»

Não cito esse discurso. Medeia esconde o seu embaraço e os seus sentimentos secretos manifestando-se em recomendações exactas sobre a maneira de empregar o encantamento para triunfar da prova imposta. No final do discurso, contudo, abandona-se a um retorno a si própria — movimento primeiro recatado, tímido, mas que, prosseguindo, se torna mais ousado até à confissão apenas velada. «Assim, diz ela, poderás levar o Tosão para a Grécia, para muito longe da Cólquida. Parte, vai aonde o teu coração te chama, para onde tens tanta pressa de correr...» Falando assim, com os olhos baixos, as suas faces regavam-se de lágrimas ao pensamento de que ele ia afastar-se. E continuou, ousando agarrar-lhe a mão direita — e o pudor por um instante desertou dos seus olhos: «Lembra-te, se voltares ao teu país, lembra-te do nome de Medeia, como eu me lembrarei daquele que tiver partido...» Um pouco mais adiante, o tom torna-se mais ameaçador. «Só uma coisa te peço. De regresso a Iolcos, lembra-te de mim, como aqui, a despeito de meus pais, me lembrarei de ti. E que se alguma vez me esqueceres, um pássaro mensageiro mo venha dizer. Ou antes, que as tempestades me levem por sobre as vagas, daqui a Iolcos, e que eu surja diante de ti para te censurar e te lembrar que foi graças a mim que escapaste à morte. Sim, que me seja então dado, sem que nada me anuncie, cair assim sobre o teu lar, no teu palácio!»

Aqui, a mulher ciumenta desperta esplendidamente na rapariga enamorada. Jasão consegue tranquilizá-la: promete casamento e fidelidade. Os dois namorados separam-se com a esperança de se reencontrarem.

O terceiro canto conclui com uma narrativa da luta de Jasão contra os touros, que doma, depois contra os gigantes nascidos dos dentes, que ceifa com vigor. Caímos outra vez na fabricação épica, sem interesse.

Seria cruel, depois de ter citado algumas belas páginas do canto III, prosseguir este estudo do poema dos Argonautas com a análise do canto IV e último.

Este interminável canto IV é a narrativa do regresso, que não acaba nunca mais, dos Argonautas à Europa. Apolónio tem, sobre a Europa Central e Ocidental, sobre a África do Norte também, uma massa de erudição geográfica a exibir. Tradições poéticas relativas a estes países, informações pseudocientíficas extraídas das obras sobre estas regiões, que começavam a aparecer no tempo (é a época de Eratóstenes) — tudo isto, que é enorme, vai combinar-se no canto IV num fantástico itinerário máximo que reconduzirá o navio *Argo* ao seu ponto de partida, por água.

Apolónio procura e encontra, subindo o Danúbio, uma espécie de passagem do Noroeste que vai permitir ao navio *Argo*, primeiro desembocar no Adriático, por um braço de rio que nele se lança — hipótese defendida por Ésquilo e Aristóteles —, depois, subindo o Pó e um dos seus afluentes, penetrar no «país dos lagos celtas», que é a Suíça indubitavelmente — primeira menção da Suíça na literatura grega —, em seguida, descendo um dos afluentes do Reno, seguir o curso deste rio, até que um terrível grito de Hera, brincando às Lorelei, o faça arrepiar caminho, e finalmente, subindo um curso de água que sai do lago de Neuchâtel (conhecido a partir dessa época pela estação pré-histórica de La Tène), encontrar em pleno cantão de Vaud (quem somos nós?), o meio de passar da bacia do Reno para a bacia do Ródano... Por onde? Por essa poça de água donde saem, com efeito, dois afluentes desses dois rios e a que os naturais do Vaud chamam pomposamente e divertidamente o Meio do Mundo. (É ali o Moulin Bornu!) A partir daí, o navio que leva o Tosão de Ouro e os amores de Medeia só tem que descer o Venoge e o Ródano para vogar no Mediterrâneo.

Não é sem inquietação que seguimos este surpreendente itinerário. É como se a geografia se pusesse a delirar: os rios correm nos dois sentidos, as montanhas, ali presentes, indicadas com precisão, senão descritas com exactidão, não parecem constituir qualquer obstáculo. Na verdade, Apolónio calculou perfeitamente o que queria para obter o seu itinerário absurdo e máximo. Quando as coisas correm mal, apela para Hera, sua deusa *ex machina*. Um exemplo: num momento desesperado em que é preciso fazer de maneira que as Nereidas, na passagem de Cila e Caríbdis, joguem à bola com o navio *Argo* para o salvar, Apolónio lembra-se de que à mãe delas, Tétis, dirija Hera uma súplica nestes estranhos termos: «Embora sogra, acode à tua nora.» É que um oráculo predissera que Medeia desposaria Aquiles nos Infernos! Muito bem. Mas a súplica de Hera é absurda, pois o oráculo, para se realizar, exige naturalmente a prévia morte de Medeia. Tolices deste género chovem no quarto livro dos *Argonautas*.

É preciso concluir. Os *Argonautas* são um desastre. Apolónio era poeta. Mas muito mais próximo de Calímaco, seu mestre, a quem combatia, do que ele próprio pensava. Mais seduzido do que supunha pelos gostos dos seus contemporâneos, partilhou a paixão deles pela erudição, funesta à poesia. (Especializara-se na geografia.) Amava também profundamente o velho Homero. Na sua ambiciosa juventude, pensou poder igualá-lo. Não surpreende pois que este poeta, tão dotado por intermitências, tenha dado à bela história de amor que decidiu contar a singular forma de uma epopeia geográfica. Não era, em nada, dotado para a epopeia, incapaz, como todos os letrados da época, de compor em grande escala.

Por outro lado, é absolutamente incapaz de fazer comunicar esse gosto da erudição geográfica com a sua imaginação poética ou a sua sensibilidade artística. A poesia nunca inflama a erudição. Há dois homens em Apolónio, dois homens que não se falam. Justapôs na sua obra duas coisas que permanecem absolutamente distintas: um romance de amor e um tratado de geografia. Admitamos que estes dois «assuntos» — amor e geografia — respondiam a dois gostos, duas naturezas de Apolónio. Equivale isto a dizer que se não conseguiu reduzi-las à unidade no seu poema, a sua personalidade não foi bastante forte para fazer a sua própria unidade. Nele, o poeta foi vencido, deixou que lhe fosse imposta uma moda do tempo, a que mais punha em perigo a sua poesia, que por fim abafou sob um peso de erudição não assimilada, não humanizada.

Mas Apolónio não se enganou apenas na natureza e na amplitude do seu talento, enganou-se na escolha do género literário em que esse talento melhor se teria exprimido. Esse género não era a epopeia, de que não conhecia nem as exigências nem as leis — e que escolheu, por criancice de estudante, precisamente porque o seu velho mestre a condenava. O que ele teria criado, se tivesse mais clara consciência de si próprio, seria o romance de amor que, com efeito, assenta, alguns séculos depois dele, nesse misto de amor e de aventura, de paixão contrariada e de deambulações pelo mundo, que encontramos senão exactamente em *Dáfnis e Cloe,* pelo menos nas *Efesíacas* de Xenofonte de Éfeso. Nesta última via criadora do génio grego, inventor de géneros literários, Apolónio é um precursor desconhecido de si próprio.

Não refaçamos a história literária. Apolónio não podia esquecer Homero. Julgava-se um novo Homero. Um crítico inglês diz da sua tentativa que foi um «desaire ambicioso».

O seu título de glória subsiste. Apolónio é, sem o saber, nem o ter querido, nem o ter plenamente conseguido, o primeiro dos romancistas gregos.

Prestemos-lhe justiça. Apolónio é poeta. Por vezes mesmo grande poeta. Acrescentemos, pesando as nossas palavras, que a sua poesia procedia de um temperamento romântico. Não se trata de definir uma vez mais o romantismo, mas simplesmente notar que desta história de paixão que Apolónio conta se desprende um perfume romântico, que ela faz brilhar no coração e no acontecimento a sombra mais opaca, a luz mais radiosa. Um dos nós do temperamento romântico, é o gosto do excesso e mais ainda da passagem de um excesso ao excesso contrário. Ora, toda a história de paixão é própria para estas vivas oposições de valores.

Apolónio não escolheu mal o assunto ou pelo menos uma parte do assunto. Sente, muito vivamente, na pessoa e na aventura de Medeia, o contraste duma paixão extremamente violenta que cai sobre uma simples rapariga, que fere uma alma crédula, quase ingénua, quase infantil. A fulgurância romântica que fere Medeia ao ver Jasão mostra desde a primeira cena deste romance de amor esse contraste violento. A rapariga mais sensata, mais noviça no amor, é atingida pela paixão-bruxedo mais irresistível. Imediatamente se entrega inteira a esse sentimento, a esse encantamento, como se dará sem reserva ao estrangeiro. E ao mesmo tempo, a cada instante, domina-se ou tenta dominar-se. O romantismo está nestes contrários que se engendram e se substituem constantemente no coração dos seres. Nas horas nocturnas que se seguem ao encontro fulminante, a personagem de Medeia constrói-se sobre a antítese do pudor total e da paixão total. Medeia é constantemente lançada do Céu ao Inferno, como diria Hugo. Precipita-se na morte e ressalta para a vida num mesmo impulso. A cena do cofre, que ela abre sobre os joelhos para dali tirar o veneno e acabar com a vida, as lágrimas por si mesma, e de súbito as imagens da vida que surgem nela do contacto com a morte em que entra e que a lançam para a alegria, para o amor de Jasão — toda esta cena é de um romantismo acabado! (Acabado quer dizer, em primeiro lugar, perfeito.) Vista por este ângulo, considero-a única na literatura grega.

Mas ao lado do romantismo da paixão e dos efeitos de contraste que ela permite, há em Apolónio um outro veio que se pode qualificar de romântico — sem abusar da palavra —, uma certa maneira de fazer participar a natureza do estado de alma do herói. Os românticos modernos, e também Virgílio, sentem a natureza no seu acordo com os nossos sentimentos ou, pelo contrário, na sua dissonância com esses sentimentos. Convidam-na a sofrer connosco ou, pelo contrário, indignam-se de que ela fique indiferente ao nosso sofrimento. Mas é a mesma coisa: num e noutro caso, ela é sentida subjectivamente, existindo apenas nas suas relações com os nossos estados de alma. Ora, esta forma de sensibilidade para com a natureza é muito rara na Antiguidade. (Safo por vezes liga-a assim aos seus estados passionais.) Para os poetas antigos que falam da natureza, esta é uma realidade que existe em si mesma, uma grande realidade divina, na qual o homem por certo tem o seu lugar, mas a que o homem não pensaria em pedir movimento em relação com o que sente.

Noto que os estados de alma de Medeia, sem que ela apele expressamente para a simpatia da natureza, inserem-se num cenário que parece feito para os sentimentos que experimenta. Medeia, como outras heroínas românticas, precisa do luar. Esta luz lunar não lhe falta por duas vezes. Assim, a Lua ergue-se no horizonte quando ela foge de casa de seu pai, precisamente — cúmulo do romantismo! — quando atravessa um cemitério! Uma outra passagem mostra Medeia à janela do quarto, olhando o nascer da Lua e captando os raios dela nas pregas da sua fina camisa. Um crítico encontra nesta passagem a cor do romantismo germânico.

Deixemos Apolónio. Não esqueçamos, como ele o fez por tempo demasiado no seu canto IV, a existência do ponto final. Teve numerosos herdeiros, o que prova que a sua obra, ainda que artificial, entorpecida no voo pela pressão do meio e pelo peso da tradição clássica, não estava no entanto inteiramente voltada para o passado. O romance grego, repito, nasceu do seu poema. Mas teve um herdeiro muito mais ilustre. Virgílio, ao escrever o canto dos amores de Eneias e Dido, reproduzido no canto IV da *Eneida*, acaba e transfigura o canto III dos *Argonautas*. O admirável poema de amor de Dido segue passo a passo o rasto de Medeia. Já não lemos Apolónio. O melhor da sua obra passou para este canto da *Eneida*. Virgílio absorveu-o — utilizando-o até à última migalha. Mas fez mais do que absorvê-lo, apagou-o, aniquilou-o, lançou-o para fora da literatura viva. Quase sempre acabando o que em Apolónio por vezes ficara meio acabado.

Um só exemplo. Numa passagem bastante bela do quarto canto dos *Argonautas* (sabe-se como são raras!), os nautas, atirados para a costa da Líbia, passam dias e dias sem água no deserto. De súbito o vento da noite traz-lhes um ruído misterioso, como o de passos no deserto. Alguns deles vão ver o que é e Lince, de vista aguda, «julgou então ver Hércules, sozinho e muito longe, ao fim da planície sem limites, como se vê ou como se julga ver a Lua nova através da bruma». A comparação é bela em si mesma, mas não é exactamente apropriada. Hércules e o primeiro crescente da Lua ligam mal juntos, de modo que, concluindo, a comparação não funciona e parece um ornamento adicionado. Virgílio retoma a passagem no canto da descida aos Infernos. Em dois versos traduzidos de Apolónio.

«... *e ele reconheceu-a entre as sombras*»
(mas citemos primeiro em latim)

« ... *agnovitque per umbras*
Obscuram qualem primo qui surgere mense
Aut vidit aut vidisse putat per nubila luman.»

Mas a quem reconhece Eneias entre as sombras *(obscuram)* «Como se julgar ver a Lua nova entre as nuvens»? Não é o corpulento Hércules, que nunca teve nada de espectro ou de visão fugitiva, é a pálida Dido na floresta de mirtos. O valor da comparação é transfigurada por esta mudança. Imediatamente tudo fica no seu lugar, e a emoção poética não é prejudicada por nenhuma discordância.

A poesia de Apolónio, repito, não é uma criação inteiramente voltada para o passado, o génio incerto do poeta alexandrino tende para qualquer coisa. É alguma coisa ter anunciado o romance de amor, assim como uma certa forma de romantismo, o de Virgílio.

XVI

O PARAÍSO DE TEÓCRITO

Teócrito. Poesia de férias. A poesia grega, toda a literatura, eram profundamente sérias. De Homero a Aristófanes. Sim, o próprio Aristófanes, por mais que dê cambalhotas e cabriolas, por mais que largue patranhas e nos faça rir até às lagrimas. Também ele é sério. E é mesmo essa profunda seriedade que lhe permite os seus perigosos saltos e cabriolas em pleno céu sem um deslize, sem correr o risco, sequer por uma fracção de segundo, de não cair de pés no chão, risonho e sereno.

A literatura grega propunha-se, de certo, a distracção do auditor, o prazer do leitor. Por meio deste prazer partilhado, desejava-se útil à comunidade, eficaz na sua acção. A própria tragédia, principal invenção literária dos Gregos, pelo conhecimento do horror da nossa humana condição, punha nas mãos do homem um instrumento de sabedoria, de luta e de libertação. A literatura grega, pelo menos enquanto existiram comunidades, era isto. Era esta reflexão do homem sobre si próprio, era esta concentração de energia com vista à acção comum. Nunca era puro «divertimento», distracção, gratuitidade.

Agora, as cidades desapareceram. Nas grandes cidades novas há apenas indivíduos que perseguem, cada um à sua maneira, interesses individuais, que procuram prazeres individuais. A literatura tornou-se um desses prazeres. Reservado àqueles para quem o lazer consiste em cultivar-se com gosto. Aos pobres diabos, aos iletrados, oferece-se pouca coisa: desfiles militares, cantoras de ópera... Aos que têm brios de cultura, Teócrito oferece a sua poesia requintada, a sua poesia campestre para citadinos.

Teócrito escreve idílios. A palavra, na sua pena e no seu tempo, significava poemas curtos, de uma centena de versos. Mantendo-se breve, segue um conselho mais de uma vez dado por Calímaco. Toma também a medida da sua imaginação, que rapidamente perderia o fôlego se ele se lembrasse de escrever uma tragédia ou uma epopeia.

Contudo, inspirando-se ainda num convite de Calímaco, Teócrito tenta escrever alguns brevíssimos poemas épicos. O único em que se saiu bem, o único de que falarei, é o *Ciclope*. Teócrito, retomando um velho personagem e um velho tema do mito grego, mostra, num tom ligeiramente realista e humorístico, Polifemo apaixonado pela ninfa Galateia. É a imagem do enamorado pateta de quem troçam as raparigas. É preciso toda a arte de Teócrito para extrair deste amante grotesco, cuja alma de bom gigante cheia de ternura está como que esmagada pelo corpo enorme, para extrair, dizia, um ser comovedor, para conservar do riso apenas o sorriso, para atingir no mesmo movimento a emoção mais simples e mais verdadeira. A audácia parece incrível, por exemplo, quando se põe este apaixonado a falar a linguagem galante do tempo, com as suas metáforas preciosas ou empoladas e as suas imagens extravagantes, ao mesmo tempo que nos apiedamos e sorrimos.

Ouvimos Polifemo sobre um dos rochedos da costa chamar Galateia, invisível nos folguedos da água. Sorrimos da linguagem alambicada com a qual pensa conquistar a bela — desejando, por exemplo, que com a sua própria mãe ela lhe incendeie a alma, deite fogo à sua sobrancelha e o seu único olho que lhe é mais precioso do que tudo, desejando que sua mãe o tivesse posto no mundo com guelras para poder mergulhar nas ondas onde se esquiva aquela a quem ama. Estes rasgos, aliás não numerosos, sensibilizam por aquilo que atestam de ingenuidade daquele que só emprega esta linguagem para agradar.

Polifemo é ainda mais comevedor quando pede à bela que lhe perdoe a sua fealdade — essa fealdade de que pela primeira vez tomou consciência, graças ao amor. É comovedor porque o amor, em vez de o tornal brutal, forte como ele é, o enche de delicadeza. A Galateia não pede mais que venha sentar-se na sua cabana, «e, se te parecer demasiado hirsuto», diz, «não virás a mim; mas tenho achas de carvalho, ficarás sentada perto das brasas; eu suportarei o meu desgosto... beijarei a tua mão, se me recusares a tua boca...»

É ingénuo, é enternecedor pelos presentes que se propõe fazer-lhe. «Estou a criar para ti onze cervas, todas marcadas de luas, e quatro ursinhos... e colherei para ti campainhas brancas, far-te-ei ramos de papoulas. Mas uns crescem no Verão, outros no Inverno: não poderei levar-tos todos ao mesmo tempo...» Assim Polifemo faz poesia com o seu amor, com a sua pena. Vê-se como Teócrito integra na sua obra os príncipios calimaquianos: moderniza o mito através do realismo e da psicologia corrente; mas ao mesmo tempo excede-os. O seu Ciclope é de facto um pastor como os outros, não já um ser mítico, mas um enamorado ingénuo como o comum dos homens, um camponês que pede à sua boa amiga «que venha guardar o gado em sua companhia, ajudá-lo a mungir os animais, a coalhar o queijo pondo-lhe dentro o ácido coalho». Este é o estádio realista da modernização do mito. Mas este estádio é ultrapassado porque esse apaixonado, esse camponês, é um poeta, porque o seu canto transfigura o mundo onde vive — os objectos que o rodeiam, as suas ocupações, os seus sentimentos — num mundo onde reina a beleza.

Todo o poema não é mais do que um canto, onde, por momentos, os temas poéticos que se sucedem parecem prestes a organizar-se em estrofes. Mas Teócrito não o faz: deixa o fluxo do sentimento desenvolver-se em ondas ligeiramente desiguais. Contudo, estamos em pleno lirismo. Não se trata de observação ou de reprodução exacta dos sentimentos ou das coisas, trata-se (com uma matéria observada, com uma experiência amorosa vivida — com o dado) de fazer beleza. «Branca Galateia, porque repeles tu aquele que te ama, tu, mais branca que o leite coalhado, mais terna que o cordeiro, mais fogosa que o jovem bezerro, mais luzidia que a uva verde.» O vulgar «dado» não é mais que o suporte da onda poética.

Assim entramos num mundo no limite da vida e do sonho. O que o poeta nos dá é menos uma experiência da vida do que um belo sonho a partir da vida. O sonho da paixão, o sofrimento do amor serenado e como que luminoso pela transfiguração poética.

Estamos já muito longe de Calímaco. Em presença dos velhos mitos cujo carácter convencional o irritava, Calímaco apenas sabia raspar as velhas belezas serôdias e mostrar-nos honestamente os baixos um pouco prosaicos e sem saber da mitologia. Teócrito é poeta. Dê-se-lhe seja o que for: um velho mito, um apaixonado grotesco, e as coisas mais ordinárias, leite coalhado, uva verde, bezerro no prado... Toda a realidade se torna para ele radioactiva: dela se desprende uma fresca beleza...

Antes de seguir adiante e de apresentar algumas das obras mais originais de Teócrito, não nos esqueçamos de indicar que este poeta inventa para os

Gregos e para nós um género literário novo, destinado nos tempos modernos a um imenso êxito, e a que se chama primeiro mimo rústico, pastoral, bucólica, e depois idílio e égloga no sentido moderno destas palavras. A pastoral é — com o romance — o último dos géneros inventados pelos Gregos. Pouco importa que o mimo — rústico ou não — seja um género secundário, uma pintura da vida em ponto pequeno e numa moldura limitada. Pouco importa que este género novo, este mimo de Teócrito e de Herondas (voltarei a falar deste nome e do nascimento do mimo propriamente dito no capítulo seguinte) esteja para o drama como o epigrama está para a grande lírica clássica, como o indivíduo está para as antigas comunidades. Pouco importa — se, neste género de outra escala, reduzido à escala da época, a arte continua a ser perfeita, se o poeta dispõe, no quadro que para si próprio traçou, de igual poder de nos agradar. É interessante, em todo o caso, assistir, no fim da história da poesia grega, e em condições históricas mais claras — ou menos obscuras — do que quando se tratava do nascimento dos grandes géneros anteriores, epopeia, lirismo e drama, ao nascimento de um género literário. Interessante sobretudo verificar que o processo do nascimento do mimo rústico não parece muito diferente do nascimento dos grandes géneros anteriores.

Os géneros literários poéticos nascem na Grécia em condições mais naturais do que no nosso renascimento, em que vemos os principais géneros nascerem da imitação dos géneros antigos redescobertos. Os Gregos não tinham qualquer literatura anterior a imitar. Nunca se afirmou e certamente não se afirmará nunca que a epopeia grega, o lirismo, a tragédia, tenham nascido do contacto com géneros análogos constituídos no Egipto, na Assíria ou na Suméria. Na verdade, que vemos com bastante clareza na Grécia? A epopeia, a tragédia, os outros géneros poéticos clássicos nascem de tradições, de usos poéticos populares. Existem narrativas heróicas, ou cantos, hinos, ou danças, jogos sagrados, ou imitações grotestas. Todos estes usos florescem em abundância no povo, por ocasião das festas religiosas ou das festas do trabalho. E são estas tradições poéticas populares que um poeta ou poetas erguem ao nível de género literário, dando forma artística ao que no uso popular estava informe, ou imposto à inspiração, pela autoridade do génio, leis exigentes. Esse género que o grande poeta cria, que inventa — não há género que não tenha nas suas origens a marca de qualquer grande artista, a assinatura do criador que lhe dá vida —, esse género que o poeta cria, procurou-o ele (elementos, temas, acento) na poesia popular. O processo do nascimento dum género na Grécia parece ter sido sempre este: uma tradição poética popular fecundada por um génio criador.

Ora, o que Homero — e talvez dois ou três génios que o precederam — fez pela epopeia, o que Téspis, Frinicos, Ésquilo, em condições históricas pouco mais claras, fizeram pela tragédia, o que Cratinos e ainda Aristófanes fizeram pela comédia com as *«phallica»* e a farsa de Mégara — fê-lo Teócrito, no cabo da história da poesia grega, inventando o mimo rústico. Para proceder a esta invenção, Teócrito inspira-se em usos poéticos populares sicilianos ou italiotas, juntando-lhes certas tendências da literatura alexandrina. Esta fusão, este casamento de tradições populares e de tendências literárias resultam, são fecundos, porque se operam sob o signo do génio poético de um poeta determinado — que é Teócrito.

É este casamento que vou seguir durante alguns instantes.

Entre os camponeses da Sicília, no século III e anteriormente, existia uma poesia popular. Em primeiro lugar, como em muitos países, canções de trabalho que se cantam para incitar ao esforço. Subsistem sinais delas na poesia de Teócrito: por exemplo, na canção do trabalhador do campo Mílon que adiante citarei e que lembra as canções que ainda recentemente acompanham o trabalho dos obreiros agrícolas. Mas havia também, na Sicília, um uso poético muito mais original, de que os antigos nos falam sob o nome de «bucoliasme»: era um canto alternado, improvisado por dois pastores sobre temas da vida rústica. Estas improvisações revestiam-se da forma de concurso, de luta poética. Conhece-se o gosto dos Gregos pelos concursos, o *agôn*, como eles dizem. É um dos seus desportos preferidos, um dos jogos naturais da vida grega. A luta poética tomava por vezes uma forma muito simples: os dois cantadores, depois de se terem desafiado, faziam ouvir, cada um por sua vez, a sua canção. Depois, o árbitro escolhido julgava. Mas, no «bucoliasme» propriamente dito, tratava-se de um canto alternado em que os improvisadores lançavam um contra o outro, como bolas, curtas estrofes. Um outro termo designa ainda os cantos do bucolismo. Os antigos falam de cantos *amebeus*, o que quer dizer precisamente canto alternado.

A regra do jogo destes concursos era muito rigorosa. Um dos cantores, ou porque a sorte o tivesse designado, ou porque lançasse o desafio, improvisa uma curta estrofe, em geral de dois versos, sobre um certo tema rústico. O rival tem de improvisar então sobre o mesmo tema uma variação, uma estrofe de igual extensão e da mesma forma rítmica. Depois o primeiro apresenta novo tema, sobre o qual o segundo improvisa nova variação. E assim de seguida até que um se confesse vencido ou que o árbitro pare o jogo proclamando o vencedor.

O concurso do quinto idílio — *Cabreiro e Pastor* — entre Comatas e Lácon, parece muito próximo do uso popular. Eis algumas réplicas dele. Comatas apresentou o tema flores selvagens e flores cultivadas; Lácon responde: frutos ingratos e frutos doces.

Comatas:

«Não se deve comparar nem sarça nem ranúnculo
com as rosas cujas hastes crescem ao longo dos muros.»

Lácon:

«Nem as maçãs da montanha com as glandes da carrasqueira:
estas têm a casca rugosa do carvalho; aquelas têm uma pele de mel.»

Mais adiante:

Comatas:

«A minha bela receberá de mim amanhã uma pomba
que eu apanharei no seu poiso do zimbro.»

Lácon:

«Para fazer um manto, quando eu tosquiar a ovelha castanha,
Crátidas receberá uma maravilhosa lã.»

Mais adiante, Comatas apresenta o tema das raposas que devastam as vinhas de um vizinho; Lácon responde com a devastação que os caracóis fizeram nas figueiras de outro vizinho. E assim sucessivamente. Neste canto encontramo-nos muito perto da tradição popular.

Pode-se supor que os pastores se exercitavam nestas improvisações enquanto guardavam os rebanhos. A meia ociosidade da vida pastoral, num clima suave, favorecia a cultura dos dons poéticos. Os antigos dizem-nos que os mais famosos destes improvisadores apresentavam-se em concursos organizados por algumas cidades da Sicília, por ocasião das festas de Ártemis, deusa, na região dória, dos rebanhos, tanto como da caça.

Se tais usos poéticos nos espantam, é que nós somos pessoas do Norte: as nossas respostas são menos prontas, a nossa invenção verbal mais hesitante; a nossa cultura, de certa maneira entorpece-nos. Um escritor do Vaud disse: «Somos demasiado cultivados para sermos cultivadores.»

Contudo, usos poéticos semelhantes ao bucolismo do tempo de Teócrito são ainda atestados em épocas muito recentes, mesmo no princípio do século XX, em alguns países mediterrânicos: entre os ovelheiros corsos, entre os porqueiros sérbios e, sem procurar mais longe, entre os pegureiros da Sicília, onde esses improvisadores modelos, que certamente apenas perpetuam uma tradição milenária, se chamam *sfide*.

Seja como for, a existência duma poesia pastoral popular na Sicília, na época de Teócrito, não é duvidosa, mesmo pondo o bucolismo de parte. Que Teócrito, ao criar o mimo rústico, tenha, com sábia arte, transportado para o palco poético literário o ambiente, as personagens, os temas, várias lendas duma poesia toda ela popular, é evidente. Eis o exemplo duma canção que canta ceifando o camponês Mílon e que ele atribui ao padroeiro lendário dos ceifeiros, chamado Litierses. Esta canção é do tom prático e positivo do velho camponês Hesíodo: está cheia de ditados da sabedoria rústica, encontram-se também nela brincadeiras e imagens de veia muito popular. Onde começa a arte, a alquimia que transforma o metal poético bruto em metal precioso? Quem o dirá? Pouco nos importa. Sem dúvida o ponto de partida autenticamente popular, a raiz camponesa solidamente implantada na terra.

Mílon:

Deméter, deusa dos frutos e das espigas numerosas,
Faz que estas searas se cortem bem e rendam!
Apertai, atadores de molhos, para que um passante não diga:
Trabalhadores de pau de figueira, coitado de quem lhes paga!...
Quando malhais na eira, não há sesta ao meio-dia!
É então que o restolho melhor se faz em palha!
Para a ceifa, trabalhemos desde que a cotovia acorda.
Parai, quando ela dorme: nas horas quentes, descanso.
De invejar, meus filhos, é a vida da rã; ela não cuida

De que lhe deitem de beber, tem tanta água quanta quiser!
Forreta do intendente, farias melhor em cozer-nos lentilhas,
em vez de cortares os dedos a serrares sementes de cominhos.»

Eis, a título de exemplo, um dos pontos de partida de Teócrito que dá à sua obra uma solidez extrema. Teócrito, ao inventar o mimo rústico, assenta-o no alicerce da verdadeira vida rústica. Teócrito não é pois um puro letrado que inventa dos pés à cabeça um novo género. A sua invenção começa por ser descoberta, a descoberta de uma poesia popular. Recolhe este género — mas não como faria um amador de folclore —, reelabora-lhe a matéria e a forma, e das tentativas forçosamente irregulares dos improvisadores, faz uma obra de arte.

Contudo, se Teócrito não é um puro letrado, é também um letrado, não apenas porque dá existência literária a uma tradição popular, mas também porque continua no mimo rústico, que funda, uma tradição literária. O veio popular não é, com efeito, a única fonte do mimo rústico. Não esqueçamos que antes de Teócrito havia já mimos, isto é, composições dialogadas realistas, imitando cenas de vida quotidiana.

Nada de mais perfeito no género do mimo realista do que as *Siracusanas* de Teócrito. O que constitui a matéria imutável da existência burguesa, da «mentalidade» (palavra horrível, mas propositada) burguesa, é aqui pintado em plena luz, com uma segurança de pincelada de natureza morta. Todos os pormenores nos fazer ver estas duas comadres, ouvir a sua conversa ao natural: há os queixumes sobre a estupidez dos maridos, há a criada que se deixou apanhar porque é feita para isso mesmo, há os gritos por causa do preço de um vestido novo e os lamentos a propósito das maldades do gato... Há também a sua maneira de educar os filhos: ora os tratam por «bebé queridinho», ora ralham e ameaçam com o papão... Mais adiante, seguimo-las pela rua, entre a multidão; é dia de festa no palácio, onde se preparou para os basbaques um divertimento aliás estúpido; e as nossas burguesas, que são ao mesmo tempo provincianas, damas de Siracusa em Alexandria, de Lião em Paris, pasmam de tudo, da circulação e dos gendarmes a cavalo, e zangam-se porque as empurraram, e têm medo de se perder e aceitam o auxílio de um senhor delicado, e discutem com um senhor rezingão, finalmente admiram conscienciosamente no palácio um virtuoso ilustre que se faz ouvir num canto pretensioso que Teócrito nos reproduz com ironia.

O PARAÍSO DE TEÓCRITO

Tudo isto é de uma verdade gritante. Se os pormenores pitorescos não são de realismo tão apimentado como os veremos em Herondas, nem por isso são menos saborosos. Ao escrever mimos como as *Siracusanas*, Teócrito mostra que partilha o gosto do tempo pelos assuntos e pela maneira realista. Esta pintura dos costumes burgueses, responde a uma necessidade que ocupa os poetas da época e de qualquer época tardia em literatura: é preciso fazer *novo* e fazer *verdadeiro*. Esta procura duma novidade que seja verdadeira é satisfeita, no século XIX, pela literatura exótica, desde as *Orientais* a Pierre Loti. Que é, em Alexandria, uma literatura siciliana — exótica, ou provinciana? A Sicília é o Japão ou a Bretanha de Alexandria.

Mas o golpe de génio de Teócrito foi dar subitamente ao mimo realista em voga no seu tempo um outro conteúdo que não fosse a realidade burguesa ou exótica em moda, uma realidade pastoral. Talvez não fosse ele quem nisso pensou primeiro. Hesíodo estava em moda. Mas se outros faziam poesia rústica ou pastoral com Hesíodo, isto é, com literatura, ele foi o primeiro a fazê-la com a vida dos pastores da Sicília que ele conhecera ou vivera, com os cantos que ouvira da sua boca, com as paisagens que amara, fê-la com a sua infância, com a sua vida sonhada de camponês-poeta.

Em redor de Teócrito, o realismo não era mais do que uma corrente literária. Integra-o no mundo encantado que ele ama, nesse mundo interior que traz em si desde a infância. Integra-o na sua poesia — e a sua poesia ultrapassa-o.

O mundo poético de Teócrito é ao mesmo tempo *verdade* e *poesia*. Verdade, isto é, fidelidade do poeta aos dados da sensação e da experiência. Poesia — em resumo — é transmutação pelas sonoridades, pelos ritmos, pela escolha das sensações, pelas imagens, da verdade em beleza. Mas nenhum mundo poético poderá ser belo se primeiro não assentar em verdade. De modo raro, é isso que acontece ao mundo de Teócrito.

Os ovelheiros de Teócrito não são pastores de fantasia: são verdadeiros pastores. Não são ociosos, guardam os animais nos pastos rochosos da Sicília, que descem em encostas íngremes para o mar. Este ofício não é uma sinecura. Os animais por vezes emancipam-se. Chamam-nos à ordem com uma interjeição local — *sitta* — um grito de chamada que responde à *aria* do *ranz* das vacas. Assim Corídon corre atrás dos seus vitelos que, do pasto, desceram para os olivais e roem os ramos das árvores. Ao correr, espeta num pé um pico de giesta.

Os pastores também não deixam de levar o gado a beber, conhecem as fontes da região. A mungidura não é esquecida. Os diferentes vasos de que o pastor se serve, seja para ordenhar, seja para deixar assentar o leite, seja para beber, tal como os diversos cestos entrançados, todos estes utensílios têm um nome, especial segundo a sua forma e o seu uso.

Teócrito indica também o trajo dos seus pastores: peles de animais ou vestes de lã dos carneiros. «As tuas peles de bode ainda cheiram pior do que tu», diz Lácon a Comatas. Naquilo a que a crítica chama «cor local», Teócrito dá um largo espaço ao odor local, cheiro verdadeiro dos rebanhos e dos camponeses.

A verdade da pintura alarga-se também às instalações dos pastores, características dos costumes sicilianos ou do Sul da Itália. Durante a boa estação, os ovelheiros não deixam a montanha, vão de alpe em alpe, onde dormem ao ar livre, mas têm também cavernas onde instalam a cozinha, fazem uma vida meio troglodita, ainda hoje não esquecida na Calábria.

Quanto à fauna e à flora, são de grande riqueza. Nunca paisagens estilizadas, como nas «bergeries» do classicismo francês moribundo, em que todas as essências de árvores, as espécies de plantas, são compreendidas sob um qualquer termo genérico como «bosques encantadores» e «macios prados». As árvores, as moitas, as flores são chamadas pelos seus nomes, ao mesmo tempo precisos e musicais. À paisagem também não faltam os pássaros (incluindo os nocturnos), nem os insectos, nem os lagartos, nem as rãs. Pela riqueza da vida animal e vegetal dos seus idílios, Teócrito é o filho autêntico dos dois grandes poetas gregos que mais amaram os animais e as árvores, Homero e Aristófanes. É inútil enumerar. É evidente que Teócrito é um desses poetas para quem o mundo exterior — o campo — existe plenamente, existe com riqueza e impõe-se a nós com força. Não uma natureza virgiliana sobre a qual se espalha a melancolia do ser interior, mas um mundo que sentimos sensualmente, uma natureza que nos dá a alegria de existir, um campo que respiramos a plenos pulmões.

Tudo isto sem que o poeta tenha necessidade de descrever metodicamente uma paisagem. A natureza em Teócrito, tal como em Homero, nunca é pretexto para descrição pitoresca. Meios muito simples, muito puros, bastam para nos pôrem em contacto com a vida das coisas. Breves notações lançadas como ao acaso no poema fazem-nos saborear um cambiante do céu ou do mar, ou a forma de um cipreste, ou o vento nos pinheiros, ou esse perfume de fruto maduro do Outono, ou o ruído surdo de uma pinha que cai na erva... Isto basta para criar um momento inefável da vida da natureza. É como se algumas sensações fizessem entrar em nós o ritmo ou a empolgante singularidade das coisas. Sempre com palavras precisas, com adjectivos usuais. O poeta não quer que a riqueza do epíteto nos impressione e retenha. A plenitude das coisas parece exprimir-se melhor por uma certa pobreza da expressão — uma pobreza aparente que provém duma escolha justa, rigorosa, da sensação, uma escolha que fará passar das coisas a nós essa espécie de música que nos liga à natureza.

E aqui está como a verdade começa a transportar-se em beleza.

Mas é preciso falar ainda da verdade das personagens. Estas personagens são verdadeiros pastores que pensam e se exprimem como camponeses. A sua maneira de falar é ao mesmo tempo muito espontânea e muito tradicional. Gostam de apoiar-se numa tradição de sabedoria aldeã, falam muitas vezes por provérbios. A sua maneira de pensar está naturalmente sobrecarregada de superstições campestres. A mentira faz crescer uma borbulha na língua ou no nariz dos mentirosos. Deve-se cuspir três vezes para evitar a fascinação quando se vê a própria imagem na água. Ver um lobo faz perder a fala, etc.

Há que segui-los também nas suas discussões, que são lentas porque eles seguem o ritmo do campo. Muitas vezes trata-se de discussões sobre os méritos ou os defeitos dos amos, ou de discussões a propósito de objectos roubados e de cujo furto mutuamente se acusam. Segui-los nos seus jogos, que são frequentemente puras brincadeiras de crianças. Um deles incita o cão a ladrar, a toque de assobio, contra a bela que não lhe liga importância. É certo que a amiga começara por bombardear-lhe os carneiros com maçãs.

E mais isto ainda, que dá às personagens dos idílios a consistência de pessoas reais: a individualização dos caracteres. Nos tempos modernos, Dáfnis, Corídon, Títire, Menalcas, não são mais que os nomes múltiplos e intermudáveis de um tipo único, o pastor apaixonado em si, que perdeu todo o carácter individual, todo o sabor próprio. Nos mimos de Teócrito, as personagens são apresentadas aos pares: as diferenças individuais dos dois adversários, por mais ténue que seja o traço que os indica, sustentam um interesse dramático. Tal qual o que acontece com os guerreiros da *Ilíada*, todos valentes, mas cada um à sua maneira. Vejamos os dois ceifeiros do idílio X. Mílon, o mais velho, é um camponês um pouco rabugento, um bom trabalhador do campo que quer fazer trabalho sério sem se ocupar com «tolices» — com namoricos. É um homem de experiência, que não se deixa apanhar por fantasias romanescas do coração. É trocista, mas a sua troça não é uma ironia corrosiva. Não lhe falta vida interior: gosta da musicalidade da canção do seu camarada. Mas pensa que um trabalhador do campo, como ele é, fará melhor em cantar o seu trabalho do que devaneios a propósito de raparigas. Ao lado dele, um rapaz, Bucaios, que só pensa no amor, na amiga, e que ceifa tudo torto. Bucaios é um sentimental e um sonhador. Um sonhador que sabe que sonha: sabe que aquela a quem ama só para si é bela, e di-lo. Mas há dez dias que só vive do encanto da voz dessa mulher — essa voz que tem para ele o gosto de uma baga silvestre («A tua voz é uma dulcamara!...») —, vive da recordação dessa pele queimada do sol... Quereria dar o mundo àquela a quem ama, e só pode dar-lhe a sua canção, que termina com uma espécie de suspiro diante do que há de inexprimível no objecto amado. «O teu ar, é... não sei dizer.»

Teócrito cria personagens, opõe os seres com traços que parecem não ter importância, com toques leves e quase imperceptíveis.

Eis ainda os dois pastores do idílio IV — intitulado *Os Pastores*. A oposição das personagens — Batos e Corídon — é muito viva e, por outro lado, não há concurso bucólico. É uma simples conversa de pastores, no pasto, entre as vacas difíceis de guardar. Falam dos animais, falam do amo. Algumas indicações dadas de passagem mostram a paisagem: colinas secas com moitas espinhosas, giestas, grossos cardos na erva do prado, mais abaixo os olivais que descem para o mar.

Corídon é uma alma cândida, boa por natureza, e que nem sequer o sabe, Até às vacas atribui um coração sensível. É cheio de atenções para elas: conhece as suas ervas preferidas e esforça-se por arranjar-lhas... Tudo, na sua vida miserável de escravo, se traduz para ele em doçura: ama o perfume da erva como aprecia o som da flauta. Numa condição humílima, é uma sensibilidade fina, como um irmão de Bucaios, um irmão de Teócrito também, sem dúvida.

Batos é a negação desta alma confiante na vida. É amargo e sarcástico, mau para o camarada.

A crítica fez algumas vezes deste mimo uma espécie de comédia em que Teócrito troçaria ao mesmo tempo do «bonzão» Corídon e de Batos «má-língua». Mas falar de «comédia» é falsear o tom de Teócrito, que cria sempre as suas personagens em plena simpatia com a sua alma fruste. Aqui, nomeadamente, teve o cuidado de pôr na boca de Batos alguns versos rápidos, cheios de ternura por uma rapariga que amou e que morreu. Eis explicadas por esta antiga ferida a amargura e a malignidade de Batos. Também ele é terno, mais próximo de Corídon do que ao princípio parecia.

No fim do mimo, por um movimento inverso, é Corídon que parece aproximar-se de Batos. Ambos se entendem para falar, juntos, de uma aventura do velho amo em termos extremamente lascivos. Dois homens muito diferentes juntam-se numa espécie de corrente de paganismo campestre que atravessara todo o idílio sem que eles dessem por isso.

Não deveremos, contudo — ao sublinharmos estas leves diferenças de carácter — fazer dos mimos pequenos dramas psicológicos. Teócrito utiliza estas diferenças para fins líricos. As duas personagens que opõe estão ali para dar como que variações sobre um mesmo tema. Duas personagens da mesma condição, que vivem no mesmo mundo sentimental — mundo onde reinam o amor e a natureza — são unidos como duas «vozes» que se reúnem num acorde único. Trata-se pois menos de drama e de psicologia do que de música ou, para falar sem imagens, de lirismo — um lirismo cujo movimento interior assenta na oposição ligeira, na rivalidade poética das personagens criadas.

Quanto à música a duas vozes do idílio IV, é a de duas almas campestres, de duas vidas simples, ocupadas em pequenas tarefas quotidianas, meio submersas pelo que há de inexorável na vida dos campos. Num deles, esse peso do quotidiano tornou ácido o humor, no outro tudo se tornou... Deveremos dizer ternura? Pouco importam estas reacções opostas. Estas personagens fazem parte da vida rústica que as arrasta: os animais que se escapam, os prados cheios de cardos, a rapariga que se amou e que morreu, o velho que por trás do estábulo ainda faz de sátiro, e que eles admiram, simples que são, pela sua vitalidade — tudo isto contém e, graças à arte de Teócrito, comunica, um ardente amor da vida.

Duas grandes presenças, neste lirismo de Teócrito, exaltam em poesia a verdade da pintura das coisas e dos sentimentos: o amor e a natureza, um ao outro unidos.

O amor está em toda a parte nos idílios, toda a espécie de amor. Por vezes Teócrito fala em seu nome. As mais das vezes exprime-se em criaturas desligadas dele, alimentadas da sua experiência amorosa e que ele mostra possuídas e despedaçadas pela paixão. Por exemplo, o Dáfnis do primeiro idílio.

O primeiro idílio — *Tírsis ou o canto* — parece primeiro uma simples conversa entre Tírsis, ovelheiro-poeta, e um cabreiro que lhe pede que conte «a paixão de Dáfnis», o patrono mítico dos pastores da Sicília, o ovelheiro que morre de amor. No decurso desta lenta conversa cria-se a paisagem onde se erguerá o canto de amor, o canto do langor e da morte estranha de Dáfnis. Essa paisagem é a montanha solitária, é o silêncio do meio-dia em que apenas se ouve o murmúrio de um pinheiro, o correr de uma fonte — esse silêncio «pânico» que a siringe do pastor não ousa quebrar, porque «Pã fatigado da caça descansa, de humor irritável, com as narinas prestes a inchar numa áspera cólera».

Tírsis canta. Fala da paixão exemplar que possui Dáfnis e de que morrerá. Ao morrer, Dáfnis leva o seu segredo. Dáfnis ama e foge do amor. A paixão habita-o todo, mas o objecto dessa paixão escapa-nos e escapa a ele próprio. Teócrito, propositadamente, deixou os contornos do mito numa espécie de claro-escuro. A natureza assiste o pastor no seu sofrimento e em vão se interroga acerca dele. Dáfnis morre levando o seu segredo de amor, recusa-o aos homens, recusa-o aos animais e aos deuses que vêm chorar a sua morte: é só a nós, leitores, que o poeta o transmite como uma angústia confusa ligada à nossa condição mortal e contudo libertados e gloriosos na operação do canto poético.

Tírsis canta:

«— Começai, Musas minhas amigas, começa comigo o canto bucólico. —
Sobre ele gemeram os chacais, gemeram os lobos.
Sobre a sua morte chorou o leão saído da floresta de carvalhos.
Começai, Musas minhas amigas, começai o canto bucólico. —
As vacas aos seus pés, os touros rodearam-no de mugidos,
As vitelas, os bezerros lamentaram-se.
— Começai, Musas bem-amadas, começai o canto bucólico. —
Veio Hermes primeiramente da montanha e disse:
«Dáfnis, que te atormenta? De quem reclamas tanto amor?»
— Começai, Musas bem-amadas, começai o canto bucólico. —
Vieram boieiros, ovelheiros, vieram os cabreiros:
«Que tens tu?» perguntavam todos. Veio Príapo e disse:

«Dáfnis, ó infeliz, porque te consomes, porque anseias?
A rapariga que tu amas, trazem-na os seus pés de fonte em fonte.
— Começai, Musas bem-amadas, começai o canto bucólico. —
De floresta em floresta te procura.
Procura-te, e tu, ah! Eros desvaira-te, já não sabes amar?
Tu, boieiro, não serás senão um tolo guardador de cabras?
O cabreiro, quando vê as cabras cobertas pelo macho,
Saltam-lhe os olhos por não estar no lugar do bode!»
— Começai, Musas minhas amigas, começai o canto bucólico. —
«Tu, quando vês as raparigas rindo às gargalhadas e folgar,
Ardem-te os olhos por não entrares na dança.»
Mas a todos Dáfnis nada respondia. Vivia
O seu mal de amor amargo. Amadureceu-o
Até ao termo fatal.
— Retomai, Musas, retomai comigo o canto bucólico. —»

Afrodite veio também com as suas chacotas, com a crueldade do seu riso. Pergunta-lhe se pensa ter vencido Eros, ele que se gabava de derrubar o Amor. Dáfnis, desta vez, responde:

«A ela então Dáfnis respondeu:
«Maldosa Cípris, Cípris detestada,
Cípris odiada pelos mortais,
Pensas que para nós todos os sóis se extinguiram?
Dáfnis, mesmo no Hades,
Será para Eros um espinho agudo!
Ó lobos, chacais, ursos que viveis nas cavernas da montanha,
Adeus! o vosso boieiro não anda mais pelos bosques,
Nem pelas espessuras, nem pelas clareiras. Adeus, Aretusa!
E as vossas claras ribeiras
Que ao Tímbris levais as vossas belas águas!...»
— Retomai, Musas, retomai comigo o canto bucólico. —
«Ó Pã, Pã, quer andes pela longa espinha do monte Liceu
Ou vagabundeis pelo grande Ménale,
Vem, Patrono, leva contigo a minha flauta,
Que liga a espessa cera cheirando a mel,

Casada com os meus lábios,
Já o amor me arrasta para o Hades!»
— Acabai, Musas, é tempo, acabai o canto bucólico. —
«Agora, as violetas florirão sobre as silvas, sobre os cardos,
E o fresco narciso iluminará o junípero!
Que tudo seja ao invés.
Vós, pinheiros, dai peras:
Pois que perece Dáfnis, cervos, persegui os cães!
Mochos da montanha, triunfai dos rouxinóis!»
— Acabai, Musas, é tempo, acabai comigo a canção.
Mais não disse, calou-se.
Afrodite quis pô-lo de pé.
O fio que vem das Parcas faltou.
Dáfnis entrou na água do rio negro.
Foi engolido, o favorito das Musas,
Aquele que às ninfas não desagradava.
— Musas queridas, ide, a canção acabou. —»

Assim Tírsis canta a morte de Dáfnis.

Em Teócrito, a natureza e o amor unidos — a poesia propõe ao leitor não já como antigamente uma maneira de viver e de morrer (heroicamente, se preciso fosse), mas uma evasão da vida, uma evasão na suavidade de um esquecimento. «A poesia», escreve o poeta, «é um remédio para a disposição dos homens, é uma doçura mas não é fácil de encontrar.» A palavra «doçura» corre como um fio de ouro de ponta a ponta da obra de Teócrito.

A poesia oferece ao homem não mais a vida e os seus combates, mas um sonho que é repouso da vida, amor nostálgico da vida, maravilhoso esquecimento da vida, um sonho que ocupa o lugar da vida.

Um sonho «nostálgico». A forma própria da sua sensibilidade, as circunstâncias em que o poeta inventa o género bucólico, ligam-se para dar a este género um dos seus caracteres essenciais. Teócrito, já o disse, escreve para a gente das cidades, escreve fechado em si mesmo numa sociedade fatigada, numa sociedade de homens de negócios e de funcionários (é isto Alexandria e é isto também o mundo moderno).

É erro — e assaz grosseiro — sustentar que as *Talísias*, que evocam a recordação de um passeio pelo campo na ilha de Cós devem ter sido escritas

```
            ]ΚΑΙΟΥΣΕΤΗ[
      ]ΟΝΕΙΟΥΝΛΥΚΕ[          ]ΠΟΡΓΥΛΩΝ[
      ]ΚΗΛΥΤΕΤΟΛΕ[       ]ΛΥΤΟΠΡΩΤΟΝ
         ]ΑΤΟΙΚΗΛΑΚ[       ]ΗΣΙΟΛΥΤΩΝ
              ]ΝΟΘΕΝΚΥΡΓΕΓΧΖΟΝΕΥΜΑΤΟΣΙΝΕΓΩΝ
    ΛΟΙΣΑΝΔΡΑΣΙΝΤΟΥΤΟΙΣΑΚΟΥΕΙΣ[ ]ΛΦΕΥΣΕΔΜΗΤΗΡ
    ΟΙΜΟΙΒΟΥΛΕΙΠΑΡΘΕΝΟΝΤΡΟΣΕ[    ]ΤΕΛΟΙΠΕ
    ΣΠΟΥΛΗΠΥΡΗΝΕΓΤΡΩΝΗΤ[      ]ΕΝΕΤ[ ]ΕΤΡΑΠΕΖΑ
    ΕΓΩΓΕΤΟΥΤΟΠΟΤΟΕΝΕΜΕΤΠΟΣΗΚ[    ]ΟΥΣΤΟΝΛΟΓΟΝ[
    ΜΛΤΡΟΣΩΝΙ ΠΓΡΤΙΧΑΝΑΣΛΕΜΝΗ[     ]ΙΛΟΣΛΕΚΤΙΝ
    ΑΛΛΟΣΡΕΧΕΡΟΙΝΕΓΙΟΝΓΕΡΟΝΤΑΠΟΜΟΝΗΔΗ
    ΕΚΗΝΕΚΟΙΝΟΝΣΚΥΤΟΣΙΜΗΝΣΓΕΝΟΜΑΝΥΜΦΩΝ
    ΕΡΕΣΙΟΥΝΛΥΤΟΙΣΕΥΚΛΟΚΥΤΗΣΤΙΝΗΣΙΝΛΧΟΣ
    ΜΗΔΩΣΠΕΡΕΣΑΜΑΛΛΟΝ ΦΟΡΟΙΚΟΝΗΜΕΔΑΜΛΝΗΣΕΝ
    ΚΑΠΙΣΛΡΕΧΘΟΛΠΟΣΓΟΝΝΕΥΜΗΚΟΣΠΡΟΣΕΩΠΟΥ
    ΛΝΘΟΣΚΤΙΣΚΛΘΟΜΕΝΥΧΟΡΕΟΝΓΕΘΛΥΜΕ
    ΡΥΘΜΟΝΛΜΕΤΟΧΥΝΣΩΟΜΥΜΕΛΟΥΣΛΡΕΛΟΥΝ
    ΛΛΜΗΟΚΕΤΗΚΛΘΗΤΙΕΤΟΥΤΗΧΕΡΛΚΟΜΟΡΕΥΕΝ
    ΩΠΡΛΜΙΩΤΛΝΔΕΣΝΟΝΤΙΡΟΩΝ ΧΟΡΕΚΕΣΥΝΤΗΚΛΙΝΕ
    ΤΥΠΕΤΛΙΟΥΣΟΣΛΟΥΟΙ ΜΛΛΛΟΝΕΙΝΕΠΙΛΥΝΕ
    ΛΓΡΟΙΚΟΣΕΣΙΜΟΦΟΡΙΣΘΕΩΝΙΟΚΟΙΝΦΕΡΩΜΕΚΩ
    ΗΛΣΓΕΙΠΟΝΣΩΧΟΡΕΥΕΜΕΛΣ ΦΕΡΟΣΕΚΡΕΓΓΟΝ
    ΓΣΩΕΚΤΟΜΕΝΙΝΕΤΙΚΛΚΛΚΛΝΟΥΝΕΧΕΙΣΚΛΡΟΥ
    ΩΚΕΛΝΝΙΚΟΙΠΑΟΟΝΛΣΕΙΧΟΝΕΥΙΕ
    ΛΡΕΣΩΣΟΥΤΟΝ ΕΣΦΟΡΕΤΕΦΥΛΠΤΕΣ[
    ΣΕΑΥΤΟΝΛΩΣΕΛΝΕΣΤΙΤΥ ΔΣΚΙΝΟΙΥΝΙΚΙ[
    ΛΔΩΛΟΛΕΝΑΠΙΟΥΣΕΜΕΤΡΟΙΣΕΣΘΛ
    ΧΡΗΣΘΩΕΣΩΤΟΤΑΝΙΚΛΟΥΕΚΛΡΟΤΩ
    ΣΤΕΡΟΝΟΥΓΕΙΣΙΜΥΝΔΛΔΟΣ ΤΟΥΤΟΝΙΥΔΕ[
    ΕΙΟΝΕΥΝΗΣΟΤΕΝΕΣ ΚΛΤΗΛΩΝ ΙΣΜΕΝΟΙΣ·
    ΗΛΥΜΥΤΟΝΕΡΙΟΣΓΕΡΟΝΤΥ ΦΙΛΟΦΡΟΝΩ
    ΜΕΙΡΛΚΙΛΤΩΔΕΣΛΝΔΡΕΣΤΙΚΟΥΣΚΑΤΕ
    ΚΛΛΛΓΕΤΕΙΡΣΛΠΙΝΟΤΛΩΣΓΕΤΛΡΟΣΕΝΟΣ
    ΝΙΚΗΜΕΘΗΜΩΝΕΥΜΕΝΙΣΕΟΙΤΛΓΕΙ

              ]ΜΕΝΛΝΔΡΟΥ
              ]ΔΥΣΚΟΛΟΣ
```

93

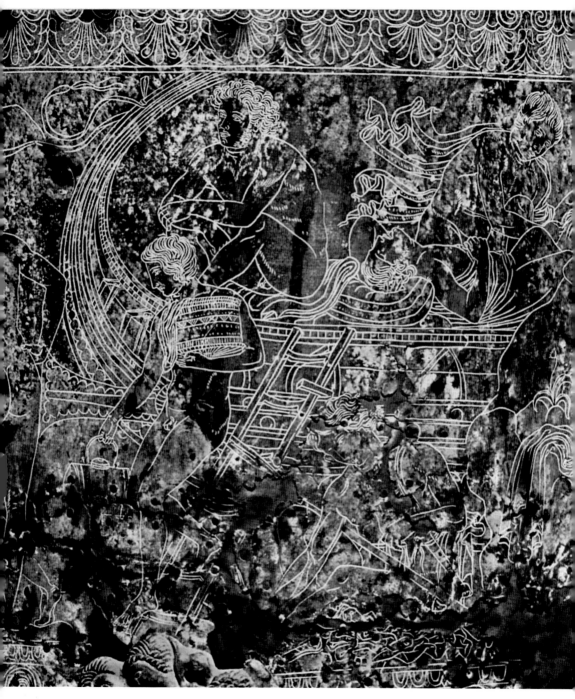

em Cós e que os idílios sicilianos foram compostos na Sicília. Trata-se de um raciocínio demasiado simplista e que desconhece o tom (nostálgico) da poesia de Teócrito. Pode-se sustentar (e isto foi feito muito justamente), pelo contrário, que os idílios rústicos, todos banhados de luz ideal, só puderam nascer e decerto ser escritos na solidão e no exílio da grande metrópole — em Alexandria. Era preciso que este poeta apaixonado pela natureza, que crescera no campo e estava condenado ao mortal tédio da vida citadina, revivesse, na separação daquilo que amava, as lembranças da sua juventude e recriar, em imaginação, as paisagens da sua infância. Era preciso isto para que o sentimento da natureza ganhasse o acento nostálgico que é o acento próprio desta poesia. Teócrito escreve à imagem de um mundo fatigado, ele próprio cansado desse mundo onde nada vale mais que o dinheiro. A este mundo leva a nostalgia das árvores, dos prados, da água, leva a saudade da vida simples dos pastores. Leva a ilusão — e alguma coisa mais do que a ilusão — de ter encontrado a fonte de Juventa, de ter descoberto uma súbita frescura e beleza do mundo natural e da ingenuidade do amor.

Trata-se, ao que me parece, de uma visão moderna da poesia. A poesia não é já um princípio de vida, ultrapassou a vida, está para lá da vida é um além, um paraíso.

Teócrito criou o paraíso dos poetas. O paraíso — tanto mais que o sentido antigo da palavra grega — disse-o já — é um grande pasto plantado de árvores, onde os pastores fazem pastar os seus animais. Nesse paraíso todos os pastores são poetas. São naturalmente poetas, porque neste livre jardim onde vivem tudo é belo. Rejeitaram toda a fealdade, tudo o que poderia embaciar a pureza e um eterno dia belo — a chuva, os cuidados do dinheiro e o resto. Mas, sobretudo, a sua visão pessoal, o seu olhar transfigura toda a realidade em beleza. Então cantam. Mesmo encerrados no cofre negro da realidade vulgar, as Musas visitam-nos e alimentam-nos.

«Ó bem-aventurado Comatas, és tu que vives estas delícias... (Ah, dai-me o texto grego, o som mágico destas palavras em grego! Que significa o sentido das palavras, quando é a sua música que nos enfeitiça!)

ὦ μαχαριστε Κομᾶτα, τὐ Θην τάδε τερπνά πεπὸνΘεις...

(É odioso pôr em lugar deste canto as insulsas palavras que pretendem traduzi-lo!)

«Ó bem-aventurado Comatas, fostes tu que viveste esta encantadora aventura, tu que foste fechado no cofre, tu que passaste toda uma estação, o Verão da tua prova, alimentado com mel de abelhas. Ah! porque não estás hoje entre os vivos! Com que alegria eu guardaria as tuas belas cabras na montanha, escutando a tua canção, e tu, sob a carrasqueira ou o pinheiro, pela música embriagado de doçura, estarias deitado, divino Comatas...»

ἀδύ μελισδόμενος χατεχέχλισο, θεῖε Κομᾶτα

Deixemos aqui Teócrito. A sua língua poética incomparável, que ele sabia e pacientemente compôs com uma requintada mistura de vários dialectos gregos, essa língua que a cada vogal, a cada ditongo largamente aberto, canta mais melodiosamente que qualquer música — a sua poesia desafia-nos e esmaga-nos. Deixemo-lo entregue à perfeição da sua arte.

Não, contudo, sem tentar imitar — de muito longe — o glorioso quadro do Verão que termina, do Outono esplêndido na maturidade dos seus frutos que coroa o poema das *Talísias*.

(As personagens do idílio deram um longo passeio pela ilha de Cós para irem celebrar em casa de um amigo as Talísias, que são uma festa em honra de Deméter.)

«Por mim, com Eucritos e o belo amintas, alcancei o vergel de Frasidamos onde, cheios de alegria, nos deitámos sobre leitos profundos por junco cheiroso e de pâmpanos cortados de fresco. Por cima das nossas cabeças, uma brisa ligeira balouçava os choupos brancos e os ulmeiros; havia ali perto o correr de uma água sagrada que saía de um antro das Ninfas, e nos ramos já carregados de sombra ouvia-se o grito estridente das cigarras que o sol queimara; ao longe, nas espessuras dos silvados espinhosos subia o apelo da rã verde. As cotovias cantavam, os pintassilgos pipilavam, gemia a rola. Ao redor das fontes, voltejavam as abelhas ruivas. Tudo cheirava à plenitude do Verão, ao odor açucarado da estação dos frutos. Peras aos nossos pés, maçãs ao nosso lado, rolavam em abundância. Os ramos pesados dos abrunheiras espalhavam os frutos pelo chão... Os tonéis abriam-se: libertaram os jarros do induto que os tapava há quatro anos.

«Ninfas de Castália, que habitais as alturas do Parnaso, dizei, não vale este vinho aquele que, no antro rochoso de Folos, o velho Quíron ofereceu a Hércules? Foi um néctar assim que fez dançar nos seus estábulos esse famoso pastor das margens do Anapos, o robusco Polifemo que bombardeava as barcas com montanhas? Valia esse vinho o nosso, este que cortámos com água da vossa fonte, ó Ninfas, perto do altar de Deméter, deusa das searas? Eu — ah! eu faço o voto do poder ainda, sobre o trigo que ela amontoa, enterrar a pique a minha pá de joeirar e que ela me responda com o seu grande riso, com as duas mãos cheias de espigas e de papoulas!»

XVII

OUTRAS EVASÕES.
HERONDAS E O MIMO REALISTA.
O ROMANCE GREGO. *DÁFNIS E CLOÉ*

Há mais de uma maneira de se evadir. Virando as costas a uma literatura que visava a grandeza do homem mostrando-lhe os caminhos do risco e da glória que os heróis tinham seguido, pode-se deliberadamente escolher o caminho da baixeza humana, denunciar, sem rir sequer de tudo isso, as mesquinhezas, os ridículos, os vícios sem brilho das pessoas de todas as condições. É o caminho do realismo vulgar, aquele que se compraz na pintura da fealdade, da careta. É o caminho escolhido pelo poeta Herondas nos seus mimos, que são belos à força de incrível fealdade. É também a escolha feita por uma larga corrente da escultura helenística.

Na recusa de enfrentar a rampa íngreme da natureza humana, com os seus perigos, há uma forma de evasão da obra literária, tal como os Gregos clássicos a tinham concebido. Ajudar os homens a viver no mundo tal qual é, mas para fazer-lhe frente e mudá-lo — esse era o objecto primeiro da literatura grega. Para isso, aprender a conhecer o homem na sua fraqueza (não digo, aqui, baixeza) e no seu apetite de grandeza, aprender a medi-lo com o universo que é o seu meio natural, dar assim ao homem, pelo conhecimento das leis do mundo e do seu próprio coração, o poder de se adaptar mais justamente à realidade — eis o que fora o objecto principal da literatura grega.

Mas sigamos durante alguns instantes o caminho de Herondas, a que chamei o caminho do realismo vulgar.

Sabemos pouco de Herondas. Conhecíamos-lhe apenas o nome quando, em 1889, o British Museum adquiriu um papiro grego encontrado numa afortunada escavação egípcia e que continha nove mimos de Herondas. O mimo era — sabemo-lo já por Teócrito — um velho género siciliano que se propunha imitar a realidade dos diálogos familiares. Fizera em tempos as delícias de Platão, o grande artista do diálogo. Aristóteles classifica os velhos siracusanos no mesmo género literário que os diálogos socráticos — falo das autênticas conservações de Sócrates e dos seus discípulos e não das imitações que deles fizeram Platão e Xenóplon.

Herondas renovou o género escrevendo os seus mimos num verso singular, feio que é um regalo, a que se dá o nome de jambo *scazon,* o que quer dizer coxo. O verso, com efeito, parece oscilar para o fim e afundar-se (em que lama?).

Eis alguns desses mimos. Tomemos a *Alcoviteira*.

Uma mulher, nova Metriqueia, está sozinha em casa com a serva. O marido anda em viagem pelo Egipto. Batem à porta. É a velha ama de Metriqueia. Vem de visita e pede desculpa por ter estado cinco meses sem aparecer, mas Metriqueia mora tão longe! «Nas vielas, a lama chega ao jarrete, e eu, pobre de mim, não sou mais forte que uma mosca!» Após algumas considerações preliminares, chega ao ponto. O marido está no Egipto, esquece a mulher nesse país cheio de seduções. «Desde que Mandris partiu para o Egipto, há dez meses que estás sem notícias dele. Esqueceu-te, bebeu por outro copo. Lá, está Afrodite em sua casa. Tudo quanto pode existir de bom sobre a terra, encontra-se no Egipto: fortuna, desporto, céu azul, espectáculos, glória, filósofos, ouro fino, rapazes bonitos, templo dos deuses irmão e irmã, o rei que é tão bom. Museu, vinho... e mulheres, tantas mulheres, pela Virgem dos Infernos, que nem o céu pode gabar-se de possuir tantas estrelas!... Que coragem a tua, infeliz, estares para aí, a aquecer a tua cadeira!»

Vimos o elogio do Egipto, a enumeração das maravilhas do país, onde se introduz de maneira hábil o elogio do príncipe e onde se misturam de maneira divertida coisas que podem, com efeito, reter um marido fora do lar — vinho, espectáculos, mulheres — com o Museu, os filósofos, o prestígio dos príncipes, que têm certamente menos atractivo para a infidelidade dos maridos.

Nesta altura, depois de ter perguntado se nenhum ouvido indiscreto está ao alcance, a velha aborda o ponto delicado da visita. Há um belo rapaz que morre de amor por Metriqueia desde que a viu numa procissão. Este Grilo persegue a velha dia e noite. É o mais belo dos homens, um atleta coroado nos jogos e tão rico como belo e forte. Metriqueia faria bem em pôr de lado a virtude, ao menos uma vez. A felicidade que a espera está muito para além do que pode imaginar... Apesar de tanta eloquência, Metriqueia recusa. A resposta é edificante. É mulher honesta e quer manter-se fiel ao marido. Aliás, não se zanga, não é prenóstica. Chama a serva para deitar um copo à velha. Passa-se um pano numa taça e a ama declara nunca ter bebido melhor.

Eis agora uma mulher menos virtuosa que Metriqueia, no mimo intitulado *A Ciumenta*. Bitina é um matrona que tomou por amante um dos seus escravos. Mas suspeita que ele a engana e acusa-o com fúria e em termos muito crus. O pobre diabo defende-se como pode. «Todo o dia ralhas comigo, Bitina. Sou escravo, faz de mim o que quiseres. Mais vale, que andares a beber-me o sangue dia e noite.» A dama pega-lhe na palavra: manda-o atar a um poste, ordena que apertem as cortas. Ele pede misericórdia, promete não recomeçar, confissão que enfurece a amante. Ordena que o levem à casa de correcção, onde havia instalações especiais para chamar os escravos à razão, e diz que o inscrevam para mil cacetadas e mil no ventre. O pobre tipo julga ouvir a sentença de morte... Contudo, assim que ele sai, ela muda de opinião. A acreditar-se no que diz, reserva-o para um tratamento pior, o ferro em brasa. Mas nós perguntamo-nos se a cólera dela não estará já a enfraquecer. Uma jovem escrava, que adivinhou os seus sentimentos, arrisca-se a pedir o perdão do culpado, a pretexto de que é dia de festa. Bitina deixa-se convencer, mostrando um ar de quem não perdoou. «Depois da festa», diz para o amante, a quem mandou regressar, «terás também a tua festa.» O mimo termina com esta ameaça, que já não tomamos a sério. Sabemos que a crise de ciúme passou.

O mimo, que não chega a cem versos, tem muito movimento. As personagens são grosseiras, vulgares, mas ao menos afatam-nos do tom «distinto» de Jasão falando a Hipsipileia!

Outro mimo não menos brutal, embora o assunto não seja escabroso. A cena passa-se numa sala de escola. Entra uma mãe, Metrotimeia. O marido dela é um velhote sem autoridade sobre o filho. São gente de condição modesta. Vivem numa habitação de uma das casas de aluguer de vários andares, que se começavam então a construir em Alexandria. O garoto vai à escola primária, ou antes, não vai: falta à aula para ir jogar a dinheiro com os carregadores. A mãe, que já não sabe o que há-de fazer, arrastou o filho até à escola e pede ao mestre que lhe esfole as costas. E é o que ele faz, depois de ter ordenado a três dos alunos mais velhos que lhe deitem a mão e o agarrem. Uma pintura de Herculano ilustra esta cena. Nela se vê um aluno às costas de um dos seus camaradas, enquanto o outro lhe segura os pés. No mimo de Herondas, o mestre maneja com vigor o vergalho, batendo nas costas da criança, sem ligar importância aos gritos e às súplicas. Por mais que o garoto peça perdão, suplique às boas Musas cuja imagem reina sobre a classe, o suplício só pára quando a sua pele está colorida como a de uma cobra. Se tornar, pôr-lhe-ão travas e ele saltará de pés juntos na escola, sob os olhares das deusas a quem tomou de ponta.

Com tudo isto, a mãe não está satisfeita. «Não», grita para o mestre cansado de bater, não pares ainda, esfola-lhe a pele até ao pôr do Sol...»

A frase pareceria forçada se a mãe não se tivesse descrito a si mesma no princípio do mimo em cinquenta versos de um dilúvio de recriminações. Queixa-se da preguiça e da ingratidão do filho com uma abundância de pormenores que é a de uma mulher do povo a quem a mostarda subiu ao nariz. Gasta-se um montão de dinheiro para que ele seja instruído, diz ela, e nem sequer sabe ainda as primeiras letras. É incapaz de recitar a sua poesia, quando a avó, que é iletrada, a recita melhor do que ele. Seria bem melhor mandá-lo guardar burros. No outro dia tornou a subir para o telhado e por todos os lados o ouviam a partir telhas como se fossem bolos secos e «quando o Inverno vier, terei, de lágrimas nos olhos, de desembolsar três meios óbolos por cada um desses bolos, porque todos os locatários dizem que foi obra de Cótalos, o filho de Metrotimeia, e é verdade, que remédio...» Cinquenta versos neste tom, obra-prima da jeremiada maternal...

Mas eis que vem aí, na sua vulgaridade, o melhor dos mimos de Herondas. É o *Mercador de Raparigas*. O herói do mimo é o patrão de um bordel. Chama-se Bataros e vive em Cós na qualidade de estrangeiro domiciliado.

Um homem, Tales, forçou de noite a porta do bordel, espancou o patrão e roubou-lhe uma das pensionistas. A cena passa-se no tribunal. O que Herondas nos dá é o requisitório de Bataros, o honesto queixoso. O seu discurso é admirável pela seriedade e pela dignidade imperturbáveis. Está escrito no estilo mais nobre dos mestres da eloquência ática. O orador desenvolve os temas tradicionais que encontramos nos discursos de defesa civis de Lísias e de Demóstenes. Contudo, vê-se surgir aqui e além a natureza da personagem, que larga de repente palavras e reflexões que denunciam a sua profissão. Este contraste entre a majestade dos pensamentos e a condição da personagem é o lado cómico da situação.

Entre os temas gerais da eloquência ática, havia a oposição do rico e do pobre que causava sempre efeito perante um tribunal popular. Bataros não o esquece. «E porque ele se passeia pelo mar e a sua peliça vale três minas, ao passo que eu fico em terra, arrastando o meu capote e os meus sapatos sujos, se por este motivo ele tem o direito de me raptar à força uma das minhas pensionistas, e isto durante a noite, então, senhores, acabou-se a segurança da nossa cidade, e o objecto do vosso orgulho, a vossa independência nacional, será arruinada por Tales!» Eis o que se chama, em estilo de advogado, alargar a causa!

Nesta altura o homenzinho invoca uma lei sobre as vias de facto, de um certo Querondas. Manda lê-la pelo bedel, sem se esquecer de mandar parar durante essa leitura a clepsidra que mede o tempo concedido para a defesa. Mas, no meio da leitura, entusiasmado com esta lei, que lhe concede uma indemnização, interrompe o oficial de diligências. «Eis o que diz Querondas, e não é Bataros que o inventa, senhores do tribunal, em defesa da sua causa: Por partir a porta, diz ele, uma mina; por socos, outra mina; por manobra incendiária e violação de domicílio, fixou o prejuízo em mil dracmas, e o mal causado deve ser reparado a dobrar! A razão, Tales, é que Querondas era cidadão, ao passo que tu não sabes o que é uma cidade nem como se administra...» Desta maneira prega moral ao rapaz, no tom de um cidadão imbuído do respeito pelas leis.

Mais adiante, num movimento patético, de que usavam muitas vezes os oradores, faz comparecer no tribunal a vítima, a sua pensionista Mirtale, dando-se ares paternais: «Vem, Mirtale, vem mostrar-te a toda a gente, sem vergonha. Essas pessoas que estás vendo no exercício das suas funções judiciais, olha-as como se fossem pais e irmãos. Vede, senhores, como ele lhe arrancou os cabelos, como os arrancou a fundo, o celerado, quando a arrastava e a violentava.»

Para o fim, esta prosopopeia à Velhice, que o impediu de desancar Tales: «Ah! Velhice, que ele te abençoe, porque sem ela teria vertido todo o seu sangue, como antigamente, em Samos, Filipe o Brencos (alusão a qualquer história de boxe, que nos escapa). Tu ris? Sim, sou alcaiote, não nego. Chamo-me Bataros, meu avô era Sisimbras, e meu pai Sisimbriscos: todos tiveram bordel...» Nobre impulso de orgulho filial e profissional!

A peroração, não menos nobre, confunde a causa do queixoso com a de todos os estrangeiros domiciliados em Cós, com a honra da própria cidade, garantida por estes antepassados míticos.

«Ah, senhores, dizei para convosco que não é a Bataros que dais o vosso sufrágio, ao mercador de raparigas, mas a todos os estrangeiros que residem na vossa cidade. É o momento de mostrardes qual é a dignidade de Cós, qual foi a de Mérops seu antepassado, e a glória de Tessalos e de Hércules, como veio de Trica para aqui Esculápio, e por que razão nestes lugares foi Febe mãe de Latona!»

Eis um discurso que seria digno de figurar nas obras de Isócrates ou nas de Courteline!

Que devemos concluir sobre Herondas? Gostaria de concluir, desta vez, não em termos de crítica literária ou de história literária — mas em termos de vida. Sei que vou parecer falar para nada dizer. Contudo, tentarei explicar-me.

Ao que parece, impõe-se uma verificação. A poesia de Herondas, na sua natureza íntima, é profundamente estranha a tudo quanto até aqui se nos ofereceu neste estudo da poesia, da literatura, da vida gregas. A literatura grega, de um extremo a outro do seu desenvolvimento, incluindo Eurípides, incluindo Aristófanes, a literatura grega, de Homero às Bacantes e a Arquimedes, era acima de todas as coisas um *Logos* — uma *Palavra*. Existia para ser ouvida, existia para ser vivida. Era esse, pelo menos, um modo muito importante da sua existência. Com Herondas deixa de haver Palavra que procura fazer-se ouvir. Há apenas uma literatura que se compraz na imitação do real, de um real grosseiro. E daí virão, sem dúvida, no futuro, grandes obras literárias. Mas ver-se-á alguma vez mais a grande árvore que alimentara e abrigara os povos antigos.?

Os homens *evadiram-se* para fora da sua sombra.

Mas eis que aparece, pouco depois da era cristã, uma outra forma de evasão: o romance grego. Que outro género literário, em todos os tempos, esteve mais próximo do simples passatempo, da recreação, do jogo?

Disse-se do romance grego que nasceu velho. Que nasceu, em todo o caso, de uma literatura milenária e como que esgotada de ter, sem descanso, gerado géneros e produzido obras-primas.

Desde há muito que os gloriosos antecessores, epopeia, lirismo, drama, terminaram a sua carreira. A eloquência abastardou-se em retórica, a história em vidas romanceadas ou em duvidosa erudição. Os últimos poetas versificaram a geografia, a medicina e a história natural ou vão polindo epigramas. Nestes séculos crepusculares, só a filosofia lança alguns vivos clarões. No entanto, como se a Grécia antiga se recusasse ao repouso antes de ter legado ao mundo novo o mais moderno dos géneros literários, inventa o romance.

Este floresce com abundância e subitamente. Foi por alturas do século II da nossa era (As *Pastorais* de Longus, a que se dá também o nome de *Dáfnis e Cloé*, são mais tardias ainda, talvez do século V. Nada sabemos do seu autor.)

Colhendo o tema na poesia erótica dos Alexandrinos, o ambiente nas narrativas meio fabulosas dos exploradores, o tom, ai de nós, na sofística do tempo, hábil em desenvolver temas amorosos segundo uma vulgar geometria sentimental, o romance grego é feito a despachar, e, quase sempre, é uma obra medíocre.

A trama é banal. Sempre uma história de amor contrariado entre aventuras. Dois jovens amam-se. São maravilhosamente belos: são castos e fiéis. A vontade paterna separa-os. Invejosos e traidores espreitam-nos. A Fortuna (que aconteceu aos deuses?) reina como senhora sobre toda a intriga e multiplica no caminho deles os obstáculos. Até ao momento em que o amor e a virtude, triunfando de todas as provações, encontram a recompensa. A maldosa Fortuna acaba por revelar-se boa pessoa. Une os amantes, castiga os perversos, a não ser que se emendem (há muitos bandidos bons nestas histórias). Tudo acaba da maneira mais edificante, mais feliz. Por vezes, com um beijo de cinema.

Pintado sobre este cenário, há toda uma farragem de invenções extravagantes. Muitas crianças achadas, que se descobrem, na altura própria, filhas de pais ricos e generosos. Amantes abandonadas, atiradas ao mar, enterradas vivas, que não deixam de reaparecer no momento do desenlace. Reis maus, maliciosos, feiticeiros, piratas aos montes. Imperiosas damas maduras que se apaixonam desgraçadamente pelo belo herói. Velhos servidores, tão dedicados que chegam a seguir a nado o barco que lhes leva o amo. Sem esquecer os sonhos e os oráculos de pacotilha, que se desencadeiam de cada vez que se trata de tirar de sarilhos as personagens e o autor.

Finalmente, o cenário exótico. O romancista trabalha com consciência esta arte do assunto. Leu as narrativas dos navegadores de Marselha que exploraram os mares nórdicos e a foz do Senegal. Conhece as crónicas do Oriente que, desde a expedição de Alexandre, se rechearam de pitoresco persa, de magia babilónica e de maravilhoso indiano. Compulsou obras de botânica e de zoologia, e as listas de «raridades» elaboradas pelos sábios de Alexandria. Não esqueceu os tratados dos filósofos, que situam no vago terras desconhecidas de cidades ideais e povos de bons selvagens. Assim documentado, passeia em correrias desenfreadas os seus amantes através do mundo, pintalgando a paisagem de suspeita cor local. O falso babilónico briga com o egípcio de pasta de cartão. A Etiópia, estranhamente governada por um monarca esclarecido assistido de faquires, transborda de bons sentimentos. Para além da brumosa Tule — que é, como já disse antes, a nossa Noruega — o encanto floresce ao mesmo tempo que o neoplatonismo.

Furor de viagens que arrasta por vezes os amantes até às paragens da Lua, e dispensa o autor de levar a exploração aos meandros da alma humana. Sempre belos e apaixonados, devorados pela lealdade, os seus heróis são de uma obra para outra reproduzidos por decalque. A dimensão geográfica substitui a psicológica. Os ziguezagues da aventura ocupam o lugar das intermitências do coração.

Graças aos céus, a maior parte desta produção romanesca perdeu-se no decurso dessa outra viagem cheia de emboscadas que a literatura dos Gregos teve de fazer para chegar até nós.

Mas temos *Dáfnis e Cloé*.

A obra tem alguns defeitos. Usa alguns dos processos fáceis que estragam o romance grego. Sonhos complacentes, filhos expostos num luxo de púrpura e ouro que lhes promete uma ilustre origem, rivais e piratas pontuais no encontro com a Sorte, castos amores recompensados, maus confundidos e arrependidos. A Fortuna só complica o jogo para melhor o acomodar, com a sua grande mão por de mais visível.

Colocado no ambiente literário em que nasceu, o romance de Longus denuncia o artifício. Mas agora surge a armadilha em que caem muitos sábios. Ocupados a explicar uma obra pelas leis do género que a produziu, esquecem-se de saboreá-la. Contudo, acontece que um género medíocre tente um autor de talento. Esse autor usa os processos em voga, mas com recato; fá-los servir à expressão do sonho interior que o habita. Os mesmos cordelinhos podem continuar a movimentar títeres semelhantes. E acontece que o jogo que nos aborrecia acaba por seduzir-nos. Apenas conta esse nível de prazer que de súbito sobe dentro de nós e nos transporta consigo.

Os sábios não gostam muito que uma obra se esquive à explicação da história. Apreciam pouco *Dáfnis e Cloé*. Injuriam-na, até. «Obra malsã e falsa», disse um deles... Goethe, que só consultava o seu prazer, estimava muito o romance de Longus. Nele via, segundo Eckermann, uma obra-prima de inteligência, de arte e de gosto, e achava que o bom Virgílio se deixava distanciar um pouco dela. Mas terá o poeta de *Hermann e Doroteia* voz no capítulo? Os helenistas recusam este juiz incompetente. Rohde, o sábio historiador do romance grego, pensa explicar o «erro» de juízo de Goethe, dizendo, mais divertidamente do que julga: «A falsa ingenuidade que o autor põe no seu romance não é inabilmente copiada da verdadeira.»

Será então a arte uma falsificação, que copia a natureza?

Ó campos encantadores de Lesbos, como estais deliciosamente copiados dos verdadeiros! Não falo da Lesbos geográfica, cujos caminhos me importa pouco saber se o autor percorreu. (Numa passagem, engana-se uma dezena de quilómetros em sessenta!) Falo dessa Lesbos que Longus trazia dentro de si — esse sonho de repouso sobre relvas que obsidia as pessoas das cidades, essa paisagem de férias, essa ilha de música e de claridade onde os contornos da felicidade se recortam com nitidez sobre o verde do prado e o azul do céu e da água.

Dáfnis e Cloé não correram o vasto mundo como os outros heróis do romance grego. Aqui não há itinerário oriental nem diário de bordo polar. Estas crianças não correm a não ser para desalojar a cabra que trepou para qualquer rocha abrupta ou para perseguir os bodes em cio que marram uns contra os outros. Nenhuma busca do pitoresco, seja ele exótico ou provinciano. Os campos de sempre, gregos apenas na secura das linhas e na presença do mar.

O cercado em frente da herdade, com as suas platibandas de rosas e de cravos, o pomar onde se alinham macieiras e pereiras, oliveiras e figueiras; as colinas onde vagueiam os rebanhos; a fonte jorrando na balsa de espinheiros e de giestas; o prado inclinado para o mar onde os barcos vão e vêm.

Paisagem idealizada. Mas não abstracta, como um jardim «à francesa» (apesar do que diz Rohde). Paisagem muito concreta, plantada de árvores diversas, plátanos e pinheiros, ciprestes e loureiros, povoada de animais, percorrida por corridas de lebres nas vinhas, por voos de tordos e pombos bravos, por insectos zumbidores.

Toda a poesia grega tem a sua natureza, ao mesmo tempo real e sonhada. Aqui não é a natureza de Aristófanes, repleta de claridades, de sons e de cheiros: a terra é amanhada sob o brilho das enxadas; a aldeia cheira a estrume, a alecrim, a vinho novo; o seio das mulheres oferece-se nos campos ao vento da corrida; as sebes pipilam de pássaros, a cigarra, doida de sol, grita. Nem a áspera e colérica natureza de Hesíodo, camponês demasiado autêntico para poder amar nela mais do que o ganho com que lhe paga o suor. Nem a serena e dura natureza de Homero, indiferente ao sofrimento dos míseros mortais, surda às suas preces e que atrai o homem aos seus encantos para melhor o reduzir à sua mercê.

Mas eis, enfim, com as *Pastorais* de Longus, uma natureza tranquila, clemente e doce, abundante em favores, feita à medida do homem e das suas ilusões, que é acolhedora para o seu desgosto, que ri com o seu prazer.

Todos nós sonhámos esta natureza de festa e de olvido, esta natureza unicamente pródiga de carícias. Frescas carícias que embalam a fadiga, adormecem a pena e o tédio; carícias vivas que picam a carne preguiçosa e a preparam para a volúpia. Prazeres ingénuos de adolescência atenta no belo jardim da terra: animais guardados a dois, na partilha da refeição e na aproximação do amor; flores colhidas juntas e tecidas em capelas para as Ninfas; queixume do pífaro que faz dizer aos lábios o que o coração não sabe ainda. E a alegre vindima, as raparigas que dão de beber aos rapazes que pisam as uvas, o mosto tirado à luz dos archotes; e a maçã esquecida no ponto mais alto da árvore, que o jovem camponês vai buscar para a sua amiga, zangada porque ele sobe e encantada porque ele o tenha feito; e a neve de Inverno que separa os rústicos apaixonados, para melhor os reunir na mornidão do quarto e para que dêem um ao outro os beijos que roubaram atrás das folhagens...

Natureza cúmplice do amor que nasce...

Ó doces amores de Dáfnis e Cloé, como sois graciosamente copiados da imagem dos primeiros amores que guardamos em nós!

Esse dorso moreno do rapaz que a rapariga lava e que não pode evitar tocar e tornar a tocar; e esses cabelos de menina que, pela primeira vez, se tornam louros diante dos olhares deslumbrados do rapaz; e esses beijos de garota, esses beijos suaves que deixam uma picada envenenada; esse amor que se descobre no riso e nas lágrimas, no sono que foge e no coração que se sobressalta, no mundo velado de tristeza e no encanto súbito de um rosto, na frescura nova de um olhar: toda a encantadora e acanhada aprendizagem da volúpia e da ternura...

Mas cuidado, leitor: esta obra é «libertina». Assim o decidiram muitos filólogos. Livro escabroso e suspeito, declara o sábio. Cujo êxito nos tempos modernos é de mau quilate, prossegue o helenista moralista. Ficas informado a teu próprio respeito, leitor, se este livro te agrada.

Não pensava assim o digno bispo de Auxerre, Amyot, muito pontual nos seus deveres de homem de igreja e de preceptor das crianças reais, que foi o primeiro a pôr em francês, e com que amor, o romance de Longus.

Obra sensual, sem dúvida. Como podia não o ser, se nela se fala de amor? Mas será preciso falar de libertinagem, isto é (consulto prudentemente o dicionário), de desregramento dos costumes, será preciso evocar, como se fez, o século galante de Boucher, porque Dáfnis mete no seio da amiga a maçã que colheu para ela, o que lhe vale um beijo, ou procura no mesmo sítio a cigarra que se lembra de ali lançar o seu grito? O velho Longus chama com simplicidade a estas ingénuas carícias «jogo de zagais». E os nossos humanistas do Renascimento, que tinham costumes, talvez não menos do que nós, para não falar de temperamento, não pensavam que a honestidade fosse ferida nesta história em que duas crianças apaixonadas uma pela outra, sem saberem bem o que o amor quer dizer, partem ao encontro do segredo que os unirá mais.

O que se deve dizer, no entanto, é que há, nesta descoberta gradual que Dáfnis e Cloé fazem do amor, um pouco de aplicação em demasia, um zelo de bom aluno, tocante sem dúvida, mas que às vezes faz sorrir. Da boca do velho ovelheiro Filetas, que é o sage do lugar, receberam o que em linguagem de hoje se chamaria uma lição de educação sexual. Em termos um pouco velados, como convém. No estudo deste texto e no exercício prescrito põem uma boa vontade que, embora um pouco escolar, não deixa de ter, na sua imperícia, verosimilhança. Que candura, em suma, há nestes filhos dos campos a quem os bodes e as cabras não ensinaram tudo! A perturbação que sentem em encontrar o amor juntos, a vergonha de ignorar, o pudor de adivinhar — são raros estes sentimentos? Como os bons pequenos se esforçam gentilmente, segundo as instruções do velho, por aplicar ao mal de amor o único remédio conhecido, e que é *«deitarem-se juntos, nua e nu»*, segundo a exacta e natural tradução de Amyot... Mas também como eles estão deliciosamente contentes um com o outro, na noite das núpcias, na cama onde se beijam sem fim. *«Sem pregarem olho toda a noite, como as corujas...»* Não está morto ainda, nesta obra, o velho naturalismo pagão que corre num tão poderoso fluxo na literatura da Grécia. Também não está pervertido. Um pouco diminuído, sem dúvida, mas também como que misturado com uma nova e requintada doçura. O violento perfume carnal que da poesia da idade clássica se desprendia, apenas atordoa agora como uma embriaguez feliz. A carne é menos espontânea, mais apreendida, mas também menos ferida, mais de acordo com os devaneios do coração. O amor já não é esse furacão que, na poesia de Safo e de Eurípides, desenraizava o ser de si mesmo e o arrebatava para a morte gelada. Agora, no lento escoar de um dia belo, é a vida partilhada com a mulher que se escolheu porque é bela, com o homem cuja presença é a mais desejável do mundo. Bela e doce, Dáfnis, é a tua Cloé, como o leite que ela mistura com o vinho e que ambos bebem pela mesma taça, como a melodia da flauta que passa da sua boca aos teus lábios. Precioso e belo é o teu Dáfnis, Cloe, mais do que o brilho das flores, o canto da ribeira. Ah!, porque não és tu o seu cabritinho para que ele te pegue ao colo!... Assim a suavidade do amor se liga à doçura do mundo...

E eis que os deuses se lembram de ser clementes e cultivam a bondade... Já o seu rosto perdeu aquele resplendor que o olhar dos mortais não suportava e que parecia um reflexo do relâmpago. A sombra sobe pelas encostas do Olimpo. Já os primeiros dos Imortais, esquecidos nestas páginas, descem no horizonte como sóis decadentes. O velho mundo girou no seu eixo e apresenta a face gasta a uma nova aurora.

Entretanto, nos campos de Lesbos, vivem ainda por algum tempo humílimas deidades, as mais antigas, as da fonte e do bosque, as últimas também a deixar a festa que chega ao fim... No côncavo da rocha onde Cloé mamou na teta da ovelha, têm as Ninfas a sua morada. Descalças, de cabelos soltos, rostos sorridentes, divertem-se a dançar em volta da fonte. Os pastores penduram nas paredes das grutas selhas e pífaros; o pequeno cabreiro não se esquece de levar-lhes todos os dias uma flor e um fruto. Elas regozijam-se com estes presentes e prodigalizam os seus favores. Há também as Ninfas das árvores frutíferas e as do bosque silvestre. Há o velho Pã, sentado à sombra de um pinheiro, de pés de bode, cabeça cornuda, brincando com os animais fraternos. O camponês, esfolando o seu mais belo bode, suspende a pele, com os cornos, do tronco de árvore que o abriga. Amigável e farsista, com um brusco incêndio que ateia, com um rumor de remos que faz ouvir no mar, Pã protege o povo camponês. Também não é esquecido, nas festas da aldeia, o deus do nascimento do vinho, Dioniso. Nem o grupo irrequieto dos Sátiros. Nem as Ménades, cuja pele de corça flutua nos ombros de Cloé.

OUTRAS EVASÕES. HERONDAS E O MIMO REALISTA. O ROMANCE GREGO

Quem foi o crítico que disse que não havia nestas divindades das *Pastorais* mais do que expedientes da intriga, ornamentos do estilo? Na realidade, não há nada menos factício do que estas rústicas imagens da fé popular. Deuses aldeãos, deuses camponeses — *«di pagani»* —, o pacto que os liga ao pomar e à herdade não está quebrado ainda.

Enquanto Apolo e Zeus, Cípris e Ártemis se preparam para serem apenas para os poetas trajes, acessórios e cenário, os últimos deuses pagãos, neste romance de Longus, vivem ainda, indesalojados, no coração simples dos campos. Dispensam sempre os primeiros bens, a água e o vinho, o leite e os frutos da terra. Velam pelos campos e pelos rebanhos. Protegem os amores. Mais familiares do que antigamente, mais benevolentes do que foram alguma vez os Senhores do Olimpo, estendem a mão ao povo trabalhador e sorriem.

No momento em que por sua vez vão desaparecer para sempre, metendo pelo mais profundo do bosque, pobremente condenados a disfarçarem-se de fadas e duendes — parecem, nesta última obra que animam, procurar no homem um olhar amigo e pedir-lhe perdão por morrerem.

Mas porque falei eu acima de evasão? É certo que o romance grego não pretende mais do que distrair. Será por isso condenável? Já não sei. A obra, uma vez mais, conquistou-me.

Quem sabe se eu próprio, nestas páginas últimas, não cedi também ao prazer de dizer um último adeus à poesia dos Gregos?

Que o leitor veja por si!... Mas se, para o fazer, escolhe como é provável a tradução de Amyot, retocada com tacto admirável por Paul-Louis Courier, não esqueça que é uma obra *francesa* que tem nas mãos!... Uma «tradução» tão perfeita, que se depois de a ter lido retomamos o original grego, entre Longus e Amyot, é Longus que parece ter pobremente e inabilmente traduzido o outro.

XVII

EPICURO E A SALVAÇÃO DOS HOMENS

> ...*Porque ela é a matéria por excelência. Ora, a veneração da matéria: que há de mais digno do espírito? Ao passo que o espírito venerando o espírito... Será coisa de ver-se? — Pois vemo-lo de mais.*
>
> (Francis Ponge, A Terra)

É preciso parar e concluir. Concluir? Fazer pelo menos o ponto. O autor não ignora — mesmo que não siga sempre os métodos regulares da história — que a história não conclui: continua.

De resto, ao longo de todo este último período, não deixou de preparar, no coração de um declínio por vezes ingrato, mas também cheio de promessas, perspectivas de futuro. Agora, quereria, ao despedir-se dessa idade antiga com a qual longamente viveu, escolher um homem exemplar desse precioso passado e ao mesmo tempo um companheiro de caminhada para o século presente.

Escolheu Epicuro... Epicuro que não quis ser mais do que um *amigo* para os homens do seu tempo. Que ele seja também amigo nosso!

Epicuro viveu um século depois de Platão, no fim do século IV e no primeiro terço do século III. O seu pensamento e a sua vida (de doente) constituem uma resposta ao mesmo tempo severa, dolorosa e serena, uma resposta muito humana e muito nobre aos sonhos ambiciosos do idealismo platónico.

Temos toda a obra de Platão — imensa, como é sabido. A obra ainda mais vasta de Epicuro (o número dos seus trabalhos elevava-se a uns trezentos) está hoje reduzida a três cartas importantes escritas a amigos, a oitenta aforismos, chamados *Sentenças Fundamentais*, e a algumas dúzias de fragmentos tirados das suas obras. Os motivos que decidiram esta liquidação maciça são sem dúvida os mesmos que presidiram à destruição da obra do seu mestre Demócrito. Contudo, um e outro destes libertadores dos homens encontraram na pessoa do grande poeta latino Lucrécio um defensor que, quase nada alterando o seu pensamento, fez que lhes fosse prestada, e particularmente a Epicuro, plena justiça.

Poucos homens, poucas doutrinas levantaram, quer entre os contemporâneos, quer no correr do tempo, mais paixões e mais juízos opostos que Epicuro e o seu ensinamento. Para alguns, Epicuro é uma espécie de ser demoníaco: ofereceu aos homens o mais grosseiro dos materialismos — o materialismo do ventre —, ensinou a desprezar os deuses, fez presente ao mundo de uma *«escola de porcos»*. O próprio termo epicúrio passou a ser qualificativo pouco lisonjeiro: significa gozador e sensual, ou, mais cruamente, devasso. Para outros, pelo contrário, Epicuro é quase um deus: libertou os homens de temores vãos, de superstições ancestrais, para lhes dar uma vida tranquila; é um libertador, um sarador do incurável sofrimento que não é mais do que a incurável, ou antes, muito sarável estupidez humana.

Lucrécio declara, no seu estilo de «sublime paixão»: «Foi um deus aquele que primeiramente descobriu esta regra de vida a que hoje chamamos sageza, e que, por sua ciência, arrancando a existência humana a tantas tempestades, a tantas trevas, a colocou numa tal calma, numa tão clara luz!...»

Tentemos apresentá-lo simplesmente como ele era e procuremos, em primeiro lugar, traçando a sua vida, colocá-lo por alguns momentos no mundo em que viveu.

Poucos tempos foram mais trágicos que o de Epicuro. Epicuro é cidadão ateniense, passa a maior parte da sua vida em Atenas. Nasceu em Samos, filho de um colono ateniense, mestre-escola, em 341. Aos catorze anos, o pai mandou-o seguir em Téos as lições de um discípulo de Demócrito, que ensinava, pela via de uma representação do mundo toda atomística, *«a ausência de temor»*, abrindo assim aos seus discípulos o caminho da felicidade.

Após a morte de Alexandre, em 323, Epicuro viveu alguns anos no exílio e na pobreza: ainda muito novo, foi nesta escola que encontrou, quase sozinho, o segredo dessa felicidade que terá o privilégio de viver e que resolve comunicar aos homens. Mais tarde, juntou-se a seu pai, mas tinha ganho o hábito de viver sozinho, armando-se pela reflexão para as lutas da vida, visando com determinação a conquista da sageza. Aos dezanove anos estava amadurecido.

Doente, também. Dotado da sensibilidade mais delicada e da mais vulnerável sensibilidade, tal como atestam as suas cartas, mas já couraçado contra o sofrimento pela presença no seu corpo de uma doença de estômago e de bexiga a que a ciência do tempo não podia dar remédio, Epicuro toma o partido de viver com ela, acomodando-se a esse sofrimento, já que não podia livrar-se. Mas que importa ter de vomitar duas vezes por dia: sabe que é feito, como todos os homens, para ser feliz! Quer sê-lo e há-de sê-lo. Não quer guardar apenas para si a descoberta de quanto é simples a felicidade. Comunica-a aos homens que encontra, faz que a experimentem consigo, e eles tornam-se seus amigos. Lentamente, forma a sua doutrina. Doze anos de meditação solitária, com a cruel doença de bexiga, doze anos de frugalidade, e Epicuro começa a ensinar. Vive longamente em sofrimento e miséria, mas instala-se também na alegria profunda de ser amado pelos seus amigos e de amá-los, de ser um homem que vive na verdade. É com isto que constrói a sua moral, com a experiência da sua alegria — uma alegria arrancada ao sofrimento quotidiano do corpo.

No Verão de 306, aos trinta e cinco anos, Epicuro vai viver para Atenas. Aqui é o centro brilhante do pensamento. Atenas continua a ser a cidade de Platão e de Aristóteles. Só dali pode irradiar para longe um pensamento novo. Ali é o lar da nova sageza helenística. Zenão fundará o *Pórtico* em 301; Epicuro, com o auxílio dos seus amigos, compra o *Jardim* em 306. É neste modesto jardim plantado de flores que ensinará até à morte — esse dia da sua morte em que escreve, com toda a verdade, explorando a sua vida e riscando o traço para fazer a última soma: «Eis o mais belo dia da minha vida, o último. As minhas dores da bexiga e as minhas cólicas continuam, sempre extremas, sem nada perderem da sua violência. Mas a tudo isso se opõe a alegria da alma, quando recordo as nossas conversas passadas. Tu que me foste fiel desde a adolescência, assim como à sabedoria, toma conta dos filhos de Metrodoro.»

Tal é o seu último voto. Este curto bilhete foi ditado por Epicuro, nos últimos momentos de lucidez, para um dos seus melhores amigos ausentes. O mestre queria — nisso mesmo o testamento insiste igualmente — que depois da sua morte se continuasse a testemunhar aos pobres e aos pequenos a bondade que sempre lhes mostrara. O testamento libertava também o seu velho servo, companheiro de sempre, Mys, nome que significava *Rato*, assim como três outros escravos, entre os quais uma mulher. Pedia que se tomasse também conta de Nicanor «como eu próprio fiz», dizia, «a fim de que todos aqueles meus companheiros no amor da sabedoria que, dos seus próprios recursos proveram às minhas necessidades e que, depois de me terem mostrado todos os sinais possíveis de amizade, escolheram envelhecer comigo no estudo da filosofia, não tenham falta, tanto quanto estiver em meu poder, de nenhuma das coisas necessárias».

Finalmente, com a sua preocupação de espalhar a alegria, principalmente no quadro das comunidades, prescrevia que se continuasse a levar aos mortos oferendas anuais, a celebrar os aniversários dos dias de nascimento, que são ocasião de regozijos, sem falar do banquete do dia 20 de cada mês, data reservada à celebração da memória do seu amigo Metrodoro, já desaparecido, celebração a que Epicuro pedia se juntasse uma cerimónia recordando a sua própria memória. Estas recomendações de modo algum implicam crença na imortalidade da sua alma ou da dos mortos (Cícero enganou-se neste ponto). Pelo contrário, Epicuro quer apenas que o ambiente de alegria que a sua pessoa viva soubera criar no grupo dos fiéis, não se dissolva depois da sua morte pela ausência. Pensa que não há alegria melhor que encontrar-se entre amigos para celebrar, com um mesmo coração, a recordação de um bom mestre.

Como se vê, a vida de Epicuro, o reprovado, foi igual à de um santo.

Mas este santo vivia num dos tempos mais sombrios que o mundo antigo conheceu — um tempo em que se multiplicavam os sinais de declínio da época helenística.

Alguns factos desse momento de Epicuro. Em Atenas, de 307 a 261, quarenta e seis anos de guerras e motins. Guerras em que desaparecia mesmo o sentimento da comunidade helénica que durante muito tempo se conservara entre Gregos. Acabavam-se os prisioneiros gregos, acabava-se o respeito pelas mulheres: espada, violação e escravatura. No quadro oficial das cidades, os partidos, ou o que deles resta, disputam uns aos outros um simulacro de poder. Em Atenas, quatro vezes o estrangeiro intervém, ocupa a cidade, modifica um fantasma de constituição que nunca será posta em vigor. Três movimentos insurreccionais. Atenas sofre quatro cercos. Sangue, epidemias, assassínios, pilhagens, eis o momento de Epicuro.

A miséria cresce e alastra — desde a época de Platão. Há uma frase da *República* que já mostra o avanço do mal, que Platão não ignorava. Fala de uma espécie de pessoas que não parecem pertencer a nenhuma categoria de cidadãos, que não são «nem mercadores, nem soldados, nem nada, mas apenas pobres». Conhecemos essa gente: são os desempregados, são os proletários, pior do que isso, são seres humanos que, votados à miséria de uma vez para sempre, *nunca* sairão dela, *nunca* se levantarão.

E eu torno uma última vez ao vício já denunciado da sociedade antiga — a escravatura. O trabalho do cidadão livre não pôde resistir (era de prever, mas nunca fora previsto) à concorrência do trabalho servil. Para uns e para os outros, a miséria.

Existem alguns indícios que levam a acreditar que, no tempo da sua grandeza, Atenas pôde julgar-se bastante forte para que certos homens concebessem o propósito de abolir a escravatura. Estes indícios são leves, Eurípides traz-nos alguns ecos deles. Mas quando Filipe da Macedónia subjugou a Grécia, introduziu no pacto de paz que impôs aos Gregos uma cláusula que proibia para sempre a libertação dos escravos. Era consumar o desastre do povo grego, era fechar a única saída que ficara aberta ao nascimento duma sociedade mais sã.

A partir daí, a escravatura tinha de crescer e multiplicar-se. Com o desenvolvimento industrial e comercial que se segue às campanhas de Alexandre, o número e a proporção numérica dos escravos aumentam. Por outro lado, a concentração das riquezas, que continuavam a ser essencialmente prediais, agrícolas, provocava a ruína dos pequenos proprietários. Dois pólos se formam na sociedade antiga. Um, feito de proprietários prediais muito ricos, mas cujo número vai diminuindo; o outro, ocupado pelos escravos que aumentam sem cessar e puxam consigo para a miséria a população livre já pobre, mas que tende a tornar-se rigorosamente «miserável». A escravatura ganha sempre e começa a produzir os seus resultados desastrosos. O número dos escravos na sociedade antiga aumentará até à época cristã, data em que culminará.

Um antigo conta que no século VI antes de Cristo um cidadão da Fócia introduziu pela primeira vez no país mil escravos: o resultado foi uma insurreição geral da população que, sendo pobre, se via assim condenada a uma privação total. Os escravos intrusos vinham tirar o trabalho e o pão a outros tantos trabalhadores livres, cada um dos quais, por sua vez, sustentava uma família de quatro ou cinco pessoas.

Assim, a coexistência da escravatura e do trabalho livre constitui a pior calamidade para o trabalhador antigo. Elimina a possibilidade de qualquer organização e de qualquer resistência dos trabalhadores: ata inelutavelmente a vida destes ao poderio desenfreado do capital. O emprego do trabalho servil no mundo helénico, a uma escala até aí desconhecida, leva à ruína em massa os pequenos produtores. Traz a decadência, o desaparecimento da população trabalhadora.

Em Atenas, nesse doloroso século IV que acaba, o Estado, durante um certo tempo, organiza distribuições de víveres e de salários pelos cidadãos pobres. Mas ele próprio é demasiado pobre para suportar durante muito tempo este esforço, aliás inútil. Não tarda a suprimir tais distribuições. É também obrigado por vezes a suspender os vencimentos dos funcionários. Por fim, Atenas exporta os seus desempregados para deixar de ouvir os gritos deles. Então acontece que esta gente, obrigada a emigrar, se junta, à falta de melhor, aos bandos armados que vagueiam pelo mundo helenístico e pilham ao acaso.

Neste mundo cuja economia se desagrega, a vida torna-se para os homens deste tempo tão incerta, que parece entregue ao acaso. É por isso que se vê aparecer uma divindade e um culto novos. Inventa-se a deusa *Tyché*, cujo nome significa *Acaso*. Este culto ganha grande extensão. Os homens — que antes procuravam na ciência estabelecer as leis estáveis da natureza e da sociedade — são levados a fazer agora uma ideia aventurosa do mundo e da condição humana, de tal modo a sua vida é insegura! Também a isto responderá a tentativa de Epicuro.

Ao mesmo tempo, há que acrescentar que esta escravatura cada vez maior, com que se conta para responder a todas as necessidades, é, do ponto de vista da produção, insuficientíssima. O escravo parece ser, como que por natureza (!), incapaz de fazer progredir a economia. Há um só grito na Antiguidade, de Platão a Columelo, e através dos escritos de Xenofonte, Catão e Varrão, um grito universal, embora nunca ouvido, para advertir que os escravos devem ser tratados com todos os cuidados possíveis, e não por espírito humanitário, mas no interesse dos proprietários. «O trabalho servil é um trabalho de carniceiros», escreve Columelo, insigne agrónomo do mundo romano, que viveu no século I da nossa era, na época do grande desenvolvimento da escravatura no mundo antigo. Escreve mais: «Os escravos fazem muito mal à agricultura; confiam os bois ao primeiro que aparece, alimentam-nos mal, trabalham a terra sem inteligência, metem na conta mais semente do que a que empregam; descuidam o produto do solo, roubam ou deixam roubar o cereal que levaram à eira para malhar, não entregam fielmente o cereal já malhado, de sorte que, por culpa do empresário e dos seus escravos, a propriedade cai em ruínas...» E noutro lugar: «Se o patrão não vigia atentamente os trabalhos, acontece precisamente o que se passa num exército na ausência do general: ninguém cumpre mais o seu dever... os escravos abandonam-se a todos os excessos... pensam menos em cultivar do que em devastar...» E Plínio, o Antigo, alargando as suas observações e a sua condenação a toda a espécie de trabalho servil, acrescentava: «É muito má ideia fazer cultivar os campos por escravos, porque mau trabalho é o do homem vencido de fadiga, forçado apenas pelo desespero a trabalhar!»

Estes textos mostram a finalização de uma situação que existia em princípio desde o tempo de Epicuro. O mundo em que vive Epicuro é um mundo já condenado à destruição, um mundo que vive na angústia. (E se estes juízos dos antigos sobre o trabalho dos escravos parecem inquinados de preconceitos — e pode-se admitir que o estão em parte — não se deve contudo esquecer que são confirmados por verificações idênticas de proprietários de escravos nos tempos modernos, e até no século XIX, nos Estados Unidos da América.)

Tais são, sumariamente expostas, as condições históricas a que queria fazer frente a sageza de Epicuro.

Platão vivera no começo deste desastre. Pressentira que ele poderia resultar na derrocada em cujo seio Epicuro viveu.

Platão trouxera duas respostas a esta angústia que despontava.

Por um lado, transferia a esperança humana para o além, mostrando que as almas, depois de terem sido julgadas, recebiam a recompensa da sua própria justiça, a menos que sofressem o castigo pela sua injustiça e fossem repetidas para nova existência terrestre, quer num corpo humano, quer no corpo de um animal.

Mas Platão não se desinteressara da sociedade humana e propusera a sua reforma — que desenvolvia em particular na *República,* no quadro de um Estado modelo.

Epicuro não adopta nem uma nem outra destas soluções. A sua resposta às novas condições históricas, agora muito mais duras, é, ao mesmo tempo, uma resposta ao idealismo platónico, que considera quimérico e assente numa falsa representação do mundo.

Quanto à reforma da sociedade, Epicuro considera que é tarde de mais para empreendê-la. No tempo de Platão parecia ainda possível querer a salvação *colectiva* da sociedade. No tempo de Epicuro, apenas se pode querer a salvação *individual* de cada homem. Não se fala mais de justiça social, de progresso social, porque a história, por agora, deu em mau resultado. Trata-se, sem dúvida, de um grande recuo do pensamento grego, da civilização grega, que tinham partido à conquista do progresso em todos os domínios. Mas a pressão da miséria e do sofrimento era demasiado forte. Os homens querem, simplesmente, cada um, e agora, ser salvos. Epicuro acode ao mais urgente: levanta o que Dostoieviski chama *«a bandeira do pão terrestre»*.

Terrestre... É que Epicuro também não quer seguir a outra linha de Platão, a que promete a felicidade no além. Essa posição é, no seu entender, demasiado fácil e, aliás, falsa. Não acredita na alma imortal: quer ensinar os homens a serem felizes imediatamente, na sua vida presente — uma felicidade modesta e limitada, talvez, mas *certa*, e que cada um possa segurar nas suas mãos.

A grandeza da filosofia de Epicuro está em não propor, como Platão o fez, como o cristianismo o fará, uma evasão para o Céu, mas um empreendimento terrestre.

Daí uma sabedoria muito prática, mas que vai direita ao fim que lhe é mais caro — a felicidade do indivíduo. Sim, Epicuro é, como dele disse um «filósofo» moderno, um desses «homens suficientemente privados de delicadeza» (sic) *«para quererem a felicidade terrestre»*.

A filosofia não é neste homem jogo de intelectuais, luxo de professores: é um trabalho sobre o mais urgente dos problemas. «Não se deve fingir filosofar», diz. «Quando se está doente, não se finge procurar a saúde: procura-se.» Não se deve perder um instante se se quer orientar o homem para a verdade, que é o único remédio para os seus males. É preciso encontrar esse remédio. A felicidade é uma necessidade urgente que não espera. A vida é muito mais curta do que nós conseguimos ver. «Cada um de nós deixa a vida com a sensação de que apenas acabou de nascer.»

Eis o espírito com que Epicuro reflecte e procura a verdade.

Mas que verdade é essa? Para encontrar e dar a felicidade, é preciso primeiro compreender que os homens são muito infelizes e a razão por que o são. Porquê? Porque têm medo. É preciso expulsar esse medo, essa angústia permanente alojada no fundo de cada ser humano. Quando o medo tiver sido desalojado por uma visão mais justa da realidade, então a felicidade poderá nascer. Uma felicidade modesta, como disse, mas certa.

Os homens são infelizes, verifica Epicuro. Ora, os homens são feitos para a alegria. Há em Epicuro uma afirmação profunda da necessidade e da simplicidade, da presença imediata da alegria. A alegria está, a todo o tempo, ao alcance da nossa mão. Mas os homens têm medo. Esse medo é comandado por uma falsa visão da realidade. Medo de quê?

O nosso primeiro medo, o nosso medo essencial, é o da morte. Todos os homens sabem que têm de morrer. Todos os homens têm medo da morte. O pensamento da morte persegue-os por toda a parte: procuram constantemente distrair-se dele, mas nas suas distrações mais embriagadoras, esse pensamento volta sem cessar, tapa todos os horizontes, enche os homens de horror e de vertigem, como se estivessem à beira de um abismo que fosse engoli-los.

Não insisto. Temos Montaigne, temos Pascal, todos imbuídos de Epicuro.

Há um outro medo, aliás, ligado ao primeiro, o medo dos deuses. Os homens imaginam que os deuses os observam, os espreitam do alto do céu, que intervêm na sua vida, que punem as suas desobediências, as suas negligências para com a autoridade soberana deles. Por isso consultam os oráculos, pedem aos padres presságios, direcções para a sua conduta. Mas estes padres não sabem nada da verdadeira natureza dos deuses. Daí resulta, na vida dos homens, um incrível amontoado de absurdezas, de loucuras e por vezes de crimes. Crimes inspirados, a acreditar na tradição mítica, pela própria religião. Recorde-se, diz Lucrécio, o poeta latino saturado de Epicuro, o horrível crime de Agamémnon inspirado por um oráculo: Ifigénia degolada pelo seu próprio pai, por pretensa ordem de uma deusa. Lucrécio solta aqui um grito de indignação que ficou célebre:

«*Tantum religio potuit suadere malorum!*»

O que quer dizer: «Abismo de malefícios para onde a religião pôde arrastar-nos!»

Pois bem, enquanto a humanidade estiver vergada sob o jugo deste duplo medo da morte e dos deuses, será profundamente miserável.

Mas serão fundados estes dois terrores? Epicuro está persuadido de que não. Todo o seu esforço tende a libertar deles os homens. Para tal é preciso fazer-lhes compreender o que é o universo, e que ele não deixa qualquer lugar para estes deuses absurdos, para esta morte-espantalho.

É aqui que Epicuro opera ousadamente a sua mais brilhante redenção. Do modo mais simples deste mundo. Parece tomar-nos pela mão e dizer: «Olhai o mundo, olhai-o à luz deste Sol que tudo ilumina. Não há nenhum mito que nos esconda, a pretexto de revelá-la, a realidade.» Diz-nos: «Olhai. Abri os olhos. Ouvi as vozes que vêm da natureza.» E nós só temos que responder: «Olhamos e escutamos.» A água, o céu, os espaços terrestres com as culturas dos homens — os «trabalhos», como diz o Grego para designar os «campos cultivados» — esses *«erga»* que tanto designam as obras de tapeçaria devidas à paciência das mulheres como as conquistas feitas na guerra pela espada, ou ainda a extensão marinha conquistada pelos braços dos remadores... Pão para comer, frutos para colher, terras para habitar e cultivar, por toda a parte onde antigamente reinavam as florestas e as feras. Epicuro aponta-os e diz-nos: «Olhai, escutai. Deve-se negar tudo isto? Não. Negaríeis a evidência. Tudo isto existe. Tudo isto é, em grande parte, obra das vossas mãos. Este mundo sensível que vos amarra com a sua profusa autenticidade, que se prova a vós, certo, irrefutável — este mundo que durará enquanto vós durardes... Em que acreditareis, se não acreditais nesta única evidência?»

Epicuro parte da sensação. Declara com toda a clareza na *«Carta a Heródoto»* — carta que, segundo ele, resume a sua doutrina: «Que os corpos existem, atestam-no os sentidos a todo o momento, e é sobre este facto que a razão deve apoiar-se para fazer conjecturas.» Assim faz Epicuro. Usa magnificamente da razão. Declara na mesma Carta: «Convém afirmar em primeiro lugar que nada nasce de nada, sem o que tudo poderia nascer de tudo sem precisar de qualquer semente.»

Lucrécio pouco mais faz que traduzir Epicuro quando diz: «O princípio em que assentaremos antes de qualquer outro, é que nada é engendrado do nada» (e acrescenta: «por um poder divino.»)... «e se as coisas viessem do nada, toda a espécie poderia nascer de qualquer coisa, não haveria necessidade de uma semente.»

(A perfeita concordância, neste ponto, entre as passagens de Lucrécio e de Epicuro — e há muitas outras — dar-nos-ia o direito de ir buscar a Lucrécio muito Epicuro escondido. Só com muita discrição o fizemos.)

Basta-nos verificar que Epicuro restitui toda a realidade ao mundo material. Aqui triunfa o pensador grego, aqui irrompe abertamente a sua alegria. Este mundo que os nossos sentidos nos revelam, este mundo de cores, de formas, de movimento, que se nos oferece com uma evidência incontestável, este mundo que plenamente nos regozija a cada instante da nossa vida — este mundo existe. Existe como nós existimos e durará em nós tanto tempo como nós, mas também para além de nós, embora não eternamente.

EPICURO E A SALVAÇÃO DOS HOMENS

Eis enfim um filósofo que acredita simplesmente no testemunho dos sentidos, um filósofo que não quer mutilar-nos, um filósofo que pensa simplesmente com bom-senso. Basta-nos saber que existe para Epicuro e para nós este mundo solar dos nossos sentidos libertados, este mundo da alegria. Para o saudar, Epicuro encontra por vezes expressões inesquecíveis: «O Sol dá a volta ao mundo e a sua grande voz convida-nos todos a acordarmos para a felicidade.

Platão negara a existência do mundo material, chamara ao mundo que os nossos sentidos nos revelam o não-ser. Inventara acima dele o mundo das formas ideais, inapreensíveis pela simples razão.

Epicuro, por sua vez, começa por acreditar na realidade do que vê. Retoma e completa a física do velho filósofo atomista Demócrito. No mundo nada mais há que átomos, o seu movimento e o vazio. Daí provém toda a espécie de realidade: os objectos e os seres que vemos, e também os que não vemos por serem compostos de átomos demasiado subtis. A alma existe, por de mais incensada nos mitos platónicos, prometida, virtuosa, pelo filósofo-poeta, às delícias da sua falaciosa imortalidade, criminosa, à forquilha dos demónios de fogo — a alma existe, mas a sua existência é efémera, cheia de alegria se compreendeu a sua natureza e votada à tranquila dissolução reservada a todos os seres do mundo.

Os deuses existem, mas são compostos, arquitecturas complexas de átomos materiais. Claro que há as ideias, mas essas ideias não são seres imateriais existentes fora de nós no absoluto: não são outra coisa que os frutos do nosso espírito, como uma seara, como uma floração nascida da própria terra da nossa vida carnal.

Epicuro assenta na sua física, com firmeza, as bases de um materialismo robusto que não acabou — apesar das suas lacunas, a mais grave das quais, na Antiguidade, é a ausência duma justificação científica, devida ao estado precário da ciência desse tempo —, um materialismo que não acabou de alimentar a investigação filosófica, e, de um modo mais geral, de alimentar a energia humana.

Tudo isto sabe-o o homem moderno: para o saber basta-lhe a sua experiência: fotografa, conta, pesa os átomos. Opera a fissão do núcleo, liberta a energia. O átomo não é para o sábio moderno uma conjectura. O átomo não é uma invenção, é uma descoberta. Não é uma ficção, é um dado, pelo menos para todo o sábio a quem o preconceito idealista não cegue. É um objecto, uma realidade objectiva.

Epicuro está reduzido, pelo estado da ciência do tempo, a fazer apenas uma conjectura, mas essa conjectura é genial. Afirma, depois de Demócrito, mas desenvolvendo a teoria do seu predecessor, que o mundo é constituído por corpúsculos elementares invisíveis para nós — elementos incriados, imperecíveis, inalteráveis, indivisíveis e conduzidos por um movimento eterno.

Epicuro dá à matéria o que ficará sendo a sua incontestável realidade. Dá ao nosso corpo, depreciado por Platão, a sua consistência autêntica de objecto material. Dá à nossa alma o seu peso específico de ser mortal como todos os outros seres da natureza.

Assim, no mundo só há objectos, seres compostos de átomos que se movem e se agregam no vazio. Ao agregarem-se formam não apenas corpos, mas mundos numerosos que Epicuro se representa como separados no universo por vazios imensos. O nosso mundo com o seu sol, a sua terra, os seus planetas e a sua vida não é mais do que um dos múltiplos mundos do universo. A esta hipótese, que a ciência confirma, Epicuro acrescenta uma outra: é nos intervalos entre esses mundos — Epicuro chama a esses intervalos *«intermundos»* — que habitam os deuses, que são seres materiais, mas bem-aventurados e perfeitos.

Tal é a física de Epicuro. É muito simples. Digamos mesmo, se se quiser, que ainda é simplista. Epicuro não desdenha a física, mas esta representação do mundo interessa-o sobretudo pela moral que dela deriva. Constrói sobre esta física materialista uma moral original, sólida e ousada, ao mesmo tempo tranquilizadora e corajosa.

Em primeiro lugar, os deuses e o temor dos deuses. Epicuro acredita nos deuses: não é pois ateu no sentido rigoroso da palavra. No entanto, se assim se pode dizer, liquida-os da vida humana. Praticamente, é ateu. Nos seus intermundos, porque se ocupariam de nós deuses bem-aventurados que vivem numa paz soberana, e, sobretudo, porque nos fariam mal? Os deuses vivem sem outra ocupação que a sua própria felicidade. Dão-nos assim o exemplo de quanto seríamos tolos se não o fizéssemos. «Eles não precisam de nós para nada, escreve Epicuro. E nós podemos captar por nossos méritos as suas boas graças.» Noutra passagem declara que é absurdo imaginar que os deuses «se incomodam a punir os culpados e recompensar as pessoas honestas». Observe-se a vida humana: vê-se nela alguma coisa que com aquilo se pareça? Quanto aos castigos e recompensas no além, são claramente um simples devaneio. A alma não é imortal, pois não existiu antes do nascimento do corpo.

Nem o mundo nem a história humana se explicam pela acção de uma providência de que em parte alguma se vê acção racional, justa e benévola. Não é que a vida humana esteja votada à desordem pura. Mas a ordem que nela se pode entrever, é o homem que a introduz a partir do momento em que apareceu na natureza. A partir do momento em que reina no mundo o animal--homem, o progresso pode precipitar-se e não deixará de o fazer desde que o homem vele por isso. Essa é a sua tarefa própria. Tudo se explica pois sem os deuses, em primeiro lugar pelo jogo dos átomos, em segundo lugar pelas necessidades do homem e pelo domínio, que está em condições de adquirir, da maneira de satisfazer os seus desejos.

Em todo o caso, não são precisos os deuses para explicar o mundo. É só pelo homem que a civilização se explica. Sobre este ponto não temos, infelizmente, textos de Epicuro, mas dispomos de um belo quadro da história da civilização desenvolvida pelo seu discípulo latino, Lucrécio.

Os homens, como os primeiros seres vivos, nasceram da terra. Ao princípio formaram apenas bandos selvagens. Nem linguagem, nem habitações, nem técnica, nem belas-artes. Não havia famílias, mas somente acasalamentos passageiros. A caça, a pesca, o sono inquieto no fundo das cavernas, eis a sorte dos nossos antepassados. Depois, pouco a pouco, aprenderam a manter o fogo caído do céu. Mais tarde, a acenderem-no eles próprios. Constroem cabanas, fabricam vestuário, utensílios, armas, domesticam animais. Vem a agricultura, vem o nascimento das cidades, vem a organização política, o direito e a justiça. Depois de séculos e séculos, a espécie humana dispõe de alguns lazeres: inventa a dança e o canto, a música e a poesia. E depois tudo se deteriorou. Com a civilização nasceram ambições desmedidas: avidez insaciável da riqueza, o gosto furioso do domínio a todo o custo, e as crenças religiosas que exploraram tudo isto, e a guerra e a desagregação da sociedade e da própria civilização.

Mas a civilização é um bem que nós próprios conquistámos, não temos que agradecê-la aos deuses. Epicuro escreve que a civilização é «o fruto da experiência e do trabalho». São «o tempo e a indústria humana que produzem sucessivamente e trazem à luz todas as invenções». Trata-se de ter confiança em nós, em vez de invocar os deuses. Trata-se sobretudo de deixar de temê-los, porque este temor nos paralisa e enlouquece. Confiança em nós, na nossa sageza modesta mas segura. Dissipado o temor dos deuses, o universo deixa de ser mistério e angústia.

Resta o temor da morte, mais deprimente, mas mais absurdo ainda que o outro. A morte não é nada para nós, rigorosamente nada. Não podemos ter sequer consciência dela, tal como não temos de um simples desmaio. As partículas do nosso ser, da nossa consciência de existir, decompõem-se, como todo o composto chega à decomposição. Mas é um acontecimento perfeitamente natural. De resto, quando se produz já não estamos presentes para dele tomarmos consciência. Num raciocínio decisivo que faz numa das suas cartas, Epicuro mostra que a morte não nos é nada: «Enquanto estamos, a morte não está presente; e logo que ela sobrevém, então deixamos de estar nós.» Assim, nunca temos um segundo de contacto com ela. As nossas perturbações e os nossos terrores diante dela são tão ridículos como os de uma criança diante de um imaginário papão. Uma vez mortos, seremos tão insensíveis aos acontecimentos deste mundo como o éramos antes de nascer. Lamentamo-nos por não termos vivido há um século? Então porque havemos de lamentar-nos por não vivermos daqui a um século?

Claro que Epicuro não esquece os sofrimentos físicos que podem preceder a morte, mas para isso não temos nós a nossa coragem e a nossa dignidade? Epicuro tem o direito de falar assim, porque sofreu terrivelmente na sua carne durante anos. Este grande doente nunca se queixou e o sofrimento físico nunca alterou a sua paz e a sua felicidade. Quanto ao sofrimento moral, venceu-o ele como indigno de um homem racional. Eis pois dissipada, com a suspensão dos temores que mais perturbam os homens, a principal causa da suas infelicidades. Mas que resta então ao homem? Esta sageza começa por parecer bastante negativa. Segundo Epicuro, não o é. Basta que a dor seja suspensa, basta que as necessidades simples, os desejos elementares, sejam satisfeitos para que o homem se veja restituído à sua vocação natural, basta que o sofrimento que o mutila e o faz gritar seja afastado, para que o homem se reencontre completo, para que seja feliz. A vocação do homem — nunca será de mais repetir — é a alegria. Suprimi a dor: é quanto basta para que nasça a alegria.

Vede como é simples, a acreditar em Epicuro. A carne grita para ser libertada da fome, da sede, do frio. Pouco é preciso para fazer calar esses gritos e a simples natureza nem tanto exige. Não ter mais fome, não ter mais sede, não sofrer mais — é um prazer que pode parecer escasso e imóvel. Disse que a sageza de Epicuro era modesta mas segura. A parcimónia das suas exigências mostra o desespero da época em que foram formuladas. Esta sageza salvava o essencial do homem ameaçado. O homem não queria sofrer mais, não queria temer, não queria alimentar-se mais de quimeras. Epicuro dá-lhe a alegria de alguém que acaba de escapar à morte, que acaba de ser salvo de uma execução capital. Apesar das aparências, pode ser uma alegria muito intensa. O homem continua inteiro, a sua consciência é-lhe restituída; limitados os seus desejos, pode satisfazê-los. Reencontra um certo equilíbrio de vida que a maior parte dos homens perderam. Esses homens são loucos sempre à procura de novas necessidades, necessidades artificiais que muitas vezes seria mais simples abandonar que satisfazer. Esses loucos procuram ultrapassar sempre os limites duma vida simples e natural. Na verdade, não vivem, ocupados como estão em procurar «meios para a vida», como diz Epicuro. O sage sabe que a vida não é para amanhã: é para o próprio dia em que vivemos, para cada segundo desse dia. Cada instante de felicidade, cada desejo satisfeito no prazer (e pouco importa que esse desejo seja de um bem modesto: o importante é que seja satisfeito), cada instante de prazer é como uma posse eterna. O mundo é aceite, a vida é vivida. O tempo que passa não é já uma sucessão de necessidades traídas, de bens perdidos, de esperanças ameaçadas e desiludidas. Não somos arrebatados pelo tempo, estamos instalados na posse da alegria.

O que há de forte e de ousado nesta sageza, é a afirmação constantemente repetida de que o homem nasceu para a alegria e que a alegria assenta sobre o corpo e sobre a estreita união, na vida, da consciência de viver e da carne. Epicuro escreveu esta frase que a muitos pareceu escandalosa: «O princípio e a raiz de todo o bem estão no prazer do ventre.» (É um escândalo, claro, para pessoas que, não tendo tido nunca fome, põem o seu prazer noutra coisa, como na posse de bens raros, que não levarão consigo.) Na verdade, olhando em redor de nós, e amanhã talvez no nosso país, deveríamos estar atentos a não esquecer nunca que uma sabedoria que não parta das condições materiais da consciência é uma sabedoria inteiramente imaginária. Mais: desumana. Epicuro nunca esqueceu, nem por um instante, que o poder de pensar e de se exprimir está estreitamente ligado à faculdade de comer e de beber, à alegria de respirar.

De facto, uma sageza materialista não seria hoje muito diferente, no seu ponto de partida e pelos seus princípios, da de Epicuro. Mas num mundo em que a satisfação de necessidades infinitamente mais numerosas se tornou possível, concebível, legítima — mesmo que essa realização se apresente com toda a evidência muito ameaçada hoje —, essa sageza de raiz materialista seria hoje muito mais ambiciosa, a mais ambiciosa de todas.

Epicuro declara-nos com veemência que podemos conhecer grandes alegrias, grandes prazeres (e um homem a quem a palavra prazer não mete medo): mas é preciso que esses prazeres sejam simples e naturais e respondam a necessidades indispensáveis. Comer para não morrer de forme, beber para não perecer de sede, e apenas quando se tem fome e quando se tem sede. «Que coisas admiráveis são o pão e a água quando as encontramos no tempo da fome e da sede», dizia ele. E naturalmente também comer qualquer coisa de bom e beber uma bebida refrescante, e também saborear o prazer do amor. Mas sempre quando isso corresponda a uma necessidade, a um desejo natural e verdadeiro. Complicar o prazer criando necessidades artificiais, vivendo uma vida de ambição nunca satisfeita, uma vida de avareza e de vaidade, não é aumentar o prazer e a alegria, é aniquilá-los para sempre.

O prazer é o justo prémio daquele que segura bem nas mãos os seus desejos, que os domina e os afasta, se sabe que não pode realizá-los. O prazer e a alegria coroam as pessoas moderadas, temperantes, corajosas, senhoras de si mesmas. Nessa doutrina que foi considerada tão depravada, a noção de prazer que é o seu centro implica a posse das mais altas virtudes: coragem, primeira virtude nativa do povo grego tecida como um fio vermelho na tela de uma vela branca, e que corre através de toda a história dos Gregos, coragem que se tornou com o tempo — desde Sócrates — coragem reflectida, coragem meditada, assente no respeito e no conhecimento exacto da realidade. Admirável floração da sageza antiga na própria hora do seu declínio!... Tais virtudes, segundo Epicuro, asseguram-nos a serenidade perfeita em todas as circunstâncias. Um homem que não tem medo de nada, um homem que com pouco se contenta, vive sempre feliz. «Comer um bocado, beber um gole, dormir sobre uma tábua, e eis Epicuro», comenta um antigo, «pronto a discutir desde o alvorecer, não apenas com os seus amigos, mas com Zeus em pessoa.» Foi neste homem que se quis encarnar a devassidão!

Este doente, que sofreu durante anos sem se queixar as dores atrozes dos cálculos da bexiga, este homem torturado que por fim tinha de ser transportado para o pátio interior da sua casa — este homem, apesar de tudo, não cessou de proclamar que a vida, mesmo assim, vale ser vivida, na satisfação dos desejos mais elementares, e também, e sobretudo, na alegria perfeita que lhe proporcionava a mais nobre das paixões humanas, aquela que bastava para iluminar, aquecer, exaltar a sua própria vida e a que ele chamava, muito simplesmente, amizade. Vêmo-lo, descobrimo-lo de súbito com a sua bondade, com esse amor, solidamente plantado em si, pela outra criatura humana, feita da mesma carne mortal, condenada às mesmas penas inacreditavelmente dolorosas, ao mesmo tempo que prometida à mesma felicidade, aos mesmos prazeres de que essa carne é o instrumento mais sensível, prometida à mesma alegria de amar outrem. Eis a amizade epicuriana.

Os seus discípulos, os seus amigos, procuravam-no no jardim agora reduzido a um pobre pátio. Epicuro dizia-lhes que a amizade multiplicava ao infinito o prazer de viver. A amizade — essa partilha do necessário, esse pôr em comum os prazeres simples — é o mais belo fruto da sageza limitada de Epicuro. Mas justamente pela amizade essa sageza deixa de ser limitada: alarga-se à comunidade dos homens. Não nos diz um escritor antigo que após a sua morte o número dos amigos de Epicuro era tão grande que se podia contar «por cidades inteiras»?

Havia pois neste sage, que começa por parecer tão estreito e tão isolado, qualquer coisa de caloroso, de tão fraternal — uma fonte tão generosa que os homens não tinham acabado nunca de matar a sede nela. «A vida de Epicuro, comparada com a dos outros homens», escreve um dos seus discípulos, «aparece-nos, por causa da sua doçura e da sua moderação, como uma lenda.»

Tentemos cingir de mais perto esta noção de amizade epicúrea em que se manifesta o desabrochar último deste homem, desta sageza.

Em verdade, todas as sagezas antigas, tudo aquilo a que se chama com um termo tão frio, tão refrigerante, as escolas filosóficas, se apresentam como focos de amizade. Estabelecem-se laços entre os homens que sob a direcção de um mestre procuram uma verdade que se tornou indispensável à sua vida despojada, uma verdade que possa ser vivida e que agrupa os homens isolados, pela ruína das cidades, em novas comunidades.

Quando Epicuro deixou a Ásia para ir instalar-se em Atenas, alguns dos seus discípulos, dos seus amigos, acompanharam-no, outros ficaram na Ásia. O afastamento não quebrou os laços de amizade, reforçou-os, como por vezes acontece. Se Epicuro se decide ainda a deixar momentaneamente Atenas, em duas ou três ocasiões, é para ir visitar, diz ele, «os amigos que estão na Jónia».

Entretanto, escrevem uns aos outros. Nasce aqui a correspondência em prosa, na verdade um pouco mais cedo, com Platão. Aparecimento tão extraordinário que durante muito tempo os modernos puseram em dúvida todas as cartas de Platão, hoje em grande parte reabilitadas. Na sua *Sexta Carta*, Platão aconselha três dos seus discípulos separados, mas por curtas distâncias «a tentarem formar por laços mútuos uma íntima união de amizade». Sabemos também que antes de Platão havia círculos de amigos pitagóricos, que certamente se correspondiam.

Trocam-se pois cartas entre os epicúreos isolados. Ora são longas epístolas onde se precisam com vagar pontos fundamentais da doutrina, ora cartas particulares cheias de conselhos práticos, de exortação moral, num tom muito familiar, muito amistoso, o tom de alguém mais velho a um adolescente em dificuldades. Todo um quente comércio de amizade em que a discussão das mais altas dificuldades intelectuais se liga por vezes à casuística duma carta de conselhos. Houve adolescentes que puseram a sua confiança neste mestre que lhes fala com um inteiro abandono e num grande esforço de simplicidade e de clareza, das dificuldades que conheceu antes deles na busca da felicidade É por vezes o tom das epístolas aos Romanos e aos Coríntios, das epístolas de Paulo, mas também de Pedro e de Tiago — é sempre o tom de Epicuro, de um caminho para a verdade continuado com constância e em comum com aqueles que a ele se deram no comércio experimentado duma amizade. Como se vê, os grupos epicúreos fundam-se no mundo do século III à maneira das «igrejas». Desde que as cidades desapareceram ou estão em vias de desaparecimento, os homens precisam, acima de tudo, de reencontrar o abrigo de uma comunidade.

Se Epicuro sentiu com intensidade sem igual a alegria de viver na posse de bens elementares, é porque escapa a abismos de solidão, à nudez do desespero. Agora sabe pela amizade dos homens que conquistou que esse bem sem preço não poderá ser-lhe arrancado, a não ser com a vida. A miséria de viver não foi sentida apenas por ele: todos os homens a experimentaram. «A terra inteira vive em pena: é por isso, por causa dessa vida penosa, que nós, os homens, recebemos mais dons.» Mas disto também resulta a experiência duma amizade que é a descoberta mais surpreendente feita por Epicuro. E também a mais grega. A atitude de Epicuro liga-se, na outra ponta da corrente helénica, à frase impressionante de Aquiles a Licaon — frase já citada — no momento em que levanta contra este inimigo a sua espada: «Morre pois, amigo! Pátroclo, que valia muito mais do que tu, também está morto.» Frase tão estranha dirigida a um inimigo, que muitos sábios, em vez de a compreenderem, preferem corrigir o texto que lhes apresenta um enigma. Não há mais enigma que o de um homem que no momento exacto em que dá a morte se sente ligado por um laço indiscutível a essa outra criatura humana que partilha com ele a condição mortal. Assim Epicuro a todo o homem, amigo ou inimigo, pode dizer «amigo». Nenhum outro sentimento que não seja a amizade exprime essa profunda solidariedade que a todos nos liga a cada um dos nossos irmãos em desgraça, todos candidatos a essa prova em que os homens são sempre «admitidos», a morte que os espera.

A amizade epicúrea é pois a perfeita confirmação de Epicuro inteiro. Não é um estado intermediário com vista a atingir a posse do Bem ou de Deus, que é o Bem supremo. A amizade epicúrea é um fim em si.

Mas embora o culto da amizade esteja espalhado na maior parte das escolas filosóficas, há uma profunda diferença entre a amizade epicúrea e a amizade pitagórica ou platónica. Nos outros círculos, as amizades eram masculinas, ao passo que aquela a que levava Epicuro — sabêmo-lo pelo próprio nome dos seus discípulos — estava aberto a toda a criatura humana. Alguns discípulos procuravam o mestre com a sua mulher legítima. Mas a presença de nomes como Leontin, Hedeia, Erotion, Nikidon e outros no círculo dos discípulos indica mulheres livres de si mesmas no prazer. Isto deu talvez ocasião a ditos desagradáveis. Contudo, era ali, naquele jardim onde as tratavam como iguais, onde se admitia a sua dignidade de pessoas humanas, feitas da mesma carne, compostas de átomos idênticos, vivendo no prazer com amigos que as tinham escolhido, «senhoras» de alguns deles, a mesma vida humana aventurosa, vida de «mulher livre», e não ligada pelo contrato chamado casamento. Estas mulheres, neste círculo, não eram como as «heteras» doutro tempo, escravas da mulher casada. Alguém enfim lhes reconhecia uma alma e velava pelo bem dessa alma que com ele buscavam.

Epicuro, impressionado pelas qualidades intelectuais e morais de algumas dessas «mulheres livres», confiava a uma delas a presidência temporária que à vez lhe cabia em virtude da lei do grupo.

Os nomes de algumas dessas jovens mulheres indicam a sua condição servil. Nova vitória no círculo sobre um dos mais resistentes preconceitos antigos. Vitória da amizade.

Mas a amizade epicúrea não é somente reconciliadora e libertadora ao mesmo tempo do homem e da mulher, é muito mais, é — disse já — fim em si. Que fim?

Epicuro é demasiado grego para conceber que a conquista e a posse da felicidade possam realizar-se na solidão: a felicidade é o fruto de uma busca feita por seres humanos em comum. A amizade preenche-o porque constitui a sociedade ideal do mestre com os discípulos. Nesta comunidade somente se curará a vida humana. A amizade é pois a própria sageza, e não apenas o meio de lá chegar. É neste coração-a-coração do mestre e dos discípulos que reside, no fim de contas, a paz da alma que já não é apenas «ataraxia» (ausência de perturbações), mas que é verdadeiramente, e enfim, inteira serenidade, perfeita eudemonia, suprema harmonia.

Eis alguns dos pensamentos sobre a amizade: escassos, sem dúvida, ligam-se a este cume do epicurismo. Porque é na amizade que culmina o epicurismo, como um pouco mais tarde, o cristianismo, no amor do próximo.

«De todos os bens que a sageza nos proporciona para a felicidade de toda a nossa vida, o da amizade é, em muito, o maior.»

«O que nos ajuda na amizade não é tanto a ajuda que nos dão os amigos como a nossa confiança nessa ajuda.»

«A amizade deve sempre ser buscada por si mesma, embora tire a sua origem da necessidade de um auxílio.»

«São as necessidades da vida que fazem nascer a amizade. Todavia, o que forma e mantém a amizade é a comunidade de vida entre aqueles que atingiram a plenitude da felicidade.»

«O sage não sofre mais quando é torturado do que quando vê o seu amigo submetido à tortura.»

«A amizade roda alegremente em redor do mundo. Como um arauto lança-nos a todos este apelo: "Acordai para vos felicitardes uns aos outros."»

(A palavra «macarismos» na última frase é um termo da língua religiosa que implica a ideia de salvação.) Os amigos de Epicuro devem felicitar-se mutuamente por terem sido salvos. Mas também se pode traduzir mais simplesmente: «Como um arauto, ela grita que acordemos para a felicidade([1]).»

«Usemos luto pelos nossos amigos, não lamentando-nos, mas conservando a sua recordação nos nossos corações.»

Desejar-se-ia citar sobre a amizade epicúrea mais alguma coisa que estas sentenças de carácter um pouco abstracto. As cartas perdidas continham também histórias muito significativas. Mas a maior parte dessas cartas, de tom pessoal, foram esvaziadas de toda a ternura mais viva. Os fabricantes de sentenças só conservam as próprias sentenças e arrancam brutalmente a história em que estavam inseridas.

([1]) Notemos, por outro lado, que o texto deste pensamento foi contestado. No princípio, certos sábios não lêem: *A amizade roda,* mas *O Sol roda...*

Aqui e além, restam-nos ainda curtos bilhetes bastante danificados, mas tocantes pela atenção que mostram pelas mais pequenas coisas, como este, dirigido por Epicuro a uma criança a quem recomenda «que seja ajuizada».

«Chegámos a Lampsaco sãos e salvos, Pitocles e eu, Hermarco e Ctesipo, e encontrámos Temista e os outros amigos de boa saúde. Espero que estejas bem, tu e tua mãe, e que sejas sempre obediente a teu pai e a Matron (o escravo que o leva à escola) como antes. Está certo de que te amamos ternamente, os outros tanto como eu, porque nos obedeces em todas as coisas.»

Esta ternura de Epicuro pelos seus mais jovens discípulos transparece ainda noutros bilhetes. A Pitocles, que não tinha dezoito anos quando se aproximou do mestre, escreve: «Quero instalar-me à vontade para esperar a tua querida e radiosa presença.» Confia o adolescente à guarda do seu amigo Poliainos e vela por que Idomeneu, outro familiar, lhe não dê dinheiro: «Se queres tornar Pitocles rico», escreve, «não faças adição aos seus recursos, faz antes subtracção aos seus desejos.»

Estes adolescentes cumulados de afeição tinham dificuldade em dominar as suas manifestações de reconhecimento e amizade para com o mestre, que só sóbrios e despojados queria aceitar esses testemunhos.

Eis o caso de Colotes. É um dos discípulos da primeira hora, de Lampsaco, na Jónia. Uma amizade muito íntima o ligava a Epicuro, que gostava de usar com ele de diminutivos afectuosos, chamando-o Colotars ou Colotarion. Ora, um dia em que Epicuro dissertava sobre a natureza, Colotes cai subitamente de joelhos: «Na tua veneração pelo que eu dizia, foste tomado pelo desejo pouco conforme à nossa filosofia da natureza de me abraçar pelos joelhos e de me dares todos esses beijos que alguns têm o costume de usar nas suas devoções e nas suas preces. Eis-me forçado a devolver-te as mesmas honras e os mesmos sinais de reverência... Segue pois o teu caminho como um deus imortal e considera-nos imortais também...» Assim se exprime uma carta de Epicuro. Colotes era uma dessas naturezas que têm necessidade de exteriorizar os seus sentimentos. Epicuro para ele é uma luz, saúda-o como tal. «Que tu apareças, Titã, e todo o resto são trevas!» O mestre sorria e ripostava com humor, como o atesta a passagem citada. Compreendia bastante a adolescência para saber que uma das suas profundas necessidades é encontrar um guia cuja palavra e exemplo façam lei. Dizia: «A veneração de um sage é um grande bem para aqueles que o veneram.» O tom dos discípulos da primeira geração é o de homens que tiveram o privilégio de partilhar a vida de um ser superior. Na partilha da amizade epicúrea sentiram a presença divina.

Muito tempo depois, Lucrécio, inimigo arrebatado de toda a divindade, por mais de uma vez fala de Epicuro como de um deus: «Esse foi um deus! Sim, Memmio, só um deus pôde encontrar primeiro este caminho de vida que hoje se chama Sageza!»

«Ó caminho bem descoberto, e simples, e recto!», escreve num momento de entusiasmo iluminar Cícero, falando do epicurismo.

Crer no mestre, obedecer e amar e ser amado, eis o caminho aberto pelo epicurismo. Aberto perante Roma? Sabe-se que o Império Romano não seguirá esse caminho...

Não deixemos de assinalar, de passagem, uma última imagem, patética entre todas, que acompanha a história do epicurismo no tempo de Lucrécio. É a história dos seis mil escravos revoltados com Espártaco e crucificados ao longo da estrada que vai de Cápua a Roma. Pela primeira vez a base do mundo antigo, que parecia definitivamente sólido, oscilara. O tempo de Lucrécio não foi menos perturbado que o de Epicuro. Ditadura sobre ditadura, guerra após guerra, conspiração sobre conspiração, época carregada de tumultos civis, de conluios, de assassínios e de sangrentas repressões, o reinado da desordem escreve com sangue o desabar da República romana. Mas a imagem mais trágica é a dos seis mil escravos erguidos nas suas cruzes. Trágica e *incompreendida*.

Quem teria podido compreender, com efeito, o que significavam esta revolta de escravos e a repressão brutal que lhe pôs fim? Lucrécio era cavaleiro romano, pensava bem, mas em limites muito apertados; pensava como epicurista, mas no interior duma sociedade já condenada pela existência, em si mesma, dessa raiz podre da escravatura, que não podia arrancar sem se arrancar à existência. Ele blasfemava o seu ateísmo e as suas blasfémias não o salvavam!

O epicurismo viveu até ao século IV da nossa era. Dele conservamos um testemunho comovedor. Um discípulo longínquo de Epicuro — longínquo, mas rigorosamente fiel, porque nunca houve heresia nesta escola feita de rectidão —, quinhentos anos após o ensinamento do mestre em Atenas, quis erigir um testemunho da continuidade do epicurismo.

Numa época em que o mundo antigo perdia já confiança nas suas virtudes, renunciava aos valores que tinham feito a sua grandeza para se abandonar às consolações místicas dos neopitagóricos, dos gnósticos, ou mesmo à superstição mais grosseira, um velho epicurista, chamado Diógenes de Oenoanda (era este o lugar onde vivia, na Capadócia) fez gravar no muro de um pórtico o que se pode chamar uma «mensagem epicúrea». Os contemporâneos de Diógenes, devorados pelas superstições, não podiam compreender essa mensagem, mas para nós ela é um dos últimos monumentos da sabedoria antiga. Ei-la:

«Conduzido pela idade para o poente da vida, e a todo o momento esperando despedir-me do mundo com um canto melancólico sobre a plenitude da minha felicidade, resolvi, com medo de ser apanhado de imprevisto, socorrer aqueles que estão em boa disposição. Se uma pessoa, ou duas, ou três, ou quatro, ou o número que quiserdes, estivesse em aflição, e eu fosse chamado a acudir-lhe, faria tudo quanto estivesse em meu poder para lhe dar o melhor conselho. Hoje, como disse, a maior parte dos homens estão doentes, como por uma epidemia, doentes das suas falsas crenças sobre o mundo, e o mal piora, porque, por imitação, comunicam o mal uns aos outros, como os carneiros. Além disso, é mais que justo ajudar aqueles que vierem depois de nós. Também eles são nossos, embora não tenham nascido ainda. O amor pelo homem ordena-nos que ajudemos os estrangeiros que vierem a passar por aqui. Uma vez que a boa mensagem do livro foi já espalhada, resolvi utilizar esta muralha e expor em público o remédio da humanidade.»

Este remédio não era mais do que o *«tetrapharmakon»* formulado por Epicuro e conservado pelas *«Sentenças Fundamentais»* do mestre. Continha-se em doze palavras gregas que se devem traduzir assim:

> *Não há nada que temer dos deuses.*
> *Não há nada que temer da morte.*
> *Pode-se suportar a dor.*
> *Pode-se alcançar a felicidade.*

Entretanto, o pensamento cristão tinha desde há muito tempo sabido ver no materialismo, no «ateísmo» de Epicuro, o inimigo mais perigoso da sua fé, o adversário determinado no seu domínio espiritual. Clemente de Alexandria escrevia: «Se o apóstolo Paulo ataca os filósofos, tem somente em vista os epicuristas.»

O idealismo de Platão parecia aos doutores da lei nova mais assimilável ao cristianismo e, no fim de contas, menos subversivo que o epicurismo. Platão oferecia-se como aliado muito mais que como adversário, um firme sustentáculo do espiritualismo cristão. Os sonhos platónicos encarnavam-se com deleite nas «verdades» cristãs. Descobriu-se ao mesmo tempo, nesse fim dos tempos antigos, em que a Fome percorria o mundo como um ogre faminto, que a *filosofia do ventre* não dava de comer.

Em fome, em sangue, os povos — pelo menos os povos civilizados — desmoronavam-se e morriam...

Mais tarde e por longo tempo o epicurismo adormeceu. Teria morrido? Não o creiam, o epicurismo nunca poderá morrer. É um dos rostos autênticos do homem. Esse rosto repousa num sono colérico. Ide vê-lo em Roma, ao museu das Termas. É um rosto que recusa o tempo que passa, e que contudo está pronto a despertar quando esse tempo enigmático se tiver juntado ao mundo que ele sonha...

As revoluções transformam o nosso universo... Mudam, precipitam o curso da história. Classes novas, povos novos e sem classes marcham através do mundo. A herança de Epicuro é para eles, espera-os. Montaigne encontra em Epicuro um dos seus antepassados esquecidos, torna-o seu, continua-o. Gassendi, os libertinos seguem-no, os Enciclopedistas reconhecem a sua voz. Helvécio escreve sobre a *Felicidade* um grande poema (bastante medíocre), escreve um *Elogio do Prazer*. Anatole France, André Gide trabalham a seu lado... Karl Marx saúda-o como um dos principais libertadores dos homens.

Terá a humanidade vencido o medo da morte? Terá esquecido que existiram deuses? Ainda não. A luta continua.

Epicuro ressurge, sempre idêntico a si mesmo. Tão pouco mudado como a Via Láctea.

Durante o seu sono, os homens inventaram muitos aparelhos, o telescópio, o microscópio, uma multidão de instrumentos para observar, fotografar, reproduzir a dança atómica da matéria. Epicuro agarra um deles, olha, ri de alegria. Agora vê os átomos...

NOTA BIBLIOGRÁFICA

PRIMEIRO PERÍODO

Esta obra de vulgarização não pretende ser uma história completa da civilização grega. Não é mais que uma vista de perspectiva, ilustrada por alguns casos exemplares. O autor quis simplesmente esclarecer o movimento ascendente, depois (no segundo período) o desabrochar, seguido de rápido declínio, da civilização grega, e tentar explicar as suas causas.

Escusado será dizer que não pode indicar todas as fontes. Escusado será também dizer que a fonte mais importante, a mais constantemente seguida, é

OS AUTORES GREGOS

Em segundo lugar, para a verificação geral dos factos históricos, o autor reportou-se a:

G. LOTZ: *Histoire grecque*, t. I e II, Presses Universitaires de France, Paris, 1925 e 1930.

Eis a indicação sumária das fontes utilizadas (por vezes de muito perto, mas sem referência, a fim de tornar esta obra mais fácil de ler) em cada capítulo:

CAPÍTULO I — A. JARDÉ: *La formation du peuple grec*, La Renaissance du Livre, Paris, 1923.
G. GLOTZ: *La civilization égéenne*, La Renaissance du Livre, Paris, 1923.
George THOMPSON: *Studies in Ancient Greek Society*, Lawrence and Wishart, Londres, 1949.

CAPÍTULO II — C. M. BOWRA: *Tradition and design in the Iliad*, Oxford, 1930.

CAPÍTULO III — Émile MIREAUX: *Les poèmes homériques et l'histoire grecque*, t. I e II, Albin Michel, 1948 l 1949.
J. A. K. THOMSON: *Studies in the Odyssey*, Oxford, 1914.

CAPÍTULO IV — François LASSERRE: *Les époques d'Archiloque*, Imprimerie Darantière, Dijon, 1950.
François LASSERRE e André BONNARD: *Archiloque* (texto, tradução e comentário). A publicar por Société d'éditions «Les Belles Lettres», Paris.

CAPÍTULO V — C. M. BOWRA: *Greek Lyric Poetry, from Alcman to Simonides*, University Press London, Oxford, 1936.
André BONNARD: *La poésie de Sapho, Étude et traduction*, Mermod, Lausana, 1948.

CAPÍTULO VI — C. M. BOWRA: *Early Greek Elegists*, Oxford, 1938.
G. GLOTZ: *La cité grecque*, La Renaissance du Livre, Paris, 1928.

CAPÍTULO VII — G. GLOTZ: *Le travail dans la Grèce ancienne*, Félix Alcan, Paris, 1920.
CAPÍTULO VIII — Martin P. NILSSON: *La réligion populaire dans la Grèce antique*, Plon, Paris, 1954.
Mircea ELIADE: *Traité d'histoire des religions*, Payot, Paris, 1953.
R. PETTAZZONI: *La religion dans la Grèce antique*, Payot, Paris, 1953.
G. VAN DER LEEUW: *La religion dans son essence et ses manifestations*, Payot, Paris, 1948.

CAPÍTULO IX — Max POHLENZ: *Die griechische Tragödie*, Teubner, Leipzig, Berlim, 1930.
Pierre-Aimé TOUCHARD: *Dyonisos*. Apologie pour le théâtre. Éditions Montaigne, Paris, 1938.
George THOMSON: *Aeschylus and Athenas*. A study in the social origins of drama. Lawrence and Wishart, Londres, 1930.

CAPÍTULO X — Léon HOMO: *Périclès*, Robert Laffont, Paris, 1954.
Henry CARO-DELVAILLE: *Phidias ou le Génie grec*, Félix Alcan, Paris, 1922.
Victor EHRENBERG: *Sophocles and Pericles*, Blackwell, Oxford, 1954.

SEGUNDO PERÍODO

Encontrar-se-á a seguir a indicação das principais obras e dos artigos consultados ou utilizados pelo autor neste segundo período de *A Civilização Grega*. OS TEXTOS GREGOS, *que são a fonte mais importante*, não são em geral indicados. Em contrapartida, o autor não se julgou dispensado de mencionar as suas próprias obras, pela razão de que a elas foi buscar mais de uma página da sua exposição.

CAPÍTULO I — C. M. BOWRA: *Sophoclean Tragedy*. Oxford, The Clarendon Press, 1944.
André BONNARD: *La Tragédie et l'Homme*. Neuchâtel, La Baconnière, 1950.

98

W. W. HOW e J. WÉLLS: *A Commentary on Herodotus,* vol. I. Oxford, The Claredon Press, 1912.
Charles PARAIN: *L'Entrée des Scythes.* Paris, Lettres Françaises, n.º 633, de 23-8-1956.
S. I. RUDENKO: *Der zweite Kurgan von Pasyryk.* Berlim, Verlag Kultur und Fortschritt, 1951.

CAPÍTULO VII — Louis BOURGERY: *Observation et Expérience chez les Médecins de la Collection hippocratique.* Paris, J. Vrin, 1953.
HIPÓCRATES: *Oeuvres complètes* (Texto e tradução, com comentários médicos) por E. Littré. 10 vols. Paris, J.-B. Baillière, 1839-1861.
HIPÓCRATES: *Oeuvres médicales,* segundo a edição de Foës. 4 vols. Lyon, Aux Éditions du Fleuve, 1953-1954.
Gaston BAISSETTE: *Hippocrate.* Paris, Grasset, 1931.
J. BIDIEZ e G. LEBOUCQ: *Une Anatomie antique du Coeur humain.* Paris, *Revue des Études grecques,* 1944, p. 7.
A. CASTIGLIONI: *Histoire de la Médecine.* Paris, Payot, 1931.
Ch. DAREMBERG: *La Médecine dans Homère.* Paris, Didier, 1895.
B. FARRINGTON: Cf. bibliografia do cap. III.
A. J. FESTUGIERE O. P.: *Hippocrate, l'Ancienne Médecine.* Paris, Klincksieck, 1948.
W. JAEGER: *Paideia, Die Formung des Griechischen Menschen,* III. Berlim, Walter de Gruyter, 1947.
Dr. Charles LICHTENTHAELER: *La Médecine hippocratique,* I. Lausana, Gonin frères, 1948.

CAPÍTULO VIII — Q. CATAUDELLA: *La Poesia di Aristofani.* Bari, Gius. Laterza, 1934.
Francis Macdonald CORNFORD: *The Origin of Attic Comedy.* Londres, Edward Arnold, 1914.
Pierre-Louis DUCHARTRE: *La Commedia dell'arte et ses enfants.* Paris, Éditions d'art et d'industrie, 1955.
Paul MAZON: *Essai sur la composition des Comédies d'Aristophane.* Paris, Hachette, 1904.
Gilbert MURRAY: *Aristhophanes a Study.* Oxford, The Clarendon Press, 1933.
Octane NAVARRE: *Les Cavaliers d'Aristophane.* Paris, Mellottée, 1956.
A. W. PICKARD-CAMBRIDGE: *Dithyramb, Tragedy and Comedy.* Oxford, The Clarendon Press, 1927.

CAPÍTULO IX — W. DEONNA: *L'Éternel Présent.* Paris, *Revue des Études grecques,* 1922, pp. 1 e 133.
Victor EHRENBERG: *The People of Aristophanes.* Oxford, Blackwell, 1951.
Claude MOSSÉ: *La Formation de l'État esclavagiste em Grèce.* Paris, *La Pensée,* número de Março-Abril de 1956, p. 67.
Lucien SEBAG: *La Démocratie athénienne et la guerre du Péloponèse.* Ibidem, p. 114.

NOTA BIBLIOGRÁFICA

Max POHLENZ: *Die Griechische Tragödie*. Leipzig, Teubner, 1930.
Heinrich WEINSTOCK: *Sophokles*. Leipzig, Teubner, 1931.

CAPÍTULO II — J. CHARBONNEUAX: *La Sculpture grecque archaïque*. Lausana, Le Guilde du Livre, 1938.
J. CHARBONNEAUX: *La Sculpture grecque classique*. Lausana, La Guilde du Livre, 1942.
Élie FAURE: *Histoire de l'Arte, L'Art antique*. Paris, H. Floury, 1909. Lisboa, Editorial Estúdios Cor, 1950-1954.
Henri LECHAT: *Phidias et la Sculpture grecque au Ve siècle*. Paris, Librairie de l'Art ancien et moderne, s. d.
A. de RIDDER e W. DEONNA: *L'Art en Grèce*. Paris, La Renaissance du Livre, 1924.
Max WEGNER: *L'Art grec*. Paris, Éditions Charles Massin, 1955

CAPÍTULO III — J. D. BERNAL: *Science in History*. Londres, Watts & Co., 1954.
Jean T. DESANTI: *Remarques sur les origines de la Science en Grèce*. Paris, *La Pensée*, n.º 66, Março-Abril de 1956, p. 86.
Benjamin FARRINGTON: *Greek Science*, vol. I, *Thales to Aristotle*. Harmondsworth, Middlesex. Penguin Books, 1944.
Abel REX: *La Jeunesse de la Science grecque*. Paris, La Renaissance du Livre, 1933.
Arnold REYMOND: *Histoire des Sciences exactes et naturelles dans l'Antiquité*. Paris, Librairie Albert Blanchard, 1924.
Maurice SOLOVINE: *Démocrite*. Paris, Félix Alcan, 1928.
George THOMSON: *The First Philosophers*. Londres, Laurence & Wishart, 1955.
V. E. TIMOCHENKO: *Le Matérialisme de Démocrite*. Paris, *La Pensée* n.º 62, Julho-Agosto 1955, p. 50.

CAPÍTULO IV — As mesmas obras que no capítulo precedente.

CAPÍTULO V — Jacqueline DUCHEMIN: *Pindare poète et prophète*. Paris, «Les Belles Lettres», 1955.
PÍNDARO: *Odes*, versão de Willy Borgeaud (com comentários). Lausana, Rencontre, 1951.
André RIVIER: *Mythe et Poésie, leurs rapports et leur fonction dans trois épinicies de Pindare*. Paris *Lettres d'Humanité*, IX, p. 60.
Marguerite YOURCENAR: *Pindare*, Paris, Grasset, 1932.
Ulrich von WILAMOWITZ: *Pindaros*. Berlim, Weidmann, 1922.

CAPÍTULO VI — HERÓDOTO: *Histoire*, tradução de P.-H. Larcher. Paris, Musier, 1786.
HERÓDOTO: *Découvert du Monde*, versão de André Bonnard. Lausana, Rencontre, 1951.

R. F. WILLETS: *The Critical Realism of the Last Play of Aristophanes.* Londres, *The Modern Quarterly,* vol. 8, p. 34.

CAPÍTULO X — Georges BASTIDE: *Le Moment historique de Socrate.* Paris, Félix Alcan, 1939.
André BONNARD: *Socrate selon Platon.* Lausana, Mermod, 1945.
Olof GIGNON: *Sokrates, Sein Bild in Dichtung und Geschichte.* Berna, Francke Verlag, 1947.
V. de MAGALHÃES-VILHENA: *Le Problème de Socrate. Le Socrate historique et le Socrate de Platon.* Paris, Presses Universitaires, 1952.
V. de MAGALHÃES-VILHENA: *Socrate et la Légende platonicienne.* Paris, Presses Universitaires, 1952.

TERCEIRO PERÍODO

O período da civilização grega — de Eurípides a Alexandria — que o autor da presente obra tenta caracterizar com alguns factos exemplares, é muito mais vasto do que o do período anterior. Alongar-se-ia por cinco séculos e mais se se pretendesse dizer todo o interesse dele. O segundo período — de Antígona a Sócrates — não abrangia mais de cinquenta anos.

O autor permitiu a si mesmo os regressos atrás, os esquecimentos voluntários, ultrapassar as datas geralmente dadas como terminais da civilização grega, ou não as atingir. Tudo aqui procede da escolha, de uma escolha que a muitos leitores parecerá arbitrária. Por isso é que o autor concedeu aos filósofos muito menos espaço e importância do que é costume fazer-se. Mais, pelo contrário, aos sábios, que lhe parece mais natural considerar num tempo como o nosso, tão profundamente apaixonado pelos conhecimentos científicos.

Eis, entre muitos, e além das *obras,* fonte principal, alguns dos trabalhos que o autor utilizou, que por vezes pilhou sem medida, trabalhos a que deve uma boa parte do que de bom se tiver encontrado nestas páginas.

O autor disse-o muitas vezes, compraz-se em repeti-lo; os livros que faz, fá-los com a ajuda daqueles que os amam.

CAPÍTULOS I, II E III — V. biliografia do segundo período e também:
Albin LESKY: *Die Griechische Tragödie.* Lípsia, Teubner, 1938, pp. 133 e segs.
André BONNARD: *Euripide dans la Tragédie des Bacchantes.* Alma Mater III, n.º 17, Fevereiro de 1946.

CAPÍTULO IV — Albert THIBAUDET: La Campagne avec Thucydide. N. R. F., 1922.
Jacqueline de ROMILLY: *Thucydide et l'Impérialisme Athénien.* Paris, Les Belles Lettres, 1947.
Jacqueline de ROMILLY: *Histoire et Raisons chez Thucydide.* Paris, Les Belles Lettres, 1956.

CAPÍTULO V — Aimé PUECH: *Les Philippiques de Démosthène*. Paris, Mellottée, s. d.
Paul CLOCHÉ: *Démosthènes* (sic) *et la fin de la Civilisation athénienne*. Paris, Payot, 1937.
Georges MATHIEU: *Démosthène, l'Homme et l'Oeuvre*. Paris, Boivin, 1948.

CAPÍTULOS VI E VII — Auguste DIÈS: *Autour de Platon. Essais de Critique et d'Histoire*. 2 vols., Paris, Beauchesne, 1927.
Auguste DIÈS: *Platon*. Paris, Flammarion, 1930.
Roger GODEL: *Cités et Univers de Platon*. Paris, Les Belles Lettres, 1942.
Raymond SIMETERRE: *Introduction à l'Étude de Platon*. Paris, Les Belles Lettres, 1944.
André BONNARD: *Socrate selon Platon*. Lausana, Mermod, 1945.
Pierre-Maxime SCHUHL: *Platon et l'Art de son temps*. Paris, Presses Universitaires de France, 1952.
Henri MARROU: *Saint-Augustin et l'Augustinisme*. Paris, Éditions du Seuil, 1955.
État et Classes dans l'Antiquité esclavagiste, Recherches internationales. Éditions de la Nouvelle Critique, Junho de 1957.

CAPÍTULO VIII — W. D. ROSS: *Aristote*, Paris, Payot, 1930.
Will DURANT: *Vie et Doctrine des Philosophes (Aristote)*. Paris, Payot, 1932.
J.-M. LE BLOND: *Traité sur les Parties des Animaux. I.er Aristote philosophe de la Vie. Introduction et Commentaires*. Paris, Aubier, 1945.
S.-F. MASON: *Histoire des Sciences*. Paris, Colin, 1956.

CAPÍTULO IX — FONTES ANTIGAS:. Árrio: *Expédition d'Alexandre*.
Plutarco: *Vie d'Alexandre* e *De la Fortune ou Vertu d'Alexandre* (1-2).
Georges RADET: *Alexandre le Grand*. Paris, L'Artisan du Livre, 1931.
Ulrich WILCKEN: *Alexandre le Grand*. Paris, Payot, 1933.
René GROUSSET: *De la Grèce à la Chine*. Mónaco, Les Documents d'Art, 1948.
Paul CLOCHÉ: *Alexandre le Grand et les Essais de Fusion entre l'Occident gréco--macédonien et l'Orient*. Neuchâtel, Messeiller, 1953.
André BONNARD: *Alexandre et la Fraternité*. Europe 1958, pp. 38 a 58.

CAPÍTULO X — BOUCHÉ-LECLERQ: *Histoire des Lagides*, t. 1. Paris, Leroux, 1903.

CAPÍTULO XI — W. W. TARN: *La Civilization héllénistique*, Paris, Payot, 1936.

CAPÍTULOS XII, XIII E XIV — FONTE ANTIGA. Heronis Alexandrini: *Opera quae supersunt omnia*. Vol. 1. *Pneumatica et Automata (recensuit Schmidt)*. Lípsia, 1899.
Benjamin FARRINGTON: *Greek Science II Theophrastus to Galen*. Penguin Books Harmondsworth, Middlesex, 1944.
J. D. BERNAL: *Science in History*. Londres, Watts & Co., 1954.
Histoire de la Science: Encyclopédie de la Pléiade, N. R. F., 1957.

NOTA BIBLIOGRÁFICA

Pierre Rousseau: *Histoire des Techniques.* Paris, Fayard, 1956.
Arnold REYMOND: *Histoire des Sciences exactes et naturelles dans l'Antiquité gréco-romaine*, 2.ª ed. Paris, Presses Universitaires de France, 1955.

CAPÍTULOS XV, XVI E XVII — Ph.-E. LEGRAND: La Poésie alexandrine. Paris, Payot, 1924.
Apolónio de Rodes: *Les Argonautiques,* tradução francesa de De la Ville Mirmont. Bordéus, Gounouilhou, 1892.
Marshall M. GILLIES: *The Argonautica of Apollonios Rhodius,* Livro III. Cambridge at the University Press, 1928.
Ettore BIGNONE: *Teocrito.* Bari, 1934.
André BONNARD: Prefácio a LONGUS, *Daphnis et Chloé,* Lausana, Mermod, 1945.

CAPÍTULO XVIII — Xénia ATANASSIÉVITCH: *L'Atomiste d'Épicure.* Paris, Presses Universitaires de France, s. d.
Paul NIZAN: *Les Matérialistes de l'Antiquité. Démocrite-Épicure-Lucrèce.* Éditions sociales internationales, Paris, 1938.
Corrado BARBAGALLO: *Le Déclin d'une Civilisation ou la Fin de la Grèce Antique.* Paris, Payot, 1927.
A.-J. FESTUGIÈRE: *Épicure et ses Dieux.* Presses Universitaires de France, 1946.

N. B. — Tive o privilégio de utilizar uma obra ainda inédita de Claude Mossé depositada na Biblioteca da Sorbona e intitulada *Aspects sociaux et politiques du déclin de la cité grecque au IVe siècle avant Jésus-Christ.* Seja-me permitido agradecer-lhe. Agradeço igualmente ao meu amigo Samuel Gagnebin, professor de Física em Neuchâtel, pelos esclarecimenos que me deu sobre a «máquina a vapor» de Héron de Alexandria.

ÍNDICE DAS ILUSTRAÇÕES

PRIMEIRO PERÍODO

1. Paisagem do Peloponeso. Na planície, eiras circulares.
2. Sátiros pisando uvas. (Ânfora atribuída a Amásis, século VI.)
3. Vaso creto-micénico, encontrado em Melos. (Data: 1450-1400.)
4. Homero cego. (Cópia de mármore, dos começos do Império Romano, segundo um original de bronze, de cerca de 450.)
5. Príamo. (Vaso ático de Eutímides, posterior e 510. Pormenor.)
6. Um trago antes de partir. (Vaso de Cleófrates. Cerca de 510. Pormenor.)
7. Navegação de Dioniso. (Fundo de uma taça de Ezéquias. Último terço do século VI.)
8. Colunas do templo de Posídon, em Pesto. (Século V.)
9. Cabeça de Héracles. Métopa de Selinunte. (Princípio do século V.)
10. Cavaleiro. Mármore do Pentélico, encontrado na Acrópole. (Cerca de 500.)
11. Dioniso conduzindo o seu cortejo. As pinhas estão na ponta dos tirsos transportados pelas Ménades. (Pintura de vaso, de cerca de 500.)
12. Jovem cavaleiro. (Interior de uma taça de Eufrónio. Cerca de 510.)
13. Cabeça de rapariga. Mármore de Paros. Estátua erigida na Acrópole, nos finais do século VI. Deitada abaixo pelos Persas em 480, enterrada depois pelos Atenienses e encontrada nas escavações de 1885 a 1889, na Acrópole. A estátua tem ainda vestígios de pintura.
14. Mulher adornando-se. Lécito branco. (Final do século V.)
15. Penteado de mulher. (Escultura arcaica do século VI.)
16. Ménade transportando o tirso, num cortejo de Dioniso. (Pormenor duma pintura de vaso. Cerca de 500.)
17. Sólon. (Cópia do século I da nossa era, segundo um bronze posterior a 300.)
18. Apanha da azeitona. (Ânfora do século VI.)
19. Sapateiro. (Vaso do século VI.)
20. *a)* Pesca à linha. Na areia do fundo, uma nassa. À direita, um polvo, alimento que os pobres não desprezavam. (Taça do século V.)
    b) Extracção da argila, ou talvez mineiros. A ânfora suspensa contém água para os trabalhadores. (Placa de terracota coríntia do século V.)

A CIVILIZAÇÃO GREGA

21. Mulheres pilando grãos. (Cratera do século VI.)
22. Cortesãs. Hídria (vaso destinado a conter água) do pintor Fíntias. (Cerca de 510.)
23. Eleusis. No primeiro plano, coluna em forma de tocha ritual.
24. Cabeça de mulher ou deusa do Artemísio de Creso, em Éfeso. (Cerca de 550.)
25. Cabeça de Zeus. Bronze arcaico. (Cerca de 500.)
26. Morte de Egisto. (Baixo-relevo de estilo arcaizante ilustrando as *Coéforas*.)
27. Cabeça de Atena, encontrada em Egina. Mármore de Paros. (Meados do século V.)
28. Busto de Péricles. Cópia duma obra do escultor Crésilas, seu contemporâneo.
29. O Parténon apontando por cima do muro de calcário erguido por Címon no rochedo da Acrópole.
30. Tambor da coluna. A figura mostra o buraco rectangular onde se inseria o espigão de metal que assegura a ligação dos tambores.
31. Cabeça de cavaleiro. (Friso jónico do Parténon.)
32. Templo de Atena-Niké, na Acrópole.

SEGUNDO PERÍODO

33. *Coré* jónia encontrada na Acrópole de Atenas. Cerca de 520.
34. Espectadores no teatro. Pormenor de uma ânfora panatenaica.
35. Antígona conduzida pelos guardas. Vaso da segunda metade do século V.
36. Olímpia. Paisagem.
37. Hera de Samos. Estátua arcaica. Cerca de 560.
38. *Couros* arcaico. Meados do século V.
39. Diadumeno de Policleto. Obra concebida entre 445 e 420. Cópia antiga.
40. Cópia de mármore de uma cabeça de estátua criselefantina.
41. Ânfora de estilo geométrico (altura 1,55 m). Século VIII.
42. Coluna e aparelho poligonal. Muros de sustentação do templo de Apolo, em Delfos. Fim do século VI.
43. Cnosso, arquitectura. Segundo milénio.
44. Escultor de madeira. Taça do século V.
45. Cabeça de esfinge. Terracota arcaica. Começo do século VI.
46. Centauro. Pintura de vaso. Cerca de 480.
47. Filha beijando seu pai. Taça de Douris. Cerca de 480.
48. Oliveira, no ginásio de Delfos.
49. Apolo, regressando na Primavera, viaja num tripé alado.
50. O estádio de Delfos.
51. A ninfa Aretusa. Moeda siracusana, cunhada em 413, depois da derrota ateniense na Sicília.
52. Corrida de quadrigas. Moeda de Agrigento. Cerca de 410.
53. O Nilo em Assuã, antiga Siene — limite meridional da viagem de Heródoto no Egipto.
54. Cabeça de um rei cita. (À esquerda a da concubina encontrados num túmulo da região dos Montes Altai, onde viveu outrora um ramo do povo cita.)

ÍNDICE DAS ILUSTRAÇÕES

55. Aquiles pensando Pátroclo. Taça de Sósias. Cerca de 500.
56. Hipócrates (ou Esculápio), baixo-relevo de mármore, inspirado numa estátua criselefantina dos começos do século IV, obra de Trasímedo.
57. Aristófanes. Cabeça de bronze. Réplica de um original célebre que data de cerca de 200.
58. Personagem cómica — talvez Dosseno — das atelanas latinas.
59. Arlequim da comédia italiana.
60. Raparigas conversando na fonte. Pormenor de uma ânfora panatenaica do século VI.
61. Delfos à tarde.
62. Cabeça de mármore de uma estátua de Zeus (dita de Boston), inspirada na estátua criselefantina executada por Fídias, em Olímpia, entre 437 e 432. A cópia de mármore é do século IV.
63. Olímpia. Ruínas.
64. Paisagem de Lacónia. Apicultura.

TERCEIRO PERÍODO

65. Medeia assassina os filhos. Ânfora apuliense. Pormenor. Munique, Antikensammlungen. Foto G. Wehereim.
66. Cara de rapariga. Roma, museu nacional das Termas. Foto de Instituto Arqueológico alemão, Roma, tirada do *Die verhüllten Göter* por H. Muhlestein. Verlag Kurt Desch, Munique, 1957.
67. Fragmento de cortejo báquico. Nápoles, museu nacional. Foto Alinari.
68. Ménade, por Escopas. Século IV a. C. Dresde, Albertinum.
69. Estela funerária de Dexileos, no Cerâmico, Atenas. 394 a. C. Instituto Arqueológico alemão. Foto E. M. Czako.
70. Lécito branco do fim do século V a. C. Atenas, museu nacional. Foto Seraf.
71. Perfil duma estátua de Demóstenes, pormenor. 280 a. C. Copenhaga, Ny Carlsberg.
72. Cabeça de Demóstenes. Museu nacional de Atenas.
73. O Povo ateniense coroado pela Democracia. Estela encontrada em Ágora, 336 a. C. American School of Classical Studies. Foto Alison Frantz.
74. Busto de Alexandre quando jovem, por Lisipo. Meio do século IV. Paris, Musée Guimet. Foto Roger Viollet.
75. Busto de Platão. Propriedade particular. Colecção Boehringer, Genebra.
76. Busto de Platão. Copenhaga, Ny Carlsberg.
77. Crocodilo nas margens do Nilo.
78. Marabutu.
79. Paisagem egípcia.
80. Rapariga de Âncio. Arte helenística. Museu nacional das Termas. Foto Anderson.
81. Alexandre, o Grande. Musée du Louvre. Foto Giraudon.
82. Ruínas de Persépolis. O Apadana. Ao fundo, o palácio de Dario e o dee Xerxes. Foto Roger Viollet, Paris.

83. Ruínas de Persépolis. 36 colunas de 20 metros de altura (actualmente 18 m). Foto Roger Viollet, Paris.
84. Persépolis. Contribuinte trazendo um camelo. Baixo-relevo do Apadana, escadaria de Xerxes. Foto Roger Viollet, Paris.
85. Mosaico de Pompeios, no museu de Nápoles. Batalha de Arbelos. Alexandre afronta Dario. Foto Anderson-Viollet.
86. Mosaico de Pompeios, batalha de Arbelos. Dario faz frente a Alexandre. Foto Anderson--Viollet.
87. Ptolomeu I. Copenhaga, Ny Carlsberg.
88. Arte greco-búdica. Hadda Buda. Paris, Musée Guimet.
89. Papiro da fonte de Aretusa, Siracusa. Foto Viollet.
90. Fim dum manuscrito de Menandro. (Lê-se nas últimas linhas o nome de Menandro e o título a peça, *Le Gragnon*.) Bibliothèque Bodmer, Genebra. Foto Jean Arlaud.
91. Paisagem egípcia.
92. Baixo-relevo egípcio, Carnaque. Foto Henriette Grindat.
93. Eros de Nicópolis. Século II a. C. Museu de Sófia.
94. O navio *Argo*, pormenor duma cista do século IV a. C. Roma, museu nacional da Villa Giulia. Foto Anderson.
95. Oliveira, ao fundo Agrigento. Foto Roger Viollet.
96. Perto de Agrigento, pastor e carneiros. Foto Roger Viollet.
97. Flora apanhando flores. Pompeios. Foto Anderson.
98. Gravura no verso de um espelho de bronze, de Corinto. Londres. British Museum.
99. Epicuro, tirado de *A Catalogue of the Ancient Marbles at Ince Blundell Hall*. British Museum.)
100. No Egipto. Foto Henriquette Grindat.

ÍNDICE

PRIMEIRO PERÍODO

Na terra grega, o povo grego 7
A *Ilíada* e o humanismo de Homero 29
Ulisses e o mar 55
Arquíloco, poeta e cidadão 69
Safo de Lesbos, décima Musa 83
Sólon e o caminho para a democracia 101
A escravatura. A condição da mulher 117
Os homens e os deuses 137
A tragédia, Ésquilo, o destino e a justiça 157
Péricles, o Olímpio 181

SEGUNDO PERÍODO

A promessa de Antígona 205
Esculpir a pedra — Fundir o bronze 229
A ciência nasceu — O mundo explica-se — Tales — Demócrito 251
Sófocles e Édipo — Responder ao destino 275
Píndaro, príncipe dos poetas e poeta dos príncipes 305
Heródoto explora o velho continente 327
Situação da medicina no século V — Hipócrates 351
O riso de Aristófanes 381
O dia declina 409
O enigma de Sócrates 425

TERCEIRO PERÍODO

Declínio e descoberta — *Medeia*, tragédia de Eurípides 457
O trágico de *Ifigénia em Áulide* 469

A CIVILIZAÇÃO GREGA

O drama das *Bacantes* 481
Tucídides e a guerra das cidades 495
Demóstenes e o fim do mundo das cidades 509
O grande desígnio político de Platão 521
Belezas e miragens platónicas 535
Aristóteles e os seres vivos 563
O génio de Alexandre ou a fraternidade 585
A anarquia sob a máscara da ordem — Os dois primeiros Ptolomeus 613
O reinado dos livros — Alexandria — A biblioteca e o museu 625
A ciência alexandrina — A astronomia — Aristarco de Samos 637
A geografia — Píteas e Eratóstenes 645
A medicina — Notas sobre Arquimedes — Héron e a «máquina a vapor» 655
Regresso à poesia — Calímaco — *Os Argonautas* de Apolónio de Rodes 667
O paraíso de Teócrito 689
Outras evasões — Herondas e o mimo realista — O romance grego. *Dáfnis e Cloé* .. 709
Epicuro e a salvação dos homens 723
NOTA BIBLIOGRÁFICA 747
ÍNDICE DAS ILUSTRAÇÕES 755